Mercedes-Benz

心所向 驰以恒

北京梅赛德斯-奔驰销售服务有限公司

北京梅赛德斯-奔驰销售服务有限公司由戴姆勒与北汽集团共同出资成立，负责梅赛德斯-奔驰进口与国产乘用车、梅赛德斯-奔驰轻型商务车在华市场的销售、售后服务、经销商网络的发展，运营梅赛德斯-奔驰、梅赛德斯-迈巴赫、梅赛德斯-AMG和smart品牌及Mercedes me服务子品牌。

2018年，梅赛德斯-奔驰及smart品牌在全球范围内售出超过240万辆新车，连续8年刷新销售记录；其中，梅赛德斯-奔驰品牌销量超过230万辆，连续第三年摘取全球豪华汽车品牌年度销量桂冠。在中国，梅赛德斯-奔驰凭借互信共赢的合作，连续四年获得豪华汽车品牌经销商满意度调查(DISS) 第一名。在追求业绩增长与社会发展目标的同时，梅赛德斯-奔驰也努力实现在华可持续发展的企业愿景。

梅赛德斯-奔驰星愿基金

2010年，梅赛德斯-奔驰与中国青少年发展基金会携手设立“梅赛德斯-奔驰星愿基金”，针对环境保护、驾驶文化、教育支持、艺术体育以及社会关爱五大领域开展工作。到2019年底，梅赛德斯-奔驰星愿基金累计将投入2亿元。

梅赛德斯-奔驰立足星愿基金这一平台，以更加可续、系统、有效的方式持续发力五大领域；同时积极响应国家政策，以满腔热忱投入脱贫攻坚事业。梅赛德斯-奔驰星愿基金聚焦精准扶贫，并就生态扶贫、教育扶贫、文化扶贫、创益扶贫等多领域持续攻坚，以期在决战决胜脱贫攻坚的关键之年，助力国家打赢脱贫攻坚战，为中国社会的可持续发展积蓄力量。

【生态扶贫 践行山水人合】

自2007年起，梅赛德斯-奔驰与联合国教科文组织(UNESCO)开启“自然之道 奔驰之道”中国世界遗产地保护和管理项目，成为首家向中国世界遗产地捐资的汽车厂商。2017年，梅赛德斯-奔驰再次启动中国首个世界遗产地可持续生计项目，将“自然之道 奔驰之道”延伸至山水人合之道，通过直接使遗产地居民在经济上受益，反哺生态保护。

2018年9月，梅赛德斯-奔驰星愿基金开启“高山探蜜”之旅，实地探访高山蜂蜜可持续生计项目，切实探索可持续生计项目长期发展之道。活动同步上线99公益日众筹活动，针对当时雅安高山蜂蜜项目实际需求，对蜂农所需的生产工具/资料等展开众筹。通过众筹、腾讯配捐及星愿基金资金配比支持，共筹得200,800元。截止目前，世界遗产地可持续生计项目已取得显著进展，直接参与项目的遗产地居民逾500人，女性占比超过60%，共计惠及近10,000人。

今年3月，世界遗产地可持续生计项目联袂梅赛德斯-奔驰专属女性社区She's Mercedes共同发起“巾帼梦”计划，通过链接都市女性与世界遗产地乡村女性，开启并肩圆梦之旅，以女性力量助力遗产地乡村振兴，促进生态与产业和谐可持续发展。梅赛德斯-奔驰将通过举办遗产地采风调研和创意体验工坊等活动，积极推动双方交流互鉴，灵感碰撞，为来自不同社群的优秀女性提供设计理念、商业管理和品牌营销等方面的交流渠道，筑造提升个人价值和社会价值的逐梦平台。预计今年年底之前，“巾帼梦”计划创意成果将在北京发布，相关联合创意成品也将在设计师的线上线下渠道和奔驰品牌平台进行推广销售。

【文化扶贫 探索人文之道】

2018年1月，梅赛德斯-奔驰星愿基金携手故宫博物院正式达成长期公益战略合作伙伴关系，并就古建/文物保护修缮、中华传统文化的普及教育、国际文化交流等领域开展深入合作。截止目前，梅赛德斯-奔驰星愿基金已与故宫教育中心携手开展了11场“故宫文化童趣行”活动，累计覆盖211组家庭，超过260名学生参与其中。梅赛德斯-奔驰星愿基金还竭诚支持在故宫博物院举行的“太和·世界古代文明保护论坛”，为推动古代文明国际交流与合作贡献一己之力。

今年6月，梅赛德斯-奔驰星愿基金继续携手敦煌研究院、中国敦煌石窟保护研究基金会，开启敦煌莫高窟文化遗产保护和文化教育扶贫项目，以文化与教育为切入点，进一步深入探索“人文之道”，助力国家“精准脱贫”和传统文化交流与传播。本次梅赛德斯-奔驰星愿基金与敦煌研究院及中国敦煌石窟保护研究基金会将针对敦煌莫高窟文化遗产保护与周边地区文化教育扶贫两大方面开展合作。

【创益扶贫 聚众之力】

2019年6月，梅赛德斯-奔驰星愿基金携手团中央社会联络部、国务院扶贫办社会扶贫司及民政部社会组织管理局，正式成为全国青年社会组织“伙伴计划”的独家公益合作伙伴，通过定向支持和能力建设，扶持青年社会组织以公益创新项目为载体参与“脱贫攻坚”事业。

作为“伙伴计划”的一部分，梅赛德斯-奔驰星愿基金“星愿创益行动”也于当日同步启航。“星愿创益行动”将进一步扩展“伙伴计划”的外延，以星愿基金为纽带整合社会资源，将项目影响力拓展至更广泛的公益志愿群体，并号召奔驰青年员工、经销商及车主等社会中坚力量成为公益事业的“青春合伙人”，为拥有公益梦想的青年伙伴提供创意孵化及赋能，助力其实现自我价值拓展。

【安全童行 首倡儿童“全场景安全”】

作为全球最早、影响范围最广的儿童道路安全项目，梅赛德斯-奔驰“安全童行”项目自2012年引入中国以来，为全国范围内的适龄儿童带来了丰富多彩的安全教育。2018年，梅赛德斯-奔驰率行业之先全面升级“安全童行”项目，倾力倡导儿童“全场景安全”理念，并携手中国少年儿童新闻出版总社，支持发行全场景儿童安全科普丛书，成为首家支持发行全场景儿童安全科普图书的汽车品牌。今年年初，该系列图书登陆天猫商城，其有声书系列也在蜻蜓FM和喜马拉雅相继上线。

2018年8月，梅赛德斯-奔驰举办了汽车行业第一个以交通安全为主要内容，同时涵盖儿童“全场景安全”保护体验的儿童安全夏令营。与此同时，由公安部交管局认证的“安全童行”校本课程和“安全童行学乐包”陆续进入北京、上海、广州、成都的项目学校；截至目前，已经为全国210所学校的20万余名学生带来了寓教于乐的儿童安全教育体验。

【教育扶贫“扶智”与“扶志”】

依托戴姆勒中国职业教育平台和星愿基金公益平台，梅赛德斯-奔驰于2017年9月启动“职教助学计划”，成为国内第一家开启职业助学项目的豪华汽车品牌。今年，“职教助学计划”资助范围继续扩大，截至目前累计已经资助了来自18所职业技术学院的300名职教学生，资助标准为6,000元/人。同时，“职教助学计划”还首次增设教师奖教金，将长期服务于戴姆勒铸星计划的职校老师纳入教育关怀。项目计划表彰奖励在职业教育中做出突出成绩的50名优秀教师。

为进一步发力教育扶贫，梅赛德斯-奔驰提倡“扶智”与“扶志”相结合，并计划在云南省兰坪县、河北省承德市滦平县的农村学校，以及云南省会泽县浑水塘梅赛德斯-奔驰希望小学、四川省雅安市天全县梅赛德斯-奔驰希望小学、什邡市梅赛德斯-奔驰小学，集中实施“梅赛德斯-奔驰星愿基金乡村学校心理健康教育提升计划”公益项目。

【精准扶贫 权威认可】

鉴于梅赛德斯-奔驰星愿基金在助力脱贫攻坚层面的持续努力，及其公益项目在精准扶贫领域的突出示范作用，梅赛德斯-奔驰多次获得了国务院扶贫办的权威认可与表彰。2018年12月，梅赛德斯-奔驰星愿基金“世界遗产地可持续生计项目”与“职教助学项目”被编入由国务院扶贫办社会扶贫司指导，中国社科院推出的《企业扶贫蓝皮书（2018）》。今年3月，这两大案例再度入选由国务院扶贫办立项，委托中国社科院企业社会责任研究中心执行完成的《中国企业精准扶贫50佳案例（2018）》。梅赛德斯-奔驰也是唯一入选的外资汽车品牌。

【伙伴同行 公益不停】

2019年初，原梅赛德斯-奔驰“安全童行”社区教育基地全面升级为“梅赛德斯-奔驰星愿基金社区公益基地”，面向全网所有梅赛德斯-奔驰授权经销商，并将公益内容拓展至星愿基金五大领域，从而承担起更广泛的企业社会责任。梅赛德斯-奔驰也将更密切地携手全国经销商伙伴，链接广大爱心奔驰车主，持续探索公益新形式、释放公益新能量，让三叉星徽的温暖遍及每个角落。

作为公益领域行动与价值观的引领者，梅赛德斯-奔驰将一如既往地践行其对中国社会的承诺，以行动成就更加美好的未来。

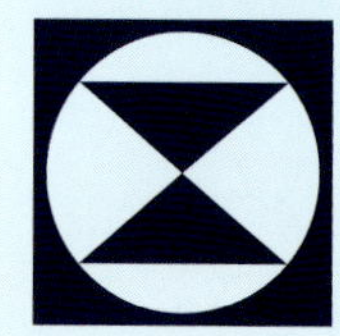

利星行汽车

星耀未来 惠泽桃李

深耕中国26年，利星行汽车一直积极履行企业社会责任，致力为构建和谐社会贡献自身力量，并向充满人文关怀、富有社会责任感的优秀企业不断迈进。秉持着“星耀未来 惠泽桃李”的理念，利星行汽车在教育事业上展开了诸多行动，包括捐赠公益学校、开展公益培训、扶助患病儿童、校企合作培养汽车行业专业人才等等。2007年，利星行开始在贫困地区兴建希望小学，至今已在全国范围内建成希望小学33座，帮助超过10,000名青少年在利星行希望学校重拾书本。

2019年，利星行汽车持续发力公益领域，并计划在未来更大力度地展开公益行动，凭自身在商业上的不懈追求和公益上的坚定践行，持续成为中国汽车流通行业卓越的合作伙伴。

孕育希望 爱撒鹤乡

5月30日，由利星行汽车捐建的齐齐哈尔龙江县希望小学举行捐赠仪式，这所学校位于“鹤乡”，是利星行在中国援建的第33所希望学校。学校始建于1974年，目前有五个年级共计136名学生，教师11位。改建前学校设施老旧，在利星行捐助下，学校改建了新的教学楼并增添了教学设备。

齐齐哈尔拥有世界最大的芦苇湿地——扎龙自然保护区，这里也是丹顶鹤的故乡。近年来，由于人们的环保意识不断强化，越来越多的丹顶鹤会在每年3-10月来到扎龙进行休憩繁衍。利星行汽车选择在此建设新的希望学校，不但希望给当地的孩子们带来更好的教育条件，更希望能够唤起人们的环保意识，共同呵护美好生态。与此同时，此举也旨在积极响应中央“德智体美全面发展”的教育目标，为社会培养对环境有爱心，对家乡社会有责任心的青少年。

本次再度捐建希望学校，不仅展现出利星行汽车对下一代教育事业的关注，更彰显出利星行汽车紧随中央脚步，精准扶贫，呵护绿水青山的公益精神与决心。

第33所利星行希望小学落户齐齐哈尔

2019利星行“星相伴 爱相随”希望学校教师暑期培训营圆满落幕

星徽相伴 关爱永随

利星行汽车不断探索公益的可持续性和公益形式的创新。考虑到乡村教师教学工作的开展面临着教学条件艰苦、缺乏进修机会等困难，利星行汽车携手北京利星行慈善基金会、北京青少年发展基金会，于今年暑期开展“星相伴 爱相随”希望学校教师暑期培训营，以期提高青年教师的教学水平，解决希望学校中存在的上述问题，夯实乡村教育的基础。

“星相伴 爱相随”希望学校教师暑期培训营于7月21日正式启动，利星行汽车从全国33所希望学校中各选取了1至2名小学班主任进京参与培训活动。此次培训重点落实了“在学校如何组织开展诗朗诵活动、诗朗诵的技巧、普通话的提升”这三方面的培训工作。为保证此次培训水平，利星行汽车特别邀请到了原解放军艺术学院戏剧系台词教研室主任、教授、硕士生导师曲敬国先生担任此部分培训工作，北京教育学院学前教育学院院长杨秀治以及北京教育学院副教授石英德也受邀担任此次培训营的授课专家。在为期7天的免费培训中，除了基础课程的培训之外，利星行汽车还为青年教师们设置了文化体验、参观北京等定制化课程内容，以求最大限度地开阔教师们的视野并培养其教学能力，促进利星行希望学校教育水平的提升。

培训营课程结束后，各个教师将回到当地学校，与援建单位配合举办校园语言类项目选拔赛（演讲、朗诵等口才类表达比赛）。作为本次培训的成果展现，利星行汽车也将总决赛的组织安排提上日程，让此次教师培训的成果得以落实并最大限度地惠及每一位学生。

一起朗读 陪伴成长

在2019年的希望学校回访活动中，利星行汽车更侧重于关注希望学校“精神养育缺失问题”，以“一起朗读”为公益关爱主题，给留守儿童带去人文关怀。

利星行汽车公益带头人庄国邦先生认为：“一起朗读”核心在于“陪伴”，让孩子健康成长需要在营养、教育双重层面持续发力，即在保证孩子的营养摄取、认知培养的同时，也要关心对孩子的养育方式，给予智力和情感上的倾注。

有别于以往的捐资捐物等传统公益形式，此次利星行汽车发起的“一起朗读”系列活动由利星行的经销商荣誉校长带队，在全国范围内招募有爱心、有优秀阅读培训经验的经销商、车主、员工，并将招募到的志愿者们组成一支队伍，给各地希望学校中的孩子们带来面对面的陪伴朗读活动。同时，利星行汽车还将积极为希望学校的教师们开展培训课程，并为希望学校的图书馆充实藏书，以丰富农村地区儿童的精神教育。

在扎龙自然保护区大手拉小手

扶助教育 聚力同心

作为中国汽车流通行业重要的经销商集团，利星行汽车不仅持续关注汽车专业人才的培养，还对从基础教育到高等教育的各个环节提供了多层次、多角度的全面支持，并将资助中国教育事业和青少年成长发展作为企业社会责任的重要内容。在“星耀未来 惠泽桃李”的公益理念指导下，利星行汽车承诺将以更大的热忱扶助青少年的健康成长和教育事业，脚踏实地地践行责任承诺，力争成为中国汽车流通行业最佳合作伙伴以及履行企业社会责任的业界楷模。

在中国汽车流通协会的指导下，利星行汽车与北京培黎技术职业学院合作已7年。从2012年9月合作开设汽车技术服务与营销专业至今，目前已有四届毕业生，七届在校生。合作7年中，企业始终全面参与到人才培养、课程建设、授课常规、学生活动等工作中。每一年，利星行汽车会为学习成绩优异以及家庭贫困的同学提供奖助学金，秉行“星耀未来 惠泽桃李”的企业公益理念，将利星行的爱送至每一位需要的同学；每一年，利星行汽车会举办知识竞赛，邀请行业内最权威的领导担任评委，既丰富了同学们的课余生活，也使大家在比赛中收获更多的知识；每一年，利星行汽车都会在培训学院为同学们提供实训的机会，使课堂上的知识在实践中得以运用。

北京培黎技术职业学院国际商务系2019届汽车专业利星行双选会合影留念

“生活之味” 温暖启幕

生活百味，酸甜苦辣。平常人每天经历、沉浸其中，而对于一部分特殊儿童——PKU苯丙酮尿症患者，这些味道只能停留于想象。世间的珍馐美味，对于他们近在眼前，却遥不可及。

利星行汽车携手北京利星行慈善基金会、北京大爱天使苯丙酮尿症罕见病关爱中心，共同推出岁末公益礼——援助PKU苯丙酮尿症儿童《2019 生活之味》主题台历公益项目，为PKU苯丙酮尿症儿童的康复计划送上温暖的助力。公益征集一经推出，获得来自利星行汽车经销商及合作伙伴的热烈响应，经过短短不到1个月的时间，公益台历认捐本数突破10,000册。

本次公益行动所帮扶的对象，是一群“不食人间烟火”的孩子。PKU(苯丙酮尿症)是一种遗传性基因缺陷，患病的儿童无法正常代谢苯丙氨酸。普通食物对PKU儿童来说就是毒药，必须严格控制饮食，患病儿童所赖以为生的“特餐”对于常人来说则味同“泔水”，难以下咽。

我们以“2019生活之味”作为主题，请热衷公益的利星行汽车董事长庄国邦先生为台历亲笔题字“生活之味”，请北京大爱天使苯丙酮尿症罕见病关爱中心的救助儿童就“生活之味”为主题创作儿童绘画作为台历主画面。台历中还附有关于利星行汽车简介、北京利星行慈善基金会简介、公益纪念日提醒、中国二十四节气提醒、利星行汽车经销商网络信息等实用内容。

公益大爱，资助仅为形式，关注、理解、接纳，方为真谛！

《2019 生活之味》主题台历

深耕中国市场26年，作为奔驰经销商与战略合作伙伴的利星行汽车，在传承奔驰品牌的价值与精神的过程中始终信念如一、坚守不变。专业的国际化团队通过优化网络布局、提升运营效率，在继续为客户提供优质服务的同时积极适应行业新常态，并从未停下回馈社会的脚步。用诚心经营企业，用诚意奉献社会，利星行汽车“星耀未来 惠泽桃李”的公益宣言在2019年得到切实彰显，这一宣言必将继续促使利星行汽车在未来发展过程中精益求精，不断向卓越大步迈进！

中国汽车市场年鉴

China Auto Market Almanac

2019

中国汽车流通协会　编著

中国商业出版社

图书在版编目（CIP）数据

2019中国汽车市场年鉴 / 中国汽车流通协会编著
-- 北京 ：中国商业出版社，2019.11
ISBN 978-7-5208-0960-3

Ⅰ．① 2… Ⅱ．①中… Ⅲ．①汽车工业－国内市场－中国－2019－年鉴 Ⅳ．① F724.76-54

中国版本图书馆 CIP 数据核字（2019）第 237626 号

责任编辑：武维胜

中国商业出版社出版发行
010-63180647　www.c-cbook.com
（ 100053　北京广安门内报寺 1 号）
新华书店经销
廊坊市旭日源印务有限公司印刷

*　*　*　*　*

889×1194 毫米　16 开　25.75 印张　275.9 千字
2019 年 11 月第 1 版　2019 年 11 月第 1 次印刷
定价　980.00 元

*　*　*　*

（如有印装质量问题可更换）

《中国汽车市场年鉴》协作单位

（排名不分先后）

北京梅赛德斯 - 奔驰销售服务有限公司

利星行汽车

广汇汽车服务股份公司

希迪凯环球信息技术服务（中国）有限公司

北京长久物流股份有限公司

《中国汽车市场年鉴》编辑委员会

委　　员　（按姓氏笔画排序）

丁　锋　江苏万帮金之星车业集团董事长
马湘滨　湖南省汽车商会会长
马增荣　中国物流与采购联合会汽车物流分会执行副会长
王　都　中国汽车流通协会副秘书长
王昆鹏　中国正通汽车服务控股有限公司副董事长
王学军　天津市汽车流通行业协会 常务副会长
王新明　广汇宝信汽车集团有限公司总裁
方　明　浙江物产元通汽车集团有限公司董事长
尹高武　北京北辰亚运村汽车交易市场中心总经理
邓　新　江西省二手车流通行业协会会长
左　敏　湖北省汽车流通协会会长
代全民　山西省汽车流通商会会长
代德明　恒信汽车集团股份有限公司董事长
朴宗沃　东风悦达起亚汽车有限公司总经理
朱　林　贵州省汽车汽配行业商会会长
刘　义　北京北汽鹏龙汽车服务贸易股份有限公司董事长兼党委书记
刘　波　沈阳汽车流通协会会长
刘士耀　河北省汽车流通协会会长
刘文姬　中国汽车流通协会副秘书长
刘志强　湖南省二手车流通协会秘书长
刘美良　沈阳大众企业集团有限公司集团总经理
孙绍先　北京运通国融投资集团有限公司董事长
严　斐　广东省汽车流通协会会长
杜敬磊　内蒙古利丰汽车有限公司董事长
李　彬　深圳市深业车城有限公司董事长
李伟利　国家信息中心经济咨询中心副主任
李沛熠　河北省旧机动车流通协会会长
李建平　广汇汽车服务股份公司董事长
李海超　车王（中国）二手车经营有限公司 CEO
李晨迪　大昌行集团有限公司董事
李颜伟　新浪汽车副主编
杨　桦　四川华星汽车集团有限公司董事长
杨　鹏　润东汽车集团有限公司董事长
杨晓勇　蓝池集团有限公司董事长
杨雪剑　车易拍（北京）汽车技术服务有限公司 CEO
束长生　江苏省汽车流通协会执行会长
肖荣臣　商务部市场体系建设司处长
吴正纲　广西省汽车流通协会会长
余　德　安吉汽车物流有限公司总经理
余海军　宝利德控股集团有限公司董事长兼总经理
宋　涛　中国汽车流通协会副秘书长
张　毅　新华社资深财经记者
张文义　云南省资源再生利用行业协会会长
张序安　易车公司 CEO
张宝林　长安汽车（集团）有限责任公司总经理

张爱群　　浙江吉利控股集团有限公司副总裁
张鲁晋　　润华集团股份有限公司总裁
张献忠　　河南威佳汽车贸易集团有限公司集团总裁
张德安　　上海永达控股（集团）有限公司董事局主席
张德志　　中国消费者协会投诉部主任
陈可人　　浙江省汽车流通协会会长
陈有权　　国机汽车股份有限公司党委书记、董事长
陈学勤　　重庆市汽车商业协会秘书长
陈祥达　　深圳市澳康达名车广场有限公司董事总经理
邵维民　　山东省汽车流通协会秘书长
武　峰　　北京朗诚律师事务所主任
罗　磊　　中国汽车流通协会副秘书长
罗　峥　　平安银行交通金融事业部总裁
罗　磊　　中国汽车流通协会副秘书长
周　昆　　山东远通汽车贸易集团有限公司董事长
周　育　　上海信宝博通电子商务有限公司董事长兼CEO
周小波　　北京百得利汽车进出口集团有限公司首席执行官
周金锋　　河南省二手车流通协会会长
周建明　　深圳市佳鸿集团控股有限公司董事长
周黎明　　湖南汽车城有限公司董事长兼总经理
郑维桢　　中国出版协会年鉴工作委员会副主任（副会长）
郎学红　　中国汽车流通协会副秘书长
胡　伟　　成都宏盟二手车交易市场管理有限公司董事长
钟　师　　《智驾网》总编辑
姚　杰　　中国汽车工业协会副秘书长
载　万　　北京现代汽车有限公司总经理
贾　可　　《汽车商业评论》总编辑
钱金彪　　北京祥龙博瑞汽车服务（集团）有限公司党委副书记、总经理、董事
高延莉　　中国物资再生协会秘书长
唐　华　　上海市汽车销售行业协会会长
黄　毅　　中升集团控股有限公司集团主席
黄志强　　利星行汽车首席执行官
黄炯彬　　广物汽贸股份有限公司董事长、党委书记、法定代表人
黄晓军　　北京惠通陆华汽车销售有限公司董事长
崔东树　　中国汽车流通协会汽车市场研究分会（乘联会）秘书长
章新挺　　江西省汽车流通协会常务副会长兼秘书长
盖　方　　麦特汽车服务股份有限公司董事长
葛致诺　　福特汽车（中国）有限公司执行董事长
蔡　宾　　上海市汽车服务行业协会会长
蔡仲民　　上海市二手车行业协会会长
蔡真法　　一汽贸易总公司总经理
颜广彤　　天津市浩物机电汽车贸易有限公司董事长、总经理兼党委书记
颜景辉　　原北京北辰亚运村汽车交易市场副总经理
薄世久　　北京长久物流股份有限公司董事长
戴　琨　　优信集团理事长兼CEO

《中国汽车市场年鉴》特约编辑

（按姓氏笔画排序）

王　存　　国机汽车股份有限公司
王宏昌　　中国汽车流通协会有形市场分会
王艳刚　　蓝池集团有限公司
邓小雪　　四川华星汽车集团 行政部
石　红　　中国汽车技术研究中心有限公司
邢明发　　国家统计局服务业统计司
乔　虹　　北京运通国融投资集团有限公司
刘万国　　北京市旧机动车交易市场有限公司
孙照伟　　上海车煌资产管理有限公司
孙露谊　　国机汽车股份有限公司
李彤梅　　中国汽车流通协会售后零部件分会
李岩娜　　山东远通汽车贸易集团有限公司
李浩铭　　西安大诚行二手车经销有限公司
李新波　　中国汽车技术研究中心有限公司
吴　霁　　河南威佳汽车贸易集团有限公司
沈　庆　　中国汽车技术研究中心有限公司
陈士华　　中国汽车工业协会
陈祥达　　深圳市澳康达名车广场有限公司
郝庆丰　　中国法学会消费者权益保护法学研究会
胡　量　　广汇汽车服务集团股份公司
胡昌晨　　上汽大众汽车有限公司
钟渭平　　中国汽车流通协会商用车专业委员会
徐士刚　　江苏省汽车流通协会
栾尽晖　　国家统计局服务业统计司
高　凌　　中国汽车售后服务质量监测大数据平台
唐奕奕　　中国汽车流通协会汽车市场研究分会
曹　阳　　重庆长安汽车股份有限公司
常　长　　中升集团控股有限公司
常　亮　　中国汽车流通协会互联新出行分会
谢　晶　　利星行汽车
雷　滨　　中国汽车工业协会
雷永霞　　大昌行集团中国汽车部
戴　佳　　弘高车世界

《中国汽车市场年鉴》编辑部

主　　编　　沈进军
编辑部主任　　王　都
编辑部副主任　　杨俊丽
责任编辑　　石雪莲　文思婧　李　鑫　李　婷　田　甜　林　逊　崔　玮

编辑说明

一、《中国汽车市场年鉴》是由中国物流与采购联合会主管，中国汽车流通协会主办，《中国汽车市场年鉴》编辑部编辑出版。由商务部、国家发改委、国家市场监督管理总局、国家统计局、交通部、生态环境部等国家有关部门、行业组织和中国主要汽车生产、流通企业及各地汽车流通协会共同参与编撰的大型资料性工具书。创办于 1995 年，已连续出版了 1995-2018 年各年卷。

二、《中国汽车市场年鉴》的编纂宗旨是：科学、全面、系统、翔实，逐年反映中国汽车行业的发展和汽车市场的变化，内容涵盖中国汽车生产、流通、消费、服务与行业管理的各个方面，以丰富的资料信息为市场、政府、行业和广大消费者服务。

三、《中国汽车市场年鉴》反映的内容都是上一年度的史实和资料信息。2019 年卷设有专文、大事记、新车市场、汽车进出口、新能源汽车、二手车、汽车零部件、汽车后市场、汽车报废、汽车流通核心企业、政策法规 & 标准、统计数据等共计 13 个部类，力求专业、翔实、全面、系统地记录中国汽车流通的发展历程。在编排上分部类（类目）、栏目、分目、条目 4 个层次。条目是基本文献形式，除此之外的文献形式还有专文、大事记、统计图表、政策法规等。

四、《中国汽车市场年鉴》所有文稿、资料、数据都经有关部门审该；有关条目的数据以国家统计局、海关总署等部门提供的数据为准；各地方和部门的数据以地方和部门提供的数据为准。由于各地、各部门的统计口径不同，个别数字与全国统计数据可能有出入。

五、香港、澳门特别行政区和台湾省的资料暂缺。

六、《中国汽车市场年鉴》在编辑、出版过程中得到了国家有关部门和相关行业组织、汽车生产、流通企业以及各地汽车流通协会的大力支持与帮助，在此深表感谢。本书在编辑和印装等方面的不足之处，敬请广大读者批评指正。

《中国汽车市场年鉴》编辑部

2019 年 10 月

目　录

第一部类　专文

2018 年中国经济运行保持在合理区间……002
2018 年中国汽车市场及汽车流通行业现状与发展变化……008
2018 年汽车工业发展……011

第二部类　大事记

2018 年汽车行业大事记……032

第三部类　新车市场

2018 年中国汽车市场综述……050
2018 年中国乘用车市场……057
　2018 年轿车市场……057
　2018 年 SUV 市场……063
　2018 年 MPV 市场……067
　2018 年微型客车市场……072
2018 年中国商用车市场……076
　2018 年载货车市场……076
　2018 年客车市场……080
　2018 年专用车市场……082
2018 年中国区域汽车市场……084
　2018 年北京市新车市场……084
　2018 年山东省新车市场……086
　2018 年江苏省新车市场……092
　2018 年广东省新车市场……097
　2018 年重庆市新车市场……099
　2018 年贵州省新车市场……101
2018 年汽车经销商集团百强专题研究报告……104
2018 年经销商库存指数及预警……115

2018 年全国经销商经营状况调查……118

第四部类　新能源汽车市场

2018 年中国新能源汽车市场……122
2018 年中国新能源乘用车市场……135
2018 年汽车新零售渠道模式……142
2018 年中国新能源汽车售后服务……144

第五部类　汽车进出口

2018 年中国汽车出口市场……150
2018 年中国进口车市场……154
2018 年中国平行进口汽车市场……158

第六部类　二手车市场

2018 年中国二手车市场综述……164
2018 年中国二手车区域市场……169
　2018 年北京市二手车市场……169
　2018 年山东省二手车市场……170
　2018 年江苏省二手车市场……172
　2018 年广东省二手车市场……176
　2018 年重庆市二手车市场……178
　2018 年贵州省二手车市场……179

第七部类　售后零部件市场

2018 年中国售后零部件市场……182
2018 年中国汽车售后零部件行业代表性案例……184

第八部类　汽车后市场

2018 年中国汽车售后服务监测……188
2018 年中国汽车投诉状况……195
2018 年中国汽车安全与召回状况……203
2018 年中国汽车金融发展综述……207
2018 年中国汽车物流行业发展综述……211
2018 年中国汽车改装市场发展综述……213

2018 年中国汽车租赁市场发展综述……216
2018 年中国房车市场发展综述……218
2018 年中国汽车出行服务……220
2018 年中国移动出行市场……220
2018 年中国车联网发展……223

第九部类　汽车报废

2018 年报废汽车回收拆解行业发展综述……230

第十部类　汽车流通核心企业

中国大型汽车经销商集团……238
国机汽车股份有限公司……238
中升集团控股有限公司……239
大昌行集团有限公司……242
山东远通汽车贸易集团有限公司……244
河南威佳汽车集团……246
蓝池集团有限公司……247
四川华星汽车集团有限公司……248
利星行汽车……249
汽车经销商集团上市公司股比关系……252
中国大型二手车商……256
大诚行二手车经销公司……256
上海车煌资产管理有限公司……258
深圳市澳康达名车广场有限公司……259
中国主要二手车市场……263
北京旧机动车交易市场有限公司……263
上海二手车交易中心有限公司……264
津湘集团 · 弘高车世界……265
桂物 · 广西二手车市场……266

第十一部类　政策法规和标准

2018 年汽车行业相关政策法规……268
2018 年汽车行业相关标准……271
新能源汽车地方补贴和推广政策……273

第十二部类　统计数据

表 1　历年公路线路年末里程……278
表 2　公路线路年末里程（2018 年底）（按地区分）……279
表 3-1　历年公路营运汽车拥有量……280
表 3-2　历年公路营运汽车拥有量……280
表 4　公路营运汽车拥有量（2018 年底）（按地区分）……281
表 5-1　历年全社会货运量……282
表 5-2　货运量构成……283
表 6　各地区全社会货运量（2018 年）……284
表 7-1　历年全社会货物周转量……285
表 7-2　货周构成……286
表 8　各地区全社会货物周转量（2018 年）……286
表 9　历年全社会客运量……287
表 10　各地区全社会客运量（2018 年）……288
表 11　历年全社会旅客周转量……289
表 12　各地区全社会旅客周转量（2018 年）……290
表 13-1　历年民用汽车拥有量 (载客）……291
表 13-2　历年民用汽车拥有量 (载货）……291
表 14-1　民用车辆拥有量（载客）（按地区分）……292
表 14-2　民用车辆拥有量（载货）（按地区分）……293
表 15-1　历年私人汽车拥有量（载客）……294
表 15-2　历年私人汽车拥有量（载货）……294
表 16-1　私人车辆拥有量（载客）（按地区分）……295
表 16-2　私人车辆拥有量（载货）（按地区分）……296
表 17-1　历年民用汽车新注册情况（载客）……297
表 17-2　历年民用汽车新注册情况（载货）……297
表 18-1　民用汽车新注册情况（载客）（按地区分）……298
表 18-2　民用汽车新注册情况（载货）（按地区分）……299
表 19　历年机动车及汽车驾驶员情况……300
表 20-1　机动车及汽车驾驶员情况（2018 年底）（按地区分）……301
表 20-2　机动车及汽车驾驶员情况（2017 年底）（按地区分）……302
表 21-1　进口汽车保有量（载客）（按地区分）……303
表 21-2　进口汽车保有量（载货）（按地区分）……304
表 22-1　国内生产总值……305

表 22-2 国内生产总值……306
表 23 居民人均可支配收入和指数……307
表 24 2018 年分月汽车销售完成情况……308
表 25 2018 年全国乘用车品牌销量情况……309
表 26 2018 年整车（分车型）出口情况……353
表 27 2018 年整车（分国别前 20 位）出口情况……353
表 28 2018 年中国主要汽车企业出口情况……354
表 29 2018 年全国二手车交易经营情况……354
表 30 2018 年二手乘用车分区域交易经营情况……355
表 31 2018 年二手商用车及其他车辆分区域交易经营情况……356
表 32 历年二手车分车型交易经营情况……357

第十三部类　附录

表 1 2018 年上市新车 (燃油车)……360
表 2 2018 年新能源上市新车……364
表 3 2018 中国汽车经销商集团百强排行榜榜单……367
表 4 2018 中国汽车经销商百强卓越经销店……370
表 5 2018 年中国二手车经销商百强……372
表 6 全国汽车流通行业协（商）会合作组织……374
表 7 中国汽车相关科研机构……375
表 8 中国设置汽车相关专业高校……376
表 9 国内主要汽车生产企业……379
表 10 大型汽车交易市场……387
表 11 汽车零配件市场……390
2018 年主要汽车展览……392
2018 年国内汽车赛事……397

中国汽车流通行业公益慈善研究报告……400

第1部类

专文

DIYIBULEI | ZHUANWEN

2018 年中国经济运行保持在合理区间

国家统计局

2018 年，在以习近平同志为核心的党中央坚强领导下，各地区各部门认真贯彻落实党中央、国务院各项决策部署，坚持稳中求进工作总基调，坚持新发展理念，坚持推动高质量发展，坚持以供给侧结构性改革为主线，凝心聚力，攻坚克难，经济社会发展的主要预期目标较好完成，三大攻坚战开局良好，供给侧结构性改革深入推进，改革开放力度加大，人民生活持续改善，国民经济运行保持在合理区间，总体平稳、稳中有进态势持续显现，朝着实现全面建成小康社会的目标继续迈进。

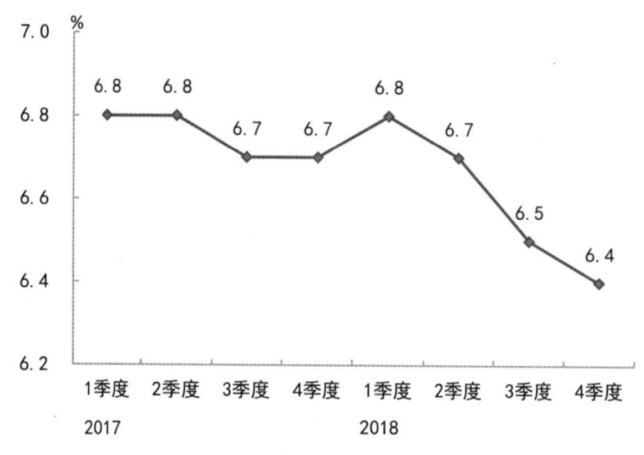

图 1 国内生产总值增速度（季度同比）

初步核算，全年国内生产总值 900309 亿元，按可比价格计算，比上年增长 6.6%，实现了 6.5% 左右的预期发展目标。分季度看，一季度同比增长 6.8%，二季度增长 6.7%，三季度增长 6.5%，四季度增长 6.4%。分产业看，第一产业增加值 64734 亿元，比上年增长 3.5%；第二产业增加值 366001 亿元，增长 5.8%；第三产业增加值 469575 亿元，增长 7.6%。

一、粮食保持高产，畜牧业总体稳定

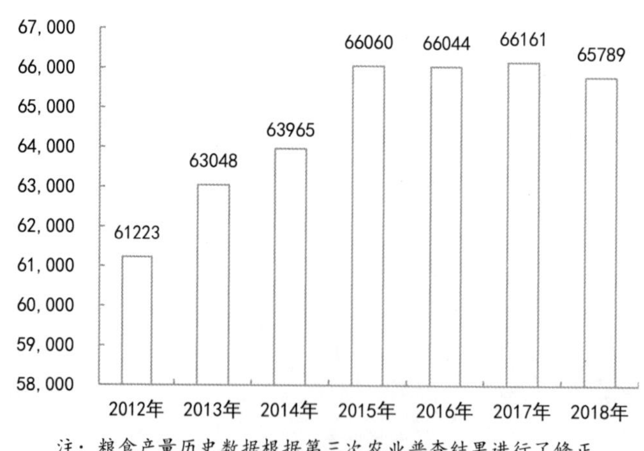

图 2 全国粮食产量（万吨）

全年全国粮食总产量 65789 万吨，比上年下降 0.6%，仍是历史高产年，连续 4 年保持在

65000万吨以上。其中，夏粮产量13878万吨，早稻产量2859万吨，秋粮产量49052万吨。棉花产量610万吨，比上年增长7.8%。种植结构进一步优化，优质稻谷播种面积扩大，玉米播种面积继续调减，大豆种植面积增加，棉花、糖料、中草药材作物种植面积增加。

全年猪牛羊禽肉产量8517万吨，比上年略降0.3%。其中，猪肉产量5404万吨，下降0.9%；牛肉产量644万吨，增长1.5%；羊肉产量475万吨，增长0.8%；禽肉产量1994万吨，增长0.6%。生猪存栏42817万头，比上年下降3.0%；生猪出栏69382万头，下降1.2%。

二、工业生产平稳增长，新产业增长较快

全年全国规模以上工业增加值比上年实际增长6.2%，增速缓中趋稳。分经济类型看，国有控股企业增加值增长6.2%，集体企业下降1.2%，股份制企业增长6.6%，外商及港澳台商投资企业增长4.8%。

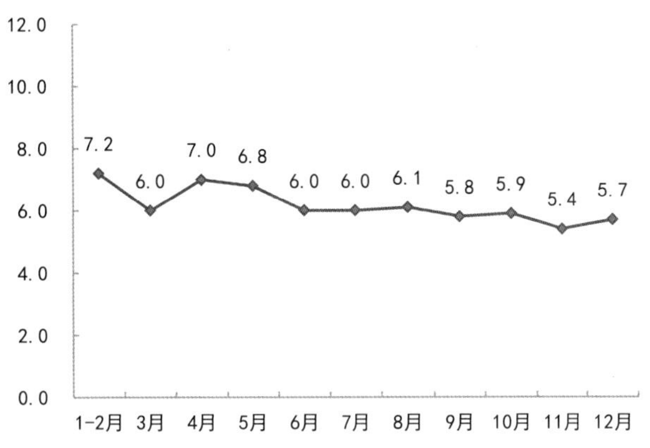

图3 规模以上工业增长值增速（月度同比，%）

分三大门类看，采矿业增加值增长2.3%，制造业增长6.5%，电力、热力、燃气及水生产和供应业增长9.9%。高技术制造业、战略性新兴产业和装备制造业增加值分别比上年增长11.7%、8.9%和8.1%，增速分别比规模以上工业快5.5、2.7和1.9个百分点。新兴工业产品产量快速增长，铁路客车、微波终端机、新能源汽车、生物基化学纤维、智能电视、锂离子电池和集成电路分别增长183.0%、104.5%、40.1%、23.5%、18.7%、12.9%和9.7%。12月，规模以上工业增加值同比增长5.7%，比上月加快0.3个百分点，环比增长0.54%。

三、服务业保持较快发展，持续处于景气区间

全年全国服务业生产指数比上年增长7.7%，保持较快增长。其中，信息传输、软件和信息技术服务业，租赁和商务服务业分别增长37.0%、10.1%。12月，全国服务业生产指数同比增长7.3%，比上月提高0.1个百分点。1-11月，规模以上服务业企业营业收入同比增长11.5%，其中，战略性新兴服务业、科技服务业和高技术服务业企业营业收入同比分别增长14.9%、15.0%和13.4%；规模以上服务业企业营业利润增长5.7%。

12月，服务业商务活动指数为52.3%，处于景气区间。铁路运输业、电信广播电视和卫星传输服务、货币金融服务、保险业和其他金融业等行业商务活动指数均位于60.0%以上的较高景气区间。从市场预期看，服务业业务活动预期指数为60.2%，比上月提高0.6个百分点。

四、市场销售平稳较快增长，网上零售占比明显提高

全年社会消费品零售总额380987亿元，比上年增长9.0%，保持较快增长。其中，限额以上单位消费品零售额145311亿元，增长5.7%。按经营单位所在地分，城镇消费品零售额325637亿元，增长8.8%；乡村消费品零售额55350亿元，增长10.1%。按消费类型分，餐饮收入42716亿元，

增长 9.5%；商品零售 338271 亿元，增长 8.9%。消费升级类商品较快增长，全年限额以上单位化妆品类、家用电器和音像器材类、通信器材类商品零售额增速分别比限额以上社会消费品零售额增速高 3.9、3.2 和 1.4 个百分点。12 月，社会消费品零售总额同比增长 8.2%，环比增长 0.55%。

全年全国网上零售额 90065 亿元，比上年增长 23.9%。其中，实物商品网上零售额 70198 亿元，增长 25.4%，占社会消费品零售总额的比重为 18.4%，比上年提高 3.4 个百分点；非实物商品网上零售额 19867 亿元，增长 18.7%。

五、投资增长缓中趋稳，制造业投资和民间投资增速加快

全年全国固定资产投资（不含农户）635636 亿元，比上年增长 5.9%，增速比前三季度加快 0.5 个百分点。其中，民间投资 394051 亿元，增长 8.7%，比上年加快 2.7 个百分点。分产业看，第一产业投资增长 12.9%，比上年加快 1.1 个百分点；第二产业投资增长 6.2%，加快 3.0 个百分点，其中制造业投资增长 9.5%，加快 4.7 个百分点；第三产业投资增长 5.5%，其中基础设施投资增长 3.8%。高技术制造业、装备制造业投资比上年分别增长 16.1% 和 11.1%，分别比制造业投资快 6.6 和 1.6 个百分点。12 月，固定资产投资与上月环比增长 0.42%。全年全国房地产开发投资 120264 亿元，比上年增长 9.5%。全国商品房销售面积 171654 万平方米，增长 1.3%，其中住宅销售面积增长 2.2%。全国商品房销售额 149973 亿元，增长 12.2%，其中住宅销售额增长 14.7%。

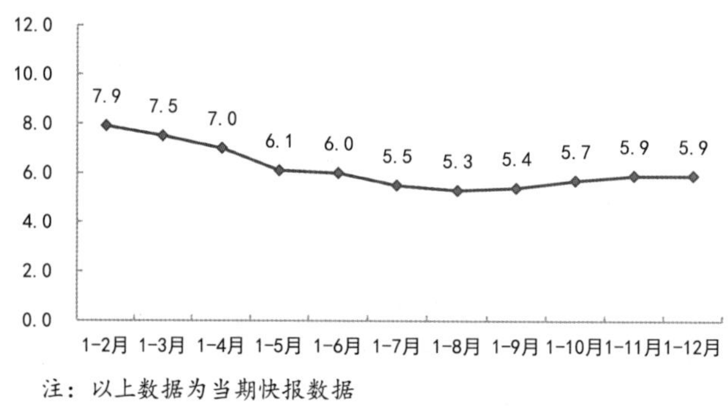

注：以上数据为当期快报数据

图 4　固定资产投资（不含农户）增速（累计同比，%）

六、进出口总额创历史新高，贸易结构不断优化

全年货物进出口总额 305050 亿元，比上年增长 9.7%；贸易总量首次超过 30 万亿元，创历史新高；数量增长，结构优化，进出口稳中向好的目标较好实现。其中，出口 164177 亿元，增长 7.1%；进口 140874 亿元，增长 12.9%。进出口相抵，顺差为 23303 亿元，比上年收窄 18.3%。一般贸易进出口占进出口总额的比重为 57.8%，比上年提高 1.4 个百分点。机电产品出口增长 7.9%，占出口总额的 58.8%，比上年提高 0.4 个百分点。中国对主要贸易伙伴进出口全面增长，对欧盟、美国和东盟进出口分别增长 7.9%、5.7% 和 11.2%；与“一带一路”沿线国家进出口增势良好，对“一带一路”沿线国家合计进出口增长 13.3%，高出货物进出口总额增速 3.6 个百分点。全年规模以上工业企业实现出口交货值 123932 亿元，比上年增长 8.5%。

七、居民消费价格温和上涨，工业生产者价格涨幅回落

全年居民消费价格比上年上涨 2.1%，处于温和上涨区间，低于 3% 左右的预期目标。其中，城市上涨 2.1%，农村上涨 2.1%。分类别看，食品烟酒价格上涨 1.9%，衣着上涨 1.2%，居住上涨 2.4%，生活用品及服务上涨 1.6%，交通和通信上涨 1.7%，教育文化和娱乐上涨 2.2%，医疗保健上涨 4.3%，其他用品和服务上涨 1.2%。在食品烟酒价格中，粮食价格上涨 0.8%，猪肉价格下降 8.1%，鲜菜

价格上涨 7.1%。扣除食品和能源价格的核心 CPI 上涨 1.9%，涨幅比上年回落 0.3 个百分点。12 月份，居民消费价格同比上涨 1.9%，环比与上月持平。

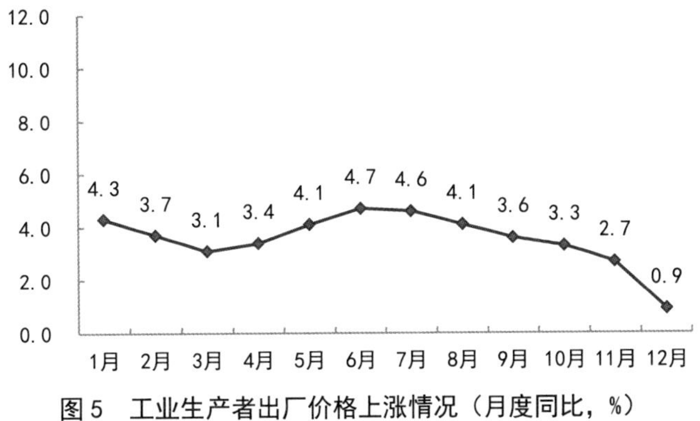

图 5　工业生产者出厂价格上涨情况（月度同比，%）

全年工业生产者出厂价格比上年上涨 3.5%，涨幅比上年回落 2.8 个百分点；12 月同比上涨 0.9%，环比下降 1.0%。全年工业生产者购进价格比上年上涨 4.1%，12 月同比上涨 1.6%，环比下降 0.9%。

八、就业形势保持稳定，城镇调查失业率下降

全年城镇新增就业 1361 万人，比上年多增 10 万人，连续 6 年保持在 1300 万人以上，完成全年目标的 123.7%。12 月，全国城镇调查失业率为 4.9%，比上年同月下降 0.1 个百分点。2018 年各月全国城镇调查失业率保持在 4.8%-5.1% 之间，实现了低于 5.5% 的预期目标。12 月，31 个大城市城镇调查失业率为 4.7%，比上年同月下降 0.2 个百分点。

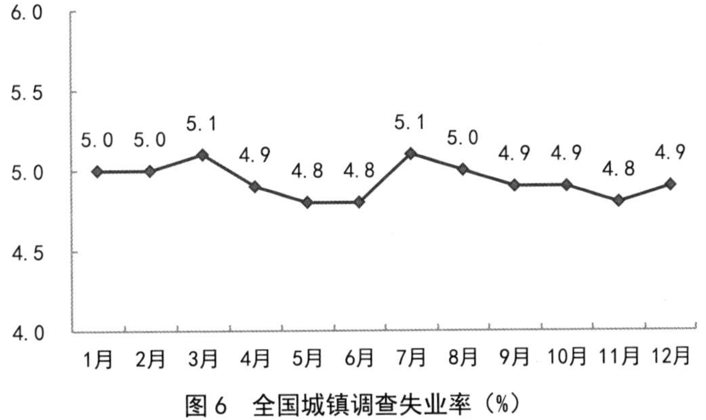

图 6　全国城镇调查失业率（%）

其中，全国主要就业人员群体 25-59 岁人口调查失业率为 4.4%，与上月持平。年末全国就业人员 77586 万人，其中城镇就业人员 43419 万人。全年农民工总量 28836 万人，比上年增加 184 万人，增长 0.6%。其中，本地农民工 11570 万人，增长 0.9%；外出农民工 17266 万人，增长 0.5%。农民工月均收入水平 3721 元，比上年增长 6.8%。

九、居民收入消费稳定增长，农村居民收支增速快于城镇

全年全国居民人均可支配收入 28228 元，比上年名义增长 8.7%，扣除价格因素实际增长 6.5%，快于人均 GDP 增速，与经济增长基本同步。按常住地分，城镇居民人均可支配收入 39251 元，比上年名义增长 7.8%，扣除价格因素实际增长 5.6%；农村居民人均可支配收入 14617 元，比上年名义增长 8.8%，扣除价格因素实际增长 6.6%。城乡居民人均收入倍差 2.69，比上年缩小 0.02。全国居民人均可支配收入中位数 24336 元，比上年名义增长 8.6%。按全国居民五等

份收入分组，低收入组人均可支配收入 6440 元，中等偏下收入组人均可支配收入 14361 元，中等收入组人均可支配收入 23189 元，中等偏上收入组人均可支配收入 36471 元，高收入组人均可支配收入 70640 元。

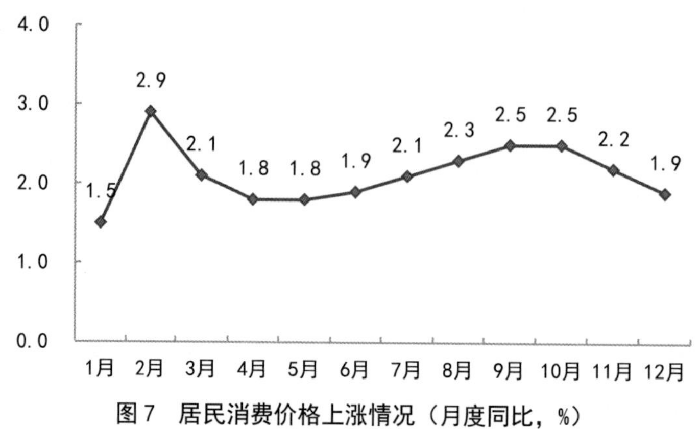

图 7 居民消费价格上涨情况（月度同比，%）

全年全国居民人均消费支出 19853 元，比上年名义增长 8.4%，增速比上年加快 1.3 个百分点；扣除价格因素实际增长 6.2%，比上年加快 0.8 个百分点。其中，城镇居民人均消费支出 26112 元，名义增长 6.8%，比上年加快 0.9 个百分点；农村居民人均消费支出 12124 元，名义增长 10.7%，比上年加快 2.6 个百分点。

十、供给侧结构性改革深入推进，经济转型升级态势持续

“三去一降一补”重点任务扎实推进。去产能方面，钢铁、煤炭年度去产能任务提前完成。全国工业产能利用率为 76.5%，其中黑色金属冶炼和压延加工业、煤炭开采和洗选业产能利用率分别为 78.0% 和 70.6%，分别比上年提高 2.2 和 2.4 个百分点。去杠杆方面，企业资产负债率下降。11 月末，规模以上工业企业资产负债率为 56.8%，同比下降 0.4 个百分点；其中国有控股企业资产负债率为 59.1%，下降 1.6 个百分点。去库存方面，年末全国商品房待售面积 52414 万平方米，比上年末下降 11.0%。降成本方面，企业成本继续下降。1-11 月，规模以上工业企业每百元主营业务收入中的成本为 84.19 元，比上年同期减少 0.21 元。补短板方面，薄弱环节投资较快增长。全年生态保护和环境治理业、农业投资分别增长 43.0% 和 15.4%，分别快于全部投资 37.1 和 9.5 个百分点。

经济结构继续优化。全年第三产业增加值占国内生产总值的比重为 52.2%，比上年提高 0.3 个百分点，高于第二产业 11.5 个百分点；对国内生产总值增长的贡献率为 59.7%，比上年提高 0.1 个百分点。消费作为经济增长主动力作用进一步巩固，最终消费支出对国内生产总值增长的贡献率为 76.2%，比上年提高 18.6 个百分点，高于资本形成总额 43.8 个百分点。居民消费升级提质。全国居民恩格尔系数为 28.4%，比上年下降 0.9 个百分点。全年全国居民人均消费支出中，服务性消费占比为 44.2%，比上年提高 1.6 个百分点。绿色发展扎实推进。万元国内生产总值能耗比上年下降 3.1%，实现了下降 3% 以上的预期目标。能源消费结构继续优化。全年天然气、水电、核电、风电等清洁能源消费量占能源消费总量的比重比上年提高约 1.3 个百分点。

总的来看，2018 年国民经济继续运行在合理区间，实现了总体平稳、稳中有进。同时也要看到，经济运行稳中有变、变中有忧，外部环境复杂严峻，经济面临下行压力，前进中的问题必须有针对性地解决。

附注：

(1) 国内生产总值、规模以上工业增加值及其分类项目增长速度按可比价计算，为实际增长速度；其他指标除特殊说明外，按现价计算，为名义增长速度。

(2) 根据季节调整模型自动修正结果，对近一年来各期国内生产总值、规模以上工业增加值、固定资产投资（不含农户）、社会消费品零售总额环比增速进行修订。修订结果及 2018 年四季度 GDP 环比数据、2018 年 12 月份其他指标环比数据如下：

2017 年及 2018 年各季度 GDP 环比增速分别为 1.5%、1.8%、1.7%、1.6%、1.5%、1.7%、1.6% 和 1.5%。

表 1　2018 年各月份其他指标环比数据表

	规模以上工业增加值环比增速（%）	固定资产投资（不含农户）环比增速（%）	社会消费品零售总额环比增速（%）
1 月	0.57	0.45	0.63
2 月	0.57	0.45	0.58
3 月	0.38	0.44	0.98
4 月	0.63	0.45	0.76
5 月	0.51	0.44	0.52
6 月	0.38	0.44	0.72
7 月	0.44	0.43	0.79
8 月	0.50	0.43	0.63
9 月	0.47	0.44	0.53
10 月	0.47	0.45	0.63
11 月	0.37	0.43	0.50
12 月	0.54	0.42	0.55

(3) 规模以上工业的统计范围为年主营业务收入 2000 万元及以上的工业企业。由于规模以上工业企业范围每年发生变化，为保证本年数据与上年可比，计算产品产量等各项指标同比增长速度所采用的同期数与本期的企业统计范围尽可能相一致，和上年公布的数据存在口径差异。主要原因：一是统计单位范围发生变化。每年有部分企业达到规模纳入调查范围，也有部分企业因规模变小退出调查范围，还有新建投产企业、破产、注（吊）销企业等影响。二是部分企业集团（公司）产品产量数据存在跨地区重复统计现象，根据专项调查对企业集团（公司）跨地区重复产量进行了剔重。

(4) 服务业生产指数是指剔除价格因素后，服务业报告期相对于基期的产出变化。

(5) 社会消费品零售总额统计中限额以上单位是指年主营业务收入 2000 万元及以上的批发业企业（单位）、500 万元及以上的零售业企业（单位）、200 万元及以上的住宿和餐饮业企业（单位）。

上年同期社会消费品零售总额数据根据第三次全国农业普查结果及有关制度规定进行了修订，增速按照可比口径计算。

网上零售额是指通过公共网络交易平台（包括自建网站和第三方平台）实现的商品和服务零售额之和。商品和服务包括实物商品和非实物商品（如虚拟商品、服务类商品等）。

社会消费品零售总额包括实物商品网上零售额，不包括非实物商品网上零售额。

(6) 根据统计执法检查和第四次全国经济普查单位清查结果，对 2017 年固定资产投资基数进行修订，增速按可比口径计算。

(7) 全国居民人均可支配收入中位数是指将所有调查户按人均可支配收入水平从低到高顺序排列，处于最中间位置的调查户的人均可支配收入。

全国居民人均可支配收入五等份分组是指将所有调查户按人均收入水平从低到高顺序排列，平均分为五个等份，处于最高 20% 的收入群体为高收入组，依此类推依次为中等偏上收入组、中等收入组、中等偏下收入组、低收入组。

(8) 农民工是指户籍仍在农村，进城务工和在当地或异地从事非农产业劳动 6 个月及以上的劳动者。本地农民工是指在户籍所在乡镇地域内从业的农民工。外出农民工是指在户籍所在乡镇地域外从业的农民工。

(9) 流动人口是指人户分离人口中扣除市辖区内人户分离的人口。市辖区内人户分离人口是指一个直辖市或地级市所辖区内和区与区之间，居住地和户口登记地不在同一乡镇街道的人口。

(10) 就业人员是指 16 周岁及以上，有劳动能力，为取得劳动报酬或经营收入而从事一定社会劳动的人员。

(11) 进出口数据来源于海关总署；城镇新增就业人口数据来源于人力资源和社会保障部。

(12) 部分数据因四舍五入的原因，存在总计与分项合计不等的情况。

2018 年中国汽车市场及汽车流通行业现状与发展变化

中国汽车流通协会会长　沈进军

2018 年是贯彻党的十九大精神的开局之年，也是改革开放 40 周年。这一年，世界经济出现整体复苏态势，中国经济则稳中趋缓，在保持增速的同时，深化经济结构性调整，布局经济发展新空间。

李克强总理在 2018 年夏季达沃斯论坛开幕式的致辞中指出，在历经艰难曲折之后，世界经济出现整体复苏态势。然而，当前国际环境中不稳定不确定因素明显增多，逆全球化倾向抬头，中国政府以改革开放 40 周年为契机，推出了一系列深化改革、扩大开放、推动创新的重大举措，既是中国自身发展的需要，也是为推动世界经济增长作出的积极努力。过去几年，面对世界经济低迷和国内经济下行压力，中国坚持不搞"大水漫灌"式强刺激，而是深入贯彻新发展理念，锐意改革创新，紧紧抓住新产业革命机遇，充分发挥人力人才资源、市场规模等优势，着力培育壮大新动能，推动新旧动能加快接续转换。经过努力，新动能成长取得了超出预期的成效，对稳定经济增长、调整经济结构、扩大社会就业发挥了关键支撑作用。目前，中国的经济结构和增长格局已经发生重大转变，新动能对经济增长的贡献率超过三分之一、对城镇新增就业的贡献率超过三分之二，这为经济持续健康发展奠定了坚实基础。当然，中国经济发展也存在不少困难和挑战。应对当前的困难和挑战，我们有底气、有能力、有办法。中国经济列车不会掉挡失速，必将行稳致远。

一、中国汽车市场的发展变化

汽车产业作为国民经济支柱产业，近年来对中国经济建设与发展做出巨大贡献。受多重因素影响，2018 年汽车市场增长速度下滑明显。1-12 月，中国实现汽车类消费 3.8 万亿元，同比增长 -2.4%，低于社会消费品零售总额整体增速 11.3 个百分点。

（一）2018 年新车市场增速明显回落

2018 年新车市场受刺激政策退坡等多重因素影响，整体增速进一步放缓。乘用车市场下滑明显，豪华车市场保持一定幅度增长，新能源汽车继续保持高速增长。

1-12 月，中国汽车产销均分别完成 2049.1 万辆，产量比 2017 年同期增长 0.9% 和 1.5%。产销量增速持续回落，总体表现开始低于年初预期。其中乘用车产销分别完成 1735.1 万辆和 1726 万辆，产销量比上年同期分别增长 0.1% 和 0.6%。乘用车四类车型产销情况看，轿车产销量比上年同期分别增长 0.2% 和 1.3%；SUV 产销比上年同期分别增长 4.2% 和 3.9%；MPV 产销比上年同期分别下降 15.2% 和 13.1%；交叉型乘用车产销比上年同期分别下降 18.2% 和 19.6%。

1-12 月，新能源汽车产销分别完成 73.5 万辆和 72.1 万辆，比上年同期分别增长 73% 和 81.1%。其中纯电动汽车产销分别完成 55.5 万辆和 54.1 万辆，比上年同期分别增长 58.9% 和 66.2%；插电式混合动力汽车产销分别完成 18 万辆和 18.1 万辆，比上年同期分别增长 138% 和 146.9%。

（二）二手车市场保持较快速发展

随着中国汽车市场逐渐成熟，置换需求已成为新车消费的重要支撑，二手车消费成为汽车消费的一个重要选项，二手车市场对汽车市场整体发展的作用愈加凸显。2018 年中国新车市场增速明显放缓，二手车市场保持相对快速增长。

据中国汽车流通协会对全国二手车交易市场的全口径统计，2018 年 1-12 月中国累计交易二手车 1014.72 万辆，同比增长 12.91%；累计实现交易额 6305.43 亿元，同比增长 4.40%。同时二手车置换对新车销售的贡献度持续增加。2018 年二手车市场规模继续扩大，二手车交易量与交易额双双增长明显。2018 年中国二手车交易量接近 1400 万辆。

二手车市场保持较高速增长，原因主要有三方面。

（1）国家督查各地取消二手车限迁政策力度加大，市场政策环境有所优化。

（2）授权经销商集团二手车业务扩张，二手车电商持续活跃。

（3）二手车车况愈加透明，消费者消费理念日益成熟，二手车成为更多消费者的消费选项。

当前中国二手车市场发展潜力巨大，但发展过程中依然面临许多问题，税收制度不合理、二手车商品登记制度缺失、车况信息披露制度不完善等，都制约着行业发展。随着这些问题的逐步解决和相关制度的建立，中国二手车市场将迎来更快更好的发展。

（三）汽车后服务市场发展进入新阶段

近年来，汽车行业焦点与利润来源逐步由汽车销售端向售后服务端转移，吸引了大量资本参与投资，新公司、新模式不断涌现，汽车后市场空前繁荣，发展至今已形成多种业态并存、经营模式多样、年产值超万亿元的庞大市场。

目前中国汽车保有量已达 2.3 亿辆，驾驶员人数近 4 亿人，对汽车售后服务的需求巨大，汽车后服务市场发展空间广阔。当前中国汽车后市场经营主体高度分散，管理标准、管理制度缺失，行业集中度很低，整体依然处于缺乏监管、鱼龙混杂阶段，许多问题亟待规范。

随着中国汽车市场逐步成熟，消费者汽车消费需求的不断升级，对汽车后市场企业的要求也不断提高。预计未来中国汽车后市场规模将继续增长，行业竞争将日趋激烈，行业企业经营服务质量将有所提升，市场将向品牌化、规范化发展。

（四）汽车市场政策环境改变

经过多年的发展，中国汽车市场在取得一系列丰硕成果的同时，也暴露出了一些行业发展中存在的问题与矛盾。为解决市场出现的问题，优化行业的政策环境与市场环境，国家近年来陆续出台了《关于促进二手车便利交易的若干意见》《汽车销售管理办法》等，《二手车流通管理办法》也正在修订。相关行业政策和指南的出台，为汽车行业未来指明了方向，为保持行业可持续发展提供了强大助力。

二、汽车流通行业的发展变化

2018 年，中国新车市场增速下滑明显，二手车市场保持较快速增长，流通行业企业经营压力增加，汽车后服务市场愈加繁荣。同时，汽车流通行业企业转型升级进程加快，产生了一系列变化。

（一）汽车流通企业大集团规模效应明显，行业集中度进一步提高

当前汽车流通行业集中度持续提高，行业企业盈利能力不断提升，行业资源整合、企业经营结构调整进入新的阶段。

2018 年 5 月，中国汽车流通协会发布的百强排行榜相关数据显示，2017 年度百强企业实现营业收入 16420 亿元，同比增长 9.5%；整车销售数量同比增长 7.5%，达到 847.9 万辆，其中二手车交易 98.0 万辆，对新车销售的贡献度持续增加；企业 4S 店网点数量达到 6237 家，同比增长 4.2%，门店增长速度较前两年有所放缓；2017 年度百亿经销商集团数量与 2016 年持平达 45 家；百强榜首营业收入进一步增加至 1607 亿元；2017 年度百强经销商销售数量占市场总销量的比重相比上一年度增加一个百分点至 30%；同时，上榜汽车经销商集团整体业务结构不断优化，二手车、售后服务、衍生业务收入占比进一步提升。

未来，汽车流通行业集中度将继续增加，市场优胜劣汰将进一步加剧。面临日益加剧的市场竞争，如何整合资源、转型升级、深化服务，是汽车经销商亟待解决的问题。

（二）上市汽车经销商集团管理水平提升，转型升级效果进一步显现

随着中国汽车市场逐渐走向成熟，市场内外部环境不断变化，汽车经销商也进入了资源整合、

转型升级的关键时期。上市汽车经销商集团作为行业的佼佼者，其经营业绩与发展战略具有很好的研究与借鉴意义，也为评估中国汽车流通行业发展现状提供了一个良好的视角。

2018 年上半年，上市汽车经销商集团整体表现良好，经营和管理水平有效提升，整体盈利能力有所增长。具体表现为以下五方面。

（1）上市汽车经销商集团业务规模扩大，营收增长；

（2）上市集团盈利水平普遍提升；

（3）上市集团业务结构不断优化，二手车、售后服务、衍生业务占比提升；

（4）上市集团库存压力有所增大；

（5）上市集团管理水平不断提升。

当前中国经济已经进入新时代，经济发展已经由高速增长向高质量发展转变。放弃追求速度、转向发展质量，同时市场内外部条件发生变化，使得中国原有的增长模式越来越受到制约，迫切需要转变发展方式，优化经济结构，转换增长动力。在这样的背景下，汽车流通行业企业主动求变成为必然，而如何变、变为何样是未来一段时间行业需要认真思考、共同探索的重大课题。

2018 年汽车工业发展

中国汽车工业协会 陈士华 雷滨

2018 年，在习近平新时代中国特色社会主义思想指导下，各地区各部门认真贯彻落实党中央国务院决策部署，按照推动高质量发展要求，深入推进供给侧结构性改革，扎实打好三大攻坚战，积极落实稳就业、稳金融、稳外资、稳投资、稳预期政策，经济运行在合理区间，继续保持总体平稳、稳中有进发展态势。中国汽车工业正在加快推进高质量发展的步伐，产品结构调整进一步优化，产销虽有所下降，但新能源汽车发展势头依旧强劲，出口也保持较快增长。

一、2018 年汽车工业发展特点

（一）汽车产销稳中略降

2018 年，汽车产销结束了自 1991 年以来连续 27 年的增长态势，呈小幅下降。分别达到 2780.92 万辆和 2808.06 万辆，同比下降 4.16% 和 2.76%。产销总量依旧保持全球第一。

2018 年行业整体运行面临较大的压力，产销量低于年初的预期。行业整体下降原因是多方面影响因素的叠加，既有 2015 年第四季度至 2017 年由于 1.6 升购置税优惠政策的调整造成提前消费，也有宏观经济增速回落以及中美贸易争端等因素的影响。目前整体消费信心不足，短期内仍面临较大的压力。

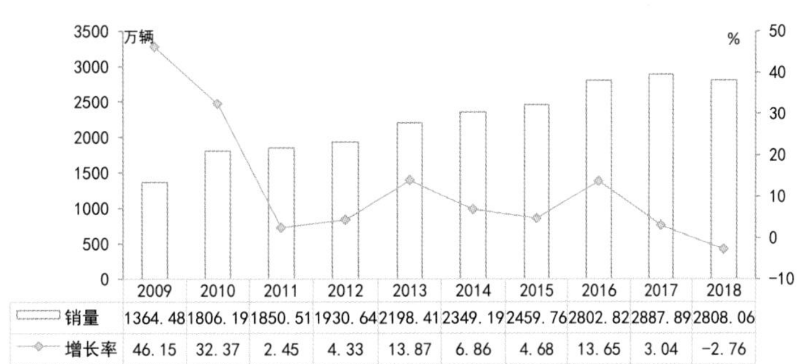

图 1 2009-2018 年汽车销量及同比增长变化情况

从 2018 年全年汽车产销月度同比增长变化情况来看，2018 年上半年产销表现总体好于下半年，除 2 月外，上半年其他各月份产销同比均呈增长，7 月后各月产销同比持续下降，尤其是最后四个月同比降幅均在 10% 以上。

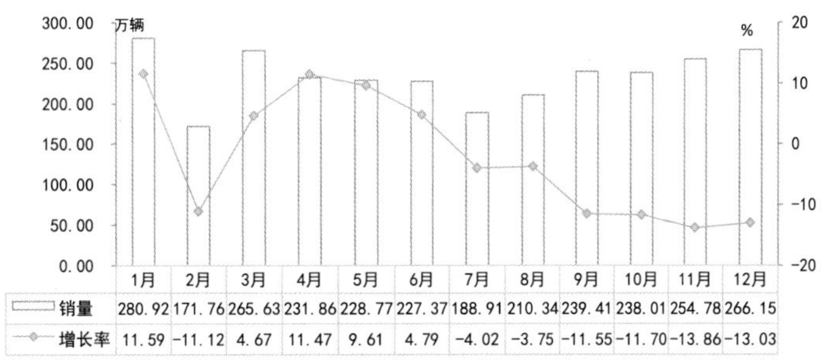

图 2 2018 年汽车月度销量及同比增长变化情况[1]

1 由于调整的数据在累计中体现，故各月数据相加与全年累计略有出入。下同。

（二）乘用车产销拉动行业下降，市场表现低于年初预期

1. 四大类品种产销均呈下降，中国品牌面临严峻挑战

2018 年，乘用车产品消费升级趋势更为明显，随着首购车比例的下降，低端乘用车产品市场份额持续萎缩，各细分领域产品逐步向高端化发展，中等排量、中高端的轿车、SUV 和 MPV 产品已经成为市场增长的主力。但同时也需注意到，市场竞争也更加激烈，轿车市场更趋白热化，SUV 也已经成为红海市场，各大车企的新品扎堆上市，更是加大了竞争激烈的程度。此外，曾经一度成为市场“黑马”的多功能乘用车（MPV）则延续了 2017 年快速下降趋势；交叉型乘用车依然在“边缘化”徘徊，产销下降幅度仍明显高于其他乘用车品种。

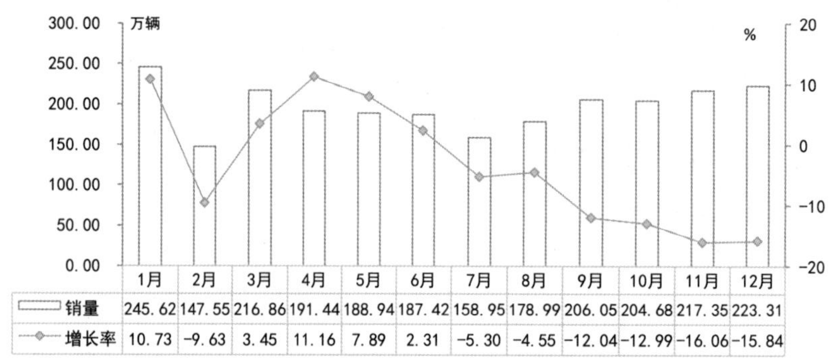

图 3　2018 年乘用车月度销量及同比增长变化

2018 年，乘用车产量 2352.94 万辆销量 2370.98 万辆，同比下降 5.15% 和 4.08%，占汽车产销比重分别为 84.61% 和 84.43%。

从 2018 全年乘用车销量月度同比增长变化情况来看，1 月同比保持较快增长，且销量为全年最高，受春节因素影响，2 月同比降幅较为明显，3-6 月同比均呈一定增长，7 月后同比再次呈现下降，10 月后降幅更为明显。

此外，1.6 升及以下小排量乘用车品种销量同比小幅下降，2018 年，该系列品种共销售 1583.50 万辆，同比下降 7.90%，降幅明显高于乘用车整体市场，占乘用车销售总量的 66.79%，占有率比上年下降 2.76 个百分点。

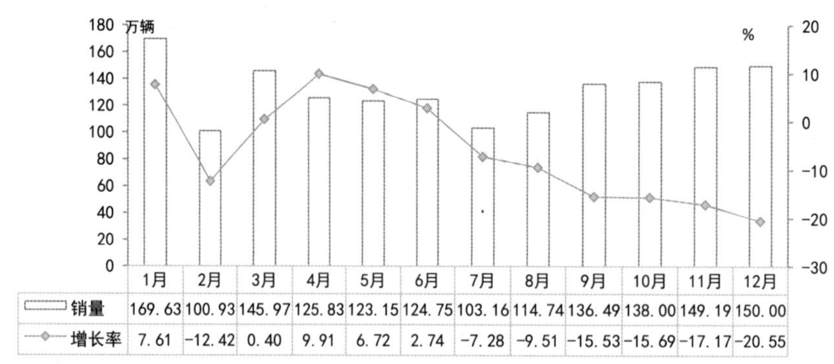

图 4　2018 年 1.6 升及以下乘用车月度销量及同比增长变化

除购置税优惠退出的原因外，宏观经济增速的回落、中美贸易战、宏观政策的执行节奏、美国制裁伊朗、股市低迷、国六排放标准的提前实施是影响 2018 年乘用车市场的最主要原因。另外，北京限购政策的改变也直接影响了 5 万辆以上的乘用车购买。预计未来乘用车市场依然严峻。产品品质的提升以及不断开拓新兴市场将有望成为企业未来发展的决定性因素。

2018 年，乘用车销量排名前十家的生产企业分别是：上汽大众、一汽大众、上汽通用、上汽通用五菱、吉利控股、东风有限（本部）、长城汽车、长安汽车、北京现代和广汽本田，分别销售 206.51 万辆、203.70 万辆、196.96 万辆、166.25 万辆、150.08 万辆、128.81 万辆、

91.50 万辆、87.44 万辆、81.02 万辆和 74.14 万辆，与 2017 年相比，长安汽车和上汽通用五菱销量降幅较为明显，上汽通用和长城汽车降幅略低，其他六家企业均呈增长，其中吉利控股增速更快。2018 年，上述十家企业共销售 1386.41 万辆，占乘用车销售总量的 58.47%。

从乘用车分排量销售情况来看，国内车企特别是合资企业纷纷加大了小排量乘用车的技术提升步伐，同时价格相对于其他排量品种也更具竞争力，因此排量≤ 1L 系列车型结束 2017 年快速下降的趋势，呈明显增长，共销售 20.32 万辆，同比增长 50.72%。

此外，合资企业也加大了对于豪华型品种的投放力度，因此 3.0L ＜排量≤ 4.0L 系列车型也呈现快速增长势头，共销售 3.62 万辆，同比增长 86.14%。但以上两类车型总量较小，对整体市场影响不大。1.6L ＜排量≤ 2.0L 系列车型呈小幅增长，共销售 635.68 万辆，同比增长 2.88%，这类车型增长贡献度最大；其他系列品种呈不同程度下降，其中 2.0-3.0L 各系列品种降幅更为明显。

手动挡乘用车市场需求继续萎缩，共销售 759.84 万辆，同比下降 26.81%；自动挡乘用车依然保持较快增长，共销售 1442.13 万辆，同比增长 13.38%。

2018 年，中国品牌乘用车销量和市场占有率比上年均有所下降，共销售 997.99 万辆，同比下降 7.99%，占乘用车销售总量的 42.09%，占有率比 2017 年下降 1.79 个百分点。中国品牌前几年表现突出主要得益于 SUV 的高速增长，随着外国品牌新产品投放的加快，中国品牌 SUV 市场空间受到较大的挤压；此外，在外国品牌 MPV 全面增长的影响下，中国品牌 MPV 市场占有率明显下降，也成为中国品牌乘用车市场占有率下降的主要因素之一。

2015 年第四季度开始，中国开始实施 1.6L 及以下乘用车购置税优惠政策，一直延续到 2017 年，对于拉动小排量乘用车销售起到重要的作用，中国品牌的市场份额曾一度创历史新高。2018 年 1.6L 及以下乘用车购置税政策全面退出，对于以小排量车型为主要品种的中国品牌企业来说影响较大，2009 年实施该政策时也出现同样的情况，政策退出后市场回归正常增长水平至少需要两年左右的恢复。另外，中国品牌乘用车尽管不断地持续投入研发，但向上突破困难，进展缓慢。同时，如何建立和培育品牌，进行差异化竞争也是企业当前乃至未来的工作重点。随着合资品牌产品系列的不断扩大，在同级别产品竞争方面，中国品牌的价格优势已越来越小。据不完全统计，中国品牌 80% 用户为首购用户，而换购用户对于中国品牌的购买意愿有所下降。因此，中国品牌未来面临的压力将进一步加大，加快“走出去”进程或将成为中国品牌企业的重点发展方向。诚然，伴随市场逐渐成熟，中国品牌内部也开始出现分化，内在和外在品质优秀的品牌也会逐步获得消费者认同。

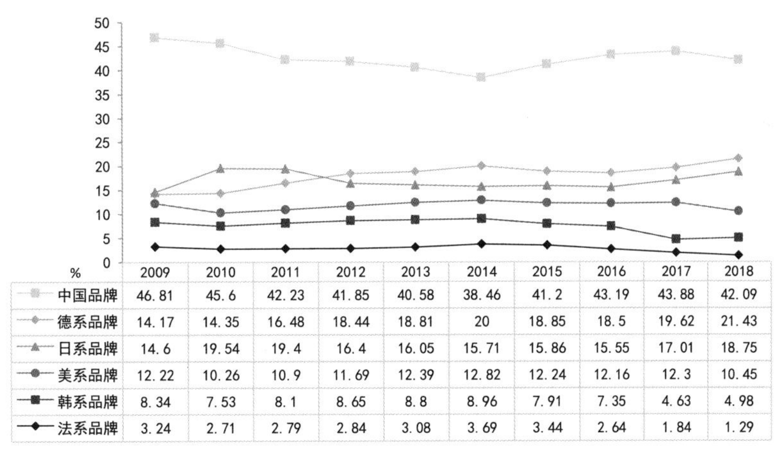

%	2009	2010	2011	2012	2013	2014	2015	2016	2017	2018
中国品牌	46.81	45.6	42.23	41.85	40.58	38.46	41.2	43.19	43.88	42.09
德系品牌	14.17	14.35	16.48	18.44	18.81	20	18.85	18.5	19.62	21.43
日系品牌	14.6	19.54	19.4	16.4	16.05	15.71	15.86	15.55	17.01	18.75
美系品牌	12.22	10.26	10.9	11.69	12.39	12.82	12.24	12.16	12.3	10.45
韩系品牌	8.34	7.53	8.1	8.65	8.8	8.96	7.91	7.35	4.63	4.98
法系品牌	3.24	2.71	2.79	2.84	3.08	3.69	3.44	2.64	1.84	1.29

图 5 2010-2018 年乘用车品牌分国别市场占有率变化

2018 年，外国品牌[2]乘用车共销售 1356.03 万辆，同比下降 1.60%，占乘用车销售总量的

2 不含吉利沃尔沃数据，中国品牌亦同。

57.19%。其中：德系、日系、美系、韩系和法系乘用车分别销售 508.05 万辆、444.63 万辆、247.79 万辆、118.05 万辆和 30.70 万辆，分别占乘用车销售总量的 21.43%、18.75%、10.45%、4.98% 和 1.29%。与 2017 年相比，德系、日系和韩系品牌销量呈小幅增长，美系和法系则明显下降。

近几年，乘用车市场主要的增长动力来自于内陆省份的三至六线城市，并已逐步得到释放。而这部分市场消费者的特征是购买能力相对较弱，价格敏感度高，一方面受房价增长、居民负债上升和收入预期不足的影响明显。特别影响到中低端的中国品牌汽车的消费。另一方面，目前中国汽车市场消费结构也发生较大的变化，正由增量市场转向存量市场，新购的比例越来越少，而换购的消费者不存在刚性需求，经济形势不好的情况下会推迟他们的换购时间。再者共享经济模式和二手车市场快速发展，均会影响汽车市场对新车的需求量。

2. 基本型乘用车（轿车）产销小幅下降，中国品牌市场占有率明显提升

近几年在 SUV 市场快速增长影响下，轿车需求有所下降。为此轿车生产企业加快了产品改进和开发力度，使得新产品更切合于市场需求，为此 2018 年上半年产销表现总体好于同期，但进入下半年尤其是 9 月后市场需求也出现明显下降。总体而言，2018 年基本型乘用车（轿车）产销稳中略降。产量达到 1146.58 万辆和 1152.78 万辆，同比下降 3.95% 和 2.70%，降幅比 2017 年略有扩大；占乘用车比重为生产总量的 48.73% 和 48.62%。

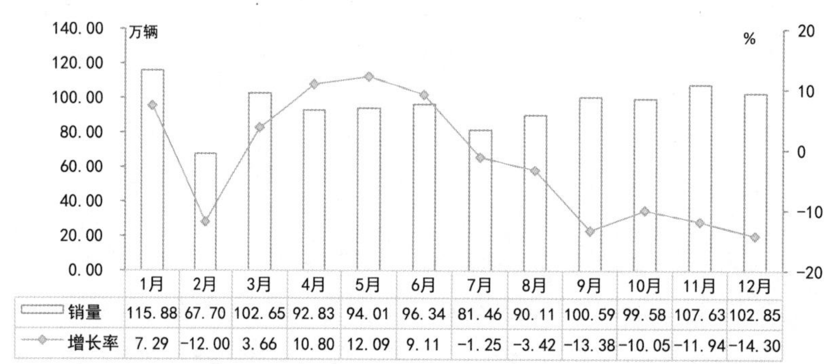

图 6　2018 年基本型乘用车（轿车）月度销量及同比增长变化

从轿车分排量细分品种销售情况来看，排量≤ 1L 系列车型呈高速增长，共销售 19.37 万辆，同比增长达到 2.3 倍。1L ＜排量≤ 1.6L 所占比重依旧最大，共销售 823.48 万辆，同比下降 8.65%，占轿车销售总量的 71.43%。2018 年，1.6L 及以下小排量品种共销售 842.85 万辆，同比下降 7.11%，占轿车销售总量的 73.11%，比 2017 年下降 3.47 个百分点。

1.6L-3L 以上各系列车型品种比 2017 年均呈一定增长。其中 1.6L ＜排量≤ 2.0L 系列车型共销售 232.46 万辆，同比增长 6.12%；2.0L ＜排量≤ 2.5L 系列车型共销售 15.87 万辆，同比增长 17.81%；2.5L ＜排量≤ 3.0L 系列车型共销售 3.06 万辆，同比增长 30.83%；3L 及以上各系列车型品种在市场中仍属小众，仅销售 461 辆，同比下降 44.46%。

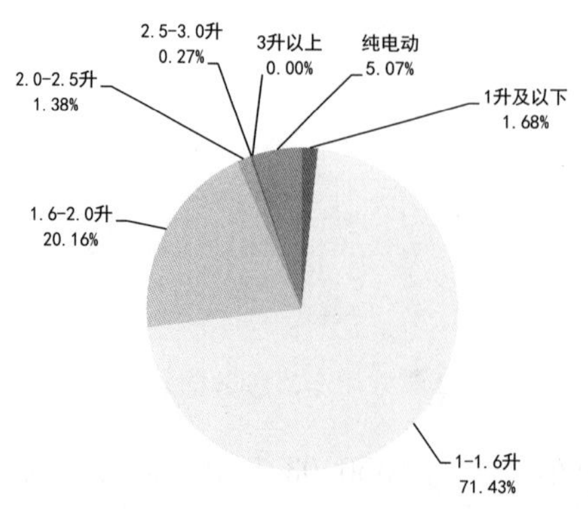

图 7　2018 年基本型乘用车（轿车）主要品种销量占比

自动挡轿车共销售 751.41 万辆，同比增长 9.54%；手动挡轿车有所下降，共销售 279.51 万辆，同比下降 27.48%。此外，三厢轿车所占比重依然最大，共销售 1005.09 万辆，同比下降 1.85%，占轿车销售总量的 87.19%。两厢轿车共销售 145.77 万辆，同比下降 8.86%。

值得一提的是，继 2017 年之后，2018 年中国品牌轿车市场占有率继续稳步提升，共销售 239.87 万辆，同比增长 1.88%，占轿车销售总量的 20.81%，占有率比 2017 年提升 0.94 个百分点。德系、日系、美系、韩系和法系轿车分别销售 387.98 万辆、263.19 万辆、166.41 万辆、70.23 万辆和 15.40 万辆，占轿车销售总量的 33.66%、22.83%、14.44%、6.09% 和 1.34%。与上年相比，德系和日系品牌轿车销量小幅增长，其他外国品牌均呈下降，法系和美系降幅更明显。

2018 年，销量排名前十位的轿车生产企业依次为：一汽大众、上汽大众、上汽通用、东风有限（本部）、吉利控股、北京现代、一汽丰田、广汽本田、广汽丰田和华晨宝马，分别销售 176.05 万辆、148.34 万辆、139.35 万辆、77.42 万辆、64.29 万辆、51.60 万辆、51.03 万辆、46.60 万辆、45.14 万辆和 33.03 万辆，与 2017 年相比，上汽大众、上汽通用和北京现代销量略有下降，其他企业呈不同程度增长，其中广汽丰田和华晨宝马增速更为明显。2018 年，上述十家企业共销售 832.84 万辆，占轿车销售总量的 72.25%。

在轿车销量排名前十位品牌中，德系占据了五席，日系和美系各占两席，中国品牌中只有帝豪位居前十。2018 年，轿车销量排名前十位的品牌依次为：朗逸、轩逸、卡罗拉、捷达、速腾、桑塔纳、英朗、科沃兹、帝豪和宝来，分别销售 50.38 万辆、48.12 万辆、37.61 万辆、32.77 万辆、30.99 万辆、27.64 万辆、26.19 万辆、25.21 万辆、24.69 万辆和 24.58 万辆，与 2017 年相比，科沃兹、轩逸和卡罗拉销量增速较快，捷达微增，其他品牌有所下降，英朗降幅最为显著。2018 年，上述十个品牌共销售 328.19 万辆，占轿车销售总量的 28.47%。

在中高级轿车品牌中，德系车仍占据绝对主导，其中奥迪系列和宝马系列各占三席，奔驰系列也占两席。2018 年，排名前十位的中高级轿车品牌依次是：奥迪 A4L、奔驰 -C、奥迪 A6L、奔驰 -E、宝马 5 系、凯迪拉克、宝马 3 系、奥迪 A3、君越和宝马 1 系，分别销售 16.79 万辆、15.66 万辆、15.33 万辆、14.60 万辆、14.60 万辆、13.95 万辆、13.46 万辆、9.22 万辆、6.97 万辆和 4.12 万辆，与 2017 年相比，君越销量明显下降，其他九个品牌均呈增长，其中奥迪 A4L、奔驰 -E 和凯迪拉克增速更明显。2018 年，上述十个品牌共销售 124.69 万辆，占轿车销售总量的 10.82%。

2018 年，销量排名前十位的中国品牌轿车依次为：帝豪、宝骏 310、帝豪 GL、远景、艾瑞泽 5、逸动、MG6、EC180、荣威 i6 和启辰 D60。分别销售 24.69 万辆、15.17 万辆、14.85 万辆、14.39 万辆、10.45 万辆、12.57 万辆、9.49 万辆、9.20 万辆、7.39 万辆和 6.49 万辆，与 2017 年相比，宝骏 310 和艾瑞泽 5 销量下降较快，帝豪和远景降幅略低，其他品牌均呈较快增长。2018 年，上述十个品牌共销售 124.68 万辆，占轿车销售总量的 10.82%，占中国品牌轿车销售总量的 51.98%。

3. 运动型多用途乘用车（SUV）产销结束增长，中国品牌占有率保持第一

近几年，SUV 市场竞争日趋激烈但产品同质化现象较为明显，与此同时，受节能环保、交通拥堵等外部环境日趋严格的要求，SUV 产销结束了快速增长势头，呈一定下降。2018 年，运动型多用途乘用车（SUV）产销分别为 995.86 万辆和 999.47 万辆，同比下降 3.19% 和 2.52%，占乘用车产销比重分别达到 42.32% 和 42.15%。

从 SUV 产销月度变化趋势来看，前 5 月除 2 月有所下降外，其他各月总体仍然保持了稳定增长，但进入 6 月后同比逐月下降；全年仅 1 月份销量超过百万，此后各月销量均未超过 1 月，市场发展乏力态势日益显现。

在 SUV 主要品种中，1.6L 及以下小排量 SUV 有所下降，共销售 566.80 万辆，同比下降 5.07%；1.6L ＜排量≤ 2.0L SUV 略有增长，共销售 381.19 万辆，同比增长 2.37%。2.0L ＜排量≤ 2.5L SUV 和 2.5L ＜排量≤ 3.0L SUV 销量降幅较为明显，分别销售 28.35 万辆和 1.84 万辆，同比分别下降 33.20% 和 79.58%。3L 以下品种则呈快速增长，共销售 3.57 万辆，同比增长 89.86%。

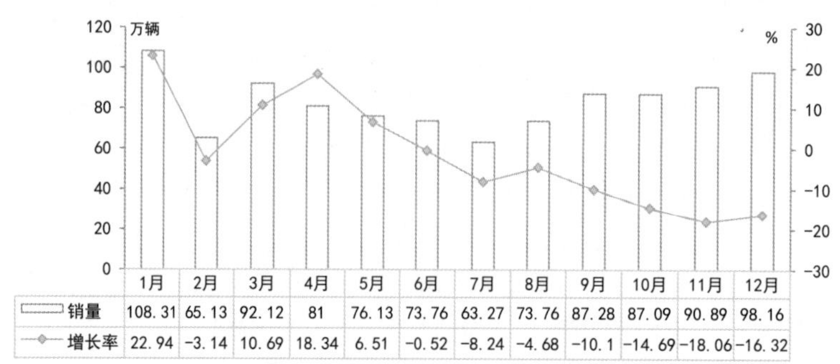

	1月	2月	3月	4月	5月	6月	7月	8月	9月	10月	11月	12月
销量	108.31	65.13	92.12	81	76.13	73.76	63.27	73.76	87.28	87.09	90.89	98.16
增长率	22.94	-3.14	10.69	18.34	6.51	-0.52	-8.24	-4.68	-10.1	-14.69	-18.06	-16.32

图 8　2018 年运动型多用途乘用车（SUV）月度销量及同比增长变化

两驱 SUV 品种共销售 854.52 万辆，同比下降 3.14%；四驱品种共销售 144.95 万辆，同比增长 1.30%，增速比上年减缓 18.19 个百分点。

中国品牌 SUV 市场占有率尽管继续保持第一，但在外国品牌强有力的竞争以及外部不利环境影响下，销量有所下降，共销售 580.04 万辆，同比下降 6.71%；占 SUV 销售总量的 58.03%，占有率比 2017 年下降 2.61 个百分点。日系、德系、美系、韩系和法系 SUV 分别销售 166.79 万辆、113.36 万辆、62.10 万辆、47.82 万辆和 15.30 万辆，占 SUV 销售总量的 16.69%、11.34%、6.21%、4.78% 和 1.53%，与 2017 年相比，韩系品牌销量增速超过 40%，德系也呈两位数较快增长，日系增速略低，美系和法系下降较明显。

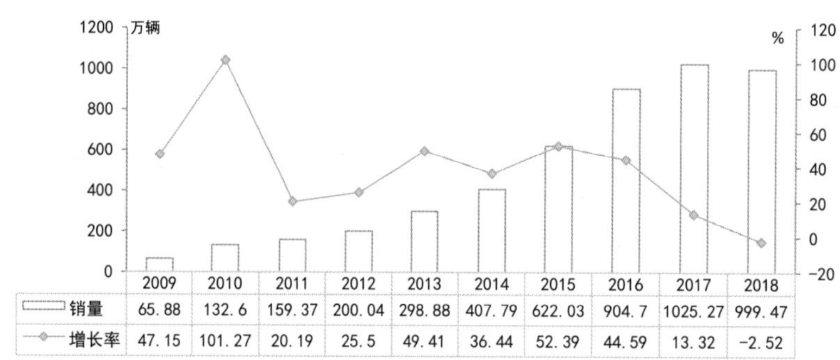

	2009	2010	2011	2012	2013	2014	2015	2016	2017	2018
销量	65.88	132.6	159.37	200.04	298.88	407.79	622.03	904.7	1025.27	999.47
增长率	47.15	101.27	20.19	25.5	49.41	36.44	52.39	44.59	13.32	-2.52

图 9　2009-2018 年运动型多用途乘用车（SUV）销量及同比增长变化

在销量排名前十位的 SUV 品牌中，中国品牌依然占据绝对主导地位，共有五席入围前十，分别是哈弗 H6、宝骏 510、博越、传祺 GS4 和荣威 RX5，与 2017 年相比，上述五个品牌销量均呈下降，其中传祺 GS4 降幅居前；外国品牌有五席入围，分别是途观、奇骏、昂科威、逍客和本田 XRV，与 2017 年相比，途观和昂科威销量有所下降，本田 XRV 增速略低，奇骏和逍客增长明显。

销量排名前十位的 SUV 生产企业依次为：长城汽车、吉利控股、长安汽车、上汽大众、东风有限（本部）、上汽通用五菱、广汽乘用车、上汽股份、上汽通用和东风本田，分别销售 90.91 万辆、85.79 万辆、56.29 万辆、54.20 万辆、50.92 万辆、47.77 万辆、44.65 万辆、41.44 万辆、38.34 万辆和 35.78 万辆，与 2017 年相比，吉利控股、上汽大众和上汽股份销量增速较为明显，东风有限（本部）略增，其他六家企业均呈下降。2018 年，上述十家企业共销售 546.09 万辆，占 SUV 销售总量的 54.64%。

4. 多功能乘用车（MPV）市场继续呈现萎缩，外国品牌总体表现明显好于中国品牌

2018 年，多功能乘用车（MPV）市场表现依然低迷，产销分别达到 168.49 万辆和 173.46 万辆，同比下降 17.87% 和 16.22%。在分排量 MPV 主要品种中，2.0L < 排量≤ 2.5L 系列继续保持快速增长，表现明显好于其他品种，共销售 19.77 万辆，同比增长 12.81%；1.6L 及以下小排量 MPV

降幅比上年有所收窄，共销售 130.11 万辆，同比下降 19.87%，降幅比上年收窄 6.19 个百分点；1.6L ＜排量≤ 2.0L 系列则风光不再，结束了上年迅猛增长的势头，呈明显下降，共销售 22.03 万辆，同比下降 16.84%。2018 年，上述三大类品种共销售 171.91 万辆，占 MPV 销售总量的 99.11%。

MPV 市场需求下滑的主要原因有两点：一是部分 MPV 的消费者转移购买 SUV 产品，这部分消费者原来主要购置的产品为 8 万以下的低端 MPV，而近年来，各大车企为了迎合市场需求，调整了产品战略，在这部分 MPV 产品的平台基础上，开发了 SUV 产品，进而引导了部分消费者的消费转移；二是购置税政策的透支消费效应的影响，中国汽车市场上的 MPV 产品大部分都是经济型 MPV，这部分产品的消费群体主要是农民、个体商户等，由于这部分消费者对于价格的敏感性普遍较高，国家实施 1.6L 及以下乘用车购置税政策减半及“七五折”时，这部分产品的透支消费相对要更加明显。因此当政策退出后，由于需求的提前释放势必也将影响这部分产品的新增市场规模。

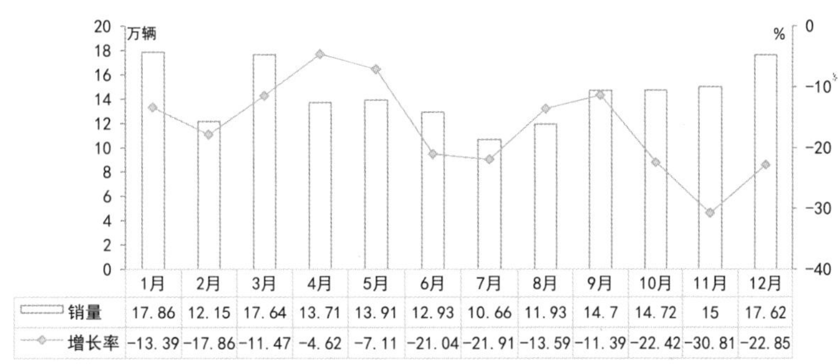

图 10　2018 年多功能乘用车（MPV）月度销量及同比增长变化

2018 年，中国品牌 MPV 占有率延续了下降趋势，共销售 132.82 万辆，同比下降 23.14%；占 MPV 销售总量的 76.57%，占有率比 2017 年下降 6.88 个百分点。外国品牌总体表现依然突出，在销售排名前十位品牌中，外国品牌占据了四席，比上年又增加了一席。中国品牌虽然仍位居主导，但多数品牌销量比 2017 年有所下降，其中宝骏 730 和欧诺降幅更为明显。

2018 年，销量排名前十位的 MPV 生产企业依次是：上汽通用五菱、上汽通用、比亚迪汽车、东风公司、长安汽车、东风本田、江淮股份、广汽本田、上汽大众和金杯汽车。与上年相比，上汽通用、东风本田、广汽本田和上汽大众等合资企业销量均呈快速增长，中国品牌企业比亚迪汽车外，销量均呈下降。2018 年，上述十家企业共销售 151.03 万辆，占 MPV 销售总量的 87.07%。

5. 交叉型乘用车降幅依旧明显，金杯汽车和奇瑞汽车表现较为突出

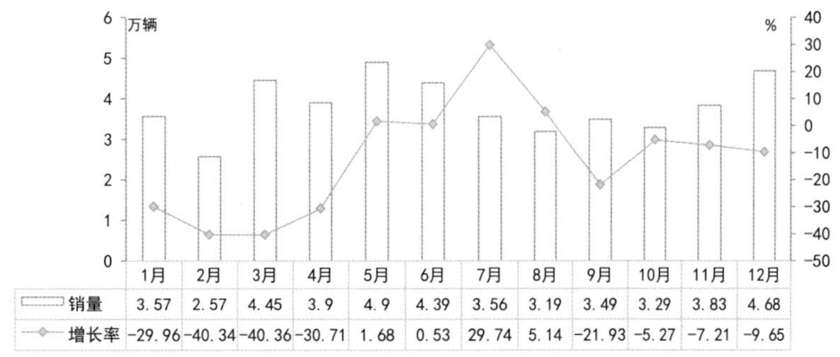

图 11　2018 年交叉型乘用车月度销量及同比增长变化

2018 年，交叉型乘用车产销分别达到 42.01 万辆和 45.26 万辆，同比下降 20.75% 和 17.26%。从交叉型乘用车全年月度销量同比增长变化来看，1-4 月仍然维持了快速下降趋势，进

入5月后有所增长，市场需求在一定程度上得到恢复性增长，但9月后销量同比再次下降，市场重新呈现低迷发展态势。

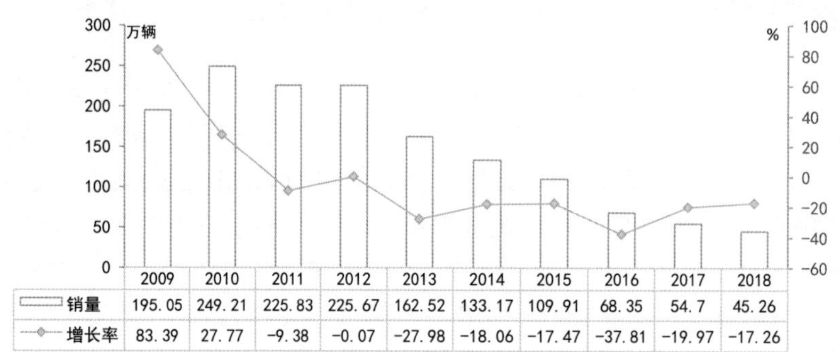

图12　2009-2018年交叉型乘用车销量及同比增长变化

在交叉型乘用车主要生产企业中，金杯汽车呈快速增长，排名从上年第四位跃居到第二位，此外奇瑞汽车从上年排名第十一位跃升至第五位，增势同样显著。其他交叉型乘用车主导企业市场表现依旧不佳。

从近十余年交叉型乘用车销售情况来看，2009-2010年受政策因素刺激，呈快速增长，2011年之后市场逐渐萎缩，尽管近两年销量同比降幅有所收窄，但总体低迷态势没有得到根本缓解。

（三）商用车产销增速明显回落

1. 商用车产销增速同比回落，下半年增长乏力

进入2018年，商用车市场也面临了较大压力。2018年上半年宏观经济总体稳定，为商用车市场提供了一个相对稳定的需求环境，因而上半年市场增长好于预期，但进入下半年后商用车市场开始面临诸多挑战，一是GB1589和治超政策所带来运力补充的红利结束，牵引车市场下滑明显；二是政府主管部门出台的有关“蓝天保卫战”相关政策措施，对商用车尤其是柴油车市场也产生了一定不利影响；三是国家鼓励“公转铁”，减少公路运输，对重卡市场带来较大冲击；四是国六政策造成部分用户观望。此外，三季度为商用车销售传统淡季，增长总体也比上半年有所回落。利好因素是：城市物流车和新能源化对商用车市场提供了新的增长机会，为将来商用车转型升级提供了发展动力。

2018年，商用车产销分别达到427.98万辆和437.08万辆，同比增长1.69%和5.05%，增速分别比上年回落12.13个百分点和8.90个百分点。从商用车月度销售情况来看，上半年除2月同比有所下降外，其他各月继续保持两位数较快增长；7月后同比增速明显回落，9月-10月同比再度下降，11月-12月小幅回升。

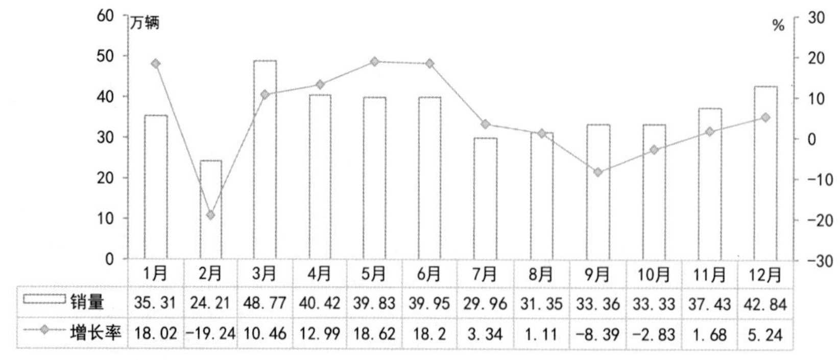

图13　2018年商用车月度销量及同比增长变化

从商用车按燃料类型细分品种销售情况来看，天然气车销量有所下降，表现明显不如2017年。2018年，天然气车共销售6.36万辆，同比下降9.62%。占比最大的柴油汽车也结束快速增

长态势，呈小幅下降，共销售 299.81 万辆，同比下降 1.58%；汽油车表现总体好于 2017 年，共销售 112.12 万辆，同比增长 29.36%，增速比上年提升 26.97 个百分点。纯电动商用车增速比上年明显减缓，共销售 18.07 万辆，同比增长 10.03%，增速比上年减缓 23.96 个百分点。

2018 年，商用车销量排名前十家企业依次为：东风公司、北汽福田、上汽通用五菱、中国一汽、中国重汽、江铃控股、江淮股份、长安汽车、陕汽集团和长城汽车，分别销售 53.14 万辆、49.35 万辆、39.75 万辆、33.68 万辆、32.66 万辆、27.25 万辆、25.76 万辆、24.25 万辆、18.32 万辆和 13.80 万辆。与上年相比，东风公司、北汽福田、江淮股份和陕汽集团销量小幅下降，其他企业呈一定增长，其中上汽通用五菱、长安汽车和长城汽车增速更为明显。2018 年，上述十家企业共销售 317.97 万辆，占商用车销售总量的 72.75%。

商用车多年来维持较为稳定的市场规模，在政策、法规、标准的引导下，产品格局不断调整完善，以公交、城市物流、市政产品为代表的新能源产品快速替代传统燃油车产品。2018 年下半年，中、重卡以及中大型客车的大幅下滑造成了商用车整体增幅明显回落。主要原因是：

①中重卡受宏观经济、投资和政策环境影响明显。运输类货车产品增长的政策红利已经在 2017 年基本用尽，置换周期也已完成，宏观经济增速放缓导致前期增长贡献最大的中重卡由正转负，导致整个货车行业增速放缓；

②轻卡受皮卡解禁、城市物流电动化、国三车加速淘汰等因素影响，为货车市场提供了一定的增长动力，但是总体市场消费预期的下降也在抑制这类车型的增长；

③ 2018 年上半年国内大中型客车增幅较大，主要是新能源公交的增长。原因是补贴政策的过渡期节点在年中以及上一年同期新能源大中型销量的惨淡。进入 7 月以来，上半年的透支消费以及新补贴标准的提高，新能源商用车增速明显放缓。而从市场需求的角度分析，受飞机、高铁、私家车的快速发展，公路营运的客运量一直呈下降趋势，因此客车规模不可能有较大增长。

④新能源商用车产品缺乏新的增长点。受技术瓶颈和应用市场复杂等因素的限制，纯电动在商用车中的应用很难全面普及。目前，城市公交每年的新增量已基本是新能源产品，市政用途产品和城市物流产品要形成增长点还需要新能源补贴政策和城市管理相关政策的完善。而占比最大的运输类商用车由于电池能效瓶颈在短时间还无法实现完全的纯电动化。

2. 货车产销增速明显放缓，半挂牵引车表现最为低迷

2018 年，货车产销比 2017 年明显回落。分车型来看，中重卡市场表现，从宏观上看，2018 年市场与 2011 年较为相似。一方面中重卡市场都是经历连续两年高增长，2009-2010 年主要是经济 4 万亿带动，而 2016-2017 年是政策叠加经济小幅复苏推动。从中重卡以 6 年左右的更新周期来看，两轮高增长正是一个周期的更新；另一方面经济走势可能都是前高后低。具体看 2018 年中重卡影响较大的地产、基建及出口，都很难超越 2017 年，这对中重卡需求影响不利。从政策上看，新版 GB1589 法规所释放红利已逐渐消退；2017 年“治超”带来高基数，2018 年“治超”常态化，但增速受高基数影响将呈现下滑；从“治限”看，7 月 1 日起将全面禁止不合规车辆运输车运行，不再延长过渡期，使得轿运车上半年有一定增量。国三淘汰的政策仍然持续，2018 年作用更为明显，但正向影响随开工旺季结束而减缓；此外，生态环境部牵头制订实施的柴油货车污染治理攻坚战行动方案，也将以全面统筹油、路、车，以高污染高排放柴油货车为重点，建立实施最严格的机动车“全防全控”环境监管制度。为此，重型汽车面临更大挑战。从市场层面看，运价持续回落，新进入用户明显减少，购车需求下滑，同时经销商的库存也在明显增加，经销商对后市持悲观态度。从中重卡细分市场来看，受房地产稳定增长的刺激，重型自卸车呈较快增长，但半挂牵引车快速回落。总体而言，上半年受开工旺期及政策影响中重卡市场走势相对较好，下半年受经济下行压力持续回落，全年看走势大体为“前高后低”。

从轻型和微型载货车市场表现来看，2018 年经济增长仍然是轻卡增长的主要驱动力，其次，皮卡解禁、城市物流电动化、国三车加速淘汰等因素支撑作用促进轻货延续了 2017 年以来的快速增长。分车型来看，皮卡增速相对最快，其次是普货，自卸继续大幅下滑。此外，微货在城市物流业快速发展推动下结束了上年下降趋势，呈较快增长。

2018 年，货车（含货车非完整车辆、半挂牵引车）产销分别达到 379.07 万辆和 388.56 万辆，同比增长 2.93% 和 6.94%，增速比上年减缓 13.94 个百分点和 9.97 个百分点。

2018 年，重型货车产销 111.24 万辆和 114.79 万辆，产量同比下降 3.24%，销量增长 2.78%，增速比上年减缓 58.31 个百分点和 49.60 个百分点。

2018 年中型货车也结束了 2017 年增长趋势，呈较快下降，产销分别为 17.26 万辆和 17.72 万辆，同比下降 26.25% 和 22.66%；轻型和微型货车产销均呈增长态势，其中轻型货车产销分别达到 187.78 万辆和 189.50 万辆，同比增长 8.02% 和 10.24%；微型货车产销 62.80 万辆和 66.56 万辆，同比增长 12.01% 和 17.08%。

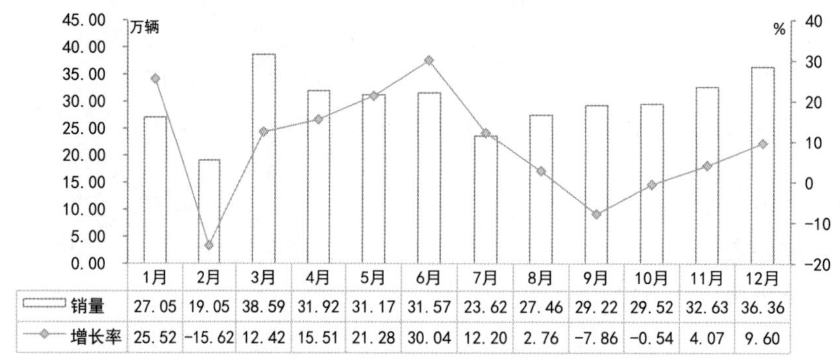

	1月	2月	3月	4月	5月	6月	7月	8月	9月	10月	11月	12月
销量	27.05	19.05	38.59	31.92	31.17	31.57	23.62	27.46	29.22	29.52	32.63	36.36
增长率	25.52	-15.62	12.42	15.51	21.28	30.04	12.20	2.76	-7.86	-0.54	4.07	9.60

图 14　2018 年货车月度销量及同比增长变化情况

进入 2018 年，节能环保政策不断加严，特别是受到铁路运输的冲击，半挂牵引车市场结束了高速增长势头，呈明显下降。2018 年，半挂牵引车产销分别为 47.03 万辆和 48.31 万辆，同比下降 19.64% 和 17.17%，占货车产销总量的 12.41% 和 12.43%，比 2017 年下降 3.48 个百分点和 3.62 个百分点。半挂牵引车市场低迷表现也使得重型货车市场增速明显放缓。

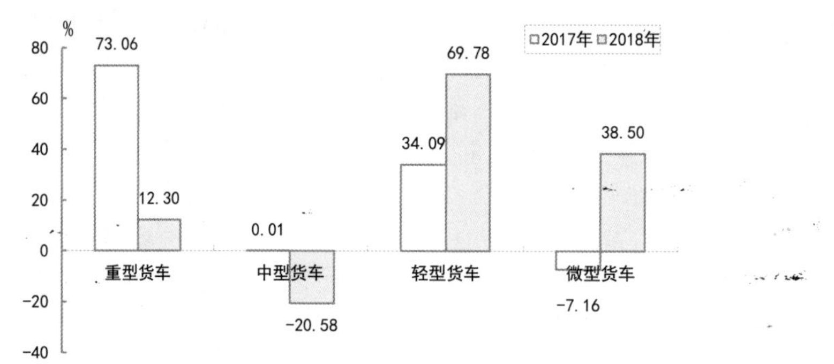

图 15　2017-2018 年货车四大类车型销售增长贡献度变化情况

2018 年，销量排名前十位的重型货车生产企业分别是：中国一汽、东风公司、中国重汽、陕汽集团、北汽福田、上汽依维柯红岩、江淮股份、成都大运、安徽华菱和徐州徐工。分别销售 26.10 万辆、21.70 万辆、18.97 万辆、17.20 万辆、11.03 万辆、5.80 万辆、4.06 万辆、3.23 万辆、2.17 万辆和 1.73 万辆。与上年相比，上汽依维柯红岩、徐州徐工和安徽华菱销量呈较快增长，中国一汽、东风公司和成都大运增速略低，其他四家企业均呈下降，江淮股份降幅更为明显。2018 年，上述十家企业共销售 112 万辆，占重型货车销售总量的 97.57%。

销量排名前十位的中型货车生产企业分别是：东风公司、浙江飞碟、成都大运、重庆力帆、中国重汽、北汽福田、庆铃汽车、江淮股份、唐骏欧铃和中国一汽。分别销售 3.01 万辆、2.36 万辆、2.30 万辆、1.91 万辆、1.76 万辆、1.29 万辆、1.20 万辆、1.17 万辆、1.13 万辆和 0.71 万辆。与上年相比，浙江飞碟、中国重汽、成都大运和唐骏欧铃销量增长明显，其他六家企业均呈较快下降。2018 年，上述十家企业共销售 16.83 万辆，占中型货车销售总量的 94.99%。

销量排名前十位的轻型货车生产企业分别是：北汽福田、江淮股份、江铃控股、长安汽车、东风公司、长城汽车、中国重汽、中国一汽、金杯汽车和庆铃汽车。分别销售 32.86 万辆、19.18 万辆、18.19 万辆、16.83 万辆、16.46 万辆、13.80 万辆、11.78 万辆、6.17 万辆、5.26 万辆和 5.17 万辆。与上年相比，庆铃汽车销量略有下降，其他企业呈不同程度增长，其中长安汽车、金杯汽车和中国一汽增速更为显著。2018 年，上述十家企业共销售 145.71 万辆，占轻型货车销售总量的 76.89%。

销量排名前十位的微型货车生产企业分别是：上汽通用五菱、东风公司、长安汽车、奇瑞汽车、山东凯马、金杯汽车、北汽福田、唐骏欧铃、北汽新能源和重庆力帆。分别销售 39.75 万辆、8.68 万辆、7.42 万辆、5.66 万辆、1.66 万辆、0.64 万辆、0.61 万辆、0.60 万辆、0.48 万辆和 0.45 万辆。与上年相比，上汽通用五菱、奇瑞汽车和北汽新能源销量呈快速增长，唐骏欧铃和东风公司增速略低，其他五家企业均呈下降，北汽福田和重庆力帆降幅更显著。2018 年，上述十家企业共销售 65.94 万辆，占微型货车销售总量的 99.07%。

进入 2018 年，国家和地方政府继续大力加强节能环保力度，随着今后各地国六排放标准的相继实施以及“公转铁”运输结构的转移，对于中重型货车市场将会是极其严峻的挑战，预计未来市场将会继续呈现进一步萎缩；近年来城市物流虽然得到较快发展，但市场竞争也会日趋激烈，这对于轻型和微型货车市场的压力也将会空前巨大。预计，今后货车市场增速将会进一步放缓，而密切关注市场发展动向，积极开发高质量且与市场切合度更高的产品将是企业生存的根本保障。

3. 客车产销依然呈小幅下降，下半年表现较为低迷

2018 年上半年，客车产销形势比上年略有好转，一方面新能源客车呈恢复性增长；另一方面，旅游客车快速增长、城市间短途客运以及物流的发展也加快了轻型客车产品的改造和升级。受这些利好因素影响，2018 年上半年客车产销总体保持稳定增长，但进入 6 月后，产销同比开始呈现下降，发展后劲明显乏力。

分车型来看，在大中型客车方面，2018 年上半年国内大中型客车增幅较大，主要是新能源公交的大幅增长。随着下半年补贴退坡及新能源公交市场需求提前释放的影响，进入三季度以后新能源客车增速明显回落。此外，受高铁冲击及相关营运车辆技术标准提升影响，营运客车进入下半年市场需求也呈一定下降。从轻客市场表现来看，受 453 号法规实施影响，日系轻客市场呈萎缩状态，导致轻客市场呈下降趋势；但与此同时受经济稳定增长、新品上市、快递物流业发展、城镇化的发展等利好因素影响，对于 2018 年轻客市场也起到了一定正向促进作用。

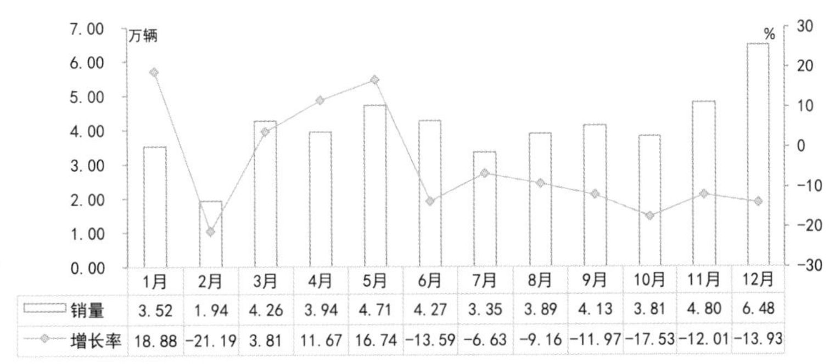

	1月	2月	3月	4月	5月	6月	7月	8月	9月	10月	11月	12月
销量	3.52	1.94	4.26	3.94	4.71	4.27	3.35	3.89	4.13	3.81	4.80	6.48
增长率	18.88	-21.19	3.81	11.67	16.74	-13.59	-6.63	-9.16	-11.97	-17.53	-12.01	-13.93

图 16　2018 年客车月度销量及同比增长变化情况

2018 年，客车（含客车非完整车辆）产销分别为 48.91 万辆和 48.52 万辆，同比下降 7.03% 和 7.98%，降幅比上年有所扩大。在客车主要品种中，与上年相比，大型客车产销结束增长，呈较快下降，中型客车销量降幅略有收窄，轻型客车继续呈小幅下降。2018 年，大型客车产销 7.81

万辆和 7.70 万辆，同比下降 16.21% 和 18.21%；中型客车产销 7.50 万辆和 7.36 万辆，同比下降 11.92% 和 13.28%，降幅比上年收窄 2.07 个百分点和 1.32 个百分点。轻型客车产销 33.59 万辆和 33.46 万辆，同比下降 3.37% 和 3.92%，降幅比 2017 年略有扩大。

在统计的客车细分市场中，旅游客车市场结束 2017 年低迷走势，呈快速增长，共销售 2.55 万辆，同比增长 34.97%，城市客车和长途客车销量降幅同比有所扩大，分别销售 11.77 万辆和 5.35 万辆，同比下降 10.86% 和 25.11%，降幅分别比 2017 年扩大 5.16 个百分点和 14.93 个百分点。校车也延续了下降趋势，共销售 1.18 万辆，同比下降 14.13%；上年表现较为出色的专用客车市场有所萎缩，结束快速增长呈一定下降，共销售 4.86 万辆，同比下降 2%。

2018 年，大型客车销量排名前十位的生产企业依次为：郑州宇通、比亚迪汽车、金龙联合、苏州金龙、厦门金旅、中通客车、湖南中车、上海申龙、安徽安凯和扬州亚星，分别销售 2.57 万辆、0.93 万辆、0.64 万辆、0.52 万辆、0.51 万辆、0.48 万辆、0.42 万辆、0.31 万辆、0.27 万辆和 0.27 万辆。与 2017 年相比，苏州金龙销量呈较快增长，其他九家企业均呈一定下降，其中上海申龙和扬州亚星降幅更为明显。2018 年，上述十家企业共销售 6.91 万辆，占大型客车销售总量的 89.83%。

中型客车销量排名前十位的生产企业依次为：郑州宇通、东风公司、一汽丰田、中通客车、苏州金龙、比亚迪汽车、厦门金旅、金龙联合、中国一汽和江淮股份，分别销售 2.65 万辆、0.64 万辆、0.40 万辆、0.40 万辆、0.37 万辆、0.34 万辆、0.32 万辆、0.32 万辆、0.30 万辆和 0.27 万辆。与上年相比，比亚迪汽车、中国一汽和苏州金龙销量增长较快，一汽丰田增速略低，其他六家企业均呈下降，其中江淮股份和东风公司降幅居前。2018 年，上述十家企业共销售 6.01 万辆，占中型客车销售总量的 81.56%。

轻型客车销量排名前十位的生产企业依次为：江铃控股、北汽福田、南京依维柯、上汽大通、东风公司、保定长安、金杯汽车、金龙联合、厦门金旅和江淮股份，分别销售 8.91 万辆、3.21 万辆、3.10 万辆、3.05 万辆、2.65 万辆、2.63 万辆、2.05 万辆、2.01 万辆、1.22 万辆和 1.08 万辆。与上年相比，上汽大通、金龙联合和厦门金旅销量各有增长，其他七家企业呈不同程度下降。2018 年，上述十家企业共销售 29.91 万辆，占轻型客车销售总量的 89.39%。

（四）新能源汽车产销保持快速增长势头，产销量首次突破百万

2018 年，新能源汽车补贴政策更加严格，尤其是补贴的实施细则更加明确、更加细化，总体呈现补优不补劣的态势。从该项政策的发展趋势来看，国家对于新能源汽车补贴以前一直是产业发展的主导力量，今后会逐步转化成辅助力量，市场的推动作用开始逐渐加强。为此，新能源汽车的消费主体也由公共领域、单位用户向私人购买转变；消费区域正在由限购城市向非限购城市扩展。与此同时，“双积分”政策的实施更有利于未来新能源汽车产业的健康发展。总体来看，2018 年，随着“双积分”政策的正式出台、外商投资产业指导目录修订、中国部分车企提出制定限制燃油车的时间表等国家和企业的措施逐步落实，新能源汽车总体保持快速增长。

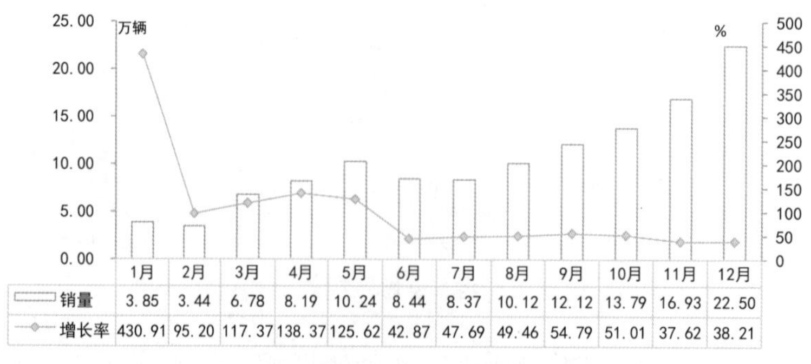

	1月	2月	3月	4月	5月	6月	7月	8月	9月	10月	11月	12月
销量	3.85	3.44	6.78	8.19	10.24	8.44	8.37	10.12	12.12	13.79	16.93	22.50
增长率	430.91	95.20	117.37	138.37	125.62	42.87	47.69	49.46	54.79	51.01	37.62	38.21

图 17　2018 年新能源汽车月度销量及同比增长率

在新能源乘用车方面，2018 年在政策、技术、基础设施和发展环境等因素的推动下，新能

源乘用车仍保持了高速增长势头。目前中国新能源乘用车以中国品牌为主，中国新能源汽车产业也正从市场培育期进入快速发展期，在 2018 年新能源乘用车市场进一步扩大，中国品牌继续保持市场领先。另一方面，由于 2018 年 6 月 11 日新能源补贴退坡缓冲期到期，低续航里程纯电动汽车销售为此受到较大冲击。从细分市场需求结构来看，虽然纯电动汽车仍稳居主导，但插电式混合动力以及燃料电池汽车发展潜力也很大，企业应给予密切关注。

从新能源商用车市场表现来看，2018 年下半年新能源商用车市场发展形势不如上半年，主要原因是由于补贴过渡期至 6 月 11 日已结束，新能源大中型客车的需求已经部分提前释放，但市场竞争更加惨烈，行业的利润水平也明显降低。此外，在对行业进行规范和准入门槛提高的前提下，纯电动物流车需求空间依然很大。目前，新能源物流车以货车底盘改装的为主，客车底盘改装的物流车也有一定市场。

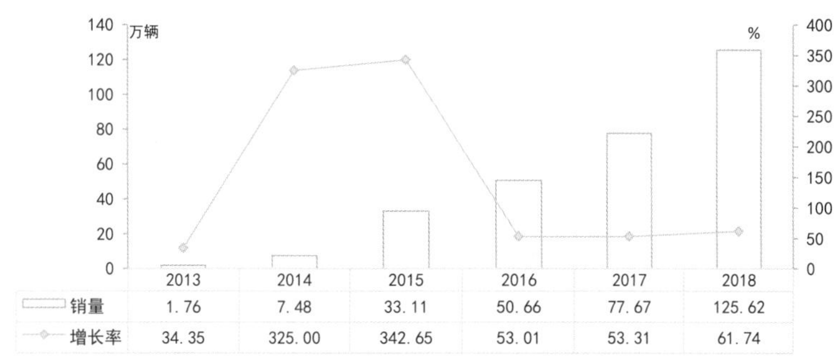

图 18　2013-2018 年新能源汽车销量及同比增长变化

2018 年，新能源汽车产销分别达到 127.05 万辆和 125.62 万辆，同比增长 59.92% 和 61.74%。其中纯电动汽车产销分别完成 98.56 万辆和 98.37 万辆，同比增长 47.85% 和 50.83%；插电式混合动力汽车产销分别完成 28.33 万辆和 27.09 万辆，同比增长 121.97% 和 117.98%。

从新能源汽车月度销售情况来看，各月同比均呈快速增长，其中 1 月、3 月、4 月和 5 月增速更为显著。

（五）行业骨干企业维持较高市场占有率

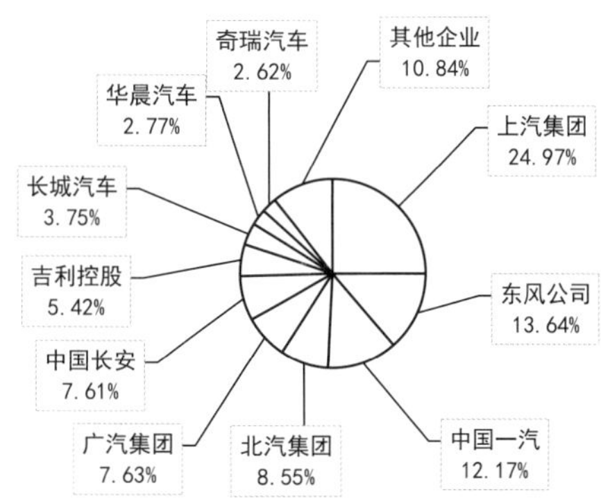

图 19　2018 年前十家汽车生产企业销量占有率

2018 年，对于汽车工业发展来说是一个不平凡的一年，但行业内骨干企业依然起到了“中流砥柱”的作用。更为可喜的是，这一年汽车行业大型企业集团进一步加大了合作力度，由以前的“单打独斗”转化为“抱团取暖”，一些曾经是竞争对手的企业也“化干戈为玉帛”，开创了战略合作新局面。为了推动新能源汽车产业健康发展，行业内骨干企业不仅加快了与国内优势企业的联合发展步伐，与此同时也拓展和加深了与跨国公司的合资力度。综上所述，尽管在 2018 年汽车市场遇冷，但行业内骨干企业发展势头不减，市场份额也继续保持了较高占有率，同时，随着市场竞争加剧，企业之间分化明显。

2018 年，汽车销量排名前十位的生产企业依次为：上汽、东风、一汽、北汽、广汽、长安、吉利、长城、华晨和奇瑞，分别销售 701.25 万辆、383.08 万辆、341.84 万辆、240.21 万辆、214.28 万辆、213.78 万辆、152.31 万辆、105.30 万辆、77.86 万辆和 73.71 万辆。与 2017 年相比，长安销量下降较快，东风、北汽和长城降幅略低，其他六家企业呈不同程度增长，其中吉利增速更快。2018 年，上述十家企业共销售 2503.63 万辆，占汽车销售总量的 89.16%。

（六）汽车出口再超百万，四季度同比明显下降

2018 年，全球经济总体保持了稳中略增的发展态势，汽车出口市场也继续保持了回暖势头，但美国加息、贸易摩擦及地缘政治等因素叠加，对汽车出口市场增长产生了一定抑制作用。从供给上看，乘用车总体保持较快增长，其中一个重要原因是中国品牌汽车在品质和服务上有显著提升。从需求来看，国外主要市场经济体处于恢复上升通道，比如南美，独联体，东南亚，带动了一定需求增长。短期内“一带一路”沿线新兴市场和部分高风险市场也成为企业开拓的重点。另外，随着国内新能源汽车产业进一步完善，也提供了出口弯道超车和进入欧美市场的机会。但是，伊核协议、中东地缘政治冲突以及贸易战逆全球化抬头，美国加息缩表政策，新兴市场国家汇率市场以及经济增长面临较大不确定性，这对于乘用车出口均造成一定不利影响。在商用车出口方面，货车依然是出口的刚需车型，总体保持较快增长；客车出口增速略低。总体而言，在 2018 年中国汽车出口依然保持了较快增长势头，同时中国出口销量占汽车总销量的比重不到 4%，仍有很大空间。

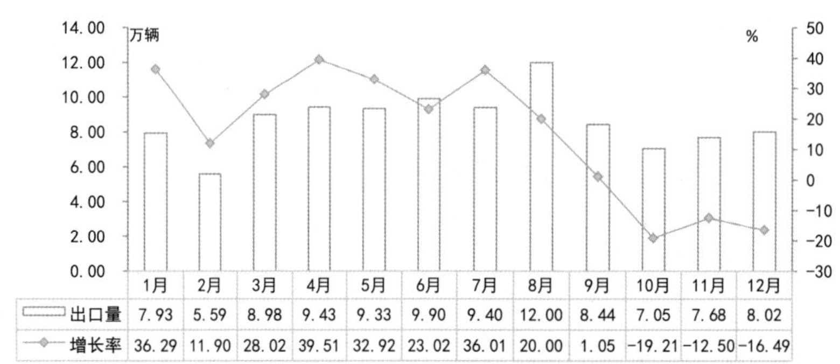

	1月	2月	3月	4月	5月	6月	7月	8月	9月	10月	11月	12月
出口量	7.93	5.59	8.98	9.43	9.33	9.90	9.40	12.00	8.44	7.05	7.68	8.02
增长率	36.29	11.90	28.02	39.51	32.92	23.02	36.01	20.00	1.05	−19.21	−12.50	−16.49

图 20　2018 年汽车企业月度出口量及同比增长率

据对行业内整车企业报送的出口数据统计，2018 年，汽车企业共出口 104.07 万辆，自 2012 之后出口再次超过百万辆，同比增长 16.82%，增速比 2017 年有所减缓。

从 2018 年全年汽车企业出口情况来看，1-8 月各月出口同比均呈快速增长，其中 1 月、4 月、5 月和 7 月增速均超过 30%。但进入 10 月后，受伊朗局势影响，出口同比呈快速下降。

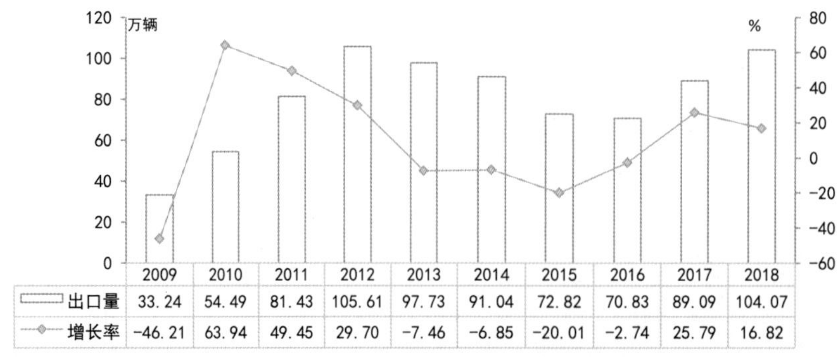

	2009	2010	2011	2012	2013	2014	2015	2016	2017	2018
出口量	33.24	54.49	81.43	105.61	97.73	91.04	72.82	70.83	89.09	104.07
增长率	−46.21	63.94	49.45	29.70	−7.46	−6.85	−20.01	−2.74	25.79	16.82

图 21　2009-2018 年汽车企业整车出口量及同比增长变化情况

2018 年，乘用车共出口 75.75 万辆，同比增长 18.52%，增速比 2017 年减缓 15.45 个百分点。在四大类乘用车出口品种中，与 2017 年相比，运动型多用途乘用车（SUV）增速最快，共出口

40.07 万辆，同比增长 51.07%，增速比上年提升 12.22 个百分点；基本型乘用车（轿车）略有下降，共出口 31.07 万辆，同比下降 1.78%；多功能乘用车（MPV）和交叉型乘用车呈明显下降，分别出口 1.48 万辆和 3.14 万辆，同比下降 25.92% 和 16.64%。

商用车出口增速比 2017 年有所提升，共出口 28.32 万辆，同比增长 12.50%，增速比 2017 年提升 3.61 个百分点。在商用车主要出口品种中，货车（含货车非完整车辆、半挂牵引车）保持较快增长，共出口 22.68 万辆，同比增长 14.38%；客车（含非完整车辆）共出口 5.64 万辆，同比增长 5.52%。

2018 年，出口量位居前十位的企业依次为：上汽、奇瑞、北汽、江淮、东风、长安、大庆沃尔沃、长城、一汽和华晨，分别出口 23.82 万辆、12.29 万辆、7.70 万辆、7.48 万辆、7.38 万辆、6.14 万辆、5.58 万辆、4.70 万辆、4.36 万辆和 4.34 万辆。与 2017 年相比，北汽和华晨出口量有所下降，其他企业各有增长，其中上汽、长安和长城增速更为明显。2018 年，上述十家企业共出口 83.78 万辆，占汽车企业出口总量的 80.50%。

此外，据海关总署提供的 2018 年汽车整车进口情况来看，进口量同比呈小幅下降，市场表现明显不如 2017 年。2018 年，汽车整车共进口 113.6 万辆，同比下降 8.4%；进口金额 857.8 亿美元，同比增长 3.9%。

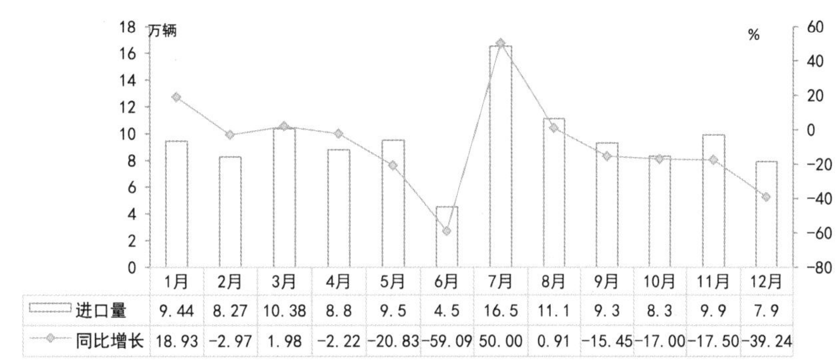

	1月	2月	3月	4月	5月	6月	7月	8月	9月	10月	11月	12月
进口量	9.44	8.27	10.38	8.8	9.5	4.5	16.5	11.1	9.3	8.3	9.9	7.9
同比增长	18.93	-2.97	1.98	-2.22	-20.83	-59.09	50.00	0.91	-15.45	-17.00	-17.50	-39.24

图 22　2018 年汽车整车月度进口量[3]及同比增长变化

进入 21 世纪以来，经济全球化的趋势越来越强烈，全球经济一体化、合作共赢、命运共同体的理念也越来越深入人心，尤其是在科技以及信息技术不断发展的今天，单边主义、贸易保护主义思潮将越来越不得人心。为此，我们有理由相信，只要我们用足够智慧、勇气和定力应对当前与一些国家的贸易摩擦，就完全有把握抵御未来的风险和挑战。与此同时，世界各国也在努力发展本国经济，全球宏观经济回暖的势头也不会因此停滞。汽车生产企业应密切关注国际时势的发展，积极主动采取有效的措施和对策，不断提升产品竞争力，并进一步加强属地化经营的方式，努力掌握在当地汽车市场的主导权，实现从贸易出口转向海外投资的战略转型。

当然，我们也应该看到目前中国汽车企业出口实力还有待提升，特别是和发达国家相比仍存在较大差距。当前国际政治、经济形势复杂多变，国内产业环境正发生深刻变革，中国汽车工业“走出去”仍面临着新兴市场需求复苏乏力、企业生产成本上升等问题，再加上汇率波动和贸易限制频频掣肘，市场竞争压力增大，严峻形势还未得到根本性改变。基于此，希望汽车生产企业把握好“一带一路”带来的发展机遇，优化全球资源，以及资金和技术等资源配置，推动汽车产品、技术、标准、服务和资本配套“走出去”，融入全球汽车产业价值链；其次，面对日益激烈的国际市场竞争环境，汽车企业要加强协同发展，抱团出海，采取多种举措，分摊风险成本，打造中国品牌的整体竞争优势。最后，推动中国汽车出口可持续发展还需要政府做好引导工作，帮助企业与当地政府对接，为车企“走出去”进一步提供政策和资金支持。尤其对于汽车金融和保险等海外支持至关重要。只有多方合作协同出海，才能助力中国品牌汽车在

3　1-3 月进口数据是中汽协会根据海关数据加工整理，4 月以后数据从海关总署网站摘录，供参考。

国际舞台上有更好的表现。

（七）2018年汽车工业重点企业（集团）经济效益分析

2018年汽车工业重点企业（集团）深入贯彻党中央、国务院的决策部署，深入推进供给侧结构性改革，产品结构调整进一步优化。受多种因素影响，汽车产销量稳中略降，结束了28年以来的增长态势，但长期增长的态势没有改变。据2018年汽车工业重点企业（集团）经济指标快报显示，汽车工业重点企业（集团）经济运行增速明显趋缓，主要经济指标增幅回落，利润、利税总额均为负增长。具体情况如下：

1. 工业经济效益综合指数低于上年

2018年，汽车工业重点企业（集团）工业经济效益综合指数为529.76，同比下降32.11。从2018年工业经济效益综合指数的变动情况来看，一季度为547.31；上半年为570.82，比一季度提高23.51；前三季度为548.31，比上半年下降22.51；全年为529.76，比前三季度下降18.55。从2018年各月累计经济效益综合指数走势来看，上半年呈小幅上升走势，各月累计同比基本高于上年同期水平；下半年呈小幅下降走势，各月累计同比基本低于上年同期水平。

从汽车工业重点企业（集团）工业经济效益综合指数的构成情况来看，与上年相比，流动资产周转率、产销率高于上年；总资产贡献率、资产负债率、成本费用利润率、资产保值增值率和全员劳产率均低于上年水平。

2. 产出指标增速减缓，工业增加值为负增长

2018年，汽车工业重点企业（集团）累计完成工业增加值7585.10亿元，同比下降4.01%；累计完成工业总产值35840.74亿元，同比增长0.59%；累计完成工业销售产值35442.98亿元，同比增长0.83%。

从2018年汽车工业重点企业（集团）产出指标增长变动走势来看，上半年工业增加值、工业总产值和工业销售产值分别比一季度提高了2.92、3.66和1.09个百分点；前三季度工业增加值、工业总产值和工业销售产值分别比上半年回落5.12、3.73和4.02个百分点；全年工业增加值由正增长变为负增长，同比下降4.01%；工业总产值和工业销售产分别比前三季度回落了4.53和3.78个百分点。增幅同比，上年工业增加值为正增长，而全年变为负增长；工业总产值和工业销售产值，分别回落10.65和9.83个百分点。

2018年，汽车工业重点企业（集团）产销率为98.89%，同比提高0.24个百分点。2018年汽车工业重点企业（集团）各月累计产销率在97.72%-101.46%之间。

3. 营业收入小幅增长，增幅低于上年

2018年，汽车工业重点企业（集团）累计实现营业收入41716.39亿元，同比增长3.99%，增幅同比低于上年5.91个百分点。

从2018年汽车工业重点企业（集团）营业收入增长变动走势来看，一季度增长率为10.65%；上半年增长率为12.45%，增幅比一季度提高1.80个百分点；前三季度增长率为8.34%，增幅比上半年回落4.11个百分点；全年增长率为3.99%，增幅比前三季度回落4.35个百分点。从营业收入全年各月累计增长率来看，1-5月呈小幅增长走势；1-6月后基本呈逐步回落走势，全年各月增幅同比，除4-6月外，其他各月均低于上年同期增速水平。

从汽车工业重点企业（集团）实现营业收入的具体情况看，在17家重点企业（集团）中，12家企业营业收入高于上年（上年为11家），营业收入为32794.50亿元，占重点企业营业收入78.61%；5家企业营业收入低于上年（上年为6家）营业收入为8921.94亿元，占重点企业营业收入21.39%。2018年，营业收入排名前五位的企业依次为：上汽集团、一汽集团、东风公司、北汽集团和广汽集团。从前五家企业的营业收入情况来看，上汽集团、一汽集团、北汽集团和广汽集团营业收入高于上年，东风公司营业收入低于上年。

从其余12家企业营业收入情况来看，华晨集团、吉利控股、中国重汽、比亚迪公司、陕汽集团、江淮集团、金龙集团和庆铃汽车营业收入高于上年；中国长安、奇瑞汽车、宇通集团和东南汽

车营业收入低于 2017 年。

4. 利润、利税总额均由 2017 年正增长变为负增长

2018 年，汽车工业重点企业（集团）累计实现利润总额 3840.56 亿元，同比下降 2.52%。累计实现利税总额 6105.72 亿元，同比下降 3.97%，其中：营业税金及附加为 1226.86 亿元，同比下降 2.34%；应交增值税为 1038.30 亿元，同比下降 10.66%。

2018 年，汽车工业重点企业（集团）投资收益为 1390.74 亿元，同比增长 5.06%，投资收益占重点企业（集团）利润总额的比重为 36.21%，增幅同比提高 2.56 个百分点。

从 2018 年汽车工业重点企业（集团）利润、利税总额增长率变动来看，一季度，利润总额、利税总额同比分别下降 4.95% 和 0.88%；上半年，利润总额、利税总额同比分别增长 14.86% 和 12.34%，均由负增长转为正增长，主要原因是投资收益到账。上半年，重点企业（集团）投资收益为 928.14 亿元，同比增长 21.22%，增幅同比高于上年同期 3.31 个百分点，投资收益占重点企业（集团）利润总额的比重为 38.75%；前三季度，利润、利税总额同比分别增长 6.07% 和 2.97%，增幅分别比上半年回落 8.79 和 9.37 个百分点；2018 年利润、利税总额同比分别下降 2.52% 和 3.97%，均由三季度正增长变为负增长。

利润、利税总额下降的主要原因是 2018 年汽车行业整体经济运行面临较大压力，产销量低于年初预期，结束了 28 年的增长态势。行业整体下降的原因是多方面影响因素的叠加，既有 1.6L 购置税优惠政策调整造成的提前消费，也有宏观经济增速回落以及中美贸易争端的影响。目前，整体消费趋弱，汽车消费最先受到影响，短期内仍面临较大压力。

从汽车工业重点企业（集团）实现利润总额的具体情况看，2018 年，在 17 家重点企业（集团）中，有 8 家企业利润总额高于上年同期（上年为 11 家），实现利润总额为 3473.07 亿元，占重点企业利润总额 90.43%；7 家企业利润总额为负增长（上年为 4 家），实现利润总额为 379.36 亿元，占重点企业利润总额 9.87%；1 家企业扭亏（上年为 1 家），实现利润总额为 1.82 亿元，占重点企业利润总额 0.05%；1 家企业亏损（上年为 1 家），亏损额为 13.70 亿元。

5. 应收账款、产成品库存资金低于上年

2018 年末，汽车工业重点企业（集团）应收账款为 3822.47 亿元，同比下降 1.84%，减少资金占用 71.71 亿元。2018 年末，汽车工业重点企业（集团）产成品库存资金为 1439.84 亿元，同比下降 8.01%，减少资金占用 125.43 亿元。

2018 年末，汽车工业重点企业（集团）应收账款、产成品库存资金占流动资产的比重为 23.13%，比上年末下降 0.43 个百分点。

二、影响当前汽车市场走势的原因分析

2018 年上半年，中国汽车市场曾一度走高，其中 4 月单月销量增速高达 11.3%，5 月增速为 9.2%，主要原因是上一年同期的增速为负，基数相对较低，以及购置税优惠政策由企业进行延续等方面的效用叠加，因此，2018 年上半年汽车市场的高速增长并非是市场向好的信号。同时，从汽车市场各月销量同比变化情况来看，其趋势基本与前两年一致，进一步印证了本轮市场的下滑非内生因素，而是来源于外部的影响。进入下半年，汽车市场却连续出现负增长。

（一）市场规模和需求增速放缓

2010 年以来，中国汽车行业整体进入到普及的初期，由之前的高速增长转为低速增长，2010-2017 年的行业产销平均增速为 7%，中国汽车市场发展已进入新常态，低增速成为市场发展的新特征。尽管今年整体增速有所下降，但 2010-2018 年平均增速仍可达到 5.6%，处于 5-10% 的合理区间。近几年，乘用车市场主要的增长动力来自于内陆省份的三至六线城市，并已逐步得到释放。而这部分市场消费者的特征是购买能力相对较弱，价格敏感度高，受房价增长、居民负债上升和收入预期不足的影响明显。特别影响到中低端的中国品牌汽车的消费。另一方面，目前中国汽车市场消费结构也发生较大的变化，正由增量市场转向存量市场，新购的比例越来

越少，而换购的消费者不存在刚性需求，经济形势不好的情况下会推迟他们的换购时间。

（二）宏观经济的下行影响汽车消费

2018 年外部环境发生了深刻变化，国际形势复杂多变，贸易投资保护主义加剧；国内经济运行压力加大，实体经济经营困难，经济运行呈现了温和回落态势。汽车行业与国民经济运行态势密切相关，其中乘用车属于消费属性，在经济形势不好的情况下消费需求势必受到较大的影响，因此 2018 年以来，消费者信心指数增速逐月下滑。从货币供给情况来看，储蓄保持较高增加，进一步说明消费者信心不足。同时，股市低迷也反映消费者对未来消费信心下降，消费能力减弱，抑制了汽车消费。

（三）中美贸易摩擦和美国制裁伊朗影响较大

中美贸易摩擦直接影响不大，间接影响较大。从产业影响分析，当前，在部分企业产销计划坚持不变的前提下，中美贸易摩擦政策短期内对销量的影响不大，但是在关税成本提高和因贸易保护导致的零部件价格上涨方面已推高了企业单车的成本，另外，因贸易摩擦导致的人民币对美元贬值也间接压缩了企业的利润。中美贸易摩擦影响国内很多的出口企业，行业正常经营受到影响，效益下降，直接影响了就业者的收入水平，并对未来形势产生悲观预期，抑制了汽车的消费。而导致这种趋势的主要原因还是与美国对伊朗制裁有关，由于 2018 年中国汽车出口的高速增长主要归因于伊朗市场的拉动，因此，当伊朗市场出现波动时，自然会明显影响汽车整体出口形势。

（四）宏观政策执行节奏影响汽车消费

三大攻坚战（防范化解重大风险、精准脱贫、污染防治）是今后几年的重点工作，但在执行的节奏把控上过于“一刀切”金融去杠杆一定程度造成全社会资金紧张，中小企业融资更难、更贵。部分中小企业资金压力逐步增大，同时，6、7 月以来大量 P2P 平台发生逾期、清盘，导致消费者资金被套牢，极大地损伤了消费能力，加剧了车市的下滑。去产能和治理力度强化进一步影响消费者购买力，钢铁等行业去产能，环保治理力度不断加大，部分不合规企业和中小企业因此关停，造成一部分劳动力出现发生转移，但这部分劳动力的购买力一段时间内很难提高，无法形成消费。

（五）市场波动是前期刺激政策的主要结果

由于市场因需求提前迁移到政策执行期，政策退出后出现需求不足，市场出现波动也成为必然。2015 年出台的 1.6 升及以下乘用车购置税优惠政策在 2018 年全面退出。该政策的短期实施对市场需求有明显的透支作用，尤其是 2016 年和 2017 年两年的四季度都出现了集中消费的情况，该政策的出台迅速地帮助乘用车市场恢复了高增长态势。2016 年，GB1589 新版标准出台以及更严格的市场监管导致运输车市场的产品结构被迫调整，进一步推动汽车市场走高。因此，从以上两方面看，汽车市场的较快增长主要得益于政策推动，并非是汽车市场内生动力的原因，即便是 SUV 作为曾经的增长点大幅增长，也主要是受政策的刺激以及对同属车型中轿车的份额替代。

（六）国六排放标准的实施

国六排放标准早在 2016 年底就正式发布，虽然政策明确提到了将会在 2020 以及 2023 年两个时间点实行，但实际情况是，有很多地方政府提前将这个政策纳入了实施的范围之内，令很多消费者处于观望期，都在等国六车型的推出。国五到国六的过渡时间本来只有 3 年，很多地区如果提前实施，推进节奏过于太快，整车企业和经销商都会承受巨大压力。

（七）北京市小客车指标调整

北京市 2018 年小客车指标年度配额为 10 万个，其中普通指标额度 4 万个，新能源指标额度 6 万个。相比 2017 年度减少 5 万个普通指标，且指标的有效期从之前的半年延长值一年。指标的减少和有效期的延长至少影响 5 万辆以上的汽车消费。

三、当前汽车行业生产经营情况及面临的问题

2018 年汽车整体市场走势较弱，上半年运行情况尚可，下半年以来市场压力增大、竞争加剧，行业形势严峻，尤其是四季度，行业有效需求明显不足，加上 2017 年四季度同期基数较高，主要指标出现较大幅度的下降。在生产经营方面面临的主要问题如下：

（一）企业资金压力巨大

2018 年年初以来，受原材料上涨、垫资补贴资金等多方面因素的影响，企业资本方面面临巨大压力。一是企业应收账款同比增幅较大。根据汽车行业经济效益数据显示，汽车行业各个小行业应收账款均呈现不同程度的增长，其中应收账款增幅最大的小行业是新能源车整车制造业，同比增幅 80% 左右。企业资金回笼难，供应商回款周期延长，受国家和地方补贴的里程要求，企业垫补贴金额比例持续升高，企业现金流压力巨大，行业整体利润率较低。二是受经济环境、去产能和环保措施等因素的影响，原材料成本持续上涨。石油等能源类大宗商品价格继续显著攀升；与汽车产业相关的钢材从 2015 年起维持上涨趋势。另外，电池、电机等关键部件原材料价格也呈现不断上涨态势，市场竞争的加剧又迫使企业价格进一步降低，一涨一降的困局十分严重。三是受国家宏观货币政策收紧的影响，企业融资难度加大，融资成本明显提高已经成为既定事实。

2018 年行业利润出现明显的下降，原因为上游原材料涨价，下游需求不足，行业本身投入增加（国六、新能源），补贴下降，终端销售价格大幅下降。

（二）终端库存处于历史高位

行业整体库存增加，经营风险较为集中。根据我会统计的生产端库存，2018 年年底库存为 115.9 万辆，同比下降 10.6%，可见企业端库存压力较小，其中一个最重要的原因是企业根据市场变化及时调整了生产安排。但是，目前库存压力还是主要集中在销售端，根据中国汽车流通协会公布的经销商库存预警指数，2018 年各月库存预警指数均高于警戒线，其中 11 月汽车终端市场库存深度约 1.92 倍，处于近年来的最高位。由于经销商压力较大，多采用降价促销的手段，今年以来乘用车的价格平均下降 7.5% 左右。

（三）竞争加剧企业分化，中国品牌产品竞争力亟待提高

目前，随着供给侧改革的持续推进，汽车企业在产品技术水平提升、战略性新兴产业方面积极投入，在产品设计、营销策略、品牌建设等方面积极采取措施适应市场需求。从产业整体发展看，不存在造成市场下滑的内在因素。同时，由于市场竞争加剧，行业内企业分化更趋明显，产品和服务质量、成本控制、产品更新速度，以及品牌溢价能力在竞争中的价值越发明显。

由于市场这块“蛋糕”的规模已趋于稳定，市场竞争进一步加剧，表现在不同品牌、企业间，以及集团内分子公司间的分化更加明显。据中国汽车工业协会统计，2018 年，市场排名前 15 名的汽车企业中近一半的企业出现销量负增，全行业超过一半的企业销量出现负增。未来企业格局将加快调整。

中国品牌经过多年的积累和持续不断的巨额投入，实现了自主研发能力的培养和关键技术的积累，但是，当前一些中国品牌汽车车型仍主要集中在中低价、中低端市场，成本优势薄弱，单车规模小，加上日益上涨的制造成本，利润空间大幅压缩，制约了公司经营质量的持续提升。此外，还面临着品牌影响力提升缓慢，溢价能力与合资品牌差距较大的困境。整个中国品牌企业正面临新行业变革时期的挑战，正处于一个产品结构、企业架构、新业务模式调整的战略转型阵痛期。虽然，中国品牌 SUV 随着 SUV 热潮已经迅速占领了部分市场，但是随着合资品牌 SUV 不断加大的新产品投入，市场竞争不断加剧，中国品牌依赖 SUV 产品发展战略企业将面临严峻考验，未来，轿车、SUV、MPV 产品均衡发展，并努力提高产品竞争力和品牌溢价力，才是整个中国品牌生存和发展的关键。

（四）产业政策不稳定影响车企决策

未来，市场规模扩张放缓，市场步入了存量竞争，企业的生存竞争将更趋激烈，汽车产业

政策的不稳定将严重影响车企的决策。

1. 新能源产业政策频繁调整使企业经营压力增大

伴随新能源汽车产业从政策导向逐渐过渡到市场导向，2017 年以来，政策、标准的调整力度和频度明显加大。这虽然有利于新能源汽车产业的更新升级，但相对频繁的调整也给企业带了新难题。

（1）新能源补贴政策未及时到位。2017 年的补贴政策 2016 年 12 月 31 日出台，2018 年补贴政策 2 月 12 日出台，2019 年补贴政策仍在讨论。2016、2017 年《新能源汽车推广应用推荐车型目录》两轮推翻重审，2018 年 6 月又再次推翻重来。技术指标（含续驶里程、电池能量密度、电耗、油耗等）逐年调整并加严，在一定程度上增加了企业在研产品正常持续开展的难度，造成生产、研发资源浪费，影响了企业的正常经营（产品认证和产品升级）。

（2）补贴清算流程复杂、兑付延迟。随着新能源车的销量上升，且今后很长时间仍处于增长趋势，企业正在承受越来越大的资金占用压力。

（3）“双积分政策”未有效承接原财税政策的支持作用，积分严重供大于求。据统计，2016-2017 年行业整体新能源积分供需比达到 3∶1 以上，不利于新能源企业的创新研发和规模化发展。

2. 国六标准的提前实施，可能加剧市场波动

按照国务院（国发 2018）22 号文件《打赢蓝天保卫战三年行动计划》要求，从 2019 年 7 月 1 日起，重点区域、珠三角、成渝地区提前实施国六排放标准，但越来越多的城市预计将提前实施国六法规。尽管大多数汽车能及时做出应对，但仍然面临一些问题。

（1）原定的国六车型产品的投放节奏与法规及市场需求之间不匹配、国六车型需提前投放市场等问题。

（2）可能引发企业在标准切换节点前低价消化库存，引起市场波动，并压缩企业利润。

（3）产品研发进度、物料保供、生产一致性等方面均存在风险，尤其是满足国六排放标准的核心零部件的保供，存在较大风险。

（4）进一步加剧外资品牌挤压中国品牌生存空间的压力。从统计数据来看，已申报的达到国六标准的产品中，进口、合资产品占比高达 90% 以上，直接导致 2019 年上半年外资品牌将在市场上占据压倒性优势，转型升级中的中国品牌车企势必面临更严峻的生存危机。

（5）提前实施国六的地区较为分散，企业要跟踪全国各地区机动车排放管理制度，这对于企业销售终端的市场活动和库存清理造成更大压力。

第2部类

大事记

DIERBULEI | DASHIJI

2018 年汽车行业大事记

1月

1日 财政部、工业和信息化部、科技部、税务总局发布公告，对购置新能源汽车免征车辆购置税。根据优胜劣汰原则，纳入车辆购置税免征目录的新能源汽车，其技术门槛亦作了适度上调。

同日 工信部发布《促进新一代人工智能产业发展三年行动计划（2018-2020 年）》。其中，智能网联汽车为本次行动计划提出的第一项要大力发展的智能产品，目标到 2020 年，建立可靠、安全、实时性强的智能网联汽车智能化平台，形成平台相关标准，支撑高度自动驾驶（HA 级）。

“HA 级”自动驾驶来源于《中国制造 2025》，对智能网联汽车分为 DA、PA、HA、FA 共计四个级别，有别于时下美国汽车工程师学会对于无人驾驶自动化的 L1-L5 级别分类。据了解，“HA 级”相当于 L4 级，即在驾驶员没有根据提示做出合理应对时，驾驶操作由自动驾驶系统完成。

5日 由发改委牵头起草的《智能汽车创新发展战略（征求意见稿）》落地，智能汽车顶层设计呼之欲出。智能网联汽车已成为中国汽车社会发展的战略新契机，发展智能网联汽车，是中国由汽车大国向汽车强国迈进的必经之路，也是在产业变革中抢占制高点的机遇。

7日 一汽轿车与摩拜出行签署《战略合作协议》。根据协议，一汽轿车拟对摩拜出行进行增资入股，增资后持有摩拜出行 10% 的股权。作为国内老牌汽车生产企业，一汽轿车亦欲加入共享汽车热潮。

8日 中国质检总局共发布 2017 年汽车相关召回公告逾 200 次，其中包含 7 次召回活动变更、2 次轮胎品牌召回、7 次卡客车品牌召回以及 1 次补救措施。而排除因召回活动变更而作废的原公告后，国家质检总局质检要闻中共发布 197 次有效召回，其中涉及 80 家车企的 260 款车型，召回总量更是突破 2000 万辆，创造了国内召回的新记录。

11日 力帆集团旗下新能源共享出行平台盼达用车正式宣布进驻广州，首批试运营上线 1000 辆纯电动共享汽车。盼达背后则有阿里、万达、复星、越秀集团等企业的背书。

同日 科技部发布的《关于支持建设中国新能源汽车技术创新中心的函》指出，原则同意《中国新能源汽车技术创新中心建设方案》。中心立足北京、覆盖京津冀、面向全国、辐射全球，围绕新能源汽车产业重大需求，加大重大关键技术源头供给，打造世界新能源汽车技术创新的策源地。

14日 中国汽车工业协会发布数据，2018 年中国汽车工业总体运行平稳，全年汽车产销分别完成 2780.9 万辆和 2808.1 万辆，连续 10 年蝉联全球第一。

2018 年中国新能源汽车产销分别完成 127 万辆和 125.6 万辆，比上年同期分别增长 59.9% 和 61.7%。其中，插电式混合动力汽车的产销比上年同期分别增长 122% 和 118%。

中国汽车出口同比较快增长。2018 年中国汽车出口 104.1 万辆，比上年同期增长 16.8%，继续呈现较快增长态势。

17日 公安部统计，截至 2017 年底，全国机动车保有量达 3.10 亿辆，其中汽车 2.17 亿辆；机动车驾驶人达 3.85 亿人，其中汽车驾驶人 3.42 亿人。2017 年在公安交通管理部门新注册登记的机动车 3352 万辆，其中新注册登记汽车 2813 万辆，均创历史新高。

2017 年，全国新能源汽车保有量达 153

万辆，占汽车总量的0.7%。从新注册登记情况看，2017年新能源汽车新注册登记65万辆，与2016年相比，增加15.6万辆，增长24.02%。全国已有107个城市启用新能源汽车专用号牌，覆盖31个省（自治区、直辖市）。

20日 中国电动汽车百人会论坛（2018）在北京钓鱼台中国宾馆召开，本届论坛的主题为“把握全球变革趋势 实现高质量发展”，论坛延续了“闭门会+高层论坛+主题峰会”的主要框架。

作为年度行业盛会，百人会论坛已经召开了四届，2018届不仅吸引了国内的政府官员、专家学者及企业领导，还吸引了众多国外嘉宾。

30日 根据全国消协组织受理投诉情况统计，2017年全国消协组织共受理消费者投诉726,840件，解决552,398件，投诉解决率76%。在具体商品投诉中，投诉量居前五位的分别为:汽车及零部件、通信类产品、服装、鞋、食品等。

2月

1日 商务部等8个部门印发了文件，除原有9个试点地区之外，支持在内蒙古的满洲里口岸、江苏张家港保税港区、河南郑州铁路口岸、湖南岳阳城陵矶港、广西钦州保税港区、海南海口港、重庆铁路口岸、青岛前湾保税港区开展汽车平行进口试点。

4日 吉利集团出资90亿美元收购戴姆勒股份公司9.69%具有表决权的股份，成为戴姆勒最大的单一股东。通过收购戴姆勒集团股份，吉利有望能吸收戴姆勒集团在新能源车以及无人驾驶领域方面的技术，从而更好地为吉利集团的产品，包括其最新成立的领克汽车的产品提供技术支持。

7日 中国汽车流通协会发布最新统计数据显示，2017年全年中国二手车交易量累计同比增长19.33%，达1240.09万辆。

同日 滴滴出行宣布与北汽新能源、比亚迪、长安汽车、东风乘用车、东风悦达起亚、华泰汽车、江淮、吉利、雷诺日产三菱联盟、奇瑞、中国一汽、众泰新能源12家汽车厂商达成战略合作，共同建设新能源共享汽车服务体系。

同日 发改委发布了《关于戴姆勒大中华区投资有限公司增资入股北京新能源汽车股份有限公司的复函》，同意戴姆勒大中华区投资有限公司收购深圳井冈山新能源投资管理有限公司所持北京新能源汽车股份有限公司的部分股份，股权转让工作应严格按照《企业中国有资产交易监督管理办法》等相关规定依法依规进行，确保中国有资产不流失。股权转让完成后，北京新能源汽车股份有限公司的中方股份比例不得低于50%。

12日 财政部等四部委发布《关于调整完善新能源汽车推广应用财政补贴政策的通知》，称过渡期期间上牌的新能源乘用车、新能源客车按照《财政部科技部工业和信息化部发展改革委关于调整新能源汽车推广应用财政补贴政策的通知》对应标准的0.7倍补贴，新能源货车和专用车按0.4倍补贴，燃料电池汽车补贴标准不变。

22日 上海市经济和信息化委员会、上海市新能源汽车推进领导小组办公室发布《关于2018年度上海市鼓励购买和使用新能源汽车相关操作流程的通知》，该文件称“上海市经济和信息化委员会与上海市新能源汽车推进领导小组办公室委托具有资质的第三方专业机构受理新能源汽车生产厂商、进口新能源汽车生产厂商设立或授权的销售公司及其车型申请 ”。这意味着并不是所有列入《车辆生产企业及产品公告》新能源车型都能在上海本地销售。

25日 北京汽车发布公告称，公司与戴姆勒股份公司宣布扩大梅赛德斯-奔驰乘用车的本土生产规模，以满足未来中国市场的需求。双方投资超过人民币119亿元（约合欧元15亿），打造双方合资企业北京奔驰汽车有限公司新的豪华车生产基地。

26日 工信部、科技部、环境保护部、交通运输部、商务部、质检总局、能源局联合发布了《新能源汽车动力蓄电池回收利用管理暂行办法》。办法指出，汽车生产企业需承担动力蓄电池回收的主体责任，相关企业在动力蓄电池回收利用各环节履行相应责任，保障动力蓄电池的有效利用和环保处置。

同日 随着《北京市推广应用新能源汽车管理办法》新版管理办法出台，北京对新能源汽车产品的备案制正式取消。北京市释放出了5.4万个个人新能源购车指标，只要市面上销售的纯电动车型，都可以购买上牌。

27日 保监会下发9张行政处罚决定书，罚单直指车险乱象，涉及人保财险、太平财险、太平洋财险、平安财险四家财险总公司及其分支机构。近年来，车险市场以高费用为手段开展恶性竞争问题尤为突出。整治车险市场虚列费用等乱象成为2018年保监会的重点工作之一。

3月

1日 中国质检总局执法督查司就消费者广泛关注的东风本田思威（CR-V）等车型“机油增多问题”约谈了东风本田汽车有限公司，要求生产企业高度重视消费者反映的问题，严格按照法规要求消除车辆缺陷。

同日 中国汽车流通协会发布2017年全国汽车经销商满意度调查结果。2017年经销商与厂家的矛盾进一步缓和，经销商与厂家的关系继续向“伙伴式、兄弟式”转变；根据最新的调查结果显示，2017年经销商总体满意度得分为84.8分，比上年增加了1.3分。从不同品牌类型来看，自主品牌的满意度最高，为87.8分，高端/进口品牌和合资品牌的满意度均有下降，合资品牌的满意度最低。

同日 中国新能源汽车技术创新中心挂牌成立，这是继中国高速列车技术创新中心之后诞生的第二个中国级技术创新中心，同时也是汽车行业首家中国级技术创新中心。

同日 全国首批3张智能网联汽车开放道路测试号牌在上海发放。根据第三方机构测试试验和专家组评审，上海市智能网联汽车道路测试推进工作小组审核通过，上海汽车集团股份有限公司和上海蔚来汽车有限公司获得第一批智能网联汽车开放道路测试号牌，获得智能网联汽车测试道路的资格。

同日 深圳市发改委发布的《深圳市发展改革委关于组织实施深圳市重大科技产业专项（新能源汽车）2018年第一批扶持计划的通知》明确，深圳市将采取直接资助扶持方式，对在深圳从事新能源汽车领域研发、生产及服务的企业、事业单位、社会团体或民办非企业等机构，按经评审核定的项目总投资的一定比例给予资助，最高不超过500万元。重大科技产业项目资助资金全部用于建设投资，不得用于其他费用支出。直接资助方式优先支持研究机构与企业联合申报项目。

7日 政府工作报告提出，新能源汽车车辆购置税优惠政策再延长三年，全面取消二手车限迁政策。专家表示，这将促进二手车消费市场潜力进一步释放。

随着汽车工业的持续高速发展和人民生活水平的逐年提高，中国已步入世界汽车生产和消费大国行列。数据显示，目前中国汽车保有量达到2.17亿辆，二手车市场潜力巨大。

同日 能源局出台的《2018年能源工作指导意见》指出，统一电动汽车充电设施标准，优化电动汽车充电设施建设布局，建设适度超前、车桩相随、智能高效的充电基础设施体系。2018年将积极推进充电桩建设，年内计划建成充电桩60万个，其中公共充电桩10万个，私人充电桩50万个。

12日 工信部、商务部、海关总署和质检总局四部委根据要求，对外公告了2016年度中国乘用车企业平均燃料消耗量与新能源汽车积分情况（即双积分）。

根据公告显示，2016年度中国境内124家乘用车企业共生产/进口乘用车2449.47万辆（含新能源乘用车，不含出口乘用车，下同），行业平均整车整备质量为1410公斤，平均燃料消耗量实际值为6.43升/100公里，燃料消耗量正积分为1174.86万分，燃料消耗量负积分为142.99万分，新能源汽车正积分为98.95万分。

17日 保监会印发《中国保监会关于调整部分地区商业车险自主自主定价范围的通知》，根据《中国保监会关于深化商业车险条款费率管理制度改革的意见》，更好地发挥市场在资源配置中的决定性作用，财产保险公司使用中国保险行业协会机动车商业保险示范条款的，可依据相关法律法规要求，调整商业车险自主核保系数、自主渠道系数，报经中国保监会批准后使用。

20日 《成都市机动车检验检测机构排气检测业务监管实施办法（试行）》正式实施，对机动车检验机构的检测过程、设备维保和质量管理等排气检测业务记分管理。

同日 黑龙江省机关事务管理局发布的《黑龙江省2018年公共机构节约能源资源工作要点》明确，鼓励利用市场机制，引进社会资本加快推进新能源汽车应用服务。鼓励通过利用自助分时租赁等方式提供新能源汽车应用服务。

21日 天津一汽夏利公布的产销报告中，夏利品牌在2018年开始已正式停产，进入无限期雪藏阶段，产量和销量都为0，而同时停产的还有威系列，只剩下骏派系列还在生产。3月11日，骏派A50全新紧凑型车正式上市，带来了全新车型也告别了老品牌。

26日 天猫汽车无人贩卖机大楼在广州正式对外开放。近20米高的钢体结构大楼坐落在广州白云区5号停机坪商场附近，占地近一千平方米，与传统购车不同的是，消费者可以通过以移动支付、人脸识别和自助服务等线上线下相结合的形式，享受更便捷的试乘试驾体验。

在该汽车无人贩卖大楼中，包括新蒙迪欧、SUV产品翼虎、锐界及撼路者以及全尺寸SUV探险者等多款车型可供消费者选择。整栋大楼配备智能升降系统以及完善的身份认证系统，一次性最多可容纳42辆车，消费者可实现“刷脸”自助购车及3天的深度试驾。

同日 工业和信息化部装备工业司发布了《2018年新能源汽车标准化工作要点》和《2018年智能网联汽车标准化工作要点》两份文件，以此给予新能源汽车和智能网联汽车发展建立标准体系。

其中，《2018年新能源汽车标准化工作要点》指出，将在基础通用领域、整车领域、关键系统部件领域和充电基础设施领域，实施中国标准研究，并将优化完善标准体系建设。

同日 发改委发布的《关于同意长安标致雪铁龙汽车有限公司增资的复函》表示，同意长安标致雪铁龙汽车有限公司中外双方股东同股比50∶50以现金方式共同增资36亿元人民币。按照上报方案，积极发展新能源汽车，生产重庆长安汽车股份有限公司长安自主品牌乘用车产品。

29日 中国汽车流通协会与腾讯公司在深圳腾讯总部正式签署战略合作协议。根据协议，双方将发挥各自的平台、渠道、服务等方面的优势，加快汽车流通行业智慧化升级、推动终端客户体验优化，助力经销商建立智慧4S店。通过实现信息管理、运营优化、数据决策、售后服务全方位赋能，以深度融合和深度链接为着力点，全面提升汽车流通行业的信息化发展水平。

4月

1日 由工信部发布的《乘用车企业平均燃料消耗量与新能源汽车积分并行管理办法》正式实施。中国针对新能源汽车实施双积分政策的目的，一方面是鼓励传统燃油车节能降耗，加快新能源汽车市场的健康发展；另一方面，有利于中国汽车行业整体水平的提升，加速新能源汽车企业的优胜劣汰。

2日 工信部、财政部和中国税务总局联合发布公告，进一步加强《免征车辆购置税的新能源汽车车型目录》管理，建立健全动态管理机制。

10日 工信部公示《2017年度乘用车企业平均燃料消耗量与新能源汽车积分情况》。99家境内乘用车企中比亚迪汽车产生的新能源汽车积分最多，为223,399分；北汽新能源第二，新能源积分为218,464分。有22家境内乘用车车企新能源汽车积分过万。

11 日 奇瑞对外宣布了“奇瑞雄狮 CHERYLION”智能战略品牌，再次表明其向智能化方向进军的决定和决心。“奇瑞雄狮”包括雄狮智驾、雄狮智云、雄狮智造、雄狮智赢和雄狮智行五大业务平台，其中，雄狮智驾代表自动驾驶业务；雄狮智云代表智能互联业务；雄狮智造代表智能制造；雄狮智赢代表数字化营销；雄狮智行代表未来共享出行。

12 日 长安汽车与腾讯签署智能网联汽车合资合作协议，在车联网、大数据、云计算等领域，双方共同打造面向行业的开放平台，为汽车行业提供成熟、完善的车联网整体方案。长安与互联网巨头腾讯的在汽车智能网联方面的合资公司——梧桐科技浮出水面。

14 日 国务院发布的《关于支持海南全面深化改革开放的指导意见》指出，科学合理控制机动车保有量，加快推广新能源汽车和节能环保汽车，在海南岛逐步禁止销售燃油汽车。

15 日 腾讯公司与中国一汽正式签署战略合作框架协议，展开全方位战略合作。双方将基于腾讯车联“AI in Car”智能解决方案，打造具有差异化竞争力的智能网联产品，共建基于数据运营和增值服务的联合体，加速推动汽车行业迈入智能网联新时代。

16 日 广州宣布对非广州市籍中小客车拟采取“开四停四”的部分限行措施，即连续行驶时间最长不得超过 4 天，再次驶入需间隔 4 天。当日，《广州市中小客车总量调控管理办法（修订征求意见稿）》与《广州市公安局交通警察支队关于非广州市籍中小客车通行管理措施的通告》相继发布，进一步理顺广州的交通出行管理。广州交警表示，此次管控措施目的是确保调控政策取得成效，并尽可能地减少对其他城市车辆往来广州的影响。

17 日 发改委明确了合资股比放开的时间节点，实行过渡期开放：2018 年取消专用车、新能源汽车外资股比限制；2020 年取消商用车外资股比限制；2022 年取消乘用车外资股比限制，同时取消合资企业不超过两家的限制。通过 5 年过渡期，汽车行业将全部取消限制。

19 日 南京市交通运输局、市公安局交通管理局联合发布通告：从 4 月 21 日零时起，市交通运输局暂停受理出租汽车（含网络预约出租汽车）新增运力许可事项，市公安局交通管理局暂停受理从事出租汽车客运服务新增车辆注册登记为营运性质的许可事项。

20 日 电动汽车初创企业 Future Mobility Corporation 旗下新兴品牌拜腾（BYTON）与中国一汽签署了战略合作投资框架协议。根据协议，中国一汽将作为战略投资者参与拜腾 B 轮融资，未来双方还将在产品开发、生产、销售及服务等领域展开合作。

23 日 中国线上零售巨头阿里巴巴宣布，阿里巴巴人工智能实验室（即阿里人工智能部门）与戴姆勒、奥迪和沃尔沃三家知名汽车公司基于“AI+ 车”系统运建立合作关系，这是阿里首次运用人工智能技术实现“家车互联”。

5 月

1 日 来自于财政部和中国商务总局联合发布的《关于调整增值率通知》，在通知条款中，最引人关注的则是“纳税人发生增值税应税销售行为或者进口货物，分别下调 1% 至 16%、10%”，也就是说国内制造业等行业增值税税率从 17% 降至 16%，将交通运输、建筑、基础电信服务等行业及农产品等货物的增值税税率从 11% 降至 10%。目前该通知已经生效，开始影响部分消费类电子、进口汽车等产品，在 5 月 1 日奔驰、林肯、捷豹、路虎纷纷下调在华汽车产品的零售指导价。

3日 车联网（LTE-V2X）城市级示范应用项目启动会在无锡顺利召开。

车联网（LTE-V2X）城市级示范应用项目依托于工业和信息化部、公安部、江苏省人民政府共建的中国智能交通综合测试基地开展，规划了开放道路测试研究、城市级规模示范应用、打造车联网产业基地三个阶段，实施区域包括综合测试基地周边全场景道路、太湖新城主要道路、主城区部分路口、主要高架道路、环太湖高速部分路段，率先部署基于LTE-V2X通信技术的新业务应用，覆盖200多个交叉路口、5条高架、1条高速，升级道路基础设施，推动车路协同示范应用。

8日 工信部发布公告称，根据《工业和信息化部关于建立汽车行业退出机制的通知》（工信部产业〔2012〕349号）的规定，第3批特别公示车辆生产企业中，整车生产企业有5家，客车及运输类专用车生产企业有53家，摩托车企业有8家。

10日 特斯拉（上海）有限公司成立，营业期限至2048年5月9日，其注册资本为1亿元。股东为TESLA MOTORS HK LIMITED特斯拉汽车香港有限公司，法定代表人为Xiaotong Zhu(朱晓彤)。公示系统显示该公司位于浦东新区南汇新城镇同汇路168号D203A，而其经营范围则包括电动汽车及零部件、电池、储能设备、光伏产品领域内的技术开发、技术服务、技术咨询、技术转让，上述同类商品的批发、佣金代理（拍卖除外）及进出口业务，并提供相关配套服务，电动汽车展示及产品推广。

14日 交通运输部办公厅、公安部办公厅、工业和信息化部办公厅联合发布了《关于深入推进车辆运输车治理工作的通知》。通知指出，为确保全面完成车辆运输车治理工作任务目标，2018年6月30日前要完成所有不合规车辆运输车的更新退出，2018年7月1日起全面禁止不合规车辆运输车通行。

15日 海南省人民政府发布《关于实行小客车保有量调控管理的通告》，决定自2018年5月16日0时起在全省实行小客车总量调控管理，并授权公安交通管理部门会同相关管理部门具体实施。已购车的单位或个人应在2018年5月31日向当地公证机构提出申请，取得公证证明文件。并宣布从8月1日0时起，新能源小客车增量指标通过排号方式取得，其他小客车增量指标通过摇号或竞价方式取得。

16日 北汽产投携手中国汽车流通协会金融分会、上汽投资、平安银行、百强经销商集团等共同发起中国汽车流通新动能创新发展联盟。中国汽车流通新动能创新发展联盟将以资本为纽带，开拓新流通场景，推动形成“共享、共用、共建”的新业态；塑造汽车领域新营销、新金融、新消费体验、新场景、新产销关系；促进产业市场与时俱进，帮助汽车流通体系进化新的模式。

17日 中国汽车流通协会在北京雁栖湖国际会议中心，发布了“2018中国汽车经销商集团百强排行榜榜单”。与会嘉宾有全国百强汽车经销商集团投资人、各省市汽车流通协会负责人、行业专家、主流媒体等。

同日 工信部公示了拟撤销《免征车辆购置税的新能源汽车车型目录》的车型名单。其中，北汽新能源、吉利、比亚迪、长安等均有车型入列。

从生产厂家来看，拟撤销车型数量排在前十位的均为商用车车企，其中，厦门金龙旅行车拟撤销免征购置税的车型数量达30辆，厦门金龙联合为23辆、湖北新楚风为22辆。

22日 财政部宣布，自2018年7月1日起，降低汽车整车及零部件进口关税。将汽车整车税率为25%的135个税号和税率为20%的4个税号的税率降至15%，将汽车零部件税率分别为8%、10%、15%、20%、25%的共79个税号的税率降至6%。据了解，这是自1986年以来中国对进口汽车关税做出的第十次调整。

23日 上海市科学技术委员会联合上海市发改委、经信委、财政局印发了《上海市燃料电池汽车推广应用财政补助方案》，对于上海市购买和使用燃料电池汽车将按照中央财政补助 1∶0.5 给予地方财政补助。

31 日 财政部、中国税务总局、工业和信息化部等三部门联合发布公告，自 2018 年 7 月 1 日至 2021 年 6 月 30 日，对购置挂车减半征收车辆购置税。

6 月

1 日 北汽昌河发布公告称，江西昌河铃木汽车有限责任公司日方股东铃木将所持有的全部股权，转让给江西昌河汽车有限责任公司；9 月，长安汽车发表声明，长安汽车已经与日本铃木及铃木中国达成协议，并以 1 元人民币现金收购日本铃木及铃木中国所有股权。收购完成后，长安汽车将持有长安铃木 100% 股权，标志着，在国内打拼多年的铃木，正式告别了中国舞台。

4 日 生态环境部发布《中国机动车环境管理年报（2018)》，公布了 2017 年全国机动车环境管理情况。《年报》显示，中国已连续九年成为世界机动车产销第一大国，机动车污染已成为中国空气污染的重要来源。2017 年，全国机动车四项污染物排放总量初步核算为 4359.7 万吨，比 2016 年削减 2.5%。

6 日 交通运输部、中央网信办、中国市场监督管理总局等七部门联合印发《关于加强网络预约出租汽车行业事中事后联合监管有关工作的通知》，明确了网约车行业事中事后联合监管工作流程，违法违规行为涉及多领域的，可由各职能部门开展联合约谈。对因违法违规经营而被约谈而拒不改正的企业，有关部门可对其采取 APP 下架、6 个月内停止联网等处置措施。

11 日 宁德时代正式登陆深交所创业板，发行价 25.14 元，首日上涨 44% 至 36.2 元。随后的 6 月 12 日-21 日，又以 7 个涨停升至 70.54 元。市值突破 1500 亿，成为创业板市值第一的公司。

同日 北京经信委公示“2018 年北京市拟拨付第二批新能源汽车财政补助资金”明细，2018 年北京市拟拨付第二批新能源汽车补助资金共涉及 3669 辆，拟拨付资金 21094.3304 万元。

其中北汽集团（北汽股份、北汽新能源、北汽福田）共计申领补贴 1.95 亿元，比亚迪申领补贴 77 万元，上汽申领补贴 13.5 万元，吉利申领补贴 178 万元，奇瑞申领补贴 18 万元，东风汽车申领补贴 58.5 万元。

同日 新造车企业拜腾宣布完成 B 轮融资，融资总额达 5 亿美元，主要投资人包括中国一汽集团、启迪控股、宁德时代、江苏“一带一路”投资基金等。该企业宣布其全球总部在南京正式启用。

12 日 财政部发布的《关于调整完善新能源汽车推广应用财政补贴政策的通知》，新政将按照新的标准进行补贴。续航里程长的新能源车型将享受到更高的补贴，而 150 公里以下的新能源汽车将取消补贴。

同日 上海市交通委员会发布了《上海市小微型客车分时租赁管理实施细则》，细则中提到，为规范上海市小微型客车分时租赁的经营行为，进一步促进新能源汽车分时租赁的发展，将围绕经营者、车辆要求、服务范围、收费管理、信息安全等方面细化标准和要求。该细则自 2018 年 7 月 15 日起施行，有效期至 2023 年 7 月 14 日止。

13 日 国务院常务会议部署实施蓝天保卫战三年行动计划，为持续改善空气质量，将于 2019 年 1 月 1 日起在全国全面供应符合中国六标准的车用汽 / 柴油。

14 日 深圳市交委表示，到 2018 年底，深圳所有出租车将实现 100% 纯电动化，新增充电桩 1.8 万个，2019 年 1 月 1 日前全部燃油出租车退出营运。

15 日 工业和信息化部、中国标准化管理委员会印发《中国车联网产业标准体系建设指南（智能网联汽车）》，发挥标准在车联网产业生态环境构建中的顶层设计和基础引领作用，加快共性基础、关键技术、产业急需标准的研究制定，加紧研制技术标准，逐步建设跨行业、跨领域、适应中国技术和产业发展需要的中国车联网产业标准体系，进一步推动车联网产业的健康可持续发展，加快自动驾驶等新技术新业务的发展步伐，为汽车行业迈入智能化纪元奠定政策基础。

19日 南京市经济和信息化委员会发布公告称，位于南京江宁的长安汽车新能源汽车项目正式开工建设，项目总投资200亿元，计划产能24万辆，产品包括高性能跨界SUV、轿跑等多款纯电车型，预计在2020年6月正式投产。

20日 威马汽车深陷“退订门”，整体退订率在10%左右，对于新造车势力来说，量产交付将是一个“生死考验”。

21日 工业和信息化部装备工业司组织召开了新能源汽车中国监管平台建设运营任务验收会，新能源汽车中国监管平台的建设完成，为新能源汽车的信息化监管迈出了重要一步，对有效推动新能源汽车全产业链、全生命周期安全管理，提高新能源汽车安全运营水平有重要意义。

25日 恒大健康产业集团发布公告称，公司以67.46亿港元收购香港时颖公司100%股份，间接获得Smart King公司45%的股权，成为公司第一大股东。

26日 上汽集团董事长陈虹在上汽集团2017年度股东大会上证实，德国大众集团已经将其持有的上汽大众股份中的1%转股给奥迪公司，从中国法规和产业政策的角度来说，上汽大众已经具备生产和销售奥迪产品的资质。

27日 优信带着“二手车电商第一股”的身份赴美上市，但很快便迎来破发。2018年12月31日，优信以4.86美元/股收盘，与9美元/股的发行价相比，近乎腰斩。

同日 2018中国二手车大会在大连国际会议中心盛大开幕，同期举办了大会媒体见面会。中国汽车流通协会会长沈进军、副秘书长罗磊、精真估CEO周广印、大搜车联合创始人兼COO李志远、车好多集团副总裁王平、启辕（北京）汽车信息技术有限公司总经理陈宏浩、万高质保渠道中心副总经理李翰、天天拍车COO张延伟及众多行业媒体出席了会议。会议由中国汽车流通协会二手车大会执行秘书长王勇主持。

同日 中国第一汽车集团有限公司召开领导班子扩大会议，会上宣布原新兴际华集团有限公司董事长奚国华担任一汽集团董事、总经理、党委副书记。

28日 中国商务部发布文件，正式公布了《外商投资准入特别管理措施（负面清单）(2018年版)》，其中第八条明确规定“汽车制造业：除专用车、新能源汽车外，汽车整车制造的中方股比不低于50%，同一家外商可在国内建立两家及两家以下生产同类整车产品的合资企业。(2020年取消商用车制造外资股比限制。2022年取消乘用车制造外资股比限制以及同一家外商可在国内建立两家及两家以下生产同类整车产品的合资企业的限制)。”政策将于2018年7月28日起施行，届时新能源车领域外商股比和外商合资数量要求将正式取消。

同日 长安汽车对外发布《关于公司高级管理人员变更的公告》，宣布长安汽车副总裁龚兵、黄忠强、罗明刚三人因工作变动，将不再担任副总裁职务。龚兵将不再担任副总裁职务，且不在公司任职。

同日 在2018 CADA中国二手车大会上，发布了2018年度中国汽车流通行业二手车交易市场百强排行榜。

7月

2日 发改委发布了《关于创新和完善促进绿色发展价格机制的意见》，其中提出要完善峰谷电价形成机制，利用现代信息、车联网等技术，鼓励电动汽车提供储能服务，并通过峰谷价差获得收益。

电动汽车储能模式主要包括V2G、有序充电、电池更换、退役电池储能等4种方式，大量电动汽车可作为分布式储能，为电力系统提供可观的灵活性资源。

同日 工信部宣布乘用车双积分交易正式启动。而燃料消耗量负积分的企业需在9月30日前在该平台上完成负积分抵偿归零，因此今年7-9月，中国乘用车企业将迎来第一轮新能源积分交易。

3日 为贯彻落实《生产者责任延伸制度推行方案》（国办发〔2016〕99号）和《新能源汽车动力蓄电池回收利用管理暂行办法》（工信部联节〔2018〕43号）要求，推进动力蓄电池回收利用，工业和信息化部制定了《新能源汽车动力蓄电池回收利用溯源管理暂行规定》，自2018年8月1日起施行。依照新规内容，中国将对动力蓄电池生产、销售、使用、报废、回收、利用等全过程进行信息采集，对各环节主体履行回收利用责任情况实施监测。

同日 国务院印发《打赢蓝天保卫战三年行动计划》，提出六方面任务措施，并明确量化指标和完成时限。一是调整优化产业结构，推进产业绿色发展；二是加快调整能源结构，构建清洁低碳高效能源体系；三是积极调整运输结构，发展绿色交通体系；四是优化调整用地结构，推进面源污染治理；五是实施重大专项行动，大幅降低污染物排放；六是强化区域联防联控，有效应对重污染天气。在发展绿色交通体系方面，计划提出,加快车船结构升级。推广使用新能源汽车。2020年新能源汽车产销量达到200万辆左右。

同日 深圳市交委组织起草了《深圳市汽车租赁管理规定》和《关于规范分时租赁行业管理的若干意见》，即日起面向行业公开征求意见。两份意见稿强调，鼓励汽车租赁经营者使用新能源汽车开展租赁服务，分时租赁经营者应当使用纯电动车辆开展分时租赁业务。深圳市汽车租赁经营实行备案管理，汽车租赁经营者应依法进行经营主体备案和车辆备案。

4日 为适应汽车产业改革开放新形势，完善汽车产业投资管理，推动汽车产业高质量发展，中国发改委依据《行政许可法》《企业投资项目核准和备案管理条例》等相关法律法规，起草了《汽车产业投资管理规定（征求意见稿）》，向社会公开征求意见。

《征求意见稿》指出，为完善汽车产业投资项目准入标准，加强事中事后监管，规范市场主体投资行为，引导社会资本合理投向，鼓励企业产能合作，防范盲目建设和无序发展，将严格控制新增传统燃油汽车产能，积极推动新能源汽车健康有序发展，着力构建智能汽车创新发展体系。

5日 长安汽车与比亚迪在深圳签署的战略合作协议，双方将联合设立以新能源动力电池生产、销售为主营业务的合资公司。

6日 J.D.Power发布了2018中国汽车销售满意度研究（SSI）与2018中国消费者汽车金融销售满意度研究（CFS）。据研究数据显示，几乎所有中国购车者只会购买其预算范围内的车辆，因此从一开始就知晓购车者预算并推荐其预算范围内性能最好的车辆，对汽车厂商来说至关重要。

9日 工信部部长苗圩与德国联邦经济和能源部、联邦交通和数字基础设施部代表共同签署了《关于自动网联驾驶领域合作的联合意向声明》。

根据《联合意向声明》，中德两国将建立高级别对话机制，加强政府部门、行业组织、企业等在自动网联驾驶/智能网联汽车领域的多层次交流与合作，具体包括：推动国际统一标准的制定及应用、促进相关技术要求统一、促进两国企业在智能网联汽车及基础设施数据共享、健全智能网联汽车法律法规、推动制订国际统一的无线电频率解决方案、就通信技术统一及互操作解决方案交换信息等，共同推动两国智能网联汽车发展。

10日 长城与宝马正式签署了合资经营合同。合同规定，长城宝马建立合资公司，双方各持股50%。新公司命名为光束汽车有限公司，注册资金17亿人民币，注册地址为江苏省张家港市，投资总额达51亿元人民币。合资工厂最终确定选址张家港。

同日 交通运输部发布《关于全面加强生态环境保护坚决打好污染防治攻坚战的实施意见》。意见指出，推广应用新能源和清洁能源汽车，加大新能源和清洁能源车辆在城市公交、出租汽车、城市配送、邮政快递、机场、铁路货场、重点区域港口等领域应用力度。配合有关部门开展高速公路服务区、机场场内充电设施建设。到2020年底前，城市公交、出租车及城市配送等领域新能源车保有量达到60万辆，重点区域的直辖市、省会城市、计划单列市建成区公交车全部更换为新能源汽车。

11日 上海市发布《上海市清洁空气行动计划（2018-2022年）》指出，加快建设城市绿色交通运输体系，减少移动源污染排放。《计划》要求，2018-2020年，新能源汽车（标准车）推广数量分别不低于4.3万辆、5万辆、6万辆。新增、更新公务用车中新能源车比例大于80%。

20日 北汽集团党委书记、董事长徐和谊宣布“7月31日前，北汽自主品牌在北京地区全面停止传统燃油车的生产”。

30日 工信部发布《关于机动车合格证业务线上办理有关事项的通知》指出，自2018年8月1日起，工信部装备中心开通机动车合格证业务平台，梳理简化业务办理所需材料清单，以方便相关企业和个人在线办理合格证业务。合格证是机动车辆的一个重要凭证，也是汽车上户时必备的证件。只有具有合格证的汽车才符合中国对机动车装备质量及有关标准的要求。

31日 财政部发布公告，对新能源车免除车船税，对节能车型减半车船税。节能汽车指的是在中国境内销售的排量为1.6升以下（含1.6升）的燃用汽油、柴油的乘用车；而免征车船税的新能源汽车是指纯电动商用车、插电式（含增程式）混合动力汽车、燃料电池商用车。

8月

1日 奥迪中国发布消息称，欧阳谦（Thomas Owsianski）将于2018年第四季度接替魏永新（Joachim Wedler）出任奥迪中国总经理，即日起参与奥迪中国的管理工作。现任奥迪中国总经理魏永新（Joachim Wedler）将于2018年第四季度卸任。

同日 陕西省人民政府官网发布《推动汽车产业加快发展的支持措施》，措施中表示，为推动陕西省汽车产业加快发展，尽快实现300万辆整车规模，将推出9条鼓励性措施，包括成立汽车产业发展领导小组、设立40亿规模的汽车产业发展专项资金、加大招商和扩能力度、对新能源车提供资金补助等措施。

8日 经国务院批准，国务院关税税则委员会决定对《国务院关税税则委员会关于对原产于美国500亿美元进口商品加征关税的公告》（税委会公告[2018]5号）中对美加征关税商品清单二的商品作适当调整后，自2018年8月23日12时01分起实施加征25%的关税。此次调整对于美国产进口车来说，无疑是一次沉重的打击，此前关税就已经达到了40%，此次加征25%后，美产进口车的关税提升至65%。

同日 中国汽车流通协会与驴妈妈旅游网在北京正式签署战略合作协议。根据协议，双方将发挥各自的平台、渠道、服务等方面的优势，加快汽车营地智慧化升级、推动终端用户体验优化，助力汽车俱乐部旅行服务。通过实时信息管理、运营优化、数据决策、旅行服务全方位赋能，以深度融合和深度链接为着力点，全面提升汽车俱乐部行业的旅行服务信息化发展水平。

10日 庞大集团发公告称，拟向大连中升转让北京雷萨、济南奥迪、济南大众等9家子公司的100%股权。根据庞大集团与大连中升签署的《合作框架协议》，此次交易转让价款拟定为10.93亿元，最终转让价格将按照中国现行的会计准则和协议约定进行审计调整后确定，此次交易预计能给庞大集团带来的收益约为4.6亿元。

在3个月前，庞大集团发公告称，公司及公司的全资子公司洛阳奔驰与广汇汽车签署《收购协议》，拟转让公司及洛阳奔驰合计直接或间接持有的公司下属5家子公司的100%股权，转让价款为12.53亿元，预计带来6.16亿元收益。

14日 恒大法拉第未来智能汽车（中国）集团在广州恒大中心正式揭牌。据悉，恒大法拉第中国为法拉第未来在中国的运营总部，全面负责法拉第未来在中国的技术研发及所有生产经营管理。

16日 长城汽车与山东日照市政府签署协议，将在该地建设整车生产和研发基地。根据协议，长城汽车将在日照市经济技术开发区建设整车生产基地，涵盖冲压、焊装、涂装、总装四大工艺。建成后，该生产基地主要生产长城汽车旗下的高端品牌——WEY相关车型。

18日 工信部发布了第311批《道路机动车辆生产企业及产品公告》，在拟发布新增汽车生产企业清单一栏中，奇瑞新能源汽车技术有限公司。此次公告时间截至8月23日，这意味着，奇瑞新能源生产项目将获得工信部审批通过，成为全国第8家拿下纯电动乘用车生产资质的企业。

23日 工业和信息化部装备工业司针对2017年各地公安交管部门通报的存在较多违规问题、生产一致性监督检查中发现问题的18家企业进行约谈，要求各企业进一步落实主体责任，强化车辆产品生产一致性管控，确保合格产品出厂，保障道路交通安全。

工业和信息化部装备工业司在会上通报了对公安部反馈的违规车型进行核查的情况，2017年违规问题主要集中在未按规定安装侧后防护装置、车辆产品标牌，未按规定粘贴车身反光标识，车辆识别代号打刻不符合中国标准、随意凿改，外廓尺寸和整备质量与《道路机动车辆生产企业及产品公告》或《整车出厂合格证》参数不一致等方面。

9月

1日 《汽车延长保修服务规范》正式实施。此项团体标准是由中国汽车流通协会发布的汽车行业首个服务类标准，旨在通过更多行业企业执行标准、严格自律，树立行业公信力，促进中国汽车延长保修服务行业的良性健康发展。此规范从汽车延长保修服务商的主体条件、销售服务要求、合同要求、提供延保服务的要求、风险管控要求和客户服务要求等方面作出了具体的规范，对所有开展汽车延长保修业务的企业，提供了详细、有效的指导，使行业向规范发展迈开了重要一步。

3日 工信部装备工业发展中心发布了关于对拟上报《特别公示新能源汽车生产企业（第1批）》企业清单进行公示的通知。共计30家新能源汽车企业由于12个月及以上未生产新能源汽车产品，被工信部特别公示，名单覆盖乘用车及商用车企业，华晨汽车、广汽本田、长安标致雪铁龙、长安铃木等耳熟能详的整车厂也在其中。

同日 长城汽车集团旗下欧拉出行运营平台启动运营，该网约车平台定位于互联网＋新能源出行服务平台，9月8-9月9日首批运营车辆将首先在河北保定城区进行投放。

7日 长安汽车与中国网电动汽车在北京签订战略协议，双方将在新能源汽车产品开发、市场拓展及车联网布局等方面合作，旨在打造一个便捷、实惠、舒适的充电生态。

11日 由交通运输部、中央网信办、公安部等多部门组成的网约车、顺风车安全专项工作检查组将陆续进驻首汽约车、神州专车、曹操专车、易到用车、美团出行、嘀嗒出行、高德等网约车和顺风车平台公司，开展公共安全、运营安全和网络安全等专项检查。

12日 蔚来汽车在纽交所正式上市，成为中国新能源汽车企业赴美上市的第一股。

14日 北京市正式发布《北京市打赢蓝天保卫战三年行动计划》指出，2018年底前，研究制订以推进柴油车电动化为重点的新能源车推广专项实施方案，计划到2020年，全市新能源车保有量达到40万辆左右。

17日 2018年9月17日，奇瑞正式公开挂牌，拟以增资扩股的形式引入外部投资者。公告信息显示，奇瑞集团和奇瑞股份拟同时引入投资，投资方以现金出资，分别认购两公司19.62亿元、10.13亿股新增股份，底价分别为83.32亿元、79.11亿元，合计162.43亿元。截至2018年12月21日，该两大项目尚未显示成交。奇瑞在规定时间内没有找到足够的资金、合适的参与方，项目“流拍”。

同日 工信部发布了第312批《道路机动车辆生产企业及产品公告》，在拟发布的新增车辆生产企业清单一栏中，“重庆金康新能源汽车有限公司”赫然在列。金康新能源生产项目将获得工信部审批通过，成为继北汽新能源、云度汽车、江铃汽车、知豆汽车、长江汽车、前途汽车、合众新能源、奇瑞新能源后，第9家拥有发改委和工信部“双资质”的生产企业，迈过造车生涯上最重要的关卡。

19日 中国电网公司宣布，其下属智慧车联网平台与南方电网智能充电服务联通。至此，中国电动汽车充电服务全面实现互联互通，中国主要的20家充电运营商、超过25万个充电桩均接入“一张网”，为200多万辆电动汽车提供“一站式”服务。

20日 华晨雷诺与货拉拉正式签署战略合作协议。根据协议，3年内，华晨雷诺为货拉拉提供3000辆物流车，双方以货运产品为载体，依靠互联网、大数据、人工智能等领先技术，搭建城市物流平台，建立现代物流服务体系，为同城物流最后一公里提供智慧高效解决方案。

21日 中国恒大集团与广汇集团签订战略合作协议，双方同意在汽车销售、能源、地产、物流等领域开展全面战略合作，充分发挥双方的资源优势进行资源整合，共同推动相关产业的发展。

广汇控股股东承诺自投资协议书签署日起7个工作日内，促成除广汇控股股东以外的现有广汇集团股东（即出让方）向恒大集团转让广汇集团合计23.865%股权，代价为人民币66.8亿元。恒大集团亦以人民币78.1亿元向广汇集团增资，在增资完成后，恒大集团将持有广汇集团合共40.964%股权并将成为广汇集团的第二大股东。

25日 工信部布关于开展新能源乘用车、载货汽车安全隐患专项排查工作的通知，将重点对新能源乘用车、载货汽车产品的IP防护失效、车辆泡水、车辆碰撞、线束连接松动、频繁充放电、长期搁置以及工作行驶环境恶劣的车辆开展安全隐患排查工作。

27日 北汽新能源借壳SST前锋登陆A股市场，变身“北汽蓝谷”（600733），开盘发行价为14.66元/股。作为A股市场新能源整车第一股，北汽蓝谷复牌首日即遭两次跌停。

28日 天津一汽夏利汽车股份有限公司发布公告，公司将全资子公司天津一汽华利汽车100%股权转让给南京知行，转让价格为1元。南京知行是拜腾汽车的主体机构，股权转让完成后，造车新势力——拜腾汽车将正式接手一汽华利，并获得了乘用车生产资质。

同日 华泰汽车与曙光股份的股权交割仪式在辽宁丹东正式举行，随着两方股权交割完成，华泰汽车将坐拥新能源乘用车与新能源商用车两大生产资质。

30日 中国商标平台公示了车和家相关的品牌注册信息，其商标图案为特殊字体展示的“Li”。

同日 交通运输部办公厅联合公安部办公厅和市场监管总局办公厅发布关于进一步落实道路货运车辆检验检测改革政策有关工作的通知。此次通知交通部明确表示，加快推进道路货运车辆“两检合一”改革，2018年10月15日前，具备安检、综检“两检合一”资质条件的检验检测机构（即同一企业法人，同时具备安检、综检两项资质认定）必须全面实现“一次上线、一次检测、一次收费”。

10月

7日 按照《新能源汽车动力蓄电池回收利用管理暂行办法》将新能源汽车动力蓄电池回收服务网点信息在部门户网站“公共服务平台”专栏予以公布。

8日 国务院办公厅印发了《推进运输结构调整三年行动计划（2018-2020年）》，其要求加大新能源城市配送车辆推广应用力度。加快新能源和清洁能源车辆推广应用，到2020年，城市建成区新增和更新轻型物流配送车辆，新能源车辆和达到中国六排放标准清洁能源车辆的比例超过50%，重点区域达到80%。

10日 J.D.Power发布的2018中国新车质量研究（IQS）显示，在持续多年提升之后，中国汽车行业整体新车质量略有下降，但车内异味之类被消费者频繁抱怨的问题正得到明显改善。

11日 宝马在华追加30亿欧元（约合人民币240亿元）投资，并表示将以36亿欧元（约合人民币287亿元）收购华晨宝马25%（总股比提升至75%）。同一天，华晨中国汽车控股集团发布公告，提到宝马未来在华的新投资计划，包括2022年将中国产X5 SUV。而目前宝马X5是同级别产品进口销量最大的产品，也是BMW中国的主要盈利车型。

同日 国务院办公厅发布关于印发完善促进消费体制机制实施方案（2018-2020年）的通知，提出要促进汽车消费优化升级。继续实施新能源汽车车辆购置税优惠政策，完善新能源汽车积分管理制度，落实好乘用车企业平均燃料消耗量与新能源汽车积分并行管理办法，研究建立碳配额交易制度。完善新能源汽车充电设施标准规范，大力推动“互联网+充电基础设施”，提高充电服务智能化水平。研究制定促进智能汽车创新发展的政策措施。实施汽车销售管理办法，打破品牌授权单一模式，鼓励发展共享型、节约型、社会化的汽车流通体系。深入推进汽车平行进口试点。全面取消二手车限迁政策，便利二手车交易。修订报废汽车回收管理办法。积极发展汽车赛事、旅游、文化、改装等相关产业，深挖汽车后市场潜力。综合运用发行城市停车场建设专项债券、调整完善车辆购置税分配政策等措施，加大停车设施建设资金支持力度。

16日 雷诺集团与华晨汽车控股有限公司在巴黎与辽宁省政府代表签署了战略合作协议，以推动轻型商用车业务在中国的进一步发展。雷诺集团同时确认将在未来两年内向中国引入三款轻型商用电动车型。

同日 国务院批复同意设立中国（海南）自由贸易试验区并印发《中国（海南）自由贸易试验区总体方案》，这意味着海南自贸试验区将进一步扩大对外开放、发展新兴经济，包含取消新能源汽车制造外资准入限制等。

17日 工信部发布了第313批《道路机动车辆生产企业及产品公告》，在拟发布新增汽车生产企业清单一栏，国能新能源汽车有限责任公司入列。

18日 中国质量协会在北京发布2018年中国新能源汽车行业用户满意度指数（CACSI）测评结果。

2018年中国新能源汽车行业用户满意度指数（CACSI）为75分（满分100分），与2017年持平。

2018年，用户购买新能源汽车较为看重的五大因素是：“使用成本低”“环保”“政府政策支持”“质量可靠性高”“性能设计好”。

同日 至21日，世界智能网联汽车大会在中国会议心举行。这是全球规模最大、中国首个中国级智能网联汽车专业会议。大会由北京市政府与工信部联合主办，今年在中国会议心举行，明年起将永久落户顺义。

19日 上汽大众新能源汽车工厂开工仪式在上海安亭举行。该项目总投入为170亿元，计划于2020年建成投产，规划年产能30万辆。

20日 长安汽车发布公告称，其全资子公司长安新能源拟通过公开挂牌增资扩股引入不少于3家战略投资者。据了解，此次增资扩股拟以现金方式进行，增资的股权比例不低于51%，增资完成后公司持有长安新能源的股权比例不超过49%。

24日 中国一汽官方发布消息称，其在近期与16家银行签署了战略合作协议，并获得意向性授信共计10150亿元。此次参与签约的银行为：中国开发银行、中国建设银行、中国银行、中国工商银行、中国农业银行、交通银行、中国邮政储蓄银行、招商银行、浦发银行、中国民生银行、中国光大银行、信银行、兴业银行、平安银行、广发银行、吉林银行。

26日 一汽丰田汽车销售有限公司与京

东汽车用品共同宣布：一汽丰田京东官方旗舰店正式上线。一汽丰田车主将可以通过线上渠道，更加便利地购买一汽丰田的保真零件，同时享受到实体店同等的品质服务。

依托京东汽车用品打造的成熟的线上下单、线下服务的模式，将满足一汽丰田用户的维修保养需求，带来包括全合成机油、机油滤清器、蓄电池、雨刮器等多个品类的各类原厂汽车用品和服务。

29日 长城汽车、奇瑞汽车、比亚迪汽车、东风风神、华晨汽车、陆风汽车、宝沃汽车、东南汽车等8家中国车企在上海和平饭店召开会议，共同发起成立“中国汽车行业自律联盟”。各车企代表经讨论，决定正式成立“中国汽车行业自律联盟”，并研究通过了联盟章程和共同行动纲领。八家发起单位决定在汽车行业主管部委和行业机构的领导下，旗帜鲜明地反对“黑公关”和“黑媒体”，拿起法律武器保护企业声誉和品牌，切实保护消费者权益。

同日 交通运输部在例行新闻发布会上表示，网约车行业正逐步纳入规范管理，目前已有100余家网约车平台公司在部分城市获得经营许可。

30日 北京汽车股份有限公司发布公告称，该公司与北汽集团、北汽新能源、北汽鹏龙及华夏出行订立了出资协议，联合设立北汽IT公司，以布局信息化业务，新公司未来拟命名为“北汽蓝谷信息技术有限公司”。

11月

1日 中国汽车流通行业年会暨博览会于海南省海口市正式拉开帷幕。来自国际汽车行业组织与企业代表、中国经济学家、汽车投资人、百强经销商高管、二手车市场领军人物、行业专家以及主流媒体在内的3000余嘉宾参会。

会议围绕“改革新征程 流通新时代”的议题进行深入探讨，针对近几年来汽车行业出现的相关难点、热点建言献策。

5日 2018中国国际进口博览会在上海中国会展心正式开幕。聚焦中国民经济支柱、科技发展风向标的汽车行业，各大跨中国车企不但悉数到场，还都带来了各自最前沿的技术。

6日 中国汽车工程学会年会暨展览会（2018SAECCE）在上海汽车会展心隆重开幕。本次大会以“未来汽车与交通变革”为主题，内容聚焦新能源汽车技术、智能网联汽车技术、轻量化车身与材料、安全技术等热点话题。

中国汽车工程学会的《汽车产业长期发展规划八项重点工程实施方案》发布。《方案》围绕八项重点工程，提出了具体的细化实施方案，并把问题梳理清楚，把目标进一步明晰，把任务进一步聚焦，系统设计，重点突破，为行业联合推进落实《汽车产业长期发展规划》提供了行动框架和工作指南，以期将《汽车产业长期规划》转化为计划，把计划转化为行动，将规划引向深入。

7日 51家宝沃经销商签署联名信，要求宝沃予以赔偿，而引发经销商反抗情绪的主要原因在于宝沃引入神州买买车（神州优车旗下的电车业务部门）进入其终端销售体系。神州买买车作为大客户拿到的价格最低可达五五折，而普通经销商只能九七折拿车，之间的差价悬殊成为双方纠葛的源头。此外，经销商还对宝沃限定区域销售、新品上市延迟、内部沟通不畅以及返利未能及时兑现等问题提出了质疑。

同日 工信部将第1批《特别公示新能源汽车生产企业》予以公告，共计27家新能源汽车生产企业在列，如华晨汽车、哈飞汽车、长安标致雪铁龙、万向电动汽车等。

公告还特别强调，对于被特别公示的企业，暂停受理其《道路机动车辆生产企业及产品公告》新能源汽车新产品申报。

8日 经国务院同意，工业和信息化部、发展改革委、科技部、公安部、交通运输部、市场监管总局印发《关于加强低速电动车管理的通知》，要求各省、自治区、直辖市地方人民政府组织开展低速电动车清理整顿工作，严禁新增低速电动车产能，加强低速电动车规范管理。

9日 交通运输部发文要求各地切实加强公交驾驶员安全意识和应急处置能力的培训教育，明确各地新购置公交车应配备安全防护隔离设施，并强调驾驶员遇到紧急情况应靠边停车、及时报警。

10日 北汽新能源在北京产权交易心挂牌转让北京恒誉新能源汽车租赁有限公司（实际为分时租赁品牌“绿狗租车”的运营方）60%股权，转让底价为7800万元。

12日 上汽集团官方宣布正式进军网约车市场，旗下移动出行战略品牌“享道出行”即将上线，该平台或主打专车领域，试运营时间定在11月18日。

13日 长安汽车研究总院长铃研究院正式挂牌，长铃研究院是长安汽车研发院的分支机构，下设产品管理所、造型设计所、整车技术所、发动机技术所、试验评价所等5个业务单元，依托长安研发体系资源助力长安铃木再度征战小型车市场。而根据长铃研究院的发展规划，预计到2020年，完善产品开发体系，具备款型车、电动车产品开发能力；2023年，加大资源投入提升系统能力，导入新平台，建立S4级产品策划、造型、工程开发、试制试验等全面开发能力。

15日 长城汽车总裁王凤英与吉利汽车总裁安聪慧进行了会晤并发布联合声明，称对“黑公关”事件的误解已经消除，双方达成共识。

19日 卡洛斯·戈恩（Carlos Ghosn，下称戈恩）因涉嫌违反《金融商品交易法》在日本被捕。日产汽车官网同时发布声明称，将尽快向董事会提议，免去戈恩日产董事长职务；三菱汽车官网随后也发文，提议将戈恩从董事会除名。

21日 宝马集团确认将在成都布局网约车业务，其全资子公司“宝马出行服务有限公司”已经在11月获得成都天府新区颁发的“网络预约出租车经营许可证”，预计在12月旬正式在成都开启网约车业务，初期将在成都投入200辆宝马5系轿车，包括燃油版和插电式混合动力版。

26日 广州市交通委员会印发《广州市小微型客车分时租赁行业规范健康发展的指导意见》提到，鼓励使用新能源汽车，不提倡使用非新能源汽车开展分时租赁业务，在营运的非新能源分时租赁车辆应逐步更新为新能源汽车。

28日 在中国主席习近平和西班牙首相佩德罗·桑切斯的见证下，大众汽车集团（中国）、安徽江淮汽车集团股份有限公司及西雅特三方签署了谅解备忘录。

根据协议，合作方将基于各自的技术实力和产品储备，共同开发一款电动汽车平台，用于生产江淮大众车型。江淮大众将于2021年前引进西雅特品牌，并共同进行电动化开发。江淮大众研发中心将于2018年底前开工建设，计划2021年建成，该中心将关注车联网、自动驾驶等核心领域以及其他以未来为导向的战略。

同日 PSA集团正式宣布入股优配车联。这是继今年二月控股上海建鑫以来，PSA集团在中国汽车后市场达成的又一重要战略投资。此举将进一步巩固PSA集团在中国汽车独立售后市场的强劲地位。

30日 上汽通用融资租赁有限公司在上海正式开业运营，意图提供汽车融资租赁产品和服务，进一步促进二手车业务发展。该公司是由上海汽车集团金控管理有限公司、通用汽车金融有限公司和上汽通用汽车有限公司共同出资设立的外合资融资租赁公司，注册资本人民币10亿元。

12月

1日 《危险货物道路运输规则》（JT/T 617-2018）正式实施。据了解，617标准自2014年即开始组织制订，于2018年8月底正式发布，共包括7个部分，共700多页，40多万字，对危险货物分类、运输包装、托运、装卸、道路运输等环节的操作要求进行了系统性规定，解决了目前危化品运输行业存在的 4 大难题。

4 日 工信部官网发布消息，乘用车企业平均燃料消耗量与新能源汽车积分管理平台数据报送模块即日起正式上线，乘用车企业应按照要求及时通过平台报送生产或者进口的乘用车燃料消耗量与新能源乘用车数据。

同日 吉利收到德国联邦金融监管局结束调查的通知，德国联邦金融监管局的正式确认意味着吉利已经切实成为戴姆勒第一大股东。

5 日 深圳市交委公开发布了深圳市小汽车增量调控管理实施细则（修订征求意见稿），修订后深圳个人申请增量指标与现行的《实施细则》保持一致，个人纯电动车指标“1+1（纯电动）”政策将继续实行，即个人名下只有 1 辆小汽车时，还可以申请 1 辆纯电动小汽车指标，但提高了对单位申请增量指标的门槛，包括将企业申请指标编码的最低纳税额从 3 万调整至 5 万，取消企业纯电动车指标的“N+1（纯电动）”的“+1”政策等。

6 日 工信部公布《道路机动车辆生产企业及产品准入管理办法》，《办法》第四章第二十八条明确指出，鼓励道路机动车辆生产企业之间开展研发和产能合作，允许符合规定条件的道路机动车辆生产企业委托加工生产。这意味着，工信部第一次正式明确了汽车“代工”生产的地位。

10 日 发改委、中国能源局、工信部、财政部印发《提升新能源汽车充电保障能力行动计划》提出，力争用 3 年时间大幅提升充电技术水平，提高充电设施产品质量，加快完善充电标准体系，全面优化充电设施布局，显著增强充电网络互联互通能力，快速升级充电运营服务品质，进一步优化充电基础设施发展环境和产业格局。

同日 腾讯与菲亚特克莱斯勒中国区宣布将在汽车智能网联领域开展全方面的深度战略合作。腾讯将基于在云、AI、安全以及生态内容等领域的领先优势，助力菲克在中国市场打造新一代领先的智能网联云平台，服务菲克旗下 Jeep、玛莎拉蒂以及阿尔法•罗密欧三大品牌。

11 日 东风汽车发布公告表示，控股股东东风汽车股份有限公司在 2018 年度双积分（平均燃料消耗量积分、新能源汽车积分）存在缺口，拟通过提供补贴的方式提升公司电动车销量，补贴车型为东风俊风 ER30、东风俊风 E11K，补贴金额预计为 2.2 亿元，主要用于本年度开展的新能源汽车终端促销。

14 日 国务院关税税则委员会办公室发布公告：经国务院批准，国务院关税税则委员会决定从 2019 年 1 月 1 日起，对原产于美中国的汽车及零部件暂停加征关税 3 个月，涉及 211 个税目。

17 日 力帆实业（集团）股份有限公司发布公告表示，将以 6.5 亿元向“重庆新帆机械设备有限公司”出售旗下重庆力帆汽车有限公司 100% 股权。而重庆新帆的实际控制方正是车和家，法人则是车和家联合创始人沈亚楠。即车和家将斥资 6.5 亿元收购力帆旗下整车资质，成为继威马、电咖、拜腾后又一家通过收购获得生产资质的新造车势力。

18 日 发改委发布《汽车产业投资管理规定》。该《规定》是汽车产业投资项目管理的重大改革。其最重要的变化是，汽车投资项目从核准管理改为备案管理。同时，还进一步明确备案管理由地方发展改革部门负责。其中，汽车整车投资项目由省级发展改革部门备案。根据《规定》，将严控燃油车产能，并防范新能源产能过剩，鼓励企业间合作重组，遏制投资泡沫。

同日 东风汽车集团股份有限公司在武汉举行乘用车扩建项目奠基。该项目总投资约 98.5 亿元人民币，建成后产能规模将达到 30 万辆。新工厂建成后，将投产轿车、SUV、新能源产品。从东风风神的产品规划来看，新工厂预计将主要以 C 级（紧凑型）SUV 为主。

19 日 在上海自贸区注册“特斯拉融资

租赁(中国)有限公司”,注册资本3000万美元,该公司将立足上海并面向全国提供新能源及相关领域产品的融资租赁服务与支持,服务于特斯拉品牌。

20日 比亚迪将新增“e网”销售网络,从而形成“王朝网”和“e网”两个销售网络渠道。而此次发布的全新销售网络规划,能够更精准地提升比亚迪品牌形象、产品领域的细化以及消费群体的精准定位。

21日 上汽集团和华为签署战略合作协议,双方将共同探索建设智能出行生态系统。上汽和华为合作已久,去年双方还曾宣布联手推动5G车联网技术发展。此次合作研究以CAN(整车控制器局域网络)和以太网(一种计算机局域网技术)为主要交互纽带的整车信息传输网络,推动智能驾驶技术的研究和应用。同时,双方还将在智能电动、智能制造以及信息化、网络安全方面展开全面积极的合作。

24日 北汽蓝谷公告,其子公司北汽新能源青岛分公司截至公告日累计收到山东省莱西市政府拨付的产业扶持资金4.9亿元,用于奖励青岛分公司为地方经济发展做出的突出贡献。

26日 长安汽车收到重庆市政府新能源产品研发奖励6亿元整。自2017年发布“香格里拉计划”后,长安新能源明显提速,今年陆续上市了长安CS75 PHEV、逸动EV460、奔奔EV360等车型,新能源汽车销量相比去年大幅上涨。

同日 长城汽车集团旗下独立的新能源品牌欧拉正式上市。欧拉品牌的营销将采用和传统4S模式完全不同的新模式。

欧拉将汽车卖场从城乡接合部带入城市中心,以欧拉之家、城市体验店、智慧门店形成三级网络覆盖的终端店模式,从一二线市场向三四线市场覆盖;欧拉还携手天猫、京东和苏宁等,从六线向五线和四线市场向上补充,形成全市场覆盖。

27日 工信部制定了《车联网(智能网联汽车)产业发展行动计划》,以促进车联网产业进一步健康发展。确定了行动目标,即到2020年,实现车联网(智能网联汽车)产业跨行业融合取得突破,具备高级别自动驾驶功能的智能网联汽车实现特定场景规模应用,“人—车—路—云”实现高度协同,适应产业发展的政策法规、标准规范和安全保障体系初步建立。

同日 小鹏汽车北京首家体验中心——龙湖长楹天街体验心正式开业,以及其他5座城市7家门店同时举办开业活动。小鹏G3上市后在12月12日正式上市,并同期交付24辆车。为了给消费者提供更好的服务,小鹏汽车将进一步完善销售服务体系,计划将在明年覆盖近30个城市,开业近70家门店,北京地区将开业6-8家。

28日 北汽福田汽车股份有限公司发布公告称,北京宝沃汽车有限公司67%的股权成功转让给长盛兴业(厦门)企业管理咨询有限公司,成交价39.73亿元。而这笔交易的背后,亚洲最大的租车集团神州租车和神州专车的母公司神州优车集团浮出水面。

同日 科力远发布公告称,因与海马汽车有限公司合作项目推进过程的外部不可控因素发生变化,经双方协商,一致同意终止上述《战略合作协议》。

30日 发改委官网发布第16号文件,自2019年1月1日起,全国全面供应符合第六阶段强制性国家标准VIA车用汽油(含E10乙醇汽油)、VI车用柴油(含B5生物柴油),同时停止国内销售低于国VIA标准车用汽油(含E10乙醇汽油)、低于国VI标准车用柴油(含B5生物柴油)。

同日 海南省人民政府办公厅发布轻型汽车执行中国第六阶段机动车排放标准的通告,2019年7月1日起,在海南省行政区域内注册登记的轻型汽车,须符合“国六标准”要求,禁止注册登记低于“国六标准”轻型汽车。在2019年6月30日前已购买的非“国六标准”轻型汽车,可按规定办理注册登记。

第3部类

新车市场

DISANBULEI | XINCHESHICHANG

2018 年中国汽车市场综述

2018 年，中国汽车市场总体低迷，出现了本世纪以来的首次负增长。其中，商用车增速为 2%，乘用车增速为 -2.6%。

在房地产和消费环境的共同推动下，汽车市场发生剧烈的动荡与调整，新能源车和卡车成为增长的超级亮点。乘用车总体增长表现相对较弱，SUV 下滑剧烈，新能源车和豪华车成为增长的核心增长动力。在中西部和北方市场低迷，县乡市场需求下滑的背景下，自主品牌持续下滑超预期。

一、汽车市场总体走势

（一）2018 年汽车生产首次下滑

较 2017 年 3% 的行业增长，2018 年全年呈现持续下滑状态，汽车产量下滑 4%，SUV 加速下滑给整个行业带来巨大压力。

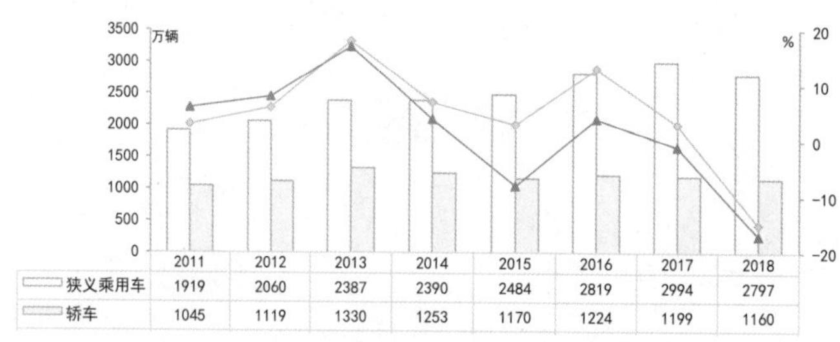

	2011	2012	2013	2014	2015	2016	2017	2018
狭义乘用车	1919	2060	2387	2390	2484	2819	2994	2797
轿车	1045	1119	1330	1253	1170	1224	1199	1160

图 1　2011-2018 乘用车及轿车产量及增速

（二）2018 年汽车消费起步很强，但回落快

在零售商品中，2018 年限额以上单位商品零售 136075 亿元，比上年增长 5.7%。其中，汽车近 4 万亿，汽车的消费额首次出现年度负增长 2.4%。

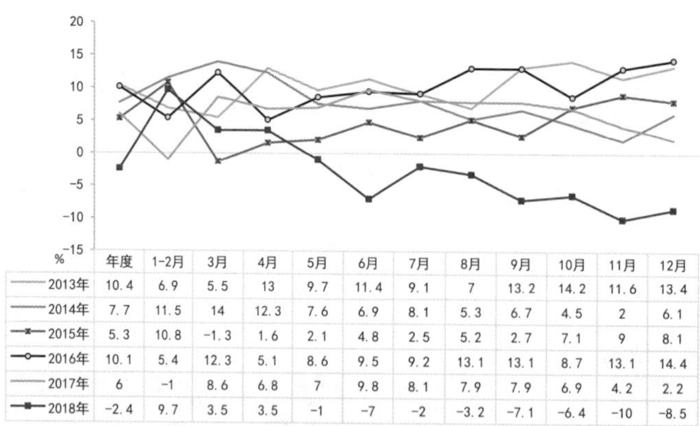

	年度	1-2月	3月	4月	5月	6月	7月	8月	9月	10月	11月	12月
2013年	10.4	6.9	5.5	13	9.7	11.4	9.1	7	13.2	14.2	11.6	13.4
2014年	7.7	11.5	14	12.3	7.6	6.9	8.1	5.3	6.7	4.5	2	6.1
2015年	5.3	10.8	-1.3	1.6	2.1	4.8	2.5	5.2	2.7	7.1	9	8.1
2016年	10.1	5.4	12.3	5.1	8.6	9.5	9.2	13.1	13.1	8.7	13.1	14.4
2017年	6	-1	8.6	6.8	7	9.8	8.1	7.9	7.9	6.9	4.2	2.2
2018年	-2.4	9.7	3.5	3.5	-1	-7	-2	-3.2	-7.1	-6.4	-10	-8.5

图 2　汽车消费额月度增速走势

2018 年的汽车消费受到春节因素促进而增长良好，1-2 月的汽车消费走强，随后的汽车消费进入下行阶段，尤其是 5 月开始的下滑加速，进口车关税降低带来消费额的下降。

2018 年的汽车消费相对低迷，入门级消费依旧不足，中高端消费升级表现突出。2018 年的汽车消费在 2017 年逐步抬高的基数下，逐月持续下行。2018 年全年增速 -2.4%，其中 12 月的

汽车消费增长 -8.5%，12 月较 11 月稍有改善。

汽车关税下降带来进口车价格的降低，但降税对销量的提升效果不突出。

（三）汽车工业增加值同比增长 4.9%

国家统计局数据显示，2018 年全年，规模以上工业增加值同比增长 6.2%，汽车工业增加值 4.9%，仍处低位。汽车工业增加值是低于于制造业增加值平均水平，为制造业稳增长贡献不大。

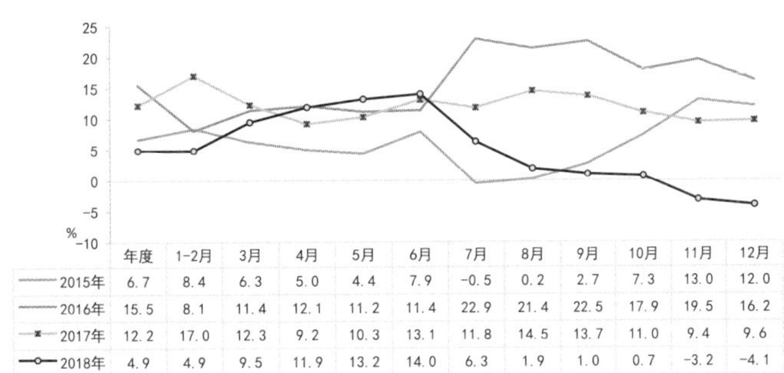

	年度	1-2月	3月	4月	5月	6月	7月	8月	9月	10月	11月	12月
2015年	6.7	8.4	6.3	5.0	4.4	7.9	-0.5	0.2	2.7	7.3	13.0	12.0
2016年	15.5	8.1	11.4	12.1	11.2	11.4	22.9	21.4	22.5	17.9	19.5	16.2
2017年	12.2	17.0	12.3	9.2	10.3	13.1	11.8	14.5	13.7	11.0	9.4	9.6
2018年	4.9	4.9	9.5	11.9	13.2	14.0	6.3	1.9	1.0	0.7	-3.2	-4.1

图 3 2015-2018 年汽车工业增加值月度增速走势

2018 年 12 月份，规模以上工业增加值同比实际增长 5.7%。分行业看，12 月，41 个大类行业中有 37 个行业增加值保持同比增长。其中，汽车制造业下降 4.1%，铁路、船舶、航空航天和其他运输设备制造业增长 13.8%。

分地区看，12 月，东部地区工业增加值同比增长 5.0%，中部地区增长 8.3%，西部地区增长 7.7%，东北地区增长 7.5%。汽车市场在中西部极其低迷，与经济走势反差较大。

（四）2018 年新能源汽车生产 130 万增 40%

2018 年消费结构进一步放缓，轿车生产增速偏低，但好于汽车平均增速，SUV 的生产增速低于汽车总体增速，成为抑制消费的低迷因素。

表 1 2017 年 -2018 年汽车产量及增速（单位：万辆，%）

	2018 年		2017 年	
	绝对量	同比增长	绝对量	同比增长
汽车	2797.0	3.8	2994.0	3.2
其中：轿车	1160.0	1.8	1199.0	0.8
运动型（SUV）	927.4	6.7	1033.0	9.1
其中：新能源车	129.6	40.1	71.6	51.1

2017 年全年销售新能源乘用车 72 万辆，较 2016 年增五成。2018 年全年新能源车销量为 129.6 万辆，继续保持较强的高增长走势，随着基数提升，年度增速 40% 的表现相对合理。

（五）2018 年汽车投资力度走强

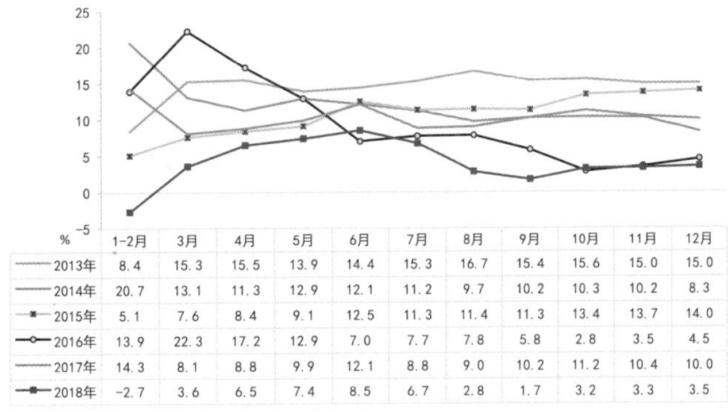

	1-2月	3月	4月	5月	6月	7月	8月	9月	10月	11月	12月
2013年	8.4	15.3	15.5	13.9	14.4	15.3	16.7	15.4	15.6	15.0	15.0
2014年	20.7	13.1	11.3	12.9	12.1	11.2	9.7	10.2	10.3	10.2	8.3
2015年	5.1	7.6	8.4	9.1	12.5	11.3	11.4	11.3	13.4	13.7	14.0
2016年	13.9	22.3	17.2	12.9	7.0	7.7	7.8	5.8	2.8	3.5	4.5
2017年	14.3	8.1	8.8	9.9	12.1	8.8	9.0	10.2	11.2	10.4	10.0
2018年	-2.7	3.6	6.5	7.4	8.5	6.7	2.8	1.7	3.2	3.3	3.5

图 4 汽车投资额年累计增速走势

2018 年全年，全国固定资产投资（不含农户）635636 亿元，比上年增长 5.9%。第二产业中，工业投资比上年增长 6.5%，增速比 1-11 月份提高 0.1 个百分点，比上年提高 2.9 个百分点；其中，采矿业投资增长 4.1%，增速比 1-11 月份回落 4.5 个百分点；制造业投资增长 9.5%，增速持平。

12 月汽车投资有所回升，从 1-9 月的 1.7% 上升到全年的 3.5%，提升幅度较好。

（六）2018 年车市消费呈现年度负增长

目前看消费不旺的问题仍较突出，抑制房地产涨价和高销量增长，保证车市消费的合理增长的联动意义重大。2018 年车市消费负增长，由于汽车消费额度巨大，拉动消费龙头效果突出。

表 2　2018 年社会消费统计（单位：亿元，%）

社会消费统计	2018 年	同比
商品零售	338271	8.9
其中：限额以上单位商品零售	136075	5.7
粮油食品	13776	10.2
服装针织	13707	8.0
化妆品	2619	9.6
金银珠宝	2758	7.4
日用品	5392	13.7
家电音像	8863	8.9
中西药品	5593	9.4
文化办公	3264	3.0
家具	2250	10.1
石油及制品	4371	7.1
通信器材	19541	13.3
汽车	38948	-2.4
建筑及装潢	2498	8.1

二、汽车市场运行特征分析

（一）2018 年汽车市场增长相对承压

2018 年汽车总计销量 2808 万辆，累计增速下降 3%；18 年 12 月的汽车总计销量 266.15 万辆，同比下降 13%，环比增长 4.5%。

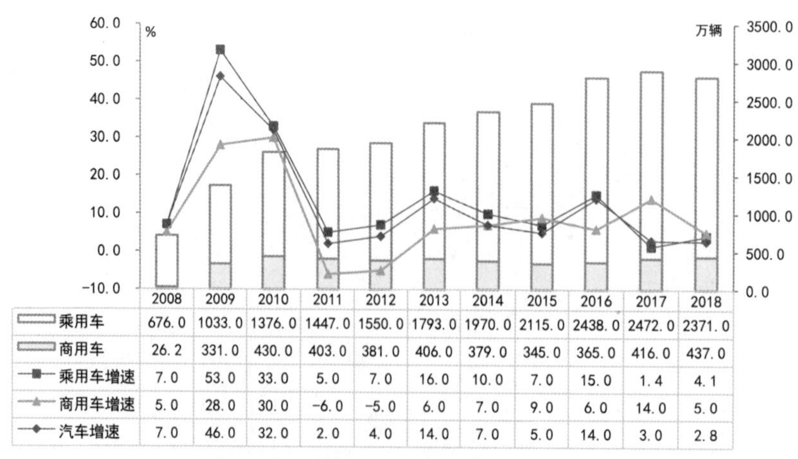

图 5　中国汽车市场历年销量增长分析

（二）汽车行业利润下降

2018年，在41个工业大类行业中，32个行业利润比上年增加，其中与汽车相关行业表现不错。2018年新增利润最多的行业主要是石油和天然气开采业，利润比上年增长4.4倍；非金属矿物制品业，增长43%；黑色金属冶炼和压延加工业，增长37.8%；化学原料和化学制品制造业，增长15.9%；酒、饮料和精制茶制造业，增长20.8%。以上五个利润最多的行业合计对规模以上工业企业利润增长的贡献率为77.1%。

7-10月份的进口关税下调和零部件成本降低，推动豪车走强。受上游成本增长、促销力度较大和重卡三季度表现持续较差三重因素影响，大集团国企效益被拉低。2018年12月的效益改善明显，利润增速改善，销售利润率拉升到7.6%。

表3 2014-2018年工业收入与利润总额（单位：亿元，%）

	主营业务收入	利润总额	主营业务收入增速	利润增速	销售利润率
2014	66677	5995	12.0	18.0	9.0
2015	70157	6071	5.0	1.0	8.7
2016	80186	6677	14.0	11.0	8.3
2017	85333	6833	11.0	-6.0	8.0
2018	80485	6091	3.0	-5.0	7.6

三、汽车市场竞争格局

（一）主力车企市场的表现均较好

2018年车市走势不强，各集团因为优势板块的差异化市场需求而走势分化。上汽、吉利、一汽、比亚迪、奇瑞、华晨汽车等表现很强，吉利表现较为突出。

上汽仍是一枝独秀，长安汽车因为MPV的低迷和美系稍弱而走势压力稍大。而一汽和东风的走势相近，一汽靠卡车表现走强。奔驰和北京现代是推升北汽的主要因素。比亚迪表现较好，燃油车新品和新能源的贡献较大。江淮表现不理想。华晨轻客的压力明显。吉利表现依旧相对突出，实现高增长。济南重汽的表现相对较强。

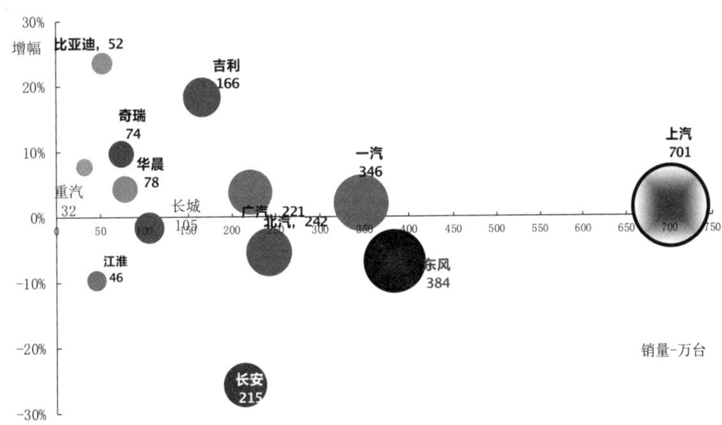

图6 2018年各汽车集团销量\份额\增速

2018年全年，主力厂家生产表现较强。一汽大众表现相对突出，通用同比表现较稳。增长特别突出的是上汽通用五菱汽车，北京现代、广汽本田恢复较快。

（二）2018年狭义乘用车各车系增长特征

2018年，无论批发和零售，市场份额减少的为自主品牌、美系、韩系和欧系。同期内，德系和日系表现较好，零售份额分别增长2%和6%。

欧系和美系的份额下降较大，是德系与韩系增量的分流效果。德系与日系的增长较猛，车市分化的产品周期与政策周期均较明显。日系批发增速 6%，快于行业较多；而欧系和美系的下滑相对较大，韩系相对低基数较强，形成合资车系间的内部竞争较激烈。

表 4　2018 年分国别狭义乘用车销量及市场份额

产销	月	自主	德	日	美	韩	欧	总计
批发	12 月	95	44	43	20	14	3	219
	环比 11 月	7.0%	5.0%	2.0%	6.0%	25.0%	4.0%	2.0%
	月同比	-23.0%	10.0%	10.0%	-39.0%	-21.0%	-59.0%	-16.0%
	本期份额	43.0%	20.0%	20.0%	9.0%	6.0%	2.0%	100.0%
	份额增减	-4.0%	4.8%	4.6%	-3.4%	-0.4%	-1.6%	0.0%
	18 年 1-12 月	958	508	446	247	116	50	2325
	年同比	-7.0%	5.0%	5.0%	-18.0%	1.0%	-26.0%	-4.0%
	年份额	41.0%	22.0%	19.0%	11.0%	5.0%	2.0%	100.0%
	年份额增减	-1.3%	1.8%	1.6%	-1.8%	0.3%	0.6%	0.0%
零售	12 月	88	46	48	22	13	4	222
	环比 11 月	5.0%	-1.0%	21.0%	23.0%	26.0%	14.0%	10.0%
	月同比	-27.0%	-9.0%	11.0%	-36.0%	-24.0%	-56.0%	-19.0%
	本期份额	40.0%	21.0%	22.0%	10.0%	6.0%	2.0%	100.0%
	份额增减	-4.0%	2.0%	6.0%	-3.0%	0.0%	-1.0%	0.0%
	18 年 1-12 月	907	498	441	229	110	51	2235
	年同比	-7.0%	3.0%	2.0%	-21.0%	-9.0%	-29.0%	-6.0%
	年份额	41.0%	22.0%	20.0%	10.0%	5.0%	2.0%	100.0%
	年份额增减	0.7%	2.0%	1.6%	2.0%	0.2%	0.7%	0.0%

（三）2018 年自主品牌增长特征

2018 年年度份额看的自主品牌走势转弱，年度批发增速 0%，稍低于行业增速，零售也稍弱于行业平均。在 2015-2017 年自主持续超越合资后，2018 年以来自主面临一定的调整压力。

2018 年下半年的自主品牌进入下行周期，增速持续加速下行，市场压力相对较大。

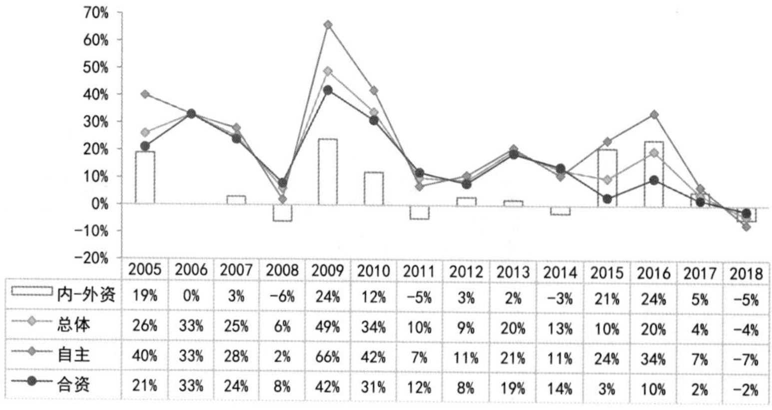

	2005	2006	2007	2008	2009	2010	2011	2012	2013	2014	2015	2016	2017	2018
内-外资	19%	0%	3%	-6%	24%	12%	-5%	3%	2%	-3%	21%	24%	5%	-5%
总体	26%	33%	25%	6%	49%	34%	10%	9%	20%	13%	10%	20%	4%	-4%
自主	40%	33%	28%	2%	66%	42%	7%	11%	21%	11%	24%	34%	7%	-7%
合资	21%	33%	24%	8%	42%	31%	12%	8%	19%	14%	3%	10%	2%	-2%

图 7　自主与合资的狭义乘用车批发增速

四、汽车区域消费市场总体特征

2018 年整个中国乘用车市场，区域市场严重分化，乘用车销量体现北方弱南方强的特征。2018 年自主品牌在北方弱，尤其在东北最弱，华南较强。

（一）南北乘用车市场分化特征

2017 年以来，车市的南强北弱格局日益明显。2018 年，北方乘用车市场相对较弱，南方市场相对较强，东部直辖市和中部黄河地区相对较弱。东北地区下滑持续较为严重，从2016年的6.1%到2017年的5.9%到了2018年的5.3%。以新经济发展较好的华东华南地区的，车市持续走强，尤其是江浙地区和广东地区车市较强。

表5　2016-2018年乘用车分区域销量及市场份额（单位：万辆，%）

区域	数量			结构		
	2016年	2017年	2018年	2016年	2017年	2018年
东北	140	136	113	6.1	5.9	5.3
西北	181	185	163	7.9	8.0	7.7
中部－长江	321	316	288	14.0	13.7	13.6
东部－华北	326	330	289	14.2	14.3	13.7
东部直辖市	161	137	130	7.0	5.9	6.1
中部－黄河	213	220	199	9.3	9.6	9.4
东部－华东	322	329	304	14.0	14.3	14.4
东部－华南	291	307	304	12.7	13.3	14.4
西南	337	343	325	14.7	14.9	15.4
总计	2291	2303	2115	100.0	100.0	100.0

（二）县乡市场低迷

汽车消费的区域下沉趋势渐缓。目前限购城市和大城市的汽车市场表现较强，小型城市和县乡市场的乘车需求二线偏弱。随着中小城市房价暴涨，消费者不理性购房，加之货币化棚改，导致居民购车资金转移至购置房地产，抑制车市发展。

表6　2016-2018年乘用车不同城市销量及市场份额（单位：万辆，%）

区域	数量			结构		
	2016	2017年	2018年	2016	2017年	2018年
限购六市	210	253	253	9.2	11.0	12.0
大型城市	502	495	480	21.9	21.5	22.7
中型城市	486	509	461	21.2	22.1	21.8
小型城市	487	478	417	21.3	20.8	19.7
县乡	606	568	503	26.4	24.6	23.8
总计	2291	2303	2115	100.0	100.0	100.0

（三）豪华品牌区域特征不显著

豪华品牌在各区域全面增长，限购城市的华东和华南市场，尤其华东市场的豪华车需求旺盛，销量占比达到当地车市的15.1%。

表7　2016-2018年豪华品牌分区域市场份额（单位：%）

区域	2016年	2017年	同比增速	2018年	同比增速
东北	5.8	6.7	0.8	8.4	1.8
西北	4.4	4.9	0.5	6.0	1.0
东部－华北	4.1	5.2	1.1	6.7	1.5
东部直辖市	13.1	16.9	3.9	18.3	1.3
中部－黄河	3.3	4.0	0.6	5.0	1.0
中部－长江	5.1	6.6	1.5	8.5	1.9
东部－华东	10.5	12.4	1.9	15.1	2.7
东部－华南	6.7	8.1	1.4	9.4	1.3
西南	5.4	6.2	0.8	7.5	1.3

2018 年，在各区域市场合资品牌表现分化。在华东华南市场，合资品牌受到豪华车的挤压较为明显，直辖市限购市场受到新能源车的影响较大。合资品牌在东北市场需求表现最强，最差的是西南市场。

表 8　2016-2018 年合资品牌分区域市场份额（单位：%）

区域	2016 年	2017 年	同比增速	2018 年	同比增速
东北	59.9	57.6	-2.3	59.4	1.7
西北	52.9	50.3	-2.7	50.7	0.4
东部 - 华北	56.9	54.0	-2.9	54.5	-0.5
东部直辖市	58.0	55.0	-3.0	50.9	-4.1
中部 - 黄河	50.9	49.2	-1.7	50.3	1.1
中部 - 长江	55.3	53.2	-2.1	53.8	0.6
东部 - 华东	59.2	54.8	-4.3	53.1	-1.7
东部 - 华南	62.2	59.5	-2.7	57.9	-1.6
西南	47.7	45.8	-1.9	45.8	0.0

2018 年，自主品牌在西南区域表现较强，其他市场压力较大。东北地区的自主品牌下滑最大。

表 9　2016-2018 年自主品牌分区域市场份额（单位：%）

区域	2016 年	2017 年	同比增速	2018 年	同比增速
东北	34.3	35.7	1.4	32.2	-3.5
西北	42.7	44.8	2.1	43.4	-1.4
东部 - 华北	39.0	40.8	1.8	38.8	-2.0
东部直辖市	28.9	28.1	-0.8	30.8	2.7
中部 - 黄河	45.8	46.8	1.0	44.7	-2.1
中部 - 长江	39.6	40.2	0.6	37.7	-2.5
东部 - 华东	30.4	32.8	2.4	31.8	-1.0
东部 - 华南	31.0	32.4	1.4	32.7	0.3
西南	46.9	48.0	1.2	46.7	-1.3

（中国汽车流通协会汽车市场研究分会　崔东树）

2018 年中国乘用车市场

2018 年轿车市场

进入新世纪，随着人们消费水平的提高，汽车逐渐走入了寻常百姓的生活，巨大的需求推动轿车市场的发展进入了快速增长期，越来越多的自主、合资、进口品牌进入市场，呈现百舸争流的竞争局面。由于轿车功能上的广泛性和普适性，在中国汽车工业的发展初期占据的市场份额极高，几乎就是汽车的代名词。近年来，SUV 产品爆发式增长，成功地撼动了轿车保持多年的市场“霸主”地位。

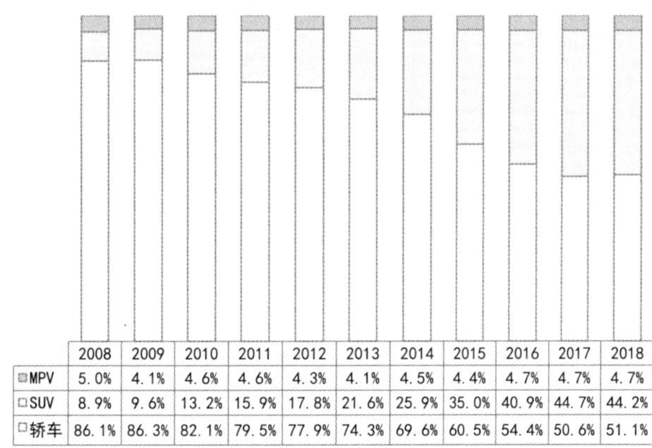

	2008	2009	2010	2011	2012	2013	2014	2015	2016	2017	2018
MPV	5.0%	4.1%	4.6%	4.6%	4.3%	4.1%	4.5%	4.4%	4.7%	4.7%	4.7%
SUV	8.9%	9.6%	13.2%	15.9%	17.8%	21.6%	25.9%	35.0%	40.9%	44.7%	44.2%
轿车	86.1%	86.3%	82.1%	79.5%	77.9%	74.3%	69.6%	60.5%	54.4%	50.6%	51.1%

图 1　2008-2018 年车身形式份额走势

数据来源：乘用车市场信息联席会

随着汽车保有量的不断提升，轿车市场由高速增长期转入调整期。长期来看，年度增速呈逐年下滑趋势，另一方面受政策变化和消费偏好的影响，市场出现短期波动。2009-2010 年中国乘用车市场在国家“保增长”政策的推动下出现井喷增长，增长率分别达到了 54.9% 和 28.5%。随着政策效应的减弱，2011 年汽车市场进入井喷之后的调整期，提前消费尤其是以首次购车为主的轿车需求透支，使 2011 年的轿车市场增长率回落到 4.6%。2012-2013 年市场开始复苏，轿车市场迎来调整期之后的新一轮增长，2013 年增长率一度达到 12.4%。2014 年中国汽车市场产品多样化，轿车市场增长率下跌至 5.1%。2015 年 SUV 和 MPV 竞争加剧，轿车市场面临着严峻的挑战，轿车市场份额受到严重挤压，增长率近几年来第一次出现负增长，同比下滑 5.6%。2016 年 SUV 市场持续火爆，轿车市场在购置税政策的拉动下，轿车市场增速由负转正，同比增长 6.0%。2017 年，轿车市场受购置税政策退坡效应的影响，全年出现负增长，同比下滑 2.8%，份额持续受到 SUV 市场蚕食。

2018 年，受到政策变化、经济下行、国际贸易冲突升级的多重影响，加上市场竞争也进入了白热化阶段，总体市场出现了多年未见的负增长，同比下降 4.6%。其中轿车市场同比下滑 3.6 个百分点，略好于总体市场。一方面，整体经济环境的下行和政策的多变影响了消费者的购买信心，造成了较为浓重的观望情绪，市场需求低迷；另一方面，市场格局发生变化，新势力造车企业的不断涌现给市场带来了新鲜血液，但受制于产品的投放对增量的贡献极其有限；新能源汽车成为大部分自主品牌的一个重要发展方向，并且一些合资厂商也开始投放新能源产品，以轿车为主的新能源市场对整个轿车市场具有一定的拉动作用。

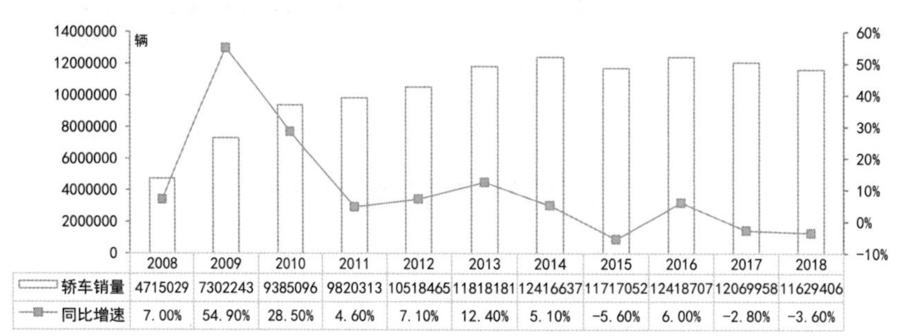

	2008	2009	2010	2011	2012	2013	2014	2015	2016	2017	2018
轿车销量	4715029	7302243	9385096	9820313	10518465	11818181	12416637	11717052	12418707	12069958	11629406
同比增速	7.00%	54.90%	28.50%	4.60%	7.10%	12.40%	5.10%	-5.60%	6.00%	-2.80%	-3.60%

图 2　2008-2018 年轿车市场销量及增速

数据来源：乘用车市场信息联席会

一、2018 年宏观环境及总体市场概况

2018 年车市整体低迷主要是由经济环境变化造成，月度市场高开低走，起伏较大。2018 年初由于经济开局向好，加上春节时点利于需求释放，外出务工人员返乡购车较多，促使一季度市场表现超出预期，同比增长 6.8%。随着春节购车红利释放完毕，加上国内调控力度加大，环保攻坚战和金融防风险等举措开始对私营部门和企业产生负向影响，同时二三线城市房地产的迅速升温也对购车资金产生挤占效应，总体经济结构的变化不利于车市发展，二季度总体市场小幅增长，下滑趋势初现。进入下半年，中美贸易摩擦升级，累计 2500 亿出口商品在三季度开始被加征关税，对实体经济发展和消费者信心产生了一定的影响。

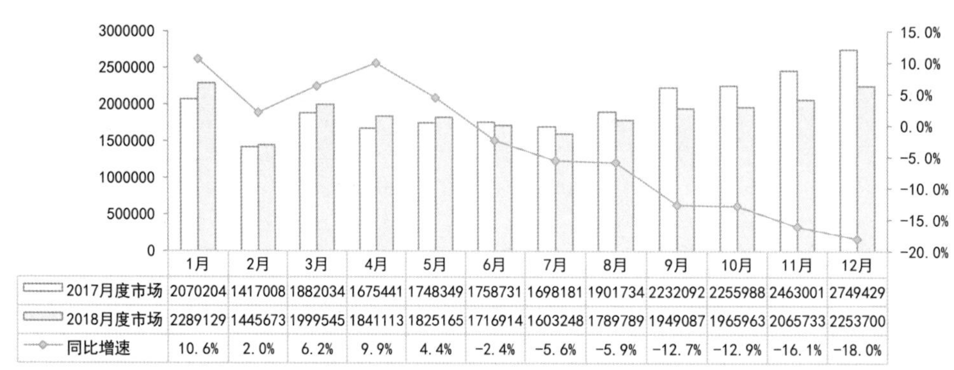

	1月	2月	3月	4月	5月	6月	7月	8月	9月	10月	11月	12月
2017月度市场	2070204	1417008	1882034	1675441	1748349	1758731	1698181	1901734	2232092	2255988	2463001	2749429
2018月度市场	2289129	1445673	1999545	1841113	1825165	1716914	1603248	1789789	1949087	1965963	2065733	2253700
同比增速	10.6%	2.0%	6.2%	9.9%	4.4%	-2.4%	-5.6%	-5.9%	-12.7%	-12.9%	-16.1%	-18.0%

图 3　2008 年月度总体市场走势（单位：辆）

数据来源：乘用车市场信息联席会

此外，理财资金监管加严造成的 P2P 爆雷也进一步加深了居民财富的缩水、私营企业经营困境恶化。经济进入下行周期，市场开始负增长，三季度同比下降 8.4%。在稳增长的政策大方向下，市场遭遇经济转型期阵痛凸显的严峻挑战，GDP 增速从一季度的 6.8% 下滑至四季度的 6.3%。另一方面，主要地区国六排放标准实施时间经过多次调整，变数较大，加深了消费者购车观望情绪；中美贸易谈判不确定性增强，市场预期和信心下滑。造成四季度市场触底，同比下滑 15.8%。

二、2018 年乘用车细分市场的主要特点

（一）受外部环境影响，低级别车型和低线市场表现低迷

经济环境的变化对民营经济冲击较大，中美贸易摩擦对于出口贸易为主的中小企业也带来了不小的影响。低线市场实体经济不景气，随之带来的是低级别车型市场表现显著下滑。2018 年，

一二线城市全年负增长 3%，而三四五线城市同比大幅下滑 10%。分级别方面，A 级及以下车型同比下降 7 个百分点，相反，受经济低迷影响较小的 B 级及以上车型同比增长 4%。

（二）豪华市场逆势上扬，日系德系表现稳健

尽管外部环境充满挑战，总体市场表现低迷，但由于豪华品牌近年产品战略逐渐下探，充分布局 B 级及以下细分市场，且近年来汽车消费升级的趋势持续存在，促使 2018 年豪华市场同比增长 8%，而自主品牌和合资品牌分别下滑 9% 和 4%。复杂的市场环境还造成了分国别品牌表现出现了明显的分化，日系品牌得益于更有活力的产品生命周期以及营销节奏的良好控制，同比增长 3%，成为表现最好的品牌集群。德系品牌以 2% 的增速紧随其后，雄厚的品牌力和积极的营促销举措是德系品牌跑赢大盘的基础。其他国别品牌受外部环境的影响，加上激烈的市场内部竞争，同比去年均有不同程度的下滑。

（三）新能源市场高速发展，自主品牌获益较大

2018 年新能源市场持续火热，全年销量约 101 万，同比增长 85%。以比亚迪、北汽新能源、奇瑞、上汽乘用车为首的自主品牌新能源全年销量 95 万，占总体新能源市场的 94%，同比增长 80%，成为 2018 年新能源市场的绝对主力。在新能源补贴逐年退坡的政策环境下，积极应对市场需求，顺应时代变化推出享受政策红利的新能源产品，成为了大部分厂家的共同选择。

三、2018 年轿车市场发展特点与展望

自 2008 年以来总体市场主要受到 SUV 迅猛增长的推动，受到挤压的轿车市场增速长期低于总市场。然而，轿车市场在 2018 年顶住了市场下滑的压力，出现了增速上的拐点，成为了表现最稳定的车身形式细分市场。

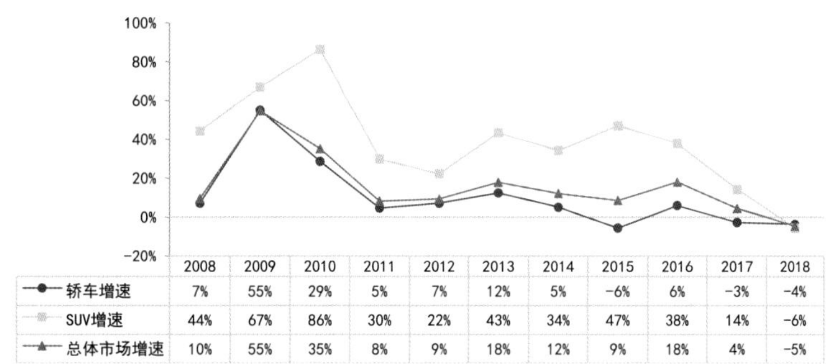

	2008	2009	2010	2011	2012	2013	2014	2015	2016	2017	2018
轿车增速	7%	55%	29%	5%	7%	12%	5%	-6%	6%	-3%	-4%
SUV增速	44%	67%	86%	30%	22%	43%	34%	47%	38%	14%	-6%
总体市场增速	10%	55%	35%	8%	9%	18%	12%	9%	18%	4%	-5%

图 4　2008-2018 总体市场、轿车及 SUV 市场增速

数据来源：乘用车市场信息联席会

（一）轿车分级别市场

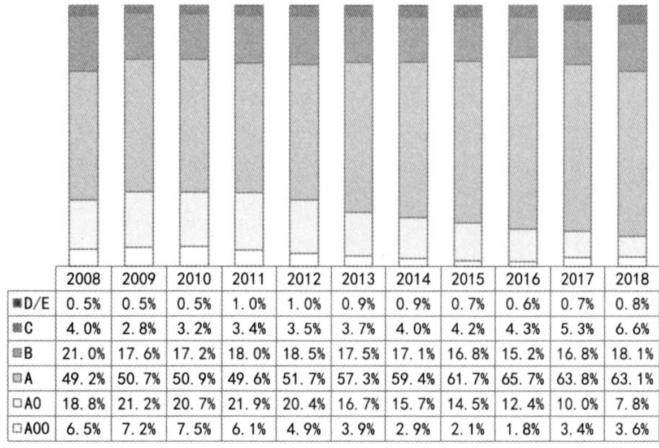

	2008	2009	2010	2011	2012	2013	2014	2015	2016	2017	2018
D/E	0.5%	0.5%	0.5%	1.0%	1.0%	0.9%	0.9%	0.7%	0.6%	0.7%	0.8%
C	4.0%	2.8%	3.2%	3.4%	3.5%	3.7%	4.0%	4.2%	4.3%	5.3%	6.6%
B	21.0%	17.6%	17.2%	18.0%	18.5%	17.5%	17.1%	16.8%	15.2%	16.8%	18.1%
A	49.2%	50.7%	50.9%	49.6%	51.7%	57.3%	59.4%	61.7%	65.7%	63.8%	63.1%
A0	18.8%	21.2%	20.7%	21.9%	20.4%	16.7%	15.7%	14.5%	12.4%	10.0%	7.8%
A00	6.5%	7.2%	7.5%	6.1%	4.9%	3.9%	2.9%	2.1%	1.8%	3.4%	3.6%

图 5　2008-2018 轿车市场分级别份额变化

数据来源：乘用车市场信息联席会

2018 年轿车市场消费升级的趋势依然存在，B 级及以 2017 车型份额同比去年增长 2.6%，A 级细分市场份额则保持稳中有降，同比下降 0.7 个百分点。此外，受新能源补贴政策退坡的刺激，A00 级别轿车份额略有增长。

外部环境给车市带来了较明显的冲击，而 B 级以上的高端轿车市场受影响较小，成为轿车市场乃至总体市场表现最好的细分市场。2018 年，B 级轿车同比增长 4%，轿车市场中份额较上一年增长了 1.3%。一方面，老牌的合资品牌 B 级轿车通过成功的产品换代和有竞争力的促销政策始终保持着较强的生命力；另一方面，消费升级换代的趋势促使消费者选择级别更高的产品，同时豪华品牌价格下探的产品定位以及客观的促销力度使这种需求更容易得以实现。车型方面，德系双雄迈腾和帕萨特依旧表现稳健，排名前三；雅阁借助成功的车型换代，以年轻动感的造型和较高的性价比赢得了消费者的青睐，一举跃升至年度第二。值得一提的是，B 级车排名前十车型中，豪华品牌车型宝马 3 系、奔驰 C 级和奥迪 A4 的排名逐年靠前，这主要得益于豪华品牌价格下探的产品战略，使得消费者在 B 级轿车市场中有了更多的选择。

表 1　2018 年 B 级轿车销量 Top10 车型（单位：辆）

排名	车型	销量	市场份额
No. 1	迈腾	228, 441	10. 8%
No. 2	雅阁	174, 733	8. 3%
No. 3	帕萨特	167, 095	7. 9%
No. 4	奥迪 A4	163, 296	7. 8%
No. 5	凯美瑞	158, 822	7. 5%
No. 6	奔驰 C 级	147, 818	7. 0%
No. 7	宝马 3 系	132, 397	6. 3%
No. 8	迈锐宝	124, 978	5. 9%
No. 9	天籁	117, 695	5. 6%
No. 10	君威	90, 180	4. 3%

表 2　历年 B 级车型排名

排名	2010	2015	2018
No. 1	雅阁	帕萨特	迈腾
No. 2	凯美瑞	迈腾	雅阁
No. 3	天籁	雅阁	帕萨特
No. 4	帕萨特	凯美瑞	奥迪 A4
No. 5	君越	蒙迪欧	凯美瑞
No. 6	马自达 6	奥迪 A4	奔驰 C 级
No. 7	君威	天籁	宝马 3 系
No. 8	迈腾	君威	迈锐宝
No. 9	奥迪 A4	宝马 3 系	天籁
No. 10	雪佛兰景程	迈锐宝	君威
	宝马 3 系（No. 19）	奔驰 C 级（No. 12）	
	奔驰 C 级（No. 20）		

数据来源：乘用车市场信息联席会

C 级车市场中，豪华轿车三强宝马 5 系、奥迪 A6 和奔驰 E 级仍然处于领跑地位，且三辆车的市场份额占据 C 级车市场的半壁江山（2018 年奥迪 A6、宝马 5 系、奔驰 E 级占 C 级车份额的 58%）。近年来，自主和合资品牌纷纷向上升级突破，推出了辉昂、东风 A9、红旗 H7 等 C 级车产品，获得了积极的市场反馈。

表 3　C 级轿车产品表现（单位：辆）

排名	车型	销量	市场份额
No. 1	宝马 5 系	150, 189	19. 7%
No. 2	奥迪 A6	149, 775	19. 6%
No. 3	奔驰 E 级	142, 259	18. 7%
No. 4	雷克萨斯 ES	61, 244	8. 0%
No. 5	凯迪拉克 XTS	60, 482	7. 9%
No. 6	皇冠	36, 745	4. 8%
No. 7	沃尔沃 S90	34, 190	4. 5%
No. 8	辉昂	25, 591	3. 4%
No. 9	捷豹 XFL	15, 769	2. 1%

数据来源：乘用车市场信息联席会

相比 2017 年，2018 年 A 级轿车市场占有率仅下滑 0.7 个百分点，销量同比下降 5%，与总体市场基本持平。可以说，2018 年 A 级轿车市场稳住了阵脚，呈现稳中向好的发展潜力。一方面，受经济基本面低迷的影响，小型入门级和紧凑级 SUV 销量大幅下滑，一定程度上缓解了 A 级轿车的竞争压力；另一方面，自主品牌大力布局A级轿车尤其是A级新能源轿车产品，给传统A级轿车市场带来了新的活力。

从车型表现看，合资品牌仍然维持强势表现，老牌德系、日系轿车依然处于A级轿车第一梯队。2018年自主品牌在A级轿车市场也推出了一些有竞争力的产品，如传祺GA4、吉利缤瑞、荣威i5等。此外，新能源市场飞速发展，同时2018年也是新能源补贴即将大幅退坡的关键年份，为享受政策红利，大部分品牌尤其是自主品牌纷纷推出A级新能源轿车产品，A级新能源轿车2018年同比增长162%，成为该细分市场的主要支撑。

表4 2018年A级轿车Top10车型（单位：辆）

排名	车型	销量	市场份额
No. 1	轩逸	467,638	6.4%
No. 2	朗逸	466,772	6.4%
No. 3	卡罗拉	376,719	5.1%
No. 4	捷达	326,623	4.5%
No. 5	速腾	312,837	4.3%
No. 6	全新英朗	274,057	3.7%
No. 7	桑塔纳	270,847	3.7%
No. 8	宝来	243,713	3.3%
No. 9	帝豪	243,166	3.3%
No. 10	思域	215,941	2.9%

表5 2018年A级新能源轿车Top10车型（单位：辆）

排名	车型	销量	同比
No. 1	比亚迪秦	44,377	82.3%
No. 2	比亚迪E5	43,902	95.8%
No. 3	北汽新能源EU系列	36,860	180.1%
No. 4	荣威ei6	33,347	823.0%
No. 5	帝豪EV	31,788	28.3%
No. 6	荣威Ei5	26,007	-
No. 7	比亚迪秦pro	10,679	-
No. 8	风神E70	6,913	201.1%
No. 9	逸动EV	5,930	72.6%
No. 10	VELITE 6	5,000	-

数据来源：乘用车市场信息联席会

2016年后期进入市场的宝骏310为A0级轿车注入了新的活力，却不能阻挡这个细分市场进一步萎缩。2018年A0级轿车依旧保持下滑趋势，份额下滑至7.8%。由于A0级轿车利润空间有限，导致各厂商在该市场的投放力度明显减小，新产品的缺乏降低了该级别市场对消费者的吸引力。目前这个市场领跑产品仍然为大众Polo和本田飞度，细分市场排名没有太大的变化。

A00级轿车今年与去年持平，主要的推动力是新能源补贴退坡造成的提前购买。2018年A00新能源轿车零售36万，同比增长21%，对整个A00级轿车市场起到了强劲的拉动作用。自主品牌凭借对市场的快速响应机制，在A00级轿车尤其是新能源轿车市场中处于垄断地位，北汽EC系列、奇瑞eQ等新能源小型轿车在补贴政策推动下保持迅猛增长，合资品牌在这个领域几乎处于空白。A00级轿车的短期高速增长属于现象级的表现，市场对于新能源乘用车续航里程以及综合实力提出了越来越高的要求，在补贴逐年下降的前提下，A00级新能源轿车是否能够找到控制成本、保持竞争力的新方向，将决定未来该细分市场的发展方向。

表6 2018年A0级轿车Top5车型（单位：辆）

排名	车型	销量	市场份额
No. 1	Polo	140,215	15.4%
No. 2	飞度	129,387	14.2%
No. 3	威驰	63,569	7.0%
No. 4	KX CROSS	58,248	6.4%
No. 5	雅力士	55,751	6.1%

表7 2018年A00级轿车Top5车型（单位：辆）

排名	车型	销量	市场份额
No. 1	BJEV EC Series	90,307	21.6%
No. 2	eQ	46,967	11.3%
No. 3	JAC iEV6E	43,157	10.3%
No. 4	Jiangling E200	30,032	7.2%
No. 5	Huatai EV160	29,938	7.2%

数据来源：乘用车市场信息联席会

（二）轿车市场车系表现

从不同车系的发展情况来看，2018年轿车市场竞争格局基本延续了上一年的趋势。总体来看，欧系、日系、自主品牌成为了轿车市场的赢家，凭借良好的产品口碑、富有竞争力的新产品和新能源政政策红利，不断蚕食美系和韩系轿车的市场。

欧系轿车的稳定表现来源于老牌强势产品的支撑。由于受经济环境影响，小型入门级和紧凑级 SUV 产品受影响较大，不少消费者重又回归经典轿车市场。传统 A 级三厢轿车市场中，朗逸、英朗、速腾、捷达等尽管同比有所下滑，但不论从销量还是份额上都延续了 2017 年的稳健表现。B 级轿车中，迈腾凭借换代，产品力和造型方面成功得到了消费者一致的认可，与帕萨特一起成为该细分市场中的领头羊。C 级以上的豪华轿车市场中，欧美系尤其是德系轿车处于强势地位，奥迪、宝马、奔驰的产品在 C 机轿车细分市场中占据超过五成的市场份额。欧系车依靠良好的消费者口碑、自身的技术优势储备、继续扩大自己的领先优势。

日系轿车在 2018 年市场份额进一步提升，主要得益于新产品和换代产品带来的增量，如雅阁、凯美瑞、思域等。新产品凭借出色的产品力，合理的价格定位，有效的营销策略迅速赢得了消费者的青睐。近年来，日系的中高级轿车也开始采用年轻化的产品定位，如雅阁、凯美瑞等 B 级车通过改款和换代等动作，在造型以及定位上更加年轻化、潮流化。逐渐与德系、美系等竞争对手提升了定位上的差距，相信未来也能保持旺盛的竞争力，在今后的市场上有更大的作为。

在 2018 年竞争异常激烈的轿车市场中，尽管韩系品牌推出了更多的轿车新产品，如全新悦纳、起亚焕驰、现代菲斯塔等，这些新车型凭借潮流化的设计语言，出色的性价比，在 10 万左右的细分市场中表现抢眼。此外老牌的 K3、伊兰特、朗动等车型仍然维持了稳健的销量表现。一定程度上支撑了韩系品牌的轿车市场份额。然而，由于经济基本面的影响，价位偏低的车型受到更多的消费信心层面的冲击，同时自主品牌的份额蚕食仍在延续，造成韩系品牌份额持续下滑。一方面，自主品牌在享受了前几年的 SUV 红利之后，近年来对于轿车产品的研发与投放力度有逐渐加强的趋势，如帝豪、荣威 i6、比亚迪秦等高质量车型逐步得到消费者的认可；另一方面，随着中国新能源汽车产业的进一步深入发展，自主品牌纷纷抓住市场机遇，推出了一系列具有竞争力的新能源轿车产品，如荣威 Ei5、比亚迪秦 Pro 电动、博瑞 GE 等，给整个轿车市场带来了一定的纯增量，也因此提升了自主品牌的轿车市场份额。

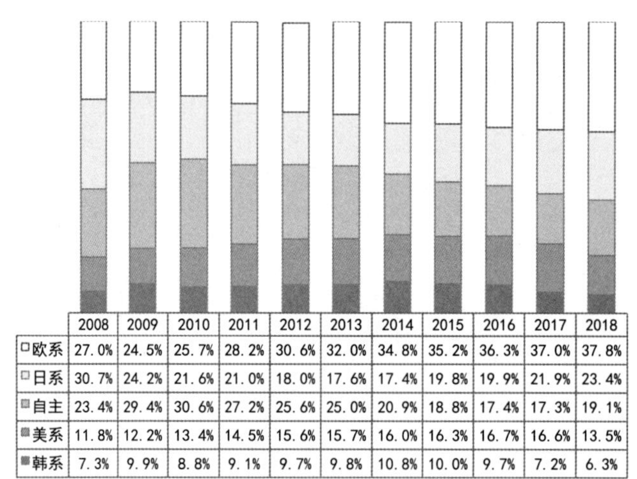

	2008	2009	2010	2011	2012	2013	2014	2015	2016	2017	2018
欧系	27.0%	24.5%	25.7%	28.2%	30.6%	32.0%	34.8%	35.2%	36.3%	37.0%	37.8%
日系	30.7%	24.2%	21.6%	21.0%	18.0%	17.6%	17.4%	19.8%	19.9%	21.9%	23.4%
自主	23.4%	29.4%	30.6%	27.2%	25.6%	25.0%	20.9%	18.8%	17.4%	17.3%	19.1%
美系	11.8%	12.2%	13.4%	14.5%	15.6%	15.7%	16.0%	16.3%	16.7%	16.6%	13.5%
韩系	7.3%	9.9%	8.8%	9.1%	9.7%	9.8%	10.8%	10.0%	9.7%	7.2%	6.3%

图 6　2008-2018 轿车市场各车系份额变化

数据来源：乘用车市场信息联席会

（三）轿车市场区域和用户类型特点

近年来，中国汽车市场发展呈现明显的二元结构特点，体现为一二线城市和三至五线城市的整体市场增长速率以及对品牌和车型的具体需求存在较大的差异。一二线城市作为中国较早开始发展的汽车市场，汽车保有量已经达到较高水平，呈现成熟汽车市场的发展特点。受到限牌和限行等政策的制约，年均增速较为缓慢。而三至五线城市的汽车市场目前还处于导入期阶段，增长潜力较大。但是 2018 年以来，受到经济下行的影响，三至五线汽车市场购买力急剧下降，造成 2018 年轿车销量同比下滑 10%。而一二线城市消费信心层面影响不大，加上新能源政策对限牌城市的拉动作用，轿车销量同比微降 1%。

随着大量的出行租赁公司的建立，共享出行逐渐变成一种受人们欢迎的出行方式。更经济、使用成本更低的轿车，得到了更多的共享车型采用。据上险数据显示，2018 年轿车非私人用户销量同比增长 20%，其中出租租赁部分更是同比增长 53%。中国汽车市场保有量与日俱增，道路拥堵将长期成为社会要面临的痛点之一，而共享出行则具备相当的发展潜力。

随着汽车市场发展程度的深入，消费者的需求也趋向于高端化和多样化，对汽车的认识也不再仅仅局限于轿车的范畴。一般来说，千人保有量越高、发展越成熟的汽车市场，轿车份额下降的也越快。一二线城市中轿车的份额逐步下降，如北京、上海、广州等地，轿车也会很快进入发展的瓶颈，而轿车市场的发展长期来看要寄希望于三至五线新兴市场的动力。总的来说，2018 年轿车市场处于转型期，消费者需求的转变和政策带来的影响使轿车市场有抬头趋势。对于轿车市场来说，未来是挑战与机遇并存的市场。如何准确把握市场变化趋势，及时推出满足消费者需求的产品，是轿车生产企业所面临的共同课题。

（上汽大众汽车有限公司　胡昌晨）

2018 年 SUV 市场

经过多年的高速增长，2018 年 SUV 首现颓势。2018 年 SUV 市场的需求结构性受阻，中西部市场低迷和楼市挤压消费问题导致车市严重低迷。中国车市并非已经趋近饱和，但 SUV 增长的确遇到短期需求瓶颈，需要一定时间休养生息。

一、SUV 市场总体特征

（一）2018 年出现负增长

2018 年 SUV 销量 995.07 万辆，累计增速 -3.1%，首次出现负增长。SUV 市场曾是中国车市的主要增长驱动力。

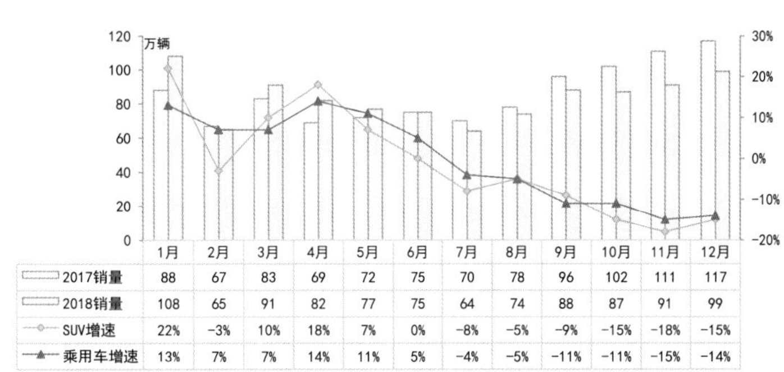

	1月	2月	3月	4月	5月	6月	7月	8月	9月	10月	11月	12月
2017销量	88	67	83	69	72	75	70	78	96	102	111	117
2018销量	108	65	91	82	77	75	64	74	88	87	91	99
SUV增速	22%	-3%	10%	18%	7%	0%	-8%	-5%	-9%	-15%	-18%	-15%
乘用车增速	13%	7%	7%	14%	11%	5%	-4%	-5%	-11%	-11%	-15%	-14%

图 1　2017-2018 年 SUV 月度销量走势

从 2009-2017 年均复合增长率对比来看，SUV 年均复合增长率为 40.93%，远高于整体市场的 9.83%。其中由于消费透支的关系导致 2011 和 2012 年出现回落，但也保持了高达两成以上的增速。2013-2016 年更是连续保持了四成左右的超高速增长。

吉利汽车 SUV 正增长平稳，尚未体现秋季增量。长城在 2018 年下半年销量增长较快。

（二）SUV 主力车型（批发）情况销售

国产品牌三个梯队，占据 8-15 万元的 SUV 区间。国产品牌 SUV 已经形成了完整的三个梯队，覆盖 5-15 万元。其中，尤以 10-15 万元为国产品牌竞争力最强、热销车型最多的区间。从乘用车市场信息联席会公布的销量前十五名榜单能看出，排名前列的国产 SUV：哈弗 H6、博越、GS4、RX5、CS75 这五款车，主力价位区间都在 10-15 万元。第二梯队中，两款代表性车型：帝豪 GS、长安 CS55，主力售价区间在 8-12 万元。余下就是纯粹走低价路线的第三梯队：售价 5-8 万元的宝骏 510、远景 X3 等为代表。

表 1　2018 年 SUV 车型批发销量和增速（单位：辆）

2018 年批发前十			2017 年批发前十	
车型	销量	增速	车型	销量
哈弗 H6	452552	-11%	哈弗 H6	506148
宝骏 510	361403	-1%	宝骏 510	363949
途观	303374	-9%	传祺 GS4	337330
博越	255695	-11%	途观	332402
传祺 GS4	246636	-27%	博越	286885
荣威 RX5	224819	3%	长安 CS75	240095
奇骏	207951	13%	昂科威	239234
昂科威	201776	-16%	荣威 RX5	218125
逍客	175045	15%	哈弗 H2	215100
XR-V	168250	4%	奇骏	184711

表 2　2018 年 SUV 批发增减量前五（单位：辆）

车型	增量
宝骏 510	116324
ix35	105298
长安 CS55	85683
传祺 GS3	71069
KXCROSS	63678
车型	减量
风光 580	65306
传祺 GS4	90694
长安 CS75	99802
哈弗 H2	108980
宝骏 560	150055

（三）SUV 主力车型（零售）销售情况

SUV 市场在 2018 年表现持续较强，但也有增速放缓压力。其中自主品牌的新车仍然是较强的增长动力。2018 年的哈弗 H6，宝骏 510 和传祺 GS4 以及吉利博越，成为 SUV 市场零售的前四名。但减量的自主品牌也是相对较多，而增量的自主品牌，主要是自主的新品的推动。

表 3　2018 年 SUV 车型零售销量和增速（单位：辆）

2018 年批发前十			2017 年批发前十	
车型	销量	增速	车型	销量
哈弗 H6	441879	-12%	哈弗 H6	500458
宝骏 510	328103	-2%	传祺 GS4	337330
途观	284989	-13%	宝骏 510	335325
传祺 GS4	246636	-27%	途观	329379
博越	242069	-13%	博越	277891
荣威 RX5	220061	1%	长安 CS75	238431
奇骏	204597	12%	荣威 RX5	217858
昂科威	167871	-20%	哈弗 H2	212026
XR-V	166390	2%	昂科威	210683
逍客	165703	5%	CR-V	187641

表 4　2018 年 SUV 零售增减量前五（单位：辆）

车型	增量
宝骏 510	116324
ix35	105298
长安 CS55	85683
传祺 GS3	71069
风光 560	63678
车型	减量
哈弗 H6	58579
风光 560	65306
传祺 GS4	30694
长安 CS75	99489
哈弗 H2	114394

合资阵营 SUV，日系占据压倒优势。据乘用车市场信息联席会数据统计，排名前二十的合资 SUV 共有 11 款，其中德系仅有三款（途观和 Q5、GLC），美系仅有 1 款（昂科威），韩系 1 款（ix35），其余 6 款车全部来自日系（日产的奇骏和逍客、本田的 CR-V、XRV 和缤智，丰田的 RAV4）。可以说，日系几乎占合资 SUV 的半边天。随着探歌、探岳、途岳等德系 SUV 的上市发力，德系由途观 L 独撑大局的局面会有所改观。

二、SUV 市场运行特征

2018 年 12 月份的市场体现 MPV 弱趋势特征明显，轿车市场的地位处于逐步恢复的状态，SUV 走势较平稳。轿车中的中高级别走势较好，低端的电动轿车有所恢复。

前期多功能车市场超强增长，其中近年 MPV 是中低端需求也有下降，A0 级 MPV 表现逐步走弱，消费升级到 A 级 MPV，近期新品也是在 A 级 MPV 推出较强。虽然 2018 年 MPV 总体下滑，但

MPV 中高端近期较强。

前期 SUV 则是 A 级火爆，随后延伸到 A0 级，成为高端向下延伸的特征。近两年出现消费升级较强的特征。2018 年 12 月份的 A0 级 SUV 市场的需求占比小幅下滑，高端 B 级 SUV 产销表现较强，A 级仍是主力。

（一）狭义乘用车各级别分车型国内零售表现

此表用体现的是每一个细分类别占上一层级总零售量的比重，与包含出口和库存变化的批发增长有所差异。

表 5 2012-2018 年分车型级别市场份额

批发		2012	2013	2014	2015	2016	2017	2018
类型	级别							
CAR	A00	5%	4%	3%	2%	2%	3%	3%
	A0	19%	16%	16%	14%	11%	11%	9%
	A	54%	59%	60%	61%	67%	64%	63%
	B	17%	17%	17%	18%	15%	16%	18%
	C	4%	4%	4%	4%	5%	6%	6%
CAR 汇总		**65%**	**63%**	**68%**	**58%**	**51%**	**49%**	**50%**
MPV	A0	50%	57%	62%	58%	55%	45%	39%
	A	23%	18%	19%	24%	29%	33%	34%
	B	19%	19%	14%	14%	11%	13%	15%
	C	8%	7%	5%	5%	5%	9%	12%
MPV 汇总		**6%**	**7%**	**10%**	**10%**	**10%**	**8%**	**7%**
SUV	A0	10%	15%	23%	31%	27%	22%	23%
	A	69%	66%	64%	57%	63%	64%	63%
	B	19%	17%	13%	11%	10%	14%	13%
	C	2%	1%	0%	0%	0%	1%	1%
SUV 汇总		**12%**	**15%**	**22%**	**31%**	**38%**	**42%**	**43%**

（二）狭义乘用车各国别在细分市场零售表现

表 6 2014-2018 年分车型国别市场份额

批发		2014	2015	2016	2017	2018
类型	级别					
CAR	自主	22%	20%	19%	19%	21%
	欧	6%	5%	4%	3%	2%
	美	16%	16%	17%	17%	14%
	韩	11%	10%	10%	7%	6%
	德	27%	28%	31%	32%	34%
	日	18%	20%	20%	22%	23%
CAR 汇总		**68%**	**58%**	**51%**	**49%**	**50%**
MPV	自主	89%	91%	91%	85%	79%
	美	4%	4%	3%	8%	11%
	德	2%	2%	2%	3%	4%
	日	4%	4%	4%	4%	6%
MPV 汇总		**10%**	**10%**	**10%**	**8%**	**7%**
SUV	自主	45%	50%	59%	61%	59%
	欧	3%	4%	3%	4%	3%
	美	10%	10%	9%	8%	6%
	韩	13%	10%	8%	9%	11%
	德	13%	10%	8%	9%	11%
	日	19%	16%	14%	16%	17%
SUV 汇总		**22%**	**31%**	**38%**	**42%**	**43%**

12 月份的 SUV 份额环比 9 月份提升，自主轿车和 SUV 份额表现均较 8 月份稍好。

三、SUV 细分市场特征

A0 级 SUV 在 2018 年 1-12 月份生产累计增幅 0%，18 年 1-12 月份厂家批发销售累计增幅 0%。

小型 SUV 前期成为 SUV 最大的车市亮点，新品爆棚现象明显，近期走弱，近期受到 A 级挤压明显。12 月份五菱占据小型 SUV 高位。长城哈佛 H2 逐步走弱，而自主的宝骏 510 等小型 SUV 获得较强增长。

本田的 XR-V 和缤智在 12 月表现超强。近期日系成为小型 SUV 主力，其产品调整在 1.5L 的税收优势明显，因此 XR-V、缤致表现较强。

A 级 SUV 2018 年 12 月份批发 62.18 万辆，较上一年同期份额增加 -0.22%。2018 年 1-12 月生产累计增幅 -3%，厂家批发销售累计增幅 -3%。

2018 年，B 级 SUV 生产累计增幅 -7%，厂家批发销售累计增幅 -6%。12 月份 B 级 SUV 市场走势较强，而 MPV 车型均表现一般。奥迪 Q5 销量今年走低。奔驰和锐界表现很好，其他厂家基本状态相对稳定。自主走强的是传祺 GS8，长城魏派 VV7 持续走强，长安 CS95/ 哈佛 H7 等自主的中大型 SUV 走势相对稳健。

四、SUV 区域市场的问题分析

（一）历年区域市场的需求变化

2018 年，SUV 零售增速 -6.9%，低于轿车增速 -3.8%。SUV 零售增长不强的原因较复杂，消费信心不足对车市人气有一定影响。由于中西部楼市的价格与销量增长较快，居民财富投入楼市力度很强，影响购车消费。经济增长的消费拉动不强，导致购买力进一步偏低。而 SUV 的低迷也是中西部消费不强的体现。

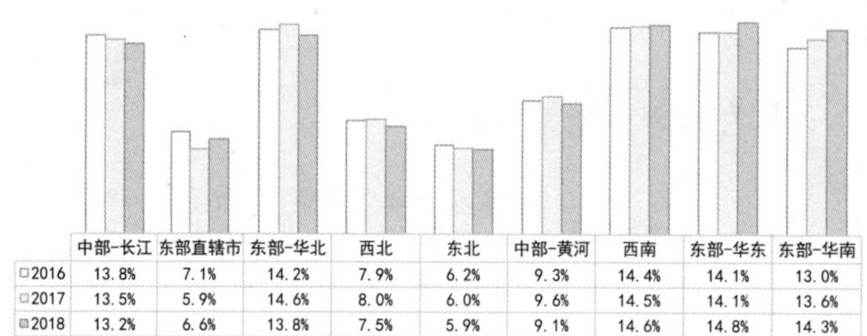

	中部-长江	东部直辖市	东部-华北	西北	东北	中部-黄河	西南	东部-华东	东部-华南
2016	13.8%	7.1%	14.2%	7.9%	6.2%	9.3%	14.4%	14.1%	13.0%
2017	13.5%	5.9%	14.6%	8.0%	6.0%	9.6%	14.5%	14.1%	13.6%
2018	13.2%	6.6%	13.8%	7.5%	5.9%	9.1%	14.6%	14.8%	14.3%

图 2　历年乘用车 3-7 月的区域市场变化

（二）SUV 的占比走弱在中西部突出

SUV 占比走弱在中西部较为突出，中西部的 SUV 下滑明显。SUV 的华南地区占比从 13.4% 上升到 13.8%，同时华东小幅上升。

表 7　2017-2018 年轿车分区域市场份额

区域	2017	2018	份额变化	区域	2017	2018	份额变化
东北	6.1%	6.0%	-0.1%	东北	5.8%	5.9%	0.1%
东部 - 华北	16.0%	14.5%	-1.4%	东部 - 华北	12.9%	12.7%	-0.2%
东部 - 华东	15.7%	16.2%	0.5%	东部 - 华东	13.2%	13.3%	0.2%
东部 - 华南	13.9%	14.9%	1.0%	东部 - 华南	13.4%	13.8%	0.4%
东部直辖市	6.3%	7.1%	0.8%	东部直辖市	5.4%	5.9%	0.5%
西北	6.7%	6.3%	-0.4%	西北	9.5%	9.2%	-0.3%
西南	12.9%	13.3%	0.4%	西南	15.9%	16.0%	0.2%
中部 - 黄河	9.5%	9.0%	-0.5%	中部 - 黄河	9.3%	8.9%	-0.4%
中部 - 长江	13.0%	12.8%	-0.3%	中部 - 长江	14.6%	14.2%	-0.3%
CAR 汇总	50.7%	52.1%	1.4%	SUV 汇总	41.6%	40.3%	-1.3%

（三）中西部的楼市火爆与车市形成反差

由于中西部楼市上涨，县乡市场的购房热情高于购车，楼市对车市的挤压严重。随着楼市降温，车市逐步回稳。2018 年，中西部楼市资金分流对车市消费仍有影响。

（中国汽车流通协会汽车市场研究分会　崔东树）

2018 年 MPV 市场

2018 年国产 MPV 累计销售 173.4 万辆，同比下降 16.2%。自 2016 年销量达到 249 万辆的历史巅峰后，MPV 已经连续两年出现负增长，与 2016 年相比，2018 年销量已经下滑了 30.5%。2018 年 MPV 市场出现特点是合资品牌销量大涨、自主品牌下滑、新能源车大增。预计 2019 年的 MPV 市场在没有利好因素的刺激下，整体销量仍然是深度负增长。

一、产销概况

（一）国产 MPV

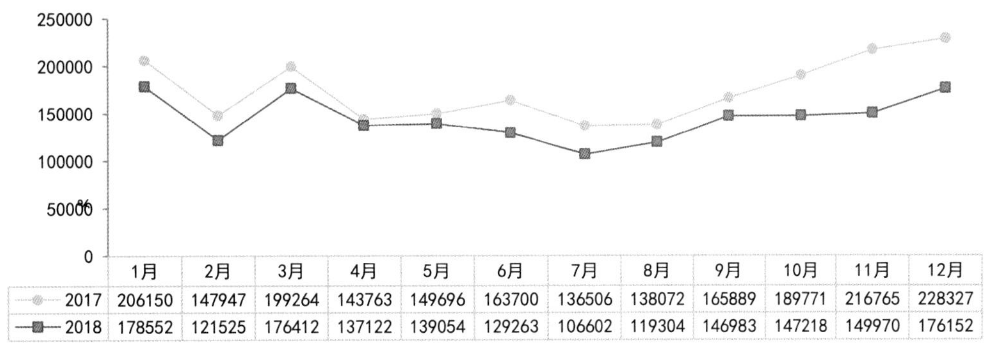

图 1　2018 年 MPV 市场月度销量走势（单位：辆）

2018 年国产 MPV 生产 168.5 万辆，同比下降 17.9%；销售 173.5 万辆，同比下降 16.2%，MPV 在乘用车中的占比为 7.5%，较同期继续下降 1.1 个百分点。

从月度销量曲线来看，2018 年全年各月销量均低于 2017 年，全面向负，到年底负增长还有扩大的表现（见图 1），月均销量规模在 14 万辆左右，比上一年低了两万多辆。

（二）进口 MPV

表 1　2018 年中国 MPV 内需销量及增长率（单位：万辆）

MPV	2018	2017	增长率	18 占比	17 占比
国产	173.5	207.1	-16.2%	98.5%	98.6%
出口	1.5	2.0	-25.0%	0.9%	1.0%
进口	4.1	5.0	-17.5%	2.3%	2.4%
内需合计	176.1	210.1	-16.2%	100%	100%

2018 年 MPV 进口规模达 4.1 万辆，同比下降 17.5%；出口 MPV 累计达 1.5 万辆，同比大降 25.6%。因此中国 2018 年 MPV 内需销量达 176.1 万辆，同比下降为 16.2%，进口 MPV 在内需中的占有率为 2.3%，比上一年下降 0.1%（见表 1）。

二、市场发展情况

（一）政策影响 MPV 产品排量结构

中国的汽车市场，还是政策导向的市场。2016 年小排量乘用车购置税优惠政策的实施，极大地刺激了 1.0-1.6L 排量档次的车型销量，2017 年半退坡及 2018 年全部退出，是小型 MPV（1.0-1.6L）销量急剧缩量的时刻。2018 年小型 MPV 销量同比下降了 19.9%；1.6-2.0L 级别 MPV 也下降了 16.8%，而 2.0-2.5L 级别的 MPV 销量则增长了 12.8%；排量大于 2.5L 的产品销量可以忽略不计（见表 2）；新能源是 MPV 市场的新亮点，增长了 143.9%，2019 年会延续 MPV“新能源化”的趋势。

表 2　2018 年 MPV 各排量销售情况汇总（单位：辆）

排量	2014 年	2015 年	2016 年	2017 年	2018 年	18 年增长率
新能源	0	0	0	6,185	15,087	143.9%
1.0-1.6L	1,501,660	1,766,757	2,196,263	1,623,804	1,301,116	-19.9%
1.6-2.0L	149,828	117,953	140,685	264,959	220,348	-16.8%
2.0-2.5L	228,180	197,885	143,058	175,254	197,708	12.8%
2.5-3.0L	34,041	23,942	16,234	452	378	-16.4%
>3.0	546	192	289	0	0	0%
合计	1,914,255	2,106,729	2,496,529	2,070,654	1,734,637	-16.2%

（二）自主品牌继续回落，合资品牌全线上涨

表 3　2018 年全年 MPV 车型来源地分析（单位：辆）

来源地	2018 年	2017 年	增长率	2018 份额	份额增减
自主	1,328,228	1,728,006	-23.1%	76.6%	-6.9%
德系	67,164	51,189	31.2%	3.9%	1.4%
美系	192,757	162,629	18.5%	11.1%	3.3%
日系	146,488	128,765	13.8%	8.4%	2.2%
合计	1,734,637	2,070,589	-16.2%	100.0%	-

2018 年 MPV 车系之间的最大特点是“自主品牌继续回落，合资品牌全线上涨”。自主品牌车型销量下降 23.1%（见表 3），市场占有率下降 6.9 个百分点；德美日系等合资品牌车型合计上涨 18.6%，其中德、美、日三个系别车型的市占率分别扩展了 1.4%、3.3% 和 2.2%。

（三）MPV 区域销售特点

1. 合资品牌与自主品 MPV 的区域比较

MPV 区域流向呈现与经济水平高度契合的特征。合资品牌 MPV 在东部经济发达地区的销量占绝对优势，广东、山东、上海分列前三位；自主品牌 MPV 在中西部地区的销量占绝对优势，河南、广西、广东分列前三位。广东具有兼收并蓄、海纳百川的市场特点，一是市场规模较大，二是市场层次多，对品牌接纳度高，因此在两大品类的流向排名中分列第一和第三（见表 4）。

表 4　2018 年 MPV 区域流向排名表（单位：辆）

部分合资品牌 MPV				部分自主品牌 MPV			
No.	区域	2018 年销量	占比	No.	区域	2018 年销量	占比
1	广东	47,290	3.4%	1	河南	90,730	6.6%
2	山东	35,798	2.6%	2	广西	80,814	5.9%
3	上海	32,140	2.3%	3	广东	79,418	5.8%
4	北京	29,574	2.1%	4	山东	73,992	5.4%
5	浙江	24,078	1.7%	5	江苏	66,457	4.8%
6	河南	23,982	1.7%	6	云南	60,622	4.4%
7	河北	20,968	1.5%	7	北京	18,968	1.4%

表 4 2018 年 MPV 区域流向排名表（单位：辆）（续表）

部分合资品牌 MPV				部分自主品牌 MPV			
8	辽宁	10,968	0.8%	8	河北	58,206	4.2%
9	安徽	9,471	0.7%	9	贵州	45,225	3.3%
10	山西	8,489	0.6%	10	浙江	42,763	3.1%

2. 美系与日系 MPV 的区域比较

地产车在当地销售具有天然优势，如别克 GL8 在上海和本田奥德赛在广东都具有明显优势，分别排在第一位。在表 5 的前五区域的排名中，排名重叠的省份分别是山东、北京和广东；另有上海、江苏位列美系车排名前五，说明美系车在上海与江苏大受青睐，另有河南、河北位列日系车排名前五，说明河南河北偏爱日系车（见表 5）。

表 5 2018 年合资品牌高端 MPV 产品的区域流向表（单位：辆）

No.	美系高端	2018 年销量	日系高端	2018 年销量
1	上海	16,258	广东	15,481
2	山东	15,442	北京	8,309
3	江苏	13,184	山东	7,529
4	北京	12,780	河北	6,239
5	广东	11,996	河南	6,031

注：美系高端是指别克 GL8，日系高端是指奥德赛和艾力绅的合计

三、细分市场发展变化

按功能，MPV 分为五个细分市场，其中合资商务 MPV 销量 26.7 万辆，同比增长 10.8%，占有 15.4% 份额，是 2018 年市占率扩张最大的子市场（+3.8%）；合资兼用 MPV 销量为 13.9 万辆，同比增长 37.3%，是 2018 年增长率最快的子市场，市占率达 8.0%；自主商务 MPV 销量 19.9 万辆，同比下降 7.0%，市占率 11.5%，扩张了 1.1 个百分点；自主兼用 MPV 销量 55.8 万辆，同比大降 20.1%；自主商用 MPV 销量虽然是最多的，达 57.1 万辆，但增长率巨降 30.0%，2018 年市场份额丢失了 6.5 个百分点（见表 6）。

表 6 各功能 MPV 销量及市占率增减变化（单位：辆）

类别	2018 年	2017 年	增长率	18 占有率	变化率
合资商务	267,340	241,320	10.8%	15.4%	3.8%
合资兼用	139,069	101,263	37.3%	8.0%	3.1%
自主商务	198,902	213,759	-7.0%	11.5%	1.1%
自主兼用	558,413	699,164	-20.1%	32.2%	-1.6%
自主商用	570,913	815,083	-30.0%	32.9%	-6.5%
合计	1,734,637	2,070,589	-16.2%	100%	-

四、MPV 企业销售情况和市场份额

（一）MPV 市场集中度

表 7 2018 年 Top10 MPV 企业销量排名（单位：辆）

2017 年排名	2018 年排名	厂商	2018 年	2017 年	增长率	18 年市占率	份额增减
1	1	上通五菱	694,145	812,850	-14.6%	40.0%	0.8%
3	2	上汽通用	192,757	162,629	18.5%	11.1%	3.3%
N/A	3	比亚迪	141,068	30,770	358.5%	8.1%	6.6%
2	4	长安汽车	105,408	227,649	-53.7%	6.1%	-4.9%
6	5	东风本田	91,809	82,822	10.9%	5.3%	1.3%
5	6	东风柳汽	62,270	85,842	-27.5%	3.6%	-0.6%

表 7 2018 年 Top10 MPV 企业销量排名（单位：辆）（续表）

2017 年排名	2018 年排名	厂商	2018 年	2017 年	增长率	18 年市占率	份额增减
8	7	江淮瑞风	55,783	66,468	-16.1%	3.2%	0.0%
N/A	8	广汽本田	45,498	35,639	27.7%	2.6%	0.9%
N/A	9	上汽大众	39,725	30,798	29.0%	2.3%	0.8%
7	10	东风小康	37,135	81,633	-54.5%	2.1%	-1.8%
N/A 代表上一年没有入围 10 强		MPV 行业合计	1,734,637	2,070,589	-16.2%	100.0%	-

在国内共有 33 家企业、60 多个车型品牌涉足 MPV 市场。国内 MPV 销量前 10 个企业的销量占 MPV 市场总销量的 84.5%（前一年为 84.3%），市场集中度缓慢提升；国产前 10 车型的销量合计为 71.5%（前一年为 68.6%），产品集中度的提升快于企业集中度（见表 7）。

（二）新品云集

表 8 2018 年 MPV 新车销量排名（单位：辆）

NO.	厂商	新车型	2018 年	厂商该年的 MPV 销量	新车在该公司 MPV 销量的占有率
1	上汽通用五菱	宝骏 360	106,099	694,145	15.3%
2	上汽通用	沃兰多	11,807	192,757	6.1%
3	保定长安客车	睿行 S50	8,757	8,757	100.0%
4	四川野马	斯派卡	5,399	7,230	74.7%
5	江西昌河	昌河 M60	3,576	24,581	14.5%
6	东风小康	风光 370N	2,090	37,135	5.6%
7	广汽乘用车	传祺 GM6	1,976	32,745	6.0%
8	四川野马	E32（BEV）	1,831	7,230	25.3%
9	长安汽车	科尚	435	105,408	0.4%
10	上汽商用车	大通 G50	316	24,857	1.3%
11	南京金龙	创业者 BEV	169	169	100.0%
合计			142,455	-	-

2018 年 MPV 市场上新推的产品有 11 个，它们是上汽通用五菱的宝骏 360、上汽通用的沃兰多、保定长客的睿行 S50、四川野马斯派卡、昌河 M60、风光 370N、传祺 GM6、野马 E32（BEV）、长安科尚、大通 G50、南京金龙创业者 BEV 等。其中保定长客、四川野马和南京金龙都是 2018 年全新企业。

2018 年全年新车销量合计 14.2 万辆，占国产 MPV 销量的 8.2%（高于前一年的 7.4%），但新车对该企业的销量贡献度比较低（见表 8 右列）。销量较大的如宝骏 360、沃兰多、传祺 GM6 都是全新车，它们为家庭用车市场添加了更多选择。

（三）新能源 MPV 继续高速增长

表 9 2018 年新能源 MPV 销售情况汇总（单位：辆）

No.	新能源车型	2018 年	2017 年	增长率
1	长安欧尚（BEV）	6,706	-	-
2	长安欧力威（BEV）	2,917	5,010	-41.8%
3	四川野马 E32（BEV）	1,831	-	-
4	郑州日产帅客（BEV）	1,176	1,020	15.3%
5	奇瑞开瑞 K50（BEV）	618	0	-
6	东风柳汽菱智（BEV）	488	0	-
7	上汽大通 EG10（BEV）	180	55	227.3%
8	南京金龙创业者（BEV）	169	0	-
合计		14,085	6,085	131.5%

2018 年新能源 MPV 总体销量为 1.4 万辆，同比增长 131.5%，这是继 2017 年新能源车有统计以来，继续高速增长的一年。2018 年又推出了 5 款新车，它们是菱智、创业者、开瑞、欧尚、野马等纯电动车。除了 2017 年福美来 F7（BEV）停产外，其他上一年的三款已有车型仍在售，看来欧力威的下跌是与欧尚上市有关，欧尚替补了欧力威的失量。总体看，长安汽车在新能源 MPV 分市场的贡献是有目共睹的，其销量占新能源 MPV 市场的 68.3%，其中欧尚和欧力威分列 2018 年新能源 MPV 车型中的销量冠亚军（见表 9）。

五、影响 MPV 市场的几个因素

（一）利好因素

由于出现了首次年度销量负增长，2019 年初发改委等十部门印发了《进一步优化供给推动消费平稳增长促进形成强大国内市场的实施方案（2019 年）》，通过制定 6 项措施多方面来刺激汽车消费市场，活跃新旧车市场并盘活限购城市的废弃限购指标来提升市场需求，这对 MPV 市场也有促进作用。2018 年有多款新品或年型车上市，激活部分 MPV 市场。现代人越来越注重工作与生活的平衡，从 2018 年兼用型 MPV 的销量增加来看，笔者可以感受到用户对家庭生活的注重和对生活品质提高的要求。

（二）不利因素

2018 年以来国际环境的不确定因素增多，英国脱欧一波三折，中美贸易艰难曲折，国内宏观经济面临下行压力，经济增速放缓，汽车产能过剩，消费者信心不足，关税税率下降促使进口车车价下压，造成国内车市价格体系连锁反应，国六排放标准的提前实施，致使国五产品库存激增，消费者出现持币待购倾向，产业链经济效益下滑，形成新车研发投入资金不足。

房价暴涨或高位运行，部分地分流了汽车消费者的生活资金，压制了汽车消费，对 MPV 市场的发展更有一定影响。市场上众多 SUV，分流了部分 MPV 的需求，致使 MPV 的销量连续两年下降。

六、市场发展趋势

经过 20 多年的高速增长，中国汽车消费者也更懂车、更理性。在东部或经济发达地区汽车消费已经趋于饱和，现有车主以换购为主，少量增购，新购的比例也有回落；在中西部地区，新购消费者比例较东部高，同样也会对车辆有更多理性的要求。总体而言，用户对用车需求的多样化、个性化和高端化已然成了趋势。

在 MPV 市场，小排量车型仍是市场的主基调，但其成色在退化，占比在缩小；用户比过去更坚持 MPV 的高端化、精致化消费。与此同时，汽车新四化（电动化、网联化、智能化、共享化）也会在 MPV 车中得到充分体现，在国五国六标准交替的关键时刻，国五压库、国六俏销的行情贯穿整个 2019 年上半年。2019 年 MPV 内需低迷的状况仍会延续，MPV 产品迭代加速，竞争逾加激烈。

（中国汽车流通协会汽车市场研究分会　唐奕奕）

2018 年微型客车市场

一、市场发展概况

(一) 2018 年交叉型乘用车市场销量概况

表 1 2018 年国内交叉型乘用车企业销量情况（单位：辆）

企业简称	2018 年	2017 年	同比增长	2018 年占比
上汽通用五菱	306920	336478	-8.78%	67.79%
华晨汽车	59723	49433	20.82%	13.19%
东风小康	44619	47976	-7.00%	9.86%
长安汽车	14940	65178	-77.08%	3.30%
奇瑞汽车	8491	5933	43.11%	1.88%
北汽制造	4774	7810	-38.87%	1.05%
北汽银翔	3611	10637	-66.05%	0.80%
一汽集团	3375	5308	-36.42%	0.75%
北汽福田 2586	-	5433	-52.40%	0.57%
力帆汽车	1425	4541	-68.62%	0.31%
福建新龙马	1293	6684	-80.66%	0.29%
众泰汽车	389	898	-56.68%	0.09%
昌河汽车	254	464	-45.26%	0.06%
南京金龙	169	0	-	0.04%
贵航成功	168	86	95.35%	0.04%
海马新能源	11	107	-89.72%	0.00%
海马商务	-	-	-	0.00%
东南汽车	-	-	-	0.00%
浙江飞碟	0	23	-	0.00%
广汽吉奥	0	3	-	0.00%

数据来源：汽车工业协会，不含小 MPV，不含微货

2018 年，交叉型乘用车（不含小型 MPV）共销售 45.26 万辆，同比下降 17.26%，与 2017 年 19.97% 的降幅相比，下滑幅度有所减小。2018 年几乎所有的传统微客企业都在大幅下滑，另有数家企业停产。

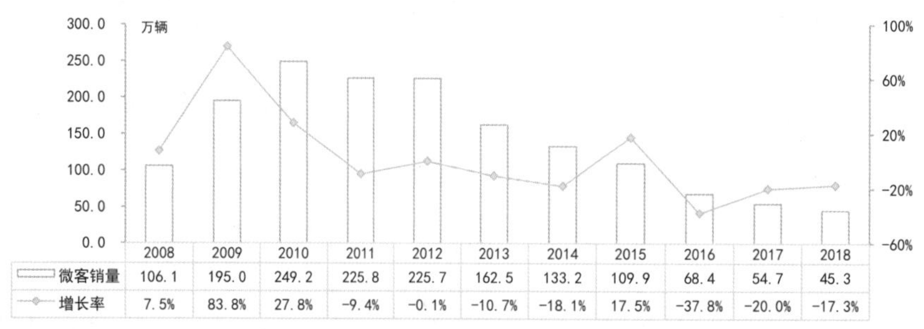

图 1 历年交叉型乘用车整体销量走势

数据来源：中国汽车工业协会

从企业表现来看，销售排名前五家的企业分别是上汽通用五菱、华晨汽车、东风小康、长安汽车和奇瑞汽车，分别销售 30.69 万辆、5.97 万辆、4.46 万辆、1.49 万辆和 0.85 万辆。行业排名前五名中，华晨汽车同比增长 20.82%，奇瑞汽车增长 43.11%，而其他车企同比均下滑，

五菱、小康、长安分别下滑 8.78%、7.00% 和 77.08%。2018 年，上述五家企业共销售 43.47 万辆，占交叉型乘用车销售总量的 96.01%，集中度较 2017 年的 93.18% 有一定提升。

2018 年，从交叉型乘用车细分品种销量来看，过万辆车型仅 8 款（2017 年有 10 款），销量最大的前置后驱的荣光 V 有所下滑，其他传统微客主力车型大多出现了明显下降。

表 2 2018 年国内交叉型乘用车产品销量情况（单位：辆）

产品名称	2018 年	2017 年	同比增长
五菱荣光 V	157887	172356	-8.39%
五菱之光	78035	82198	-5.06%
五菱荣光	68727	71426	-3.78%
小海狮 X30	59723	0	-
东风小康 K 系	23970	30710	-21.95%
东风小康 C 系	13449	14808	-9.18%
长安星光	12338	19475	-36.65%
开瑞优优	8491	5933	43.11%
EC36	7200	2302	212.77%
北汽有限交叉乘用车	4774	7810	-38.87%
佳宝	3375	5308	-36.42%
威旺 306	2911	10546	-72.40%
伽途	2586	5433	-52.40%
五菱之光 V	2271	10498	-78.37%
新长安之星	1642	2018	-18.63%
力帆丰顺	1425	4541	-68.62%
启腾 M70	1293	6684	-80.66%
长安之星 3	960	43685	-97.80%
威旺 206	700	90	677.78%
众泰 V10	389	898	-56.68%
福瑞达	254	464	-45.26%
开沃 D07	169	0	-
航天新星	168	86	95.35%
荣达	11	107	-89.72%
海星	0	49433	-100.00%
五星	0	23	-100.00%
东风小康 V 系	0	1	-100.00%
星旺	0	3	-100.00%
威旺 205	0	1	-100.00%
EC35	0	155	-100.00%

（二）交叉型乘用车市场发展特点及趋势

2018 年，交叉型乘用车行业没有新品推出，改款车型也很少。面对持续大幅下滑的传统微客市场，厂家重视度大幅降低，对开发传统微车新品投入也大幅减少，并减产、停产部分车型系列。

随着消费升级，微车企业的重心转移，主力微车企业推出 MPV 和 SUV 等车型越来越多，并开始推出跨界 SUV 等车型，产品造型风格进一步调整探索，微车企业产品持续呈多元化发展趋势。

需要指出的是，从 2016 年至 2018 年，小 MPV 出现持续负增长，销量大幅下滑，并拉动了整个 MPV 市场下滑。

微车厂家除向小 MPV、中型 MPV 领域发展外，同时，借 SUV 行业大势，持续开发 SUV 车型，拓展新市场，如五菱推出宝骏 560、510、530 及宏光 S3 等，长安推出 CX70、CX70T、CX70A 等，小康推出风光 580、560，并在 2018 年推出具有轿跑 SUV 风格的 ix5，尝试新的产品风格，欲拓展新的市场机会，为产品调整和品牌升级积极努力。

二、重点生产企业发展概况

上汽通用五菱：2018 年交叉车型销量为 30.69 万辆，同比下滑 8.78%；主力产品五菱之光 7.04 万辆，下降 5.06%;五菱荣光销售 6.87 万辆，下降 3.78%;前置动力车型荣光 V 销售 15.79 万辆，下滑 8.39%。2018 年五菱继续在向乘用车拓展，宝骏 530 等取得了很好的销量，表现抢眼，而微型客车占比进一步减少。

长安汽车：2018 年长安交叉车型销售 1.49 万辆，大幅下滑 77.08%。显然，2018 年，长安汽车加大了向乘用车领域的转型发展，旗下的欧尚汽车推出了欧尚 CX70A SUV、欧尚 COS1°（科赛）等车型，其中欧尚汽车换标后的首款车型 COS1°（科赛）定价 9.38-14.58 万元，定价明显高于之前产品系列，展示了欧尚汽车向乘用车全面转型后打造更高端精品乘用车的意图。

东风小康：2018 年，东风小康交叉车型实现销售 4.46 万辆，下滑 7.00%；其主力微客东风小康 K 系为 2.40 万辆，下降 21.95%。东风小康交叉车型虽稍微落后华晨汽车，但小康在向乘用车拓展转型中取得了持续效果，继风光 580、560 之后，推出具有轿跑 SUV 风格的 ix5，体现了小康产品向上、品牌向上的决心。

华晨汽车：2018 年，交叉车型实现销售 5.97 万辆（全部为小海狮 X30 车型），同比增长 20.82%，超过东风小康排名第二，这是华晨汽车抓住长安和东风小康向乘用车大力转型、对微客市场重视不够的时机，实现的成功超越。

至此，主要微车企业根据自身战略和实力向乘用车转型的战略方向非常明确，其在交叉车市场的效果差异也体现明显。

三、交叉型乘用车出口概况

2018 年交叉型乘用车出口总量为 31667 辆，同比下降 14.70%。其中，行业前三强的上汽通用五菱出口 7836 辆，奇瑞汽车 5965 辆，东风小康 4133 辆，前三强合计 17934 辆，占比 56.63%，优势明显。

表 3　2018 年交叉型乘用车企业出口量情况（单位：辆）

企业	2018 年	2017 年	同比增长
上汽通用五菱	7836	9537	-17.84%
奇瑞汽车	5965	1472	305.23%
东风小康	4133	2130	94.04%
长安汽车	2664	2813	-5.30%
一汽吉林	2571	2831	-9.18%
华晨汽车	2436	9561	-74.52%
北汽福田	2430	2846	-14.62%
北京汽车	1428	5699	-74.94%
力帆汽车	1104	0	-
北汽银翔	700	87	704.60%
福建新龙马	265	147	80.27%
航天圆通	135	-	-

四、行业运行存在的问题和发展建议

消费趋势的升级变化，微车企业的重心已向乘用车转移，产品转型首当其冲，由于车型结构、用途、价格、用户特征等因素影响，之前小型 MPV 市场成为了各主力厂家突围转型的首选，目前以 MPV+SUV 的产品组合拓展乘用车市场。

2018 年，部分微车企业正在以更多的方式实现突破，如长安欧尚汽车推出欧尚 COS1°（科赛）SUV，定价明显高于之前产品系列；而东风小康推出具有轿跑 SUV 风格的 ix5，这些都体现了企业在产品向上、品牌向上的探索。

当前，MPV 和 SUV 车型已成为企业主力车型，微车企业产品呈多元化发展趋势，而整个传统微客市场进一步萎缩。2018 年交叉车型过万辆仅 8 款，销量最大是前置后驱的荣光 V，中置后驱的传统微客车型大幅下滑。

2018 年交叉车型销量扣减前置动力微客后，传统微客仅 29.3 万辆，相比 2016 年的 36.4 万辆少了 7 万多辆，同比大幅下降 19.7%。

在现有 16 家微车企业中，年销量过万的企业仅 4 家，企业总数和上万辆规模企业数均少于去年，未来还将有企业退出微客市场。

进入狭义乘用车领域后，微车企业面对的竞争层次将明显升级，狭义乘用车领域竞争大势不容乐观。2018 年，汽车整体市场下滑，SUV 市场已成为红海，出现近年首次同比下降 2.88%，这给以 SUV 车型为主力的自主微车企业并带来巨大压力，不少企业出现负增长，北汽银翔甚至出现了长时间停产现象，基本出局。

SUV 市场曾带动了自主崛起，但合资 SUV 在 2017、2018 年成谱系推出，在 19 年将携品牌优势全面发力，蚕食部分强势自主及弱势自主品牌销量，合资这种势头将给自主企业更大压力，自主 SUV 红利恐将消失。

在 MPV 市场，消费升级促进小型 MPV 进一步下滑，中型 MPV 中类似宋 MAX 颜值型 MPV 在家用市场逐步发展。

从传统微客市场来看，微客市场基盘客户升级仍未完成，低端 MPV 产品价格下移对微客的替代性很强，微客将进一步受到挤压，传统微客市场进入持续下滑通道，但仍将存在相当长一段时间，未来预计只存在大空间的专业化需求。

需要指出，在一些企业出局，一些企业重心调整到乘用车领域后，微型客车领域竞争反而相对稳定，投入不多却能维持一定销量，为此，建议企业需根据自身实力，审时度势，选择更合适的战略和策略。同时，持续发挥成本竞争优势，要加强体系建设，重视技术支撑，高度重视品质打造，重视品牌建设，在产品实力及技术支撑到一定阶段时，可考虑打造新品牌来区隔，以焕然一新的面貌来实现品牌和产品双升级。

2018 年中国商用车市场

2018 年载货车市场

一、2018 年中国载货车产业发展的宏观环境

2018 年，中国宏观经济环境发生变化，GDP 增速 6.6%，在世界主要经济体中增速仍然领先。

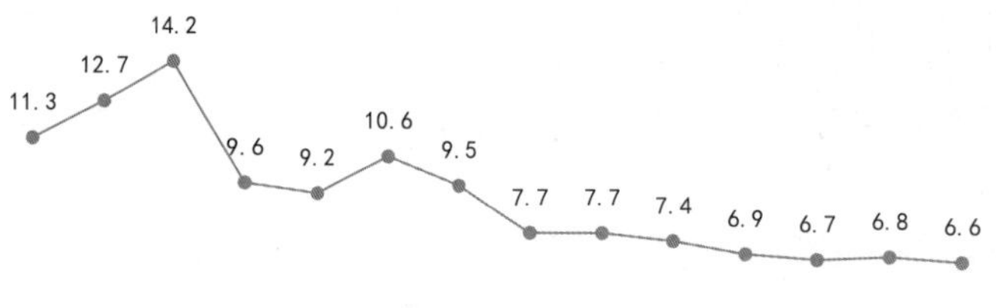

图 1　2005-2018 年 GDP 增速（单位：%）

影响载货车产业发展的固定资产投资增速 5.9%，虽然增速较前几年有所降低，但仍保持较高的投资力度，尤其是一些大型基建项目的开工保障了载货车产业的稳定发展。2018 年全国共完成货物周转量 204685.8 亿吨公里，较 2017 年增加 3.7%，增速较 2017 年（5.8%）放缓。

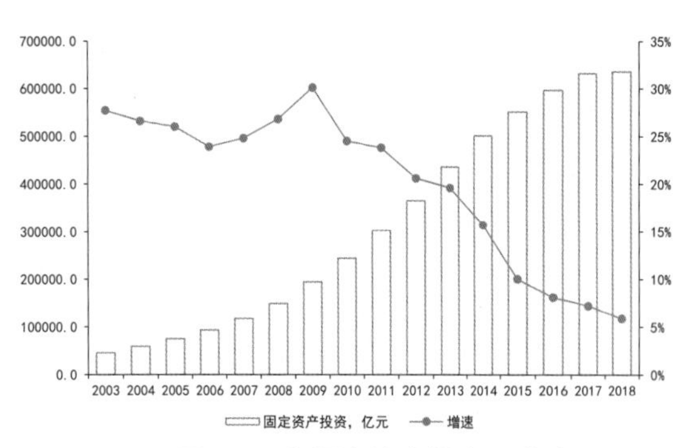

图 2　历年固定资产投资及增速

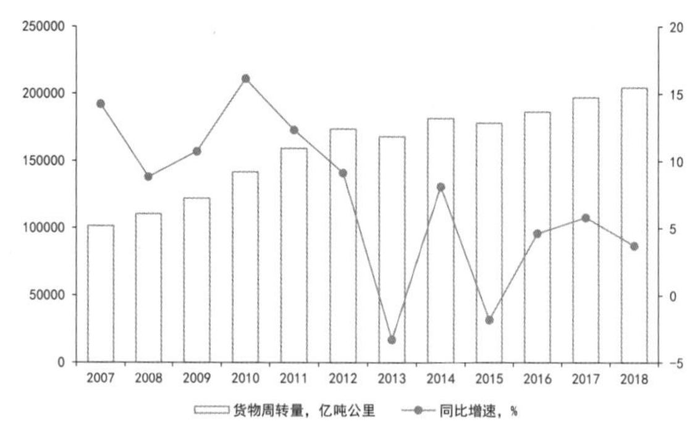

图 3　历年货物周转量及同比增速

二、2018 年中国载货车市场发展概况

表 1　2013-2018 年中国载货车分车型销售情况（单位：辆）

车型	2014 年	2015 年	2016 年	2017 年	2018 年
重型载货车	743991	550716	732919	1116851	1147884
中型载货车	247839	200414	229063	229113	177206
轻型载货车	1662634	1558543	1539820	1718943	1894978
微型载货车	529942	546208	606058	568444	665557
合计	3184406	2855881	3107860	3633351	3885625

数据来源：中国汽车工业协会

2018 年中国载货车共销售 388.6 万辆，同比增加 6.9%，为近五年来的新高。细分领域中，仅有中型载货车销量出现下降，降幅达 22%，其余车型均实现增长，微型和轻型车增幅均超 10%，呈现较好增长势头，重型车微增长，增长幅度有限。

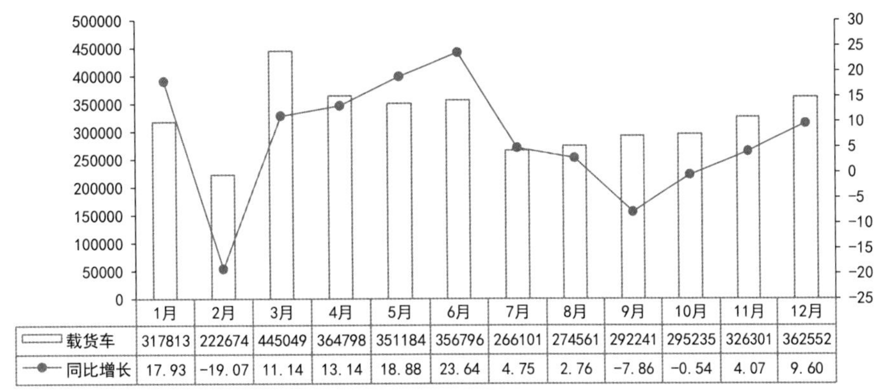

	1月	2月	3月	4月	5月	6月	7月	8月	9月	10月	11月	12月
载货车	317813	222674	445049	364798	351184	356796	266101	274561	292241	295235	326301	362552
同比增长	17.93	-19.07	11.14	13.14	18.88	23.64	4.75	2.76	-7.86	-0.54	4.07	9.60

图 4　2018 年载货车分月度销量（单位：辆，%）

2018 年，以 7 月份为分割点，载货车市场走势起伏不定。2018 年上半年走势良好，除 2 月份，均保持较高增速，而到了 7 月份，整体市场陡然直下，增速呈现个位数，金九银十开始转负。11 月份市场开始恢复增长，并持续到 12 月份。

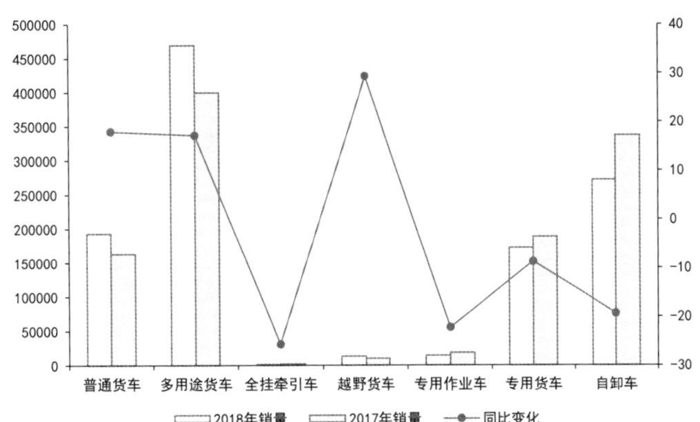

图 5　2018 年载货车分用途销量变化（单位：辆，%）

近五年来，载货车细分市场构成也发生了变化。三类细分市场中，半挂牵引车销量与份额均较好增长，其市场份额从 2013 年的 8% 提升至 2017 年的 16%。牵引车是高效物流运输的主要产品，未来仍有进一步增长空间。普通载货车市场份额较稳定，货车非完整车辆份额下滑。

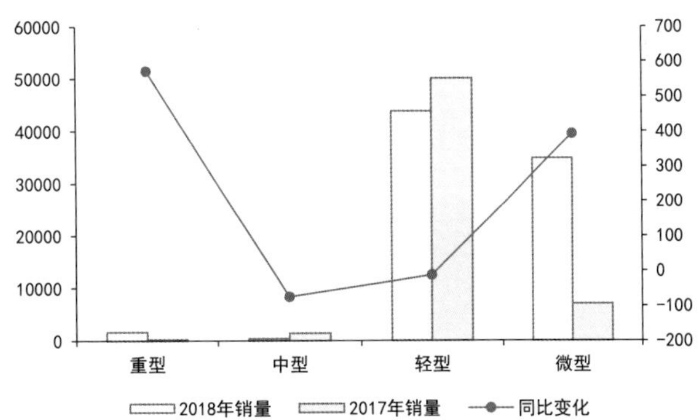

图 6　2018 年新能源载货车销量变化（单位：辆，%）

从不同用途市场来看，多用途车（主要指皮卡）实现大幅增长，自卸车下滑。

2018 年新能源载货车实现了 37.19% 的增长，其中，重型载货车增长最快，微型车其次。但是从销量上来看，重型载货车占比仍不大。其增长迅速的主要原因是伴随货运结构调整，港口等限定场景用车结构也在调整，重型车在续航里程要求不高的限定场景更受青睐。

三、主要企业

（一）重型载货车企业

一汽、东风和重汽位居重型货车企业前三，上汽依维柯红岩增速高达 45%，行业排名位居第六，北奔重汽跌出前十名。

表 2　中国重型载货车分企业销量（单位：辆，%）

排名	企业	2018 年	2017 年	同比增加
1	中国第一汽车集团有限公司	261013	240782	8.40
2	东风汽车集团有限公司	217027	216085	0.44
3	中国重型汽车集团有限公司	189705	190273	-0.30
4	陕西汽车集团有限责任公司	172009	173093	-0.63
5	北汽福田汽车股份有限公司	110305	114278	-3.48
6	上汽依维柯红岩商用车有限公司	58037	40017	45.03
7	安徽江淮汽车集团股份有限公司	40564	51097	-20.61
8	成都大运汽车集团有限公司	32300	29723	8.67
9	安徽华菱汽车有限公司	21733	18700	16.22
10	徐州徐工汽车制造有限公司	17276	12871	34.22

（二）中型货车企业

浙江飞碟增速较快，2018 年销量超过大运居行业第二。由于近年来中型货车市场规模不断萎缩，货车企业对中型货车的重视程度在下降。

表 3　中国中型载货车分企业销量（单位：辆，%）

排名	企业	2018 年	2017 年	同比增加
1	东风汽车集团有限公司	30101	41373	-27.24
2	浙江飞碟汽车制造有限公司	23578	3758	527.4
3	成都大运汽车集团有限公司	22999	18272	25.87
4	重庆力帆汽车有限公司	19071	57831	-67.02
5	中国重型汽车集团有限公司	17551	12789	37.24
6	北汽福田汽车股份有限公司	12908	14507	-11.02
7	庆铃汽车（集团）有限公司	11993	17217	-30.34
8	安徽江淮汽车集团股份有限公司	11731	23530	-50.14
9	山东唐骏欧铃汽车制造有限公司	11337	9476	19.64
10	中国第一汽车集团有限公司	7051	24096	-70.74

（三）轻型货车企业

轻型货车企业较稳定，排名前三的企业分别为福田、江淮和江铃。2018 年，长安汽车轻型货车销量增幅较大，与江铃汽车的差距迅速缩小，未来轻型货车的竞争格局仍将发生变化。

表4 中国轻型载货车分企业销量（单位：辆，%）

排名	企业	2018年	2017年	同比增加
1	北汽福田汽车股份有限公司	328598	303838	8.15
2	安徽江淮汽车集团股份有限公司	191797	182364	5.17
3	江铃控股有限公司	181903	180764	0.63
4	重庆长安汽车股份有限公司	168327	101818	65.32
5	东风汽车集团有限公司	164598	156096	5.45
6	长城汽车股份有限公司	138000	119846	15.15
7	中国重型汽车集团有限公司	117844	94592	24.58
8	中国第一汽车集团有限公司	61697	42338	45.72
9	金杯汽车股份有限公司	52621	34851	50.99
10	庆铃汽车（集团）有限公司	51686	52338	-1.25

（四）微型货车企业

微型载货车行业较稳定，上汽通用五菱多年来居行业第一，且2018年大幅增加。值得关注的是微型货车的电动化趋势明显，北汽新能源依靠新能源货车进入行业第九，未来仍有较大发展空间。

表5 中国微型载货车分企业销量（单位：辆，%）

排名	企业	2018年	2017年辆	同比增加
1	上汽通用五菱汽车股份有限公司	397471	255237	55.73
2	东风汽车集团有限公司	86753	84257	2.96
3	重庆长安汽车股份有限公司	74218	87061	-14.75
4	奇瑞汽车股份有限公司	56598	9915	470.83
5	山东凯马汽车制造有限公司	16586	20300	-18.30
6	金杯汽车股份有限公司	6365	17332	-63.28
7	北汽福田汽车股份有限公司	6098	52824	-88.46
8	山东唐骏欧铃汽车制造有限公司	6035	5700	5.88
9	北京新能源汽车股份有限公司	4800	0	0.00
10	重庆力帆汽车有限公司	4468	18928	-76.39

（张宁 李新波）

2018 年客车市场

根据中国汽车工业协会的统计数据显示，2018 年中国客车行业总销量为 450242 辆，相比 2017 年的 480750 辆，总体下滑 6.35%，可以说 2018 年中国客车市场提前进入市场调整期，而这种调整将是长期的、不可逆转的。

表 1　2018 年客车行业产销汇总表（单位：辆）

指标名称	生产			销量		
	本期止累计	同期止累计	累计增长 %	本期止累计	同期止累计	累计增长 %
客车总计	453963	479664	-5.36	450242	480750	-6.35
其中：柴油汽车	286253	288230	-0.69	284740	289277	-1.57
汽油汽车	59531	70799	-15.92	59553	71050	-16.18
普通混合动力	4	61	-93.44	13	37	-64.86
插电式混合动力	5632	12650	-55.48	5666	12748	-55.55
纯电动	98491	97093	1.44	96175	97004	-0.85
燃料电池	566	130	335.38	566	115	392.17
天然气	3486	10701	-67.42	3529	10519	-66.45
其他替代燃料	0	0	0.00	0	0	0.00
其中：车长≤ 6 米	279446	281557	-0.75	278755	282366	-1.28
6 米<车长≤ 7 米	28494	32527	-12.40	27768	32412	-14.33
7 米<车长≤ 8 米	18336	19546	-6.19	17913	19448	-7.89
8 米<车长≤ 9 米	40875	40035	2.10	40898	39666	3.11
9 米<车长≤ 10 米	9124	12769	-28.55	8411	12830	-34.44
10 米<车长≤ 12 米	74161	85236	-12.99	72995	86000	-15.12
12 米<车长	3527	7994	-55.88	3502	8028	-56.38
其中：城市客车	118790	131657	-9.77	117678	132012	-10.86
长途客车	54877	70954	-22.66	53546	71502	-25.11
旅游客车	26282	19335	35.93	25453	18858	34.97
铰接客车	8	10	-20.00	8	10	-20.00
无轨电车	0	0	0.00	0	0	0.00
越野客车	1188	661	79.73	1226	662	85.20
专用客车	49191	45067	9.15	48589	49581	-2.00
其他客车	192023	198449	-3.24	191932	194372	-1.26
校车	11604	13531	-14.24	11810	13753	-14.13

从客车车长分类来看，车长小于等于 6 米的客车销量共计 279446 辆，占客车销量的 58.13%，可谓“小型客车占据大半壁江山”，这与中国当前各大城市推广封闭式厢式货车、微循环公交、城乡公交等因素有关。

6-7 米级客车共销售了 27768 辆比 2017 年 32412 辆，下降了 14.33%；7-8 米级客车共销售了 17913 辆，比 2017 年的 19448 辆，下滑了 7.89%；8-9 米级客车共销售了 40898 辆，比 2017 年的 39666 辆增长了 3.11%；9-10 米级客车共销售了 8411 辆，比 2017 年的 12830 辆，直线下降了 34.44%；10-12 米级客车共销售了 72995 辆，比 2017 年的 86000 辆下滑了 15.12%；车长大于 12 米的客车共销售了 3502 辆，与 2017 年的 8028 辆相比可谓腰斩过半，下滑幅度之大令全行业唏嘘！

表 2 2018 年非完整车辆产销汇总表（单位：辆）

指标名称	产量			销量		
	本期止累计	同期止累计	累计增长 %	本期止累计	同期止累计	累计增长 %
非完整车辆总计	561400	556149	0.94	566626	504344	12.35
其中：客车	35089	46385	-24.35	34928	46482	-24.86
车长≤ 6 米客车	15364	17364	-11.52	15535	17296	-10.18
6 米＜车长≤ 7 米客车	12631	16216	-22.11	12535	16179	-22.52
7 米＜车长≤ 8 米客车	2927	4186	-30.08	3036	4242	-28.43
8 米＜车长≤ 9 米客车	3558	6584	-45.96	3342	6639	-49.66
9 米＜车长≤ 10 米客车	149	1995	-92.53	25	2074	-98.79
10 米＜车长≤ 12 米客车	118	39	202.56	113	50	126.00
12 米＜车长客车	342	1	-	342	2	-
其中：货车	526311	509764	3.25	531698	457862	16.13
总质量≤ 1.8 吨货车	155	0	0.00	135	0	0.00
1.8 吨＜总质量≤ 3.5 吨货车	21884	10133	115.97	20956	9306	125.19
3.5 吨＜总质量≤ 4.5 吨货车	107702	74810	43.97	102234	68296	49.69
4.5 吨＜总质量≤ 6 吨货车	13457	20937	-35.73	14864	19164	-22.44
6 吨＜总质量≤ 8 吨货车	9299	14514	-35.93	9251	14726	-37.18
8 吨＜总质量≤ 10 吨货车	6895	6912	-0.25	6853	7169	-4.41
10 吨＜总质量≤ 12 吨货车	5350	4078	31.19	5491	4009	36.97
12 吨＜总质量≤ 14 吨货车	15337	36138	-57.56	15144	34697	-56.35
14 吨＜总质量≤ 19 吨货车	104293	80995	28.76	104725	75975	37.84
19 吨＜总质量≤ 26 吨货车	130653	130882	-0.17	135786	110187	23.23
26 吨＜总质量≤ 32 吨货车	110720	129829	-14.72	115007	113848	1.02
32 吨＜总质量货车	566	536	5.60	1252	485	158.14

从客车的功能来看，城市客车的占比 26.13%，占据整个客车行业的近 1/4 市场份额，尽管出现了 10.86% 的下滑趋势，但依然足以显现中国城市客车在行业当中的地位相当显赫，为推进中国客车行业的发展，提供了重要的动力支持；长途客车销量共计 53546 辆，比 2017 年的 71502 辆下滑了 25.11%；旅游客车销量共计 25453 辆，比 2018 年的 18858 辆增长了 34.97%，是客车行业为数不多的增长板块。从政策层面来看，2017 年李克强总理在政府工作报告当中提出全域旅游的概念，旅游行业在国内的发展过程当中提供了极为重要的增长动力。2018 年 3 月，国务院办公厅印发《关于促进全域旅游发展的指导意见》，就加快推动旅游业转型升级、提质增效，全面优化旅游发展环境，走全域旅游发展的新路子作出部署。这为旅游客车的增量提供了极其重要的政策保障；专用客车共销售 48589 辆，比 2017 年的 49581 辆下滑了 2%，虽然有了小幅的调整，但是专用客车的庞大基数为客车行业依然提供了重要的发展支撑，进一步说明专用客车在中国未来发展依然呈现出良好的基础；专用校车共销售了 11810 辆，比 2017 年的 13753 辆下滑了 14.13%。相关数据说明，专用校车在中国发展遇到了相当大瓶颈，一是校车盈利非常困难，二是政府财政补贴乏力，三是法律风险极高。上述因素都阻碍了中国专用校车的良性发展势头。

从燃料类型来看，柴油发动机依然占据了绝对的市场主力，284740 辆占据了 63.24%，尽管所占比例非常之高，但依然呈现出了微小的下滑趋势，1.57% 的下滑对客车行业来说并没有产生太大的影响，但可以非常清晰地确定柴油车市场在未来的发展过程当中将会呈现持续性的下滑趋势。过去 10 年，纯电动客车一直是商用车行业增长速度较快的佼佼者，但是 2018 年，随着新能源汽车补贴的退坡，纯电动客车销量呈现明显增长幅度下滑，-0.85% 的降幅虽然对行业发展并没有产生较大冲击，但足以说明新能源汽车补贴退坡对新能源客车的影响之大。2018 年必须要提到的是，燃料电池客车在行业当中的一个发展趋势，虽然燃料电池客车总体基数较小，但其昂贵的价格，对行业依然产生了严重的制约，566 辆的燃料电池客车的销量，比 2017 年的 115 辆，翻了近 4 倍，一方面说明中国燃料电池客车的基础性积累，已经达到了一定的阶段，大三电和小三电的自主供给能力明显增强；另一方面说明地方政府和企业对于燃料电池的采购积极性在增加，对行业的认知明显增强，有的地方和企业甚至以燃料电池作为新能源的终极发展目标。

从车辆类型来看，2018 年大型客车销量前 10 名的企业分别是宇通客车 25670 辆、比亚迪 8916 辆、厦门金龙 6408 辆、苏州金龙 5182 辆、厦门金旅 5078 辆、中通客车 4756 两、中车时代 4200 辆、上海申龙 3112 辆、安徽安凯 2716 辆、亚星客车 2696 辆；中型客车销量前 10 名的企业分别是郑州宇通 26532 辆、一汽丰田 4000 辆、中通客车 3959 辆、苏州金融 3675 辆、比亚迪 3335 辆、厦门金旅 3222 辆、厦门金龙 3152 辆、一汽集团 2987 辆、东风汽车 2787 辆、安徽安凯 2012 辆、亚星客车 1983 辆、上海申龙 1924 辆。

表 3　2018 年客车分车型（含非完整车辆）销售表（单位：辆）

指标名称	本期止累计	同期止累计	比同期累计增长 %
客车（含非完整车辆）总计	485170	527232	-7.98
（一）大型客车（含非完整车辆）	76952	94080	-18.21
（二）中型客车（含非完整车辆）	73625	84899	-13.28
（三）轻型客车（含非完整车辆）	334593	348253	-3.92

表 4　2018 年客车非完整车辆销售表（单位：辆）

指标名称	本期止累计	同期止累计	比同期累计增长 %
客车非完整车辆总计	34928	46482	-24.86
（一）大型客车非完整车辆	455	52	-
（二）中型客车非完整车辆	6403	12955	-50.58
（三）轻型客车非完整车辆	28070	33475	-16.15

（中国汽车流通协会商用车专业委员会　钟渭平）

2018 年专用车市场

一、2018 年专用车概况

2018 年中国八大类专用车产品累计生产 246.87 万辆，同比下滑 9.94%，八大类产品除起重举升类及特种结构类外均出现不同程度的下滑。从车型吨位上分，重型（包括超重型）车占 48.40%、中型车占 4.09%、轻型（包括微型）车占 47.50%，产品吨位呈哑铃状需求。

2018 年，从现有产品结构来看，运输类车型占据中国专用车市场的绝对主力，干线运输及城市物流运输为重中之重，根据不同的使用环境在干线运输上需要大吨位重载车辆，而城市物流则需要小型物流车进行转运、配送。

从近几年专用车吨位构成情况来看，轻型车比例基本与重型车持平。未来随着中国物流体系改革，长距离大宗货物运输则更多依赖铁路及水路运输，公路运输则更多承担支线及城市配送。并且随着新能源汽车的发展及路权的倾斜，小型化城市物流配送车辆将得到极大发展，小型车产品比例或将超越重型车。

表 1　2018 年专用车产量

类型	数量（万辆）	涨幅
厢式车	80.41	-10.12%
罐式车	12.39	-6.95%
专用自卸车	9.61	-2.45%
仓栅车	30.62	-11.5%
举升车	5.22	9.53%
特种车	8.41	3.19%
普通自卸车	34.18	12.74%

2018 年，中国专用车行业产量排名前四企业集中率（CR4）为 18.11%，同比下降了 0.55%，市场整体呈现原子型结构。八大类子行业中，仓栅式汽车、特种结构汽车、普通自卸车、半挂车行业的集中率有所下滑，市场结构呈现为原子性、中下集中寡占型和低集中寡占型。

截止 2018 年底，中国专用车公告内企业达到 1400 余家，全年新增专用车企业 178 家（公告 304-315 批次）与去年同期相比上升 43.59%，其中山东省新增 43 家、河北省新增 35 家、湖北省新增 29 家、重庆市新增 19 家、其他省市新增 62 家。2018 年在产企业 1201 家，同比增长 9.78%。山东、湖北、江苏、河北、河南 5 省在产专用车生产企业数量在全国各省市自治区排名前列，其中山东省专用车生产企业超过 200 家，湖北专用车在产企业也超过 100 余家。全国专用车产量排名前五的区域分布是山东省、湖北省、安徽省、重庆市、河北省。

二、2018 年新能源专用车

2018 年共有约 130 家企业有新能源专用车销量。其中，奇瑞集团开瑞新能源夺得 2018 新能源专用车销量冠军，共销售新能源专用车 1.5 万辆，市场占有率达 14%；东风系位居第二名，2018 年新能源专用车销量达 1.3 万辆，市场占有率为 12%；瑞驰新能源位居第三名，2018 年新能源专用车销量超过 6000 辆，占比 5.56%。

2018 年新能源专用车销量在 4000 辆以上的企业还有：陕西通家（占比 5.28%）、北汽新能源汽车常州有限公司（占比 4.43%）、吉利四川商用车（占比 4.07%）、湖北新楚风（占比 4.06%）、山西成功汽车（占比 3.85%）、河北长安汽车（占比 3.81%）等。

以上九家企业占 2018 新能源专用车总销量的 57.34%，剩下近 120 家企业销量占比不到一半，市场竞争十分激烈。

2018 年新能源专用车销量在 2000-4000 辆之间的企业有六家，分别为：江淮汽车（占比 3.27%）、江铃汽车（占比 3.25%）、南京金龙（占比 2.82%）、成都大运汽车（占比 2.63%）、上汽大通汽车（占比 2.36%）、一汽客车（大连）有限公司（占比 1.96%）。

此外，还有厦门金旅、重庆长安汽车、陕汽集团、北汽福田、南京汽车集团、江苏九龙汽车、浙江飞碟汽车等多家企业的 2018 新能源专用车销量在千辆以上。

（中国汽车流通协会商用车专业委员会　钟渭平）

2018 年中国区域汽车市场

2018 年北京市新车市场

一、2018 年北京市新车市场

（一）市场竞争更加惨烈，品牌结构性调整及经销商队伍洗牌进行时

1. 车市增量资源进一步收窄

2018 年燃油车新增配置指标 4 万辆较 8 年前降低了 83.3%，2019 年预计不会有所增加；轮候配置的 6 万辆新能源车指标虽然供不应求但数量有限；燃油车更新指标置换新能源车还未形成拉动销售增长的有效因素。

2. 车市存量资源置换释放数量趋减，购车消费处于积淀恢复期

经过两年报废车高补贴政策刺激，北京老旧车深度淘汰，提前释放特征显著；京城新增及存量更新车辆从汽车限购前的 90 万辆 / 年，锐减到限购初期的 40 万辆 / 年，近五年年均滚动增加基本保持在 60 万辆 / 年规模，北京“十三五”窗口期置换市场将呈现趋减稳定态势；由于北京路况车况优异，在用车置换周期将有所延长。

3. 售后服务收益增长面临五大挑战

（1）北京汽车实行总量控制，刚性增长很难突破 10 万辆 / 年，新增资源增长艰难，存量资源蓄水乏力；

（2）北京在用车开动率将呈下降趋势，汽车维修保养周期延长；

《北京市机动车停车条例》、政府鼓励小客车共享、网约车发展及进一步加大轨道交通建设，引导人们绿色出行等。北京车辆拥有与使用有关政策信息将降低车辆使用率，减少车辆维保次数，但有利于缓解首都交通拥堵。

（3）外埠牌照车辆禁行新措施，将减少其在京六环内专卖店售后维保量；

（4）出保客户流失，利空授权经销商特别是弱势品牌经销商的售后收益增长；

（5）独立汽车维修站（点）规范发展，分流授权经销商部分售后业务资源。

4. 新车供需不均，整体效益欠佳

传统燃油车需求放缓，销售不畅，库存压力加大，经营成本增加，售前售后双线亮起警戒灯。新能源汽车供需两旺，但售后收入不理想，不足以带动企业整体效益明显增长。

5. 弱势品牌及弱势经销商面临进一步洗牌整合

北京经销商数量与市场需求之间仍然存在失衡，弱势经销商愈加难以承受市场的持续重压，不同汽车品牌是份额之争，同品牌经销商之间乃是生死之战。汽车市场仍不断出现更换经营品牌、并购重组乃至退网等洗牌整合现象。

6. 京城经销商外埠市场销售增长愈加困难

汽车价格洼地及各款现车充盈历来是北京车市吸引外地客户来京购车的两大亮点，也是维系京城经销商外埠销售增长的两大支撑点。汽车限购政策使得北京区域销售增长乏力，整车厂倾斜北京的商务政策有所调整，并加大了全国包括北京周边区域销售网络布局和渠道下沉速度；厂家资源供应趋于均衡，特别是网络信息技术发展，让京城车市常态化产品外埠销售亮点减弱，直户零售减少、资源批发增加，效益下降。

（二）新能源汽车将成为北京汽车市场的有效增长点和核心推动力

中国汽车产业和新能源汽车领域的相关政策对新能源汽车产业正在产生广泛深远影响，其不仅体现在新能源汽车的供给端和需求端，甚至还影响到基础设施层面，在某种程度上塑造了消费者对新能源汽车产品的理解和认识，北京作为新能源汽车政策、产品推广以及创新营销的前驱城市，在新能源汽车发展历程中做出了不可磨灭的贡献，新能源汽车已经成为适合北京战略发展定位，促进北京车市质量提升的有效增长点和核心推动力。

1. 新能源汽车产业政策已从激进的助推式节奏转向更加考虑实际需求层面。

2. 新能源汽车市场发展从政策单轮驱动，渐进式进入政策倒逼和市场激励双轮驱动阶段。

3. 新能源汽车补贴倒计时和新能源汽车实施双积分管理办法以及燃油车实施国六排放标准，将推动新能源汽车厂家产品研发和生产。

4. 伴随着汽车电动化、智能化、电商化、共享化发展，新能源汽车市场销售将保持长期稳定增长趋势。

5. 新能源汽车正成为中国汽车市场一个重要的战略新兴领域和最活跃的市场。

（三）平行贸易进口车仍是商家追逐、消费者青睐的热点

1. 价格低、配置高、利润空间大是平行进口车供需两旺的基本原因

（1）随着进口车关税下调到 15%，平行进口车的价格更具吸引力。

（2）尽管国务院关税税则委员会公布 2019 年 1 月 1 日 -3 月 31 日暂停对美产进口车加征的关税，但美方在谈判中出尔反尔，使得美规车进口商多数采取谨慎观望态度。预计 2019 年美规平行进口车进口及销售将面临较大不确定性和市场考验。

2. 平行进口车售后服务保障体系不断完善是平行进口车市场规范健康发展的基础

“便宜车”是平行进口车市场的营销诉求点，而“放心车”是平行进口车市场诚信建设的短板，是服务消费者，构建和谐社会的重要内容。

平行进口车售后“三包”是兑现“放心车”承诺的措施保障，以自贸区为主导，通过众商家及保险公司等第三方机构积极参与，汽车流通协会有效推动，平行进口车售后服务措施得以有效落实，并得到消费者的基本认同，完善落实平行进口车售后服务“三包”规定永远在路上。

二、2018 年北京市汽车有形市场概况

汽车有形市场具有“全、特、网”先天优势，在中国汽车行业及市场发展中做出了先驱性贡献。新时代、新常态、新变化，伴随着汽车行业“四化”趋势及中国汽车产业从高速增长转向高质量发展的调整，汽车有形市场原有的功能资源优势也发生着悄然调整和变化，老问题与新状况叠加，出现了许多新困惑，提出了许多新课题和新挑战。

（一）汽车有形市场集约化营销平台功能有待重塑提升

各主机厂品牌网络渠道纵向建设及作用发挥完善到位，但营销各成一体；区域内缺乏由厂家直接参与打造，具有一定规模，高质量、全品牌、旗舰型线下汇集营销平台，特别是在北京五环以内专卖店面临综合运营成本上升，有些专卖店可能还有拆迁风险等情况下，横向集约化 020 智慧营销格局汇智创新显得更加必要。

（二）综合性汽车有形市场未列入整车厂主要网络渠道序列

汽车有形市场内二级经销商与授权经销商（一级）签定车源合作协议或形成长期合作关系，但二级经销商游离于厂家销售网络外，不能直接享受厂家促销活动商务政策的支持，更得不到年底返利等实惠。

（三）二级经销商经营利润空间减少，市场规则有待重塑

二级经销商是一级授权经销商二网销售的承载者，在销量和资金等方面给予了授权经销商有力支持和帮助，是促进市场有效竞争，惠及消费者利益，激发市场活力的重要力量。随着买方市场日渐成熟，增量资源日趋紧俏，市场竞争日近白热化，授权经销商留给二级经销商的利

润空间日趋狭小，以往资源与让利相兼的默契合作规则常常被打破，二级经销商弱势性更加凸显；零售批发比例倒挂，营销手段单一，收益规模下降，生存愈加艰难，二级经销商平台依附性愈加强烈。

（四）新旧车有形市场诚信建设有待加强完善

（五）有形市场经营模式及资源遭遇挑战

以下七方面因素导致汽车有形市场物业型经营模式及原有场地资源优势受到严峻挑战。

（1）北京市实行小客车总量控制汽车限购政策，抑制了汽车刚性增长；

（2）市场销售增长与经销商数量匹配失衡，僧多粥少，摊薄了每个商家的交易数量。据有关数据统计，2018 年北京预计新车交易量达到 60 万辆，较十年前增长 20%，但经销商数量起码增长了一倍；

（3）京城车市外埠市场板块销售业绩下降；

（4）自贸区数量和影响力不断提升，平行进口车营销渠道多样化，使北京车市中转集散功能降低；

（5）有形汽车市场资源性特征愈加显著。汽车有形市场经销商批发业务量占比超过 50%，有的甚至达到 80%，批发占比高企导致单车及整体效益偏低；

（6）有形市场内商户经营模式手段单一，所售产品与市场外 4S 店同质化严重，特色不明显，优势不突出；

（7）控制乃至收缩经营规模，降低运营成本是经销商普遍采取的措施。

（六）市场发展方略需进行全方位思考变革

低成本（场地租金、人工费用）运营、快速连锁扩张是新兴经营实体普遍采取的市场发展方略。如何顺应环境变化进行全方位思考变革，保持企业效益稳定提升是有形市场经营管理面临的新课题。

（中国汽车流通协会专家委员会　颜景辉）

2018 年山东省新车市场

2018 年，山东省经济以新旧动能转换为导向，落实高质量发展要求，全省全年实现生产总值（GDP）76469.67 亿元，比去年同期增长 6.4%，增长率较去年下降 1 个百分点，与全国 6.6% 的增速基本持平，在 31 个省市中仅次于广东、江苏，继续排名第三位。宏观经济深刻调整，三大需求总体运行平稳，固定资产投资、社会消费品零售总额、进出口分别增长 4.1%、8.8%、7.7%。2018 年，山东省累计销售乘用车约 161.75 万辆，同比下降 10.85%，占全国比重的 7.24%，全国同期乘用车市场累计销量为 2235 万辆，同比下降 5.8%；二手车交易量（包含但不限于乘用车）203.65 万辆，同比增长 22.76%，高于全国 11.46% 的增幅。近两年，受政策的推动，二手车市场表现优于同期新车市场的现象尤为明显。截至 2018 年 12 月末，全国汽车保有量达到 2.4 亿辆，山东省汽车保有量 2148.25 万辆，占全国比重的 8.95%；千人汽车保有量 213.31 辆 / 千人，与全国的比例为 1.24:1。

一、2018 年山东省宏观经济综述

山东省是全国经济与人口大省，海岱会集，禀赋天然，历史悠久，积淀雄厚，自 1979 年至

今，GDP 总量始终稳居全国第三位。2017 年，山东省 GDP 首次跨过 7 万亿整数关口，创历史新高。2018 年，国家的发展站上新的历史坐标——“新时代”扑面而来，迎接改革开放 40 周年，这是贯彻十九大精神的开局之年，更是实施“十三五”规划承上启下的关键一年；山东的发展也恰逢新的历史机遇——国务院批复《山东省新旧动能转换综合试验区建设总体方案》，成为全国首个区域性国家发展战略试验区，领全国之先，先行先试，率先垂范。山东正在腾笼换鸟、凤凰涅槃之路上上下求索。

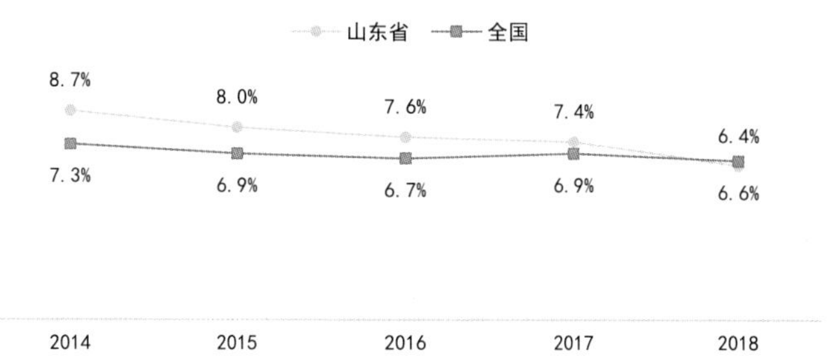

图 1　2014-2018 年山东省与全国 GDP 增长率

数据来源：山东省统计局

2017 年，山东省 GDP 增速为 7.4%。2018 年初，为推动实现质量变革、效率变革、动力变革，山东省政府主动下调 GDP 增长目标到 7%。截至 2018 年底，GDP 增长率实现 6.4%，近年来首次进入 6 区间稳态发展，正如龚正省长年初工作报告中指出，“牢牢把握高质量发展要求，始终保持战略定力，速度掉一点不可怕，关键看掉的是什么，如果掉的是高能耗、高污染、低效益过剩产能，提的是新兴产业、现代服务业、高新技术产业，就是强质量、提效益、上水平。”由此，在动能转换的改革攻坚期，山东省 GDP 将会在一定时期内维持在 6 区间，与全国经济增速波动趋势基本吻合。

三大需求中，消费对经济增长的贡献率高达 54.2%，为近年来同期最高水平；与之相对的是，投资、进出口两驾马车的拉动作用均有所下降。2018 年，山东省社会消费品零售总额 36610.1 亿元，比上年增长 8.8%，消费增长拉动力由汽车等少数商品向与民生紧密相关的多数商品转变。2018 年，山东省限额以上汽车类零售额 2436.6 亿元，占限额以上单位零售比重为 25.4%。从全国趋势来看，5 月份开始，汽车消费出现了连续七个月的负增长，加之居民贷款超高增长，远高于居民可支配收入和居民存款增长率，用于汽车等享受类消费的收入部分被挤压，车市增长面临严峻挑战。

二、2018 年山东省汽车市场概况

当汽车产业发展到一定阶段后，车市增速将低于 GDP 增速，中国汽车市场在 2017 年进入了这一阶段；通常而言，车市涨跌与经济增速高低呈正相关性，但是，2017 年山东市场已经显现出经济稳态增长而车市负增长的局面，山东乘用车市场 2017 年前 5 个月出现了连续负增长。尽管车市疲态已现，变局早已暗下伏笔，但真正到来的时刻却还是让人猝不及防，2018 年中国乘用车市场销量出现了 28 年来的首次下滑，车市发展遭遇新的历史低谷，“寒冬”“阵痛”“至暗时刻”……成为这一年汽车人的真实感受。2018 年，全国汽车市场迎来政策退出后的周期性回调，也出现了山东市场 2017 年初的局面，自年中开始进入“跌跌不休”（据全国乘联会数据）；汽车经销商库存预警指数首次出现全年位于荣枯线之上（据中国汽车流通协会产业协调部数据），库存压力堪忧，成交量下滑，单车利润摊薄，不盈利企业数目攀升，经销商群体又开始新一轮的洗牌；这一年，汽车市场还遇到了“SUV 热”的整体退烧，品牌混战继续着优胜劣汰，新能源车逆市上扬却依然存在“里程焦虑”，造车新势力如雨后春笋，“国六”排放标准在全国部分地区提前实施，中美贸易战打响拖累车市表现……车市在这诸多因素的影响下艰难前行。

（一）乘用车分月度销量

2018 年，山东省狭义乘用车累计销量 161.75 万辆，占全国比重的 7.24%，同比下降 10.85%；2017 年同比下降 5.94%。

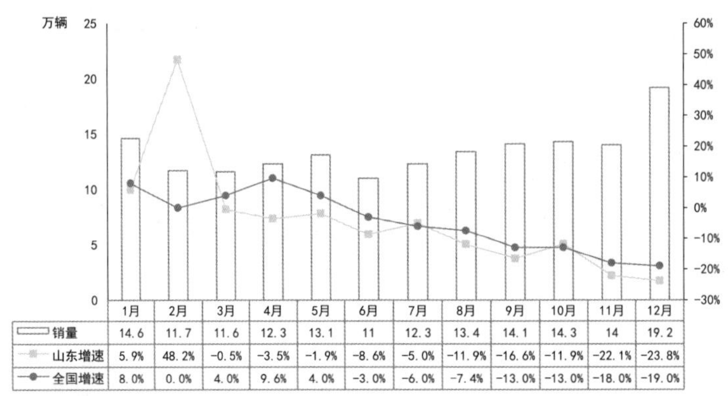

	1月	2月	3月	4月	5月	6月	7月	8月	9月	10月	11月	12月
销量	14.6	11.7	11.6	12.3	13.1	11	12.3	13.4	14.1	14.3	14	19.2
山东增速	5.9%	48.2%	-0.5%	-3.5%	-1.9%	-8.6%	-5.0%	-11.9%	-16.6%	-11.9%	-22.1%	-23.8%
全国增速	8.0%	0.0%	4.0%	9.6%	4.0%	-3.0%	-6.0%	-7.4%	-13.0%	-13.0%	-18.0%	-19.0%

图 2　2018 年山东省乘用车（狭义）月度销量及增速

数据来源：山东省公安厅车管所　奥德思汽车研究　（下同）

分月度来看，2017 年 1-2 月，由于购置税退坡引发 2016 年底消费需求提前透支，山东乘用车市场尤为低迷，一度在 1 月、2 月出现了连续两月的 -31.73% 和 -20.20% 的谷底，3 月份才盘整恢复；此时，全国市场 1、2 月的表现是 -9% 和 9.5%。基于 2017 年初的较低基数，2018 年 1、2 月份的增长率表现尚可。尤其在 2 月份，出现了一个小幅高潮，主要是 2018 年春节在月中，春节前旺盛购车需求集中爆发释放，而 2017 年春节假期在月初，假期后的整体购车需求都不强烈，2016 年 2 月春节假期从第二个星期开始，所以，剔除政策透支效应，2016-2018 三年里，2 月同期的销量分别为 9.9 万、7.9 万、11.7 万。

自 3 月份开始，山东车市出现了较大幅度的回落，连续九个月负增长，且出现负增长的月份比全国市场提前了三个月。整体来看，除 7 月、10 月表现略好于全国同期外，其余月份表现平平，8 月份之后，降幅达到两位数，全国市场也是一路下探，体现出市场信心的萎靡不振。同时，往年购置税政策积累的高基数和当下居民购房债务高企的消费挤压，导致年末经销商身负指标压力艰难求存。年末购置税政策的递减退出，造成翘尾现象。

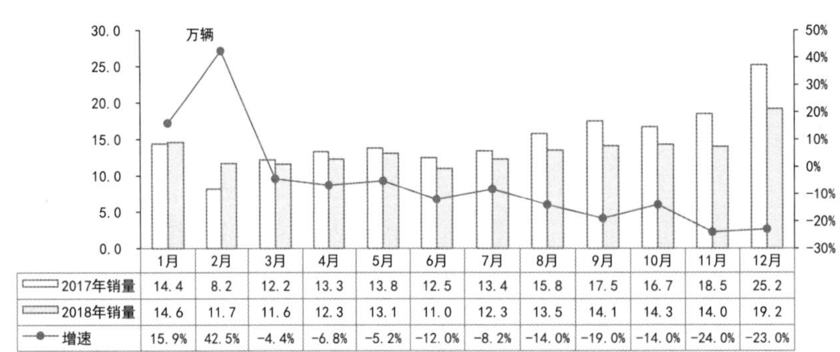

	1月	2月	3月	4月	5月	6月	7月	8月	9月	10月	11月	12月
2017年销量	14.4	8.2	12.2	13.3	13.8	12.5	13.4	15.8	17.5	16.7	18.5	25.2
2018年销量	14.6	11.7	11.6	12.3	13.1	11.0	12.3	13.5	14.1	14.3	14.0	19.2
增速	15.9%	42.5%	-4.4%	-6.8%	-5.2%	-12.0%	-8.2%	-14.0%	-19.0%	-14.0%	-24.0%	-23.0%

图 3　2018 年山东省乘用车（狭义）月度销量及增速

纵观全年市场表现，因 28 年来首现负增长引发多方热议，综合来看，属于多元因素叠加导致：1. 经济下行；2. 实体经济动能转换，结构调整；3. 投资不旺，贷款难度加大；4. 需求受到经济压力和楼市等影响；5. 环保督查力度加大，不合规企业经营成本增加；6. 中美贸易摩擦上升为贸易战，美元 8 次加息，国际经贸环境遭遇“百年未遇之大变局”，进出口受到拖累；7. 购置税政策退出效应，市场周期性回调；8. 进口关税下调的阶段性观望；9. 国六标准在部分地区提前实施带来的消费迟滞；10、油价上涨等。

与此同时，也存在车市利好因素：1、2018 年 5 月 1 日起，制造业等行业的增值税率从 17% 降至 16%；2、博鳌论坛进一步放宽外资股比限制；3、2018 年 7 月 1 日起，乘用车进口关税和汽车零部件进口税率均下降，降税效果渐显；4、新能源车的较快增长；5、卡车市场环保更新需求。

（二）乘用车分城市销量

分地市来看，在山东全省 17 地市（2019 年 1 月初，莱芜市已划归济南市，2018 年的数据仍以 17 城市格局分析）中，2018 年狭义乘用车销量排名前三位的城市分别是：济南 21.36 万、青岛 21.13 万、临沂 17.90 万，此外，还有潍坊 15.48 万、烟台 11.57 万、济宁 11.09 万、菏泽 10.03 万，这七个城市的销量超过 10 万。同比 2017 年的销量，17 地市中只有烟台市表现较好，降幅仅有 0.53%，其次降幅较低的是淄博市 -3.19% 和潍坊市 -4.32%。

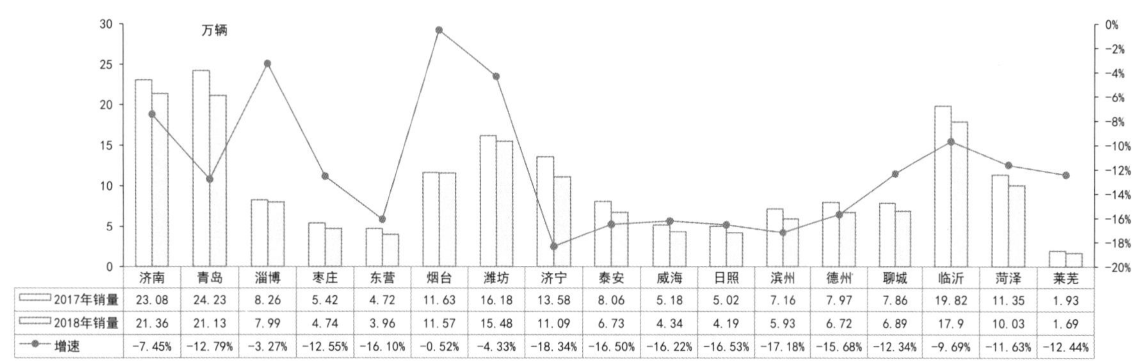

	济南	青岛	淄博	枣庄	东营	烟台	潍坊	济宁	泰安	威海	日照	滨州	德州	聊城	临沂	菏泽	莱芜
2017年销量	23.08	24.23	8.26	5.42	4.72	11.63	16.18	13.58	8.06	5.18	5.02	7.16	7.97	7.86	19.82	11.35	1.93
2018年销量	21.36	21.13	7.99	4.74	3.96	11.57	15.48	11.09	6.73	4.34	4.19	5.93	6.72	6.89	17.9	10.03	1.69
增速	-7.45%	-12.79%	-3.27%	-12.55%	-16.10%	-0.52%	-4.33%	-18.34%	-16.50%	-16.22%	-16.53%	-17.18%	-15.68%	-12.34%	-9.69%	-11.63%	-12.44%

图 4　2018 年山东省乘用车（狭义）分城市销量

（三）乘用车分类型分析

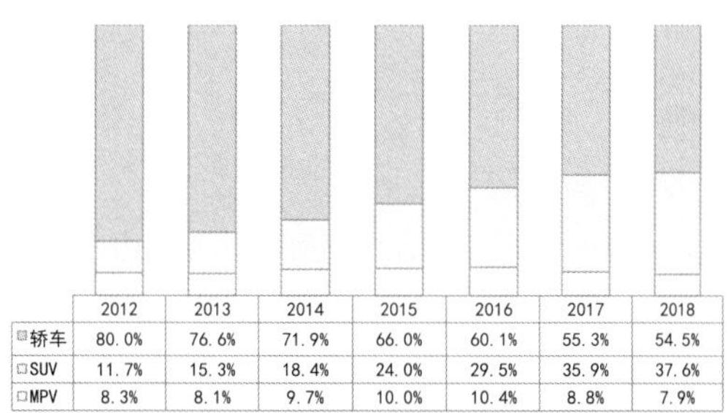

	2012	2013	2014	2015	2016	2017	2018
轿车	80.0%	76.6%	71.9%	66.0%	60.1%	55.3%	54.5%
SUV	11.7%	15.3%	18.4%	24.0%	29.5%	35.9%	37.6%
MPV	8.3%	8.1%	9.7%	10.0%	10.4%	8.8%	7.9%

图 5　2012-2018 年山东省乘用车（狭义）类型市场份额

从乘用车类型看，2018 年乘用车结构与 2017 年基本相仿，轿车仍然占据市场主体地位，2018 年，轿车、SUV、MPV 的销量分别为 88.11 万、60.84 万、12.80 万，分别比去年同期下降了 11.11%、8.32%、19.70%；份额占比分别为 54.47%、37.61%、7.91%，分别比去年同期增长了 -0.83%、1.71%、-0.89%。

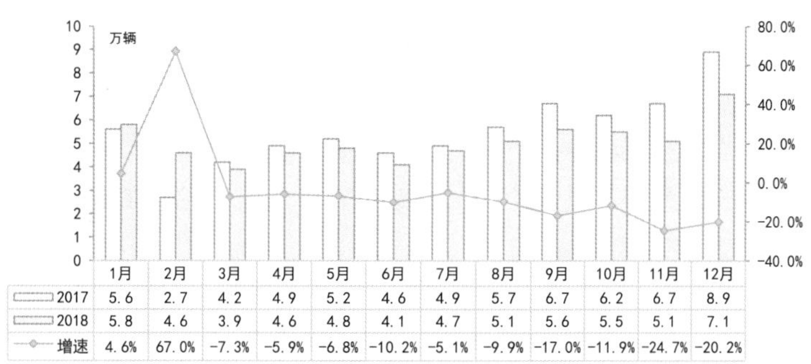

	1月	2月	3月	4月	5月	6月	7月	8月	9月	10月	11月	12月
2017	5.6	2.7	4.2	4.9	5.2	4.6	4.9	5.7	6.7	6.2	6.7	8.9
2018	5.8	4.6	3.9	4.6	4.8	4.1	4.7	5.1	5.6	5.5	5.1	7.1
增速	4.6%	67.0%	-7.3%	-5.9%	-6.8%	-10.2%	-5.1%	-9.9%	-17.0%	-11.9%	-24.7%	-20.2%

图 6　2018 年山东省 SUV 月度销量及 2017 年对比

特别值得一提的是，2018 年的 SUV 市场爆出冷门，出现了 2012 年以来首次低于轿车市场增速的局面，从增长率来看，SUV 与整体车市的步调一致，继 2 月份超高增长后，3 月份开始连续九个月的负增长，SUV 增长红利在逐步消退，这与经济下行压力大、SUV 保有基数近乎饱和、高端品牌轿车价格下探分流了市场需求、以及油价回升使人们更多考虑用车成本等因素有关。

（四）乘用车分车系分析

从乘用车车系看，山东省 2018 年，自主、德系、美系、日系、韩系品牌份额占比分别为 37.64%、26.28%、12.02%、15.82%、5.45%，其中，德系、日系、韩系份额较 2017 年分别上升 2.74、1.85、0.16 个百分点。自主品牌依然占据主体地位，但跌幅较大，近几年自主品牌的崛起很大程度上与快速布局 SUV 市场同合资品牌抢份额有着密切关系，但今年 SUV 市场展现疲软态势，对自主品牌的影响远大于对合资品牌的影响，自主品牌市场份额比去年下降了 2.32 个百分点，美系下降了 1.92 个百分点。

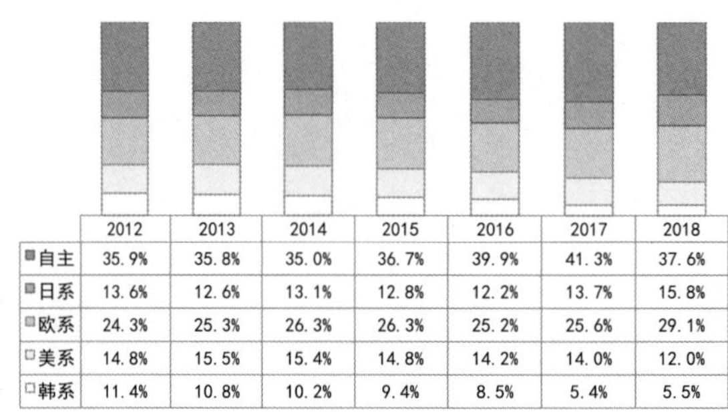

	2012	2013	2014	2015	2016	2017	2018
自主	35.9%	35.8%	35.0%	36.7%	39.9%	41.3%	37.6%
日系	13.6%	12.6%	13.1%	12.8%	12.2%	13.7%	15.8%
欧系	24.3%	25.3%	26.3%	26.3%	25.2%	25.6%	29.1%
美系	14.8%	15.5%	15.4%	14.8%	14.2%	14.0%	12.0%
韩系	11.4%	10.8%	10.2%	9.4%	8.5%	5.4%	5.5%

图 7　2012-2018 年山东省乘用车（狭义）车系市场份额

销量上看，受到车市低迷因素影响，各品牌系销量均有不同程度的下跌，其中，美系销量跌幅最大，为 -23.14%，日系销量略有增长，为 0.94%，此外，自主、韩系、德系跌幅分别为 -16.02%、-8.14%、-0.44%。

（五）新能源汽车市场表现

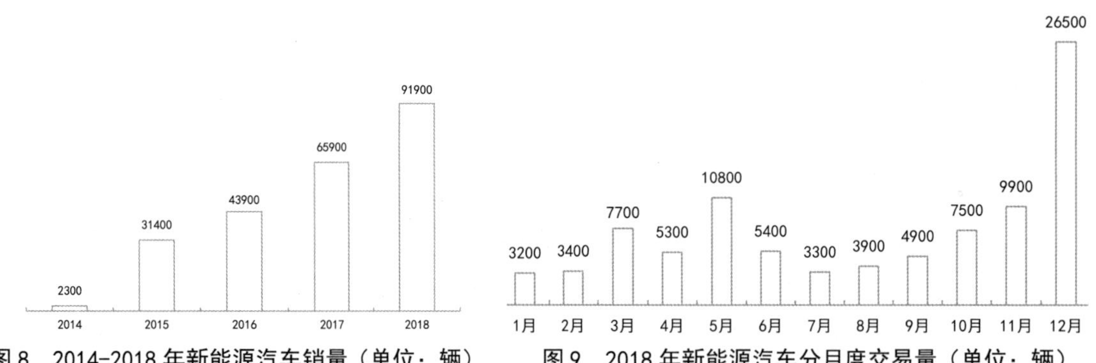

图 8　2014-2018 年新能源汽车销量（单位：辆）　　图 9　2018 年新能源汽车分月度交易量（单位：辆）

2018 年，全国新能源汽车销量达到 125.6 万辆，同比增长 61.7%，“十三五”末有望实现 500 万辆的发展目标。2018 年，山东省新能源汽车销量 9.19 万辆，同比增长 39.37%，2017 年的增幅为 50.14%。

2017 年，山东全省共生产新能源汽车 14.05 万辆，占全国的 18% 左右，成为新能源汽车生产大省。目前，山东新能源汽车累计保有量 14.6 万辆，充电基础设施保有量 2.2 万个，均居全国前列。

截至 2018 年底，全球新能源汽车累计销售突破 550 万辆，中国占比超过了 53%。中国是全球最大的新能源汽车市场，山东省是全国最大的新能源汽车市场之一。

2018 年 9 月的第一届儒商大会上，新能源作为山东省“新旧动能转换”的十强产业惊艳亮相，其中，新能源汽车是重要组成部分。大会向与会嘉宾推介了重汽、潍柴、中通客车等众多山东本土新能源汽车生产企业，从政府层面加大对企业的支持力度和社会宣传。

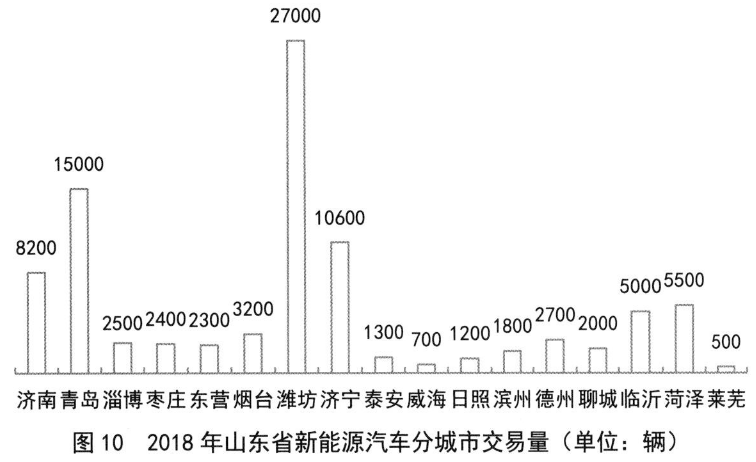

图 10　2018 年山东省新能源汽车分城市交易量（单位：辆）

2018 年 9 月 17 日，山东省人民政府印发了鲁政字〔2018〕204 号《山东省新能源产业发展规划（2018-2028 年）》，根据《规划》，到 2022 年，山东要建成济南、青岛、淄博、烟台、潍坊、聊城等一批新能源汽车产业集聚区，新能源汽车产量达到 50 万辆左右，新能源汽车产业产值达 2500 亿元。到 2022 年，山东新能源汽车保有量力争达到 50 万辆，充电基础设施保有量达到 10 万个以上。到 2028 年，山东要成为国内重要的新能源汽车和关键零部件生产基地，实现由低端新能源汽车生产大省向高端新能源汽车制造强省转变，新能源汽车产业产值达到 4000 亿元。而且值得一提的是，《规划》要求，2019 年起，山东全省各级党政机关及公共机构购买机动车辆，特别是用于机要通信、相对固定路线执法执勤、通勤等车辆配备更新时，全部选用新能源汽车。山东省政府办公厅印发的《山东省落实〈京津冀及周边地区 2018-2019 年秋冬季大气污染综合治理攻坚行动方案〉实施细则》中，按照国家要求，济南等 7 个传输通道城市建成区新增和更新的公交、环卫、邮政车辆等，基本采用新能源或清洁能源汽车。港口、机场、铁路货场等新增或更换作业车辆主要采用新能源或清洁能源汽车。政策导向将为新能源汽车行业的发展进一步助力赋能。

（六）汽车进出口贸易

2018 年，山东口岸出口汽车 22.9 万辆，同比增长 21.7%，出口值 192.8 亿元，同比增长 20.8%；其中，出口小轿车 11.9 万辆，增加 56.7%，占 52.1%，出口货车 5 万辆，减少 10.3%，出口小客车（九座及以下）4.1 万辆，减少 0.1%。2018 年，山东口岸进口汽车 5510 辆，比上年减少 43.9%；价值 25.6 亿元，下降 36.6%。

（山东省汽车流通协会　任静）

2018 年江苏省新车市场

一、2018 年江苏省汽车流通行业概况

（一）江苏全省汽车保有量

根据车管数据显示，截至 2018 年底，江苏省机动车保有量 2063.2 万辆，其中汽车保有量 1783.2 万辆，增长 10.11%；私人汽车保有量 1537.6 万辆，净增 129.4 万辆，增长 9.19%；私人轿车 1066.8 万辆，净增 79.2 万辆，增长 8.02%。二手车交易 138.6 万辆次。

表 1　2018 年全省各市机动车保有量情况（单位：万辆）

机动车保有量			汽车保有量			私人汽车			私人轿车		
保有量	新增量	增长率	保有量	新增量	增长率	保有量	新增量	增长率	保有量	新增量	增长率
2063.2	102.9	5.25%	1783.2	1619.5	10.11%	1537.6	129.4	9.19%	1066.8	79.2	8.02%

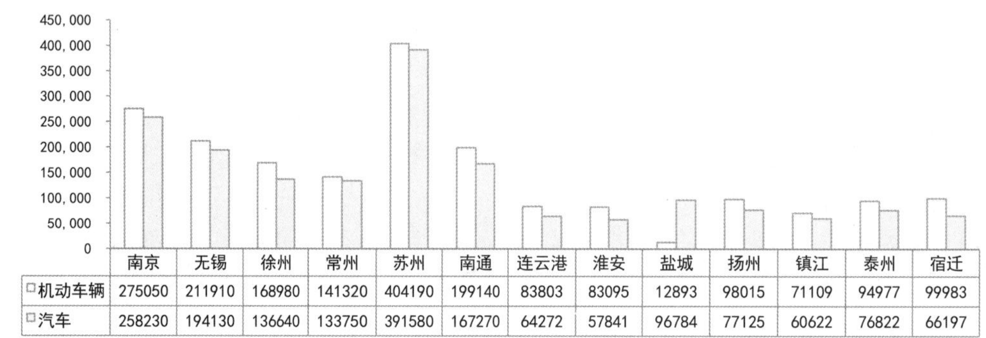

图 1　2018 年江苏各地机动车和汽车保有量（单位：辆）

据乘用车上险数据显示，2018 年江苏销售乘用车 169.9 万辆，同比下降 10.5%。其中淮安、徐州、连云港、宿迁等苏北地区下降幅度高于苏南、苏中城市。

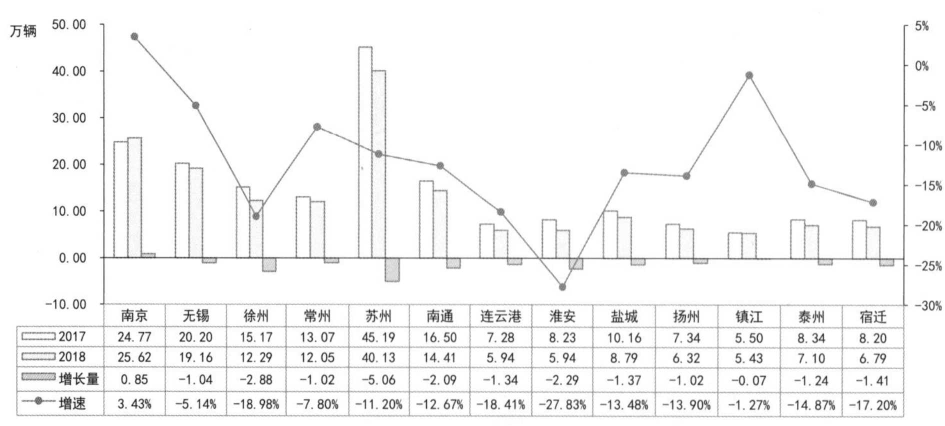

图 2　2018 年江苏省各地乘用车上险同比数据

按照车辆用途分，江苏省保有汽车中乘用车保有量 1783.2 万辆，占比 86.4%；其中私人轿车是主要增长点，占比 51.7%。作为商用的载货、三轮和低速货车占比 7.4%。

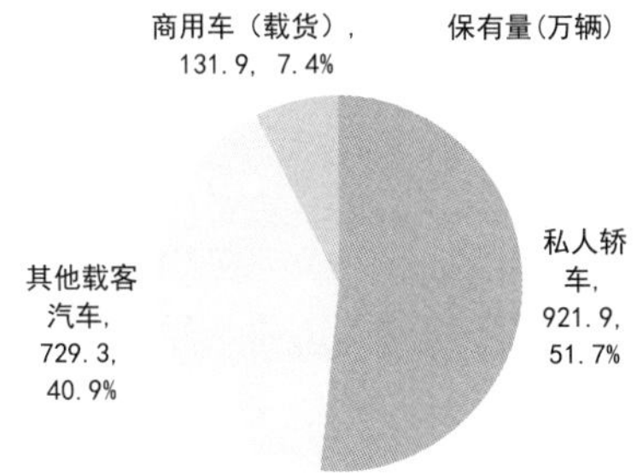

图 3 分类型车辆保有量

江苏省汽车保有量超过百万辆的城市为苏州 404.2 万辆，南京 275.1 万辆，无锡 211.9 万辆，南通 199.1 万辆，常州 141.3 万辆，徐州 169 万辆，盐城 128.9 万辆。

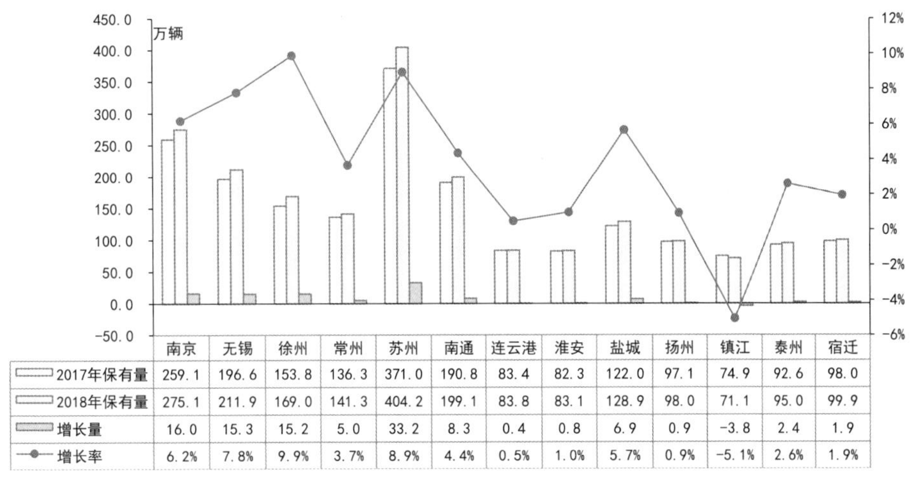

	南京	无锡	徐州	常州	苏州	南通	连云港	淮安	盐城	扬州	镇江	泰州	宿迁
2017年保有量	259.1	196.6	153.8	136.3	371.0	190.8	83.4	82.3	122.0	97.1	74.9	92.6	98.0
2018年保有量	275.1	211.9	169.0	141.3	404.2	199.1	83.8	83.1	128.9	98.0	71.1	95.0	99.9
增长量	16.0	15.3	15.2	5.0	33.2	8.3	0.4	0.8	6.9	0.9	-3.8	2.4	1.9
增长率	6.2%	7.8%	9.9%	3.7%	8.9%	4.4%	0.5%	1.0%	5.7%	0.9%	-5.1%	2.6%	1.9%

图 4 江苏省各城市车辆保有量情况

（二）汽车注册登记情况

2018 年全省新增注册汽车 163.7 万辆，与去年同期相比下降 11.4%。除南京地区外，其他城市均有较大幅度下降，从全国来看，2018 年是连续增长 17 年以来的首次下降，而江苏已经是连续两年下滑。2018 年的下降幅度远高于 2017 年度 -1.6% 的同比下降比例。

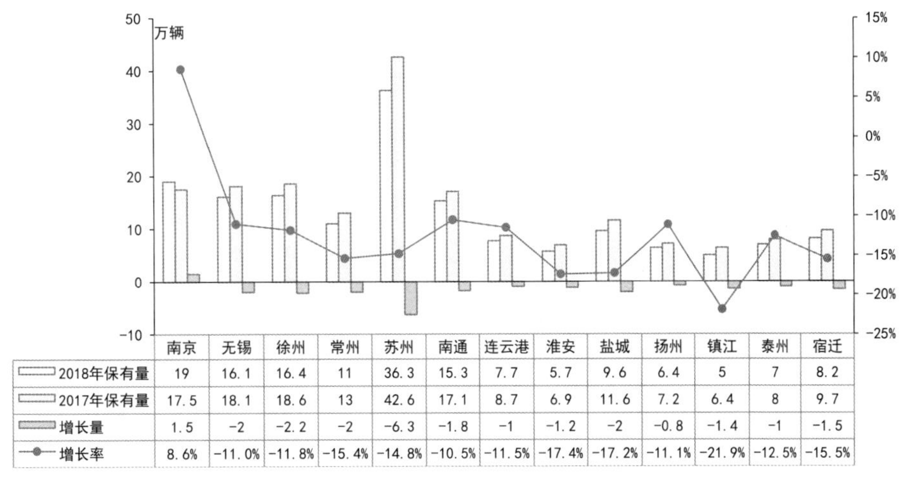

	南京	无锡	徐州	常州	苏州	南通	连云港	淮安	盐城	扬州	镇江	泰州	宿迁
2018年保有量	19	16.1	16.4	11	36.3	15.3	7.7	5.7	9.6	6.4	5	7	8.2
2017年保有量	17.5	18.1	18.6	13	42.6	17.1	8.7	6.9	11.6	7.2	6.4	8	9.7
增长量	1.5	-2	-2.2	-2	-6.3	-1.8	-1	-1.2	-2	-0.8	-1.4	-1	-1.5
增长率	8.6%	-11.0%	-11.8%	-15.4%	-14.8%	-10.5%	-11.5%	-17.4%	-17.2%	-11.1%	-21.9%	-12.5%	-15.5%

图 5 2017-2018 年新增汽车情况

各市新增注册汽车情况。新增汽车较多的城市：苏州市 36.3 万辆，南京市 19 万辆，无锡市 16.1 万辆。降幅最大的城市：镇江市下降 28%，淮安下降 21.1%，盐城下降 20.8%，宿迁市下降 18.3%，常州下降 18.2，苏州下降 17.4%，泰州市下降 14.3%，徐州市下降 13.4%，连云港市下降 13%。

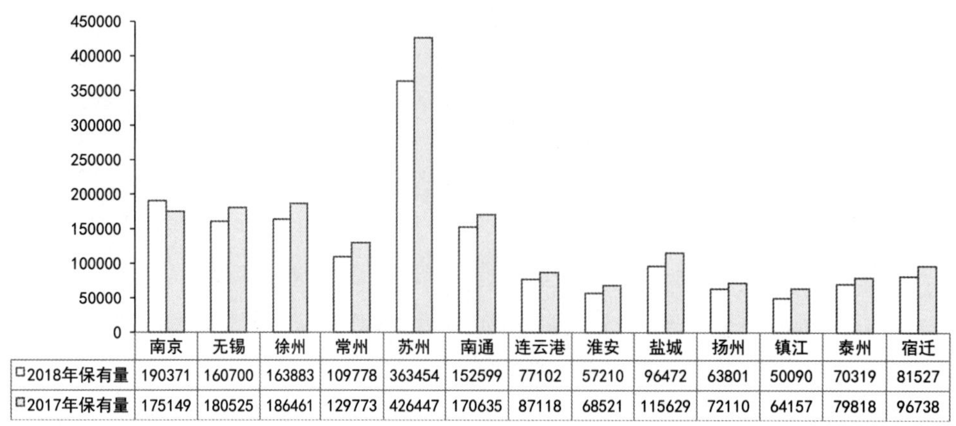

	南京	无锡	徐州	常州	苏州	南通	连云港	淮安	盐城	扬州	镇江	泰州	宿迁
□2018年保有量	190371	160700	163883	109778	363454	152599	77102	57210	96472	63801	50090	70319	81527
□2017年保有量	175149	180525	186461	129773	426447	170635	87118	68521	115629	72110	64157	79818	96738

图 6　2017-2018 年江苏省新注册汽车情况（单位：辆）

（三）乘用车销售情况

2018 年全省共销售乘用汽车 169.9 辆，同比下降 10.5%。2018 全省汽车销售 TOP30 品牌中：合资汽车品牌 20 个，中国汽车品牌 9 个，全进口汽车品牌 1 个，其中高端豪华品牌 5 个。上汽大众、通用别克和一汽大众仍然位列三甲，但是豪华品牌汽车在江苏省销售增长明显。

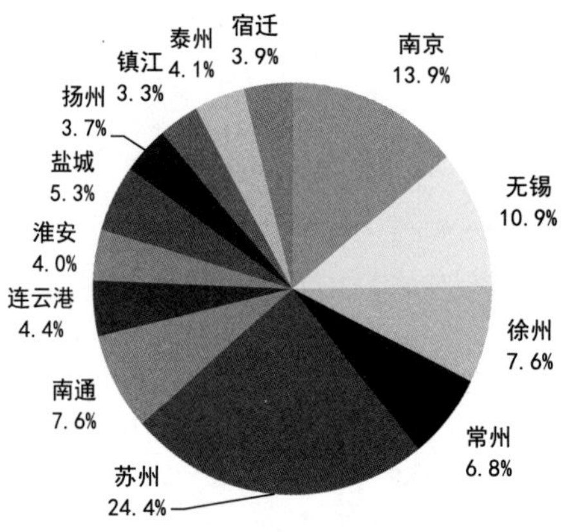

图 7　2018 年江苏省各市汽车销售车辆类型

全年汽车销量较多的城市是：苏州 40.1 万辆，全省占比 23.6%；南京 25.6 万辆，占比 15.1%；无锡 19.2 万辆，占比 11.3%。2018 全省汽车销售 TOP30 车型中：轿车型 23 款之多，20 万元以上价格车型 14 款，德系车型 14 个。以上数据显示豪华舒适型轿车代替紧凑经济型和 SUV 车型，成为消费者主要选择。

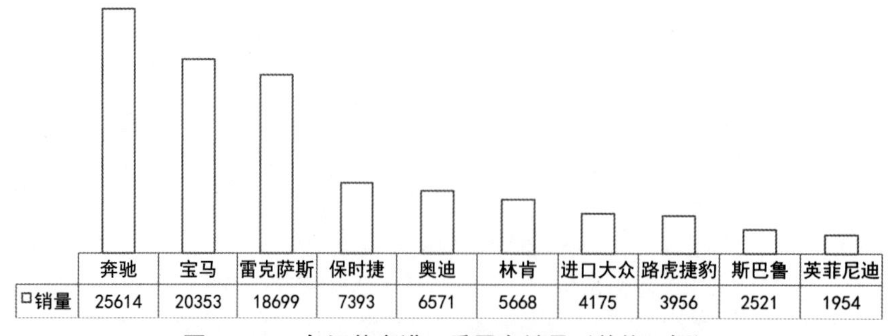

	奔驰	宝马	雷克萨斯	保时捷	奥迪	林肯	进口大众	路虎捷豹	斯巴鲁	英菲尼迪
□销量	25614	20353	18699	7393	6571	5668	4175	3956	2521	1954

图 8　2018 年江苏省进口乘用车销量（单位：辆）

2018 年江苏销售进口乘用车销售 10.9 万辆，占汽车销量总量的 6.4%，与上一年度持平。

其中奔驰、宝马、雷克萨斯进口乘用车销量最大。

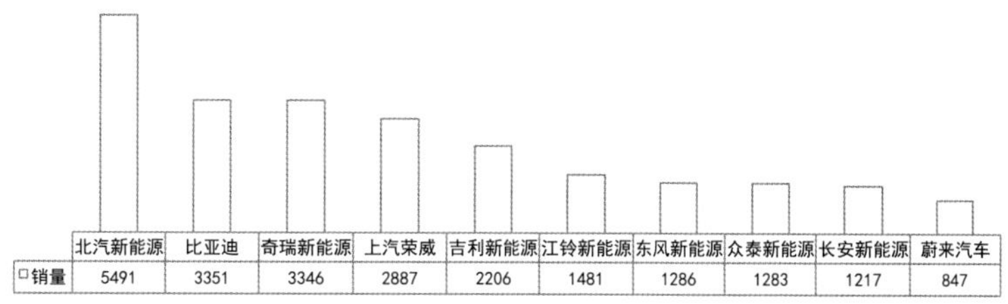

图 9　新能源汽车销售情况（单位：辆）

全省新能源乘用车销售 2.42 万辆，销量 TP10 品牌分别是北汽新能源、比亚迪、奇瑞新能源、上汽荣威、吉利新能源、江铃新能源、东风新能源、众泰新能源、长安新能源和蔚来汽车。

（四）企业备案及报送信息情况

据商务部统一系统平台显示，截至 2019 年 5 底，全省备案汽车经销企业 2206 家，比上一年度增加 37.2%，备案企业较多的城市是：苏州 446 家，占 20.2%；盐城 287 家，占 13.0%；南通 254 家，占 11.5%；镇江 165 家，占 7.5%；常州 163 家，占 7.4%；无锡 162 家，占 7.3%；宿迁 148 家，占 6.7%；扬州 144 家，占 6.5%；南京 133 家，占 6.0%；连云港 86 家，占 3.9%；泰州 82 家，占 3.7%；淮安 71 家，占 3.2%；徐州 65 家，占 2.9%。

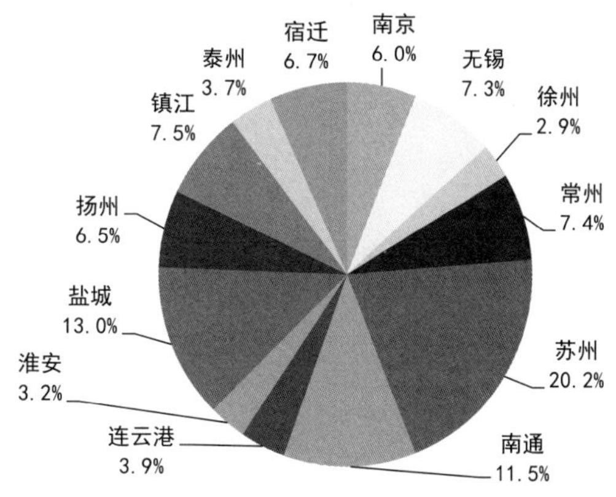

图 10　销售企业备案情况

截至 2019 年 5 月底，通过商务部统一系统平台系统上报信息的汽车经销企业 729 家，占备案企业的 30%。其中南通、盐城、镇江、苏州、无锡完成备案报送工作较好。

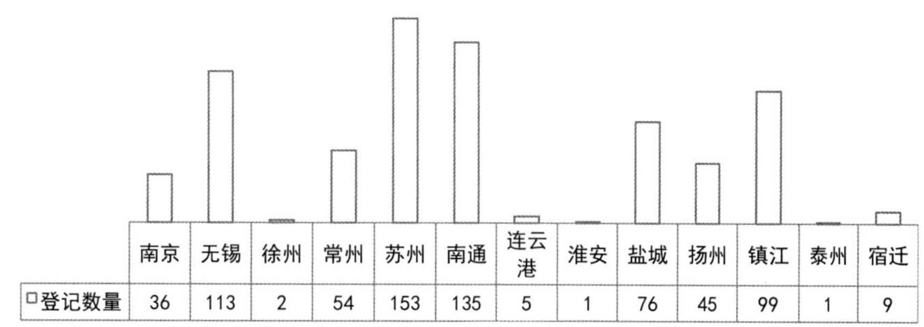

图 11　备案企业报送信息情况（单位：家）

二、2018 年江苏省汽车销售市场特点

近年来，随着中国供给侧结构性调整，汽车市场出现诸多新情况。据相关数据显示和调研分析呈现如下特点：

新办法为保护消费者合法权益发挥积极作用。《汽车销售管理办法》的实施为规范汽车销售行为，维护公平公正的市场竞争秩序，保护消费者合法权益，推动汽车流通模式创新等方面发挥积极作用。省商务厅按照办法规定积极部署开展新办法的落实工作，颁布江苏省实施细则（试行）。要求市、县（区）商务部门组织的经销商培训活动，解读汽车新规；指导省汽车流通协会召开会议和论坛宣贯《新办法》，印发 1000 本《〈汽车销售管理办法〉和江苏省关于贯彻〈汽车销售管理办法〉的实施细则》手册，制作信息管理系统平台备案和信息报送攻略，加强行业自律，规范销售服务行为。经销企业备案和信息报送比例大幅度提高，为商务部门加强行业指导和监管奠定基础。

汽车市场呈消费升级现象。江苏省汽车市场正在从速度增长向高质量发展转变。2018 年全省乘用车销售 169.9 万辆，其中豪华品牌及进口汽车 33.99 万辆，比上一年度增长 9%；中国品牌汽车 49.72 万辆，比上一年度下降 13.6%。据县域市场抽样调查显示全年汽车销量下降 10%，但是销售金额同比增长 15%。江苏市场对于高品质、高价格的高端豪华品牌汽车的需求持续旺盛。

新能源汽车发展快速。随着国家发展新能源汽车产业政策和市场不断推进，江苏省新能源汽车市场增长快速，2018 年销售新能源汽车 2.82 万辆，比上一年度增长 108.1%。高速公路服务区、商业中心、旅游景区、机关单位等社会、社区停车场充电桩不断增加，截至 2018 年 12 月底，全省拥有充电桩数量为 30333 个。根据规划，江苏省今年将新建 1288 座充电站，9481 个充电桩，安装数量比 2018 年提高五倍。省商务厅指导汽车流通协会举办节能与新能源车展，拓宽新能源汽车市场，推进汽车节能更新。

汽车流通模式不断探索创新。随着汽车销售市场的低迷，以 4S 店模式为主导的汽车流通模式也在悄然变化，部分销量较少的汽车品牌和新能源汽车不断探索轻资产、多品牌和线上线下体验式销售服务模式。如宝沃汽车、宝骏新能源汽车等品牌只要求经销商支付少量的保证金，经营面积超过 50 多平米就可以申请体验店，部分中等销量的品牌也能接受多品牌同场或店中店模式。为树立品牌和口碑，如蔚来、前途这样的新车企在城市中心设立生活馆，满足客户生活、商务、休闲等多样化需求。各大中城市新规划汽车园区均考虑多品牌、多业态、集约化建设方向。

网约、共享拉动汽车销量，但是政策波动较大。基于移动互联网平台在交通出行领域的应用，网约和共享汽车行业得到快速发展，也为居民出行提供了多样选择和便捷服务。由于江苏省各地对网约车政策的调整，特别是南京、苏州、无锡等较大城市先后对网约车总量加以控制，造成网约车突击上牌。据调查，2018 年南京市汽车销量中有 5 万多辆作为网约车用途，由于数量较多和平台管理严格，加之网约车公司补贴减少，很多司机放弃开网约车，大量网约车长期闲置停放。

三、2018 年江苏省汽车销售市场

（一）全省汽车销售增幅回落

2018 年度全省新增注册汽车再次出现降低的现象，除南京地区外，其他城市均有较大幅度下降。2018 年的下降幅度远高于 2017 年度 1.6% 的同比下降比例。2019 年一季度全省新增注册汽车 41.8 万辆，同比下降 18%；乘用车销售 40.3 万辆，同比下降 5.6%。江苏省汽车销量连续下滑的主要原因：一是由于江苏省汽车保有量较大，平均千人保有汽车 223 辆，其中苏州 391 辆、南京 322 辆，五年来的新增车主的更新周期尚未到达，汽车销售市场最大需求尚未得到释放。二是较大城市面临着较为严重的交通拥堵问题，县级城市在上下班时间段和长假期间的交通压力也在日益增大。叠加有网约车、共享汽车和公共交通的改善，购车刚需人群有所减少。三是据省汽车流通协会和汽车经销商反映：自去年中国宣布和执行汽车及配件进口关税下调，紧接着又宣布对美国产汽车关税上调等一系列政策以来，引起汽车市场价格剧烈波动，造成消费者观望等待，影响汽车销售市场增量。

（二）当前汽车销量大幅下滑，经销商生存状况堪忧

省商务厅指导行业协会依据《汽车销售管理办法》，开展行业监测和预警分析工作，引起了一些供应商重视。如上汽大众品牌汽车生产企业听取行业协会的意见和建议，适时调整了商务政策，采取调减指标、降低库存、加大补贴、及时返利等一系列措施，为经销商减压赋能，得到了大多数经销商的认可。但不少汽车生产企业片面追求自身利益，对经销商严峻的生存状况漠然置之，仍然存在强行分解产销目标的现象，导致经销商库存过高，难以为继。尤其是在当前国六标准切换阶段，生产企业与经销商之间的矛盾更加突出。

（三）汽车销售市场监管困难

有一些汽车销售企业思想上不够重视，没有很好地贯彻落实《汽车销售管理办法》，个别汽车流通企业登记备案的积极性不够，提报信息不够准确和全面，各项规定有待进一步落实。商务执法和市场监管方面有交叉，涉嫌违反《合同法》和《消费者权益保护法》方面的投诉应由市场监管部门负责，如果依据行业分类监管在商务执法中经常出现移交困难现象。

（江苏省汽车流通协会）

2018 年广东省新车市场

据广东省统计局核定，2018 年，广州市实现地区生产总值 22859.35 亿元，按可比价格计算，比上年增长 6.2%。其中，第一产业增加值 223.44 亿元，第二产业增加值 6234.07 亿元，第三产业增加值 16401.84 亿元，同比分别增长 2.5%、5.4% 和 6.6%。

一、2018 年广东省汽车产销概况

2018 年，广东共有规模以上汽车制造业企业 833 家，完成增加值 1859.70 亿元，同比增长 7.4%，增幅高于全省规模以上工业平均水平 1.2 个百分点；汽车生产 322.04 万辆，占全国汽车产量的比重为 11.5%。汽车出口 2.83 万辆，下降 50.5%，其中轿车出口 1.65 万辆，下降 31.0%。

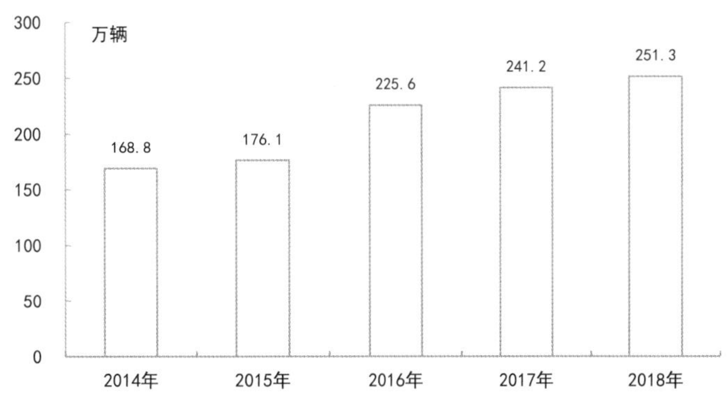

图 1 2014-2018 年广东省汽车销量走势

2018 年，广东省汽车零售量为 251.3 万辆，同比下降 3.37%，这是 28 年来广东省汽车零售量首次出现负增长。受关税下降和国六标准将于 2019 年 1 月 1 日在广州和深圳实施的影响，广东汽车类消费增速放缓，汽车消费市场趋于饱和。截至 2018 年底，广东省汽车保有量增加到 2116.94 万辆，其中私人汽车 1861.69 万辆。

从广东省各城市来看，无论是近年来的汽车销量，还是总的汽车保有量，广州、深圳和东

莞均占据广东省前三位。

图 2 数据显示，广东省销量最高的为日系品牌。广东人对日系车的热爱就是来自于日系车长久以来“耐开 & 省心”的标签，虽然广东省的 GDP 常年在国内领跑，出于自身“务实”的性格，自然是更偏爱经济型小车。

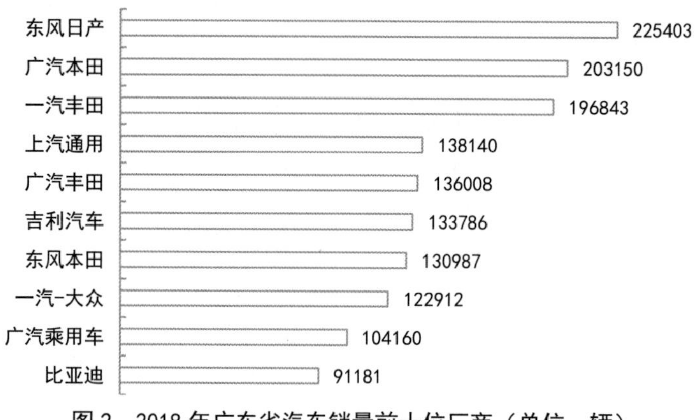

图 2　2018 年广东省汽车销量前十位厂商（单位：辆）

二、2018 年广东省汽车出口概况

2018 年，广东汽车制造业完成销售产值 8412.29 亿元，同比增长 8.4%；完成出口交货值 506.85 亿元，增长 5.2%，增幅比上年同期回落 0.7 个百分点。根据广东省汽车行业协会统计，全年汽车销售 329.39 万辆，增长 6.9%，其中轿车销售 324.35 万辆，增长 7.7%；汽车出口 2.83 万辆，下降 50.5%，其中轿车出口 1.65 万辆，下降 31.0%。

三、2018 年广东省自主品牌和新能源汽车增长快

2018 年，全省生产汽车 322.04 万辆，与上年基本持平，占全国汽车产量（2796.80 万辆）的比重为 11.5%。其中，轿车 174.09 万辆，同比增长 8.9%；多功能乘用车（MPV）18.42 万辆，增长 143.4%；新能源汽车 13.27 万辆，增长 206.1%。据行业协会统计，全年自主品牌乘用车累计产销分别为 68.40 万辆和 67.71 万辆，同比分别增长 13.9% 和 13.0%。

从近年汽车销售情况看，销售产值增长较快，出口增速较为缓慢。2013-2018 年，汽车制造业销售产值增加 3787.67 亿元，增长 81.9%；出口交货值增加 115.67 亿元，增长 29.6%。

从全国汽车市场的情况来看，2018 年，全国汽车产销分别完成 2780.9 万辆和 2808.1 万辆，同比分别下降 4.2% 和 2.8%。广东汽车市场需求也不够旺盛，2018 年广东汽车制造业产值同比增长 9.0%，增幅比上年同期回落 5.5 个百分点；销售产值同比增长 8.4%，增幅比上年同期回落 11.6 个百分点。从国外市场需求来看，2018 年汽车制造业出口交货值占销售产值的比重为 6.0%，仍然处于较低水平。

从广东自主品牌乘用车占比来看，产量和销量占全省汽车产销量的比重分别为 21.2% 和 20.6%，均未达到一半。从企业的销量规模来看，省内生产企业中，排全国前十的只有东风日产乘用车公司和广汽本田，分别排第四位和第六位。从新能源汽车产量来看，广东新能源汽车产量占全国的比重为 10.5%，低于广东汽车产量占全国的比重，广东作为改革开放前沿阵地，需大力促进新能源汽车的生产和消费，提高汽车制造业的竞争力。

2018 年重庆市新车市场

据重庆市统计局核定，2018 年，重庆市实现地区生产总值 20363.19 亿元，按可比价格计算，同比增长 6.0%。分产业看，第一产业实现增加值 1378.27 亿元，增长 4.4%；第二产业实现增加值 8328.79 亿元，增长 3.0%；第三产业实现增加值 10656.13 亿元，增长 9.1%。当前重庆经济正处于增速放缓、产业结构调整、新旧动能转换，从高速增长向高质量发展的阶段。2018 年重庆市汽车产量为 172.69 万辆，同比下降 37.16%。

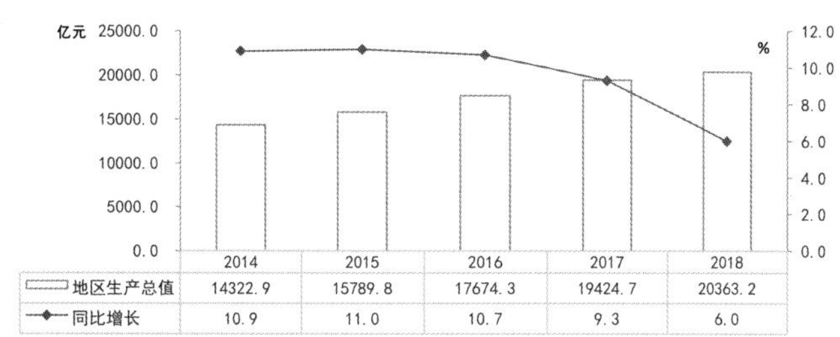

图 1 重庆市 2014-2018 年地区生产总值及同比增速

一、2018 年重庆市新车市场概况

2018 年，重庆狭义乘用车累计销售 48.79 万辆，同比下降 1.65%，环比增长 38.25%。累计销量增减好于全国。主要原因在于 2017 年购置税优惠政策退坡拉动当年同期翘尾明显，大重庆汽车保有量仍不及全国平均水平，区县汽车市场仍存刚需。截至 2018 年末，重庆汽车保有量超 300 万辆，成为全国轿车保有量超过 300 万辆的 8 个城市之一。

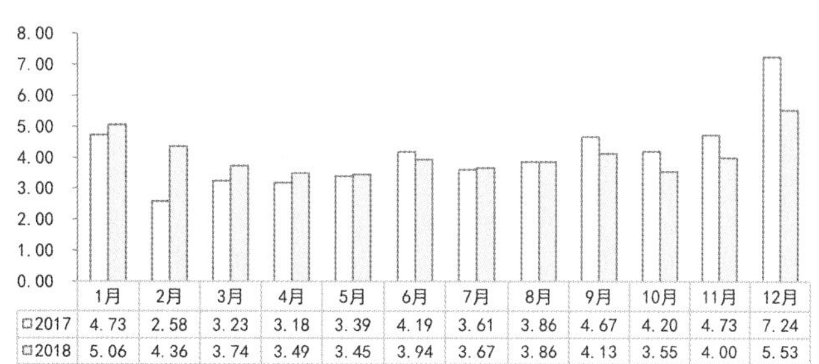

图 2 重庆地区年度销量走势对比（单位：万辆）

从品牌类别看，2018 年重庆市自主和合资品牌销量均出现下滑，合资下滑幅度大于自主品牌，达到 4.8%。豪华品牌逆势增长 11.5%，增速高于全国增速 6.7 个百分点。

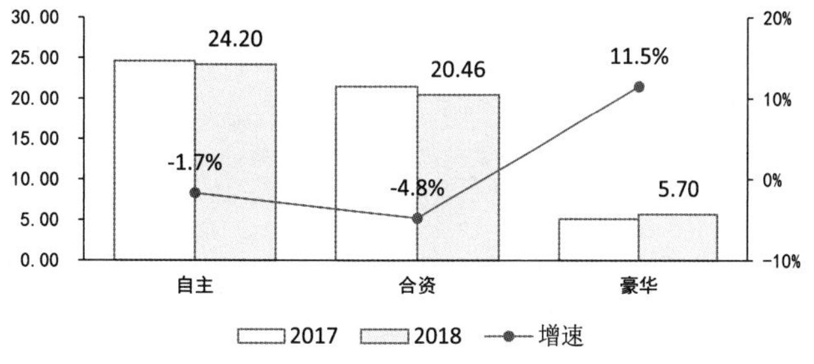

图 3 2017-2018 年分品牌汽车销量增速（单位：万辆）

从销售大区看，重庆属于西南大区，重庆销量在西南大区占比为 17.4%，重庆市 2018 年销量增速为 -1.7%，高于西南大于 -6.2% 的增速。

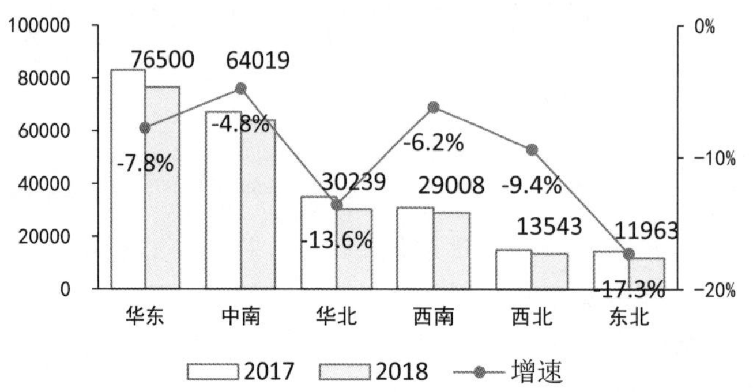

图 4 2017-2018 年分大区汽车销量增速（单位：辆）

重庆 2018 年累计市场份额增量最多的厂商为吉利汽车，同比增长 45.9%，市场份额达到 8.17%。销量同比下降为东风日产和长安福特。其中，长安福特销量同比下降 48%，市场份额由去年的 6.74% 下降至 2.53%。

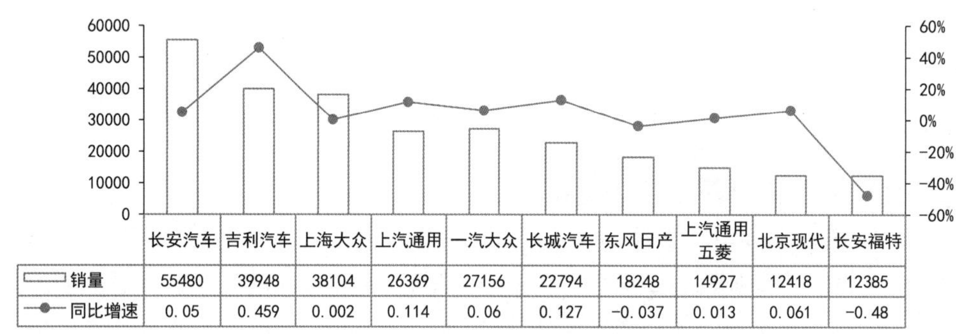

	长安汽车	吉利汽车	上海大众	上汽通用	一汽大众	长城汽车	东风日产	上汽通用五菱	北京现代	长安福特
销量	55480	39948	38104	26369	27156	22794	18248	14927	12418	12385
同比增速	0.05	0.459	0.002	0.114	0.06	0.127	-0.037	0.013	0.061	-0.48

图 5 2018 年重庆市十大厂商销量与增速（单位：辆）

从品牌系别来看，德系销量增幅最大为 6%，日系微幅增长，其余自主、美系、韩系及其他系别均出现下滑。

二、2018 年重庆市进口车市场概况

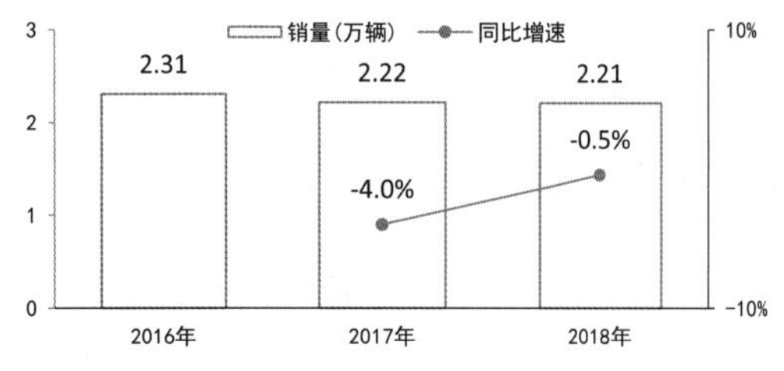

图 6 2016-2018 年进口乘用车销量与增速

图 7 2017-2018 年进口乘用车分系别销量与增速

2018 年重庆市乘用车进口量为 2.21 万辆，同比下降 0.45%，降幅比 2017 年收窄 3.55 个百分点。分系别看，2018 年重庆市德系和日系进口车增长，美系、英系及其他均下滑。

三、2018 年重庆市网络发展概况

截至 2018 年，重庆市共有汽车授权经销商 493 家，同比增长 3.4%，低于全国网络增速 3.79%，占全国网络数量比重为 1.7%。

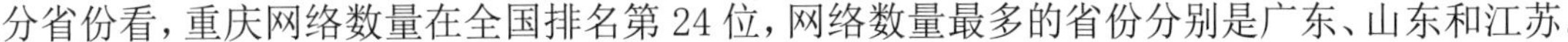

分省份看，重庆网络数量在全国排名第 24 位，网络数量最多的省份分别是广东、山东和江苏。

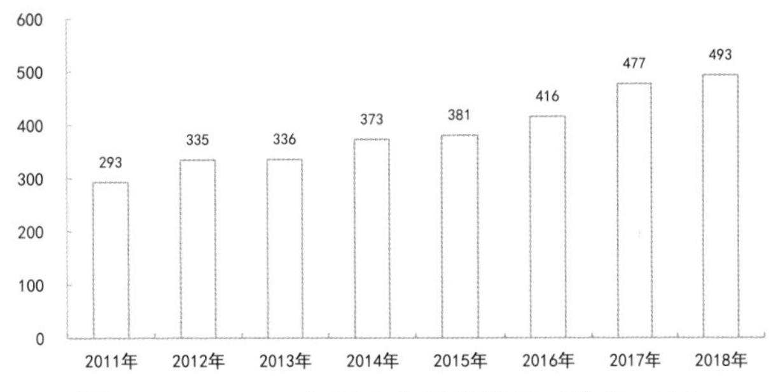

图 8　2011-2018 年重庆市网络数量（单位：家）

总体看，重庆车市虽然也在车市寒冬的逆境之中，但重庆车市同比增速下滑为 1.7%，相比全国其他地区，下滑幅度相对较低。分品牌看，豪华品牌的市场表现较好；分系别看，德系和日系品牌销量较为稳定。

2018 年贵州省新车市场

贵州省地处我国大西南腹地云贵高原东部，境内多山地，由于历史原因，多年来交通欠发达，经济滞后于其他省份。近年来，随着改革开放的深入和国家政策的倾斜，贵州的经济得到持续快速发展，人民生活水平普遍提高，汽车已逐步成为城乡居民家庭常规的消费品，汽车行业对于贵州的经济发展起着举足轻重的作用。

一、2018 年贵州省汽车市场概况

目前贵州省已建成以贵阳为中心，辐射全省九个地（州、市）区的汽车市场网络，全省汽车市场占地面积约 12064 亩，经销商约 8200 多家。

截至 2018 年底，贵州省汽车保有量 480 万辆，同比增长 65.99 万辆，增长率为 15.6%。其中，轿车保有量 222.60 万辆，增长 17.6%。2018 年每百户城镇居民家庭拥有汽车 39.88 辆，比 2017 年增长 14.0%。

2018 年，贵州省机动车交易量为 75.21 万辆左右，累计实现销售额 746.14 亿元，与上年同期相比，增速回落 1.2%。其中新车交易量为 57.4 万辆，二手车交易量为 20.6 万辆。

2018 年贵州省汽车市场保持平稳增长、稳中有落的趋势。全年新车交易量为 57.4 万辆，2017 年新车交易量为 60.9 万辆，同比下降 5.7%。从汽车类别看，2018 年乘用车销售 57.4 万辆，2017 年销售 60.9 万辆，同比下降 5.7%；2018 年商用车（不含客车）销售 4.3 万辆，2017 年商用车销售 4.9 万，同比下降 12%。

二、2018 年贵州省汽车市场消费特征

数据显示，2018 年贵州省高端车和国产车销售保持良好的增长态势，合资中、低端品牌汽车的销售出现下滑。

（一）高端汽车品牌销售稳中向好

从供给端看，高端品牌汽车新款换代车型上市频率加快，部分车型降低幅度较大，能有效刺激销售量增长；从需求端看，消费结构升级趋势明显，换车族倾向于高端汽车品牌，年轻消费群体喜欢时尚、性能好的高端汽车，加上近年来城镇化步伐加快，高端汽车需求量逐渐增长。

（二）国产品牌汽车销售旺盛

国产品牌汽车主要针对城镇中低收入群体和农村市场。近年来，惠农政策越来越多，精准扶贫落实到位，农民收入增长加快，购买能力稳步提高，汽车消费需求开始释放。加之农村乡村公路建设不断完善，农村家庭购车明显增多，国产中、低档汽车深受他们欢迎。

（三）合资中低端品牌汽车销量较差

合资中、低端品牌汽车价格适合中、低端收入人群，消费群体较大，受高端车降价、国产车发力两头挤压以及房价上涨等因素影响，汽车经销商的盈利空间不断收窄，部分公司只能靠售后服务、维修盈利。

三、2018 年贵州省市场增速回落的主要原因

对于贵州省的普通家庭而言，汽车消费是仅次于购房的第二大消费支出，因而购车需要综合考虑多方面因素。当前我省汽车市场保持在平稳增长的合理区间，但呈回落趋势，主要原因有以下几点。

（一）以贵阳市为中心的汽车行业规划布局欠合理

贵阳市是全省的政治、经济、交通、文化中心，单是汽车行业，基本上都集中在市区南部，特别是新车、二手车市场，都在花溪区境内，既不方便消费者，又制约了行业的正常发展。

（二）贵州省各地房价普遍上涨

购房作为家庭一笔最大的刚性支出，迅速增加了中、低群收入群体的压力，购房者成本增加，租房者租金增长，对家庭其他消费形成挤压效应。而对于高收入群体，近两年房产买入即涨价，将房产视作投资升值的重要渠道，使大量资金流入房产市场。而作为消费品的汽车，买来即贬值，加之高收入群体对汽车消费已趋于饱和状态。

（三）贵州个别地方还未脱贫

相比较发达省市，贵州省城乡居民收入不高且增速不稳定，制约了汽车等大额商品的消费力度。

（四）多种因素共存，购车意愿下降

汽车的主要功能是代步。当汽车不能发挥代步功能或有更好的代步工具时，其作用迅速下降。造成消费者购车意愿下降的因素主要有以下几个。

（1）快速发展的公共交通网络极大地代替了私人汽车的作用。已经开通运营的贵广、沪昆、渝贵和正在建设的成贵、贵南等高铁项目，兴义、铜仁、毕节、黎平等离贵阳较远的支线机场，贵阳一号地铁的开通及二、三号地铁的加快建设等，为贵州的广大群众出行提供了越来越方便快捷的交通服务。

（2）城市交通拥堵、停车难、停车贵等问题降低了消费者的购车意愿。城市交通拥堵日趋严重，公共停车位不足，出租车、滴滴打车等便捷服务为市民提供了交通保障。

（3）受汽车消费税率政策调整影响。自 2018 年 1 月起，汽车消费购置税恢复按 10% 税率征收，前期优惠政策取消，潜在购买力受到阻滞，市场需求趋于冷淡，部分消费者处于观望状态。

（4）新能源汽车的出现。国家鼓励发展新能源汽车，部分地区出台了相应政策，比如购买新能源汽车即可上新能源牌照，享受贵阳市专段号牌通行权，对传统燃油车辆竞争优势有一定影响。

（五）出省务工人员带动汽车购买力外流，农村市场未能有效释放。

贵州外出务工人员较多，均属于农村青壮年，且大部分分散在粤、闽、浙等地，在这些地区打工收入相对较高，他们经过一定时间的财富积累后，经济相对比较宽裕，有能力购买汽车，

以改变家庭的消费情况，为了方便，就直接在务工地购买汽车，导致汽车购买力外流。春节期间农村公路上大量外省车牌汽车，印证了这一点。

四、2018 年贵州省汽车市场发展

（一）乘用车市场仍有较大增长空间

中国汽车保有量较发达国家仍有很大差距，在近 10 年内还不能完全饱和。根据有关部门提供的信息，2017 年中国汽车保有量为 140 辆 / 千人，远低于世界平均水平，而贵州省的汽车保有量更低，千人汽车保有量不足 100 辆。市场销售潜力很大，仍有较大增长空间。

（二）大型项目有利于拉升商用车销量

通过有关资料获悉，2019 年贵州将开工的项目有：瓮安—黄平高速公路（长 40KM，投资 52 亿）、贵阳—金沙—古蔺（四川）高速公路（长 158KM，投资 114 亿）、铜仁—吉首（湖南）铁路（长 196 公里，投资约 110 亿），三个大型项目建设，需要大量运输车辆，将给贵州汽车市场带来商机。

（贵州省汽车流通协会）

2018 年汽车经销商集团百强专题研究报告

一、中国汽车流通行业与百强排行榜的发展与变革

1978 年，十一届三中全会拉开改革开放伟大实践序幕。1979 年，中国第一家合资汽车企业诞生；1994 年，第一部汽车产业政策颁布；1999 年，中国第一家品牌专营 4S 店在广州建立；2009 年，中国汽车新车销量超越美国，成为全球第一；2010 年，中升集团在香港上市成为 4S 店第一家上市公司；2011 年，庞大集团在 A 股上市，同年，广汇集团营业收入超过美国最大经销商集团 AutoNation 成为全球最大的经销商集团；2019 年，沐浴改革春风四十年光阴，中国汽车流通已砥砺前行二十载春秋！汽车从生产物资装备变为大众消费商品，流通从计划调拨指令变为市场要素流动，中国汽车流通在中国经济的参天大树上叶茂风华。

从 2009 年至今，中国汽车流通协会已连续十年发布中国汽车经销商集团百强排行榜。该排行榜由中国汽车流通协会打造，吸引了近百家社会媒体的关注，得到了各地汽车流通行业组织及全国汽车经销商集团的大力支持，尤其是得到了国家政府部门及汽车生产厂商、金融等相关服务机构的广泛认可。在社会与行业内引起了强烈反响。“中国汽车流通行业经销商集团百强排行榜”已成为中国汽车流通行业反映企业实力的最具权威性、最具影响力的全国性品牌活动之一。

二、百强排行榜全面特征分析

（一）十年发展：从“量变”到“质变”

汽车是国民经济四大战略支柱产业之一，汽车流通更是市场经济环境下衔接生产和消费的纽带，是汽车产业实现增加值的有效终端、是满足百姓美好汽车生活的重要途径。汽车流通助力社会经济发展、保障稳增长促消费目标实现，其社会价值与行业贡献不言而喻。宋涛先生精要概括了 2018 年度百强经销商集团的整体社会贡献和行业价值。一组重量级的数字，无不见证了百强经销商集团在中国汽车流通行业发展中起到的主体作用，也正是这些行业标杆、市场典范，推动着中国汽车市场不断繁荣与发展。中国汽车市场经过十年的高速发展，销量从 2008 年的 938 万辆，一跃发展到 2018 年的 2808 万辆；中国 4S 店总数，从 2008 年的 1.4 万家发展到 2018 年的 2.9 万家。

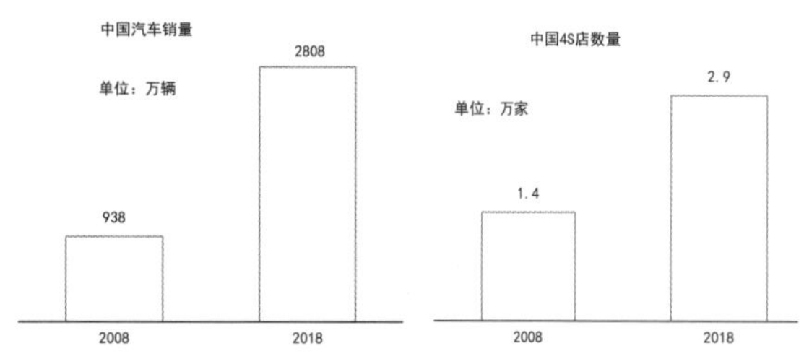

图 1　中国汽车销量和 4S 店数量

数据来源：中国汽车流通协会百强数据库

表 1　经销商集团经营和社会贡献

类别	指标	数值
经营管理类指标	收入总产值	16339 亿
	总资产投入	8511 亿
	整车销售（含二手车）	896 万
	售后服务入场台次	6102 万
社会责任类指标	4S 店网点数	6259 家
	就业总人数	46 万
	薪酬福利总额	454 亿
	税收贡献	4150 亿

（二）市场规模与综合指标的评述、经销商运营架构的系统化剖析

2018 年是转折和变革之年，对于汽车经销商来说是充满挑战的一年。从市场销量看，中国汽车销量经历了 28 年来首次负增长；从企业运营看，成绩突出，但尚有不足。

1. 规模：增量转存量，进入结构调整

（1）百强网点数下降、百强总营业收入下降。

（2）行业从快速发展转向结构性调整。

（3）百强销售台次依然保持增长（重点为二手车增长），行业集中度进一步提升。

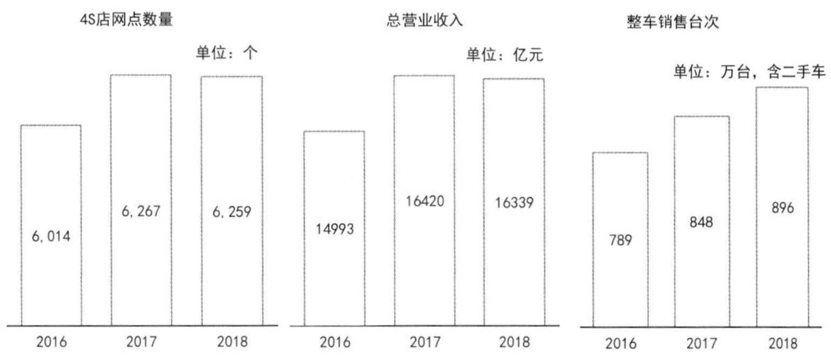

图 2　经销商百强规模变化

2. 盈利：盈利能力全方面下滑

（1）毛利率较 2017 年下滑 0. 6 个百分点，降至 8. 5%。

（2）净利润率较 2017 年下滑 0. 5 个百分点，降至 1. 6%。

（3）净资产收益率同比例下降 4. 7 个百分点，降至 9. 4%。

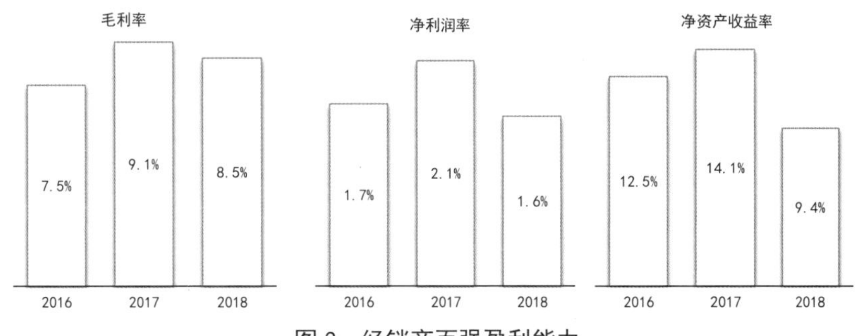

图 3　经销商百强盈利能力

3. 费用率：整体呈现上升趋势

（1）整体费用：上升 0. 5 个百分点。

（2）销售费用 / 管理费用：同比去年，增加 0. 3 个和 0. 2 个百分点。

（3）财务费用：财务费用率为 1. 1 个百分点，与 2017 年持平。

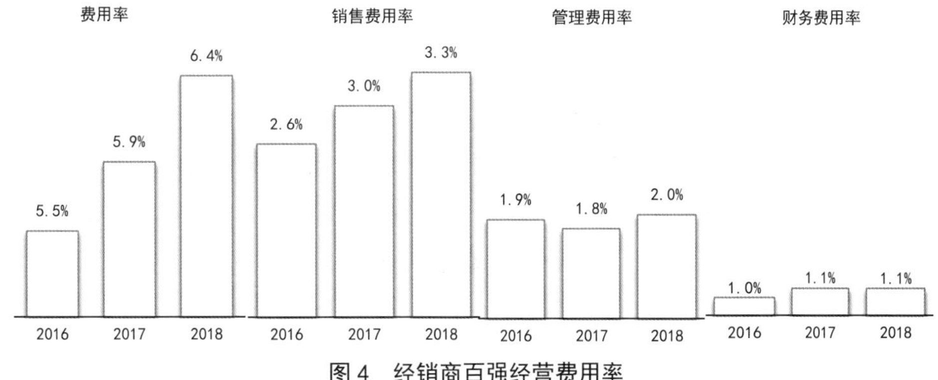

图 4　经销商百强经营费用率

4. 新车：销量及盈利下滑，库存增长

（1）销量下滑：新车销售台次出现 3. 9% 的下滑。

（2）盈利下滑：含返利的单车毛利率、含衍生的单车毛利率大幅下滑，分别降至 1.4%、4.1%。

（3）库存上升：由于新车销售受阻、厂家商务政策要求等因素影响，库存系数较 2017 年上升。

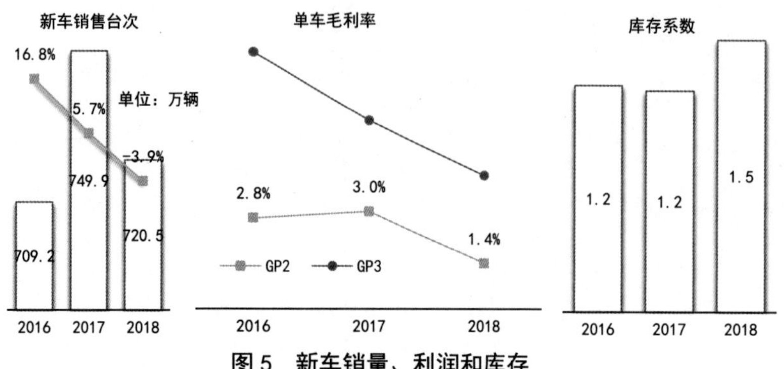

图 5 新车销量、利润和库存

5. 售后：单车产值毛利上升，但入场台次、客户下滑

（1）单车产值增加、单车毛利增加。

（2）售后入场总台次降低，客户流失率加大。

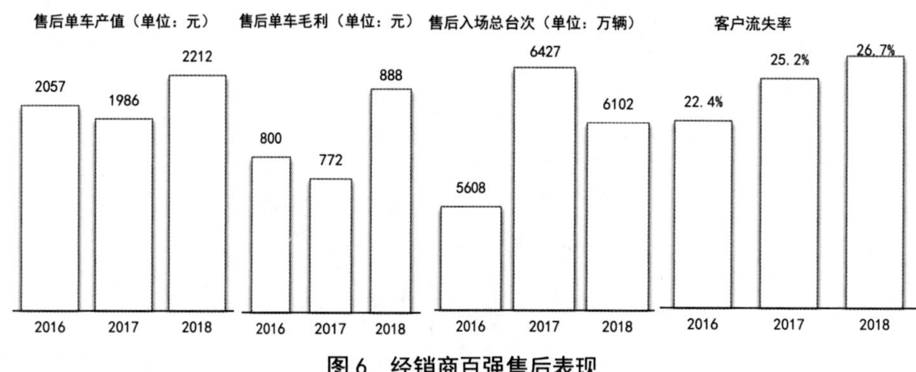

图 6 经销商百强售后表现

6. 二手车：价格及毛利下滑，销量增长

（1）价格微降：2018 年单台成交价相比 2017 年略有下降。

（2）毛利下滑：单台毛利下降明显，毛利率从 3.5% 降低到 2.7%。

（3）数量大升：二手车销售台次比 2017 年大幅增加。

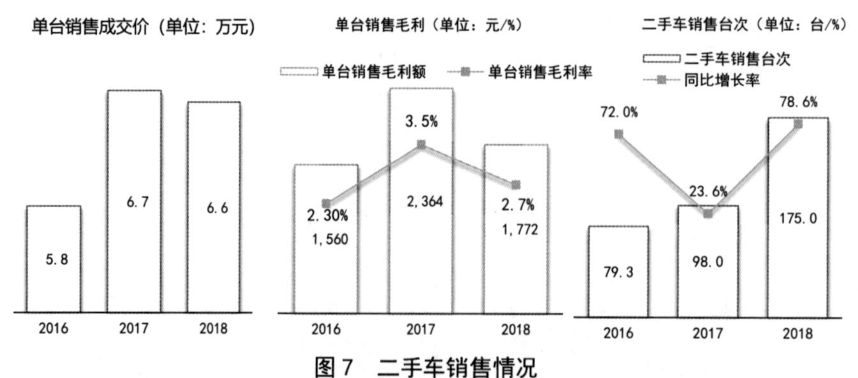

图 7 二手车销售情况

7. 衍生业务：整体增速放缓或略有下降

（1）精品：2018 年单车精品收入为 3,867 元，比 2017 年降低了 4.9%。

（2）金融：金融分期渗透率略有上升。

（3）保险：新保渗透率略有下降，客户粘性降低。

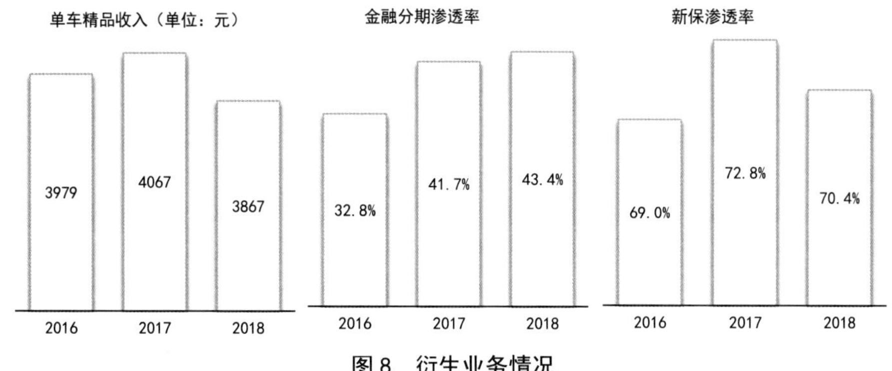

图 8　衍生业务情况

8. 人力资本：薪酬增加，效率降低

（1）数量：平均单店员工数量为 69.2 人，比 2017 年平均减少了 5 人。

（2）成本：人均薪酬相比 2017 年有大幅度上涨。

（3）效率：运营利润的降低，导致一元薪酬效率比 2017 年降低。

（三）规模化拓疆与区域化深耕、展现行业发展的多元精彩

表 2　区域龙头经销商集中度和占有率

省份	集团	区域布局集中度	省内占有率
河南	河南威佳	100%	6.50%
山东	山东远通	100%	6.60%
湖南	湖南兰天	100%	7.80%
安徽	安徽亚夏	100%	7.80%
内蒙古	利丰鼎盛	100%	12.10%
北京	祥龙博瑞	100%	11.70%
陕西	陕西汽贸	100%	12.10%
山西	山西大昌	100%	6.60%
江西	华宏汽车	100%	6.80%
广西	广西玉柴	100%	23.20%
重庆	百事达	95%	6.90%
福建	信达国贸	92%	7.10%
辽宁	沈阳大众	87%	7.20%
河北	蓝池集团	84%	4.40%
广东	广物汽贸	81%	9.10%
吉林	华阳集团	79%	6.00%
四川	四川华星	69%	2.90%
天津	天津浩物	67%	16.60%
贵州	贵州通源	65%	6.70%
云南	捷通达	63%	3.40%
江苏	万帮金之星	60%	6.50%
上海	上汽销	58%	20.60%
湖北	恒信汽车	43%	18.60%
黑龙江	运通集团	12%	4.80%
新疆	广汇汽车	11%	23.80%
海南	中升集团	4%	16.30%

过去十年，汽车经销商借助中国经济快速发展之契机、市场政策之红利，实现了经营规模与运营体量的快速增长，陆续诞生了一个个百亿级、乃至千亿级经销商集团，实现了“由小到大”“由弱转强”的华丽转身。但是，随着中国汽车从增量市场向存量市场的转变，在规模化运营开拓更大范围市场的同时，区域聚焦、龙头深耕也成为行业主体发展的一条极具特色之路，

百花齐放、百家争鸣的多元化行业发展之路显得尤为多彩。鉴于此，中国汽车流通协会监测并发布区域性经销商龙头企业标杆示范案例，为不同特色和类别的汽车经销商提供适应市场需求的转型借鉴。

图 9　区域龙头经销商分布

区域龙头经销商集团具备网点布局，具有非常显著的区域性特征、在省内 4S 店网点数明显超越绝大多数其他集团、集团在省内新车销量市占率处于较高水平和集团在省内布局网点数占集团网点总数的绝大部分的四个特征。

（四）客户价值创造

随着技术的发展，产品的均匀性（如产品质量、科技含量等）趋同越来越明显。企业之间的竞争不再仅仅取决于产品本身的竞争，服务已经成为企业竞争和生存的关键。而市场也正经历着一个“产品经济”向“服务经济”时代的转型。

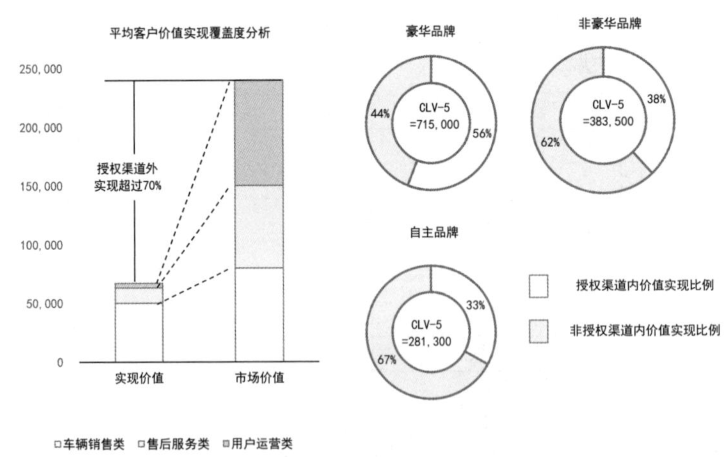

图 10　客户价值实现覆盖度分析（单位：元）

数据来源：国际四大咨询公司分析

在整个汽车流通环节中，汽车品牌和产品都是厂家的，对于经销商集团来说，唯一拥有的就是宝贵的客户资源。在过去，经销商利用厂家的品牌和产品就可以实现盈利，但在当前的存量市场中，必须充分重视并树立经销商集团自身的品牌形象，创造品牌价值，全心全意服务好客户，才是经销商集团经营的真正核心，才能使经销商集团在瞬息万变的市场竞争中立于不败之地。

基于国际四大咨询公司对当前中国汽车市场的客户价值分析结果发现：无论豪华品牌、非豪华品牌及自主品牌，其可实现的客户价值潜力巨大。以 5 年客户生命周期价值（CLV-5）为例，其中豪华品牌客户潜在价值最高，约 71 万，非豪华合资品牌其次，约 38 万，而自主品牌约 28 万。

但同时分析结果显示，由于目前以 4S 为主体的授权渠道客户运营能力较低，客户价值的实现程度仍然较低，豪华品牌价值实现程度最高（56%），非豪华品牌其次（38%），自主品牌为（33%）。

通过客户全生命周期的角度分析发现：客户价值涵盖从关注与兴趣的“粉丝”阶段到“品牌忠诚”阶段等 7 个主要价值链，共计 60 多个关键潜在价值点。其中，车辆销售类的客户价值是 4S 店在过去以新车销售导向的主要经营价值点；售后服务类的客户价值是 4S 店进一步进行精益化运营提升中需要重点关注的价值点；而客户运营类的价值点将是 4S 店未来向以客户价值导向的转型升级过程中需要业务创新的价值点。

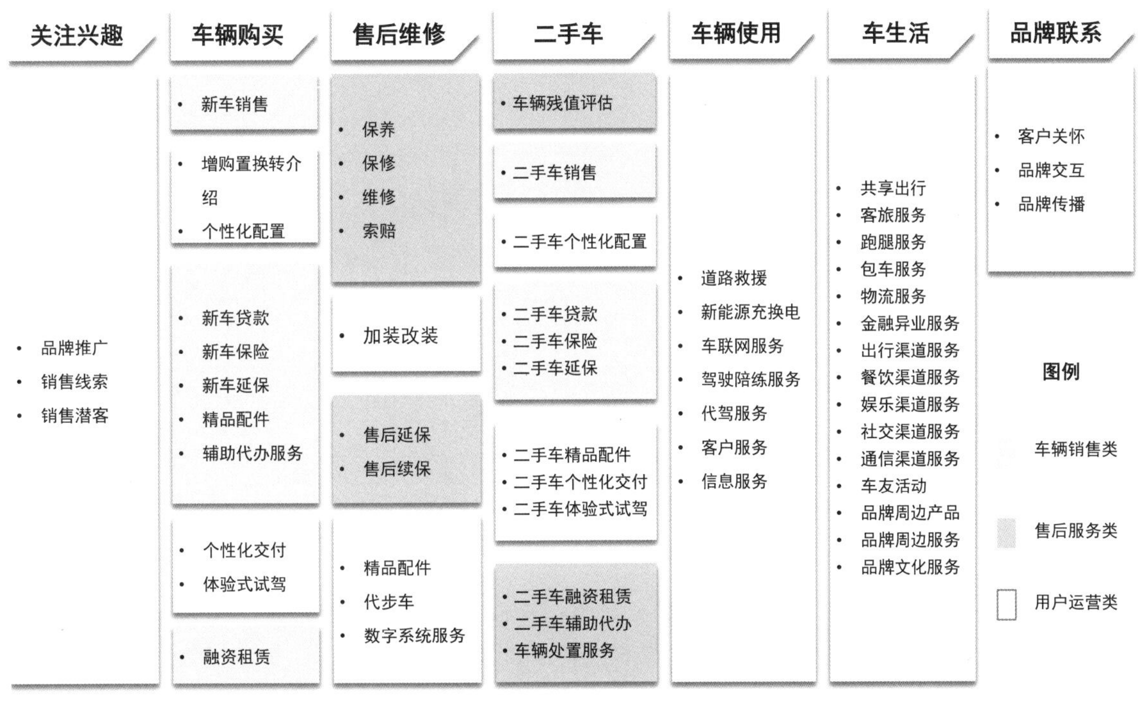

图 11 客户全生命周期价值点分析

中国汽车市场流通领域正处于行业裂变及运营变革期，客户价值经营潜力巨大，由过去以“产品及服务交易驱动”转型为“客户价值经营驱动”将是广大经销商及经销商集团在未来 10 年推动企业成长的“新引擎”。当前，广大经销商及经销商集团亟须基于其业务单元的运营能力、门店网络的布局、品牌资源及区域性资源，明确未来以价值为驱动的客户生态战略，建立敏捷高效的客户运营能力，实现客户全生命周期价值，打造“客户致胜、价值创造”的未来型汽车服务企业。

三、2019 中国汽车品牌竞争力研究报告

2018-2019 年两年时间，汽车品牌发生的兼并重组、新能源布局、品牌进入及退出的变化，向市场传递了品牌合众连横将成为经营常态的讯号，汽车市场的变化不仅仅体现在经销商的经营压力和困难，品牌之间的变化也同样是高频次的，因此经销商准确识别品牌的发展潜力和前景，进而调整经营节奏和重点成为重要的事情。

（一）业务规模

1. 店均营业总收入

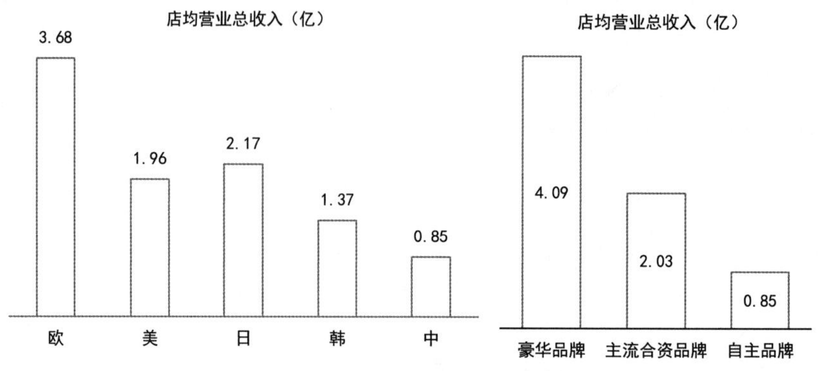

图 12　分国别品牌店均营业总收入

欧系品牌的店均营业总收入最高，其次是日系和美系品牌，韩系和中系品牌最低。豪华品牌店均营业总收入两倍于主流合资品牌，四倍于自主品牌。

2. 店均新车销售规模

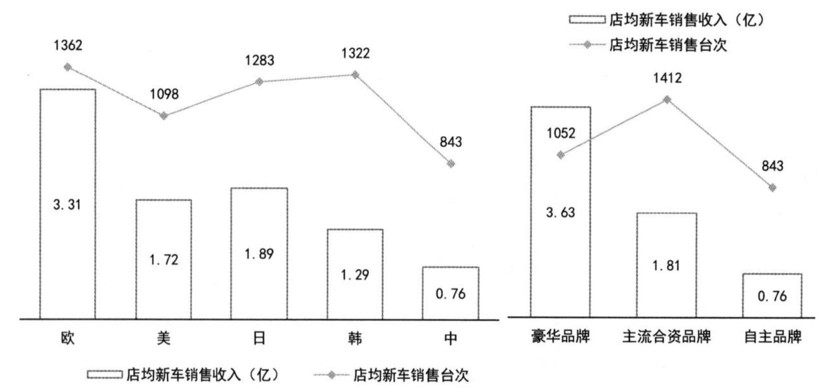

图 13　分国别品牌店均新车销售规模

欧系品牌店均新车销售收入和店均新车销售台次均最高，中系均最低；豪华品牌店均新车销售收入最高，主流合资品牌店均新车销售台次最高。

3. 店均售后服务规模

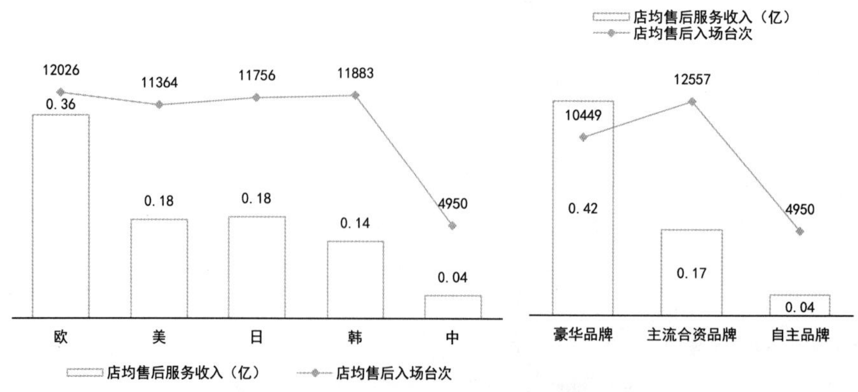

图 14　分国别品牌店均售后服务规模

店均售后服务收入，欧系最高，中系最低；欧系、美系、日系及韩系店均售后入场台次基本持平。主流合资品牌的售后入场台次高于豪华品牌 20%，而服务收入低于豪华品牌 60%。

（二）盈利能力

1. 店均税前利润及税前利润率

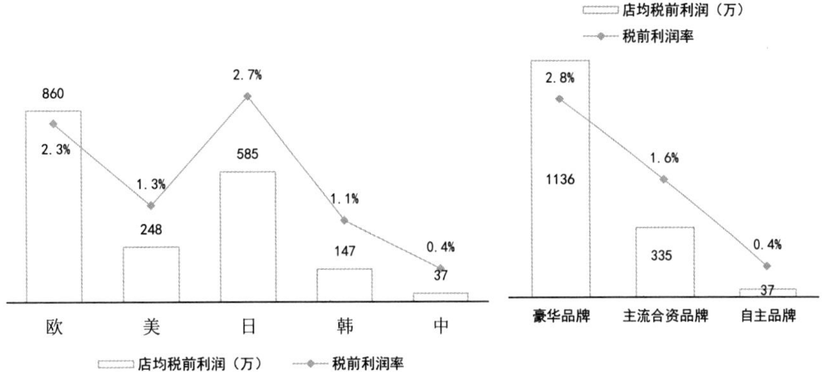

图 15　分国别品牌店均税前利润及税前利润率

欧系、日系品牌店均税前利润远高于美系、韩系和中系品牌。豪华品牌远超主流合资品牌和自主品牌。日系、欧系税前利润率超过 2%，豪华品牌税前利润率最高。

2. 店均新车销售盈利

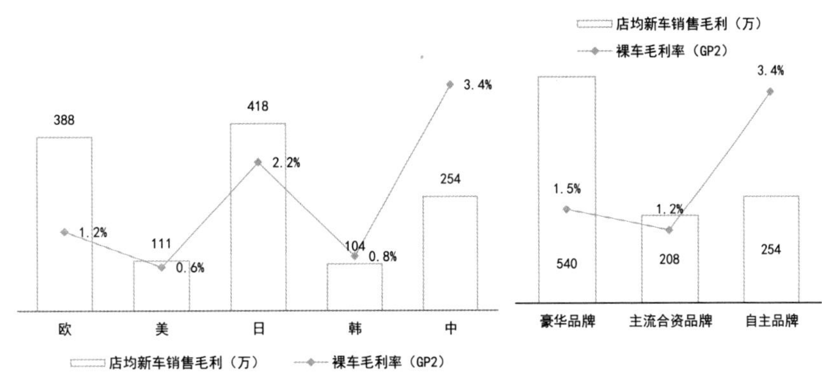

图 16　分国别品牌店均新车销售盈利

新车销售板块，日系、欧系和中系的盈利能力相对较好。自主品牌的裸车毛利率（GP2）表现最好，主流合资品牌表现最差。

3. 店均售后服务盈利

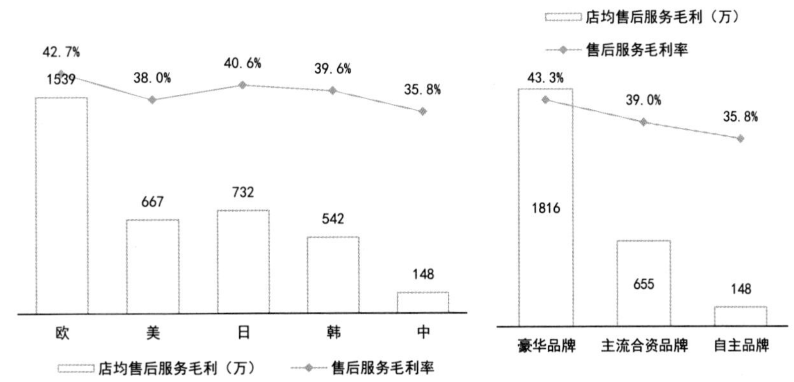

图 17　分国别品牌店均售后服务盈利

各系别品牌店均售后服务毛利的差异显著，但售后服务毛利率水平差异不明显。豪华品牌在售后服务盈利上的水平远远高于主流合资品牌和自主品牌。

4. 费用率

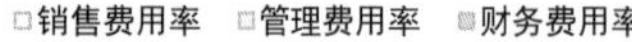

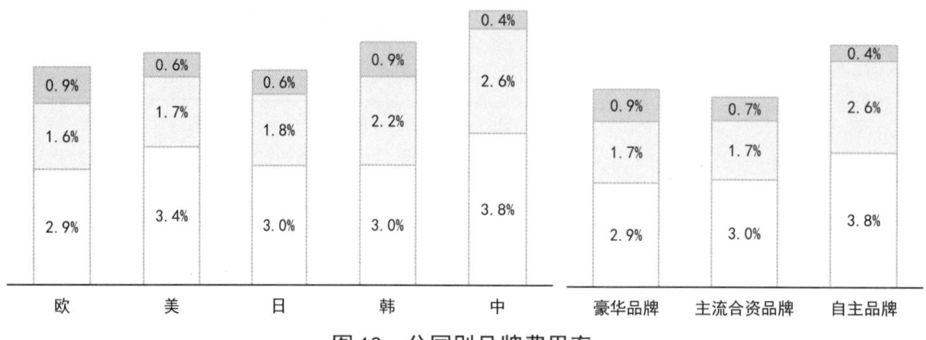

图 18 分国别品牌费用率

由于店均总收入大幅低于其他系别，导致中系品牌的费用率最高；同样，欧系、日系品牌店均总收入高于其他品牌，导致费用率相对较低。

（三）运营管理

各系别毛利结构差异较大，欧系品牌售后毛利占比最高，中系品牌新车毛利占比最高，美系和韩系品牌毛利更多来源于售后和衍生。豪华品牌毛利结构与日系品牌毛利结构相似，毛利结构分散且均匀。

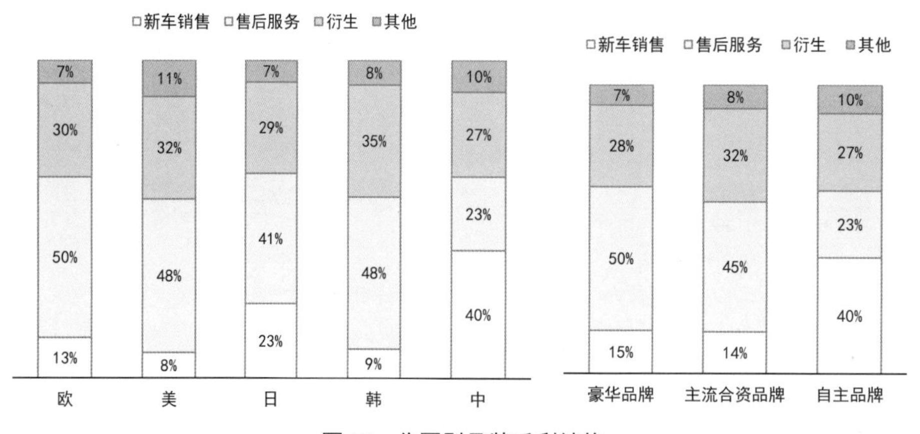

图 19 分国别品牌毛利结构

从报告中，我们发现中系、韩系品牌库存系数最高，欧系、美系其次，日系最低。豪华品牌和主流合资品牌库存深度基本一致。

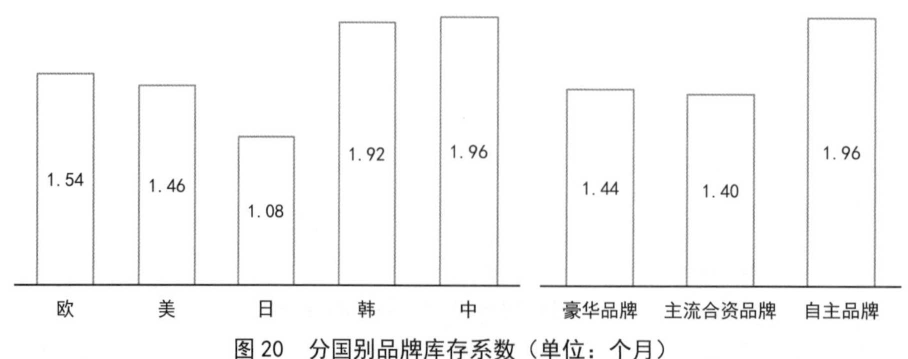

图 20 分国别品牌库存系数（单位：个月）

欧系品牌的零服吸收率最高为 73.6%，随后依次是日系、韩系、美系、中系。豪华品牌的零

服吸收率最高为 76.3%，主流合资品牌不足 60%，自主品牌相差甚远。

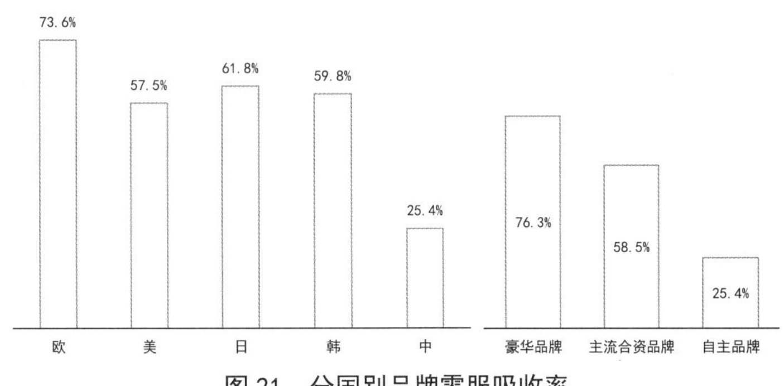

图 21 分国别品牌零服吸收率

（四）税前利润率

2018 年各品牌根据税前利润率、库存系数、销量分析得到的逻辑矩阵图。这些矩阵图，精准传递了不同品牌的综合竞争力。有些是位于第一象限的卓越品牌，还有些是位于第三象限的危险品牌。位于第三象限的危险品牌，一定要在 2019 年与经销商保持良好的伙伴关系，把经销商的生存当成头等大事，杜绝“压库存”这种自杀式增长的经营管理方式。从综合能力表现来看，雷克萨斯、广汽丰田、吉利分别位列豪华品牌、主流合资品牌、自主品牌榜首位置。

1. 方法论：用逻辑矩阵分析法展示各品牌的市场表现

关键指标选择：2018 年税前利润率、库存系数、品牌销量。

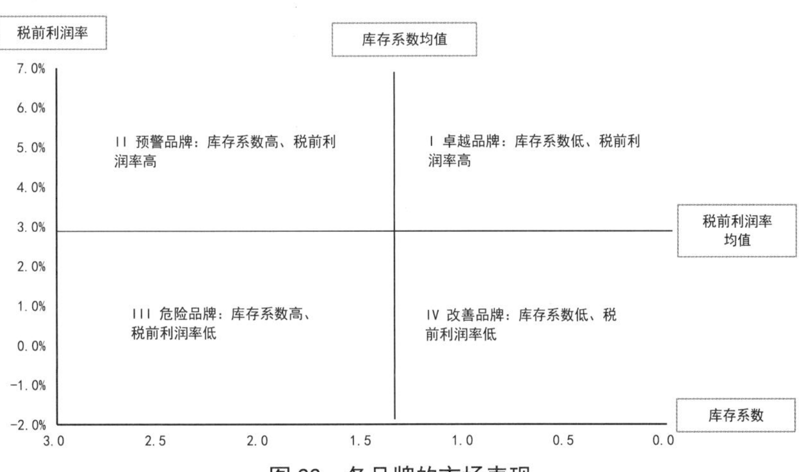

图 22 各品牌的市场表现

2. 豪华品牌

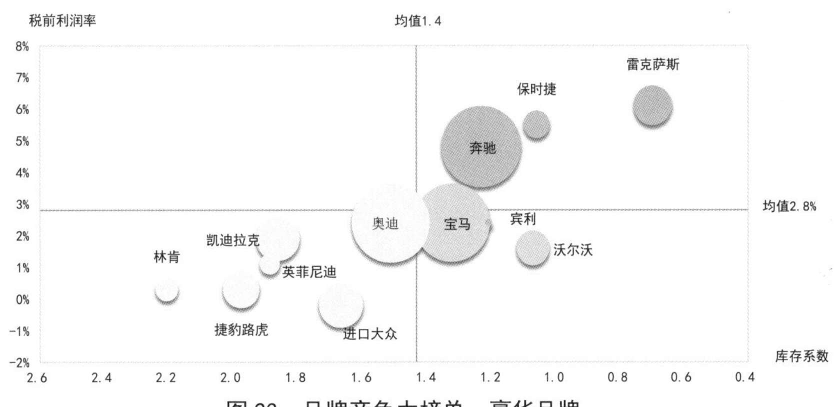

图 23 品牌竞争力榜单—豪华品牌

3. 主流合资品牌

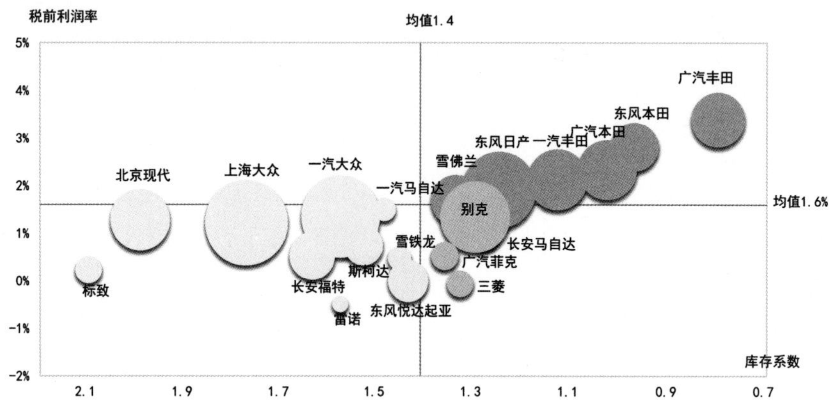

图 24　品牌竞争力榜单—主流合资品牌

4. 自主品牌

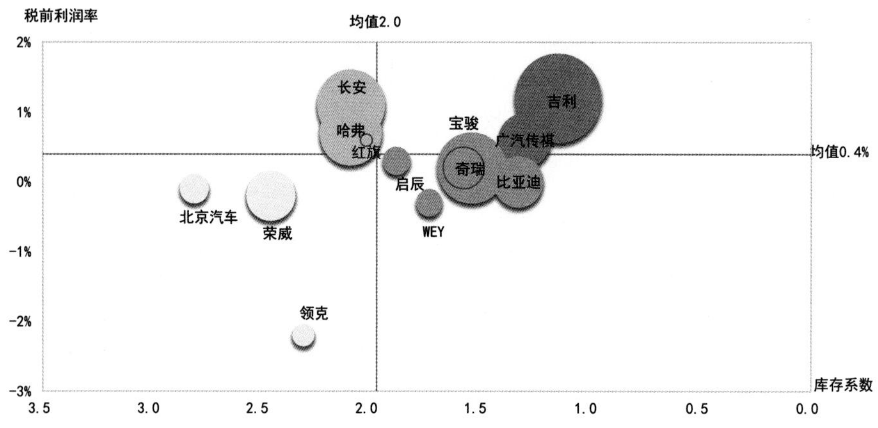

图 25　品牌竞争力榜单—自主品牌

2018年经销商库存指数及预警

一、2018年经销商库存系数分析

2018年中国汽车经销商平均库存系数为1.73，相比2017年的1.53，同比上升13.0%，全年各月的库存系数均大于1.5。

（一）2017-2018年度中国经销商库存系数

2018年全年汽车经销商库存压力都较大，开年伊始库存系数就在警戒线以上，6月份更是达到了1.93的高度，并且下半年的库存水平高于上半年，除8月库存系数为1.66外，6月到12月库存系数均在1.7以上。

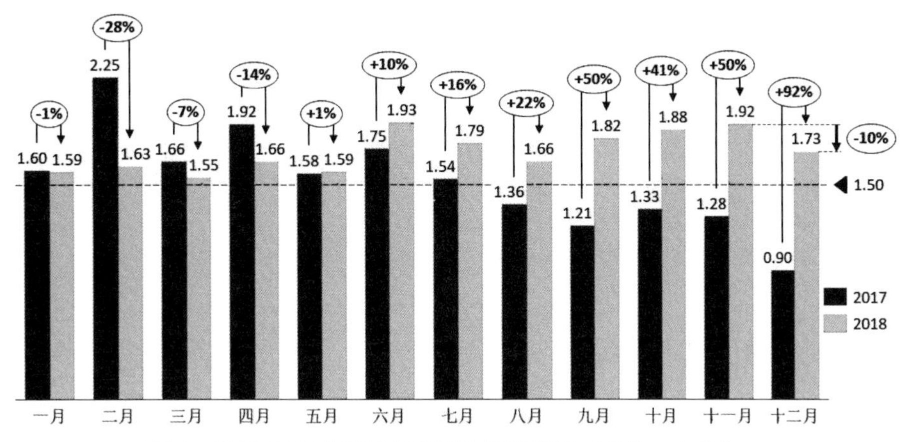

图1 2017-2018年度中国经销商库存系数（单位：个月）

（二）合资、高端豪华＆进口、自主品牌的平均库存系数均上升

调查结果显示，2018年，合资、高端豪华＆进口品牌、自主品牌平均库存系数相对2017年均有所上升，且均位于警戒线以上。

主流合资品牌2018年平均库存系数为1.64，较2017年同比上升21.5%；高端豪华＆进口品牌2018年平均库存系数为1.63，较2017年同比上升28.4%；自主品牌2018年平均库存系数为2.03，较2017年同比上升12.8%。

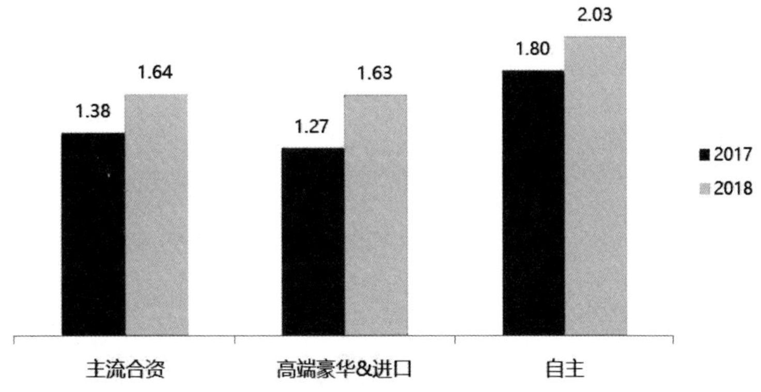

图2 2017-2018年合资、高端豪华＆进口、自主品牌的平均库存系数（单位：个月）

2018年，高端豪华＆进口品牌、主流合资品牌均有10个月库存系数位于警戒线以上，自主

品牌全年各月库存系数均位于警戒线以上。

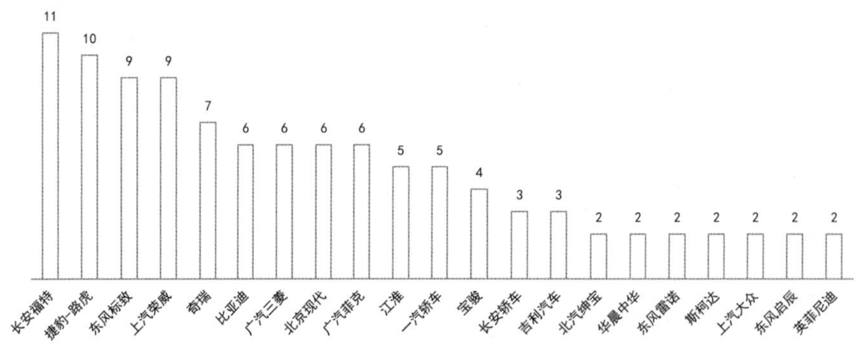

图 3　2018 年库存系数超过 2.0 的品牌所占月数（单位：月）

2018 年，多个品牌库存系数超过 2.0，其中长安福特有 11 月的库存系数超过 2.0，捷豹 - 路虎有 10 个月库存系数超过 2.0，东风标致和上汽荣威有 9 个月库存系数超过 2.0，奇瑞、比亚迪、广汽三菱、北京现代、广汽菲克、江淮、一汽轿车都有 5 个月以上库存系数超过 2.0。

二、2018 年经销商库存预警分析

2018 年，汽车经销商库存预警指数全年都在警戒线以上，且 1 月、6 月、7 月、8 月、9 月、10 月、11 月、12 月库存预警指数均高于 2017 年。

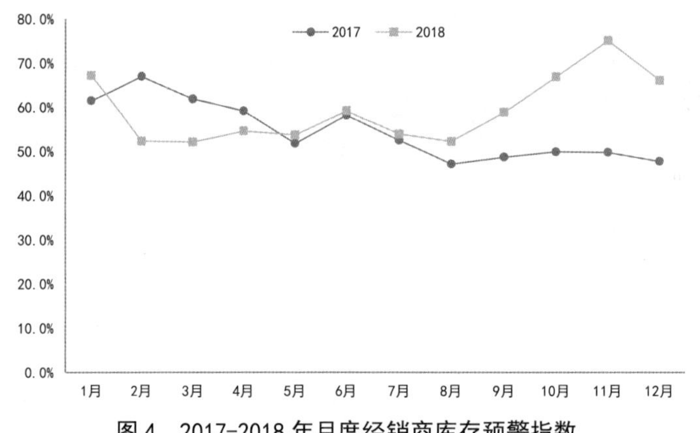

图 4　2017-2018 年月度经销商库存预警指数

从 2018 年库存预警指数可以看出，2018 年下半年经销商库存压力较大。2018 年，汽车经销商年平均库存预警指数为 59.33%，相比 2017 年上升 4.7 个百分点。

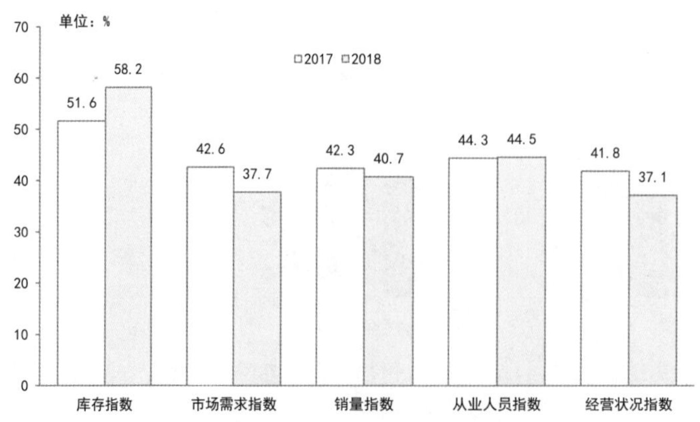

图 5　2018 年经销商库存预警分指数图

2018 年，经销商平均库存量指数为 58.2%，相比 2017 年上升 6.6 个百分点，市场需求指数、平均日销量指数、经营状况指数均低于 2017 年。

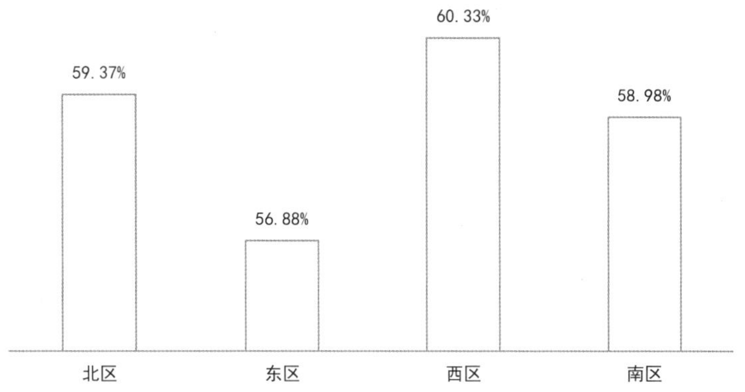

图 6 2018 年库存预警区域分指数情况

2018 年，西区平均库存预警指数高于其他各区。东区平均库存预警指数为 56.88%，北区平均库存预警指数为 59.37%，南区平均库存预警指数为 58.98%，西区平均库存预警指数为 60.33%。

区域划分标准：

北区包含省份及地区：北京、河北、河南、黑龙江、吉林、辽宁、内蒙古、山西

南区包含省份及地区：福建、广东、广西、海南、湖北、湖南、江西

东区包含省份及地区：安徽、江苏、山东、上海、天津、浙江

西部包含省份及地区：甘肃、贵州、陕西、四川、新疆、云南、重庆、宁夏、青海、西藏

库存系数及库存预警指数调查对象及范围：

2018 年，库存系数的调查对象以中国汽车流通行业百强经销商集团为主，通过组织地方经销商沙龙等活动增加单店样本；调查范围涉及 4S 店近 2000 家，覆盖全国大部分省份；调查的品牌涵盖国内市场上主要量产销售的品牌 55 个品牌，包括进口品牌，合资品牌，自主品牌。

2018 年全国经销商经营状况调查

2018 年，汽车消费市场出现新世纪以来首次负增长，大部分经销商处于亏损状态。传统经销商业务盈利能力下降，市场竞争加剧，全年经销商库存系数、预警指数均处于高位，经销商生存压力极大，经销商亏损导致退网的情况时有发生，中国汽车市场将面临深度调整。本次调查于 2019 年 1 月正式启动，历时一个多月，覆盖了 30 余家汽车经销商集团，超过 1200 个单店经销商，共回收有效问卷 1127 份。

中国汽车流通协会正式发布《2018 年全国汽车经销商经营状况调查主要发现》。调查显示，2018 年经销商总体满意度得分为 79.3 分，比去年大幅下降 5.5 分。

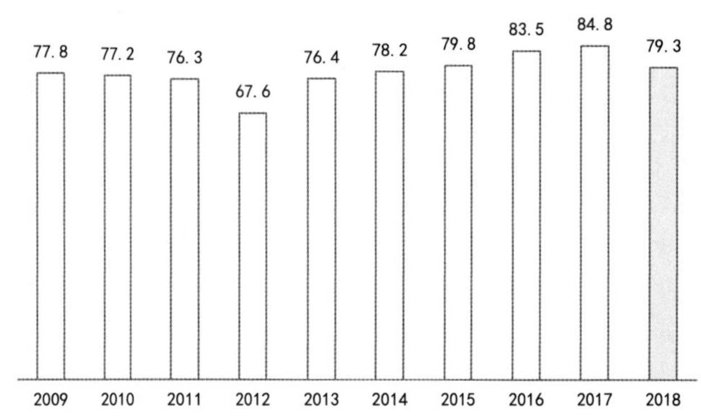

图 1　2009 年 -2018 年经销商总体满意度情况

一、2018 年经销商满意度

调查结果显示，2018 年经销商总体满意度为基本满意，为 79.3 分。从品牌类型来看，合资、高端、自主品牌的满意度均有不同程度下降。其中高端 / 进口品牌的得分最高，为 85.0 分，下降 0.9 分；合资品牌得分最低，为 77.2 分，同时下降幅度最大，降幅达到 6.0 分。总体来看，2018 年，经销商生存压力较大，盈利能力亟待提升。

二、2018 年经销商经营数据

根据中国汽车流通协会最新统计数据，截至 2018 年末，全国乘用车 4S 经销商数量为 29637 家，同比增长 3.8%，增速下降 3.6 个百分点。

据调查，2018 年经销商平均员工人数为 79 人，其中管理人员数量平均为 13 人；新车销售人员数量平均为 18 人；二手车业务人员数量平均为 2 人；售后服务顾问人数平均为 12 人，技工人数平均为 17 人。

另外，据调查，2018 年新车的平均销量为 1376 辆；平均收入为 1.63 亿元；平均毛利率仅为 0.4%，而上一年度平均毛利率为 5.9%，新车销售几乎无利润可言；平均金融保险收入为 271 万元。

2018 年二手车的平均销量为 98 辆，平均收入为 604 万元，平均毛利率为 6.0%，平均二手车置换比例为 7.4%，平均本品牌认证二手车占比为 40.0%，平均库存周期为 19 天。

2018 年售后的平均入场台次为 8901 辆，平均售后产值为 1125 万元，其中平均备件收入占比 38.3%，平均售后毛利率 35.0%，平均客单价为 1354 元。

三、2018 年经销商经营状况分析

据调查，2018 年全年的库存水平比去年增高，经销商压力增大。据调查，2018 年库存系数在 1.2 个月以上的经销商占比 79.1%，较去年增加 16.4 个百分点。库存系数在 1.2-1.5 个月范围的经销商占比增加明显，增加 10.9 个百分点。

在营业收入方面，经销商的收入均超过 1000 万元。2018 年营业收入在 1-3 亿元范围内的经销商占比最多，为 52.0%，其中新车收入占总收入的比例依然最高，其次是售后收入，占比 19.6%。

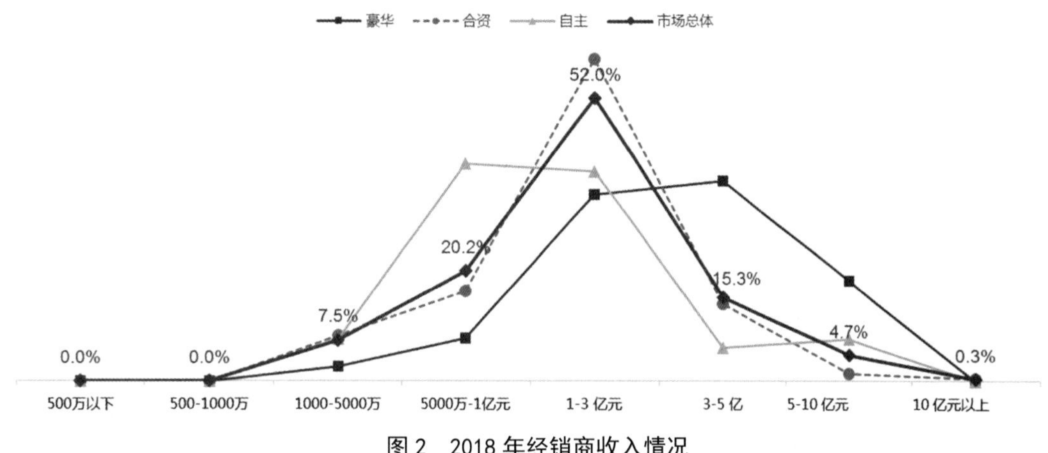

图 2　2018 年经销商收入情况

在盈利情况方面，相比 2017 年，2018 年经销商的亏损面扩大至 39.3%，亏损比例大幅增加。而盈利经销商比例仅为 33.6%。导致这一变化的主要原因是经济环境下行，消费者消费信心不足，再加上购置税政策的退出，消费需求提前释放等多重因素影响，乘用车销量出现下滑。

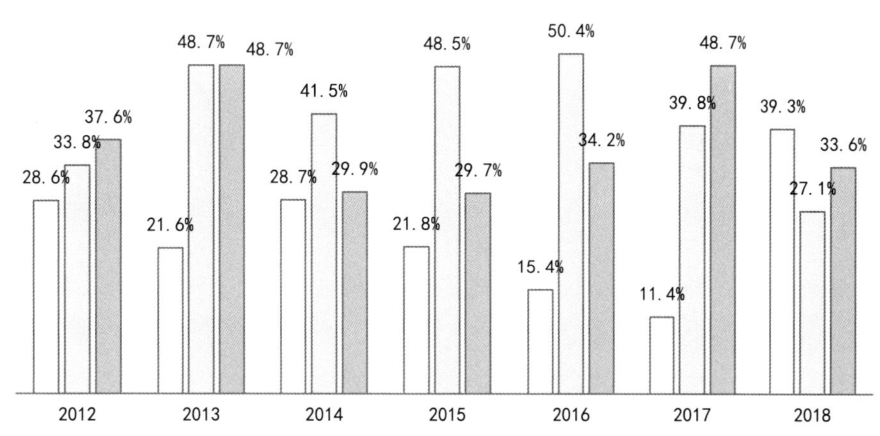

图 3　2012-2018 年经销商盈利状况

通过调查还发现，2018 年维修利润占总利润的比例与新车销售利润基本持平，其中自主品牌的新车销售利润占总收入的比例最高，而豪华、合资品牌的维修保养利润占比最高。

另外，我们还关注了经销商 2018 年遇到的经营困难和压力。通过调查反馈：市场环境差、库存压力大、市场竞争激励、新车利润低、成本上涨、盈利困难等是困扰经销商的主要因素。经销商希望厂家能够制定并落实好区域管控措施，减少库存，增加返利。另外，一部分经销商还认为厂家在制定任务指标、新产品更新等方面有待改进。

第4部类

新能源汽车市场

DISIBULEI | XINNENGYUANQICHESHICHANG

2018 年中国新能源汽车市场

近年来，在一系列政策扶持以及全行业共同努力下，中国新能源汽车产业逐步形成可持续的发展模式，整体水平得到明显提升，市场规模保持全球领先。新能源汽车发展基础逐步巩固，产业进入提质增量发展的新阶段。

一、中国新能源汽车市场渗透率逐年提升

全球新能源汽车市场排名中，中国已连续四年位居世界首位，市场份额保持稳步提升。根据中国汽车工业协会统计，2018 年中国新能源汽车销售 126 万辆，同比增长 61.7%，高于全球新能源汽车整体增幅，占全球的比例达 61%。在汽车整体市场中，中国新能源汽车市场渗透率（占汽车整体市场比重）逐步小幅攀升，2017 年新能源汽车占比仅 2.69%，2018 年提至 4.5%。根据公安部最新数据统计，截至 2019 年 6 月，中国汽车保有量达 2.5 亿辆，新能源汽车保有量 344 万辆，占汽车总量的比例仅为 1.37%。

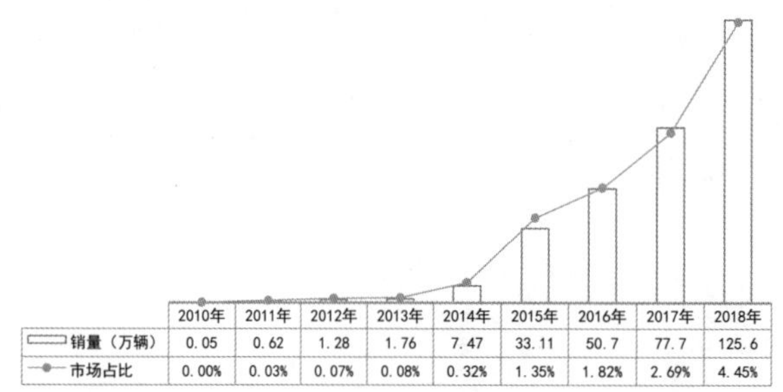

	2010年	2011年	2012年	2013年	2014年	2015年	2016年	2017年	2018年
销量（万辆）	0.05	0.62	1.28	1.76	7.47	33.11	50.7	77.7	125.6
市场占比	0.00%	0.03%	0.07%	0.08%	0.32%	1.35%	1.82%	2.69%	4.45%

图 1　2010 年 -2018 年中国新能源汽车销量及市场渗透率

数据来源：中国汽车工业协会

二、车型结构：乘用车电动化发展提速，商用车市场增速放缓

在新能源汽车相关支持政策激励下，新能源汽车市场呈现持续增长态势，车型结构分布特征日渐明显，乘用车、商用车市场呈现差异化发展态势。

（一）新能源乘用车：市场渗透率提升，产品向品质化发展

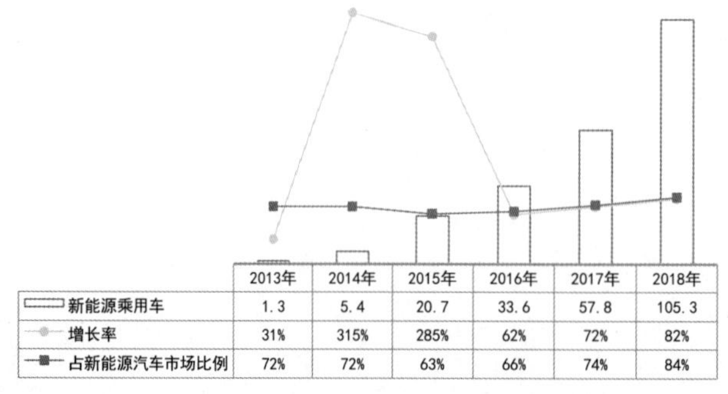

	2013年	2014年	2015年	2016年	2017年	2018年
新能源乘用车	1.3	5.4	20.7	33.6	57.8	105.3
增长率	31%	315%	285%	62%	72%	82%
占新能源汽车市场比例	72%	72%	63%	66%	74%	84%

图 2　2013-2018 年新能源乘用车销量走势及占比情况（单位：万辆）

数据来源：中国汽车工业协会

1. 乘用车电动化进程加快，成为市场增量主力

2009 年以来，中国新能源乘用车累计推广超过 200 万辆，占比超过 70%。根据中国汽车工

业协会统计，2018 年新能源乘用车销售 105.3 万辆，增长 82%，高于新能源汽车整体市场 62% 的增速，所占比例由 2016 年的 66% 提至 2018 年的 84%。在乘用车整体销量中，新能源乘用车占乘用车整体市场比例也逐步提高，由 2015 年的 1% 提至 2018 年的 4.4%。

2. 插电式混动乘用车市场份额小幅提升，量产车型逐步增多

根据机动车出厂合格证统计，2018 年中国纯电动和插电式乘用车产量分别为 75 万辆、25.4 万辆，比例约 3:1。从历年市场分布看，插电式混动乘用车市场规模呈现稳步提升态势，由 2014 年的 1.7 万辆逐年提至 2018 年的 25 万辆水平。另一方面，根据 2018 年第 5 批 -2019 年第 3 批《新能源汽车推广应用推荐车型目录》统计，插电式混动乘用车车型累计已有比亚迪、吉利、沃尔沃、宝马、上汽、长城等约 24 个企业的 138 款。其中包括上汽大众途观 L、比亚迪系列、吉利帝豪等超过 40 个车型已实现规模化量产。未来随着技术不断迭代积累，产品综合性能更加实用化，市场主流车型应用规模相应大幅提高。

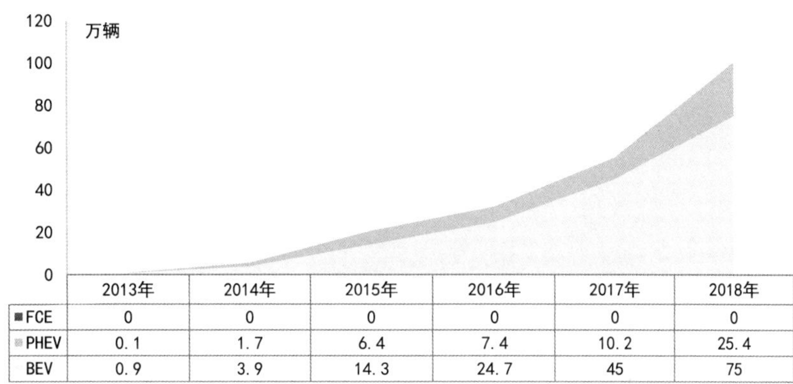

	2013年	2014年	2015年	2016年	2017年	2018年
FCE	0	0	0	0	0	0
PHEV	0.1	1.7	6.4	7.4	10.2	25.4
BEV	0.9	3.9	14.3	24.7	45	75

图 3　2013-2018 年不同动力类型新能源乘用车销量分布

数据来源：中国汽车工业协会

3. 长续航里程纯电动乘用车车型数量快速增长

根据 2018 年第 5 批 -2019 年第 3 批《新能源汽车推广应用推荐车型目录》分析，车型续航里程集中分布在 300 公里以上，车型数量达 499 个，占纯电动乘用车车型的 69%，且续航里程最高可达 520 公里。其中续航里程超过 350 公里的车型有 268 个，占比 37%；续航里程超过 400 公里车型有 188 个，主要包括比亚迪、北汽新能源、威马、野马、观致、江淮、豪情等企业车型。

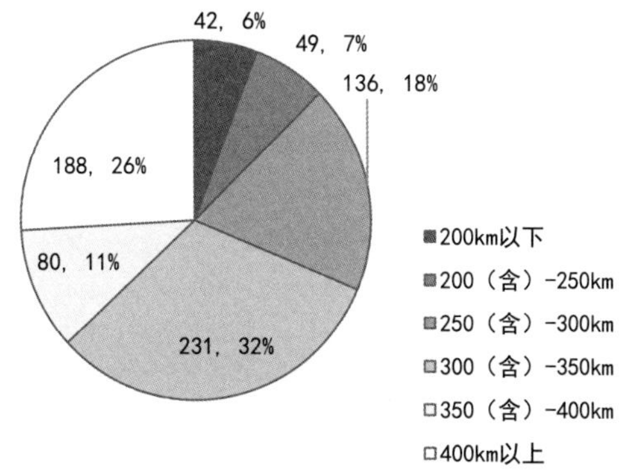

图 4　2018 年 5 批 -2019 年 3 批纯电动乘用车不同续驶里程区间车型数量分布

数据来源：中汽中心根据公开资料整理

4. 主流车型由小型化向中大型车过渡

2018 年新能源乘用车市场主力产品呈现大型化、品质化趋势。根据机动车保险数据统计，2018 年新能源乘用车 A00 级车型市场规模占比约 32%，较之 2017 年（56%）下降约 24 个百分点；

A0 级及 A 级车型市场规模合计占比 35%，成为乘用车市场主力，较之 2017 年占比提升近 9 个百分点；B 级及 C 级车逐步实现规模增长，2018 年销量超过 1 万辆，占比近 1%；SUV 车型市场规模占比约 26%，较之 2017 年（14%）增长近 12 个百分点。

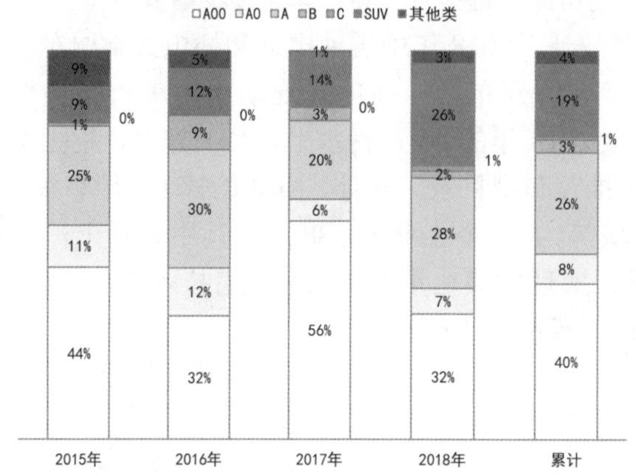

图 5　历年新能源乘用车不同车型级别市场规模占比

数据来源：机动车保险数据

分不同动力类型看，车型级别呈现差异化分布特点，其中纯电动乘用车车型以 A00 级别为主，占比 41%，A0 级及 A 级车占比分别为 24%、8%；插电式乘用车车型以 A 级及以上车型为主，A 级车占比 45%；B 级以上车型占比近 13%；SUV 车型规模仅次于 A 级车，占比约 42%，其中还包括比亚迪唐、宋 MAX、蔚来 ES8、途观 L 等中大型产品。

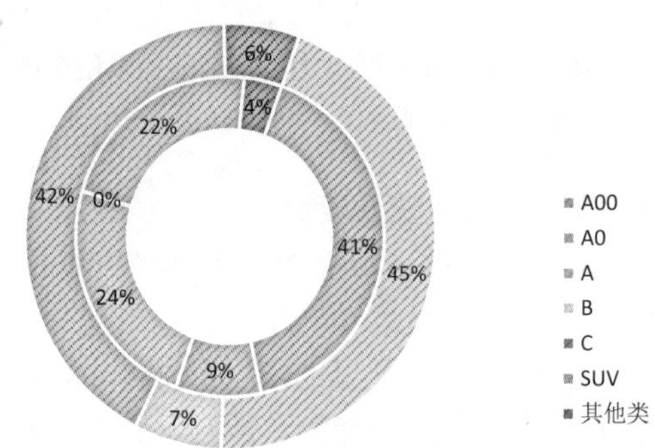

图 6　2018 年新能源乘用车不同车型级别市场规模占比（PHEV 外圈、BEV 内圈）

数据来源：机动车保险数据

（二）新能源客车：整体市场趋于稳定，10 米以上车型超半成

1. 市场规模维持 10 万辆水平，所占比例约 22%

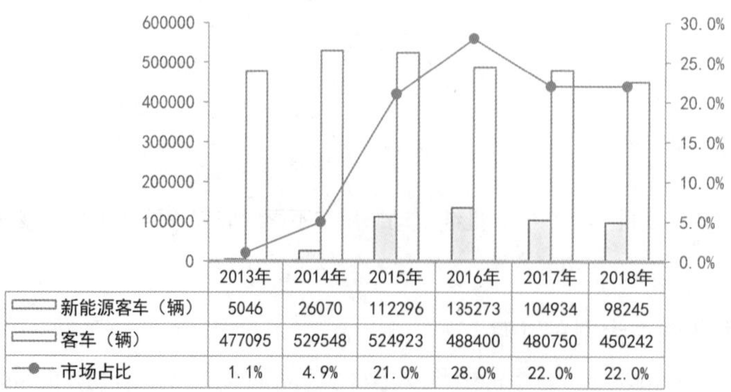

	2013年	2014年	2015年	2016年	2017年	2018年
新能源客车（辆）	5046	26070	112296	135273	104934	98245
客车（辆）	477095	529548	524923	488400	480750	450242
市场占比	1.1%	4.9%	21.0%	28.0%	22.0%	22.0%

图 7　历年新能源客车及市场渗透率变化

受益于各地公交电动化政策，客车领域新能源化进程加快。根据交通运输部统计，截至2018年底，中国客车保有量超过140万辆，新能源客车保有量超过40万辆，客车新能源化率近30%。从年度销量走势看，近两年新能源客车呈现增长乏力态势。2013-2016年，新能源客车占客车整体市场的比例从1%增长到最高约28%，2017-2018年市场小幅下滑，占比降至22%，年均规模在10万辆水平。其中2018年产量降至9.8万辆，下降7%。一是由于成本短期难以下降、补贴退坡导致市场有所下滑；二是新能源客车市场需求单一，现有产品难以满足长途客运等领域需求，导致市场需求主要集中在城市公交领域，目前一线城市公交基本替换完成、二三线城市增长乏力。

2. 10米以上大型车占据市场主导地位，规模超过5万辆

从历年新能源客车产量趋势看，中国8-10（含）米新能源客车车型占比逐渐提升，6-8米车型逐步退出。根据机动车出厂合格证数据统计，2018年8-12（含）米新能源客车占比约96%，与2017年基本持平。其中8-10（含）米新能源客车车型产量4万辆，占比41%，较之2017年（36%）提高约5个百分点；10-12（含）米车型产量5.4万辆，占比55%，较之2017年（60%）下降5个百分点；6米以下及12米以上车型产量占比不足1%。

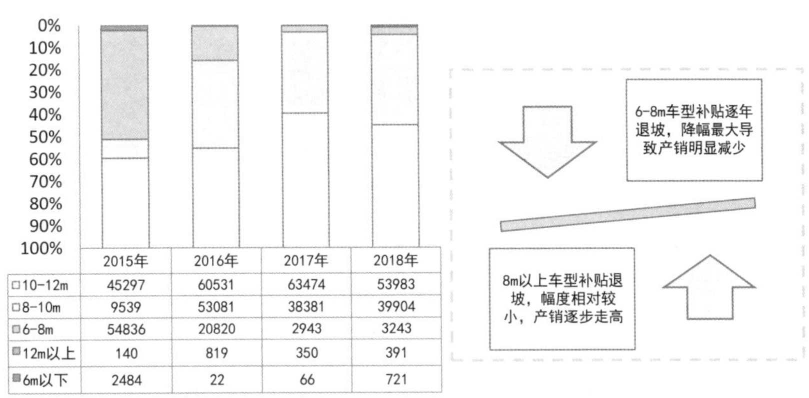

	2015年	2016年	2017年	2018年
10-12m	45297	60531	63474	53983
8-10m	9539	53081	38381	39904
6-8m	54836	20820	2943	3243
12m以上	140	819	350	391
6m以下	2484	22	66	721

图8　2018年新能源客车不同车长分布（单位：辆）

数据来源：机动车出厂合格证数据

分动力类型看，纯电动客车以8-12米车型为主，插电式混动客车以10-12米车型为主，燃料电池客车主要是8-10米车型。其中，纯电动客车主要受补贴政策影响较大：自2016年6-8米纯电动客车补贴额大幅降低，该车型市场迅速萎缩。插电式混合动力客车受政策影响相对较小，市场需求集中在10-12米城市公交及公路客运领域。

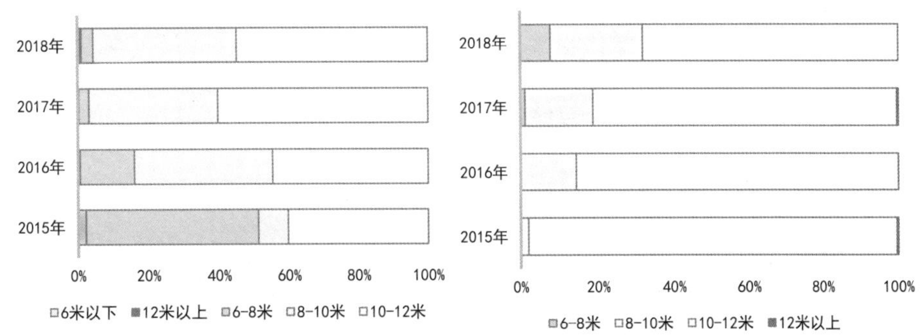

图9　纯电动和插电式混动客车分车长产量分布情况

数据来源：机动车出厂合格证数据

3. 前10企业市场集中度较高，占近70%

根据机动车出厂合格证数据统计，2018年有产量的新能源客车生产企业近100家。其中，

前 10 名生产企业产量合计 6.8 万辆，占新能源客车总量的 68%，集中度较高。排名首位的郑州宇通产量为 2.4 万辆，占比 25%，领先优势明显。比亚迪、中通位居第二、三位，占比均超 6%。

前 10 名生产企业多以纯电动客车为主，产量达 3.9 万辆，占纯电动客车总产量的比例近 69%。其中比亚迪、珠海广通在产车型均为纯电动客车。

表 1　2018 年新能源客车企业产量排名前 10 名（单位：辆）

企业名称	BEV	PHEV	FCV	总计	占比
宇通	22353	1814	57	24224	24.66%
比亚迪	6417			6417	6.53%
中通	6008	260	90	6358	6.47%
中车时代	4999	255		5254	5.35%
广汽比亚迪	4974			4974	5.06%
厦门金龙	3740	670		4410	4.49%
珠海广通	4313			4313	4.39%
南京金龙	4238	5	35	4278	4.35%
厦门金旅	3575	631		4206	4.28%
申龙	2999	52	34	3085	3.14%
合计	63616	3687	216	67519	68.73%
总计	91588	5948	709	98245	100%

数据来源：机动车出厂合格证数据

（三）新能源专用车：电动化进程加快，轻型货车市场逐渐提速

2018 年受补贴退坡等政策影响，市场呈现小幅下滑，产量近 11.3 万辆，同比下降 26%，占新能源汽车整体近 9%；现阶段，新能源专用车市场以纯电动运输车及厢式货车为主，2018 年销量占新能源专用车比例达 95%。其次，燃料电池车型产量为 909 辆，插电式（增程式）仅 3 辆。

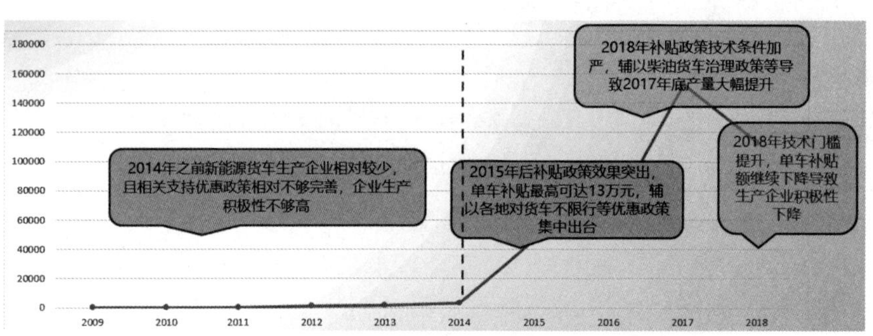

图 10　2009-2018 年新能源专用车产量走势（单位：辆）

1. 1.8-6 吨轻型货车广受市场青睐，占比近 96%

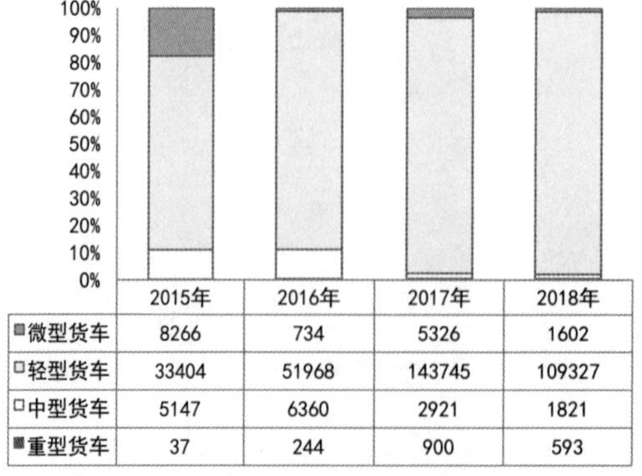

	2015年	2016年	2017年	2018年
微型货车	8266	734	5326	1602
轻型货车	33404	51968	143745	109327
中型货车	5147	6360	2921	1821
重型货车	37	244	900	593

图 11　细分不同吨位的新能源货车产量分布情况（单位：辆）

数据来源：机动车出厂合格证数据，中汽中心根据公开资料整理

根据机动车出厂合格证数据统计，历年新能源专用车产量中以轻型货车为主，占比均超7成，2018年产量占比攀升至96%；中型货车市场规模逐渐缩小，2018年产量仅1821辆；纯电动重型货车开始进入《公告》，但实际量产应用很少，2018年仅生产593辆。根据2018年第5批至2019年第3批新能源汽车推广应用推荐车型目录梳理，轻型货车占比80%；重卡车型约107个，占8%，主要包括纯电动自卸车、半挂牵引车等，总质量最大达31吨。

2. 市场分布相对分散，超30家企业年度产量不足10辆

2018年有产量的生产企业超过140家，其中有34家企业产量不足10辆，74家生产企业年度产量不足100辆。排名前10名的企业合计产量超过6.5万辆，占比约58%。

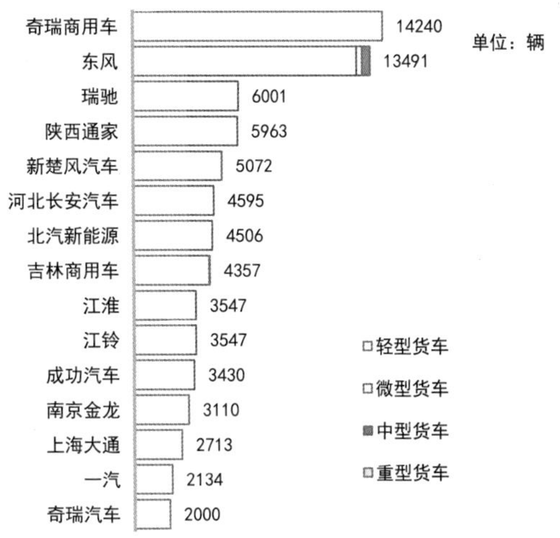

图12 2018年产量排名前10的新能源专用车生产企业

数据来源：机动车出厂合格证数据

三、纯电动市场优势明显，插电式混动市场规模扩大

（一）纯电动车型销量高位增长，优势企业产品布局提速

1. 纯电动主力地位稳固，乘用车占比近8成

新能源汽车经过近年来的发展，各动力类型车型结构日益稳定，纯电动车型主力地位日益明显，占比保持在80%以上。截至2018年底，中国新能源汽车累计销量已超过300万辆，其中纯电动车型近240万辆，插电式混合动力车型近60万辆，占比分别为80%和20%。

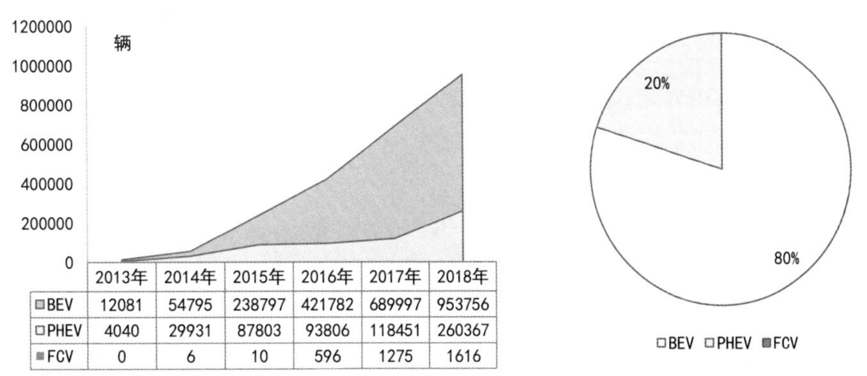

	2013年	2014年	2015年	2016年	2017年	2018年
BEV	12081	54795	238797	421782	689997	953756
PHEV	4040	29931	87803	93806	118451	260367
FCV	0	6	10	596	1275	1616

图13 历年不同动力类型新能源汽车销量分布（左图） 2018年不同动力类型市场占比（右图）

数据来源：中国汽车工业协会

从历年销量走势看，2014年之前，插电式混合动力车型市场增速高于纯电动车型，2015年后，纯电动车型增速超过插电式混合动力车型。从动力类型看，2018年纯电动乘用车产销分别

完成 79.2 万辆和 78.8 万辆，比上年分别增长 65.5% 和 68.4%，占比均近八成，较之 2017 年（65%）提升近 14 个百分点；纯电动商用车产销分别完成 19.4 万辆和 19.6 万辆，产销量比上年分别增长 3% 和 6.3%。

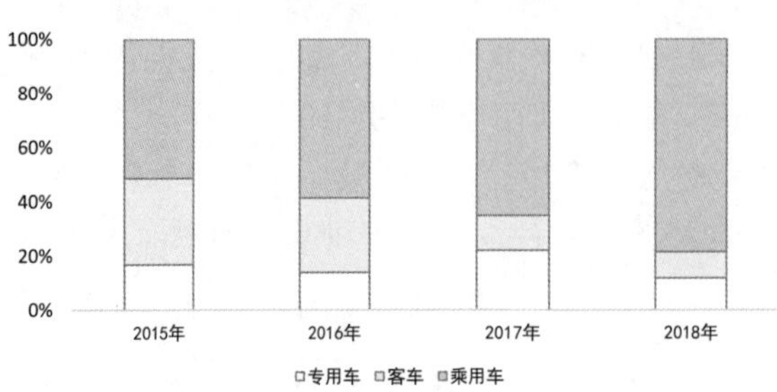

图 14 历年纯电动乘用车、商用车占比情况

数据来源：机动车出厂合格证数据

2. 企业生产集中度较高，前 15 车型占比近 55%

2018 年有产量的纯电动乘用车企业约 78 家，前 10 企业累计产量近 55 万辆，占比近 73%。其中，年产量超过 10 万辆的企业有两家：比亚迪、北汽新能源，占比分别为 14%、13%。江淮、奇瑞、豪情汽车位居前 5 位，年产量均超 4 万辆，占比均超 6%。分车型看，排名前 15 的车型产量合计约 41 万辆，占纯电动乘用车总量的 55%，比亚迪 e5、奇瑞 eQ、江淮 iEV6E 产量位居前 3 位，均超过 4 万辆。具体看，前 15 车型中覆盖北汽新能源纯电动乘用车车型居多，共 5 款车型合计产量近 13.4 万辆，占前 15 车型的近 33%。

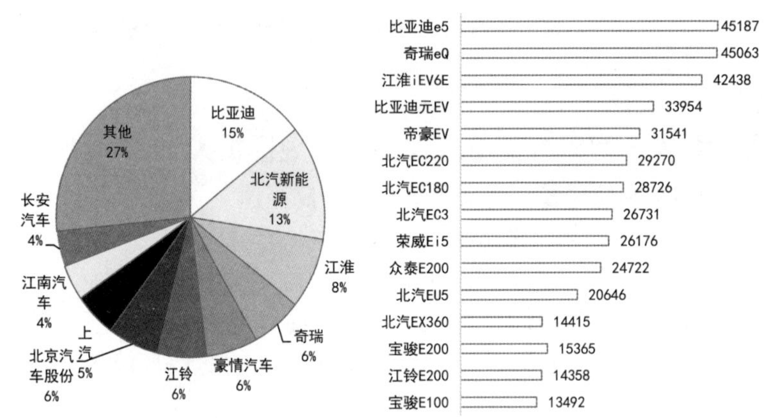

图 15 纯电动乘用车企业概况（单位：辆）

（二）插电式混动乘用车市场规模快速扩大，竞争格局正在重塑

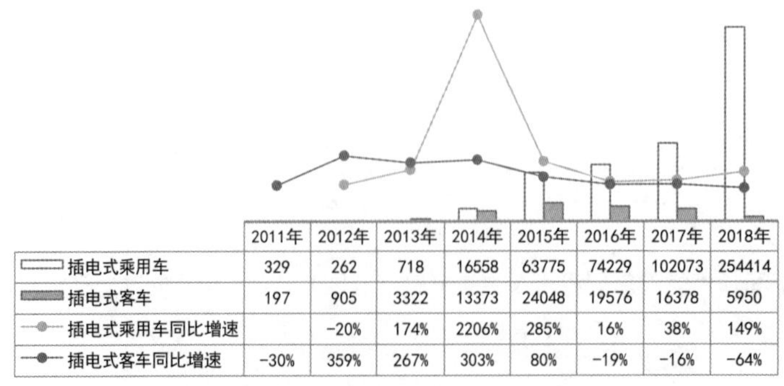

	2011年	2012年	2013年	2014年	2015年	2016年	2017年	2018年
插电式乘用车	329	262	718	16558	63775	74229	102073	254414
插电式客车	197	905	3322	13373	24048	19576	16378	5950
插电式乘用车同比增速		-20%	174%	2206%	285%	16%	38%	149%
插电式客车同比增速	-30%	359%	267%	303%	80%	-19%	-16%	-64%

图 16 历年插电式车型产量分布走势（单位：辆）

数据来源：机动车出厂合格证数据

1. 乘用车、客车市场走势分化，车型增速“一高一低”

插电式混合动力车型市场中，乘用车规模占比最大，2018 年产量突破 25 万辆，同比增速高达 1.5 倍，插电式混动客车产量仅 5950 辆，同比下降达 64%，市场规模逐步萎缩。此外，专用车领域，插电式混动车型也实现少量生产，主要是吉利四川商用车生产的插电式混合动力（增程式）厢式运输车。

2. 合资乘用车企业参与度提升，市场份额迅速扩大

根据机动车辆合格证数据统计，2018 年中国有产量的插电式混动乘用车企业约 22 家，包括 12 家合资企业和 10 家中资企业，产量分别达 4.7 万辆、10.3 万辆，占比 19%、81%。合资企业主要包括华晨宝马、上汽大众、一汽大众、广汽三菱、长安福特、北京现代、东风悦达起亚、大庆沃尔沃、上汽通用、广汽本田、广汽菲亚特克莱斯勒、北京奔驰等。

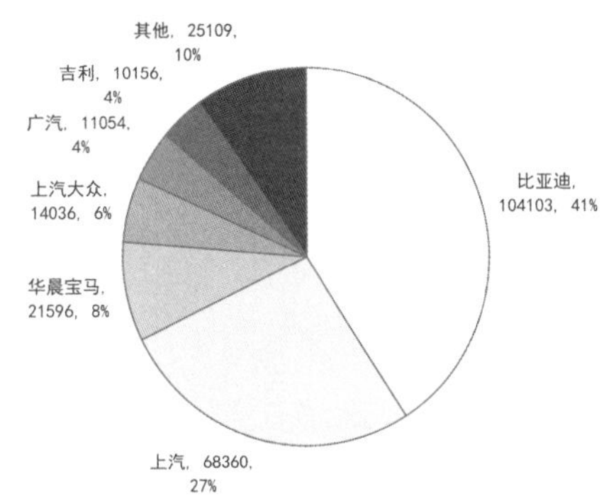

图 17 2018 年插电式混动乘用车企业产量分布（单位：辆）

数据来源：机动车出厂合格证数据

具体看，2018 年有 6 家企业产量超过 1 万辆，主要包括比亚迪、上汽、华晨宝马、上汽大众、广汽、吉利。其中比亚迪、上汽产量分别为 10 万辆、6.8 万辆，合计占比 68%，华晨宝马、上汽大众两家合资企业产量分别为 2.2 万辆、1.4 万辆，占比分别为 27%、8%。

3. 量产插电式混动车型数量逐渐丰富，消费选择增多

2018 年市场主力车型主要有比亚迪秦 / 唐 / 宋、上汽荣威 eRX5/ei6、广汽传祺 GA5、博瑞 GT、大众途观 L 等近 40 个。2019 年初，插电式混动车型数量进一步增多，包括吉利沃尔沃、名爵 eMG6 等新车型陆续推出，将为消费者提供更多选择。其中 2018 年产量排名前 15 累计产量达 24 万辆，占比近 95%，其中比亚迪系列车型有 3 个（位列前 4），合计销量 10 万辆，占比 40%；上汽车型荣威 ei6、eRX5（位列 3、5 位），合计 3 万，占比 12%;宝马 5 系 /X1、上汽大众途观 L、奥迪 A6、帕萨特等 5 个合资车型位列前 15 位，合计产量达 3.9 万辆，占比 16%。

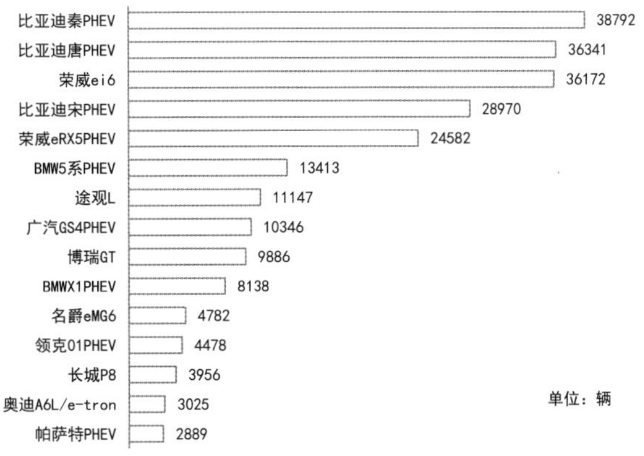

图 18 2018 年插电式新能源乘用车车型产量分布

数据来源：机动车出厂合格证数据

（三）燃料电池车型聚焦商用车领域，处于小规模示范应用阶段

中国燃料电池汽车产业已从基础研究阶段进入到小规模示范应用阶段，产业链体系初步建立、技术研发取得积极进展、市场推广步伐加快，但依然面临成本高、核心技术攻关以及加氢站配套建设等瓶颈。目前，中国燃料电池汽车产业初步形成了京津冀、华东、华南、华中四大产业集群，形成了以城市客运、物流等商用车为先导，以小功率燃料电池与大容量动力电池的动力结构为技术特征的示范运营。

表 2 历年燃料电池车型销量分布（单位：辆）

年份	燃料电池乘用车	燃料电池客车	燃料电池专用车	总计
2014	6	-	-	6
2016	8	29	-	37
2017	50	116	932	1098
2018	-	349	316	665
总计	64	494	1248	1806

数据来源：机动车保险数据

根据机动车保险数据统计，截至 2018 年中国燃料电池车型销量累计 1806 辆，其中乘用车 64 辆，客车、专用车分别为 494 辆和 1248 辆，占比分别为 4%、27%、69%。分省级区域看，燃料电池汽车销量主要分布于全国 12 个省市，其中上海、广东、陕西、北京累计销量均超 100 辆，合计 1580 辆，约占总量的 58%。分企业看，2018 年有燃料电池汽车销量的企业共 16 个，其中东风、金华青年、中通客车、佛山飞驰、北汽福田 5 家车企均超 100 辆，合计销量 1504 辆，占比超过 8 成。

受技术、成本及基础设施建设的限制，燃料电池汽车仍处于示范应用的阶段，虽然部分车企已开始量产销售，但市场应用规模并不大。从国内市场布局来看，目前燃料电池汽车主要集中在客车与专用车领域。同时，燃料电池汽车加氢站技术和成本要求较高，发展较为缓慢，预计将在 2025-2030 年才能实现市场大规模化应用。未来，随着燃料电池汽车技术进步、成本降低和基础设施不断完善，市场可能将迎来快速增长。

四、应用领域分布：私人规模持续扩大，公交领域增量空间有限

2016 年之前新能源汽车私人消费市场的发展主要依靠限购城市的带动。2017 年后受益于市场新能源汽车产品种类逐步丰富，产品技术不断迭代升级，产品日益符合消费者需求，私人领域消费占比呈现持续扩大态势。根据统计，2018 年中国新能源汽车销量私人、公共领域占比分别为 54%、46%。公共领域中，以出租租赁及企事业单位用车为主，占比合计近 31%，城市公交占 9%。

（一）私人消费规模比例超半成，A00 级车型市场份额超三成

1. 限购城市市场占比约 41%，新增约 10 万辆

根据机动车保险数据统计，2018 年新能源汽车私人领域销量达 56 万辆，占比 54%，基本与 2017 年比例持平。新能源乘用车领域，私人消费占比提至 63%。

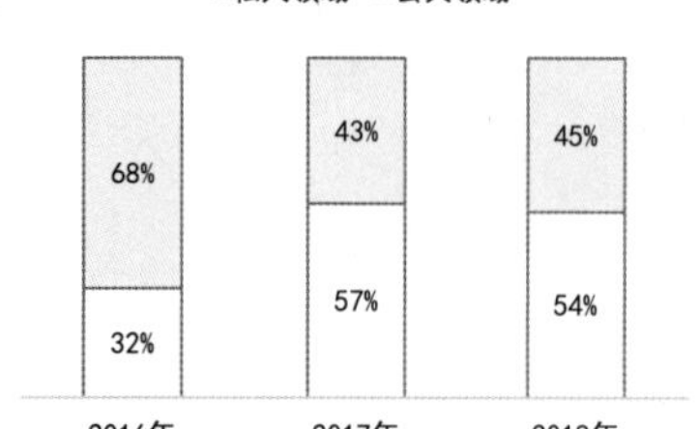

图 19 公共领域及私人领域新能源汽车销量分布变化

数据来源：机动车保险数据

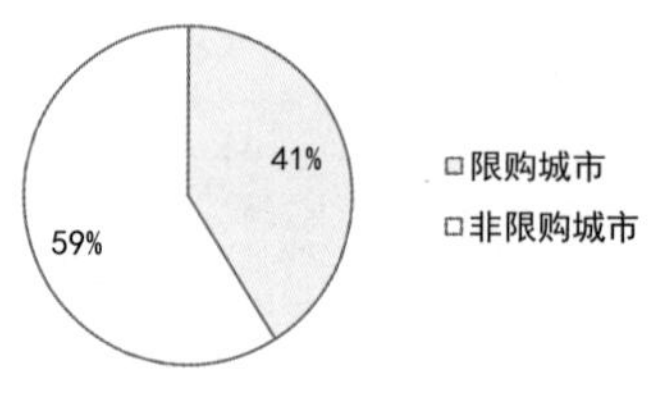

图 20 2018 年限购与非限购城市销量占比

数据来源：机动车保险数据

随着公众对新能源汽车接受度的提升，二三线城市及非限购城市的消费潜力也开始显现。2018 年非限购城市新能源汽车销量近 60.3 万辆，占比约 59%，北京、上海、广州、深圳、贵阳、杭州、天津、海南等 8 个限购区域销量近 42.7 万辆，占比 41%，较之 2017 年市场增加约 10 万辆。仅从新能源乘用车领域看，限购城市销量 39 万辆，占新能源乘用车总量的比例为 44%，较之 2017 年降低 1 个百分点。

2. 排名前 10 省市占比近 8 成，多地以 A00 级车型为主

2018 年私人购买新能源汽车领域分布中，广东、山东、上海、北京等 10 省市合计销量约 44 万辆，占比约 80%，其中广东、山东两地销量均超 7 万辆，占比分别超过 13%；其次上海、北京两地均近 5 万辆，占比均 9%。分车型级别看，前 10 省市中，河南、天津、江西、河北、广西 5 省市 A00 级车型占比超过 5 成。广东、上海、北京等省市以 A 级以上车型为主。

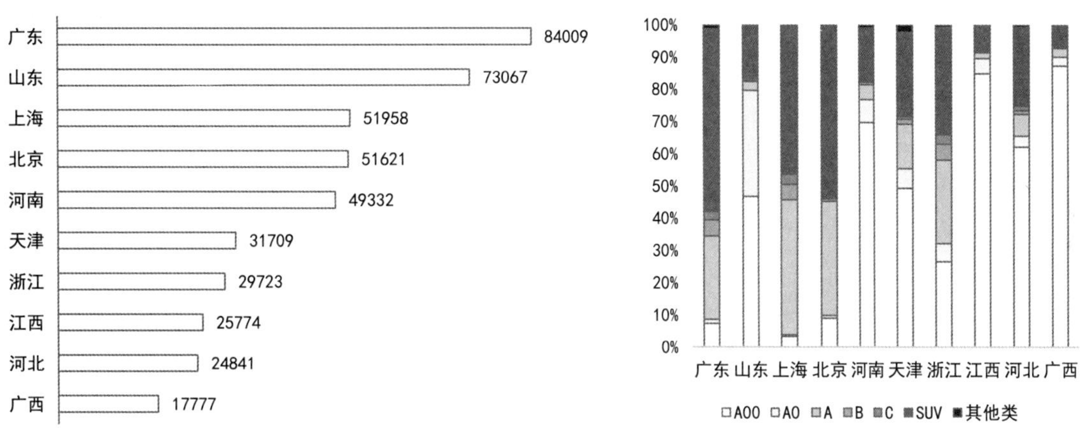

图 21　各地私人领域新能源乘用车销量分布（单位：辆）

数据来源：机动车保险数据

3. A00 级轿车及 SUV 车型占比近 7 成

私人购买新能源乘用车车型主要集中在 A00 级轿车及 SUV 车型，2018 年销量分别约 19.6 万辆、19 万辆，合计占比 69%；其次 A 级、A0 级销量分别为 9 万辆、5 万辆，占比分别为 17%、9%；SUV 车型销量 20 万辆，占比 35%；A0 及 B 级车相对较少，销量近 1.2 万辆，占比 3%。

具体分车型看，市场销售的车型合计超过 100 个，纯电动车型居多，插电式车型相对较少。其中私人购车青睐的前 10 车型中涵盖江淮 iEV 系列，北汽 EC 系列、江铃 E200、奇瑞 eQ、比亚迪唐 / 元 / 秦、北汽 EX 系列、荣威 ei6、荣威 eRX5。10 个车型合计销量达 28 万辆，占比 51%。其中北汽 EC 系列、江铃 E200、江淮 iEV6E 微型车位居前三，销量均超 3 万辆。

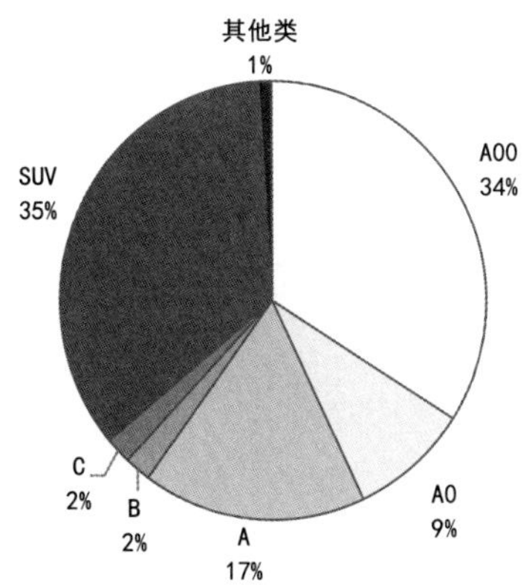

图 22　私人购买车型级别分布

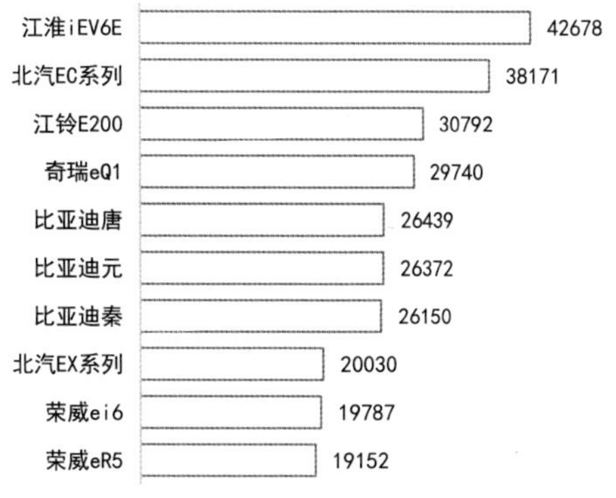

图 23　私人购买的主流乘用车销量（单位：辆）

数据来源：机动车保险数据

（二）公共领域：公交市场增量有限，出租领域A级车受青睐

1. 城市公交：电动化率超过半成，北上广深等一线位居前列

截至2018年底，全国新能源公交车保有量约38万辆，占公交车总量的比例约56%。截至2016年底，10个大气污染治理重点区域和重点省市的公交车总量占全国公交车的比例超过50%，其平均电动化比例超过40%。9个中部省份的公交车总量占全国公交车约27%，其平均电动化比例超过35%。其他12个省份的公交车总量占全国公交车的20%左右，其平均电动化比例超过20%，对公交车电动化推进相对较慢。

表8 全国各城市新能源公交车保有量及占比情况（单位：辆）

地区	新能源公交车（截至2018年底）	公交车（截至2016年底）	市场占比
北京	13271	28443	47%
天津	5178	14096	37%
河北	24610	28992	85%
山西	10035	15607	64%
内蒙古	3094	6971	44%
辽宁	11617	22168	52%
吉林	3791	8806	43%
黑龙江	7373	16144	46%
上海	14175	18529	77%
江苏	31132	44239	70%
浙江	16718	26518	63%
安徽	13010	24878	52%
福建	13561	15137	90%
江西	7065	9056	78%
山东	27996	52617	53%
河南	19094	32873	58%
湖北	10994	19195	57%
湖南	21026	27176	77%
广东	63471	85259	74%
广西	5669	16205	35%
海南	4373	4686	93%
重庆	3434	9716	35%
四川	13750	22304	62%
贵州	6634	10628	62%
云南	6243	9675	65%
西藏	230	644	36%
陕西	9406	16329	58%
甘肃	3857	6537	59%
青海	1038	4447	23%
宁夏	1375	3617	38%
新疆	1499	5759	26%

数据来源：1）新能源客车保有量数据截至2018年底，其中2013-2015年新能源客车销量数据为各省市上报数据，2016-2018年新能源客车数据为保险数据。2）公交车保有量数据截至2016年底，来自《2017年城市统计年鉴》

根据交通部《交通运输行业发展统计公报》，2015年底、2016年、2017年底全国公交车保有量分别为56.14万辆、60.86万辆、65.12万辆，平均每年增长约4万辆，2018年底全国公交车保有量约69万辆。截至2018年底，全国新能源公交车保有量约38.3万辆，占公交车总量的比例约56%。

2. 出租租赁：A级车受青睐，占比超过6成

出租租赁领域，2018年新能源乘用车销量约16万辆，车型级别主要集中于A级车型，销量

超过 10 万辆，占出租租赁领域新能源乘用车总量的 62%。A00 级车型销量约 3 万辆，占比 19%；其他 A0 级、B 级、SUV 等车型销量占比约 19%。从具体车型看，出租租赁领域中应用车型共计近 100 个，比亚迪 E5、北汽 EC 系列、吉利帝豪 EV、比亚迪 E6、荣威 Ei5、北汽 EU 系列、奇瑞 eQ、比亚迪秦、东风风神 E70、荣威 ei6 位居前 10 位，销量合计 12.6 万辆，占比 77%。其中比亚迪 E5、北汽 EC 系列位居前两位，均超 2 万辆。

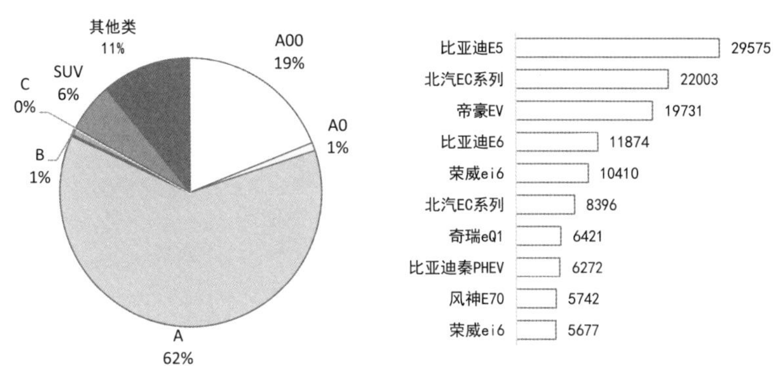

图 24 出租租赁领域新能源乘用车车型级别（轿车及 SUV）分布及主要车型销量（单位：辆）

分区域看，各省市新能源乘用车车型级别多以 A 级或 A00 级车型为主，其中前 10 省市中，广东、浙江、福建、上海、江苏、湖北、陕西等省市 A 级车型占比超过 60%，北京、贵州则以 A00 级为主，占比超过 80%。

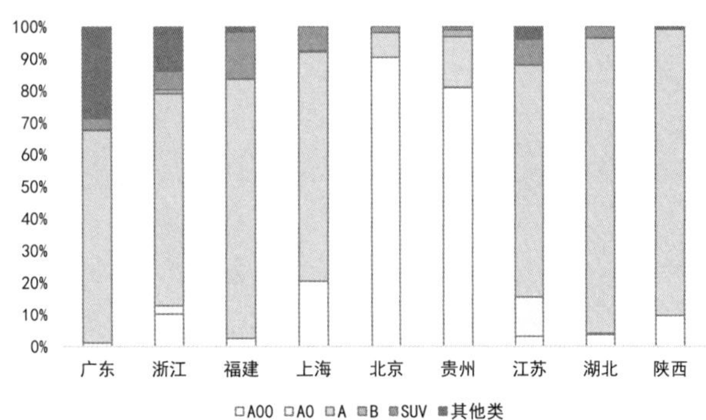

图 25 2018 年主要省市出租租赁车型级别分布

数据来源：机动车保险数据

3. 物流货运：轻型货车占比达 96%，广东占比近 3 成

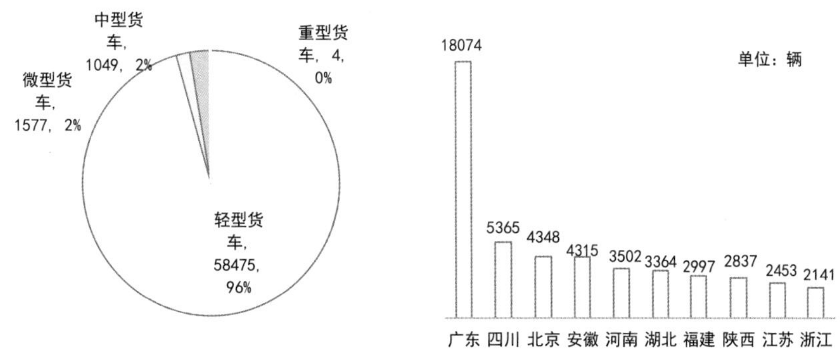

图 26 新能源货车分车型销量及市场区域分布

数据来源：机动车保险数据

根据机动车保险数据显示，2018 新能源货车销量达 6.3 万辆，主要以轻型货车为主，销量

达 5.8 万辆，占比 96%；微型、中型货车销量分别为 1577 辆、1049 辆，占比均为 2%，重型货车也实现少量应用，仅 4 辆纯电动翼开启厢式车。分区域看，2018 年新能源货车销量排名前 10 省市合计 4.9 万辆，占比 78%。其中广东省销量约 1.8 万辆，占比 29%，领先优势明显。

（中国汽车技术研究中心　刘万祥 方海峰）

注：转载自中国汽车技术研究中心、日产（中国）投资有限公司、东风汽车有限公司编著的《新能源汽车蓝皮书——中国新能源汽车产业发展报告（2019）》

2018年中国新能源乘用车市场

2018年中国汽车市场销量出现了28年来首度下滑。据中汽协会公布数据显示，2018年中国汽车产销分别达到2780.9万辆和2808.1万辆，同比分别下降4.2%和2.8%。其中，乘用车累计产销分别完成2352.9万辆和2371万辆，同比分别下降5.2%和4.1%。

在汽车市场整体低迷的背景下，中国新能源汽车产销依然取得了高速增长，据中汽协会统计，2018年新能源汽车的产销分别完成127万辆和125.6万辆，比上年同期分别增长59.9%和61.7%。其中，新能源乘用车产销量更是双双突破百万大关，分别达到107万辆和105.3万辆，在乘用车市场的渗透率也达到4.44%，成为推动新能源汽车市场增长的重要力量。

一、行业竞争格局越发成熟

（一）跨国公司电动化战略推进加速，开始发力新能源乘用车市场

为满足中国政府不断严格的法规要求，日产、宝马、丰田、大众等跨国车企经过多年布局，终于开始将旗下新能源汽车产品大规模投放中国市场。如日产于2018年下半年发布轩逸纯电动车型，续驶里程等指标均已达到市场主流水平。丰田、大众也陆续发布旗下新能源车型，并取得不错的开门销售成绩。其中，宝马2018年在华新能源汽车销量更是达到2.3万辆规模，成为在豪华品牌新能源车领域领先企业。同时，在中国不断扩大对外开放的背景下，跨国车企也不断加深与中资企业的合作，借力中方资源发展新能源汽车。如大众、戴姆勒、福特、日产分别与江淮、北汽、众泰、东风“联姻”。

表1 主要跨国车企在华新能源乘用车战略

车企	整体计划	已投放车型	车型计划	销量计划	在华合作
日产	日产汽车2022年电动汽车销量计划将达到一百万辆	晨风、轩逸EV	到2022年，将推出20款电动化产品，包括纯电动车型及e-POWER车型	到2022年，电动化汽车将占所有东风有限旗下汽车销量的30%	与东风成立新能源合资公司
丰田	到2025年，在华所有车型都将配备电动化车型	卡罗拉双擎E+、雷凌双擎E+	2020年推出BEV	至2025年，新能源汽车销量超过550万辆 2030年实现新能源车型销量大于纯燃油车型	与宁德时代、比亚迪签署电池供应协议
本田	2030年，部分车型纯电动或插电式，未来以混动车型为主		2020年在华推出PHEV，2030年在华推出三款纯电动车型		
福特	2020年前在中国生产动力总成；2025年提出全面电气化方案，车型包括HEV、PHEV、BEV	蒙迪欧PHEV	2020年前导入C-MAX Energi PHEV版和蒙迪欧HEV版，后期全系新能源车型都将入华	2025年70%产品为电动汽车	与众泰成立新能源合资公司
通用	2020年上市提供PHEV或HEV车型；2025年旗下全部产品在华实现电气化	凯迪拉克CT6 PHEV、别克Velite 5、别克Velite 6	2020年在华推出10款电动汽车	2020年新能源乘用车销量达到15万辆，2025年50万辆	
大众	2019年在华建立新能源乘用车家族； 2020年前实现所有新能源乘用车品牌全面互联； 2025年前实现新能源、自动驾驶服务生态	帕萨特PHEV、途观L PHEV	2020年前在华推出30款新能源汽车，其中一半为国产； 2025年前进口及国产新能源车型超过20款	2020年在华销售40万辆，2025年150万辆	与江淮成立合资公司（双方各占50%股份），进行新能源乘用车的研发、生产、销售和相关移动出行服务

表 1　主要跨国车企在华新能源乘用车战略（续表）

车企	整体计划	已投放车型	车型计划	销量计划	在华合作
戴姆勒	重点转移至纯电动和插电式混动车型。	Concept X	2020-2022 年，约 15 款车型在华生产		在北京奔驰建立纯电动车生产基地及动力电池工厂，同时战略投资北汽新能源
宝马	2025 年在全球推出 25 款新能源车型	X1 PHEV、5 系 PHEV、i3、7 系 PHEV、X5 PHEV	2020 年在华投产纯电 iX3 并供应全球	占有电动车市场 15%-25% 的份额	与长城成立新能源合资公司
奥迪	2019 年开始加大在华自动驾驶、数字化及新能源汽车等相关领域研发投入；2030 年实现电气化转型	A6L PHEV	到 2022 年至少在华推出 5 款新能源车型		
现代起亚	已积累 BEV、PHEV、FCEV、HEV 技术	伊兰特 EV、索纳塔 PHEV、KX3 EV、K5 PHEV	到 2020 年推出 9 款新能源车型	2020 年，占企业销量的 10%	

数据来源：网络公开资料整理

（二）外商独资新能源汽车企业实现突破

2018 年 6 月，国家发改委发布的《外商投资产业指导目录》（2018 年修订）中正式取消新能源汽车合资股比限制。2018 年 7 月 10 日，特斯拉与上海临港管委会、临港集团共同签署了纯电动车项目投资协议，特斯拉将在临港地区独资建设集研发、制造、销售等功能于一体的特斯拉超级工厂（“无畏舰”项目），计划年产 50 万辆电动车，总投资达 500 亿元人民币，第一期投资 160 亿，2019 年 1 月工厂建设正式动工，计划 2019 年年底落成并进行小批量生产。

作为新能源汽车行业的代表车企之一，特斯拉在华建厂将在很大程度上带动国内新能源汽车行业的发展，未来也将有更多国内零部件制造商进入特斯拉供应链体系，进而推动国产新能源汽车技术革新。也有利于鞭策国内新能源汽车树立品牌意识，努力缩小与特斯拉在技术、产品等诸多方面的差距，实现中国新能源汽车市场的优胜劣汰，提升行业整体发展水平。

（三）产业投资平稳理性，造车新势力迎接市场检验

近年来在国家的大力扶持下，新能源汽车产业长期保持较高的投资热度。虽然国家补贴政策始终在不断退坡，但 2018 年新能源汽车相关产业投融资案例数量与上一年基本持平，最大单笔披露金额案例达 50 亿人民币。新车制造及硬件等中游投融资案例数量占比稳定。

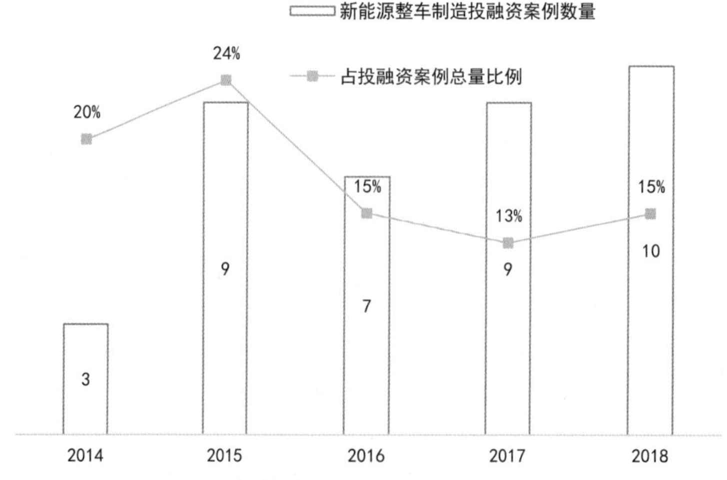

图 1　2014-2018 年新能源汽车投融资案例情况（单位：例）

数据来源：广证恒生

表 2 2018 年造车新势力融资案例

时间	企业	投融资轮次	金额
2018. 1	北汽新能源	战略投资	11. 33 亿人民币
2018. 1	零跑	Pre-A 轮	4 亿人民币
2018. 2	时空电动	C 轮	10 亿人民币
2018. 3	车和家	B 轮	30 亿人民币
2018. 3	游侠	B 轮	50 亿人民币
2018. 4	奇点	C 轮	30 亿人民币
2018. 4	Neuron	天使轮	6 亿人民币
2018. 6	拜腾	B 轮	34 亿人民币
2018. 7	五龙	战略投资	4. 6 亿人民币
2018. 11	零跑	A 轮	20 亿人民币

数据来源：广证恒生

2018 年以来，造车新势力已进入新车型上市阶段或交付阶段。威马、蔚来与小鹏发展相对迅速，其他新兴品牌计划于 2019 年正式上市量产车型，在 2 年内完成量产车早期批次的集中交付，标志着新兴品牌的初期市场格局正在逐步形成。以用户为中心是“互联网造车”势力主要的造车理念和营销理念，部分车企已将这种理念结合用户生活、社交融入到其商业模式之中。

表 3 2018 年部分造车新势力运营情况

车企	2018 年交付情况	自有工厂建设情况	生产资质	首款车型上市时间
蔚来	1. 08 万辆	暂停	无	2017. 12
威马	0. 14 万辆	一期已建成	有（收购黄海）	2018. 4
小鹏	-	在建	无	2018. 12
车和家	-	在建	有（收购力帆）	2019. 4
爱驰	-	在建	无	预计 2019 年
拜腾	-	在建	有（收购一汽华利）	预计 2019 年
前途	-	在建	有（自主申请）	2018. 8

数据来源：网络公开资料整理

二、产品技术水平跃升新台阶

（一）整车技术水平持续显著提升

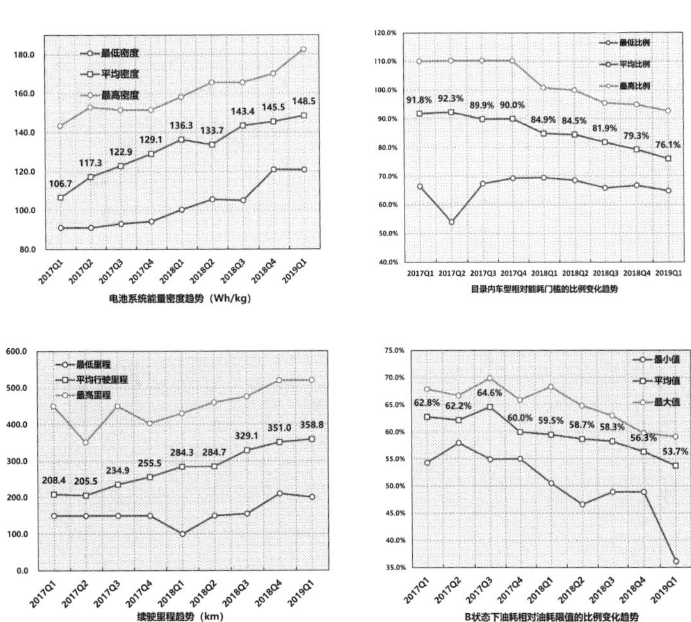

图 2 2017-2019 年目录内车型主要技术参数提升情况

分析2017年以来已发布的《新能源汽车推广应用推荐车型目录》内新能源乘用车技术参数变化情况后可知：从动力电池系统能量密度看，补贴政策对电池系统能量密度的门槛逐年提高，2017年、2018年、2019年门槛分别为90Wh/kg、120Wh/kg、125Wh/kg，实际应用车辆平均能量密度从2017年初的106.7Wh/kg提升到2019年初的148.5Wh/kg。从整车能耗看，补贴政策2017年制定了百公里电耗门槛，2018年在2017年基础上提升了10%左右，2019年在2018年基础上又提升了10%，中国纯电动乘用车实际电耗也随之下降，在2018年初下降到2017年的门槛的84.9%，在2019年初下降到2017年的门槛的76.1%。从续驶里程看，平均续驶里程从2017年初的208.4公里提升到2018年初的284.3公里，2019年初已经提升到358.8公里。从插电式乘用车能耗看，B状态燃料消耗量相比标准限值的比例从2017年初的62.8%，在2018年下降到59.5%，在2019年初已经下降到53.7%。

（二）安全事故频发对市场信心产生冲击

随着新能源汽车市场规模的快速增长，起火安全事故的发生数量也随之快速攀升。据不完全统计，2018年以来，中国已发生新能源汽车起火安全事故超过30起。据各方反馈，目前引发新能源汽车起火的直接原因主要包括：动力电池质量不佳、电池包设计缺陷、内部结构破坏、充电接口松动、电缆过载、配套器件质量不佳、日常维护疏漏及人为因素等。

但新能源汽车起火安全事故频发的背后原因还在于当前行业存在盲目发展现象，部分企业未按照相关技术标准执行或者技术不成熟，可靠性不足，这直接导致了市场上的新能源产品良莠不齐。市场亟待规范整顿，需要对企业采取高标准约束和监管，避免对新能源汽车行业造成伤害。

表4　2018年以来新能源汽车起火安全事故汇总

时间	地点	企业	车型	动力类型	网曝起火原因
2018.1	重庆	特斯拉		BEV	未充电、未碰撞，发生自燃
2018.5	安徽			BEV	充电自燃
2018.5		野马	U能E350	BEV	充电自燃
2018.5.16	浙江	江铃		BEV	充电自燃
2018.5.21	湖北	众泰		BEV	雨天行驶自燃
2018.6.4	山东	——		BEV	行驶中自燃
2018.6.5	北京	吉利	帝豪	BEV	使用“飞线”充电起火
2018.6.12	北京	北京新能源		BEV	停放中自燃
2018.6.15	——	北京新能源		BEV	电路故障
2018.7.6	北京	南京金龙		BEV	机械故障
2018.8.4	上海	比亚迪	宋	PHEV	起火自燃
2018.8.25	成都	威马汽车	EX5	BEV	电器元件短路引发火灾
2018.8.31	广州增城区	力帆	650EV	BEV	涉水自燃
2018.9.5	珠海香洲	众泰	云100	BEV	充电自燃
2018.9.6	合肥	奔驰		PHEV	自燃（情况未知）
2018.9.10	福州市江滨路	比亚迪		BEV	撞击护栏后自燃
2018.9.22	昆明	力帆	盼达用车	BEV	自燃（情况未知）
2018.10.10	北京海淀	长安	奔奔EV	BEV	自燃（情况未知）
2019.3.8	上海	特斯拉	Model S	BEV	充电时自燃
2019.3.27	广州	特斯拉	Model 3	BEV	自燃（情况未知）
2019.4.21	上海	特斯拉	Model S	BEV	电池故障
2019.4.22	上海	蔚来	ES8	BEV	设计缺陷导致短路

数据来源：基于网络公开报道整理

（三）出租车、网约车等成为新能源乘用车重要风口

与传统燃油车相比，新能源汽车具有显著的节能减排优势。以深圳为例，在节约能源方面，纯电动出租车较传统汽油车节能 69.5%，深圳近 2.1 万辆纯电动出租车全市年度总节能 32.3 万吨标准煤，替代燃油 22.6 万吨；在二氧化碳减排方面，深圳 2.1 万辆纯电动出租车一年可减少的碳排放量达 85.6 万吨；在污染物减排方面，氮氧化物、非甲烷碳氢、颗粒物等年度污染物减排量将达 438 吨[4]。根据交通运输部数据，2017 年，全国拥有出租车辆规模达 139.58 万辆。如果达到 80% 以上的电动化，那么新能源出租车潜在规模至少在 110 万辆，未来发展空间巨大。2018 年以来，国内已有多个省市地区计划在 2020 年前后实现出租车、网约车的新能源化。

表 5　国内部分省市出租 / 网约车电动化计划

省市	政策名称	措施
北京	北京市打赢蓝天保卫战三年行动计划	到 2020 年，推进新增和更新的公交、出租、环卫、邮政、通勤、轻型物流配送等车辆基本采用电动车
上海	上海市 2018-2020 年环境保护和建设三年行动计划	到 2020 年，加大新能源出租车的推广力度
广州	广州市交通委员会关于加快新能源出租车推广应用工作的通知	2018 年起广州市各出租车企业更新或新增的巡游出租车中，纯电动汽车比例不低于 80%，且逐年提高 5 个百分点，其余全部使用新能源汽车；至 2022 年底，广州市巡游出租车基本实现全面新能源化
深圳	2018 年“深圳蓝”可持续行动计划	新增、更新出租车全部使用纯电动车辆，到 2018 年底，出租车纯电动化率达到 100%
杭州	杭州市环境保护“十三五”规划	主城区每年新增或更新的出租车中，新能源和清洁燃料车的比例达到 60% 以上、力争达到 100%，7 个区、县（市）达到 50% 以上
天津	天津市打赢蓝天保卫战三年作战计划	以公交车、物流车、出租车（网约车）、公务用车和租赁用车为重点领域，持续加大新能源汽车推广力度
广东省	广东省人民政府关于加快新能源汽车产业创新发展的意见	2018 年起，珠三角地区每年更新或者新增的巡游出租车和接入平台的网约车全部使用新能源汽车，粤东西北地区不低于 50% 且逐年提高 10 个百分点
陕西	陕西省铁腕治霾打赢蓝天保卫战三年行动方案（2018-2020 年）	城市新增出租车全部使用新能源车
海南	海南省清洁能源汽车发展规划	各级党政机关及国有企事业单位公务、公交、巡游出租等领域用车为突破口，率先启动清洁能源化工程
黑龙江	关于推动新能源汽车产业创新发展的意见	以新能源公交车应用为重点，在公交、出租、校车、环卫、邮政、公安、物流、景区等领域逐年扩大新能源汽车应用比例
辽宁	辽宁省污染防治攻坚战三年专项行动方案（2018-2020 年）	到 2020 年，主城区出租车力争全部更新（改造）为清洁能源或新能源汽车
安徽	支持新能源汽车产业创新发展和推广应用若干政策	从 2018 年起，一类市新增的巡游出租车 100% 使用新能源汽车，二类市比例不低于 50%，三类市比例不低于 30%
云南	云南省人民政府办公厅关于加快新能源汽车产业发展及推广应用若干政策措施的意见	2016-2020 年，昆明市每年新增或更新城市公交车、出租车和城市物流车中，新能源汽车比例不低于 30%；推动社会租赁车辆应用新能源汽车。 支持各类社会资本开展新能源汽车运营服务，鼓励网约车、汽车租赁等新型业态采用新能源汽车
大连	大连市人民政府办公厅关于加快新能源汽车产业发展及推广应用若干政策措施的意见	2025 年前，实现全市网约车全部采用新能源汽车

数据来源：网络公开资料整理

三、市场高质量发展特征日趋明显

（一）领先车企优势得到巩固加强

据乘联会统计，2018 年比亚迪、北汽、上汽分别以 23 万、15.6 万和 9.7 万辆的销量位居

4　前瞻产业研究院《中国出租车行业经营管理模式与投资发展预测分析报告》

国内新能源乘用车销量前三甲，分别同比增长 49% 和 119%。销量前 5 名车企市场集中度由 2017 年的 57% 微增至 2018 年的 59%。在销量前 5 名车企中，比亚迪、上汽、吉利产品以 A 级、B 级为主，销量增速均在 100% 以上。

表 6 2018 年中国新能源乘用车销量前十名企业

排名	车企	2017 年销量（万辆）	占比	2018 年销量（万辆）	占比	排名变化
1	比亚迪	11.4	20%	23.0	23%	-
2	北汽新能源	10.5	19%	15.6	15%	-
3	上汽乘用车	4.4	8%	9.7	10%	-
4	奇瑞	3.4	6%	6.6	6%	+1
5	吉利	2.5	4%	5.4	5%	+4
6	华泰	1.2	2%	5.3	5%	+4
7	江淮	2.8	5%	5.1	5%	+1
8	江铃	3.0	5%	4.8	5%	-3
9	众泰	3.7	7%	3.0	3%	-5
10	长安	2.9	5%	2.6	3%	-3

数据来源：乘联会

（二）新能源汽车产品竞争格局整体上探

根据乘联会统计，2018 年 A00、A0、A 级车占纯电动乘用车销量占比分别为 49%、16%、33%，高端车型占比显著提升。插电混动乘用车 2018 年销售 25.62 万辆，同比增长 138%。A 级、B 级、C 级车在插电混动中占比分别为 70.5%、23.2%、6.3%，B 级和 C 级车占比亦有较大提升。

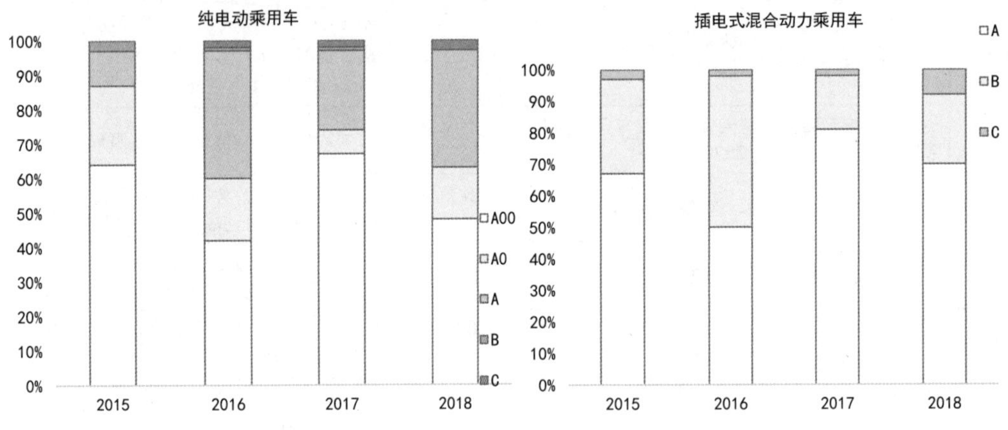

图 3 2015-2018 年新能源乘用车分车型市场比例

数据来源：乘联会

（三）小微型纯电动汽车即将进入市场化阶段

中国居民杠杆率近年快速增长，已从 2008 年的 17.9% 上升至 2018 年的 53.2%，10 年间上涨了 35 个百分点[5]。极速膨胀的居民贷款透支了居民的购买能力，势必将引发对汽车和其他耐用消费品的挤出效应。同时，随着国际油价进入新一轮上涨周期，且国内油耗法规的进一步加严，传统内燃机汽车用车成本在未来几年内将会持续增长。因此，在小微型纯电动汽车领域，凭借较低的使用成本，其消费者生命周期持有成本较传统燃油汽车已基本持平，在充电条件得到保障的前提下，已初步具备完全市场化能力。国内比亚迪、上汽通用五菱、长城等企业近期均推出新款优质小微型纯电动汽车产品布局该市场。

5 经济参考报《中国杠杆率进程 2018 年度报告》

表 7 近期上市小微型纯电动乘用车产品信息

主要参数	比亚迪 e1	上通五 E200	长城欧拉 R1
售价（万元）	5.99-7.99	5.48-6.48	7.18-7.98
续驶里程（公里）	305	250	351
长宽高（毫米）	3465×1618×1500	2497×1526×1616	3495×1660×1560
轴距（毫米）	2340	1600	2475
电池电量（千瓦时）	32.2	24	33

数据来源：汽车之家

（中国汽车技术研究中心 周玮 姚占辉 刘万祥）

注：转载自中国汽车技术研究中心、日产（中国）投资有限公司、东风汽车有限公司编著的《新能源汽车蓝皮书——中国新能源汽车产业发展报告（2019）》

2018年汽车新零售渠道模式

2018年作为造车新势力的交付元年，蔚来、威马、小鹏等都已成功跨过车辆交付关口，从PPT造车中突出重围。批量交付后的市场表现成为决定造车新势力未来命运的关键因素。具备硬核实力的产品更离不开强大的销售服务渠道赋能，依托互联网的普及和人工智能等先进技术，加之新势力一切从零开始没有历史包袱，使得对于传统汽车零售业态结构进行重构和升级成为可能，汽车流通行业的变革引擎再次被点燃。

面对不断变化的消费群体，新势力们重新定义了汽车品牌和用户之间的关系，由之前的产品买卖交易关系，转变为价值的互相认同。而承载这一关系的就是体验，通过良好的用户体验，加强用户对品牌的认知和信任，从原来的不了解到了解，再到用户主动维护并推荐品牌。所以，造车变成了打造生活方式，要使用户享受汽车带来的美好生活而不仅仅是汽车本身的功能。

如何打造出完美的用户体验成为新时代各个汽车品牌面对的核心问题。传统主机厂往往跳不出前店后场的传统4S店渠道思维，迫切地想要创新但往往停留在表面。而具有互联网基因和用户思维的新势力们再一次给出了解决方案：回归用户需求，重构渠道。分析用户的需求成为渠道重构的基础，由需求推导出需要向用户提供的服务，再用服务定义渠道功能，基于渠道功能构建全新的渠道模式。

造车新势力在构建渠道时，线上+线下是标配，但在具体的策略上还是各有侧重。我们以蔚来、威马、小鹏三家造车新势力的头部企业为例，逐一分析。

一、蔚来：自营自建线上+线下渠道

蔚来采用与特斯拉相同的自营模式，无论线上还是线下，都是自营自建。销售功能基本依赖于线上渠道，线下更多是品牌展示和用户体验功能。

1. 线上：官网+APP

用户在蔚来的官网和APP上进行车辆预订，蔚来并没有在其他网络平台开通销售渠道。蔚来汽车APP，其实是一个服务+社交+媒体+商城的属性的“综合体”。用户除了可以定制购买蔚来汽车，还可以管理车辆、与车友社交等，将用户运营集于一体。

2. 线下：体验中心-NIO House

蔚来没有采用4S店渠道模式，而是打造类似俱乐部的NIO House。NIO House主要承担用户体验和沟通的功能，蔚来将其定义为“属于蔚来用户和他的朋友们的生活空间”。因此，除了一部分展车区外，还有近半的面积是各种休闲娱乐区域，这里拥有：Forum——思想、灵感碰撞的剧场；Labs——可预订的会议室和共享工作空间；Library——知识博物馆，放松、独处的空间；NIO Café——品尝蔚来专属咖啡；Joy Camp——孩子的乐园；Gallery——了解蔚来品牌和产品，Living Room——轻松舒适的休息区，七大核心功能。作为蔚来的车主，在APP预约后就可以带着家人、朋友到这里休息。

NIO House并不承担销售和售后维修、保养等功能。用户在提车时，既可以到蔚来中心提车，也可以自行选择交车地点。至于后续的维修保养等服务，并不在NIO House进行，蔚来会提供上门服务团队和线下服务门店（NIO Service）两种渠道。

二、威马：线下渠道以加盟为主、直营为辅

1. 线上：自有电商平台

威马官网、威马智行 APP 和威马公众号都有电商平台的入口，在电商平台上可以选择和定制车型，选择交付城市和网点，支付定金。

2. 线下：新“4S”与“智行合伙人”

在线下销售渠道上，威马汽车采用了全新的“4S”体系，与传统 4S 店模式不同，威马的“4S”是根据不同的服务功能分别建店，包括威马体验馆 Space、威马用户中心 Store、威马服务之家 Station、威马 E 站 Spot。

“智行合伙人”是威马汽车对渠道合作伙伴的称呼，威马汽车智行合伙人也有别于传统汽车经销商，除提供汽车销售和售后服务外，未来还将向用户提供出行服务，成为威马汽车智慧出行布局的合作伙伴。

三、小鹏：线上线下多种渠道模式组合

1. 线上：多平台销售

除了自有电商平台外，小鹏汽车还在天猫、汽车之家车开通了线上商城，用户可以通过这三个网络渠道下订单。同时，小鹏汽车也是第一家入驻天猫的造车新势力品牌。

2. 线下：体验与服务拆分，直营与授权经营共存

线下门店根据其功能定位的不同，小鹏汽车把传统 4S 店拆成两块，第一个“2S”是位于核心商圈的体验中心，负责销售、展示、数据的收集，既方便客户的触达，又可提供统一销售流程和服务标准，还可以通过商圈巨大的客流量强化品牌的传播效应。第二个“2S”是集中位于城市周边区域更大的位置的服务中心，集交付、维修、保养、零配件等功能于一体。

在建店方面，有自建自营，也有授权加盟。合作伙伴需要支付授权费用，在购物商圈选择合适面积的场地，小鹏汽车则负责输出管理模式，提供店面统一设计方案和装修标准，并进行验收。

纵观造车新势力的渠道模式，均以线上线下打通，强调用户体验为核心。相比传统 4S 店，造车新势力的渠道是一种去中心化，将服务分解为多种功能模块，每种功能模块都有与之对应的渠道形式，这种全渠道模式包括线上渠道和线下渠道共同组成了新的汽车零售渠道生态系统，可以说这种新零售模式对传统 4S 店模式是一种彻底的颠覆。

如果把上世纪 90 年代，汽车消费由卖方市场转变为买方市场后，为解决汽车品牌和用户之间的信任问题而建立起来的汽车品牌授权模式即汽车 4S 店模式，称为汽车渠道 1.0；那么在消费需求和技术变革的推动下，汽车产业正在发生颠覆性变化的今天，体验经济时代已经到来，用户从产品时代进入了体验时代并提出了个性化、精致化的体验需求。为解决汽车品牌和用户之间的价值认同问题，围绕用户体验打造的汽车新零售模式就是中国汽车渠道的 2.0 版本。

经过大浪淘沙后，留下来的造车新势力们，拥有了与传统车企交锋的资格，他们借助汽车能源变革之势出现，同时，创造了全新的渠道模式，给传统汽车行业带来一股新鲜力量。不论汽车新零售模式能否经得起历史的考验，造车新势力的这种创新精神和敢于试错的勇气都值得传统车企们学习。

（北京新能源汽车股份有限公司　赵国栋）

2018 年中国新能源汽车售后服务

一、新能源汽车现状及主要痛点

汽车产业是国家重要经济支柱产业之一，发展新能源汽车是国家实现节能减排、提高国家能源安全的既定战略。国家于近年在新能源汽车领域投入大量各类资源支持行业的发展，传统主机厂和造车新势力也纷纷投入大量资金大力发展新能源汽车。然而，前几年出现的种种新能源汽车骗国家补贴现象，以及退役动力电池系统回收和梯次利用率过低造成新的污染、整车爆燃现象过多危害客户人身及财产安全、电池系统成本过高、续驶里程衰减严重、动力电池包不能维修或维修成本过高、二手车残值过低等痛点问题都降低了客户购买意愿。这说明推进新能源汽车战略是个科学的系统工程，不存在所谓的弯道超车，而是要一步步扎实进行，来不得半点虚假，否则对国家既定战略的实现都是有害的。本文在分析国内新能源汽车存在多个关键“痛点”基础上，研究汽车企业新能源汽车售后服务具体做法及借鉴现有文献，分析了新能源汽车售后服务体系的现状，提出新能源汽车售后服务亟待解决的问题。进而，给出解决新能源汽车主要痛点及售后服务提升的工作建议。

二、新能源汽车售后服务现状及前景

根据新能源汽车的新特点，其售后服务非常重要。通过完善的售后服务体系，可以弥补设计、生产、销售、运输过程中产生的缺陷。售后服务是新能源汽车流通领域的一个非常重要环节，也是一项涵盖非常广泛的工作，包括新能源汽车销售以后的故障救援、质量保障、索赔管理、维修保养、零部件供应、技术咨询及指导、市场信息反馈、维修技术培训、服务质量跟踪、纠纷处理等与产品和市场有关的一系列内容。

截至 2018 年 12 月 31 日，全国汽车保有量达 2.4 亿辆，其中新能源汽车保有量达 344 万辆，仅 2018 年新增新能源汽车 107 万辆；到 2020 年底，纯电动和插电式混合动力汽车生产能力将超过 200 万辆、预计累计产销量将超过 500 万辆。根据《中国汽车后市场蓝皮书》显示，每 1 元的购车消费将带来 0.65 元的汽车后市场服务。伴随着广大车主的汽车消费水平提升，不少车主对汽车养护水平都有了更高要求，“三分修，七分养”的理念获得了越来越多人的认可。经测算，2018 年中国维修保养市场规模突破 1 万亿元，到 2022 年将超过 2 万亿元。这样就使新能源汽车售后服务市场成为新兴产业，各新能源汽车主机厂也越来越重视对售后服务改进。但是，被许多人忽略的是，新能源汽车相对于传统汽车，其维修保养体系是对传统汽车服务体系的一次巨大颠覆。

三、关于新能源汽车售后服务及动力系统成本问题

1. 新能源汽车与传统汽车售后服务成本对比

对于车主来讲，保养一辆电动汽车比保养一辆传统燃油汽车的费用更低。相对传统燃油汽车，纯电动汽车拥有保养周期长、单次保养费用低、保养内容相对简单、对保养技师经验要求较低等特点。目前，国内新能源汽车的保养周期多为 1 万公里，而除了像燃油汽车那样需要定期检查车身及内外饰件、检查轮胎状况、雨刷等易损件外，纯电动汽车的保养项目主要以电池包、电控系统、电机系统、换电装置、空调系统、转向系统、传动及悬架、制动系统、冷却系统等的状态检查，必要时进行修复或更换，这也是电动汽车保养成本低的主要原因。经实际测试，纯电动汽车维保所需人力仅为传统燃油车的 1/6-1/4。随着车辆智能化程度的提升、车联网的普

及，保养人力成本还可以降低。因此，电动车修理厂和 4S 店的收入虽然会降低，但人工支出也会相对减少。

表 1　某型号纯电动新能源汽车与 15 万元传统汽油车保养项目与费用对比

保养类别	保养项目	累计行驶里程（公里）						
		10000	20000	30000	40000	50000	60000	类推
A 级保养（含首保）	整车全面保养 高压安全检查	√	-	√	-	√	-	√
B 级保养	主要项目检查 高压安全检查	-	√	-	√	-	√	-
电动车费用标准（元 / 台）		320	120	320	120	320	120	320
传统汽油车（元 / 台）		1500	1500	1500	1500	1500	1500	1500

由此可见，由于结构相对简单，新能源汽车的维保成本比燃油车低得多。而随着新能源汽车市场份额的逐步提升，传统汽车从维修保养环节获得的收入将大幅减少。

2. 纯电动汽车的动力传动系统成本过高阻碍行业发展

纯电动汽车的动力传动系统成本高于传统汽油动力和插电混动传动系统的成本，主要原因在于其电池成本过高（目前国内电池成本比发达国家高 30%）。

表 2　典型中级电动汽车与传统汽油动力传动系统的成本比较

内燃机（ICE）		插电混动（PHEV）		纯电动（BEV）	
模块	价格（元）	模块	价格（元）	模块	价格（元）
内燃机引擎	9400	节能引擎	7250	大功率电动机	10500
变速器	5800	电子变速器	8500	电子控制系统	5200
其他	7200	其他的内燃机车压力转换器	5100	减速器	950
		电动机	8400	其他	7500
		电子变速箱控制器和减速器	9500		
		其他	7500		
除电池组以外动力传动装置成本	22400	以上小计	46250	以上小计	24150
电池组	-	12KWH 组	13200	50KWH 组	55000
动力传动装置总成本	22400	-	59450	-	79150

经测算，综合考虑电池成本和维修保养成本差异，这类中级混合动力汽车在 4-5 年内可以达到盈亏平衡，而纯电动汽车由于电池成本过高，需要 6-8 年才能达到盈亏平衡。

四、解决新能源汽车痛点和改进售后服务的三点策略

1. 策略一：模式创新—车电分离模式

可有助于新能源汽车售后服务改进、提高二手车残值、提高安全性、减少纯电池汽车爆燃、延长电池使用寿命、促进动力电池回收及梯次利用。

由于市场需求和技术因素影响，相同档次和车型的纯电动车比燃油车的残值率低很多，主要原因在于：①电池系统技术迭代过快，要替换成出厂电池系统都困难；②电动车二手车估值体系不成熟、市场缺少足够的经验积累，且主机厂收购意愿较低；③由于电池系统更新迭代快、性能不断改善、价格快速下降；④电池性能损耗较快，没有完善的售后保障措施；⑤传统汽油车，

二手车的动力系统可以采纳再制造产品，大大降低其维修成本，而纯电动车尚无办法解决这个问题。以上五个因素，严重影响电动车二手车残值，也影响电动车售后服务。因此，为了保持电动车的高残值，新能源主机厂的当务之急，是在刺激二手车置换的同时，也要提高产品质量、改进服务等措施来刺激二手车需求。

采纳车电分离、融资租赁和出行车辆的需求相结合，可能形成新能源二手车的新模式，使消费者很方便更换汽车。虽然就目前而言，新能源二手车的市场很冷淡，但在新换电模式下其发展前景将是光明的。北京新能源汽车股份有限公司、奥动新能源汽车科技有限公司、上海电巴新能源科技有限公司已就此展开非常有益的尝试。

对比传统购车和使用模式，车电分离的换电模式可解决客户购买和使用纯电动汽车的多个痛点，尤其是对于购车资金不充裕、无固定车位及对时效性要求较高的客户吸引力较大，具备良好的市场发展前景。研究表明，营运车辆，如电动通勤用车、电动物流车、电动出租车、电动客车，这些追求低成本和高现金流，追求高效率，缩短补电时间的纯电动车辆，可采纳车电分离的换电模式。

目前，中级纯电动汽车电池系统占整车制造成本约 50%，汽车消费端却承担了 100% 的价格，但实际享受价值（SOC）仅为 20% 左右，潜在的巨大梯次利用价值，如储能、低速车、材料回收等并未得到有效利用；通过车电分离，将部分电池梯次利用价值前置，来降低汽车消费端购买成本，提升产品竞争力。

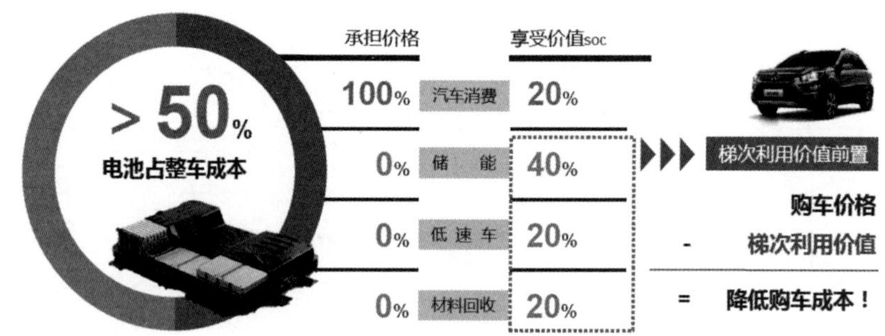

图 1　换电模式的优点

通过换电模式，可实现对电池系统的单一客户到多客户共享，电池系统不使用时在恒温、恒湿环境，并可采纳慢充，集中保养，可延长电池寿命一倍以上（可达到 8 年），保障整车残值；充电时还可采纳夜间低电价时充电，降低充电费用，实现电池商业价值最大化和充电成本最小化。

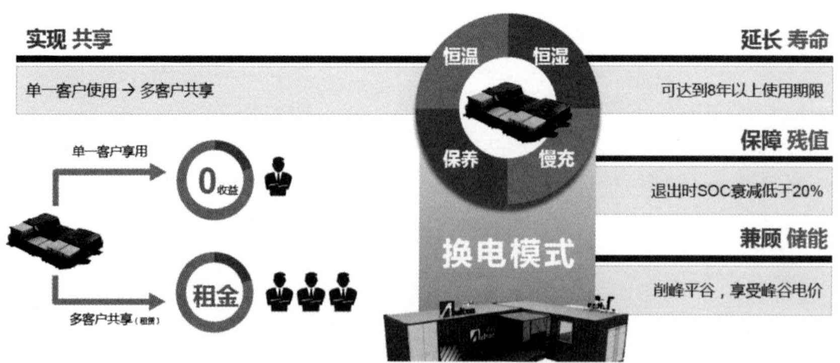

图 2　中级纯电动车采用车电分离模式的成本优势

车电分离可解决以下问题：①解决充电难问题：对于自己家里无充电桩客户（如北京约占 50% 客户），可解决充电难、充电贵的问题；②购车价格高问题：车电分离，可解决纯电动整车购置价格比燃油车贵 5-6 万元（因为无需购买电池系统，只租来用）；③效率低问题：车电分离，还可解决充电时间过长问题（原先慢充 7-10 小时，快充 1-2 小时，快充大大降低电池寿命），而换电只需 3 分钟，与燃油车加燃油相近；④电池衰减快问题：快充严重损耗电池寿命，而车电分离模式的恒温、恒湿慢充，可提高电池寿命一倍以上；⑤安全性差、爆燃多问题：传统模式，电动车电池系统保养困难，安全隐患多，尤其是不能随时检测电池状况；而车电分离模式，可定期保养电池包、充电时可在线检测电池状况，换电站实现一站式管理，可大大减少动力电池故障引起的整车爆燃。

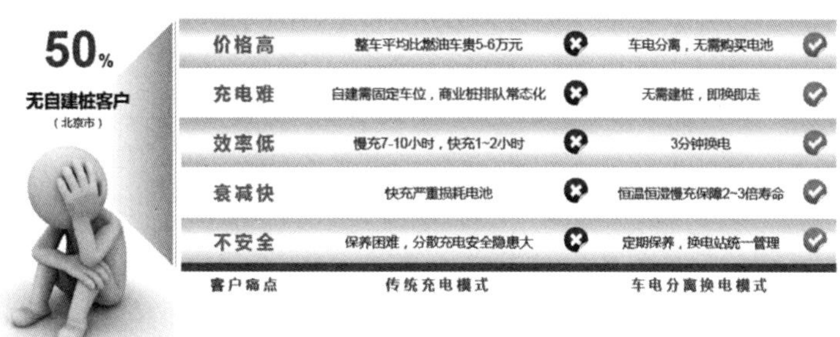

图 3　车电分离模式可解决的问题

2. 策略二：新能源车联网平台在汽车售后服务中应用

新能源车联网平台可进行“车辆档案”“位置服务”“运行监控”“大数据分析”“价值链应用”“系统管理”，其中服务环节包括报警查询、服务真实性、蓄电池报警、故障处理等。

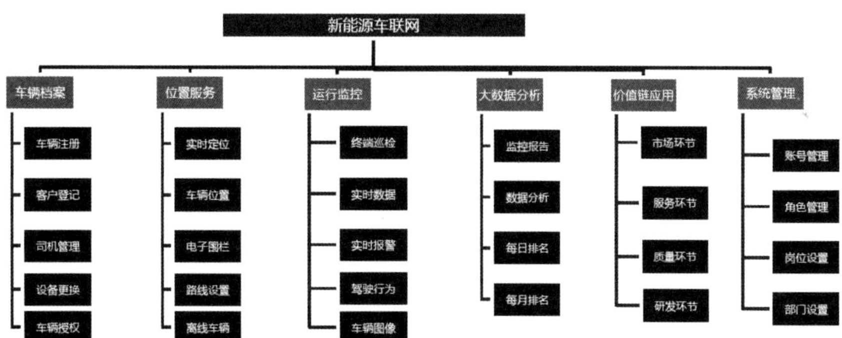

图 4　新能源车联网平台

售后服务环节报警信息处理：根据国标 GB32960 报警等级分级标准，对监控平台报警信息可进行分类管理，建立报警信息监控与处理流程，为客户提供精准服务（下图是 19 项通用报警和分级标准）。

报警名称及分级标准

19项通用报警

序号	报警名称	序号	报警名称
1	高压互锁报警	11	SOC过高报警
2	温度差异报警	12	车载储能装置类型过充报警
3	SOC低报警	13	单体蓄电池过压报警
4	SOC跳变报警	14	充电储能系统不匹配报警
5	制动系统报警	15	电池高温报警
6	驱动电机温度报警	16	车载储能装置类型过压报警
7	DCDC温度报警	17	车载储能装置类型欠压报警
8	绝缘报警	18	电机控制器高温报警
9	单体蓄电池欠压报警	19	电池单体一致性差报警
10	DCDC状态报警		

报警分级标准

等级	标准
1级	不影响车辆行驶的故障
2级	影响车辆性能、需驾驶员限制行驶的故障
3级	最高级别故障，指驾驶员应立即停车处理或请求救援的故障

图 5　报警名称及分级标准

3. 策略三：传统燃油动力车辆的服务经验借鉴与提升

国内的新能源汽车售后服务行业与国外相比还处在初级阶段，从经济模式、法律法规，到品牌创造、服务理念都存在巨大差异。面对国外企业的激烈竞争，必须吸取现有的成功经验，不断改进和完善，建立起一套可持续、健康的服务体系，才能使中国的新能源汽车售后服务行业在巨大的商机中得以更加辉煌地发展。新能源汽车的售后服务和燃油车的售后服务相比，有着更丰富的内涵。售后服务工作不仅是修车换零件，而且是为客户提供新能源汽车咨询服务和相关技术培训，并实现配件供应、维修、保养的一条龙服务，这些都需要借鉴与快速改进，以适应新能源汽车发展。

总之，过去几年，在国家政策指导和财政的大力支持下，新能源汽车的优势在成熟的传统燃油汽车市场中尚显一些先天不足，这也是汽车行业快速发展中遇到的问题。未来在国家补贴退出后，让新能源汽车客户买得起、用得方便、用得放心，并真正助力国家节能减排和能源安全战略，不仅靠主机厂和零部件供应商优良的技术，更要靠创新的模式和优质的售后服务，这将对中国新能源汽车普及起到重要助力作用。新能源汽车的售后服务是一项非常重要的工作，必须与新能源汽车产品品质提升同步推进。

（北汽福田汽车股份有限公司　任起龙）

第5部类

汽车进出口

DIWUBULEI | QICHEJINCHUKOU

2018 年中国汽车出口市场

一、汽车产品出口概况

2018 年，中国汽车工业总体运行平稳，汽车出口也继续延续回升态势，但受错综复杂的国际市场形势的影响，2018 年中国汽车出口增速大幅放缓。2018 年，中国整车（含成套散件）出口量再次突破百万辆。根据海关数据统计，2018 年，中国整车出口 100.89 万辆，同比增长 9.9%，增速比 2017 年下降 21.1 个百分点，出口金额 150.96 亿美元，同比增长 10.9%，增速比 2017 年下降 11.3 个百分点。单车平均出口价格为 1.50 万美元，与 2017 年基本持平。

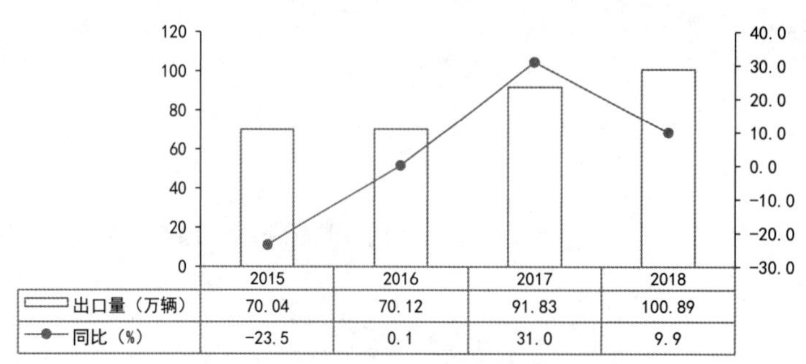

图 1 2015-2018 年中国汽车整车出口情况

数据来源：中国海关总署

二、汽车产品出口现状

（一）整车出口

分车型来看，2018 年，乘用车出口量继续超过商用车，产品结构持续优化，小轿车和货车仍占主体地位。中国乘用车出口 70.21 万辆，同比增长 14.3%，占中国整车出口总量的 69.6%，比 2017 年提高 2.4 个百分点，乘用车出口金额 77.77 亿美元，同比增长 21.1%；商用车出口 30.68 万辆，同比增长 0.9%，占整车出口总量的 30.4%，出口金额 73.19 亿美元，同比增长 2.0%。小轿车作为第一大出口车型，共出口 51.04 万辆，同比增长 0.1%，占乘用车出口总量的 72.7%；载货汽车位居第二，共出口 20.03 万辆，同比下降 2.4%，占商用车出口总量的 65.3%，轿车和载货汽车出口量合计占整车出口总量的 70.4%，比 2017 年下降了 6.7 个百分点。

表 1 2018 年整车（分车型）出口情况（单位：万辆，亿美元，%）

车型		出口数量	同比	出口金额	同比
乘用车	小轿车	51.04	0.1	46.65	-6.3
	四驱越野车	0.62	-1.6	1	-39.8
	9 座及以下小客车	14.68	51.5	18.52	48.0
	其他载人机动车（包括成套散件）	3.87	-	11.6	-
	乘用车合计	**70.21**	**14.3**	**77.77**	**21.1**
商用车	客车	6.57	16.5	22.97	10.0
	载货汽车	20.03	-2.4	27.7	-9.6
	特种车	3.91	3.4	21.64	10.3
	汽车底盘	0.17	-63.0	0.88	9.3
	商用车合计	**30.68**	**0.9**	**73.19**	**2.0**
汽车合计		**100.89**	**9.9**	**150.96**	**10.9**

数据来源：中国海关总署

分国家来看，随着中国汽车出口规模的不断扩大，中国汽车出口市场呈现出日趋多元化、“一带一路”沿线及新兴市场增长较快等趋势。2018 年中国汽车出口市场已覆盖 200 多个国家和地区。其中，对东南亚、西亚、非洲等“一带一路”沿线国家的出口规模和价值不断提升，汽车成为开拓“一带一路”和新兴市场的重点行业。伊朗仍是中国第一大出口市场，但是受美国制裁伊朗的影响，出口增速大幅下降。2018 年，中国对伊朗整车出口 19.33 万辆，同比下降 22.8%；受雪佛兰赛欧等外资品牌车型出口带动，墨西哥位居第二，出口 10.97 万辆，同比大幅增长 83.2%；随着中国品牌汽车质量和市场欢迎度提升，智利位居第三，出口 7.53 万辆，同比增长 21.4%；美国位居第四，出口 6.75 万辆，同比上升 26.7%；埃及位居第五，出口 4.38 万辆，同比大增 110.7%。2018 年，中国对“一带一路”沿线国家出口整车 69.17 万辆，占中国整车出口总量的 68.56%，整车出口额 102.2 亿美元，占中国整车出口总额的 67.58%。其中，对阿尔及利亚、沙特阿拉伯、埃及的出口增幅较大。中国品牌汽车在伊朗、智利、阿尔及利亚等国细分市场份额均位居前列。

表 2　2018 年整车（分国别前 20 位）出口情况（单位：万辆，%）

序号	国家（地区）	出口数量	同比增长	出口金额	同比增长
1	伊朗	19.33	-22.8	17.99	-20.0
2	墨西哥	10.97	83.2	10.44	56.7
3	智利	7.53	21.4	6.90	43.3
4	美国	6.75	26.7	17.87	24.7
5	埃及	4.38	110.7	3.04	146.5
6	厄瓜多尔	3.75	42.9	3.29	61.4
7	越南	3.70	-32.9	4.69	-47.2
8	秘鲁	3.19	-2.1	3.00	7.8
9	菲律宾	2.83	10.5	6.78	0.4
10	阿尔及利亚	2.77	3161.9	2.47	386.8
11	巴西	2.14	95.0	2.22	240.7
12	沙特阿拉伯	2.08	140.6	4.69	78.9
13	哥伦比亚	2.06	-7.0	1.45	9.6
14	俄罗斯	1.93	-40.2	4.43	3.5
15	玻利维亚	1.59	-1.0	1.56	-0.5
16	澳大利亚	1.46	96.7	2.75	95.0
17	英国	1.43	144.1	1.89	191.5
18	南非	1.36	49.7	2.14	60.3
19	阿根廷	1.14	-6.0	1.04	25.4
20	巴基斯坦	1.08	-13.5	2.08	-8.7

数据来源：中国海关总署

分企业来看，整车出口行业集中度有所提高，大部分骨干车企出口增长较快。根据中国汽车流通协会统计，2018 年，上汽（23.82 万辆）、奇瑞（12.29 万辆）、北汽（7.70 万辆）、江淮（7.48 万辆）和东风（7.38 万辆）占据中国汽车企业出口前五席，合计出口量占出口总量的 58.2%，比 2017 年提高 5.2 个百分点。大多数车企产品出口呈快速增长趋势，其中上汽、长安、长城、吉利增幅较大，分别为 50.5%、34.6%、20.0% 和 127.0%。

表 3　2018 年中国主要汽车企业出口情况（单位：万辆，%）

序号	企业名称	出口数量	同比增长
1	上海汽车集团股份有限公司	23.82	50.5
2	奇瑞汽车股份有限公司	12.29	14.1
3	北京汽车集团有限公司	7.70	-13.6
4	安徽江淮汽车集团有限公司	7.48	12.5

表 3 2018 年中国主要汽车企业出口情况（单位：万辆，%）（续表）

序号	企业名称	出口数量	同比增长
5	东风汽车集团有限公司	7.38	14.0
6	中国长安汽车集团股份有限公司	6.14	34.6
7	大庆沃尔沃汽车制造有限公司	5.58	-32.9
8	长城汽车股份有限公司	4.70	20.0
9	中国第一汽车集团有限公司	4.36	8.8
10	华晨汽车集团控股有限公司	4.34	-33.3
11	中国重型汽车集团有限公司	3.76	14.0
12	浙江吉利控股集团有限公司	2.75	127.0
13	厦门金龙汽车集团股份有限公司	1.91	40.2
14	荣城华泰汽车有限公司	1.90	-45.9
15	广州汽车工业集团有限公司	1.80	-16.2
16	重庆力帆乘用车有限公司	1.53	-54.7
17	陕西汽车集团有限责任公司	1.23	35.2
18	湖南江南汽车制造有限公司	1.20	-24.3
19	比亚迪汽车有限公司	1.13	0.7
20	郑州宇通集团有限公司	0.72	-17.2

数据来源：中国汽车工业协会

合资企业外资品牌乘用车出口所占比例进一步提高。通用、本田、标致、宝马、日产等跨国公司进一步调整对合资企业的定位，加大中国生产布局力度，汽车出口规模不断扩大。根据中国汽车工业协会统计数据，2018 年，上汽通用、大庆沃尔沃、本田（中国）、东风神龙、长安福特、华晨宝马等合资企业乘用车出口比重已达到 31.3%，比 2017 年提高 11.6 个百分点。其中，标致雪铁龙 2018 年实现出口 5188 辆，同比大幅增长近 5 倍。上汽通用出口总量 15.81 万辆，同比增长 48.68%。其中昂科威出口 3.39 万辆，同比增长 0.72%，占上汽通用出口总量的比重超过 20%。

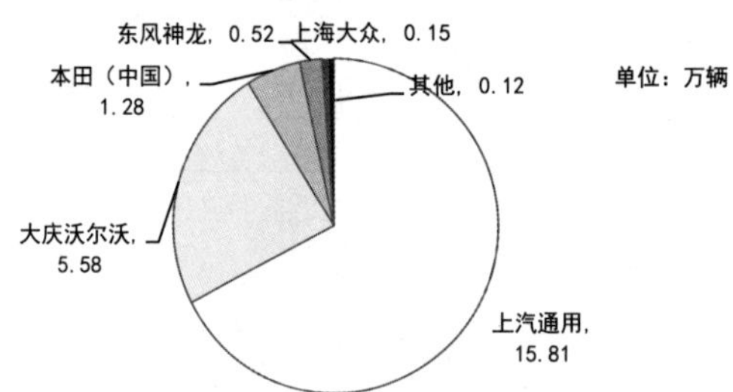

图 2 2018 年中国合资企业乘用车出口情况

数据来源：中国汽车工业协会

（二）汽车零部件出口

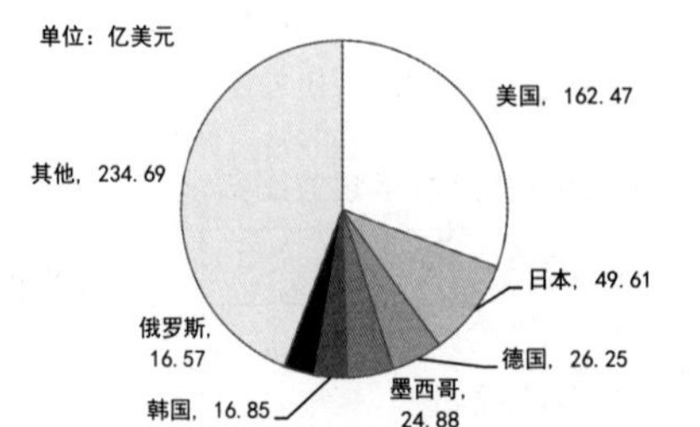

图 3 2018 年汽车零部件（分国别）出口情况

数据来源：中国海关总署

中国汽车零部件产业发展迅速，出口主要面向欧美日韩等发达国家，主要出口市场均保持快速增长趋势。2018 年中国汽车零部件出口总额 531.32 亿美元，占中国汽车产品出口总额的 77.87%。美国是中国最大的零部件出口市场，占中国汽车零部件出口的 30.6%。2018 年，在中美贸易摩擦的大环境下，中国对美国零部件出口总额依然大幅增长 16.7%。日本是中国零部件出口第二大市场，出口 49.61 亿美元，同比增长 11.9%，占比 9.3%。第三是德国，出口 26.25 亿美元，同比增长 11.5%，占比 4.9%。

从具体产品看，关键零部件在中国汽车零部件出口中的地位逐渐提升。2018 年，发动机整机、其他机动车辆用变速箱及其零件出口额分别实现 29.90% 和 20.24% 的增长。

表 4 2018 年中国汽车部分关键零部件产品出口情况（单位：亿美元）

序号	税号	产品描述	出口额	增长
1	84073410	3000ml ≥排量＞ 1000ml 车用往复式活塞发动机	15.35	29.90%
2	87084091	小轿车用自动挡变速箱及其零部件	8.33	9.27%
3	87084099	其他机动车辆用变速箱及其零件	7.50	20.24%
4	84082010	车用柴油机	2.68	2.14%
5	84082090	其他车辆用柴油机	2.55	14.12%

数据来源：根据中国海关总署整理

（中国汽车技术研究中心有限公司 凌云 刘艳 沈庆）

2018年中国进口车市场

一、海关进口量下滑，关税政策调整导致季度波动巨大

2018年中国进口汽车110.8万辆，同比下滑8.8%，相比2017年全年增长16.8%，增速回落25.6个百分点，受7月1日起正式实施关税下调影响，二季度进口量下滑超过45%，7月进口厂商加大报关量，三季度进口量增幅度超过30%。

在经历了2015年及2016年艰难的去库存过程后，自2017年1月起进口车市场触底快速反弹，全年维持稳定增长的速度。进入2018年，进口车市场稳步开局，随着2018年5月22日财政部发布正式落实进口汽车关税税率下降的公告，并于7月1日起正式实施后，跨国公司采取各种措施延迟报关，导致进口量下滑幅度较大。自7月1日起，进口厂商开始大批量报关，进口量呈V形反转。但随着对美产汽车进口关税上调的实施，8月和9月进口量环比下降。2018年进口汽车110.8万辆，同比下滑8.8%，相比2017年全年增长16.8%，增速回落25.6个百分点。

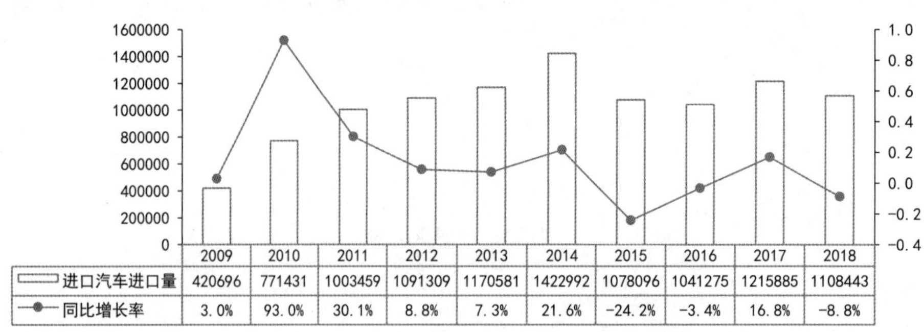

	2009	2010	2011	2012	2013	2014	2015	2016	2017	2018
进口汽车进口量	420696	771431	1003459	1091309	1170581	1422992	1078096	1041275	1215885	1108443
同比增长率	3.0%	93.0%	30.1%	8.8%	7.3%	21.6%	-24.2%	-3.4%	16.8%	-8.8%

图1 2009-2018年海关进口量（单位：辆）

数据来源：中国进口汽车市场数据库，以下不再赘述

从季度走势来看，2018年进口车市场稳步开局，一季度进口量缓慢增长，同比增长5.5%，随着4月宣布今年将相当幅度地降低进口汽车关税，跨国公司贸易商采取延迟报关措施，二季度进口量急剧下滑，下滑幅度超过45%，随着7月1日起进口关税下调正式实施，跨国公司贸易商开始大批量报关，三季度进口量增幅度超过30%，但第四季度出现21.3%的下滑。

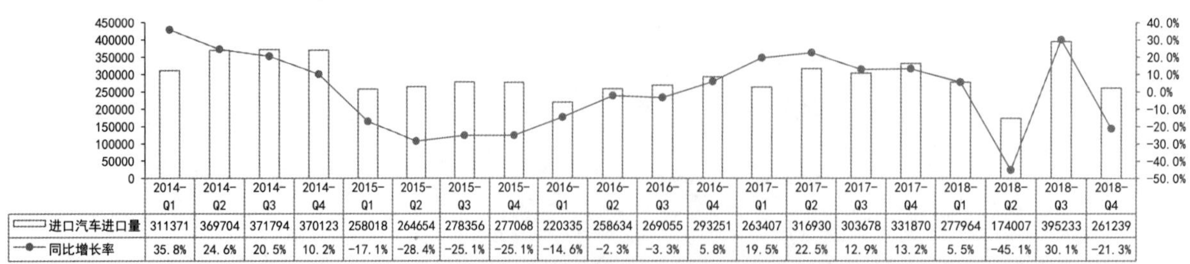

	2014-Q1	2014-Q2	2014-Q3	2014-Q4	2015-Q1	2015-Q2	2015-Q3	2015-Q4	2016-Q1	2016-Q2	2016-Q3	2016-Q4	2017-Q1	2017-Q2	2017-Q3	2017-Q4	2018-Q1	2018-Q2	2018-Q3	2018-Q4
进口汽车进口量	311371	369704	371794	370123	258018	264654	278356	277068	220335	258634	269055	293251	263407	316930	303678	331870	277964	174007	395233	261239
同比增长率	35.8%	24.6%	20.5%	10.2%	-17.1%	-28.4%	-25.1%	-25.1%	-14.6%	-2.3%	-3.3%	5.8%	19.5%	22.5%	12.9%	13.2%	5.5%	-45.1%	30.1%	-21.3%

图2 2012-2018年分季度海关进口量季度走势（单位：辆）

二、终端需求不旺，三季度未出现明显好转

2018年经销商交付客户进口车(AAK)销量85.4万辆,同比下滑5.6%,二季度受关税下调影响，消费者持币代购现象显现，终端需求下滑明显，三季度进口车价格随关税下降调整的利好并未

在终端销售中体现，仅恢复到去年同期水平。

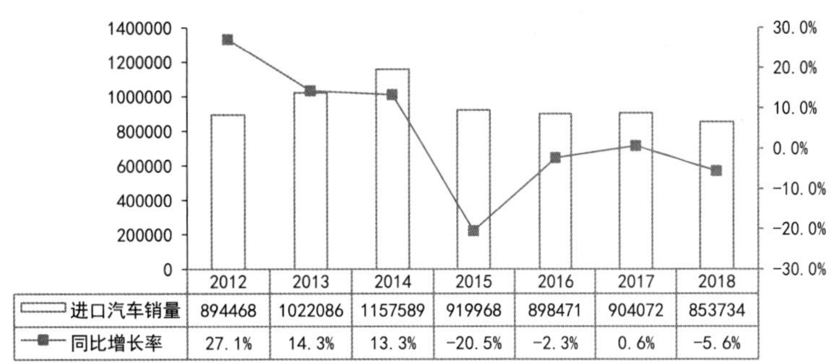

	2012	2013	2014	2015	2016	2017	2018
进口汽车销量	894468	1022086	1157589	919968	898471	904072	853734
同比增长率	27.1%	14.3%	13.3%	-20.5%	-2.3%	0.6%	-5.6%

图 3　2012-2018 年进口汽车市场 AAK 销量（单位：辆，%）

受 4 月宣布进口车关税下降政策影响，消费者持币待购现象显现，到 7 月 1 日起正式实施关税下调政策，进口车价格随关税下降的利好直接刺激市场销量，7 月和 8 月销量同比上涨，后受中美贸易战持续升温外加上实体经济困难的影响，9 月销量同比下降。根据中国进口汽车市场信息联席会统计的 30 个品牌的经销商交付客户进口车数据（AAK）来看，2018 年经销商交付客户进口车销量为 85.4 万辆，同比下滑 5.6%，相比 2017 年全年 0.6% 的增长，下滑 6.2 个百分点。

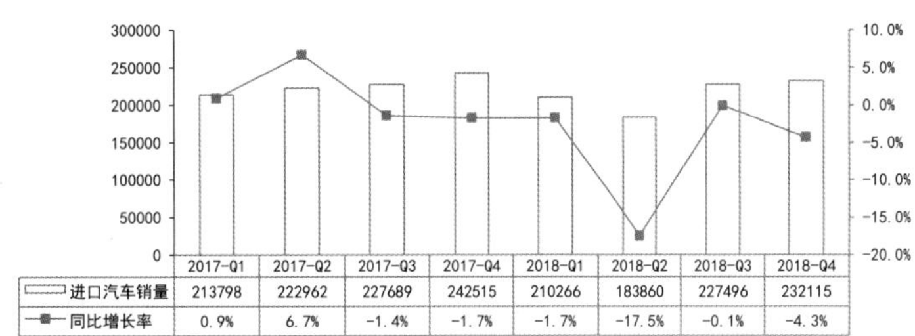

	2017-Q1	2017-Q2	2017-Q3	2017-Q4	2018-Q1	2018-Q2	2018-Q3	2018-Q4
进口汽车销量	213798	222962	227689	242515	210266	183860	227496	232115
同比增长率	0.9%	6.7%	-1.4%	-1.7%	-1.7%	-17.5%	-0.1%	-4.3%

图 4　2017-2018 年分季度进口汽车市场 AAK 销量（单位：辆，%）

三、经销商库存深度逐步调整到合理水平

行业库存绝对量和库存深度受关税政策影响波动较大，2018 年 12 月行业库存（总经销商库存 + 经销商库存）深度为 3.7 个月，进口经销商库存深度为 1.49 个月，处于合理库存水平。

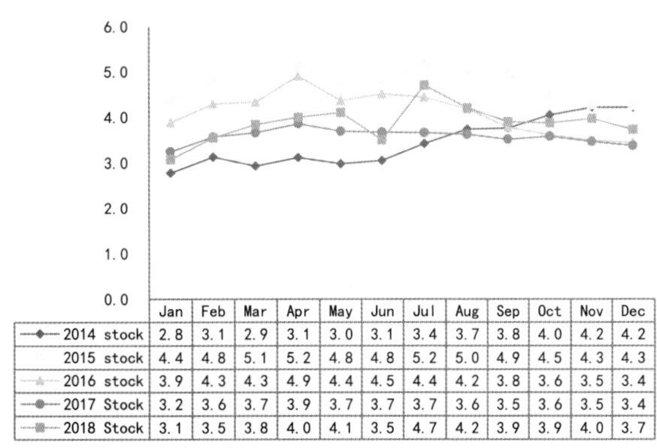

	Jan	Feb	Mar	Apr	May	Jun	Jul	Aug	Sep	Oct	Nov	Dec
2014 stock	2.8	3.1	2.9	3.1	3.0	3.1	3.4	3.7	3.8	4.0	4.2	4.2
2015 stock	4.4	4.8	5.1	5.2	4.8	4.8	5.2	5.0	4.9	4.5	4.3	4.3
2016 stock	3.9	4.3	4.3	4.9	4.4	4.5	4.4	4.2	3.8	3.6	3.5	3.4
2017 Stock	3.2	3.6	3.7	3.9	3.7	3.7	3.7	3.6	3.5	3.6	3.5	3.4
2018 Stock	3.1	3.5	3.8	4.0	4.1	3.5	4.7	4.2	3.9	3.9	4.0	3.7

注：行业库存包含总经销商和经销商两部分库存

图 5　2014-2018 年进口乘用车市场累计库存深度走势（单位：个月）

行业库存根据中国进口汽车信息联席会统计的 20 个品牌的海关进口量和市场零售数据差值来计算；进口车行业库存深度根据累计的总经销商与经销商的库存量除以月平均交付量计算。经调查，2010 年底行业库存深度为 1.5 个月，2014 年起库存持续攀升并于 2015 年 7 月达到 5.2 个月，创下历史新高。经过 2015-2016 年去库存影响，2017 年行业库存深度开始趋于平稳，

2018 年 12 月行业库存深度为 3.7 个月。

从 2018 年月度走势来看，1-5 月库存呈递增趋势，4-5 月，受进口车关税下降政策宣布影响，消费者观望情绪加重，需求下降，库存压力增大；而 6 月库存大幅下降，主要是由于关税政策调整后，跨国公司延迟报关，供给下滑所致；7-8 月受关税下调政策和对美产进口车加征关税政策的叠加影响，厂家加大进口力度，库存激增；9 月开始回归平稳，12 月降到 3.7 个月。

根据中国汽车流通协会的经销商库存调研显示，2018 年 12 月合资、进口和自主品牌经销商库存深度分别为 1.7、1.5 和 2.0 个月，合资品牌、自主品牌库存系数均环比上升，高于经销商库存水平线 1.5 个月的合理库存，进口品牌则恢复到合理库存水平。

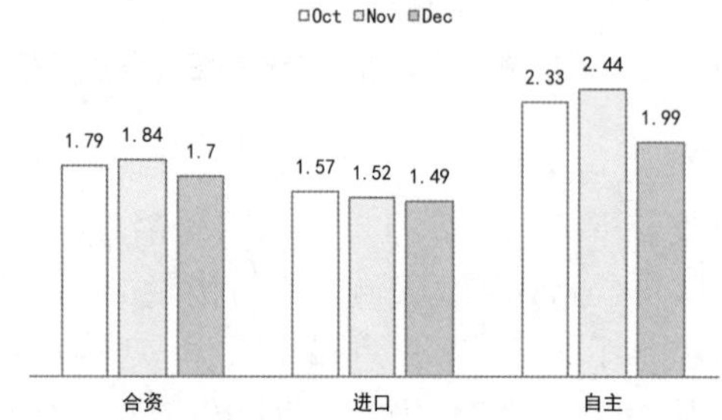

图 6　2018 年 10-12 月进口、合资和自主品牌经销商库存深度（单位：个月）

数据来源：中国汽车流通协会经销商调研

四、品牌集中度有所上升，第一集团竞争格局变化明显

前十品牌集中度超过八成，品牌出现分化，仅有四个品牌增长、增速均超过 20%，林肯下滑幅度最大，同比下滑超过 31%，路虎、大众、丰田和宝马下滑超过 10%。

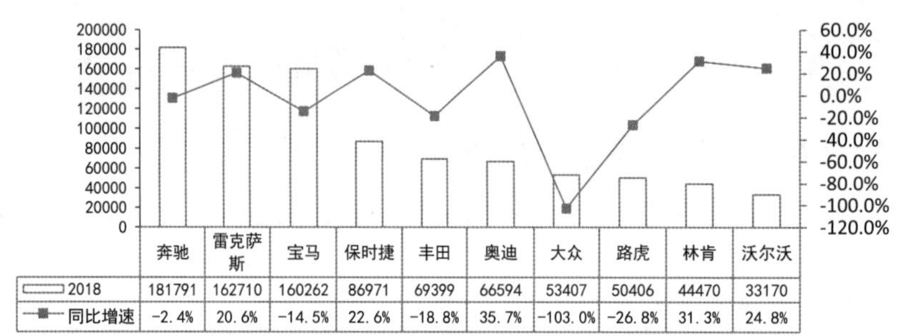

	奔驰	雷克萨斯	宝马	保时捷	丰田	奥迪	大众	路虎	林肯	沃尔沃
2018	181791	162710	160262	86971	69399	66594	53407	50406	44470	33170
同比增速	-2.4%	20.6%	-14.5%	22.6%	-18.8%	35.7%	-103.0%	-26.8%	31.3%	24.8%

图 7　2017/2018 年乘用车分品牌进口量与同比增速（单位：辆）

2018 年进口车品牌集中度上升。进口量排名前十品牌共进口乘用车 90.9 万辆，在乘用车总进口量中占比达 83.6%，相较 2017 年的 79% 提升 4.6 个百分点。

从各品牌的进口量表现来看，排名前十位品牌中，受进口车关税税率下降影响，仅四个品牌实现进口量的增长，六个品牌进口量同比呈下降趋势。其中，在 A5、A8 和 Q7 等系列产品的带动下，奥迪表现突出，1-12 月进口量增长幅度较大，同比增长 35.7%。2018 年雷克萨斯表现一直十分亮眼，1-12 月进口量增长 20.6%，主要得益于新产品 ES200、ES300、NX 新能源系列的投放和高效的供需体系，维持稳定增长态势。下滑的品牌主要受美产汽车进口关税的上调影响，其中，林肯下滑幅度最大超过 31%，路虎、大众、丰田和宝马下滑超过 10%。

五、乘用车下滑幅度超过整体市场，三大车型中仅轿车实现增长

从车型结构看，轿车进口 35.4 万辆，同比增长 7.6%，是三大车型中唯一增长车型，在进口总量中的占比为 42.6%；MPV 下降 20.6%，在三大车型中降幅最大；SUV 进口 44.7 万辆，市场份额下滑至 53.7% 。

2018年乘用车累计进口108.8万辆，同比下滑9.4%，下滑幅度超过整体进口车市场8.8%的降幅。在下调关税政策预期影响下，三大车型中除轿车外均出现较大幅度下滑，SUV在乘用车中的占比为53.8%，份额下降趋势明显。

在雷克萨斯IS200、LS350/500h、奔驰迈巴赫S系列、宝马6系GT等新车型拉动下，以及关税下调后，奔驰CLA、宝马5系、奥迪A5、保时捷PANAMERA的加大进口，1-12月轿车进口46.3万辆，同比增长3.2%，是三大车型中唯一增长车型；受X3、福特探险者等车型国产化因素影响，及对平行进口汽车环保信息公开的整顿，1-12月SUV进口58.5万辆，同比下降15.6%；MPV进口3.9万辆，同比下降32.8%，在三大车型中降幅最大。

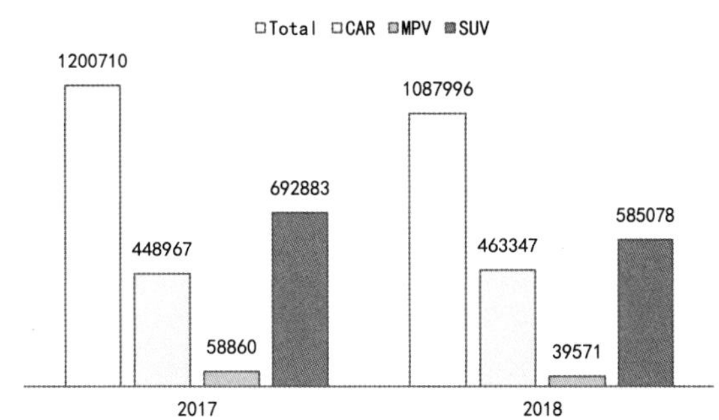

图8 2017/2018年乘用车分车型进口量（单位：辆）

六、1.5-2.0L仍是最大排量区间，但3.0L以上份额增长明显

进口汽车关税下调政策实施后，日系大排量平行进口车型迅速加大进口，3.0L以上排量份额提升至12%，较2017年增长2.5个百分点；1.5-2.0L排量区间以46.1%的份额继续保持第一大排量区间，相比2017年提升1.2个百分点。

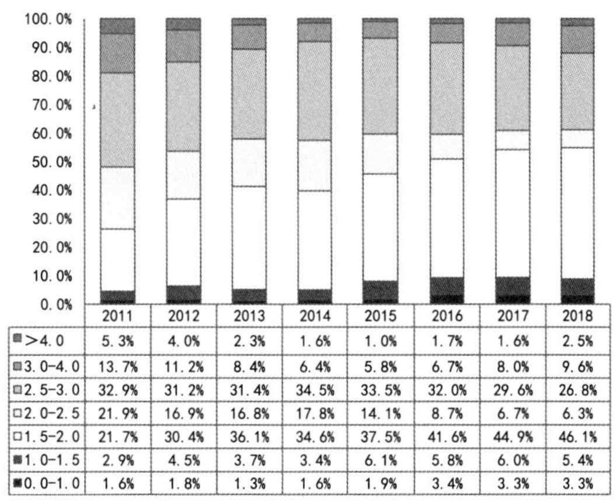

	2011	2012	2013	2014	2015	2016	2017	2018
>4.0	5.3%	4.0%	2.3%	1.6%	1.0%	1.7%	1.6%	2.5%
3.0-4.0	13.7%	11.2%	8.4%	6.4%	5.8%	6.7%	8.0%	9.6%
2.5-3.0	32.9%	31.2%	31.4%	34.5%	33.5%	32.0%	29.6%	26.8%
2.0-2.5	21.9%	16.9%	16.8%	17.8%	14.1%	8.7%	6.7%	6.3%
1.5-2.0	21.7%	30.4%	36.1%	34.6%	37.5%	41.6%	44.9%	46.1%
1.0-1.5	2.9%	4.5%	3.7%	3.4%	6.1%	5.8%	6.0%	5.4%
0.0-1.0	1.6%	1.8%	1.3%	1.6%	1.9%	3.4%	3.3%	3.3%

图9 2011-2018年进口汽车市场排量结构变化

2018年1.5-2.0L排量区间以46.1%的份额稳居第一大排量区间，相比2017年提升1.2个百分点。尽管宝马X3的国产，以及对美产进口车加征关税政策，导致林肯CONTINENTAL、MKC等车型的进口量大幅下滑，对该排量区间份额带来了一定影响，但关税下调政策实施后，奔驰CLA、雷克萨斯NX、RX等车型加大进口迅速填补了空缺，使份额保持稳定。

进口汽车关税下调政策实施后，丰田ALPHARD、LANDCRUISER、日产PATROL等日系平行进口主力车型迅速加大进口，对3.0L以上排量区间拉动作用明显，份额扩大至12.0%，相比2017年份额增长2.5个百分点。2.5-3.0L区间份额下滑2.8个百分点，主要是由于丰田PRADO、路虎揽胜、玛莎拉蒂LEVANTE等车型进口量的大幅下降所致。

（国机汽车股份有限公司 王存）

2018 年中国平行进口汽车市场

在中美贸易摩擦、进口关税政策调整、环保政策的影响下，2018 年平行进口汽车市场增速大幅回落，出现近五年来的首次下滑。

一、平行进口汽车近五年首现下滑

2018 年平行进口车增速下滑，占进口车总量的 12.6%，是平行进口车近五年来首现下滑：2018 年，平行进口汽车共 14 万辆，同比下滑 18.6%，占进口总量的 12.6%，比 2017 全年占比下滑 1.6 个百分点。

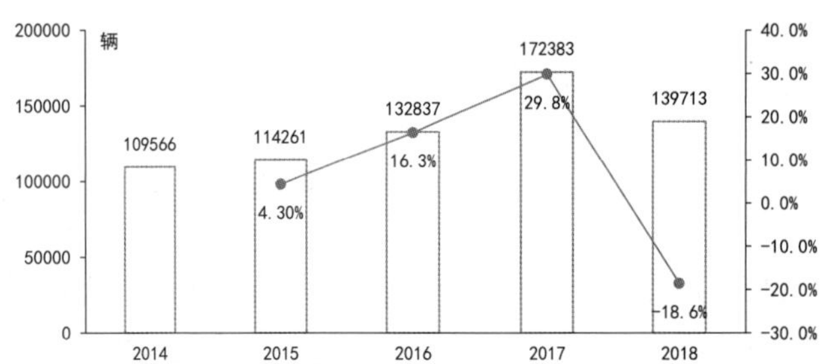

图 1　2014-2018 年中国平行进口汽车市场发展（单位；辆）

数据来源：中国进口汽车市场数据库，后文不再赘述

从进口量看，2018 年平行进口汽车共 14 万辆，同比下降 18.6%，占进口总量的 12.6%，比 2017 全年占比下滑 1.6 个百分点。受政策导向、关税下调及中美贸易战对美产进口车加征关税等影响，2018 年度平行进口量波动较大，形成大起大落的态势。

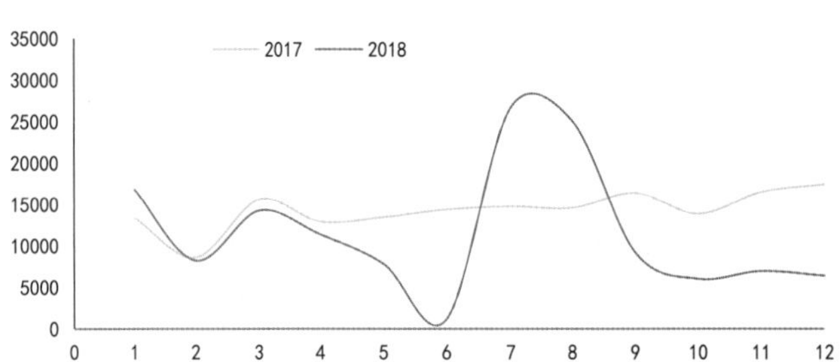

图 2　2017-2018 年中国平行进口汽车月度走势（单位：辆）

二、SUV 份额有所下滑，MPV 份额略有提升

SUV 仍为主力车型，但份额有所下滑，MPV 份额提升明显：2018 年，SUV 保持主力地位，市场份额 85%，较 2017 年全年下滑 3 个百分点，MPV 份额 8%，提升 2 个百分点，其他车型保持相对稳定。

2018 年，从车型结构看，SUV 依旧保持主力地位，占市场份额 85%，但份额有所下滑，主要由于丰田 Pardo 产品进入换代周期，产品竞争力有所减弱，市场供给有限，平行进口经销商减少进口。

从车型细分市场结构来看，平行进口 SUV 以 B、C 和 D 级为主，其中 C 级占比超过一半，为 59.2%。2018 年 C 级 SUV 占比相比 2017 年全年提升 7.9 个百分点；B 级 SUV 占比较 2017 年全年下滑 4.7 个百分点。

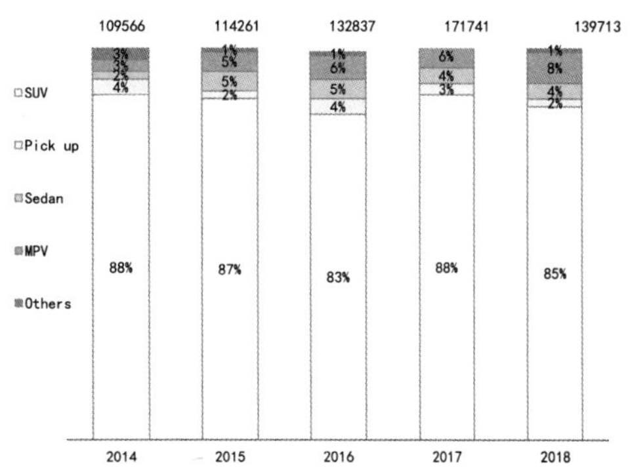

图 3　2014-2018 年平行进口车不同车型占比（单位：辆）

平行进口 MPV 份额增长至 8%，同比增长 12%，主要来自于奔驰 MPV 车型 V-class 和 Metris 的拉动，同比增长率达 145.7%，带动 MPV 份额整体提升。

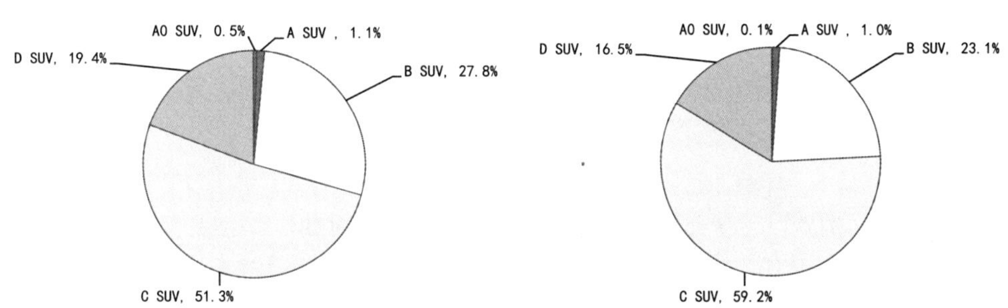

注：丰田 Prado 的级别有所调整，由原来的 C 级调整为 B 级

图 4　2017-2018 年平行进口 SUV 车型细分市场结构

三、大排量车型居多

大排量车型居多，仅有 2.0-3.0L 排量区间份额大幅下降，3.0-4.0L 排量区间份额提升明显，2.0-4.0L 排量区间份额达到 80.3%。

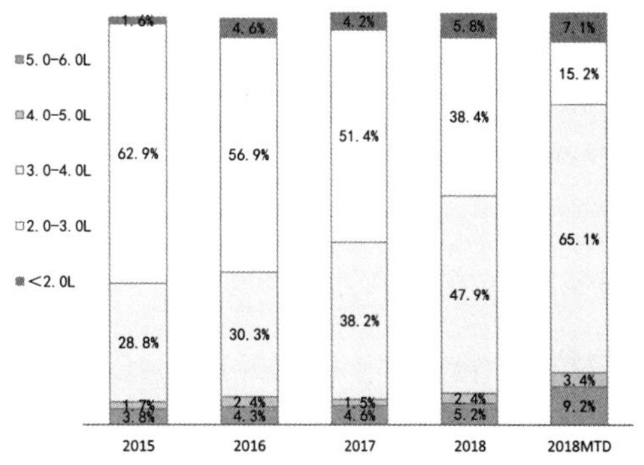

图 5　2015-2018 年平行进口汽车排量分布

其中，2.0-3.0L 排量区间占比减少 23.2 个百分点，3.0-4.0L 排量区间提升明显，抢占了部分 2.0-3.0L 区间；此外 2.0L 以下的平行进口车份额提升明显，相比 2017 年全年份额上浮 1.3 个百分点。

由于大排量车型价格高，与中规车型价差优势较为明显，对消费者的吸引力较大，加上消费者对高端车型的偏好等因素，平行进口汽车的排量结构以大排量为主，2018 年，2.0-4.0L 排量区间份额达到 80.3%；其中，受 Prado 进口量大幅减少影响，2.0-3.0L 排量区间占比大幅减少；在 Land Cruiser 和 Patrol 的带动下，3.0-4.0L 排量区间份额大幅提升，占比达到 65.1%。

四、丰田品牌保持领先

丰田品牌保持领先，前六品牌占比近九成：丰田虽然出现 2.8% 的下滑，但仍是份额最大的品牌，市场份额为 40.4%，份额保持相对稳定。2018 年前六大品牌结构有所变化，其中丰田、路虎下滑幅度分别达到 2.8% 和 3.5%，日产和三菱分别提升 3.4%，品牌出现分化。

	丰田	日产	奔驰	宝马	路虎	三菱	福特	奥迪	雷克萨斯	吉普	林肯	玛莎拉蒂	宾利	道奇	保时捷
□2017	74271	21994	18532	16158	20756	423	5527	2457	1294	738	765	1765	1119	1715	679
□2018	56511	22676	16553	12988	11971	5054	4982	1654	1356	1036	1036	705	704	651	528

图 6　2017-2018 年平行进口汽车品牌数量与结构分布（单位：辆）

数据来源：中国进口汽车市场数据库

2018 年，丰田、日产、奔驰、宝马、路虎、三菱六大品牌占比为 89.9%，较 2017 年同期提升 1.4 个百分点。从品牌结构看，因 Prado 国产及其产品进入换代周期，丰田品牌在平行进口汽车市场的份额有所下降。2018 年，丰田进口 5.9 万辆，占整个平行进口汽车市场的 40.4%，较 2017 年下降 2.8 个百分点，但仍处于绝对领先地位。

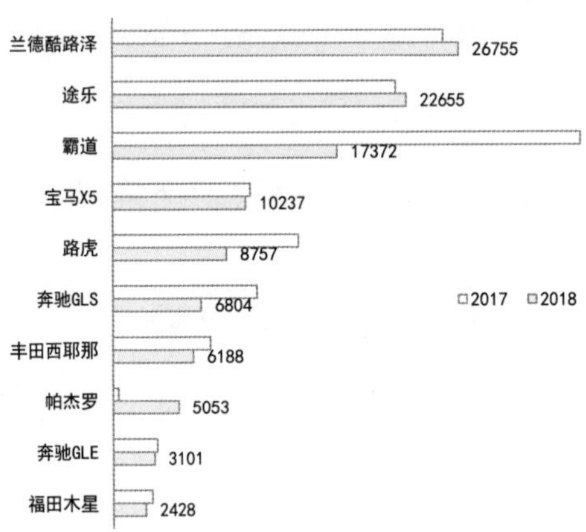

图 7　2018 年前十位车型平行进口量与同比增量（单位：辆）

2018 年，前十大车型前三位排名较稳定，丰田 Land Cruiser 依旧保持排名第一，日产 Patrol 位列第二，丰田 Prado 排名第三且增速下滑 51.9%。三菱 Pajero 由于基数低，增速显著。

五、天津港保持绝对主力地位

天津港保持绝对主力地位，其他港口份额均在 10% 以下：2018 年，天津关区进口 9.1 万，份额达到 65%，以绝对优势位居第一，但份额小幅下滑；广州海关以 10% 的份额位居第二，较 2017 年提升 5 个百分点，其他港口的份额均在 6% 以下。

从港口分布情况看，2018 年天津关区份额占比达到 65%。其他口岸单纯依靠财政补贴的方式并没有对进口企业产生持续的吸引力。广州海关占比提升，达到 10%，其他港口的份额均在 6% 以下，难以撼动天津港的优势地位。8 月份，西安关区进口汽车整车口岸正式运营。

表 1 2017-2018 年平行进口汽车港口分布（单位：辆）

	2018 进口量	市场份额	2017	同比增速
天津关区	91178	65%	66%	-1%
广州海关	14002	10%	5%	5%
宁波关区	7948	6%	5%	1%
大连海关	6479	5%	6%	-1%
福州关区	3893	3%	6%	-3%
青岛海关	3474	2%	4%	-2%
南京海关	3071	2%	4%	-2%
长沙关区	2519	2%	1%	1%
上海海关	1631	1%	0%	1%
黄埔关区	1266	1%	0%	1%
厦门关区	968	1%	1%	0%
南宁关区	785	1%	1%	0%
深圳海关	752	1%	1%	0%
海口关区	633	0%	1%	-1%
郑州关区	281	0%	0%	0%
乌关区	240	0%	0%	0%
重庆关区	179	0%	0%	0%
满洲里关	164	0%	0%	0%
成都关区	124	0%	0%	0%
石家庄区	120	0%	0%	0%
北京关区	4	0%	0%	0%
西安关区	2	0%	0%	0%

六、美产平行进口车市场情况

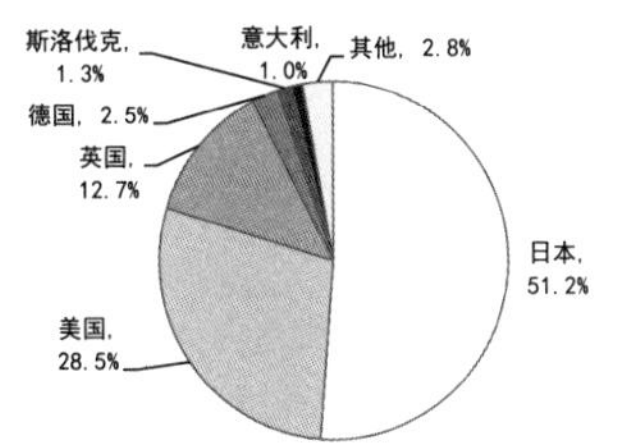

图 8 2017 年平行进口汽车分产地情况

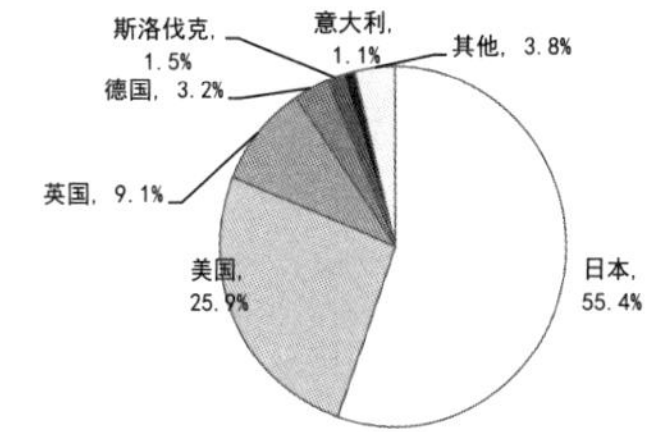

图 9 2018 年平行进口汽车分产地情况

2018 年美产平行进口车份额为 25.9%，较 2017 年份额下滑。7 月加征关税导致在港美产车提前报关，导致 7 月美产平行进口车集中报关，同比增长 190.8%。

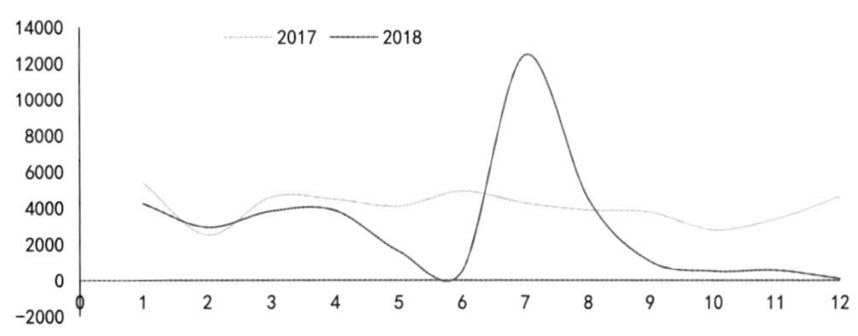

图 10 2017-2018 年美产平行进口车月度走势（辆）

2018 年，美产平行进口车达到 36240 辆，占平行进口车份额为 25.9%，较 2017 年全年份额下滑 2.6 个百分点。随着 7 月对美产进口车加征关税 25%，美产平行进口车在 7 月 1 日到 6 日之间集中报关，带动 7 月进口量达到 1.25 万，同比上涨 190.8%，7 月当月美产进口车占平行进口车份额达到 44.6%。随着集中报关的结束，9 月后平行进口量大幅下滑。

（国机汽车股份有限公司 王存）

第6部类

二手车市场

DILIUBULEI | ERSHOUCHESHICHANG

2018 年中国二手车市场综述

2018 年汽车市场出现了 28 年来的首次负增长，压库、折价甩卖成为业内的常态。受新车市场价格不稳的影响，二手车经营难度加大，很多二手车经营者叫苦不迭，但从总体看二手车市场仍表现比较活跃。据中国汽车流通协会统计，2018 年全国二手车交易 1382.19 万辆，同比增长率 11.5%，交易额为 8603.57 亿元，同比增长 6.31%（见图 1）。

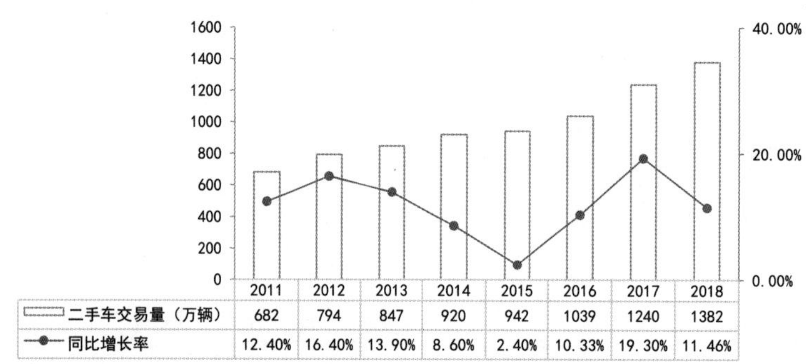

图 1　近年二手车交易量与增长率

2018 年二手乘用车共交易 1045 万辆，同比增长 12.2%。其中，基本型乘用车共交易 822.20 万辆，同比增长 11.56%；SUV 共交易 113.56 万辆，同比增长 30.83%；MPV 交易 78.19 万辆，同比增长 8.09%；微客共交易 31.1 万辆，同比下降 12.2%。

2018 年商用车共交易 269.06 万辆，同比增长 6.2%。其中客车交易 146.78 万辆，同比增长 10.2%；货车交易 122.28 万辆，同比增长 9.5%。其他车型共交易 68.09 万辆，同比增长 7.0%。

一、破除“限迁”成效显著

2018 年 3 月“两会”上，李克强总理提出了“要全面取消二手车限迁政策”，同时，国务院加强了对地方政府抓落实的督办力度，随之各省于年初陆续出台了相关文件，虽然个别城市还在观望，但多数不在限迁允许范围内的城市也纷纷取消二手车限迁，市场活力得到了释放，跨城市交易的比例迅速攀升。

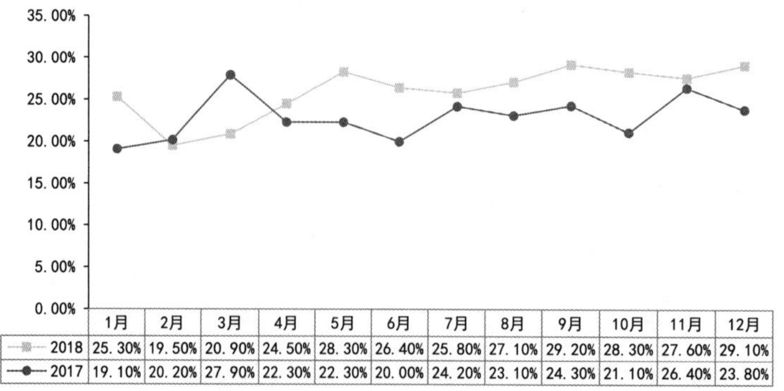

图 2　2017-2018 年月度异地转移登记比例（%）

从各月份跨区域交易比例变化图来看，4 月份显然是一个分界点，表明 4 月是全国基本打开限迁的重要时间窗口。随着二手车恢复全国大流通，原来被限迁严密封锁的二手车异地交易有了突破口，二手车跨区域流通比例迅速提高，其中 9 月达到了 29.24%。据中国汽车流通协会统计，2018 年二手车异地交易占总交易量的比例创历史新高，异地转移登记的比例达到了 26.21%，比上年同期提升了近 5 个百分点（见图 3）。

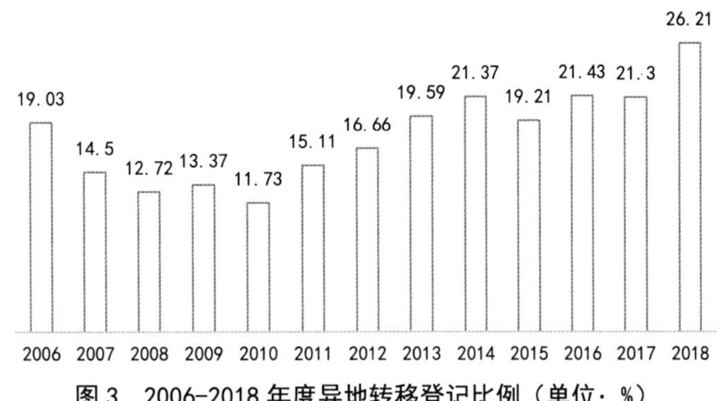

图 3 2006-2018 年度异地转移登记比例（单位：%）

其中北京外迁的比例最高，达到了 55.3%；浙江排第二位，有 43.1% 的车辆迁往外地；上海外迁率为 37.6%，排第四位；天津外迁率为 36.5%，排第五。从外迁率上可以比较容易看出两个重要特征：一是外迁率高的省市，相对汽车市场比较发达；二是外迁率高的区域中的主要区域市场实施了限购，二手车的主要通道从本地转为外地。（见表 1）

表 1 2018 年 1-10 月各省市外迁率

排名	省 市	2018 年外迁率 %	2017 年外迁率 %
1	北京	55.32	44.54
2	浙江	43.12	38.59
3	上海	37.63	32.93
4	安徽	37.21	33.75
5	天津	36.48	37.84
6	四川	32.32	22.89
7	辽宁	31.59	23.84
8	广东	31.40	26.54
9	湖北	29.44	25.64
10	青海	26.74	24.17

随着“全面取消二手车限迁政策”的落地，二手车市场正在不断恢复活力，特别是在新车市场出现明显下滑的情况下，二手车市场虽有波动，但总体保持了持续增长的态势（见图 4）。

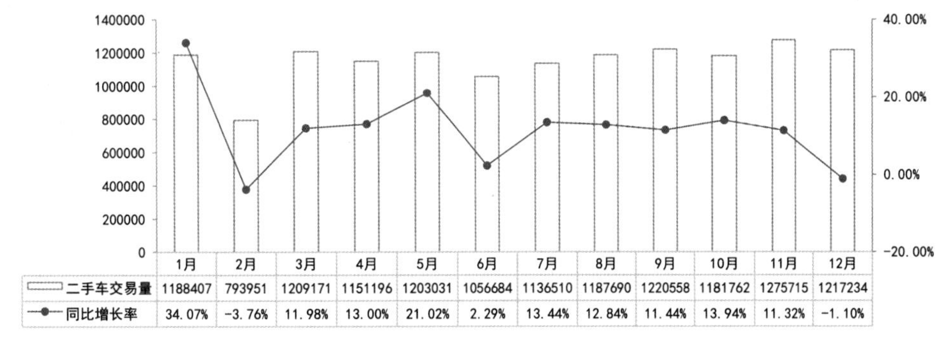

图 4 2018 年各月度交易量与同比增长率（单位：辆）

2018 年交易数据与以往最大的不同点在于各月表现出的起伏。首先开年 1 月出现 34% 的高增长和 2 月的接近 4% 的负增长。这是由于春节放假时间从 2017 年的一月份改到了 2018 年的 2 月份，有效交易时间发生挪移，月度增长率也随之变化。从图形中还注意到，除了各月出现的

10%到20%左右的正常增长以外，6月份出现了2.3%的微增长。

二、乘用车仍是市场主流

统计数据显示，2018年二手乘用车共交易1045万辆，占交易总量的75.62%，占比继续放大，比上年度多出了约0.5个百分点。轿车占市场总量的59.49%，相比上年度基本持平，微增了0.06个百分点；MPV占交易总量的5.66%，比上年度下降了0.17个百分点；SUV占交易总量的8.22%，与上年相比有较明显的增长，占比提升了1.22个百分点；微客占交易总量的2.25%，这一比例也比上年度下降了0.61个百分点（见表2）。而商用车占总交易量的19.47%，占比下降了0.28个百分点，其他车型占比4.91%，占比下降了0.22个百分点。

表2 2018/2017年各车型占总交易量的份额表（单位：%）

车型分类	乘用车				商用车		其他车	农用车	挂车	摩托车
	轿车	MPV	SUV	微客	货车	客车				
2018年	59.49	5.66	8.22	2.25	8.85	10.62	2.79	0.18	0.58	1.37
2017年	59.43	5.83	7.0	2.86	9.01	10.74	2.89	0.21	0.88	1.15

三、二手车平均交易价格有所下降

2018年二手车平均交易价格为62449元，比2017年同期下降了将近4000元（见图5）。其中轿车平均交易价格为6.45万元，比上年同期下降了近千元；MPV平均价格8.26万元，下降幅度比较明显，有近万元的幅度；SUV平均价格为10.82万元，与去年同期相比，降幅最大，达到了1.03万元。

图5 二手车平均交易价格变化情况（单位：元）

出现二手车平均交易价格下降的主要原因，与2018年打破限迁密切相关，被长期封锁在一线城市的老旧车有了流通的渠道。

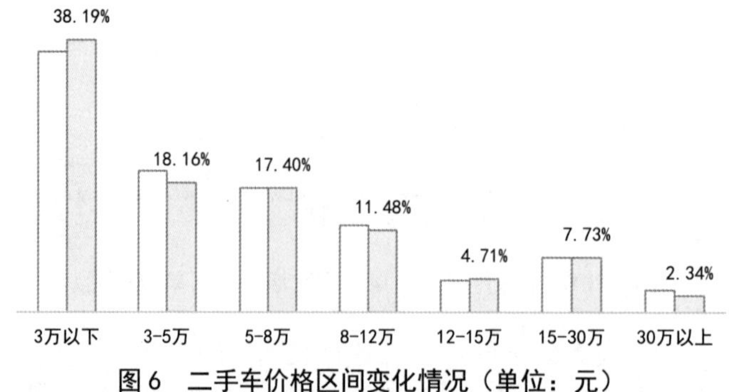

图6 二手车价格区间变化情况（单位：元）

从二手车价格分布上看，3万元及以下价格区间的车辆占比，与上年同期相比上升了1.83

个百分点，3-5 万区间的车辆下降了 1.41 个百分点，5-8 万同比上升 0.07 个百分点，8-12 万同比下降 0.41 个百分点，12-15 万上升 0.24 个百分点，15-30 万同比上升 0.08 个百分点，30 万以上同比下降 0.39 个百分点（见图 6）。

四、车龄的变化

2018 年，使用年限在 3 年以内的准新车共交易 329.86 万辆，比上年同期多出了 22.39 万辆，同比增长 7.3%。与此同时，准新车的比例为总交易量的 23.9%，相比上年同期下降了 0.9 个百分点；使用年限在 3 至 6 年的“中年”车龄的车辆共交易 589.77 万辆，占总交易量的 42.6%，这一比例也比上年同期下降了 0.9 个百分点；7 至 10 年车龄的车辆共交易 312.26 万辆，占总量的 22.6%，占比与上年同期相比有了 0.6 个百分点的提升；10 年以上的老旧车共交易 150.3 万辆，比上年增加了 29.8 万辆，占总交易量的 10.9%，这一比例也比上年同期增加了 1.2 个百分点（见图 7）。

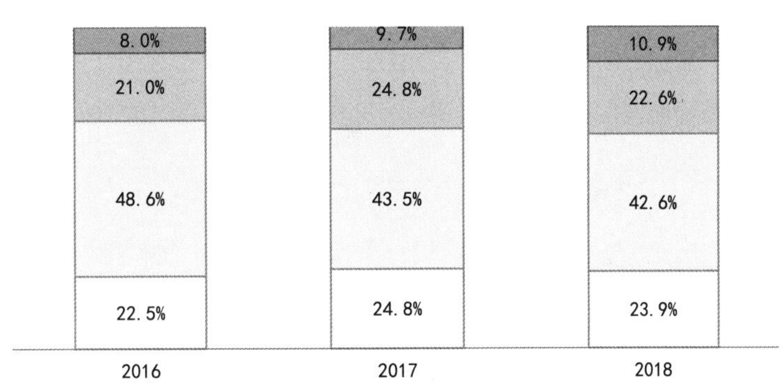

图 7　2018 年各年龄段二手车比例（单位：%）

五、二手车交易量区域差异明显

2018 年交易量排在前十位的省市出现了分化，如排名第一的广东以及排名第 4 的江苏，都实现了 20% 以上的增长，与此同时，也出现了负增长的区域，如河北、北京、辽宁均出现的幅度不同的负增长。从 2018 年各省市区的交易数据，发现全国 31 个省市区中有 12 个区域出现了负增长，这与 2017 年累计交易数据排名前十位省市全部实现了正增长形成反差。2018 年累计交易量出现了 4 个超过百万的区域，分别是广东、浙江、四川和江苏。排名前八的区域累计交易量均超过了 50 万辆（见表 3）。

表 3　2017/2018 交易量排名前 10 位的交易量与同比增长率

	2018 年		2017 年	
省市	累计交易（万辆）	同比增长率 %	累计交易（万辆）	同比增长率 %
广东	176. 81	21.52	109.46	10.95
浙江	124.57	12.01	111.22	23.46
四川	102.36	9.01	88.21	17.75
江苏	102. 32	16.00	82.11	10.72
山东	99.05	20.64	93.90	78.68
河南	95. 05	14.04	83.34	33.43
河北	72.89	-13.10	83.85	30.80
北京	68.65	-3.96	71.48	11.23
辽宁	49.79	-8.21	54.24	2.85
上海	48.67	5.20	46.26	2.70

六、新旧车市分道

通过对比 2018 年新车市场增长率曲线与二手车增长率曲线可以发现，如果说上半年两条曲线还有交叉的话，下半年则两条曲线则出现了分离，而且曲线差越来越大（见图 8）。即便二手车市场在 12 月份出现了负增长，两条曲线也有明显的差距。这倒并非是二手车市场进入下半年开始提速，而是新车市场出现了比较明显的下降。从图形上看的非常清晰，7 月份后各月二手车交易量的增长非常稳定，基本上在 10% 至 15% 之间，反而是新车市场出现了令人担忧的加速下降情况。两者差距甚至达到 20 个点以上。

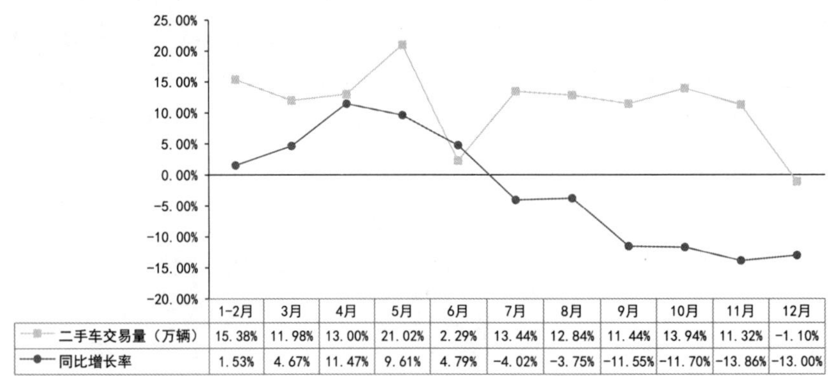

	1-2月	3月	4月	5月	6月	7月	8月	9月	10月	11月	12月
二手车交易量（万辆）	15.38%	11.98%	13.00%	21.02%	2.29%	13.44%	12.84%	11.44%	13.94%	11.32%	-1.10%
同比增长率	1.53%	4.67%	11.47%	9.61%	4.79%	-4.02%	-3.75%	-11.55%	-11.70%	-13.86%	-13.00%

图 8　二手车与新车同比增长率对比图

七、流通渠道企业份额提升

通过分析渠道交易占比能够让我们了解到二手车市场的成熟度。我们所说的渠道包括二手车经销商、做区间撮合的经纪公司以及二手车电商企业。由于个人之间交易免征增值税，而经营企业要按照销售额的 2% 征税，很多企业经营行为被个人之间的直接交易形式所掩盖。即使如此，从终端统计的数据上看，通过渠道交易的比例仍然达到了 32.5%，比 2017 年提升了 0.43 个百分点，为历史新高（见图 9）。

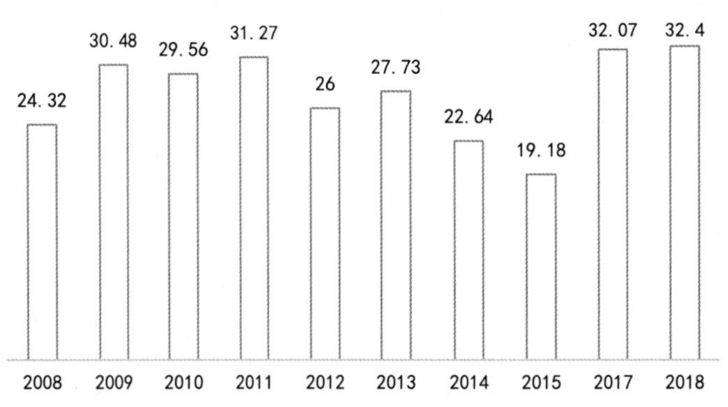

图 9　近年通过经销商实现交易的比例（单位：%）

（中国汽车流通协会　罗磊）

2018 年中国二手车区域市场

2018 年北京市二手车市场

最近几年北京人换车频率在不断地加快，二手车的平均车龄持续缩短，普遍控制六年以内置换新车，车龄小的车型渐渐成为北京二手车市场的主力车型，这是未来北京二手车市场的优势所在。

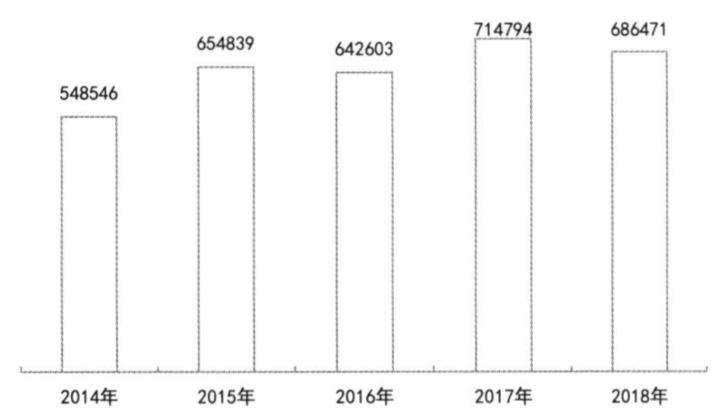

图 1　北京近五年二手车销量（单位：辆）

一、2018 年北京市二手车市场概况

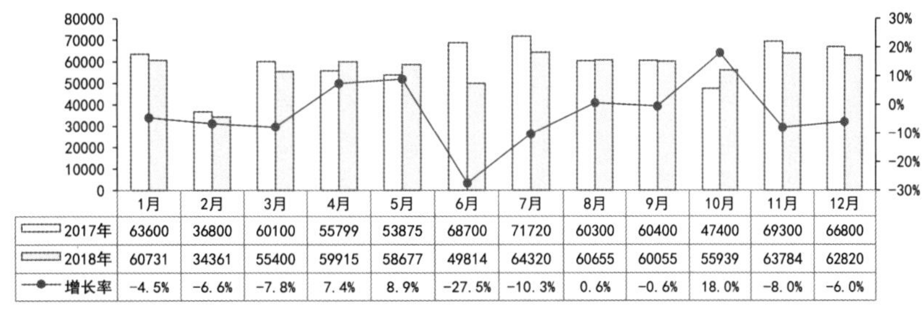

图 2　2017-2018 年北京二手车销量与增速（单位：辆）

2018 年北京汽车市场在利好政策退出等综合因素负面影响下，新旧车交易均为小幅“双负”增长，呈现高开、中低、后企稳态势。数据显示，2018 年，北京市新车累计同比增长 -7.01%，二手车同比增长 -0.16%，新旧车市场互为联动、相互影响。

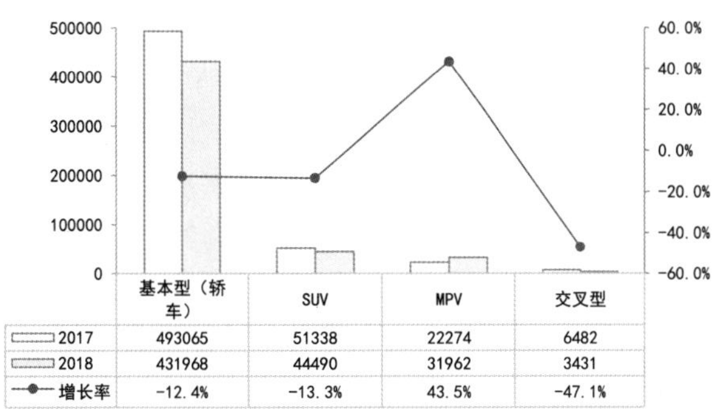

图 3　2017-2018 年北京二手车分车型销量（单位：辆）

数据显示，2018 年北京分车型二手车销量 MPV 同比为正向增长，轿车、SUV 和交叉型同比均有不同程度下滑。

新车市场疲弱拖累二手车销售增长，外迁率提升又推动了二手车交易企稳。二手车过户辆次保持超过新车销量水平，北京车市进入消费积淀、有序释放通道。2018 年下半年外迁率月均 53.5%，高于 2017 年下半年月均 42.16%，11.34 个百分点，京城二手车过户辆次超过新车销量 16.61%，二手车市场好于新车市场。

从北京市二手车交易车辆使用年限来看，使用年限在 3-6 年的交易量最大。北京二手车市场呈现两大特征，一是二手乘用车市场份额继续增长；二是 SUV 市场份额环比增长。这两大特征表明，以乘用车为主的二手车市场格局正在形成，新车市场与二手车市场联系会更加紧密。

二、2018 年北京市二手车交易存在问题

（一）排放问题

全国开始实行国五的排放标准，北京规定国一、国二的车辆不能进入五环以内，让二手车商家遇到了大难题。很多车主迫不得已换掉的旧车，导致大量二手车进入市场，而这些车却没有销路。

（二）车况不透明

因为成交价低、利润低，二手车市场内的车辆一般只做清洗工作，而不会像国外做全方面“美容”，比如将破损的真皮沙发补好，坏了的音响换掉等。现在市场内许多车辆车况看上去就上不了档次。尤其是现在市场还没有形成二手车档次的分级，除了奔驰宝马等六七个品牌的 4S 店也销售本品牌二手车，更多的二手车不分档次都放在一起，即使想买好一点的二手车也要靠熟人介绍或者自己一个个店铺去找。更重要的是，尽管目前北京有几个正规的二手车交易市场，但是二手车检测方面却存在滞后现状。虽然车子可以安全上路，但到底值不值这个价，车子公里数等是不是被调过……价格和车况的双重不透明，成为阻碍市场发展的硬伤。

（三）新车比二手车价格低

当前汽车市场非常繁盛，汽车生产商推出的车型越来越多，各种的优惠打折应运而生，在各种营销手段之下，有的新车比二手车价格要低。缺少价格优势的二手车成为市场的鸡肋，导致二手车库存严重。

2018 年山东省二手车市场

2018 年，山东省二手车市场最大促动因素为全面取消二手车限迁。2017 年 7 月，山东省济宁、临沂、枣庄、日照、威海、烟台（2017 年元旦开始，后又收回）、泰安、莱芜（现已划归济南）、滨州相继解除二手车“限迁”政策，体现在 2017 年 6 月、7 月、8 月的山东二手车“转入量”分别同比增长 52.78%、41.18%、52.21%，7 月、8 月的环比增长为 7.11% 和 13.96%。2018 年《政府工作报告》要求“全面取消二手车限迁政策”。2018 年 8 月中旬，山东省公安厅交警总队在 2017 年放开部分城市二手车“限迁”的基础上，督导全省各地市（含莱芜）全面放开二手车“限迁”（济南自 2018 年 4 月放开后，于 9 月 8 日又收回），基本消除了全省二手车行业的贸易壁垒，凡是符合公安安检标准并通过检测的机动车在山东省内（除济南外）均可办理二手车

转移登记。

受惠于行业政策的拉动作用，2018 年，山东省二手车（包含但不限于乘用车）交易量 237.07 万（全国二手车过户量破 2000 万大关），以 21.73% 的增长率跑赢全国增速。分月度来看，与全国同期相比，除 1 月、8 月外，其余月份增速均高于全国平均水平，并在 4 月、9 月、11 月、12 月的常规旺销月份达到每月过户量 20 万以上。同新车市场相似，2 月因春节因素创造了 70.99% 的超高增长率。

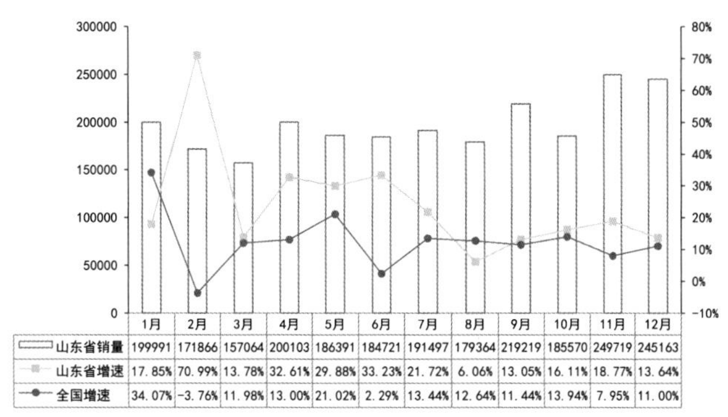

	1月	2月	3月	4月	5月	6月	7月	8月	9月	10月	11月	12月
山东省销量	199991	171866	157064	200103	186391	184721	191497	179364	219219	185570	249719	245163
山东省增速	17.85%	70.99%	13.78%	32.61%	29.88%	33.23%	21.72%	6.06%	13.05%	16.11%	18.77%	13.64%
全国增速	34.07%	-3.76%	11.98%	13.00%	21.02%	2.29%	13.44%	12.64%	11.44%	13.94%	7.95%	11.00%

图 1　2018 年山东省二手车月度交易量及增速（单位：辆）

山东省商务厅 2018 年 3 月 1 日下发了鲁商字〔2018〕30 号文件《关于进一步加强二手车交易市场管理的通知》，对辖内二手车经营主体进行新一轮的备案管理，并在全年内分若干批次通报了已经得到确认的二手车经营主体名录，便于进一步的事中事后合规经营监管。

从月度增长率可以看出，2018 年上半年二手车销量增势明显，但受到整体车市动荡的拖累，尽管下半年救市政策出台，但市场心理预期减弱，9 月之后的 4 个月，基本维持在 10%-20% 的增长区间，逆市拉动力不足，但仍优于全国市场的同期表现。业内普遍存在的问题是，二手车交易的利润进一步降低，单纯依靠赚取进销差价的模式越来越难以获利。

一、2018 年山东省二手车分城市交易量

分地市来看，在全省 17 地市中，2018 年二手车交易量过 15 万的城市有 6 个，分别是临沂 23.10 万、潍坊 21.41 万、青岛 20.55 万、枣庄 18.97 万、济南 17.63 万、烟台 15.29 万；交易量增幅高于全省平均 22.78% 增长率的城市共 10 个，分别是菏泽 37.22%、滨州 30.17%、德州 29.74%、莱芜 29.40%、潍坊 29.33%、日照 27.27%、枣庄 26.23%、济南 24.51%、济宁 23.79%、威海 23.06%，尤其是增长率排名前三位的城市，继续体现出解除二手车“限迁”的政策拉升效应。临沂、潍坊等市交易量在 2017 年高基数的基础上也有不俗的表现。2019 年 1 月初，莱芜已经撤销行政设市，划归济南市，2019 年合并入济南市数据。

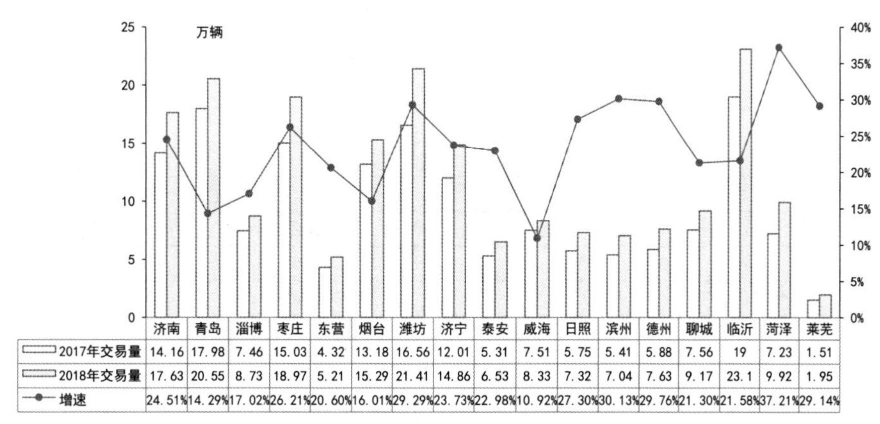

	济南	青岛	淄博	枣庄	东营	烟台	潍坊	济宁	泰安	威海	日照	滨州	德州	聊城	临沂	菏泽	莱芜
2017年交易量	14.16	17.98	7.46	15.03	4.32	13.18	16.56	12.01	5.31	7.51	5.75	5.41	5.88	7.56	19	7.23	1.51
2018年交易量	17.63	20.55	8.73	18.97	5.21	15.29	21.41	14.86	6.53	8.33	7.32	7.04	7.63	9.17	23.1	9.92	1.95
增速	24.51%	14.29%	17.02%	26.21%	20.60%	16.01%	29.29%	23.73%	22.98%	10.92%	27.30%	30.13%	29.76%	21.30%	21.58%	37.21%	29.14%

图 2　2018 年度山东省二手车分城市交易量对比及增速

二、解除限迁政策对山东省二手车市场的影响

2018 年 8 月，除个别地市外，山东省在 2017 年基础上全面放开二手车“限迁”，体现在 2018 年 8 月、9 月的当期山东二手车“转入量”分别同比增长 20.96%、28.00%，9 月的环比增长为 27.63%，表明政策放开后有更多周边地市的二手车流入山东。在下列代表城市中，2018 年当月交易量比上年同期增长最多的城市是潍坊 2159 辆、4623 辆，增长率最高的城市是菏泽 14.53%、28.68%。解除“限迁”后的 9 月，除聊城外，各城市均有 20% 以上的环比增长。6 城市 8 月二手车交易量平均同比增长 10.88%，9 月平均同比增长 16.47%。

表 1 解除“限迁”城市的二手车交易量变化（单位：辆）

	青岛	烟台	潍坊	东营	菏泽	聊城
2017 年 8 月	16980	12455	16187	3825	6709	7156
2018 年 8 月	18904	13294	18346	4259	7684	7727
同比	11.33%	6.74%	13.34%	11.35%	14.53%	7.98%
2017 年 9 月	20165	14966	18753	4442	7560	8617
2018 年 9 月	22925	16505	23376	5209	9728	8984
同比	13.69%	10.28%	24.65%	17.27%	28.68%	4.26%
环比	21.27%	24.15%	27.42%	22.31%	26.60%	16.27%

数据显示，随着 2016 年以来二手车行业频繁推出利好政策、对市场经营主体的监管愈加规范、消费者对二手车的认可接纳程度越来越高，二手车盘活存量市场、拉动增量市场的作用愈加显现。全国公安数据发布，2018 年共办理汽车转移登记 2058 万笔，比 2017 年增长 9.44%；近五年来汽车转移登记与注册登记业务量的比例由 0.55 上升至 0.77，反映出二手车交易市场日渐活跃。

（山东省汽车流通协会 任静）

2018 年江苏省二手车市场

一、2018 年江苏省二手车市场行业发展概况

（一）行业规模分析

表 1 2018 年全省二手车市场情况

序号	指标名称	计量单位	本年度	上年度	同比（%）
1	资产总额	万元	294235.4	196525.2	49.7
2	负债总额	万元	76212.4	63088.6	20.8
3	经营面积	平方米	2615782.8	2360315.9	10.8
4	交易大厅面积	平方米	135620.7	130120.7	4.2
5	驻场企业数	个	5429	5196	4.4
6	二手车交易量	台次	1255787	1062036	18.2
7	二手车交易额	万元	7409956.6	6667950	11.1
8	市场营业收入	万元	35694.3	32349.1	10.3
9	市场营业利润	万元	5587.9	4707.4	18.7
10	应交税金	万元	3469.4	3002.6	15.5
11	市场内的从业人数	人	13471	13358	0.8

2018 年，随着江苏省保有量的持续增长，有形市场不断升级改造，便利交易得到落实，二手车市场趋于活跃。商超市场、品牌车商、寄售置换、检测认证、评估拍卖、电子商务等经营模式不断创新，二手车交易方式以传统的经销、经纪向多元化发展。

据列入商务信息系统中的江苏省 116 家二手车市场年度统计情况，比去年增加 19 家。根据报送数据统计，2018 年全省二手车交易 125.5 万台次，同比增长 18.2%；交易金额 740.9 亿元，同比增长 11.1%；经营面积 261.5 万平方米，同比增长 10.8%；驻场企业 5429 家，同比增长 4.48%。从业人员 12804 人，同比仅增长了 3.8%。

（二）行业结构分析

1. 有形市场的交易服务场景和传统的商户经销、经纪仍是行业主流

2018 年被列入统计的 116 家交易市场中，驻场商户 5429 家，其中经销商企业 3616 家，占比 66.6%；经纪企业 1720 家，占 31.6%；拍卖企业数量为 32 家，占 0.5%；鉴定评估企业 96 家，占 1.7%。

表 2　二手车市场驻场企业情况

指标	单位	数量	占比
驻场企业数	个	5429	100.00%
经销企业	个	3616	66.60%
经纪企业	个	1720	31.60%
拍卖企业	个	32	0.50%
鉴定评估企业	个	96	1.70%

2. 地区差异明显

全省 116 家市场中，苏南（南京、无锡、常州、苏州、镇江）地区 75 家，占全省市场的 64.3%；交易 85.6 万台次，占全省 68%；交易额 547.5，占全省 73.48%。苏中（南通、扬州、泰州）地区 24 家，占全省市场的 20.5%；交易 19.7 万台次，占全省 15.6%；交易额 97.1，占全省 13.1%。苏北（徐州、连云港、淮安、盐城、宿迁）地区 17 家，占全省市场的 14.4%；交易 20.6 万台次，占全省 16.4%；交易额 96.8，占全省 13.1%。

表 3　二手车交易市场区域分布

地区	市场数	占比	交易量（万台次）	占比	交易额（亿元）	占比
苏南	75	64.3%	85.6	68.0%	547.5	73.8%
苏中	24	20.5%	19.7	15.6%	97.1	13.1%
苏北	17	14.4%	20.6	16.4%	96.8	13.1%

3. 小规模市场数量居多，二手车交易服务仍以规模市场为主

从统计数据反映，全省 116 家二手车交易市场中，年交易量 1 万台次以下的有 74 家，占 63.7%；年交易量 1 万台次以上的有 42 家。其中有 10 家市场年交易量超过 3 万台次，2018 年合计交易 42.1 万台次，占全省二手车交易量的 33.5%。

表 4　2018 年二手车交易市场交易量规模结构

类别	较大规模	中等规模	小微规模
年交易量	3 万台次以上	1-3 万台次	1 万台次以下
市场数	10	32	74
占比	8.6%	27.7%	63.7%

省内二手车市场中，驻场商户达 100 家以上的有 27 家，占 25%，其中 200 户以上的有 17 家；驻场商户在 20 至 100 之间的小规模市场有 35 家，占 30.2%；驻场商户为 20 家以下微型市场企业 52 家，占 44.8%。

表 5　2018 年二手车交易市场规模结构

类别	较大规模	中等规模	小规模	微形市场
商户数	200 家以上	101-200 家	20-100 家	20 家以下
市场数	17	12	35	52
占比	14.7%	10.3%	30.2%	44.8%

交易车辆以 4-10 年为主，3 年之内的数量有所增长。

从交易车龄看，10 年内的二手车为交易主力军，占总交易量的 85.8%，3 年以下车辆占 27.6%、4-10 年内占 58.2%；11 年及以上占交易量的 14.2%。

按产地性质分，国产车仍是交易车辆的主要车型，年交易为 103.9 万辆，占 82.8%；进口车为 21.5 万辆，占 17.2%。

表 6　2018 年二手车交易类型分析

指标	数量（台次）	占比
（一）按使用年限分	-	-
1. 3 年及以下	346728	27.6%
2. 4-10 年	730714	58.2%
3. 11 年及以上	178345	14.2%
（二）按产地性质分	-	-
1. 国产车	1039884	82.8%
2. 进口车	215903	17.2%

二、2018 年江苏省二手车市场主要数据指标

（一）二手车市场稳步发展

据商务部统一系统平台显示，新设立市场数量持续增加，市场规模略有增长。截至 2019 年 5 底，2018 全省二手车交易市场申报数据企业为 116 家，较 2017 年 97 家相比，新增 19 家，增长 19.5%，新增市场以南通、盐城、南京、苏州居多。2018 年二手车交易市场经营面积、交易大厅面积同比分别增长 4.9% 和 3.6%。

表 7　2017-2018 年江苏省二手车交易市场申报数据

地区	南京	镇江	常州	无锡	苏州	扬州	泰州	南通	徐州	宿迁	淮安	盐城	连云港
2018	32	8	8	12	15	7	1	16	3	4	7	2	1
2017	23	8	7	14	11	7	1	4	3	9	7	1	1
增长率	39%	0	14.2%	-14.2%	36.3%	0	0	300%	0	-55.5%	0	50%	0

根据 97 家连续两年的年报分析，二手车市场营业收入增长快速，业务趋向专业化。总计营业利润同比增长 6.7%，二手车交易额呈现 1.6% 的微增长，驻场企业同比增长 1.6%。由于二手车电商竞价平台的专业化和规模化发展，进驻二手车市场的小型拍卖机构大幅度减少。

表 8　2017-2018 年江苏省二手车市场经营状况

指标名称	计量单位	2018 年	2017 年	同比
二手车交易额	亿元	677.4	666.7	1.6%
市场营业收入	亿元	7.7	3.2	140.6%
市场营业利润	万元	5024.3	4707.4	6.7%
驻场企业数（总数）	个	5297	5210	1.6%
经销企业	个	3489	3345	4.3%
经纪企业	个	1697	1594	6.4%
拍卖企业	个	30	173	-82.6%
鉴定评估企业	个	81	98	-17.3%

全省第三方检测和信息化管理逐步推进，市场趋于规范。以南京大公二手车交易中心、无锡东方二手车市场、无锡玖城阿里二手车市场、南通三六五二手车市场为标杆的具有第三方检测服务的市场 18 家，交易数据已接入“江苏省汽车信息管理平台”市场 12 家（还有南京、无锡、徐州、常州、苏州、南通等 20 家市场正在技术接口），市场软硬件建设引领全省市场。规范二手车交易行为、塑造诚信品牌成为市场共识，为维护市场秩序、保障二手车消费安全和行业监管发挥积极作用。

随着二手车行业的较快发展，移动互联网技术得以快速应用，江苏省多家二手车服务企业、电商机构成为行业标杆，出现了如车置宝、车 300、维真验车、知车君等众多二手车竞拍、估值、检测、系统开发等不同业务类型的全国性服务机构。其中江苏车置宝信息科技股份有限公司（车置宝）已成为全国最大的二手车竞价帮卖平台，融资总额超过 20 亿元人民币，2018 年获选成为南京市首批独角兽企业。南京三百云信息科技有限公司（车 300）已成为全国最有影响的二手车估值和汽车金融风控平台，融资总额近 10 亿元人民币，获选成为南京市首批准独角兽企业。南京维真信息技术有限公司（维真验车）作为第三方检测机构，获得政府基金投资，在 30 多个城市设有二手车检测分公司，成为全国覆盖面最广的二手车专业检测机构；南京知车君网络科技有限公司（知车君）专注二手车市场信息化系统建设，获得阿里集团战略投资，已经服务于全国数十家二手车市场和行业企业，成为市场信息化建设升级优选合作方。南京成为二手车行业互联网科技企业创业高地。

（二）行业贡献度分析

根据全省 116 家二手车交易市场报送数据统计，2018 年总交易 125.5 万台次，同比增长 18.2%，达到江苏省新增注册汽车 163.7 万辆的 76.6%，也就是说江苏省二手车交易量与新增汽车的比例达到 0.76∶1，具有全国领先水平。

全年交易总额 740.9 亿元，同比增长 11.1%，其中 20%（一般纳税人单位车辆）适用于国家规定的按照 4% 征收率减半征收增值税，应缴税金约为 2.96 亿元；二手车交易市场应缴营业税和企业所得税 6162 万元，合计贡献税收超过 3.57 亿元。

全省二手车交易市场驻场经营公司及个体工商企业 5297 家，市场内直接就业人员 1.4 万人，涉及二手车收购、检测、评估、整备、电子商务等关联从业人员达 10 万之众。

三、2018 年江苏省二手车市场存在的问题

（一）“开票市场”影响行业健康有序发展

全省小微市场或是无交易服务功能的“开票市场”大量存在（向各地商务部门上报的市场企业 280 家，其中 142 家未经审核，52 家市场商户不到 20 户或是无商户），因其违规成本较低，缺乏保障二手车交易双方合法权益的措施，使得政府监管困难，严重影响行业健康有序发展。

（二）二手车行驶里程数据造假成行业公害

由于二手车维修和出险记录缺失严重，相关数据查询困难，小微车商存在私自调低商品二手车行驶里程数据，借此提高出售价格，欺骗购车客户的现象。这一行径严重侵犯消费者对商品真实状态的知情权，国内虽有判为欺诈行为的案例，但由于小微车商法律意识淡薄，存在投机心理或是专业水平不足，此类事件时有发生，严重影响二手车行业形象和诚信社会的建设。

（三）排放标准提高和新车价格走低影响二手车销售

随着中国汽车排放标准的不断提高，具有最大保有量的国五标准以下机动车无法在发达区域跨省流通，而长三角、珠三角、京津冀等东部沿海地区正是二手车最大消费市场，根据国务院政策，以上区域属于大气污染重点防治区域，不取消二手车限迁范围。因此，自 2016 年执行国五标准以来，江苏省二手车销量增长率远低于全国水平。再有，2018 年中国新车销量下滑，新车价格走低，市场库存二手车的价值随之贬值，二手车经营企业经营风险加剧，利润普遍下滑。

四、2018 年江苏省二手车行业发展特点

（一）市场整合加速，向规模化、连锁化、品牌化

由于中国汽车保有量的持续快速增长，和二手车交易不可或缺的落地服务场景，二手车有形市场成为社会关注和资本投资方向。近年来苏州恩嘉壹汽车投资集团先后投资并购苏州、无锡等地五家市场，统一管理运营；宿迁市国有城投集团投资运营宿迁市二手车市场，填补宿迁市场空白；无锡玖城二手车市场有限公司与阿里集团合作，在全省发展阿里二手车联盟市场。这些企业以资金撬动或者品牌植入等形式进入二手车有形市场领域，将充分发挥其规模效应、连锁相应和品牌影响力。

（二）二手车经销商联盟、车源共享的平台得以发展

随着互联网、大平台的规模机构介入，二手车收购、销售渠道由线下向线上转移，二手车进、销差价逐步降低，传统的销售、经纪类型中小车商获客成本不断上升，其经营风险加剧。因此，苏州市二手车业商会牵头搭建会员商家的车源共享平台，日前在苏州、无锡、常州等地逐步推广。各地跨省二手车经销商联盟层出不穷，同样是想打破有限的区域车源限制，降低车源收购风险、拓宽销售渠道、加快资金周转，提高盈利能力。

（三）线上线下融合成共识，赋能产品得到认同

移动互联网在二手车行业得到快速发展，在提高流通效率和体验度的同时，也受限于二手车的一车一价和低频属性，因此线上传播引流、线下体验交易的融合方式成为共识。如瓜子二手车在南京、苏州、常州等地布局严选二手车直卖店；苏宁集团与常州武进二手车市场等多地市场合作打造苏宁优选二手车频道。车置宝、优信、58 二手车、大搜车等二手车平台纷纷推出库存融资、消费金融、认证延保、门店加盟等赋能产品及新零售模式，有效提高行业经营水平，扩大了二手车消费市场。

（江苏省汽车流通协会）

2018 年广东省二手车市场

据广东省汽车流通协会对广东全省两百余家二手车流通企业上报数据统计，并结合全省重点地区二手车过户数量，综合得出：2018 年，全省二手车总交易量为 203 万辆，首次突破 200 万辆，同比增长 28.3%，交易金额为 1238 亿元，同比增长 35.4%，交易量、交易金额均领跑全国，增速超过全国平均水平，取消限迁效果明显。其中，二手乘用车的交易量为 169 万辆，同比增长为 26.1%；二手商用车的交易量为 24.1 万辆，同比增长 31.4%。

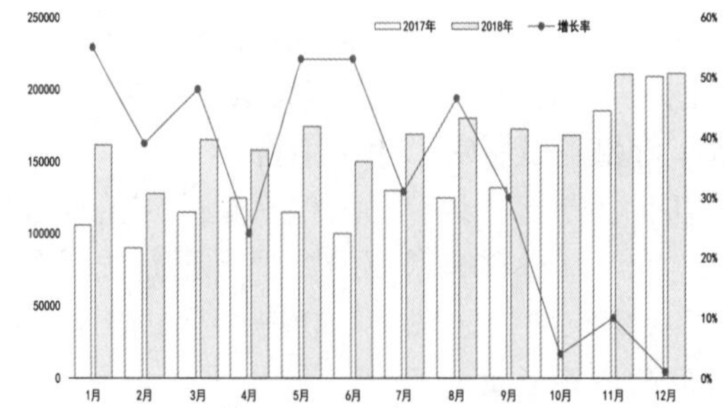

图 1　2017-2018 年广东省二手车交易量变化（单位：辆）

一、2018年广东省乘用车交易金额占比高达九成

二手乘用车依然是交易的最主力车型，2018年，我省二手乘用车交易量为169万辆，占总交易量的83%，交易金额为1137亿元，占总交易金额的91%。在乘用车各细分车型中，基本型乘用车（轿车）的交易量占八成，但相比2017年的比例略微下降，而MPV、SUV的交易量占比虽都达不到10%，但比例略有上升。

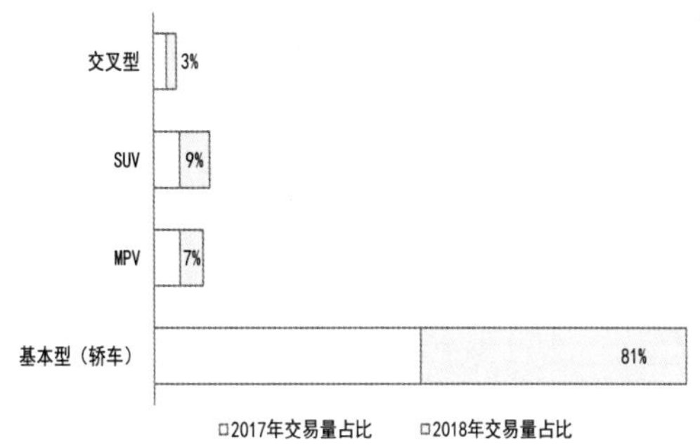

图2　2017-2018年广东省二手乘用车交易比例变化

二、018年非珠三角地区呈爆发式增长

2018年，我省二手车交易前五名为深圳、广州、佛山、东莞、惠州这几个城市。据统计，2018年深圳市的二手车累计交易量接近40万辆，同比增长23.27%；广州地区重回第二位，交易量达到22.8万辆，同比增长0.42%，佛山、东莞的交易量均接近20万辆，同比增长分别为5%和4%。

惠州排名第五，虽然还远远未及以上四个地区的交易规模，但是增加也较为突出，全年交易量为10万辆，同比增长38.84%。肇庆地区增长明显，二手车交易量接近10万辆，几乎比2017年翻了一番。

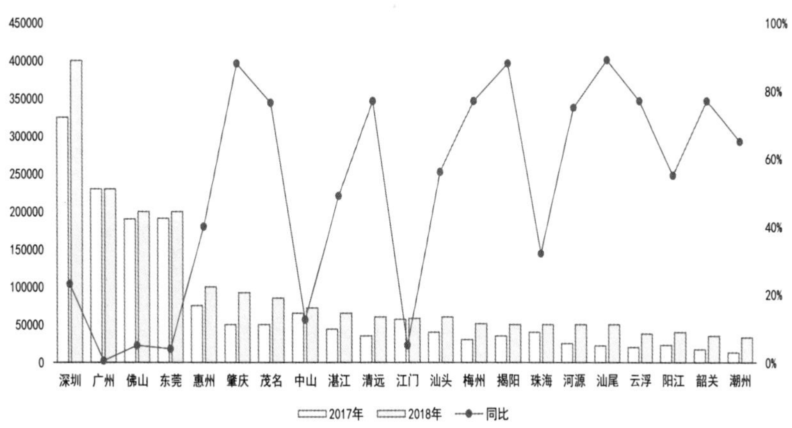

图3　2017-2018年广东省各地市二手车交易量变化（单位：辆）

近年来，非珠三角地区二手车交易量都呈现较快增长的态势，交易量占全省总交易量比例从20%上升到30%，且增长率都高于全省平均水平。2018年，茂名、湛江、清远这几个地区更是跻身全省前十，增长率也都保持在50%以上。

非珠三角地区二手车交易快速增长，一是由于取消限迁后，珠三角等区域的二手车外流到非珠三角地区的比例越来越高，使这些地区的车源大大丰富，交易量明显提高；二是这些地区的二手车交易效率在不断提高、交易成本在不断下降，二手车交易的活跃度、交易频次越来越高，使得这些地区二手车交易量快速增长。

（广东省汽车流通协会）

2018 年重庆市二手车市场

随着经济的发展，汽车保有量的增加，2016 年以来，重庆二手车市场进入活跃期，保持稳定增长。加之新政策、行业双驱动，二手车市场发展向好。重庆市二手车流通协会的数据显示，2018 年全市二手车交易量 26.8 万辆，交易金额达 180 亿元。

一、2018 年重庆市二手车市场概况

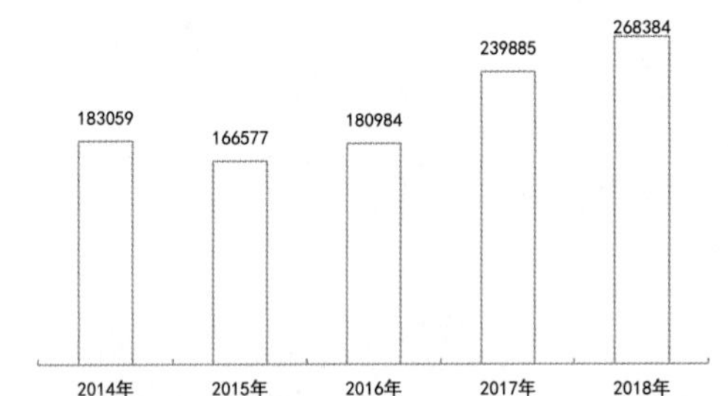

图 1　2014-2018 年重庆市二手车销量（单位：辆）

	1月	2月	3月	4月	5月	6月	7月	8月	9月	10月	11月	12月
2016年	11407	8843	12905	12905	11393	12111	10745	16055	18096	18890	23614	24020
2017年	17997	20147	21802	17864	19850	20537	18033	20337	22238	23533	18672	18875
2018年	17996	12497	18037	20580	22513	25896	28361	24025	29594	27155	18899	22831

图 2　2016-2018 年重庆市月度二手车销量（单位：辆）

从数据看，重庆市二手车近几年增长率大幅攀升，市场处于高速增长阶段。中国公安部的数据显示，到 2018 年末，重庆车保有量超 300 万辆，成为全国轿车保有量超过 300 万辆的 8 个城市之一。目前重庆二手车交易量与高保有量并不匹配，未来重庆的二手车市场有较大发展空间。

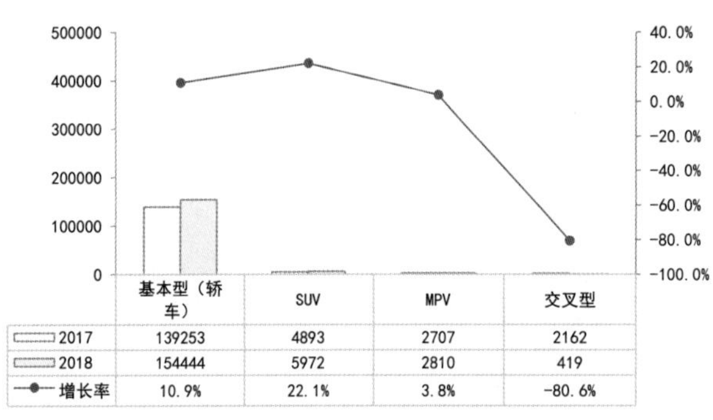

	基本型（轿车）	SUV	MPV	交叉型
2017	139253	4893	2707	2162
2018	154444	5972	2810	419
增长率	10.9%	22.1%	3.8%	-80.6%

图 3　2017-2018 年重庆市分车型二手车销量（单位：辆）

数据显示，分车型看，重庆市二手车市场以轿车为主。2018 年轿车交易量同比增加 10.9%，略低于全国二手车增速。2018 年 SUV 交易量为 5972 辆，同比增长 22.1%，明显高于其他车型类别。

二、2018 年重庆市二手车市场迈入良性发展轨道

近几年，为了规范市场，引导二手车市健康有序地走上良性发展道路，重庆市制定了多项管理措施，如降低二手车过户费用、简化交易流程、提升交易车辆信息透明度、取消限迁政策等具体举措，改善了群众的二手车消费体验，加快了二手车流通，活跃了重庆二手车市场。

综上看，重庆市二手车市场在 2018 年保持了高速增长态势，未来二手车市场交易量还有提升空间。随着政策的不断完善，居民消费水平的提升，二手车市的发展趋势可期。

2018 年贵州省二手车市场

尽管国内新车市场继续持续低迷走势，但是二手车市场却截然不同，依然保持较高的增长率。

2017 年贵州省二手车交易量 17.3 万辆，交易额 162 亿元。而 2018 年，贵州二手车交易量突破 20.6 万辆，交易额近 220 亿元，2018 年较之 2017 年交易量大幅提高 19%，交易额提升 26%。作为中国排名第三、贵州省最大的合朋二手车交易市场，2018 年累计交易二手车突破 12 万辆，交易额达 60 多亿，平均一辆二手车的交易额为 5 万元。数据表示，贵州二手车行业发展已超过全国平均水平，发展增速位居西南首位。

2018 年 3 月，全国“两会”提出了关于全面取消二手车限迁议案，二手车在城市间的流通不再成为制约行业发展的因素。中国从 2010 年起，二手车销售进入了快速增长通道，使用年限 3-6 年的占比最高。随着车源的持续增加，流通渠道的逐步优化，相关政策的完善，二手车的未来还将持续高增长。因此，有理由相信，随着限迁解决力度的加大，汽车市场发展将迎来新的动能，二手车行业本身发展也将迎来新机遇。

贵州在大数据资源的应用上走在了全国的前列，拥有全国最大汽车交易市场之一的孟关国际汽车城、全国排名第四的合朋二手车市场和配套完备的配件市场，新车、二手车、后市场发展前景都很广阔，只要厂家、经销商与用户保持和发展长期的良性合作关系，主观上充分地解放思想，客观上提升行业诚信服务标准，加快转型升级步伐，使汽车行业与大数据产业深度融合，贵州汽车市场一定会取得举世瞩目的成绩。

（贵州省汽车流通协会）

第 7 部类

售后零部件市场

DIQIBULEI | SHOUHOULINGBUJIANSHICHANG

2018 年中国售后零部件市场

（一）整车产销下滑，进一步推动零部件生产性服务业发展

2018 年，国际贸易战及车市出现多年来的首次负增长，零部件市场也不可避免被波及。据目前了解到的数据来看，70% 的零部件企业利润存在 5-30% 的下滑。在此大环境下，主机厂、配套及出口型零部件企业积极布局国内售后市场，资本加大对汽配供应链服务平台的投资，行业有了多起并购重组案例，制造、经销及服务企业间积极寻求更多的互动合作，以实现企业在新的竞争环境下的转型发展。为凝聚用户、合理控制投入，以市场、用户需求为导向的服务倍受重视，在一定程度上推动汽车售后零部件生产性服务业的发展。

（二）行业信息化程度提高，80% 的贯标企业使用管理工具

2018 年首批汽车售后零部件贯标企业中，95% 的企业开展了产品数据化管理，80% 的企业应用 ERP 管理，60% 的企业与电商平台建立合作。

（三）汽配供应链平台受到资本重视

2018 年在资本回归理性的情况下，汽配供应链市场与维修市场融资冷淡形成鲜明的对比，获得多起融资。快准车服、好汽配、巴图鲁、汽修宝、开思汽配、甲乙丙丁、中驰车福、三头六臂、途虎、康众汽配、车通云等众多企业获得融资，其中多家企业年内获得两轮融资。从金额上比较值得关注的有，阿里进场的新康众（16 亿）、腾讯进场的途虎（4.5 亿美金），还有华为高管为班底的开思汽配（5 亿）。互联网巨头携大额资本进入，会给这个行业进化带来质的变化。

（四）制造企业传统渠道受到冲击

互联网的进入及电商平台的逐步崛起，虽没有彻底改变行业，但提升了汽配行业透明度，加速渠道扁平，降低了传统汽配经销营业额，为行业变革带来新的思辨和资本。目前零部件制造企业一边观望一边平衡线上与线下渠道，传统汽配经销企业在焦虑中跟风互联网平台，度过很长的一段迷茫期，如今回归理性，但仍旧在纠结如何“站队”、如何布局国内后市场。

（五）产业链协同发展，质优价优服务优的企业受到青睐

2018 年是整合的元年。随着 BATJ 巨头的入局，行业竞争加剧，市场门槛提高，促使高度分散的汽车后市场朝着整合的方向去发展。巨头的整合和弱小企业的站队行动，本质上都是为了求生存求发展。无论整合还是站队，质优价优服务优的企业受到青睐。

（六）保险公司整合汽车后市场资源，与相关方共建汽车后市场服务生态圈

对于国内保险业而言，车险行业空有巨大的维修资源及总资产体量，却没有汽车产业链中的话语权。前端向车商支付高额的手续费，后端受制于维修零配件的高昂成本，同时陷入同业间价格战的泥潭。对于车主而言，首先是汽车后市场中产品、服务的消费者，其次才是由汽车产品衍生出的车险消费需求者。利用互联网及移动互联技术，整合汽车后市场资源，为车主提供便捷、贴心的车后市场产品与服务是当前车险提升客户黏性、扭转汽车产业链中劣势地位的有效手段。保险公司充分利用保险的品牌、市场份额、理赔送修优势，与相关方共建汽车后市场服务生态圈。一站式满足合作维修企业服务车主维修保养的配件需求，在巩固渠道业务的基础上，进一步提升维修企业与保险公司的合作深度，降低车损赔付成本，同时平衡供应商、维修企业、客户等各方利益。

（七）前列企业重视标准规范建设

在中国汽车流通协会及其售后零部件分会牵头下，2018 年汽车售后零部件行业首部国家标准《汽车售后零配件市场服务规范》发布，第一、二部团体标准《汽车售后零部件销售服务规范》

《品牌价值评价　汽车售后零部件服务》在全行业宣贯实施，并于2018年底发布首批汽车售后零部件品牌价值提升、汽车售后零部件销售服务贯标达标企业（首批贯标达标企业特征分析见附录一）。

行业进入理性、规范化建设发展阶段，行业标准体系建设得到汽配服务新势力的高度重视；核心技术、品牌培育、融合发展、品质服务已成共识。

（八）汽车后市场核心是提升价值，而不是打价格战

2018年的汽车后市场，最为吸引眼球的一点就是发起于郑州市场的保养大战，但很多人认为这不是价格战而是价值战。汽车后市场最大、最核心的用户痛点不是价格，而是企业应该给用户创造什么价值。

1. 增加用户信任度

毋庸置疑，增加用户信任度是最重要的一项诉求。用户经过服务体验以后，产生信任，最后产生黏性。用户信任度来自“专业”，专业不仅仅是技术性的专业，更是服务性的专业。

2. 良好性价比

最便宜的价格并不等于最好的性价比，要在价格便宜的同时让产品的质量更高。当然所谓“良好”也并不是将价格越低质量越高，而是符合用户的消费心理，控制在“适当”的范围。价格定得太低，用户会反而不会那么信任。

3. 一站式服务

如果用户能在一家店当中享受到好几家店合起来才能有的服务，那肯定会优先选择这家店。汽车后市场服务绝对不是流量行为，也不可能用短期的重资本方式去烧钱补贴，互联网＋思维模式下的一站式服务更绝对不是简单的服务整合，它讲求的是系统化、标准化、模块化。

（中国汽车流通协会售后零部件分会　李彤梅　刘柏玲）

2018 年中国汽车售后零部件行业代表性案例

2018 年汽车售后零部件行业急剧变革，对从业者来说是挑战中带着机遇，在趋于理性中升级业务模式，引领和推动着行业的进化。2018 年生产性服务业蓬勃发展，更加关注用户需求，强化数据化、模块化的服务；行业兼并重组，纵深发展，在质变中求量变，在量变中建立标准化和诚信体系；同时汽车后市场生态建设得到优化。下面列举产业链业态模式及代表性企业。

（一）以数据为指导，向长尾要效益——万明精配

据不完全统计，目前在后市场流通环节中，从零部件厂家到维修终端的信息偏差达到 30% 以上，这就导致后市场流通效率大大降低，零部件错配、错送成为常态。2018 年 9 月起，万明精配大数据科技有限公司利用本系统内数据信息公司在数据基础库和搜索匹配方面的优势，搜集和整理出 OE 标准编码和零件制造商自身产品编码的对应关系，应用于万明精配云端数据库，供用户查询。目前已整理出等速驱动轴、玻璃升降器、减震器和悬架控制臂四个产品系列，能够通过后台同质配件匹配引擎，提供 OE 到商城配件的精确对应，用户仅需输入 VIN 码 + 零部件名称，即可快速查询到适配的配件信息，进行下单选购。精准度超过 95%。未来两年内，万明精配大数据将陆续整合 30 条以上的产品线数据信息，为终端维修厂提供精确到“一车一件”查询支持。

据不完全统计，中国目前有生产资质的汽车整车生产企业 180 多家，改装车企业更是多达上千家。数量繁多的车企、推出市场的上万款车型，激烈的竞争使得市场上汽车保有量上呈现两极分化的局面：一方面，少数畅销车型（例如日产轩逸、“神车”五菱宏光、大众朗逸等）年销量数十万，市场保有量上百万；另一方面，绝大多数车型保有量小而且分散，参考 2018 年全国汽车销售统计数据，全年推出的 608 款车型，80% 的车型销量小于 50000 辆，有 278 款年销量未达到 10000 辆，最少的 7 款车型年销量为个数。这在后市场的维修部件需求方面形成了“大头 小身子 长尾巴”的现象，对应到产品开发的制造端则成为两难的问题——少数车型保有量大、市场需求旺盛的产品，竞争激烈，利润微薄；大多数车型保有量小，形不成批量需求，开发投入几乎是天文数字。

对于后市场零部件开发的“长尾”现象，万明精配有着不同的解题方法，首先，通过自身后台大数据计算，准确制定出未来 3-5 年的单线产品上市计划提供给零部件制造商，作为指导开发的依据；其次，万明精配大数据在体系内的供应商伙伴中推广全新的“乐高拼插”式的产品标准化开发模式，帮助制造商进一步合并同类项，大幅降低开发投入。举个实际发生的例子：2019 年初，万明供应链管理团队帮助某驱动轴制造商导入产品标准化，将其花键端内部连接尺寸从 158 个合并缩减为 23 个，使得多品种小批量订单的生产效率提升了 53%。向长尾要效益，是万明精配在大数据的指导下进行的第二个创新。

万明精配以数据为指导，指导企业长尾产品开发，提升生产效益，为供应链生态提供服务。

（二）强化项目化模块化数据化服务——明觉科技

明觉科技不断研究配件的各种属性特质，结合其他互联网行业应用的黑科技手段，于 2019 年推出了后市场智能配件检索新工具——Ai Search，旨在让修理厂或者配件商更加自由、更加方便的检索到所需配件。Ai Search 可以实现：销售车型 + 自由配件名称、模糊车型 + 自由配件名称、工信部车型 + 自由配件名称多种查询方式，找到所需配件的 OE 号及 OE 属性信息。以此解决检索方式、厂家和商家对配件名称的差异、区域特性差异、配件分类差异等诸多挑战。应用场景如下。

1. 保险业务

Ai-Search 已经嵌入明觉 AI 定损产品，在多家中国头部保险公司落地，缔造了修理厂（4S 店）定损，保险公司审核理赔的定损作业模式。通过车辆精准数据和标准工时，让保险的各区域分公司实现了定损前端标准化、精细化，并促进了与车商合作效率和深度，建立了互信的合作新模式。

2. 后市场平台

Ai-Search 技术已经为多家汽配联盟搭建了快捷、精准的交易入口，解决了各汽配商对车型描述含糊、配件名称含糊的问题，使得交易信息实现了标准化，提高了交易效率。

未来随着 Ai-Search 应用的日益广泛，明觉将新增语音输入技术，让查询更加人性化。同时完善配件江湖名称和标准名称的对应关系，通过降低对车和配件描述的要求规范，扩大了适用人群。

（三）链接产业链上下游——新康众

2018 年 10 月 25 日，新康众暨天猫车站发布会在南京盛大召开。由天猫汽车、康众汽配、金固股份旗下汽车养护平台汽车超人共同宣布成立的新公司——新康众，同时也正式推出天猫车站门店认证体系。新康众将基于社会化汽车服务门店，通过门店数字化的方式赋能门店，提供品牌认证 + 正品背书 + 服务保险，打消消费者顾虑，让消费者能就近、平价、放心地养车。建设完备的自有供应链采销体系、仓配服务体系、IT 系统体系、行业数据体系、线下服务体系，完成 S2B2C 的基础设施升级，通过数据和系统能力链接产业链上下游，将基础能力开放至整车商、二手车商、配件品牌商、主机厂、广告商、门店服务商等上下游行业合作伙伴，共建汽车后市场生态体系。

新康众通过优势资源聚焦全行业汽配，以 B2B 模式切入，以客户为中心、以供应链为核心，让采购、售后、服务更趋标准化。天猫车站以认证的形式，让好店被更多车主认知、选择，其五大认证方面包括：硬件能力、技师认证、SOP 标准作业程序、服务评价、正品配件。同时保障汽修厂正品配件的供应，打通供应链和汽修厂，直接服务车主，进一步提高汽修厂的服务标准和维修能力，让车主找到实实在在的可以信赖的汽修厂。

（四）标准化体系建设的标杆——途虎养车

途虎养车始终坚持“正品专业”的经营理念，以“线上下单、线下安装”自营一站式便捷模式，为车主提供轮胎、机油、保养、安装、汽车美容等一系列标准化高质量的服务以及养车解决方案。依托互联网技术，优化升级车后市场服务，打造“品质保证、价格透明、快捷便民、服务标准、保障全面”的养车环境，全面革新中国车后市场养护体验。同时积极推进产品可追溯体系，搭建汽车后市场服务标准化体系并定期发布行业报告，借此重塑消费者对汽车后市场的信心。现全国 31 个省直辖市、405 个城市，拥有 13000 多家合作安装门店和超过 1000 家工场店。

1. 建立标准，助力产业服务升级

建立一套完善的企业标准体系，形成持续优化制度，将标准化真正纳入到途虎的管理体制当中，提高企业员工对标准化工作的认识，提高了汽车后市场服务标准的一致性和稳定性，促进车后市场产业服务升级。

2. 发起联盟，燃点车后诚信革命

途虎养车吸纳产业链企业，联合发起汽车后市场首个诚信联盟。建立 15 分钟快速响应的“极速售后”服务，同时推出正品保、轮胎保、养车保等保障，承诺如消费者认为在途虎养车平台上所购的产品为假冒产品，购买之后的 15 天内，可发起维权流程，最终鉴定结果为非正品，可按规定索赔，消费者可获得相应赔偿。

这套服务能力的建立，将让消费者在行业诚信弊病还没有完全消除的情况下率先在途虎养车平台中得到有保证的服务。此外，途虎养车还将联合联盟企业进行品牌技师认证，建立起标准化、专业化的服务流程，打造联合防伪页面，让产品出处可查，建立溯源机制，彻底杜绝假冒伪劣。

（五）凭借车险、维修资源，整合汽车后市场资源——驾安配

驾安配平台通过充分整合利用人保的品牌和市场份额优势、团队和内外部网络优势、客户资源优势、理赔送修资源优势，从事故车维修、车辆养护切入汽车后市场板块，与相关方共建汽车后市场服务生态圈。

1. 兼顾各方利益，一站式满足需求

平台将构建强大的线上线下运营体系，形成配件价格、品质、服务优势，一站式满足合作维修企业服务车主维修保养的配件需求，在巩固渠道业务的基础上，进一步提升维修企业与保险公司的合作深度，降低车损赔付成本，同时兼顾供应商、维修企业、客户等各方利益。

（1）全品类配件供应，品质可控、可追溯：建立完整的原厂件、品牌件、再制造件供应体系，并延伸至保养易损件供应；建立配件品牌认证标准、经销商入驻标准、维修质量保证保险、零配件自助比对的品控体系。

（2）“PICC 认证配件”构建 PICC 认证配件，国际 + 国内权威体系认证，助力供给侧改革；源头优选汽配生产商，具备价格优势和品质、服务保障；RFID 无线射频识别技术让产品全程可追溯。

（3）维修网络全覆盖：搭建覆盖全国的维修网络认证联盟，直达服务终端，提高服务响应效率，增加车主粘性。

（4）智能大数据支持：通过配件交易大数据分析，有效降低行业库存，实现配件厂商柔性生产；建设配件专业数据库，打通配件数据壁垒，自动对接保险公司定损换件信息，实现供需智能匹配。

（5）“邦邦达”（物流聚合平台）：建立全国配件共享仓、智能聚合物流平台，提升配件交付体验。

（6）“邦邦保理”（金融服务产品）：基于平台的交易订单数据，为中小企业提供供应链金融服务，助力实体经济发展。

2. 重点举措

（1）探源。驾安配平台的 B2b 业务模式，生产商通过平台直接将产品交付给维修终端，再通过维修终端最终服务于车主，短链、高效、低成本。原生产商专注于产品质量提升，只需按需生产（平台实现库存可视化、销售可视化）；原各级经销商可转变为客户服务商，由赚取进销差价变为赚取服务费，不必担心库存积压、资金短缺问题；原维修终端专注于提升技术层面的车主服务，不必担心产品品质和价格；最终车主可以安心享受同质同价、优质优价的维保服务。供应链体系对接生产商和一级经销商，减少中间环节，价格优势明显；平台供应链体系覆盖全国配件商和本地配件商，借本地渠道助力平台推进，形成配件商之间互补的良性竞争关系，使平台在保障配件品质前提下做到价格最优。探源保证配件有价有市，报供一体，驾安配的供应渠道比一般修理厂要多要广，更能够满足保险公司和车主的诉求；

（2）增效。车险是财产险公司最主要的业务组成，配件赔付是车险赔付中最重要的部分，能否对配件赔付环节形成有效的掌控，是能否合理降低车险赔付成本的关键因素。驾安配平台在供应端建立探源、优选、配件认证、产品追溯等运营体系；在交付端对接数据厂商、建立数据标准，引入供应商数据、进行精准报价，开发及时报价系统和自动匹配系统，能够使产品品质、产品价格、服务质量透明化、标准化，可评估、可控制，有效降低赔付成本，提高理赔效率和质量。对保险公司而言，实现理赔报供一体，强化理赔定价能力，降低车损赔付成本，同时价格品质透明，有效减少定损争议、降低诉讼，提高行业整体效率。增效一方面是减少中间环节，节省成本，能够保证产品以较低的价格给到最终客户手中；另一方面通过各方资源的连接与整合，平台能够为客户提供更为全面、更有价值的服务，提升客户满意度。

（中国汽车流通协会售后零部件分会　李彤梅 刘柏玲）

第8部类

汽车后市场

DIBABULEI | QICHEHOUSHICHANG

2018 年中国汽车售后服务监测

公安部交通管理局发布的数据显示，截至 2018 年底，全国汽车保有量达 2.4 亿辆，再加上现有车辆车龄结构老化，催生出国内强劲的汽车后市场消费需求，其中汽车售后服务市场逐步成为盈利重心。

据统计，汽车售后服务市场是汽车产业链中最稳定的利润来源，相对于目前整车销售的利润缩水，中国的汽车售后服务市场利润率仍高达 40%，同时也吸引众多巨头企业纷纷进入汽车售后服务市场。

最新数据显示，全国已有 2.96 万家 4S 店，近 50 万家社会维修店，中国汽车售后服务质量监测大数据平台（CADA 云数聚）正是以此为数据源，采集消费者体验评价，进行实时分析，将结果反馈给服务企业，使服务企业掌握消费者服务体验和消费意向，从而提升售后服务质量，增加盈利竞争力。

中国汽车售后服务质量监测大数据平台（CADA 云数聚）通过分析 2018 年度消费者评价数据，形成了《2018 互联网 + 中国汽车售后服务质量消费者体验年度报告》（以下简称《报告》）。

一、2018 年行业总体表现

《报告》显示：2018 年度汽车售后服务行业总体表现从 2017 年度的 88.30 分提升到 91.59 分，提升了 3.29 分。五个测评维度表现均有提升，其中维修价格维度提升较大，从 88.70 分提升到 93.95 分，提升了 5.25 分；2018 年度的维修质量维度 87.14 分和维修时间维度 84.47 分相比 2017 年度均有所提升，但连续两年来仍然是测评的较弱项。

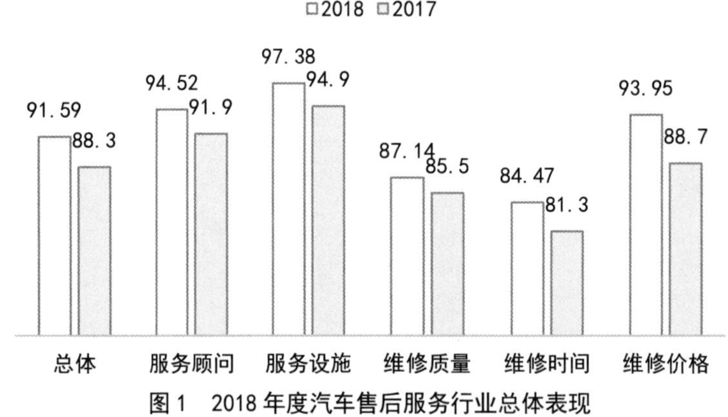

图 1　2018 年度汽车售后服务行业总体表现

二、各维度弱项分析

在五个评价维度中，客户体验最差的环节主要体现在：“交车过程中服务顾问应向客户主动讲解告知的内容” 59.78 分、“进入接待区后需要等待服务” 60.82 分、“维修工位需要等待” 70.11 分、“完工后交车需要等待” 74.15 分、“付款结算的时候需要等待” 80.62 分、“服务顾问对建议维修保养项目的解释说明方式” 82.05 分、“服务顾问的态度” 91.42 分、“交车时各项目复位与入厂时客户用车习惯一致” 91.69 分，共八个环节。

通过对“客户体验最差的环节”的“主动讲解告知服务内容”进一步分析，可以发现在交车时服务顾问需要与客户确认维保项目、主动告知配件的使用情况、剩余材料和剩余旧件的处理情况。但是真正完成四项全部告知的服务顾问只有 44.42% 的比例，其中忽略最多的内容是“服务顾问应主动向客户询问剩余材料和旧件的处理方式”。

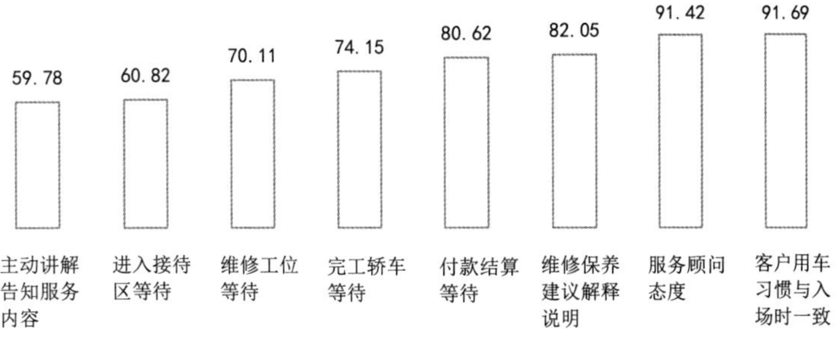

图 2 客户体验最差的环节

但深入分析发现，72.71% 的客户非常在意自己处理剩余的材料与旧件，哪怕只是向客户征询处理的意见，不论客户想要带走的物品符不符合环保法规，都必须告知。

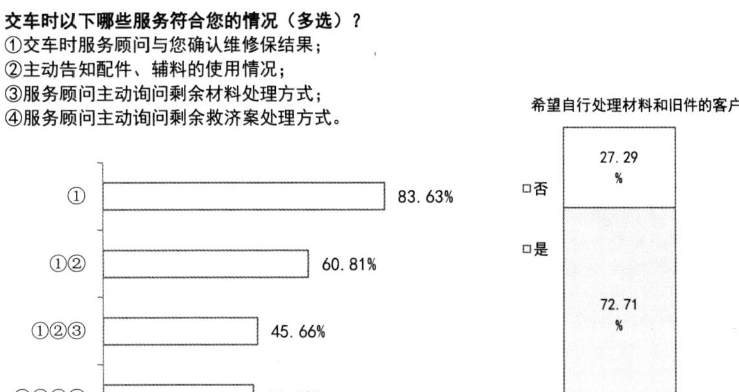

图 3 主动讲解告知服务内容的分析

客户在整个维修保养服务过程中的各环节均出现等待现象，其中客户进入接待区后需要等待开始服务的占比最高，达到 40.03%；车辆进入车间后等待维修工位占比 29.51%；完工交车等待占比 24.10%；付款结算等待占比 19.77%。

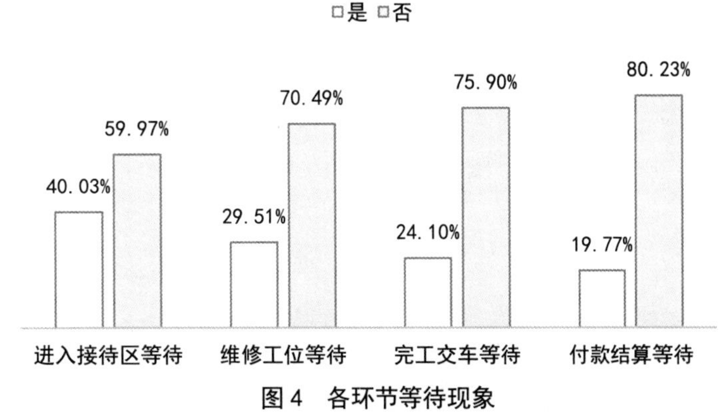

图 4 各环节等待现象

在服务顾问对建议维修保养项目的解释说明方式上，72.13% 的客户希望服务顾问以车辆数据、常识来讲解建议的维修保养项目，而不是听到厂家规定、保养手册要求为由来解释。

北京某经销商集团高管表示：这体现的就是话术问题，要以通俗语言来讲专业的事。最可恨的是技术人员也去讲主机厂规定，还有客服回访时说是主机厂规定，那么客户就认为我买个车就把自己卖给主机厂啦？就得听你们的？但其实不是主机厂说得不对，而是要以通俗的语言去讲专业的事。

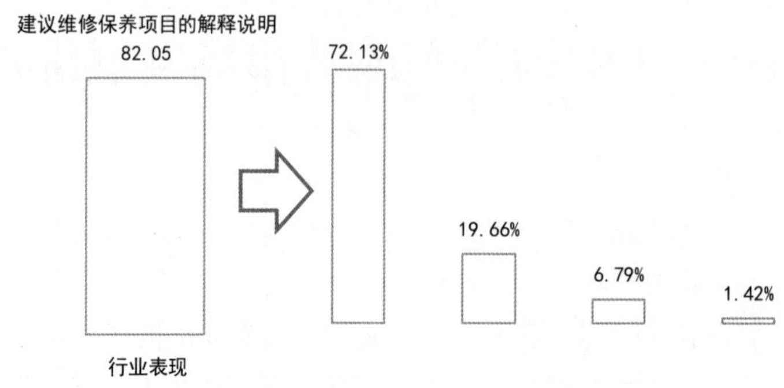

图 5　服务顾问对建议维修保养项目的解释说明方式

服务顾问在服务态度方面仍有较大提升空间，有 90.78% 的客户满意服务顾问的态度，但仍有 9.22% 的客户对服务态度不满意，其中认为态度最差的占比 3.01%，这 9.22% 的客户有可能会因此而流失。

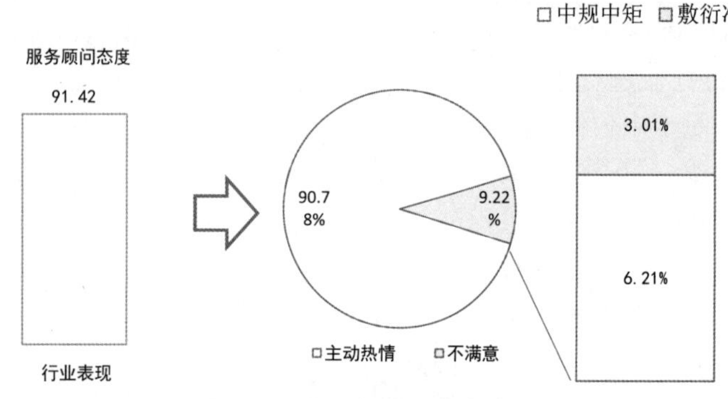

图 6　服务顾问在服务态度

维保服务完成后，9.83% 的客户认为服务人员没有按照客户进厂前的用车习惯复位，其中占比最大的是“座椅没复位”，占比为 6.29%。这是影响客户服务体验重要的细节，客户体验状况往往也是由一些细节决定的，评价结果出炉前，很难想象“交车的时候座椅没复位”是最让客户体验不佳的内容之一。针对座椅复位，其实很多经销商、4S 店都有办法解决，但是关键是执行有没有到位。

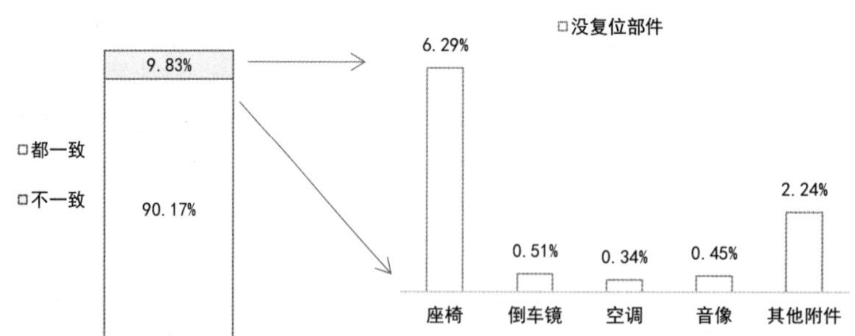

图 7　维保服务完成后的体验

三、影响客户流失的重要因素

《报告》同时分析了影响客户“去”与“留”的重要因素，主要集中在时间、质量、价格三个方面。如果不能按服务顾问预估的时间交车，38.49% 的客户对超出时间容忍度为 10 分钟，否则客户会考虑更换门店；一旦发生返修后，45.58% 的客户会考虑更换门店；当维修保养价格超出服务顾问预估价格 200-300 元之间时，会有 24.85% 的客户考虑更换门店。

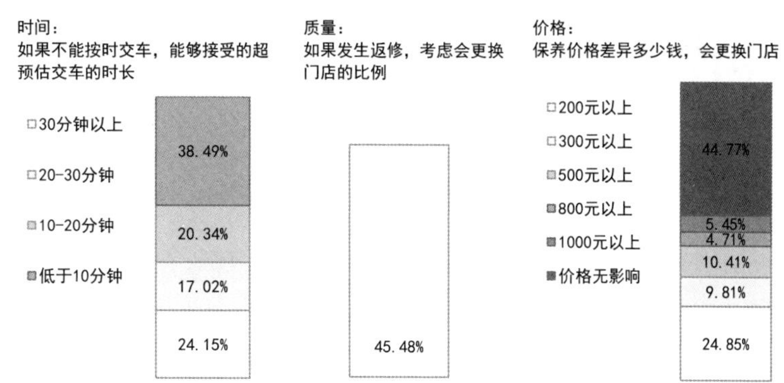

图 8　影响客户"去"与"留"的重要因素

四、客户服务意向探查

通过客户对服务顾问能力的评价发现，客户在与服务顾问接触前认为服务顾问最重要的方面是服务态度，占比达 47.51%，近半数客户认为服务顾问只要服务好就行了，维修保养的事情有技师在负责，但在与服务顾问接触后反而认为服务顾问最需要改进的方面是专业知识，占比 31.81%，其次是操作规范，占比 23.13%，服务态度方面降至了 21.43%，也就是说服务顾问的专业知识不足和操作不规范很难顺畅地为客户提供服务。

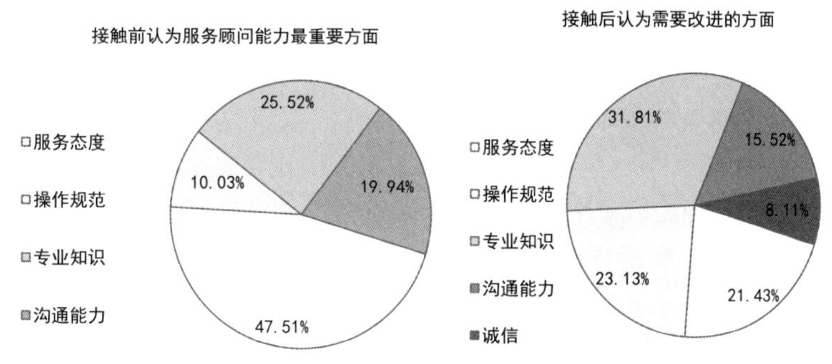

图 9　客户对服务顾问能力的评价

在服务顾问给出的维修保养建议项目方面，87.07% 的客户能够理解并接受，8.10% 的客户只能接受部分项目，还有 4.83% 的客户不接受服务顾问给出的维修保养建议项目。

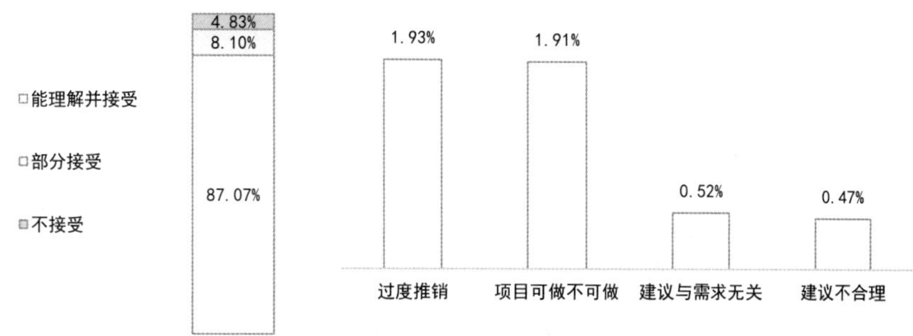

图 10　服务顾问的维修保养建议接受度

从数据方面分析，客户倾向的维保时间集中在上午阶段，其中，倾向 9:00 以前的客户占比 30.49%，9:00-12:00 的占比 41.79%，客户对于 18：00 以后的服务倾向很低，从这张图中也看不出夜场的需求，反而看到早上必须早一些来帮忙解决这些流量的问题。但夜场绝对有必要，其实只是引导的问题，如果告诉客户我们有夜场，并且夜场服务非常好的时候，慢慢倾向于早上、上午的客户比例就会掉下来。

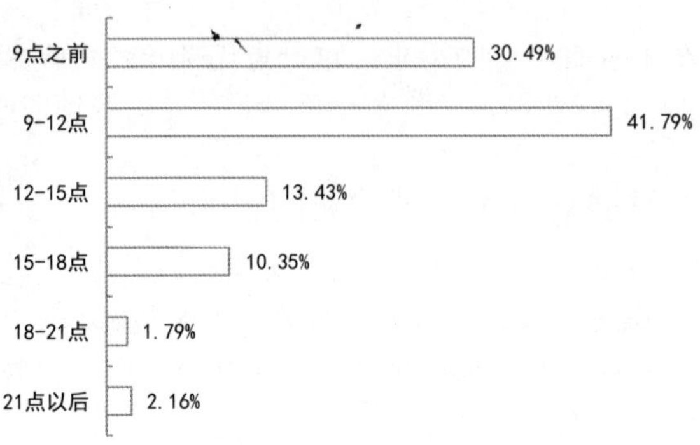

图 11 客户倾向的维保时间

客户服务体验完成后，认为在维修时间方面最需要改进的方面中，提到最多的是预约的便利性、洗车过程时长和营业时间便利方面。这项探查内容和客户对营业时间的期望是有直接关系的，在引导客户平衡进场时间的同时，预约便利性、营业时间便利性的改进呼声会改善，同样地，做好预约工作，客户的集中进店峰谷也会平缓。

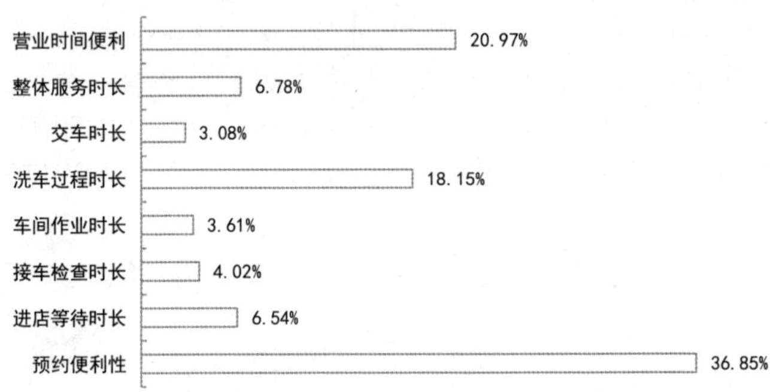

图 12 维修时间方面最需要改进的方面

在客户投诉方面，因为维修保养而产生的客诉在 2018 年年均占比达到了 15.38%，其中在一二月份达到峰值，最高 45.70%（注：客户投诉分析样本数据采取了 2018 年 1-12 月份的投诉样本数据，同样通过系统筛选成精准数据进行分析），其中对投诉处理结果不满意的占比 1.05%。北京某经销商集团高管表示，一二月份投诉量较高是由节假日因素导致的，客户都想保养完后回家过年，但由于车辆集中保养，4S 店工作饱和状况下往往不能及时交车，短期内造成维修能力不足。

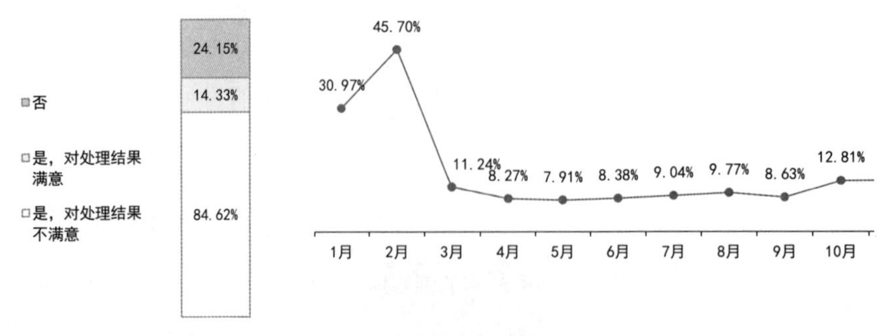

图 13 投诉比例趋势

五、汽车品牌组评价表现

从汽车品牌总体表现看，2018 年合资品牌组是客户满意度最低的组别，但同时也是提升幅度最大的组别。由于合资品牌组客户对4S店服务水平的期望值更高，他们中不少客户接受过高端品牌4S店的服务，所以希望普通品牌4S店也可以提供良好的服务。客户需求与市场提供的服务存在较大差异，在汽车服务行业表现得尤为充分。

图14 分级别客户满意度

《报告》对豪华品牌组、合资品牌组、自主品牌组三个组别的各评价维度进行了分析，从综合表现来看，合资品牌组提升最高，从2017年度的85.60分提升到2018年度的90.82分，但仍然低于豪华品牌组的92.12分和自主品牌组的92.81分。从五个维度看三个品牌组的表现，合资品牌组除维修价格维度高于豪华品牌组外，其余维度评价表现均低于豪华品牌组和自主品牌组。

北京某经销商集团高管表示：合资品牌的客户期望值更高，所以给出的分值比较低，但并不代表就不好，他们是推动服务质量向更好方向发展的中坚力量。

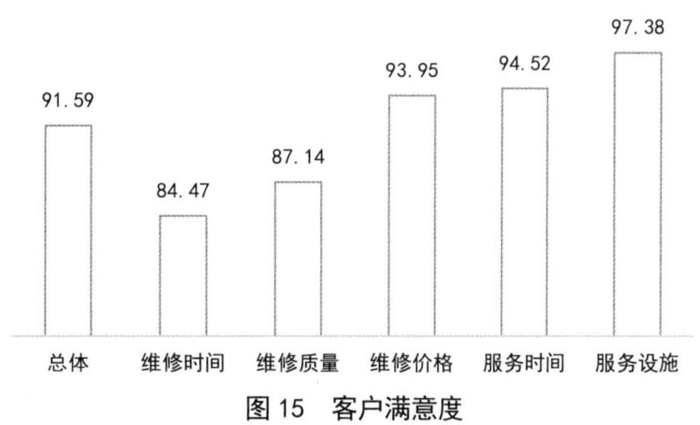

图15 客户满意度

在影响客户“去”与“留”的重要因素方面，合资品牌客户对时间要求期望值更高，如果超出服务顾问的预估时间10分钟，会有43.95%的客户考虑更换门店，高于豪华品牌组的35.95%和自主品牌组的36.28%。

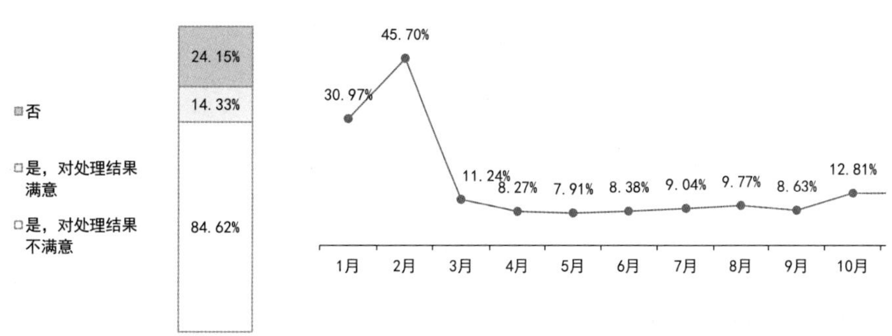

图16 影响客户“去”与“留”的因素

在发生返修后考虑更换门店的比例同样是合资品牌居高，达到 51.34%，其次是自主品牌的 46.14% 和豪华品牌的 42.33%。

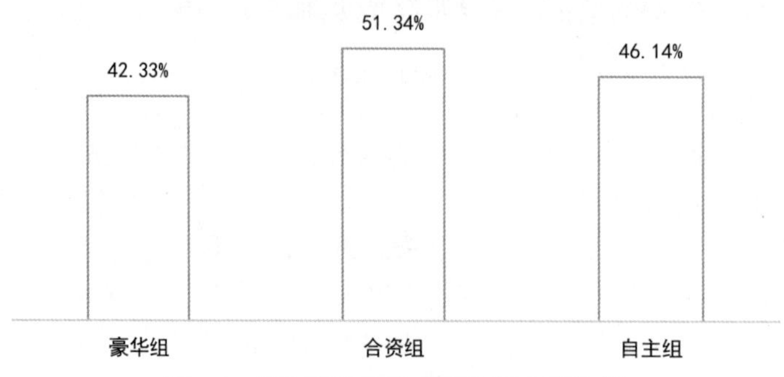

图 17　发生返修后考虑更换门店的比例

价格敏感度方面，合资品牌和自主品牌相比豪华品牌更容易因为价格因素更换门店，当维修保养价格超出服务顾问预估价格 200-300 元时，合资品牌组考虑更换门店的占比是 28.85%，自主品牌占比 26.27%，豪华品牌占比是 19.46%。

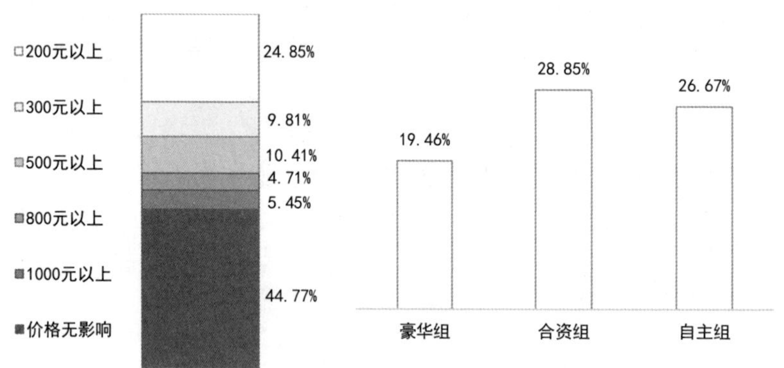

图 18　价格敏感度

《报告》三个关键指标“一次性修复率、净推荐率 NPS、售后服务忠诚度”。将三个品牌组的表现分别做了对比，合资品牌组在一次性修复率方面稍弱，各品牌组的客户对售后服务商（测评主体：4S 店）的认可度都是很高的。虽然在客户看来，整体的售后服务环节中有一些需要改进和不满意的环节，但仍然倾向选择再次来店维修保养并介绍身边客户进店维修保养。

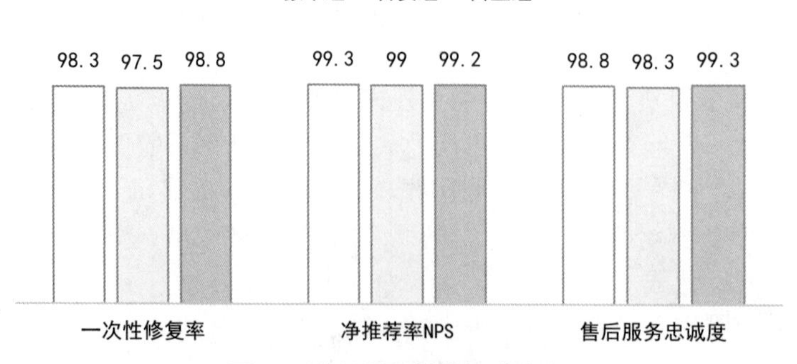

图 19　分级别关键指标满意度

《2018 互联网 + 中国汽车售后服务质量消费者体验年度报告》显示，专业是服务的核心，但没有以“客户需求”为考虑的专业是没有市场价值的。

（中国汽车流通协会 CADA 云数聚）

2018年中国汽车投诉状况

中国汽车市场竞争日趋白热化，在同质化严重的市场环境下，服务成为竞争的另一个强有力的车轮。随着新车上市频率的加快，新技术的应用，市场保有量的增加，汽车投诉也随之上升。

车质网2018年共收到消费者针对汽车产品质量及服务问题有效投诉75635宗，同比增幅达48.98%，其中涉及196个国内汽车品牌的千余款车型，近50%的投诉增长率标示着国内汽车消费者实名投诉量或进入新“增长期”。从2018年的投诉回复情况来看，不少车企对消费者诉求越来越重视，投诉回复率（回复率并非解决率，表明的是企业态度）100%的汽车品牌有41个，同比增加8个。

一、年投诉量增长近50%，“3·15”期间投诉最高

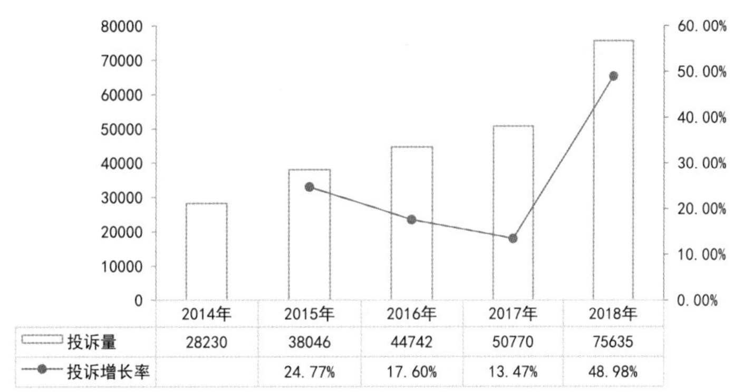

	2014年	2015年	2016年	2017年	2018年
投诉量	28230	38046	44742	50770	75635
投诉增长率		24.77%	17.60%	13.47%	48.98%

图1　2014-2018年投诉量及增长率对比

受部分汽车产品共性问题大面积爆发的影响，2018年有效投诉量同比增幅48.98%，创下历史增幅纪录。

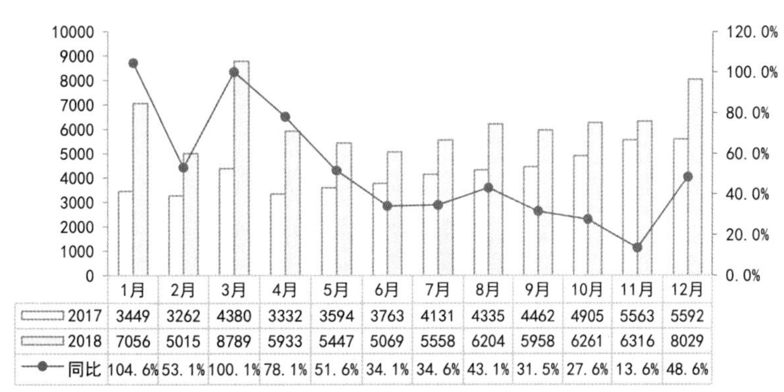

	1月	2月	3月	4月	5月	6月	7月	8月	9月	10月	11月	12月
2017	3449	3262	4380	3332	3594	3763	4131	4335	4462	4905	5563	5592
2018	7056	5015	8789	5933	5447	5069	5558	6204	5958	6261	6316	8029
同比	104.6%	53.1%	100.1%	78.1%	51.6%	34.1%	34.6%	43.1%	31.5%	27.6%	13.6%	48.6%

图2　2018年1-12月份投诉量及增长率对比

从月投诉数据看，2018年三个投诉高峰分别出现在1月、3月和12月。随着“东风本田机油门”事件的爆发，2018年1月收到有效投诉7056宗，同比增幅逾一倍。随着“机油门”事件的持续发酵以及“3·15”的影响，3月车质网收到有效投诉8789宗，同比增幅100.7%，达全年最高点，刷新了月投诉量的最高纪录。第二高峰出现在12月，成为第二个投诉量超8000宗的月份。

二、8省有效投诉超3500宗，广东、江苏、山东仍为前三甲

从投诉区域上看，2018年投诉超过3500宗的区域有8个，比上一年增加了5个。投诉高发区域前三名依然为广东省、江苏省以及山东省，投诉之和占到总投诉量的28%。其次，河北省、河南省、湖北省、四川省、浙江省有效投诉量均超过3500宗。质量问题投诉中，变速箱异响、机油增多及变速箱顿挫等问题成为主要投诉故障点；服务问题则集中在召回方案不合理、不解决问题、不予索赔这三大问题中，存在高度相似性。

三、合资品牌投诉占比过半，日系品牌投诉攀升

数据显示，在2018年的投诉总量中，合资品牌占比依旧最大，且投诉占比出现反弹，较上一年同期增长近5个百分点。与合资品牌相比，自主品牌投诉量占比有所回落，但投诉总量较上一年同期增加了8545宗。

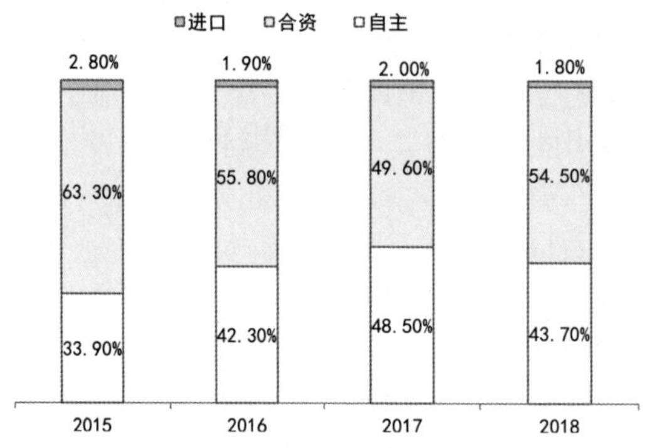

图3 2018年品牌属性投诉量占比

按产品国别统计显示，2018年自主品牌投诉33080宗，高居首位，且与其他国别品牌拉开较大差距。其余各国别品牌投诉量较上一年同期均有不同程度的涨幅，美系居第二位。以“质量可靠”著称的日系同期投诉量增幅1.87倍，投诉量为12638宗。

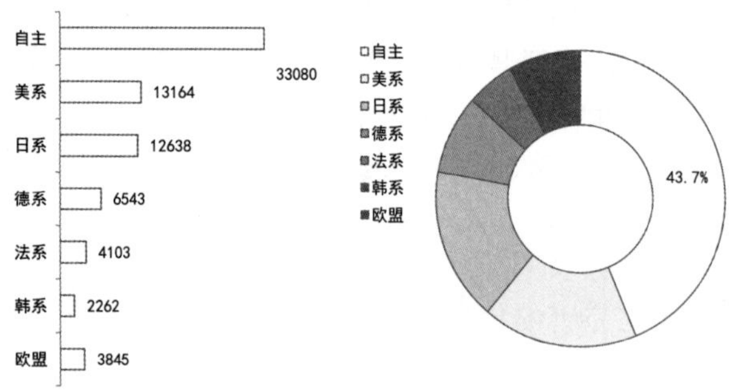

图4 2018年分国别投诉量占比

四、SUV投诉量超紧凑型车，MPV等车型出现回落

表1 2018年车型属性投诉量

	2018	2017	2016	2015	2014
SUV	35364	19074	16443	10195	5212
紧凑型车	26225	21045	19234	16386	15281
中型车	7188	4908	4842	6436	3695
小型车	2015	1741	2029	2515	2193
MPV	1746	1794	647	594	271
中大型车	1155	841	391	481	464

表 1 2018 年车型属性投诉量（续表）

	2018	2017	2016	2015	2014
其他	747	332	162	269	206
微面	605	535	501	788	562
微型车	478	357	308	283	262
大型车	64	86	62	67	61
跑车	48	58	35	32	23

按历年车型属性数据分析，SUV 近 5 年来首次投诉量超过紧凑型车，以 35364 宗居首位，投诉量较上一年同期增长 85.4%。紧凑型车排名虽降至第二位，但投诉量增加了 5180 宗，增幅 24.6%。MPV、大型车、跑车投诉量均较上一年同期有所下降。

五、2018 年新车质量依旧成“槽点”

表 2 2018 年车型年款投诉量

	2018	2017	2016	2015	2014
2012 款	2180	2298	3391	5569	7265
2013 款	4134	4935	5875	8722	8087
2014 款	4935	5901	9029	10124	5235
2015 款	11629	11361	13414	6465	275
2016 款	15941	13891	8411	188	-
2017 款	22413	8054	479	-	-
2018 款	8674	307	-	-	-

按车型年款分析发现，投诉主要集中在 2015-2017 款车型中，其中 2017 款投诉量较上一年同期增速明显，增幅达 1.78 倍。除此之外，或因 2017 年基数较少原因，2018 款投诉量呈现高速增长趋势，增幅逾 27 倍；同期，2019 款新车投诉的出现，也预示着部分产品或较早出现质量问题。

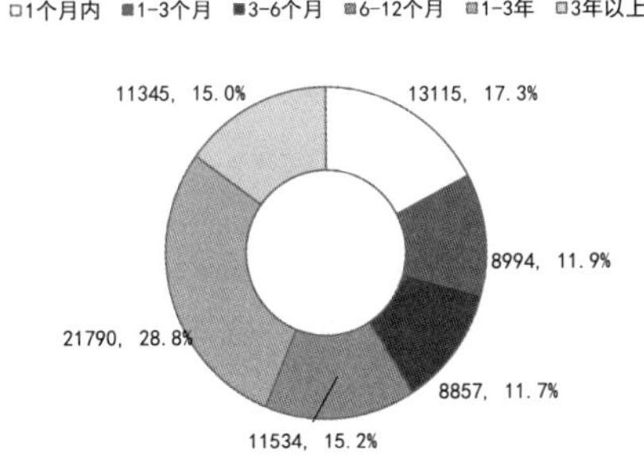

图 5 2018 年投诉问题时间段占比

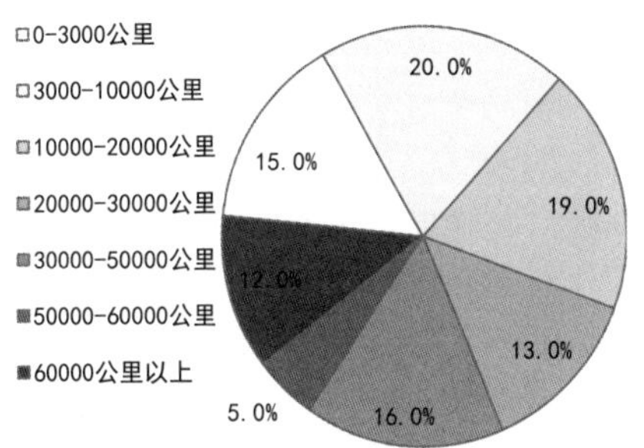

图 6 2018 年首次故障里程投诉量占比

按投诉问题出现时间分析，85% 的投诉出现在车辆购买 3 年汽车包修期内。购车 1 年内投诉占比较上一年同期有所下降，但投诉量超过了总量的一半，可见 2018 年新车质量问题亟待解决。

2018 年车质网投诉数据显示，首次出现故障里程在 60000 公里以内的投诉占到了总量的 88%，行驶里程 10,000 公里以内出现故障的投诉占比达 35%。行驶里程 10000 公里以内出现的故障集中在自主品牌，占比近 50%，其次为日系。从故障问题来看，机油增多问题是 2018 年行驶里程在 10000 公里以内投诉最集中的故障点。

六、单纯质量问题投诉大幅回升，服务质量问题稳步增长

投诉类型分为质量问题投诉、服务问题投诉和综合问题投诉三大部分。车质网接到的投诉中，单纯质量问题投诉量最大，占比较上一年同期有所增加，回升到 80% 以上；服务问题投诉

占比呈现稳定的持续增长趋势，综合问题投诉占比下降。

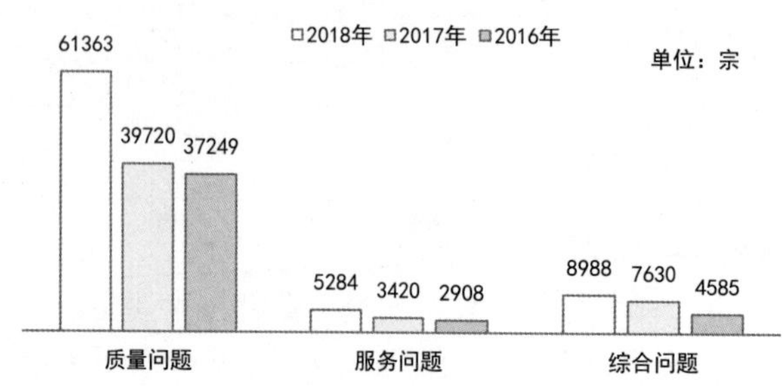

图 7　2016-2018 年投诉类别对比

七、发动机成投诉“主角”，投诉故障数超车身附件及电器部分

统计表明，质量问题投诉故障数为 114794 个，发动机问题投诉在八大系统中重归首位，投诉故障数为 36229 个，较 2017 年增加 20684 个，占比 32%；车身附件及电器相关投诉故障数 34587 个，较 2017 年增加 6533 个，占比下降 5.2 个百分点；变速箱问题投诉依旧排在第三位，有 19892 个故障数，较上一年增加 4528 个；相比之下，离合器投诉故障数，与 2017 年相比出现下降。

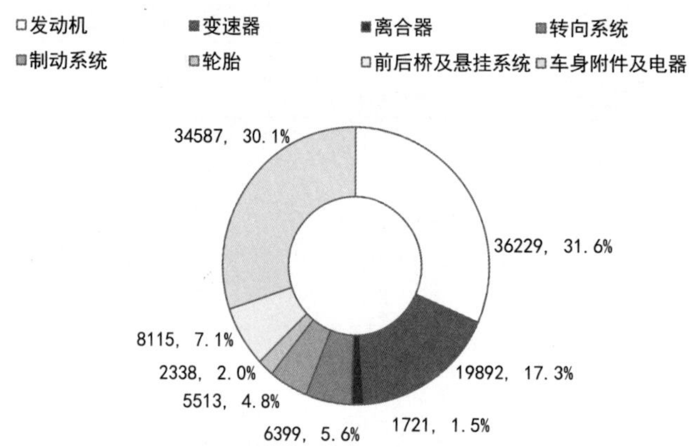

图 8　2018 年八大系统投诉故障数占比

2018 年质量问题 TOP20 排名中，发动机机油增多毫无悬念成为最大故障点，与上一年同期相比投诉增长率达到惊人的 1465 倍。由于机油增多问题的暴涨，2017 年排名前三的变速箱异响、变速箱顿挫及发动机异响问题依次下移一位，但投诉故障数均出现不同程度的增加。此外，车身生锈、发动机抖动、发动机漏油、转向异响、影音系统故障、发动机油耗高等投诉故障数均出现不同程度的涨幅。相比之下，2017 年相对集中的减震器异响、车内异味、离合器异响、后备箱等故障投诉出现回落。

表 3　2018 年质量问题 TOP20

	故障名称	故障数	占比
1	发动机：机油增多	7329	6.59%
2	变速箱：异响	5829	5.24%
3	变速箱：顿挫	4678	4.21%
4	发动机：异响	3754	3.37%
5	车身附件及电器：车身生锈	3498	3.14%
6	发动机：抖动	2788	2.51%
7	发动机：漏油	2731	2.46%

表 3　2018 年质量问题 TOP20（续表）

	故障名称	故障数	占比
8	转向系统：异响	2688	2.42%
9	车身附件及电器：影音系统故障	2359	2.12%
10	发动机：油耗高	2127	1.91%
11	前后桥及悬挂系统：减震器异响	2097	1.89%
12	发动机：故障灯亮	2063	1.85%
13	发动机：功率不足	2053	1.85%
14	制动系统：异响	2049	1.84%
15	发动机：噪声大	2047	1.84%
16	车身附件及电器：车内异味	1775	1.60%
17	车身附件及电器：空调问题	1701	1.53%
18	车身附件及电器：仪表台开裂	1557	1.40%
19	发动机：烧机油	1404	1.26%
20	车身附件及电器：漆面起泡开裂	1370	1.23%

车质网数据显示，合资品牌投诉故障数总量超越了自主品牌，问题集中在发动机、车身附件及电器和变速器三大系统，主要故障点为机油增多、变速箱异响、变速箱顿挫、发动机异响、仪表台开裂等。自主品牌则在车身附件及电器部分故障数最多，其次为发动机和变速箱系统，主要故障点为机油增多、变速箱异响、车身生锈、变速箱顿挫、发动机异响等，与合资品牌相比，车身生锈问题投诉更为突出。

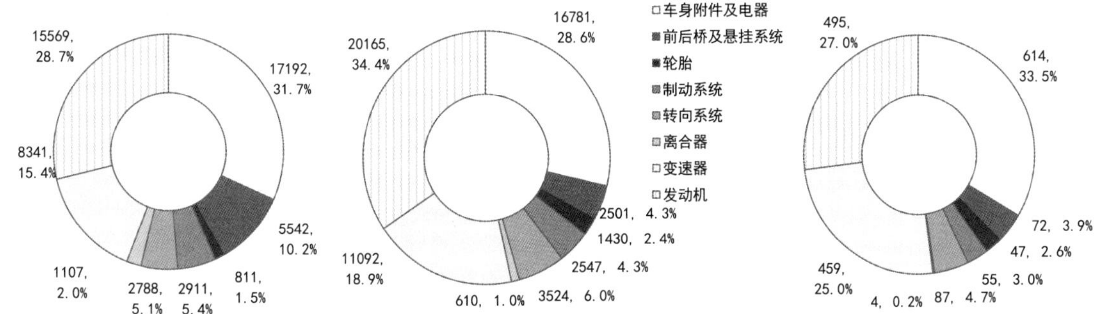

图 9　2018 年品牌属性八大系统投诉故障数对比

从各国别八大系统投诉对比来看，日系、韩系、法系品牌发动机投诉故障占比最大，其他国别品牌则集中在车身附件及电器部分。通过横向对比发现，韩系发动机的故障比例最高，超过 50%，德系在变速箱方面的投诉比例最高，欧系在车身附件及电器部分投诉比例最高。

		自主	美系	日系	德系	法系	欧盟	韩系
发动机	36229	27.95%	24.28%	48.65%	19.85%	32.69%	14.50%	55.35%
变速箱	19892	15.17%	23.12%	14.69%	29.56%	10.70%	27.38%	6.85%
离合器	1721	2.04%	2.01%	0.24%	0.91%	0.59%	1.33%	0.77%
转向系统	6399	5.29%	7.13%	4.79%	5.15%	6.76%	4.75%	6.64%
制动系统	5513	5.45%	3.15%	4.58%	6.94%	3.98%	8.42%	1.53%
轮胎	2338	1.56%	3.60%	1.36%	2.32%	6.96%	1.11%	2.19%
前后桥及悬挂系统	8115	10.33%	3.28%	3.71%	5.11%	9.85%	4.08%	2.74%
车身附件及电器	34587	32.23%	34.44%	21.98%	30.15%	28.48%	38.43%	23.93%

图 10　2018 年分国别八大系统故障数占比

按车型属性八大系统投诉量分析，SUV、大型车、跑车及其他车型（卡车、客车及特种车辆等），发动机系统故障占比最高，其余车型则集中在车身附件及电器部分。通过各车型横向比较发现，SUV 的发动机故障比例最高，MPV 前后桥及悬挂系统故障占比最高，微型车则在车身附件及电器部分故障占比最高。

	数量	紧凑型车	SUV	中型车	小型车	MPV	微面	中大型车	微型车	大型车	跑车	其他
发动机	36229	24.36%	38.73%	20.67%	27.76%	19.32%	27.82%	18.25%	13.84%	38.37%	34.48%	36.03%
变速箱	19892	19.87%	14.45%	23.75%	19.96%	10.23%	18.01%	14.97%	5.27%	11.63%	34.48%	10.41%
离合器	1721	1.81%	2.31%	0.78%	3.88%	1.60%	4.04%	0.07%	0.99%	0.00%	0.00%	3.70%
转向系统	6399	7.04%	4.45%	6.52%	7.50%	6.87%	4.17%	4.86%	10.54%	5.81%	12.07%	3.97%
制动系统	5513	5.18%	5.08%	2.61%	3.51%	4.72%	4.17%	3.68%	9.23%	6.98%	0.00%	5.48%
轮胎	2338	2.27%	1.85%	2.54%	0.81%	1.99%	0.98%	3.68%	0.49%	2.33%	8.62%	2.33%
前后桥及悬挂系统	8115	6.61%	7.53%	3.87%	8.06%	15.42%	9.80%	6.83%	2.97%	5.81%	1.72%	12.60%
车身附件及电器	34587	32.86%	26.59%	37.25%	28.50%	39.85%	31.00%	47.67%	56.67%	29.67%	8.62%	25.48%

图 11 2018 年车型属性八大系统故障数占比

八、大量消费者吐槽"召回方案不合理"

2018 年服务质量问题投诉数为 15568 个，服务态度占比最大，但投诉数及占比较 2017 年均有所下降。服务问题中其他原因投诉数大幅增长，4126 个投诉数较 2017 年增长逾一倍，从细分项来看，召回方案不合理、设计缺陷问题成主要抱怨点。除此之外，配件争议、销售欺诈相关服务问题，较 2017 年出现大幅增长，增幅分别为 64% 及 47.3%。

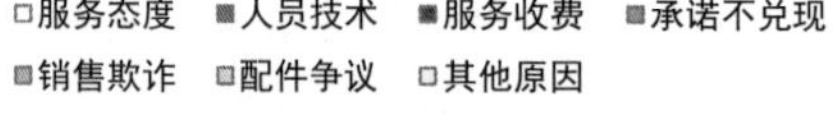

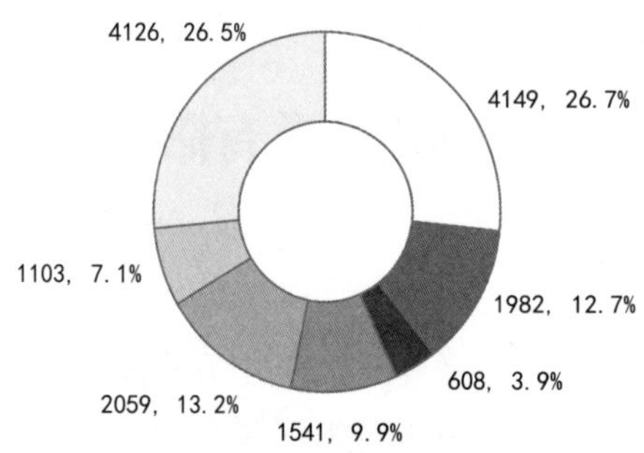

图 12 2018 年服务问题投诉数占比

按 2018 年品牌属性服务问题投诉数分析，自主及进口品牌在服务态度方面的投诉问题占比最高。合资品牌则主要集中在方面，2779 宗投诉占到了总量的 35%，集中在召回方案不合理、不解决问题、不予索赔、出售问题车等方面。

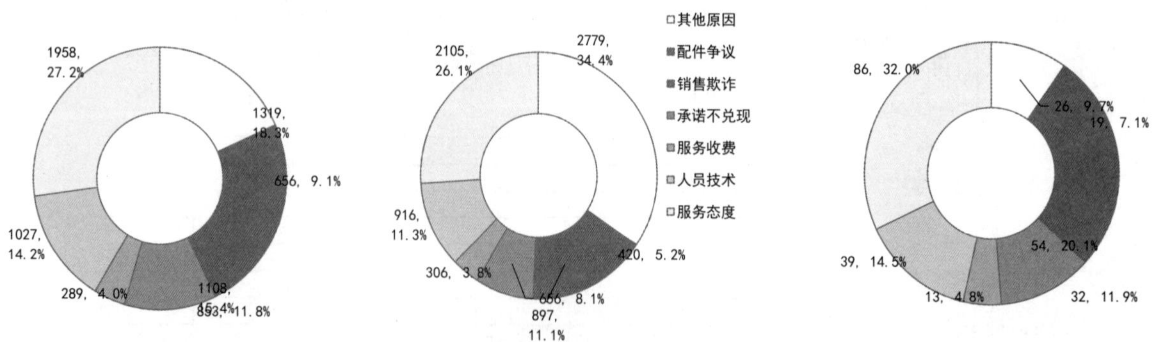

图 13 2018 年品牌属性服务问题投诉数对比

按国别服务问题投诉数分析，除日系、法系、韩系外，其他国别品牌服务态度问题，均在服务类投诉中占比较大。通过服务问题横向对比发现，美系品牌服务态度投诉比例最高；德系品牌销售欺诈的投诉比例最高。韩系品牌其他原因投诉比例达 57.12%，原因在于部分消费者质疑车企的召回方案不合理。

		自主	美系	日系	德系	法系	欧盟	韩系
服务态度	4149	27.05%	35.94%	21.11%	29.94%	20.49%	34.64%	13.71%
人员技术	1982	14.21%	15.82%	9.01%	14.41%	9.84%	17.47%	6.32%
服务收费	608	3.93%	5.55%	2.71%	5.68%	3.13%	3.01%	2.44%
承诺不兑现	1541	11.81%	10.11%	7.94%	10.49%	7.89%	12.95%	5.41%
销售欺诈	2059	14.85%	13.19%	8.64%	20.50%	5.90%	14.46%	8.61%
配件争议	1103	902.00%	7.24%	3.27%	6.08%	4.40%	10.24%	6.40%
其他原因	4126	18.94%	12.15%	47.31%	12.89%	48.26%	7.23%	57.12%

图 14　2018 年国别服务问题投诉数占比

按车型属性服务问题投诉数分析，除紧凑型车、SUV 车型外，其他车型服务态度问题均在服务问题投诉中占比最高。横向比较发现，大型车在服务态度及人员技术方面投诉比例均最高；在销售欺诈问题方面，其他车型（卡车、客车及特种车辆等）的投诉比例最高；微面则在配件质量方面投诉比例最高。需要强调的是，在 SUV 中，因车主认为部分车型的召回方案不合理，致使其他原因的投诉比例最高。

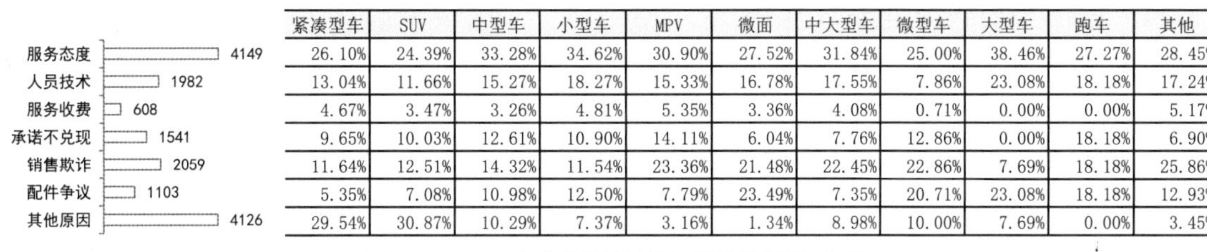

		紧凑型车	SUV	中型车	小型车	MPV	微面	中大型车	微型车	大型车	跑车	其他
服务态度	4149	26.10%	24.39%	33.28%	34.62%	30.90%	27.52%	31.84%	25.00%	38.46%	27.27%	28.45%
人员技术	1982	13.04%	11.66%	15.27%	18.27%	15.33%	16.78%	17.55%	7.86%	23.08%	18.18%	17.24%
服务收费	608	4.67%	3.47%	3.26%	4.81%	5.35%	3.36%	4.08%	0.71%	0.00%	0.00%	5.17%
承诺不兑现	1541	9.65%	10.03%	12.61%	10.90%	14.11%	6.04%	7.76%	12.86%	0.00%	18.18%	6.90%
销售欺诈	2059	11.64%	12.51%	14.32%	11.54%	23.36%	21.48%	22.45%	22.86%	7.69%	18.18%	25.86%
配件争议	1103	5.35%	7.08%	10.98%	12.50%	7.79%	23.49%	7.35%	20.71%	23.08%	18.18%	12.93%
其他原因	4126	29.54%	30.87%	10.29%	7.37%	3.16%	1.34%	8.98%	10.00%	7.69%	0.00%	3.45%

图 15　2018 年车型属性服务问题投诉数占比

九、厂家回复数较上一年同期增加 21000 余条

统计表明，目前车企（包括轮胎生产企业）对于消费者诉求的重视程度日渐提高，2018 年共有近 80 家车企、10 家轮胎企业受理了车质网发送的投诉，回复总数为 66421 条，较 2017 年增加 21065 条，占 2018 年车质网收到投诉总量的 87.8%，或受投诉量大幅增长因素影响，占比较 2017 年略有下降。

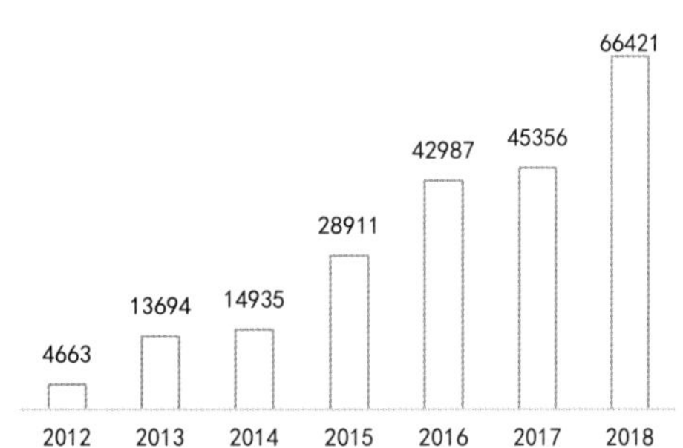

图 16　2012-2018 年投诉厂家回复情况对比

车质网作为第三方实名客诉信息收集平台，已成为消费者与车企（包括轮胎生产企业）间的重要桥梁，在消除汽车消费领域服务信息不对等、为消费者提供行之有效的解决渠道、帮助企业赢得消费者信任等方面发挥着积极的作用。

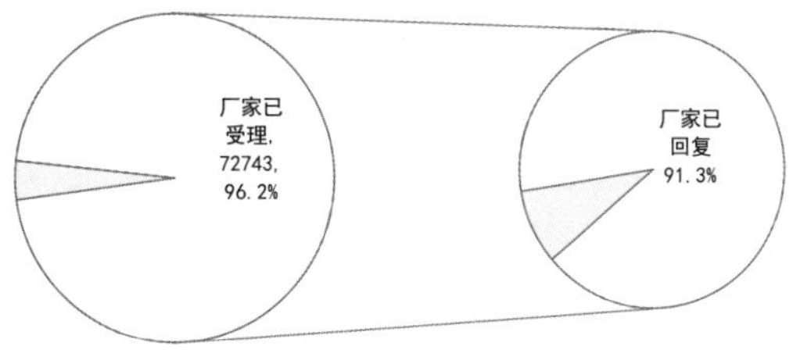

图 17　2018 年厂家回复数占比

2018 年，投诉回复率达到 100% 的品牌从上一年的 33 个提升到 41 个，同比增加了 8 个。以下是投诉回复率为 100% 的品牌榜单（顺序不分先后）：

图 18　2018 年回复率达 100% 品牌

图 19　2018 年满意度 3.5 分以上的品牌

投诉回复率反映出厂家对消费者诉求的重视程度，撤诉率则反映出问题处理的结果，而处理过程是否令人满意由消费者评判。2018 年接到的投诉中已得到消费者评分的品牌近 140 个，以平均分达 3.5 分为良好标准，共有 16 个品牌得到众多消费者的认可，自主品牌表现最佳。

根据投诉数据分析，“机油门”事件涉及车型之多、范围之广，无疑成为 2018 年汽车投诉最为重要的关键词。一季度“机油增多”投诉量高引起各界的广泛关注。后期车企针对“机油增多”问题的召回方案，再次引发部分消费者的不满情绪。“召回方案不合理”令服务问题投诉大幅增长。令人感到欣慰的是，2018 年，越来越多的车企对消费者诉求的重视程度逐步提高，以及时解决消费者在用车过程中遇到的问题，消除对品牌产品的不满情绪。

（中国法学会消费者权益保护法学研究会　郝庆丰）

2018年中国汽车安全与召回状况

汽车召回是国际通行的产品安全监管制度，是加强事中事后监管的重要举措。中国汽车召回制度实施15年来，消除了大量的安全隐患，维护了消费者人身财产和社会公共安全，同时引导企业实施技术改进，有效提升了产品质量总体水平。根据《缺陷汽车产品召回管理条例》及其实施办法，2018年全国汽车安全与召回状况如下。

一、汽车安全状况

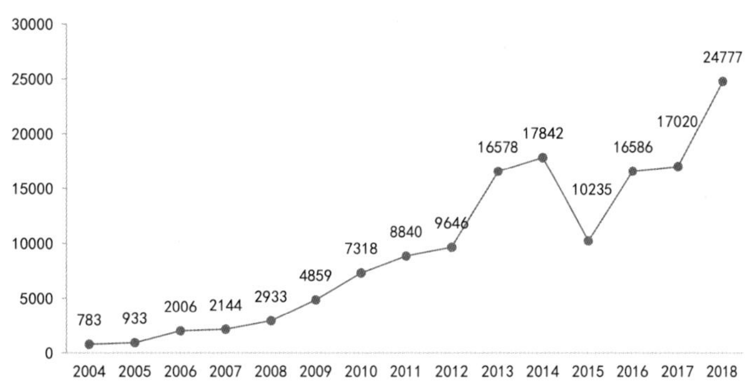

图1　2004-2018年汽车产品缺陷线索报告数量

2018年，中国汽车制造业工业增加值比上年增长4.9%；汽车产量达到2781.9万辆，下降4.1%。其中，基本型乘用车（轿车）1160.1万辆，运动型多用途乘用车（SUV）927.4万辆。新能源汽车作为工业战略性新兴产业，产业规模发展迅速。2018年，新能源汽车产量115万辆，比上年增长66.2%。2018年汽车出口115万辆，进口113万辆。截至2018年底，全国机动车保有量已达3.27亿辆，比上年增长10.5%;全国民用汽车保有量2.4亿辆，其中私人汽车保有量2.07亿辆。新能源汽车保有量达到261万辆，占汽车总数的1.09%。机动车驾驶人达4.09亿人，其中汽车驾驶人3.69亿人。截至2018年底，921家汽车生产企业按照《缺陷汽车产品召回管理条例》要求备案了产品技术资料、技术服务活动等信息。随着机动车保有量不断增加，机动车产品安全问题也备受关注。2018年中国道路交通事故万车死亡人数为1.93人，比上年下降6.3%。全国消费者协会收到汽车投诉（含零部件）1.9万件，其中家用轿车占63%，质量问题占20%，消费者最关心的安全权占47%。

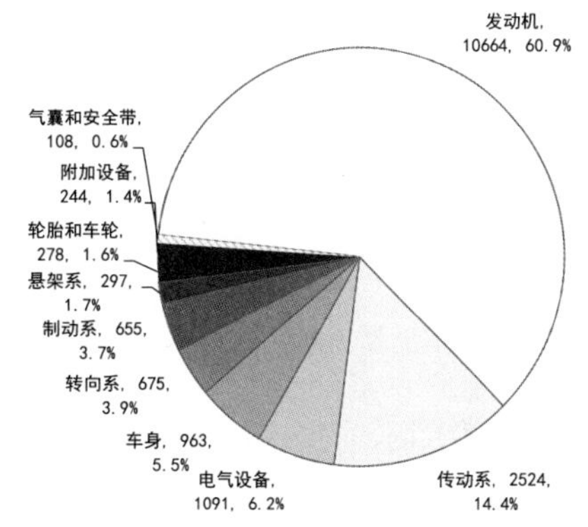

图2　2018年汽车产品缺陷线索报告涉及故障分布

2018 年全国汽车产品缺陷信息采集系统共收到 2.48 万条消费者提交的汽车产品缺陷线索报告（见图 1）。按缺陷部位所属车辆总成分类，涉及发动机总成的缺陷报告 10664 例，占 60.94%；其次是传动系 2524 例，占 14.42%；电气设备 1091 例，占 6.23%；车身 963 例，占 5.50%；转向系 675 例，占 3.86%；制动系 655 例，占 3.74%；悬架系 297 例，占 1.70%；轮胎和车轮 278 例，占 1.59%；附加设备 244 例，占 1.39%；气囊和安全带 108 例，占 0.62%（见图 2）。

二、汽车召回实施情况

（一）总体情况

2018 年全年共实施汽车召回 221 次，涉及缺陷车辆 1251.28 万辆，召回次数和召回数量分别比 2017 年减少 12% 和 37.6%（2017 年峰值是因高田气囊召回造成的）。截至 2018 年底，中国累计实施汽车召回 1768 次，涉及缺陷车辆 6925 万辆，汽车产品生产者因召回而投入直接费用总计约 529 亿元，累计挽回消费者损失 520 亿元。近五年年均召回次数 220 次，平均每两天发生一次召回，实施召回已经成为汽车生产企业的常态化活动。2004 年至 2018 年中国汽车召回次数与数量如图 3 所示。

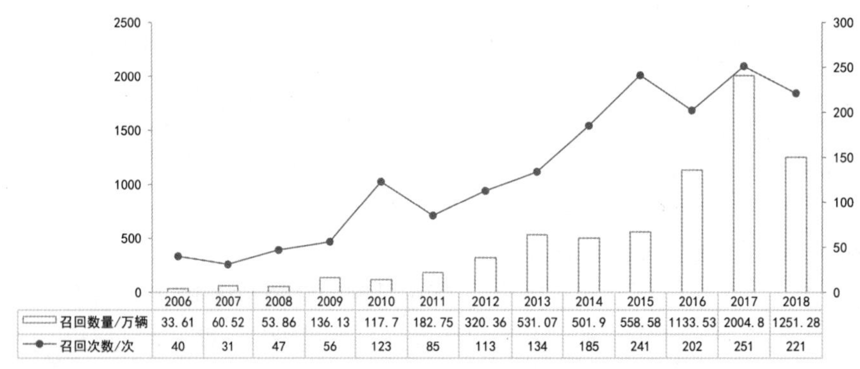

图 3　2004-2018 年汽车产品召回的次数与数量

（二）特征分析

从召回性质看，2018 年，受市场监管总局调查影响召回次数为 59 次，占召回总次数的 27%；涉及缺陷车辆 679.87 万辆，占召回总数量的 54%，缺陷调查仍是发现车辆产品缺陷的主要方式。截至 2018 年底，受调查影响召回累计达 369 次，涉及缺陷车辆 3992.67 万辆，约占召回总量的 58%。2006-2018 年受调查影响召回次数与数量如图 4 所示。

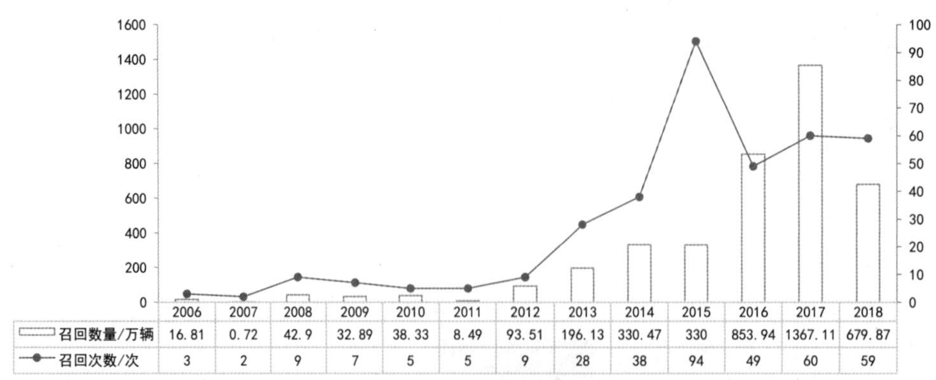

图 4　2006-2018 年受调查影响召回的次数与数量

从涉及总成看，因气囊 / 安全带相关缺陷召回 50 次，涉及车辆 199.25 万辆；因发动机相关缺陷召回 44 次，涉及车辆 314.70 万辆；因电子电器相关缺陷召回 42 次，涉及车辆 130.30 万辆；因车身部分相关缺陷召回 29 次，涉及车辆 60.55 万辆；因制动 / 车轮相关缺陷召回

20 次，涉及车辆 191.37 万辆；因转向 / 悬架相关缺陷召回 17 次，涉及车辆 346.77 万辆；因动力传动总成相关缺陷召回 14 次，涉及车辆 7.74 万辆；因其他原因（附加设备）召回 5 次，涉及车辆 5923 辆（见图 5）。

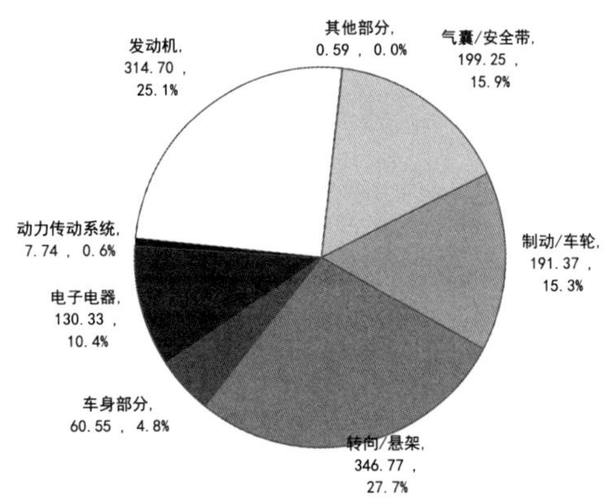

图 5　缺陷涉及总成召回数量分布

从缺陷类型看，2018 年因标准符合性问题召回 9 次，涉及缺陷车辆 2124 辆；非标准符合性（不合理危险）问题召回 212 次，涉及缺陷车辆 1251.06 万辆，占召回总量的 99.98%（见图 6）。

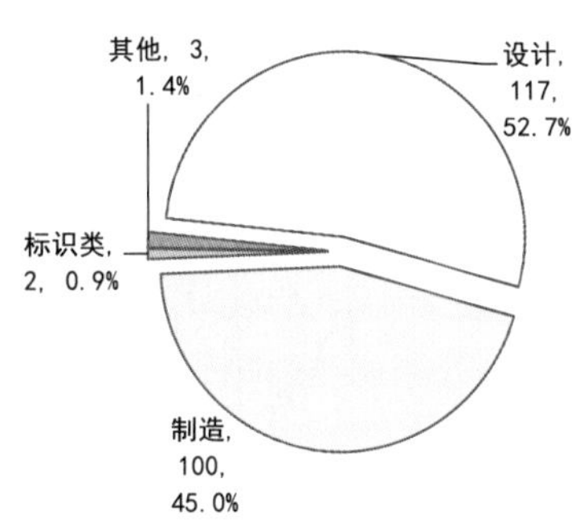

图 6　缺陷原因分类召回次数及占比

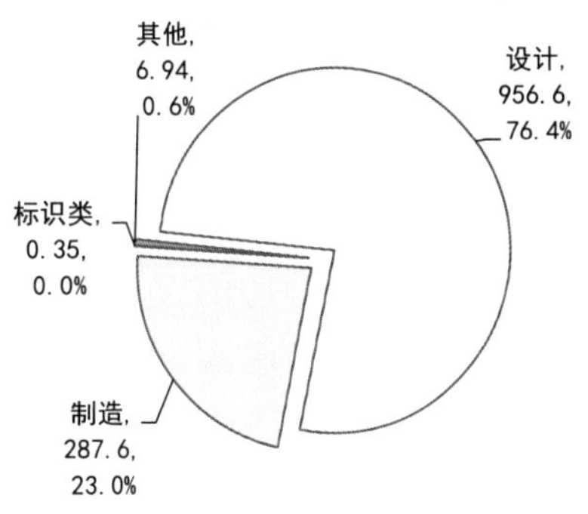

图 7　缺陷原因分类召回数量及占比

从缺陷原因看，因设计问题召回 117 次，涉及车辆 956.60 万辆；因制造问题召回 100 次，涉及车辆 287.60 万辆；因标识问题召回 2 次，涉及车辆 3461 辆；因其他原因召回 3 次，涉及车辆 6.94 万辆（见图 7）。

三、2018 年市场监管总局在汽车召回方面的工作内容

2018 年，市场监管总局在推进汽车召回制度实施、监督生产企业履行召回义务方面重点开展了如下工作。

（一）强化缺陷线索收集分析

加大缺陷线索收集与监测力度，通过收集消费者关于汽车产品可能存在缺陷的报告，以短信、网络等方式向消费者征集产品缺陷线索、监测国内外产品安全相关信息等方式，收集汽车缺陷线索报告 24777 例，监测相关媒体信息 7968 条、国外召回公告 2415 条，采集车辆交通事故深度调查案例 998 例，车辆火灾事故深度调查案例 41 例，组织开展汽车产品缺陷线索综合信息会商 6 次，汇总形成疑似汽车产品缺陷案例 792 例，有针对性组织缺陷技术会商 9 次，为开展缺陷调查工作奠定了扎实基础。

（二）加强缺陷调查

综合采取缺陷信息收集分析、缺陷调查、行政约谈、召回监督等多种措施，不断加大缺陷汽车产品召回工作力度。针对汽车转向 / 悬架、发动机、气囊 / 安全带、动力电池等安全问题

线索，积极组织开展行政约谈 10 余次和缺陷调查 31 次，引导汽车生产企业主动召回。

（三）宣贯召回法规标准

继续在全国范围内组织开展《缺陷汽车产品召回管理条例》及其实施办法、《汽车产品安全风险评估与风险控制指南》（GB/T34402-2017）等法规标准的宣贯培训工作，在 5 个地区召开 8 次宣贯培训会，受训企业超过 100 家，引导生产企业提升汽车产品设计制造水平，树立召回责任主体意识，有效地推动汽车召回制度在行业的贯彻实施。

（四）强化新能源汽车召回监管

随着新能源汽车保有量逐年增加，新能源汽车安全问题日益突出。2018 年，依托国家车辆事故深度调查体系和缺陷信息收集系统，组织开展新能源汽车缺陷调查 3 起，会同相关部门开展火灾事故现场调查 5 次，督促 7 家生产企业实施召回，涉及 33 个车型的 12.14 万缺陷车辆，缺陷原因主要为电控、机械、电器及电池系统故障。2019 年 3 月，市场监管总局办公厅印发《关于进一步加强新能源汽车产品召回管理的通知》（市监质函〔2019〕531 号），对加强新能源汽车召回监管若干工作事项作出了要求。

（五）开展召回监督与效果评估

2018 年对召回数量大、风险等级高的 22 起召回活动开展监督检查，问卷形式回访用户 23.81 万人，对发现的主要问题包括召回维修配件不足、用户通知有效率低等问题，责令生产者限期改正、切实落实召回主体责任。目前汽车召回完成率达到 70%。

（六）完善召回监管技术支撑体系

2018 年持续推进缺陷产品召回技术支撑体系建设。目前已形成以召回专业技术机构为核心，500 余名权威专家、20 余家汽车检测机构，7 大信息系统为载体和产品缺陷工程分析实验室等资源为支持的召回技术支撑体系，确保召回管理工作。

（市场监管总局）

2018 年中国汽车金融发展综述

2018 年对于中国金融业而言，是注定将被载入历史的一年：银保监会合并，中国金融业进入新时期；资管新规出台，高强度严监管逐步落地；P2P 行业迎来最大暴雷潮，互联网金融规范化管理势在必行；中美贸易战打响，国内消费和投资到达历史低位；人民币汇率快速上升，市场流动性压力激增。同时 2018 年也是中国汽车产业应该铭记的一年，在经历十年高速增长期后，汽车产业首次出现增速放缓甚至负增长，全年实现汽车销售 2808.06 万辆，同比下降 2.76%，中国汽车流通企业开始由粗放型经营向精细化管理转变。

相较于增速放缓的宏观经济环境与汽车销售市场，2018 年汽车金融却逆势出现爆发性增长，已经成为汽车产业发展的核心驱动力，并呈现出了一些新的变化及趋势。在批售业务方面，传统三方库融规模维持稳定，创新供应链服务蓬勃发展，授权经销企业多样化融资成为普遍需求，非授权企业融资渠道逐步突破；在零售业务方面，车贷、信用卡分期业务仍然为业务主流，同时以直租、连锁店为代表的新零售业态快速发展，并逐渐成为传统销售渠道的有力补充。

在汽车金融业务主体里，银行和汽车金融公司因其极具竞争力的资金成本及持续的主机厂支持，毋庸置疑处于行业第一梯队。他们在批售体系依托授权经销商集团开展三方库融业务，在零售端依托自有及授权体系渠道网点实现密集覆盖，业务规模大，客户质量高，风险管理体系完善健全。近年来以 BAT 为代表的互联网公司在汽车金融领域掀起了一场创新浪潮。他们多以直接投资或合作形式进入到融资租赁等零售金融行业，由此便异军突起了一批带有互联网基因的高速增长的汽车金融企业。同时，由于车辆销售乏力，广大经销商集团纷纷布局金融业务，也已经成为一股不可忽视的汽车金融新势力。此外，越来越多的资本及其他企业进入到汽车金融行业，不断推进新的参与者走向市场，不断创新业务。

在市场竞争加剧的同时，业务监管愈加严格。特别是随着银保监会合并、资管新规出台、融资租赁企业收归银保监会管理等政策的调整，我们的汽车金融行业已经进入到了“强监管”的阶段。在此阶段下，规范化、合规化成为所有企业的 2019 年度关键词。而合规条件下的业务创新及精细化管理则成为所有企业在新的一年里所有业务开展的重点方向，如何差异化业务场景挖掘及风险定价会是中国汽车金融进入成熟完善阶段的必经之路。

一、汽车批售金融

1. 授权经销商批售业务的困境与破局

从目前的市场规模来看，聚焦授权体系经销商资金需求的传统批售业务仍是市场上最主要的解决方案。授权经销商体系业务规模大、经营管理标准化程度高、企业资质良好，更有主机厂背书，在企业融资上具有天然的优势。但随着整体汽车销售规模的下降及部分知名经销商资金流断裂的影响，2018 年汽车传统批售业务出现了一些新的变化。

2018 年，广大授权经销商进入到“融资难”阶段。在三方库融业务方面，作为主要资金方的银行及汽车金融公司，将坚持“抓大放小”的业务思路，不断提高合作经销商企业门槛，在适度收缩总体规模的基础上，加大对优质经销商的支持，不断提升业务质量，降低业务风险。在信用贷款方面，银行对授信经销商企业的资质要求将更加严格，广大经销商企业银行信用融资的难度将继续加大，融资成本继续上涨。

自 2018 年第四季度以来，由于政策调整，整体资金市场逐渐好转。同时，一些金融机构主动改变业务思路，创新服务方案，在一定程度上缓解了部分经销商集团的资金压力。但是从全行业看，授权体系内经销商企业的资金压力还存在，如何破局是未来几年时间里行业发展的核心课题。

2. 创新供应链服务助力非授权经销商企业发展

行业下行阶段，非授权经销商企业进入更加困难的发展阶段。由于资质差、规模小，这些经销商的资金需求主要靠小微企业融资、自有资金及民间借贷来满足。但是从汽车销售来看，非授权体系经销商已经成为重要的汽车流通渠道，解决他们的融资难题已经刻不容缓。

在 2018 年，部分主流金融机构也逐步进入到了非授权体系经销商领域，不断地创新产品，调整业务流程，适度放大风控口径，并取得了显著的成果。此外，市场上还涌现了一批专注于非授权经销商的供应链金融服务商，他们依托物流仓储、车辆监管等服务，降低企业融资门槛，为广大非授权经销商企业提供了全新可靠的经济的资金解决方案。

3. 多样化批售金融方案是未来发展趋势

随着房贷市场走低，越来越多的企业将注意力转移到汽车行业，其中很多企业将目光聚焦到了批售业务，市场上的批售产品和服务增多，广大汽车经销商企业的选择随之增多。

从未来发展趋势看，未来汽车经销商企业的资金渠道不会是单一的，而是多样化的。每家企业依据自身的资质、资金需求的规模、可承担的资金成本、融资流程的要求等多方面的因素，优化融资组合，实现最佳的融资经济性。

二、汽车零售金融

1. 汽车金融的合力共生

中国新车金融快速发展，汽车金融渗透率从五年前的 13% 提升到了目前接近 40%，而相关行研机构预测 2020 年，中国汽车金融渗透率将超过 50%。随着新一代年轻消费群体观念转变、市场供给逐步丰富和有序，中国汽车金融市场将向欧美市场靠拢，未来 5-10 年依然有较大的渗透率提升和行业发展空间。

2018 年，汽车金融领域的各方企业开始整合自身产业链的金融服务，譬如很多厂家，在建立汽车金融公司的同时创建融资租赁公司，由本品牌经营向多品牌经营扩张等等。不仅车可以分期，保险也可以分期，服务也可以分期，金融的力量穿透了彼此之间的壁垒。在多家企业扩大自身竞争力，加强产业服务和布局的同时，还有许多企业开始尝试更多的合作可能性，打破彼此界限，形成资源互补，获取了更大的共生价值。就如同大搜车与中海运的合作，又如花生好车与工行和人保的合作、神州优车收购宝沃等案例。

2. 融资租赁在汽车金融中所占的比重将持续提升

2018 年 5 月 14 日，商务部发布了《商务部办公厅关于融资租赁公司、商业保理公司和典当行管理职责调整有关事宜的通知》以下简称《通知》，《通知》称商务部已于 2018 年 4 月 20 日正式将融资租赁、商业保理及典当行业的监管职责划归到银保监会。至此，融资租赁及商业保理正式被银保监会收编，由“类金融”变成正规军身份。随着融资租赁的规范化进程加速，对于汽车金融的发展将起到正面作用，有效抑制行业中由于监管不到位导致的风险累计，促进行业正规化发展。

在被纳入到银保监会后，市场普遍预测未来融资租赁行业的准入门槛和行业监管将会大幅提高。2018 年，多个汽车厂商选择了赶在融资租赁新政策发布前提前完成布局：东风汽车、江淮汽车及上汽集团在今年均宣布组建各自新的汽车融资租赁公司。另外，基于资本市场对于汽车融资租赁未来发展的信心，传统汽车融资租赁大佬 - 狮桥租赁以及近年快速崛起的汽车融资租赁新秀 - 建元资本，均在 7 月宣布完成了自己的新一轮战略投资，其中狮桥租赁的领投方为百度，金额达到 10 亿元人民币。

虽然行业当前存在较多限制性因素，但融资租赁模式本身具有独特的竞争优势，未来有诸多潜在的发展机遇，行业整体发展前景良好，从美国的发展经验来看，在成熟的汽车金融市场中，融资租赁是比消费信贷更受欢迎的汽车金融形式。而中国汽车融资租赁行业起步较晚，目前正处于探索发展阶段。从长远来看，中国规模庞大的汽车消费市场决定了汽车融资租赁行业上行空间较大，未来随着行业的发展成熟，融资租赁在汽车金融中所占的比重势必提升，成为规模更大的细分市场。2019 年，“汽车下乡政策”的出台，将积极推动厂商、经销商、汽车新零售平台以渠道下沉的方式加大力度布局三四五线城市，而融资租赁可以触及汽车信贷覆盖不到的长尾人群，是其切入市场的重要方式，未来三四五线城市的汽车融资租赁行业竞争必然加剧。

3. 二手车金融市场快速发展

近年来受二次购车人群数量的提高、限迁政策的积极推动以及近年二手车电商和移动社交平台的发展等市场和政策驱动因素，推动了二手车交易总量的提升，同时也进一步提升了二手车金融市场的发展。二手车金融受到互联网汽车金融平台的兴起推动，渗透率在近年快速提高，到 2017 年已达到了 28% 的渗透率。

根据汽车流通协会的数据，2017 年，二手车交易量同比增长 19.33%。2018 年，这个增速降到了 11.46%。原本是二手车销售旺季的年底，12 月交易反而同比下滑了 1.11%。从增速上看，原本平稳上涨的二手车市场，在 2018 年后半年踩了一脚刹车。虽然在 2018 年，二手车市场像新车行业一样，在经济的下行周期中陷入了衰颓。不过未来五年，随着限迁政策、消费心态的接受度逐渐提高、新车融资租赁到租回流将推动更多的二手车成交量。而在未来五年，更多二手车交易平台将于提升利润率考虑，进入二手车金融领域，未来二手车金融的整体渗透率将进一步稳步提升，相关行研机构预计 2020 年二手车金融渗透率将达到 37%。

由于在二手车领域不存在新车贷款的厂商贴息，只有置换补贴等少量吸引力，所以融资租赁公司的回租业务能够摆脱品牌的限制，与贷款业务分庭抗礼。依托风控流程更为灵活、渠道布局更广的优势，融资租赁公司的回租业务在二手车金融市场占据主流的地位。

2017 年下半年起，以大搜车为代表的融资租赁公司和以瓜子、优信为代表的二手车电商纷纷抢滩新车直租业务，从而拓展优质二手车车源，替换下的二手车也可再次进行直租业务包装。目前由于新车直租业务还未完全成熟，二手车直租业务也尚处于市场试水中，因此渗透率居于个位数。

4. 新能源汽车金融市场的挑战与机遇

2018 年，在国内车市充满萧萧寒意的大环境下，新能源车市场却方兴未艾，新能源汽车销量突飞猛进。不同于传统燃油车，新能源车的销售场景与需求具有其自身的特点，其对汽车生产政策、新技术、消费行为、发展战略等因素敏感性很高，销售价格、残值认定更容易受到影响。因此在贷前审批以及产品定价时存在一定难点。甚至对于电动汽车而言，电池寿命在较短时间内就会存在较大幅度的寿命下降，这将对汽车金融的根本设计提出挑战，但也存在着一定的机会。

从目前各新能源汽车品牌的金融服务方案来看，多以 1 年内的零利率优惠贷款或是补贴置换为主，以特斯拉为例，部分车型可以享受 12 期零利率贷款或是融资租赁的优惠政策。而国内销量最高的北汽新能源，对于热门的车型有专属的金融服务，如置换 EU400 可享首付 50% 及 1 年零利率的金融方案。威马、爱驰、小鹏等新势力造车也将融资租赁作为销售渠道之一，与灿谷、大搜车等金融伙伴达成战略合作。

三、汽车金融市场仍将保持汽车流通过程的核心地位

从 2018 年的市场表现看，行业洗牌正在加剧，行业利润模式的固定化和投机者、实力不足的小企业的出局，从业者、市场和相关法律法规的完善，正推动汽车金融行业走向成熟。敬畏市场，尊重市场，正在成为汽车金融从业者的态度，幸存者将迎来最好的时代。尽管未来短期内汽车消费市场将遇到一定挑战，增速将呈现下滑甚至无增长的可能性，但从长期来看，整体汽车市场仍有极大的发展空间，新能源车、二手车、网约车等细分市场也将成为汽车按行业的发展新动力。随着汽车行业的消费市场的成熟，金融渗透率将继续提升，汽车金融行业仍有可观的市

场发展空间和前景。

尽管当前市场规模持续扩大，但汽车金融市场的难题依旧突出。风控环节仍是影响汽车金融市场、汽车金融公司成功的命门，一旦坏账提高，会影响到公司的运营和资金链。随着大数据时代的到来，越来越多的数据获取渠道和数据分析为汽车金融行业提供了新的风控售端，借助于新的大数据系统，汽车金融行业能够不间断地检测客户过去的信用表现以及多维度评估客户资质，更有效地做到贷前风险审查，贷中风险预警，贷后风险控制，提高汽车贷款的资产质量。

（中国汽车流通协会金融分会）

2018年中国汽车物流行业发展综述

2018年是汽车物流行业发生巨大转变的一年，汽车产销量出现了近年来首次负增长，车辆运输车全面实现了合规运营，零部件物流市场竞争日趋激烈，汽车物流企业间合作日益加深……这些变化为汽车物流行业的发展带来了新的机遇与挑战，助推了行业健康稳定发展。

（一）汽车销售市场出现下滑

2018年全年汽车销售市场遇冷，汽车产销2780.92万辆和2808.06万辆，同比下降4.16%和2.76%。其中乘用车产销2352.94万辆和2370.98万辆，同比下降5.15%和4.08%，是自1990年起28年来首次出现年度下降，对于物流市场造成了一定的影响。但随着国家限迁政策的取消和百姓用车需求的改变，二手车、在用车的市场业务量明显提高，2018年全国累计完成交易二手车1382.19万辆，同比增长11.46%，二手车的交易规模已超过新车销售市场规模的一半，二手车、在用车将成为汽车物流服务的新领域。

（二）汽车整车物流全面合规运营

2018年是车辆运输车治理工作的收官之年，在国家各部委、行业协会、主机厂、整车物流企业等多方的共同努力下，为期两年的专项治理工作取得了显著的成效，公路运输市场合规运营，多式联运得到快速发展，运输价格合理回归。自2018年7月1日起，全行业全面淘汰了4万余辆不合规车辆运输，新增符合国家标准的中置轴车辆运输车2万辆，半挂车5万辆，全面实现了车辆运输车标准化、合规化，公路运输市场安全运营水平全面提升。同时，各部委将车辆运输车的专项治理转变为常态化管理，行业也形成了全民监督、发现举报的良好氛围，积极反应“6+2”“7+2”等个别违法装载的行为，共同维护治理工作取得的成果，净化整车物流公路市场。

（三）汽车整车多式联运得到快速发展

据中物联与G7月度数据显示，2018年较2017年年车辆周转次数增加近4.5次，公路短途业务接近80%，整车物流市场已经由以公路运输直送为主的运营模式转变为以铁水干线运输、公路两端短驳的多式联运组织模式，铁路、水路运输比例明显提高，铁路和水运能力进一步释放，综合运输体系建设不断完善。

铁路方面，据中铁特货数据显示，2018年完成汽车整车运输量580万辆，较2017年增长26%；新增铁路商品车运输专用车辆4000辆，增长了28%，总计拥有专用车辆18500辆；同时进一步优化运输组织，汽车运输周时为10.1天，较2017年减少了0.7天；拥有42个物流基地，可同时存储23.1万辆汽车，铁路运输优势明显增强。

水路方面，中国整车水路运输仍以滚装运输模式为主，少量采用集装箱运输，2018年，全国滚装运输量达到330万辆，其中沿江运量为100万辆，沿海运量为220万辆；深圳长航、上海安盛、民生轮船、中远海运、中甫航运和华嘉船务等船务公司共计拥有91艘滚装船，其中2018年新投入使用的滚装船12艘，为中国水路运输发展提供了良好的服务基础。

（四）汽车零部件物流更加注重服务质量

零部件物流服务从服务主体和环节来看，可以分为零部件供应商物流、零部件入厂物流，物流服务逐步从推动式物流服务到拉动式物流服务，再到智能物流服务。零部件物流服务由于产品的差异性，服务的多样性，零部件物流服务相对于整车物流服务更加复杂，服务质量要求更高。2018年，上到零部件供应商物流，下到专业性、大品类、有同性的汽车零部件产品物流，各细分市场、各物流服务环节均在不断提高物流服务质量，专业化服务程度日益加深。例如，在轮胎物流服务中，针对轮胎销售渠道、配送网络、时效要求、装载效率、仓储标准、预配装等流通加工技术集成、自动化物流设备应用等行业热点内容的研究与应用在不断深入。

（五）汽车后市场物流越来越受到关注

据公安部交通管理局公布的数据，2018 年全国新注册登记机动车 3172 万辆，机动车保有量已达 3.27 亿辆。其中汽车 2.4 亿辆，小型载客汽车首次突破 2 亿辆，中国汽车保有量的迅速增长，延伸出来的汽车后市场物流服务需求越来越多，不仅仅包括汽车备件物流服务，还涉及汽车维修保养、美容养护、汽车金融、保险服务等。物流服务的市场发展空间非常大。

（六）汽车物流企业合作日益加深

近些年，汽车物流企业的发展快速，规模较大，2018 年，入围物流行业 50 强的汽车物流企业有 5 家，企业间良性竞争的市场格局已经形成，企业在竞争的基础上也在不断寻求合作共赢。2018 年，一汽、东风、长安三大体系开展了物流合作（“T3L5”），共建物流网络布局，开展物流技术研究，共同推动物流发展，这是企业间战略合作的新尝试；中铁特货同时与一汽、二汽、上汽、长安、北汽、广汽等六大汽车物流主机厂签订战略合作协议，开展全面铁路方面的合作。

（七）跨界物流服务能力不断增强

2018 年，汽车物流全行业跨界服务趋势更加明显，传统汽车物流向外拓展，上汽集团收购了天地华宇，安吉物流逐步从汽车物流服务商向综合性物流服务商快速转变。同时，传统电商快递企业不断渗入汽车物流服务中来，今年，顺丰速运收购了 DHL 供应链业务，开始步入汽车物流行业。

（八）汽车物流行业创新能力提升

随着互联网、大数据、云计算等信息技术的发展，物流技术的创新与应用已经成为物流行业最热门的话题之一，汽车物流一直处在产业物流创新发展的前列，今年，汽车物流的创新主要集中在零部件物流行业中，主要表现在自动化，智能化、智慧化等应用先进装备的开发应用上，例如无人车、无人机、自动化库等自动化装备投入加大，包装和工艺细节不断改进，汽车物流整体创新能力在不断加强。

2018 年，汽车销售市场的负增长对于汽车物流行业来说是一个警钟，汽车物流业务量的增长已经不能完全靠新车销售市场增长来推动，需要拓展服务范围，提升服务质量。

随着车辆运输车治理工作的结束，汽车整车物流行业全面改变物流服务的模式，同时，汽车产业链上下游的不断延伸，汽车供应商物流，后市场物流服务将越来越受到重视。

（中国物流与采购联合会汽车物流分会　张晋姝）

2018 年中国汽车改装市场发展综述

2018 年的两会上，吉利控股集团董事长李书福与长城汽车副董事长兼总裁王凤英共同提出了《关于规范汽车改装市场发展促进汽车消费优化升级的建议》。

2018 年 10 月 11 日，国务院办公厅发布《完善促进消费体制机制实施方案（2018-2020 年）》的通知，明确表示要积极发展汽车赛事、旅游、文化、改装等相关产业，深挖汽车后市场潜力。这是政府第一次明确提出要积极发展汽车改装方面消费的相关文件，这一文件也被业内广泛认为是国家要积极发展汽车改装产业，深挖汽车后市场潜力的明确信号。

2018 年全年汽车改装市场发展调研根据吉利李书福的建议显示，2018 年中国汽车改装市场产值超过 1600 亿元，以每年超过 30% 左右的速度递增。即使面对如此巨大的汽车后市场，中国汽车改装比例仅为 5%，仅占后市场的 3%，而美、日等发达国家可以达到 80% 的汽车改装比例、40% 以上的后市场占比份额，所以中国汽车改装市场尚处于萌芽状态，拥有着巨大潜力。

2018 年改联网对行业进行了市场调研，品牌改装店家，平均单店面积 428 平方米，64. 15% 的样本其店面面积不足该中位线。参与调研的店家，平均拥有施工工位 4 个，其中，39. 25% 的样本，工位数不超过 2 个。店内工位数量体现的是接待能力；店家销售能力是影响进货价格的唯一且必要因素，在进货渠道上，即便可以拿到一手货源的情况下，没有很强的销售能力体现的“量”的积累，也还是拿不到“价”的优势。

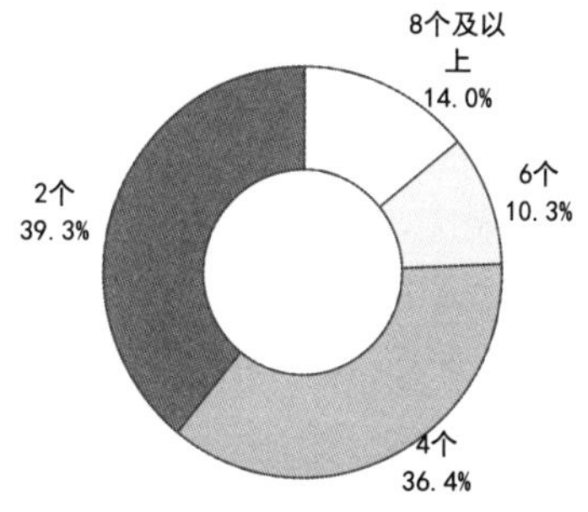

图 1　店内工位数量

除了进货渠道外，对于店家而言，面临的核心成本还有逐年上涨的房租成本、增幅较大的人工成本且高级人才、技师匮乏；以及不断增加的税费成本及合规成本。由此我们可以看出，参与调研的企业中整体盈利能力较上年度有所提升，其中，营业额增长 20% 以上的企业占比为 51. 4%，营业额增长 40% 以上的企业占比为 17. 76%，有近 12. 15% 的企业年营业额下滑 20%。

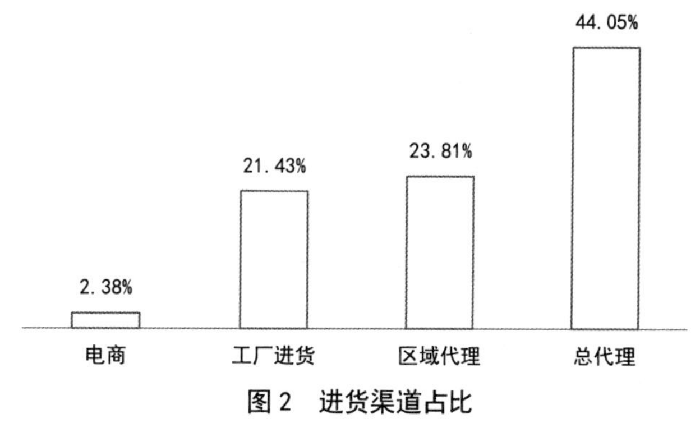

图 2　进货渠道占比

另外，在参与调研的店家的营业内容较以往更加丰富多元。从店家的经营项目中可以看出，消费者对外观和内饰的升级需求增幅最大，其次是对动力与操控的升级需求，各组数据占比分别为：

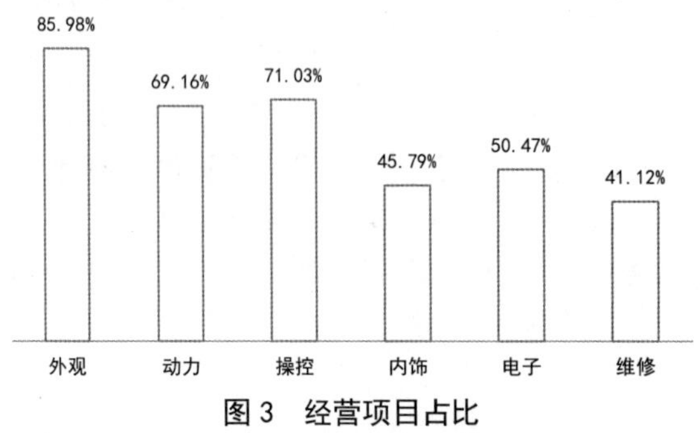

图 3　经营项目占比

改装车型的占比和车辆销售占比相同，德系、日系和美系位列前三，而 2018 十大热门改装车型则为思域、飞度、高尔夫、polo、CC、福克斯、锐志、宝马 3 系、奥迪 A3、奔驰 C 系。

一、2018 年改装车消费者消费行为特征

经过四十年汽车工业发展，汽车作为交通工具，提高了人民的生活质量。下一步，汽车消费将转化成为汽车文化消费，即汽车的升级改装消费。

2018 年京东、淘宝天猫、ebay、途虎等电商平台都在关注汽车改装市场，开设汽车改装用品频道，纷纷提前布局以抢占更多汽车改装市场消费份额。在改联网和改装车公众号共同发起的 2018 年的汽车改装消费者调研报告中，收集到了如下数据：

改装行业消费是主力趋于年轻化，18-30 岁的消费者占到了改装消费人群的 80% 以上。与大众想象差异较大的是：改装消费者的从业范围则呈现了多元化发展，从政府工作人员到个体商户以及专业领域从业者全领域覆盖。其中月收入 3000-8000 元的消费者是改装消费的主力，相应地他们的车型价位中 10-18 万占比最高，35 万元以下车型是改装的绝对主力。有近 60% 的车主在拿到新车后就开始了改装计划，由于车型价位在 20 万上下为主力，所以改装车主在选择改装项目的时候，会以提升车辆性能为第一诉求，追求的是高性能和驾驶乐趣，同时也在寻求车主的个性化表达，希望能创造艺术品，作出“姿态”。

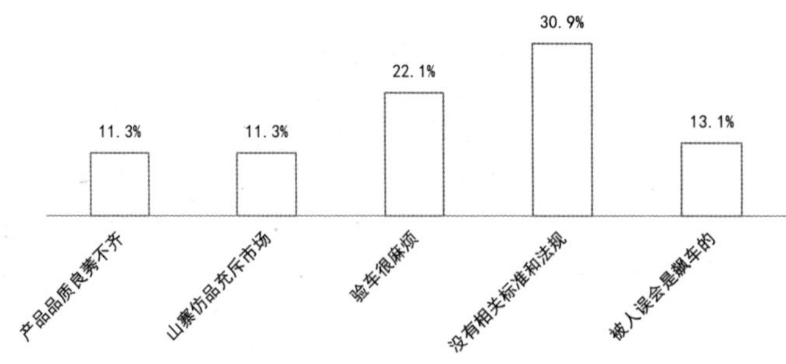

图 4　不敢改装原因

在改装的投入上，车主们的预算空间集中在 3 万上下，超过 8 万投入的不足 10% 车主在选择改装品类的时候，优先度集中在了轮毂、刹车避震、排气和外观四个领域，这与车主以提升车辆性能为第一诉求的调研结果是相匹配的。在产品选择上，参与调研的用户更倾向于产品的性能和口碑，考虑产品价格的用户仅有 7.4%，海外知名品牌与台产改装品牌获得了 80% 以上车主的信任，国产自主品牌依旧前路艰难。进行过改装的车主，通常都会持续关注国内外的最新改装案例，在他们当中有 72% 的人是轻度改装者，重度改装和发烧友级别的改装消费者合计占比 15%。处于关注阶段，还没开始改装的车友，他们的顾虑集中在五个方面（见图 4）。

可见，在经济环境整体走弱的情况下，改装消费作为购车后的扩展消费领域有着强劲的动力。消费者呈年轻化的走势；消费行为更为理性，从原有的价格导向成长为品质导向；追求性能的提升与个性的表达是改装车主亘古不变的诉求，这一点无关年龄、收入乃至性别的差别。相信随着改装类产品品质的标准化和行业管理的规范化推进，改装消费领域或将迎来久违的井喷。

二、会展、赛事高速发展对汽车改装行业的影响

2018年是改装类展会爆发的一年，GTShow汽车文化展、上海RA改装展、上海CAS展、中国汽车商品交易会改装展、武汉后博会改装展、东莞AIT改装展、广州埃森改装展、广州UTS改装展、深圳九州改装展……各个展会都在极速增长，观众、展商、展车及展位面积都在高速增长。

2018年也是汽车赛事运动高速发展的一年。汽车赛事无论是规模、数量还是品类都较去年有所提升。无人车赛事、新能源电动车等新兴赛事纷纷加入产业赛道。汽车运动正在沿着自身的高速发展轨道不断前进。

同时，在2018年以汽车文化为主题的特色地产项目也都喜欢寻找改装项目的引进：秦皇岛首钢赛车谷，广州酷车城、武汉自贸城、广佛现代产业港、贵港汽文化产业园等。

2018年发布的GB36581《汽车车轮安全性能要求和试验方法》国家强制标准，将于2020年1月1日实施，轮毂的升级改装将可依法进行变更，也就是轮毂改装将先一步合法。

在国家宏观政策指引下，汽车文化建设与汽车赛事运动的普及，都将为汽车个性化升级提供更好的市场氛围；庞大的汽车保有量，产生了巨大的维修保养、汽车美容、汽车保险、汽车用品、个性化升级等多元化服务需求；汽车销量的增速放缓，提供了深度开发和挖掘个性化汽车后市场的发展契机。

（改联网创始人 吴中华）

2018年中国汽车租赁市场发展综述

一、行业概况

随着中国经济高速增长和居民收入的稳步提高，高速公路等基础设施也在不断优化。受益于经济增长的一系列连带效应，新车销售市场陷入持续低迷，中国汽车租赁市场规模不断扩大，尽管国内汽车租赁业正处于起步阶段，但有巨大的发展潜力。根据《中国汽车租赁黄金十年消费大数据报告》，近年来，在消费者租车用途中，旅游用车占比高达47%，其次为商务用车，占28%。国内旅游业快速发展助推汽车租赁行业进入快车道。近年来，随着国内自驾游的蓬勃发展，中国短期汽车租赁市场进入快速发展期。

从租车资源供给来看，与国外成熟市场相比，中国汽车租赁市场依然处于行业发展初期，仍有很大的成长潜力。中国租车公司区域性布局、本地化服务的经营模式使得中国租车市场仍处于高度分散状态。据工商局注册信息统计数据显示，截至2016年末，注册资金规模在50万元以上主营业务为汽车租赁的企业数量为12251家。尽管中国汽车企业数量众多，但是整体营收规模偏小。造成这一现象的原因主要系国内企业处于初级阶段，市场渗透率较低。目前中国汽车租赁公司包括国内汽车租赁公司，如神州租车及一嗨租车，以及中国国有汽车制造商的联署公司，如首汽租车和大众租车。国际汽车租赁公司主要通过与国内汽车租赁公司合伙参与竞争。国内汽车租赁市场主要竞争因素集中于车队规模、品牌知名度、网络覆盖范围、价格、车型多样性、车况、服务种类的多样性及客服质量等因素。据前瞻产业研究院发布的《汽车租赁行业发展与企业竞争力提升策略分析报告》数据显示，2017年，中国汽车租赁行业市场规模达735亿元，同比增长16.7%，预计至2022年，汽车租赁市场规模在1800亿元左右。

从租车业务形态来看，经营性汽车租赁市场主要分为长期租赁、短期租赁和分时租赁。其中长期租赁市场份额最大，以地方性传统租赁企业为主，市场高度分散；客户群体稳定，企业用户是最主要客户来源，以传统线下经营模式为主。短期租赁以大众消费群体为主，市场集中度高，B2C模式租赁企业占据主要份额，且龙头企业优势明显，如神州租车、一嗨租车、首汽租车，在城市覆盖数量、车队数量等核心要素均有明显优势，线上平台是目前主要的短期租赁途径。分时租赁市场是一种新兴租赁模式，新能源汽车占据90%以上的市场份额，目前以单个或少数几个城市运营为主，厂商和传统租赁企业是主要参与者，主要依托移动互联网技术，满足用户更短时间的出行需求。

近年来，随着共享经济的快速发展，共享文化的周知度和接受度也在国内不断提升。汽车分时租赁是租车行业新兴的一种共享出行模式，指以小时计算提供汽车的随取即用租赁服务，消费者可以按个人用车需求和用车时间预订租车的小时数，其收费将按小时来计算。目前，共享单车、专车/快车、顺风车/拼车等出行方式已为消费者所熟知，使用转化率也较高；相比之下，汽车共享的使用率还处于较低水平。

总体来看，中国租车行业起步较晚，目前国内用户市场仍在持续积极的培养阶段，尤其短租市场成熟相对较低，对比美国市场，目前中国租车行业规模较小，市场集中度较低，短租业务比例相对较低，市场普及程度相对不足。但随着中国汽车消费理念转变，汽车保有量和拥有汽车驾照的人数达到较高水平，租车市场潜力巨大。且中国旅游行业的快速发展、大型城市限购、限行等政策的实行对中国租车行业的发展起到有效的推动作用。

二、政策环境

中国汽车租赁发展时间短，相关法律法规不完善，整个行业受政策影响较大。多个地方政府颁布限制法规，包括运营车辆登记、租赁业务的非地方车辆使用限制都会不同程度制约行业发展，行业政策不确定性大。

面临城市交通拥堵问题，各地政府也出台一系列鼓励公共交通、减少私家车等措施，给租车行业创造了有利环境。同时为限制政府机构购买公务用车的数量及车型，政府推行了一系列改革措施。2014 年 7 月 16 日，国务院颁布了《中央和国家机关公务用车制度改革方案》，停止提供公务车作为一般政府事务用途等。鉴于上述改革，政府机构预计会采用租车服务满足用车需求。此外，近年来企业租车用户在不断增长。为了少占资金，节省用车成本，一些外企、国有大中型企业及私营企业主都采取租车，一大批持币观望的企业改买车为租车。大专院校、科研机构、医院等事业单位是潜在的租车用户。

为解决城市交通拥堵问题，各地相继实施车辆限购限牌政策。截至 2017 年末，已有 8 个城市（北京、上海、广州、深圳、天津、贵阳、石家庄和杭州）实施限购限牌政策，预计其他城市在未来会实施类似限制措施。此类政策将进一步提高购车难度，直接限制了租赁车队的扩张，尤其是以一线城市为主战场的汽车租赁行业，牌照资源将提高中国汽车租赁行业准入门槛，行业壁垒已显现。

此外，2017 年 6 月 1 日，为促进汽车租赁业健康发展，交通运输部会同住房和城乡建设部研究起草了《关于促进汽车租赁业健康发展的指导意见（征求意见稿）》，提出规范汽车租赁车辆管理、落实汽车租赁身份查验制度、提升线上线下服务能力、建立健全配套政策措施及加快推进制度标准建设等意见。目前相关政策法规还未完善，汽车租赁企业面临一定的行业政策变动风险。

三、竞争格局、态势

汽车租赁公司之间的竞争主要集中于车队规模、品牌知名度、网络覆盖、价格、车型多样性及车况、服务种类的多样性及客服质素等方面。目前，中国短租市场主要由神州租车、一嗨租车、赢时通等公司，长租市场主要有首汽租赁、大众汽车租赁、安飞士 - 安吉等公司。汽车租赁公司需要大量资金和车辆以及服务网络的支持，属于资本密集型企业。目前，租车市场行业集中度相对较低，市场区域分布明显，一线市场是主要消费市场。且租车市场价格高度敏感，市场竞争较为激烈。

四、风险关注

行业政策风险。中国汽车租赁行业尚属起步阶段，政策法规还未完善，汽车租赁企业面临一定的行业政策变动风险。

资本支出压力。汽车租赁企业前期需要大规模投入，属于资本密集型企业，需不断补充优质车辆保持市场竞争力，普遍存在资本支出压力大及资产负债率高的现象。

运营成本较大。对于汽车租赁企业来说，收入来源主要是依靠租金收入及二手车处置收入，线下运营压力较大，服务网络点的建设、车辆调度的动态平衡、风险把控以及汽车维护使得汽车租赁企业面临较大的运营成本。

市场竞争激烈。中国汽车租赁行业集中度较低，市场竞争激烈，且租车行业受价格高度敏感，汽车租赁行业中存在较大的市场竞争风险。

（中国汽车流通协会互联新出行分会）

2018 年中国房车市场发展综述

一、国内房车市场的现状

自 2001 年中国第一辆自主知识产权的旅居车（以下简称房车）下线以来，房车在中国已经有近 20 年的发展历史。如今，中国房车生产企业大量涌现，房车营地数量每年翻番，房车销量持续增长。

2018 年中国房车销量比上年同期提升了 60% 左右，年销售量从十年前的几百辆到 2018 年接近三万辆，不难看出这个新兴市场正在逐渐发力。

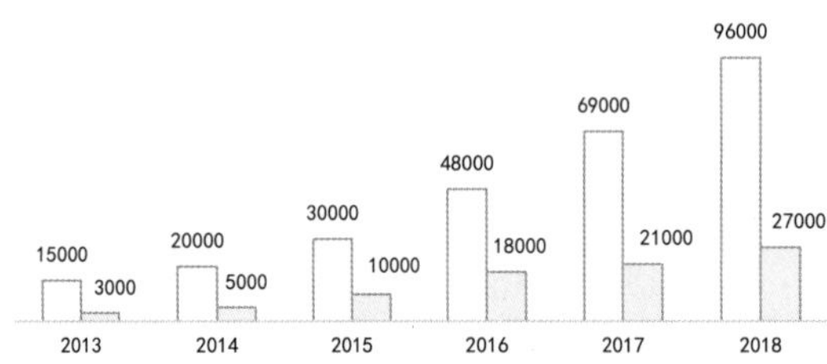

图 1　中国房车综合保有量及销售量（单位：辆）

数据来源：综合中国汽车工业协会委员会数据

中国的房车进出口量也保持了逐年上涨的势头，2018 年美国出口到中国的房车约 400 辆左右，销售总额达 1370 万美元，占美国出口全球排名第五；此外，2018 年中国还从欧洲进口房车 600 辆左右。中国出口澳洲为主的高性价比房车及帐篷车的台数也达到了空前的 1.5 万辆左右。

表 1　中美欧人口与房车数量、保有量及比例

国家	中国	美国	欧洲
人口数量	约 13.95 亿	约 3.28 亿	约 7.44 亿
房车保有量	约 10 万辆	约 1180.5 万辆	约 764.6 万辆
人口与房车比例（人／辆）	约 13950 人／辆	约 28 人／辆	约 97 人／辆

我们通过对比国内外房车数量可以发现，中国的房车市场有很大的提升空间。截至 2018 年中国房车保有量约为 10 万辆，而欧洲为 764.6 万辆，美国为 1180.5 万辆，对标欧美市场来看差距还是非常大的，因此，可以说中国房车市场仍处于萌芽阶段，未来发展前景可期。

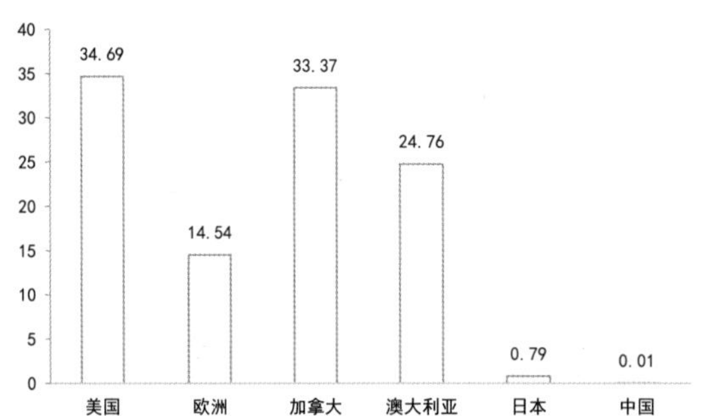

图 2　主要国家或地区房车千人保有量情况（单位：辆）

二、中国房车市场发展的主要原因

主要在于国家和民间两个层面的同步互动。

国家对加快旅游产业快速发展的支持政策刺激了中国房车产业的发展。如2016年国家旅游局、公安部、交通运输部等十一部委联合发布《关于促进自驾车旅居车旅游发展的若干意见》、2017国家体育总局等八部委印发《汽车自驾运动营地发展规划》等推动房车露营行业快速发展的利好政策陆续出台，更多的汽车生产和改装企业加入到房车研发的队伍中来，房车产品越来越丰富，消费者的可选择性增多。

国内民众对房车旅居消费理念的转变和国内汽车（房车）营地建设服务体系的逐步配套也推动了中国房车旅行行业的快速发展。2018年中国的房车销售量已经超过日本成为了亚洲第一，预计到2020年中国房车保有量、汽车营地建成数量、驻停营位数量、房车租赁数量、行业从业企业及从业人员等各方面将全面超过日本，成为亚洲第一。

三、中国房车市场发展受限的原因

尽管中国房车市场近几年已进入发展快车道，但总发展速度还没有呈现行业期待的井喷现象，目前国内的房车拥有总量还不足以支撑起一个产业规模，同时消费者对房车产品的近距离接触还仅限于小众人群，房车旅居生活意识还亟待提高，这些都是房车市场未来增长的瓶颈。

据有关信息分析，房车使用的不同场景主要是公路旅行和营地住宿。B型、C型房车主要用于旅行，拖挂房车主要用于汽车营地的住宿。房车租赁公司和营地投资公司是主要购买者，占比达到全国销售总量的75%左右以上；其余为个人购买和社会企业购买，主要购买者和消费者为35-55岁的白领人群，55-65岁的购买者占比不到10%。

1. 从消费者来说，最普遍的问题就是停和用两个方面

停车难。目前国内大城市连私家汽车都不一定找得到停车位，更别说房车体积庞大，地下车库限高、有户外私家车库或者院子的人毕竟不多。国外房车停放基本是在露营地内，但国内房车营地普遍依旅游景区而建，距市区较远，房车停放问题得不到有效解决。

使用频率低。虽然国民休闲计划早已出台，但弹性制带薪休假一直难以落地，消费者只能集中在周末、小长假或十一、春节等几个长假期间出行，房车旅行的真正特性无法体现出来，个人购置房车后的使用频率处于低位，让人觉得不划算。

2. 从房车生产厂家来说，问题主要出现在销售环节

售前：相对于一般乘用车，房车体积大、个人购买率不高，4S店不愿意花费人力、场地成本在这块市场，房车厂家只能辗转北京、上海、成都等房车展会，但往往在扣除运输、展位等费用后几乎很难盈利。目前房车无法进入汽车流通主渠道，单一依靠各地举办的房车展会来进行推销的现象一时无法改变。

售后：主机厂类房车企业可以依托原有的汽车服务网点进行房车售后维护，房车改装厂类房车厂家销量不足以支撑建立完善的售后服务体系，甚至有些房车生产及销售企业因市场原因导致售后缺席，由此造成了维修保养难、维修成本高、消费者迟疑观望的现象。

3. 从行业角度看，问题主要出现在政策法规脱节

国家虽然从政策层面上支持房车、露营地的发展，但是相关的法律法规并不健全，如房车上牌、高速过路收费、准驾资格等问题都没有明文规定，造成了消费者购买时的疑虑；同时，对于房车尤其是拖挂式房车的保险问题目前也没有很好解决。

与此同时，与房车关系最密切的国内汽车营地建设也相对滞后，数量不足，网点分散，无法形成完整的服务接待体系，也导致了汽车营地营收不高，盈利能力低下，营地建设管理者积极性普遍低迷。

综上所述，中国的房车行业出现了一种奇怪的现象，一方面是房车、营地保有量规模偏小，不足以支撑整个产业的快速发展；另一方面是房车企业产能大于销售，说明消费市场明显滞后。因此，增加房车产品曝光度，为消费者提供更多的试驾和体验机会，逐步完善房车出游的配套设施和相关服务，将是房车市场实现可持续增长的核心驱动力。

2018 年中国汽车出行服务

2018 年中国移动出行市场

一、整体情况

网约车自崛起后，即进入到快速发展期，经过 5 年的快速增长后，2018 年中国网约车市场规模到达 2720.5 亿元，行业日均订单接近 3000 万单，网约车客运量已占到整体出租车客运量的 36.3%，随着网约车体量的快速增长，市场增长空间缩小，2018 年较 2017 年仅增长 28.3%。

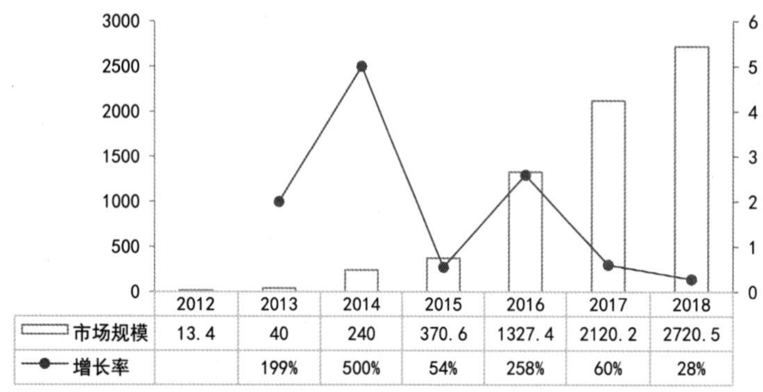

	2012	2013	2014	2015	2016	2017	2018
市场规模	13.4	40	240	370.6	1327.4	2120.2	2720.5
增长率		199%	500%	54%	258%	60%	28%

图 1 2012-2017 年网约车市场规模（单位：万单）

相较网约车市场规模，分时租赁整体市场规模仍较小，2016-2017 年，头部企业 Gofun、Evcard、盼达等快速布局，行业快速增长，2018 年，因行业整体不盈利，小型分时租赁公司逐步退出，头部企业投入放缓，2018 年增长率有明显下降，从 2017 年的 378% 下降到 51%，但行业毕竟仍处于起步期，维持较高的增长水平（见图 2）。

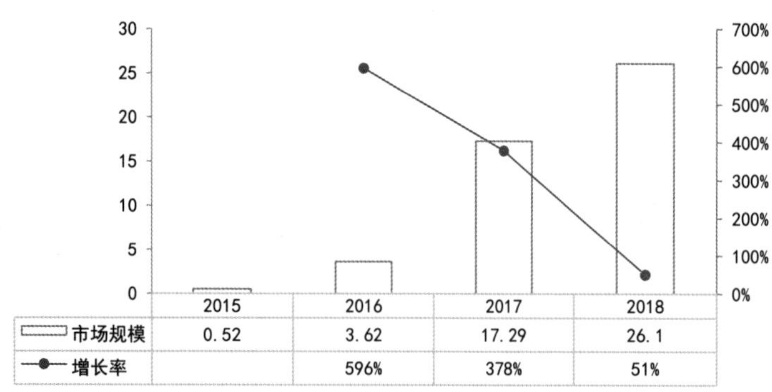

	2015	2016	2017	2018
市场规模	0.52	3.62	17.29	26.1
增长率		596%	378%	51%

图 2 2015-2018 年分时租赁市场规模（单位：万单）

二、月度活跃用户分析

从月度活跃用户数据来看，2018 年全年网约车月活跃用户量呈现先增后降的趋势，从 1 月到 8 月，月活跃用户量从 10211 万人增长到 13521 万人，而 8 月份之后，因滴滴顺风车出现安全事故导致顺风车模块下架，用户量出现了明显的下滑，到 12 月，下滑到 10156 万人，这反映出城市网约车出行（快车、专车）已基本饱和，增长乏力（见图3）。

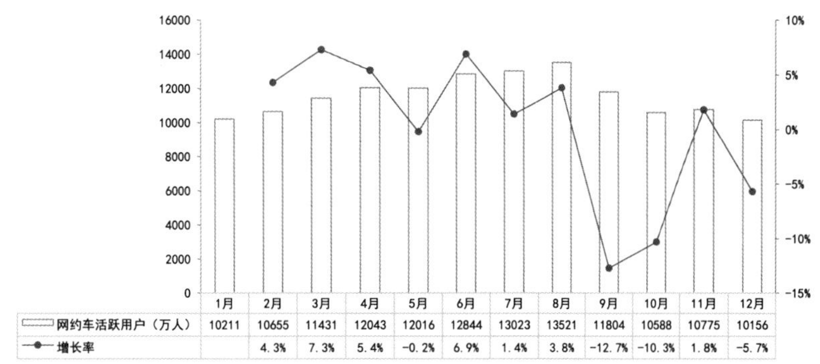

图3　2018年网约车市场月活用户

反观分时租赁的月活跃用户数据，2018年全年整体为上涨趋势，从1月份的154.1万人增长到增长到12月份的271.65万人，这也客观上反映出作为一种新的出行方式，被越来越多的人所接受，因分时租赁目前主要在一二线城市布局，以上下班通勤为主要的用车场景，在年假（1月份）、最炎热月份（7月份）以及十一（10月份）期间活跃用户量明显减少，后续分时租赁应开发更多的用车场景和计费方式，吸引用户使用，促进其进一步发展（见图4）。

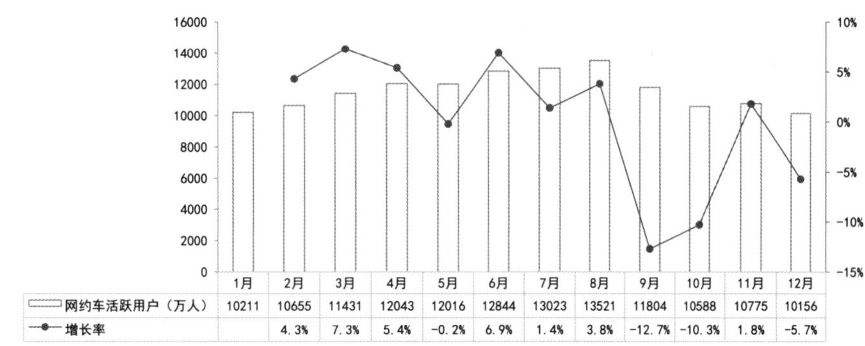

图4　2018年网约车市场月活用户

三、市场融资概况

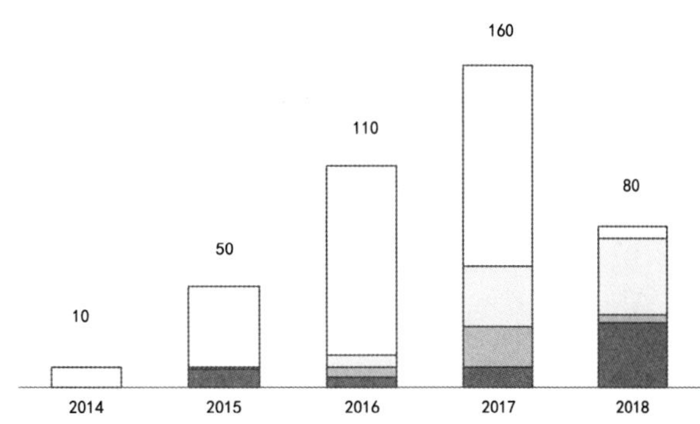

图5　2014-2018共享出行融资额（单位：亿美元）

出行行业整体融资额明显下降，从2017年的160亿美元下降到2018年的80亿美元，特别是网约车和分时租赁两个细分领域，经过2016-2017年的快速增长，已具备一定规模，但仍未找到盈利方式，同时2018年开始市场投资环境变差，导致融资额极速下降，其中网约车融资规模锐减90%，网约车和分时租赁急需提升运营水平，找到盈利模式（见图5）。

四、市场集中程度

从五家主要网约车公司的月活量来看，滴滴占据绝对领先地位，占总月活量的 90% 左右，1 月 -8 月滴滴月活量稳步提升，8 月后，受顺风车下架影响，月活量有明显下滑，同时嘀嗒出行月活量并没有明显提升，可见嘀嗒出行并没有吸引到这部分客户使用其产品。相比较滴滴和嘀嗒的用户体量，首汽约车、曹操出行等用户体量仍较小，随着合规化的推行，仍有很大的发展空间（如图 6）。

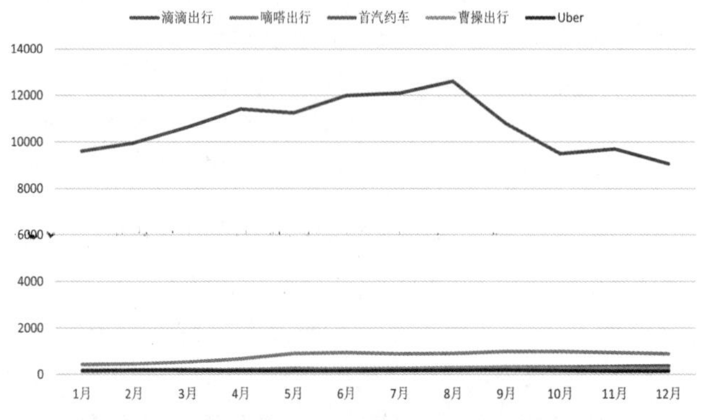

图 6　2018 年各网约车平台用户月活量（单位：单）

分时租赁行业，Gofun 及 EVCARD 两家企业占据市场约 80% 的份额，2018 年均取得较大发展，全年月活用户增长率超过 100%，模范出行刚刚起步，盼达用车、PonyCar 与 Gofun、EVCARD 相比仍有较大差距。同时从全年的发展来看，前三季度 Gofun、EVCARD 增长较快，进入第四季度，因未能实现盈利，增长明显放缓。

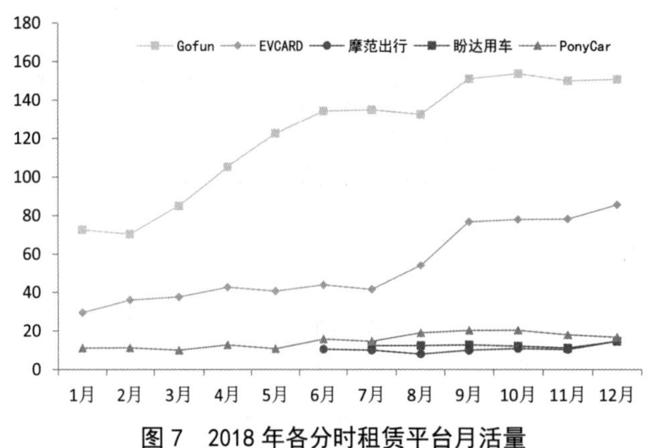

图 7　2018 年各分时租赁平台月活量

五、城市集中度分析

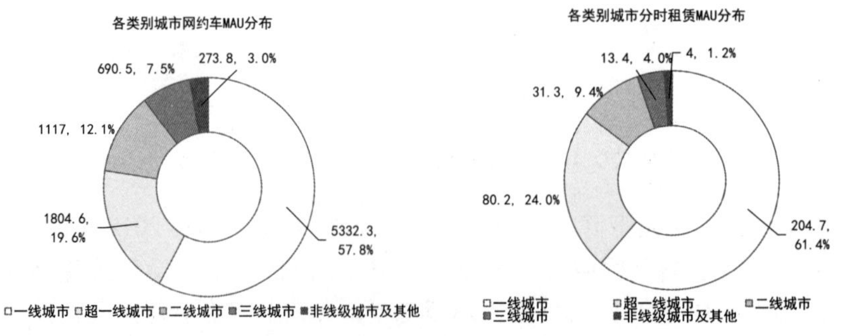

图 8　各类别城市月活用户分布

从各类别城市的用户分布来说，网约车超一线城市和一线城市占比接近80%，分时租赁超过80%，均主要集中在大城市。网约车作为日常出行的方式，正在改变人们的出行选择，从一线城市迅速往三四线城市发展。未来的市场增长力会主要来自二三四线城市（如图8）

六、如何破局

移动出行经过几年的发展，仍未实现盈利，随着资本热度的降低，企业如何通过优化自身经营实现盈利是需要解决的问题。

极致运营：无论网约车还是租赁车，均需在提升运营效率的同时降低运营成本。如推出差异化的服务，网约车针对商旅、携带婴儿或儿童出行的高端服务，分时租赁针对商旅人士的短租服务、送车服务；网约车拼车服务；投放新能源汽车降低燃油成本；降低保险成本等。

区域聚焦：区域密度是移动出行业务盈利的关键，目前高线城市已趋向饱和，向低线城市和旅游城市发展是未来移动出行的主要增长机会。

多维扩张、整合：头部平台企业可通过引入运力合作方或经销商等资源进行扩张，并向城市配送、二手车、售后等领域进行垂直整合。

七、无人驾驶技术将推动行业进化

无人驾驶技术的商业化应用已经越来越近，在不远的将来，无人驾驶技术和智慧交通将为新出行带来两次革命性的升级。

L4级无人驾驶技术+智慧停车场可实现无人调度和泊车，解决现有租赁运营需要定点取还车的问题，一方面提升客户体验，促进更多的用户接受分时租赁；另一方面也可降低调度及场站建设成本。

L5级无人驾驶技术+智慧交通将促使新出行走向“无司机”化，促进分时租赁和网约车两种业态的逐渐融合，实现共享无人驾驶模式。

无人驾驶技术的实现将真正改变人们的出行方式，人们将乐意舍弃私家车出行而选择共享出行。

（中国汽车流通协会互联新出行分会）

2018年中国车联网发展

工业和信息化部国家标准化管理委员会在2018年6月印发的《国家车联网产业标准体系建设指南（总体要求）》指出，车联网产业是汽车、电子、信息通信、道路交通运输等行业深度融合的新型产业，是全球创新热点和未来发展制高点。

其中，对于车联网产业的定义也给出了具体阐释，就是依托信息通信技术，通过车内、车与车、车与路、车与人、车与服务平台的全方位连接和数据交互，提供综合信息服务，形成汽车、电子、信息通信、道路交通运输等行业深度融合的新型产业形态。

事实上，车联网在最初被称为“汽车移动物联网”，而后又改名为“车联网”，并用“Internet of Vehicles”来表示，虽然它对应着美国的“Connected Vehicles”和欧盟的“Cooperative Intelligent Transport System（简称C-ITS）”，主要用于车车/车路通信，实现协同应用，但是这个概念一开始出现时，人们更多地是把它跟“Telematics”（车载信息服务，是指应用无线通信技术的车载计算机系统）应用混为一谈，而 Telematics 应用在那时已经非常成熟。

如今，车联网上升到了国家战略，意义非凡。发展车联网产业，有利于推动智能交通，实现自动驾驶，促进信息消费，有利于推动汽车节能减排，对中国实施创新驱动发展、推进供给侧结构性改革、建设制造强国和网络强国具有重大意义。那么在过去的 2018 年，中国的车联网行业发生了哪些变化？

对于国内的车联网行业而言，对从 Telematics 时代发展而来的车联网，更为熟识。车联网的发展经历了几个阶段，不同阶段因技术条件的不同，设定并完成着不同的目标，因而车联网技术在整个过程中不断地发展、迭代乃至重塑。如果细数车联网从 2009 年诞生开始，大致到今天经历了五个阶段，最早是“安防车联网”到之后的“后装车联网”到“手机互联车联网”再到“垂直互联网公司车联网”，然后是如今的全新时代。

安防车联网时代：2009 年 -2012 年，作为全新汽车上产物的车联网，实际上是以安防为主。全球比较著名的两家均来自车企自身，一家是通用的安吉星，一家是丰田的 G-book。

后装车联网时代：2010 年到 2012 年，大趋势是后装车联网，那时中国车联网开始起步，主要的竞争对手正是 Tier1 与 Onstar，G-book 这样的全球车联网公司。只不过，市场面临的现状是自主品牌量稀少，同时在车企端又分 AB 供应商，低中高配，市场容量紧缺，所以做到顶也就只有一万台左右的体量。

手机互联时代：2012 到 2014 年，车联网时代的主流成为了手机互联模式，如 CARPLAY 和 CARLIFE。因为成本与可实现性，其中主要体现在芯片层面。手机芯片比汽车要早出来三年，而汽车研发又要三年，这样不论成本、技术成熟度方面都更好把控。所以大家在之前就看到了一种现象，特别是豪华车上的车联网系统，却根本不符合时代的需求，用的都不是最新的产品。

这一时期中，中国车联网在 2013-2015 年主要是前装、后装、ADAS 及各类车联网公司的发力期。只不过，这个时代比想象结束得更快，第一，因为车联网的复杂性与整车的集成性越来越高；第二，很多车联网公司只是从事很窄一个领域，很早就卖给上市公司或消失了；第三，汽车公司进入与互联网公司进入，尤其是开放与开源化挤压了自动驾驶创业公司的价值。

垂直互联网公司车联网时代：2014 年到 2018 年，这是一个对于车联网发展非常特殊的时期。这一时期的初期，有两家大家熟悉的知名的公司进入行业，它们分别从语音和地图两个领域加入了车联网的行业。虽然有拓展，但也有局限性，局限性就在于所有的数据都在它们手中，不在汽车厂商。两者之间的关系更像是供应商，而不是合作伙伴。

全新车联网时代：之后的 2016 年到现在更为关键，传统互联网巨头，比如 BATH 等纷纷介入。大公司也开始逐步吞并小公司，中国也在此时诞生了几百家的造车新势力。行业在这一时期像是当年智能手机一样快速地发展，一个大家都开始热衷于研发车联网的时代开始到来。

一、车联网 2018 年发展概况

2018 年 2 月 25 日，在世界移动通信大会（MWC）上，华为发布全球首款 8 天线 4.5G LTE 调制解调芯片——Balong 765（巴龙 765），该款芯片遵循 3GPP R14 标准，峰值速率高达 1.6GPS，可同时支持 Mode3/Mode4 的 PC5 和 Uu 接口，是全球首个单芯片支持 LTE-V 与其他通信制式的集成。

华为虽不是国内车联网行业的直接参与者，但在过去的多年中，为众多车企的车联网终端提供了通信模块。其率先推出代表着新技术的 C-V2X 芯片，意味着车联网的基础在从底层开始发生改变。

美国高通的数据也显示，从 2018 年开始，60% 的新车将通过移动技术联网，到 2020 年，中国车联网用户数将超过 4000 万。

车企看到了机会，孵化着自己的团队。出身于吉利的亿咖通，在 3 月 15 日首界吉利汽车生态伙伴大会上，发布了吉客智能生态系统（GKUI），标榜为一个开放、共享的车联网平台；比亚迪在北京车展上发布了 DiLink 系统，由智能座舱、云服务、智能进入三个部分组成，核心便是开放车载信息系统。

博泰车联网在 2018 年 4 月与捷豹路虎签署合作谅解备忘录，主要基于探索下一代车联网智能硬件、智能操作系统、云端生态、支付等端到端车联网解决方案，在 2018 年 10 月 10 日下午两点，与华为签署了双方基于华为 OceanConnect 平台的战略合作。是华为在与众多车企开展战略合作之后，首次与车联网企业公开签署战略合作协议。

对于车联网行业正在发生的历史机遇，互联网公司不会无动于衷。

二、互联网企业拓展车联网业务

在2018百度AI开发大会上，Apollo发布了面向量产的完整人工智能车联网系统解决方案--小度车载 OS，它为传统汽车的完全升级提供了完整的解决方案，基于百度强大的语音和视觉技术，小度 OS 能够根据不同用户和场景的变化提供个性化服务。百度 Apollo 已与戴姆勒、宝马、福特、现代、一汽、奇瑞、拜腾等 19 家车企达成车联网领域的战略合作，

2018 杭州·云栖大会上，阿里巴巴发布了全新的 AliOS 2.0 系统。AliOS 首席架构师谢炎表示，AliOS 2.0 系统在感知、交互、应用、平台、安全五个领域实现了突破性进化，将定义下一代互联网汽车的标准。目前已经有荣威、大通、名爵、东风雪铁龙、福特、观致等品牌开始使用基于 AliOS 的斑马系统。

2018 年 4 月 23 日，博泰车联网与东风乘用车、百度 DuerOS 共同发布 WindLink 3.0 人工智能车机系统，正式宣布进入人工智能时代。该系统以用户体验为中心，具备极高硬件配置、极简 UI 体验、极速 AI 语音、极致应用生态四大亮点。2018 年北京车展期间，北汽新能源发布了一套具备解放人、愉悦人、自成长三大特点的整车人工智能系统——“达尔文系统（Darwin System)，其中的智能语音系统是博泰车联网联手百度 DuerOS 打造的能够自我进化的人工智能对话系统。

生于2017的腾讯Ai in Car系统，也在这一年经过深度定制与吉利车联网云端相链接。同时，腾讯车联也在同更多的主机厂牵手合作，其中东风风行是首批与腾讯车联战略合作的车企之一，且合作范围最广泛、合作程度最深、产品功能最全面。

2018 年 4 月，腾讯与长安汽车正式签署智能网联汽车合资合作协议。并成立梧桐车联科技有限责任公司，致力于在车联网、大数据、云计算等领域打造面向行业的开放平台，为汽车行业提供成熟、完善的车联网整体方案。

互联网公司在车联网领域的动作，更多集中在基于各自语音、内容、服务的擅长，建立车联网生态，同时拉拢行业内车企巨头，行成合作伙伴生态联盟。

三、车载 OS 发展概况

BlackBerry 技术解决方案部销售与营销高级副总裁 Kaivan Karimi 说：全球 100% 的 OEM 商都和 QNX 合作，而一些新晋 OEM 商包括蔚来、拜腾等同样也选择了 QNX 作为其合作伙伴。而对于 Tier1 来说，前八家 Tier1 都是 QNX 的客户。目前全球共有 1.2 亿辆汽车在使用 QNX 技术。Ｑ Ｎ Ｘ参与到超过 290 个整车生产中，成功率是 100%。QNX 在车载信息娱乐系统或车联网系统占据超过 60% 的市场份额。

奔驰 MBUX 采用了伟世通提供的 SmartCore 平台研发，中控娱乐系统基于 Linux 开发，仪表则是基于 QNX 系统开发。丰田、日产、捷豹路虎已经使用了Linux应用于信息娱乐、hud等功能，很快也会出现在福特汽车、马自达、三菱、斯巴鲁等 OEM 的车型上。

QNX、linux 在车载 OS 领域的领先，不仅仅是因为研发多年，更是在安全性、稳定性上得到了 OEM 的信任。因此自主 OS 供应商的成长，也必定要建立同 OEM 之间的信任。

吉利推出的 GKUI” 智能车载系统，使用的就是基于 Android 平台打造的汽车智能生态系统，吉利车载 OS 经历了三代的发展，最初的 G-Netlink 采用的是 Linux 系统。奇瑞的 Cloudrive、

东风的 windlink 3.0、长安的 in-call 基于安卓架构进行深度开发。上汽通用在 Linux 系统的基础上，2017 年引入了 Android 系统。

斑马 OS 是基于阿里巴巴 Alios 定制开发，AliOS 是基于 Linux Kernel 研发的驱动万物智能的操作系统，上汽荣威、名爵、大通、东风雪铁龙已经加入使用者行列。

博泰的擎 OS 基于 Android 深度定制，服务上汽、吉利、长安、长城、北汽、东风、北汽新能源、一汽、上汽通用五菱、海马等汽车客户。比亚迪搭载的也是 Android 车载系统，充当信息娱乐功用。新造车势力蔚来、小鹏、威马、拜腾、爱驰、奇点也都是基于 Android 开发了自身的车载系统。

基于 Android、Linux 系统开发，研制相应的车载 OS，是国内车载 OS 供应商惯用方式。这主要是因为二者都是面向全球开源、免费，在国内 OS 行业整体底子薄弱的情况下，基于国际成熟核心系统基础，做定制化的改造，是供应商的明智之举。在行业层面，这样的做法是可取的，但在国家战略层面，纯粹自主的车载 OS 还未出现，也没有到正常发展的时候。

国内互联网巨头围绕车载 OS, 各自也有布局。AI In car 就是腾讯在车载 OS 领域的棋子，腾讯车联网事业部总经理钟学丹表示，腾讯车联不制造硬件，也不开发操作系统，在与车企的合作中，始终是配角的角色，通过开放性 AI 系统——“AI in Car”，以全家桶的形式将腾讯生态与传统的汽车产业联结在一起。

百度在 2018 年开发者大会上发布小度车载 OS，百度智能驾驶事业群组总经理李震宇表示：“小度车载 OS 是业界首创的多模交互的创新产品，是人车交互的一次全新变革，它让人车交互从语音交互升级到包含视觉的完整自然交互，从被动响应升级为主被感知用户需求。”

华为研发的 LiteOS 物联网操作系统，可以覆盖物联网领域的终端，在官方宣传中，通过轻量级平台架构、动态与分散加载技术、Run-Stop 机制等牵引整个软件栈实现超低功耗待机，支撑停车终端设备在极低功耗下运作。虽然华为并未公布在车载 OS 领域更多的应用，但凭借手机端成熟的经验，在车载领域也是一股不可小觑的中坚力量。

巨头纷纷入局车载 OS 领域，预示着这里面有着巨大的行业机遇。但车载 OS 开发的难度，并不亚于 PC 端、移动端的 OS，同时车载 OS 的用户场景和体验也和传统互联网的模式大相径庭，因此自主品牌的车载 OS，必将有更长的路要走。

四、车联网与移动通信技术共振

车联网的发展离不开通信技术的迭代更新，这可以从 3G/4G/5G 更新普及的时间点上看出。而 2018 年，5G 注定是话题者。

2018 年末，国内三大运营商 5G 频率分配最终尘埃落定。中国电信、中国联通各获 3.5GHz（吉赫）频段 100M（兆）频率；中国移动获 2.6GHz、4.9GHz 频段共计 260M 频率。按所获频率许可，三大运营商可在全国范围内开展 5G 试验。

根据国际电信联盟 (ITU) 的归纳，5G 系统的应用场景，除了“移动宽带增强”（高网速）之外，还包括“低功率海量连接”以及“低延时高可靠”。其中，“移动宽带增强”可进一步细分为两个场景：“广域连续覆盖”和“高容量热点”。

相比上一个时代仅能提供基础、匮乏的安防紧急呼叫等业务，这一时期车联网有了新的形态。国内的车联网行业也孕育发展多年，得到了成长的机会。

在曾经的车联网应用中，语音交互、高精度的导航应用、在线音视频等信息娱乐服务，将会插上高速发展的翅膀，车联网将告别传统车联网时代资费居高不下、体验差强人意的情况。

另一方面，不仅是传统车联网得到了改善，面向未来智慧交通的 V2X，也衍生出了新的可能，那就是真正开始在国内推动 V2X 的落地。5G“低延时高可靠大带宽”的特性，面向车联网行业的特殊应用需求，为用户提供毫秒级的端到端时延和接近 100% 的业务可靠性。将会彻底释放 V2X 的能量。

为了跟 Telematics 业务做更好的区分，业界也开始更多地用“V2X”来表示车联网。

五、V2X 成为国家战略

V2X（Vehicle to Everything，包括 Vehicle to Vehicle 和 Vehicle to Infrastructure，即 V2V 和 V2I），旨在实现车与人、车与车、车与路、车与服务平台的全方位网络链接和数据交互，支持实现主动安全预警和交通效率提升等应用，对于促进汽车和交通服务的新模式、新业态发展，提高交通效率、节省资源、减少污染、降低事故发生率、改善交通管理具有重要意义。

V2X 不仅包含车内网、车际网（也叫车间网）、同时也涵盖了传统的车云网（也叫车载移动互联网），并在此基础上提出了更高的技术要求和服务应用体验。

但 V2X 的发展并非一蹴而就，从 4G 到 5G，从短程通信到远程通信，涉及产业众多，因此需要国家级层面制定相关标准和计划，才能推动行业快速发展。

2018 年 6 月份，工信部发布《国家车联网产业标准体系建设指南（总体要求）》指出，针对车联网产业“十三五”发展需要，加快共性基础标准制定，加紧研制自动驾驶及辅助驾驶（ADAS，AdvancedDriver Assistant Systems）相关标准、车载电子产品关键技术标准、无线通信关键技术标准、面向车联网产业应用的 5G eV2X 关键技术标准制定，满足产业发展需求。到 2020 年，基本建成国家车联网产业标准体系。

以通信协议和设备技术标准为例，其主要包括 LTE-V2X 技术、5GeV2X 技术、卫星通信、导航与定位和车载无线通信系统等方面。

工信部在 2018 年 10 月 21 日正式发布《车联网（智能网联汽车）直连通信使用 5905-5925MHz 频段的管理规定》，规划将其作为基于 LTE-V2X 技术的车联网（智能网联汽车）直连通信的工作频段。

从国家层面，对车联网的未来 3 年发展的目标，标准制定、关键技术领域做了明确的规划，对整个车联网行业而言，无疑起到了巨大的振奋和促进作用。

通信技术的发展离不开政府的有力推动，同时也离不开通信行业巨头在技术上的不断创新，以及整个车联网行业的积极协作。

LTE-V2X 是以长期演进技术蜂窝网络作为基础的 C-V2X 技术，介于 4G 与 5G 之间，是一个过渡期的技术。也因此，在国家推动车联网的发展中，LTE-V2X 首当其冲。

六、产业链尝试 LTE-V2X

大唐基于 LTE-V2X 通信模组 DMD31 的商用终端产品 DTVL3000，该模组实现了智能网联汽车产业界商用化 LTE-V 通信模组零的突破，并于 2018 年 Q2 率先实现小批量供货。

2018 年 3 月，上海交通大学与博泰车联网合作，在上海市科委支持下，基于大唐终端产品 DTVL3000 车载终端、路侧终端，在上海交通大学闵行校区完成 LTE-V2X 终端真实道路场景下的功能验证。

2018 年 5 月 3 日，无锡正式启动建设大规模的城市级车联网（LTE-V2X）应用，标志着全球第一个城市级的车路协同平台——车联网（LTE-V2X）城市级示范应用重大项目进入全面实施阶段。9 月物博会期间计划建成覆盖无锡老城区、太湖新城、高铁站、机场、雪浪测试场等 211 个路口和 5 条高架，服务 10 万辆社会车辆的车联网平台。

2018 年 11 月 SAECCE 期间，中国智能网联汽车创新联盟、IMT-2020（5G）推进组 C-V2X 工作组、上海国际汽车城共同举办了基于中国标准的 LTE-V2X“三跨”互联互通展示，实现世界首例跨通信模组（芯片）、跨终端提商、跨整车厂商的互联互通，参与方包括通信运营商、车企、联网终端设备厂商等。

11 月份，高通与中国信科旗下的大唐电信集团（简称大唐）联合宣布，双方将继续合作推动基于 3GPP Release 14 规范的 LTE-V2X 直接通信技术的成熟和应用，旨在展示该技术已准备就绪，同时加速其在中国的商用部署。

年内，国内车联网厂商也相继推出基于高通 9150 芯片组的 V2X 解决方案，包括但不限 9 月份星云互联宣布推出采用该芯片组解决方案的 V2X 产品线，比如 T-Box 车载终端与增强型智能路侧终端，移远推出基于该芯片组解决方案的车规级 V2X 通信模组等。

车联网再出发，因 5G 而兴的 V2X，是 2018 年的车联网关键词。

2018 年 12 月底，中国信息通信研究院发布了《车联网白皮书（2018)》，白皮书提到车联网的发展需求总体上包含三大类：以用户体验为核心的信息服务类应用，以车辆驾驶为核心的汽智能类应用，以协同为核心的智慧交通类应用。

从过去的 2018 年来看，无论传统的车联网公司，还是新近加入的互联网势力，都在朝着这三个方向前进。

对于很多人而言，车联网还会随着技术的升级继续延伸、拓宽。因为关于车联网的未来，唯有车企与车联网企业、科技企业真正地开放合作，才能用最快的速度站在浪潮之巅，达成多方共赢的局面。

（博泰车联网　张毅 陈雪峰）

第 9 部类

汽车报废

DIJIUBULEI | QICHEBAOFEI

2018 年报废汽车回收拆解行业发展综述

中国再制造产业仍处于起步探索阶段，对再制造产业所能带来的经济和社会综合效益有清楚认识的企业和投资者并不多。政策密集出台，对报废机动车回收拆解行业产生了重大影响。总量控制放开，新老企业重新资质认定；允许将报废机动车“五大总成”出售给再制造企业，提高回收价值；不再对报废机动车回收企业实行特种行业许可，实行“先照后证”制度；取消收购价格参照旧金属市场价格计价规定，实行市场主体自主协商定价；创新管理方式推行网上申请、网上受理，加强事中事后监管和部门联合执法，促使报废机动车回收行业进入发展快车道。

一、汽车工业快速发展带动全产业链发展

1. 中国汽车保有量逐年增加

截至到 2018 年末，中国机动车保有量 3.27 亿辆，其中汽车保有量达到 2.4 亿辆。预计到 2020 年汽车保有量将突破 2.8 亿辆，汽车保有量 8 年增长近 2.3 倍，机动车新注册登记量年均复合增速超 14%。中国汽车产业高速发展期主要集中在 2005 年以后，汽车年销量从 575 万辆上升至 2808 万辆。

表 1　2001-2018 年中国机动车保有量一览表

年份	2011	2012	2013	2014	2015	2016	2017	2018	平均年复合增长率
机动车保有量(万辆)	22500	24000	25000	26400	27900	29000	31000	32700	5.50%
汽车保有量（万辆）	10600	12100	13700	15400	17200	19400	21700	24000	12.39%
机动车新注册登记量（万辆）	1624.25	2593	2486	2777	3115	3267	3352	3172	14.47%
汽车销量（万辆）	1850.51	1930.64	2198.41	2349.19	2459.76	2802.81	2887.89	2808.06	6.30%

2. 新能源车及动力蓄电池发展迅猛

随着新能源车在中国逐渐得到消费者的认可，新能源车产销量和保有量持续提高。2018 年，新能源汽车产销分别完成 127 万辆和 125.6 万辆，比上年同期分别增长 59.9% 和 61.7%。其中纯电动汽车产销分别完成 98.6 万辆和 98.4 万辆，比上年同期分别增长 47.9% 和 50.8%；插电式混合动力汽车产销分别完成 28.3 万辆和 27.1 万辆，比上年同期分别增长 122% 和 118%；燃料电池汽车产销均完成 1527 辆。

公安部数据显示，截至 2017 年底，中国新能源汽车保有量达 261 万辆。动力电池是电动汽车的核心部件之一，纯电动乘用车动力电池使用寿命一般为 5-8 年；纯电动商用车由于充放电较为频繁，其动力电池的使用寿命略短，甚至会降到 2-3 年。

通常来讲，电池容量降低到 80% 以下后，就不能满足动力汽车的要求，需要进行降低使用或资源化利用。同时伴随故障车、事故车等出现，因此，未来 3 年内将会有批量纯电动汽车开始报废。基于纯电动汽车销售量预测，假定乘用车动力电池平均使用寿命为 6 年，平均重量 400 公斤，电动客车平均使用寿命 3 年，平均重量 1900 公斤，60% 进行梯级利用 4 年后再报废，预计 2020 年动力电池将报废 12-17 万吨，2025 年将报废 35 万吨。2018 年 2 月 26 日，工业和信息部等七部委联合印发了《新能源汽车动力蓄电池回收利用管理暂行办法》（工信部联节〔2018〕43 号），明确报废汽车回收拆解企业应负责回收报废汽车上的动力蓄电池。

二、2018 年报废汽车回收行业发展

1. 企业各省分布情况

截至到 2018 年末，全国报废汽车回收拆解企业共计 731 家，较 2017 年增加 36 家，企业数量同比增长 2.6%；具体分布情况详见表 2。

表 2　报废汽车回收拆解企业分布情况

序号	地区	企业数量（家）
合计		731
1	北京市	7
2	天津市	6
3	河北省	37
4	山西省	28
5	内蒙古	35
6	辽宁省	13
7	大连市	2
8	吉林省	27
9	黑龙江省	25
10	上海市	7
11	江苏省	16
12	浙江省	13
13	宁波市	1
14	安徽省	22
15	福建省	44
16	厦门市	4
17	江西省	29
18	山东省	27
19	青岛市	1
20	河南省	38
21	湖北省	21
22	湖南省	55
23	广东省	37
24	深圳市	1
25	广西	15
26	海南省	2
27	重庆市	22
28	四川省	40
29	贵州省	34
30	云南省	37
31	西藏	12
32	陕西省	14
33	甘肃省	20
34	青海省	8
35	宁夏	9
36	新疆	16
37	新疆兵团	6

2. 全行业整体发展良好

从图 2 中可见，全行业经营场地总面积为 2106 万平方米，同比增加 4.5%；行业资产总额为 222.9 亿元，同比上升 1.6%；从业人员 22975 人，同比减少 3.0%。回收网点 2409 个，同比下降 23.3%；

报废汽车回收从业人员以及回收网点减少以外，其余均表现为增长趋势。行业规模的不断扩大也促使行业企业数量增速加快，企业场地经营面积随之扩大，行业总资产稳步提高。回收网点数大幅度减少，从业人员在 2017 年减少 41.6% 的基础上依然有所减少。其原因：一是企业

注重机械化、现代化的工作模式，集中经营取代了分散作业，机械化拆解作业逐渐代替人工拆解；二是网络化、无纸化管理逐步应用，管理水平大幅提升，网点与人员需求有所减少。

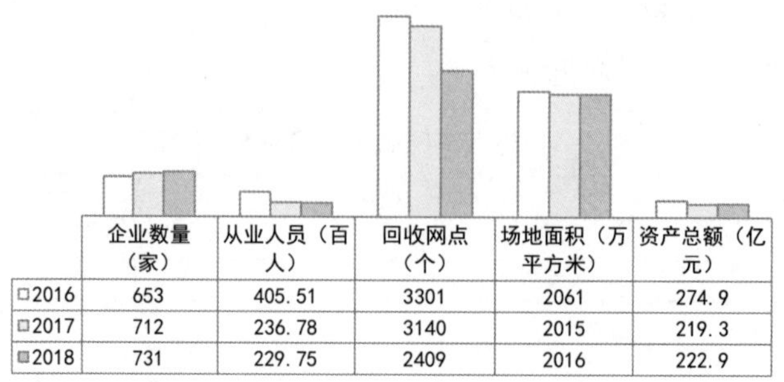

图 1　近三年报废汽车回收拆解行业基本情况对比

三、报废机动车回收拆解情况

1. 报废汽车数量大幅增长

2018 年全国回收报废机动车回收数量共计 254.6 万辆，同比增长 6.9%。其中，报废汽车回收 175.2 万辆，同比增长 12.0%；报废摩托车回收 79.4 万辆，同比下降 2.8%。在回收的报废汽车中，乘用车 67.5 万辆，同比增长 28.6%，客车 57.8 万辆，同比下降 12.8%；载货车 40.4 万辆，同比增长 10.4%；专项作业车、三轮汽车、低速货车等其他车辆共计 9.5 万辆，同比增长 763.6%。受乘用车、载货车、专项作业车、三轮汽车、低速货车回收量增加的影响，2018 年报废汽车回收量增长 12.0%，增幅较大，尽管摩托车回收量同比下降 2.8%，但总体来说，报废机动车整体回收量较上年上涨 6.9%。

表 3　2018 年报废机动车回收情况（单位：万辆）

类别			2017 年		2018 年	
			数值	同比	数值	同比
报废机动车回收量	报废汽车回收量	乘用车	52.5	9.3%	67.5	28.6%
		客车	66.3	-1.4%	57.8	-12.8%
		载货车	36.6	1.1%	40.4	10.4%
		其他	1.1	-79.2%	9.5	763.6%
		小计	156.4	-1.7%	175.2	12.0%
	摩托车回收量		81.7	10.3%	79.4	-2.8%
	合计		238.1	2.1%	254.6	6.9%

2. 摩托车回收量略有下降

2018 年摩托车报废量略有减少，全年共回收 79.4 万辆，同比下降 2.8%，但依然高于 2015 与 2016 年的数量。摩托车回收数量的持续升高主要是受城市管控因素的影响，禁摩管理力度加大，同时，全国各地共享单车等新业态大量涌现，为民众交通出行提供了更加便捷也更加安全环保的方式，促使摩托车报废量大幅增加。

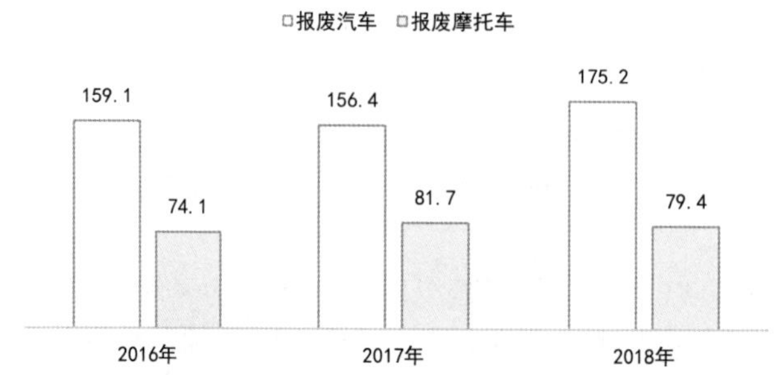

图 2　近三年全国报废汽车、摩托车回收情况（单位：万辆）

3. 规模回收企业数量减少

如表 4 所见，2018 年报废汽车回收拆解企业回收量超过 3 万辆的有 3 家企业，同比减少 50%。10000-20000 辆的有 20 家，2017 年只有 9 家。5000-10000 辆的共 44 家，与 2017 年相比增加 14 家。3000-5000 辆的有 85 家，回收量在 500 辆以下的 136 家，同比减少 7.3%。随着市场越来越规范以及企业对回收渠道的拓展力度加大，年回收量在 3000-10000 辆范围内的企业数量逐渐增多，这一指标也反映出行业企业回收渠道和运营体系的建设初见成效。

表 4 报废汽车回收拆解企业回收数量分布情况（单位：家）

报废汽车回收量	2016 年企业	2017 年企业	2018 年企业
90000 辆以上	1	1	0
40000 辆以上	1	2	2
30000 辆以上	2	3	1
20000 辆以上	9	4	4
10000 辆以上	13	9	20
5000-10000 辆	40	30	44
3000-5000 辆	62	72	82
1000-3000 辆	189	251	256
500-1000 辆	149	121	136
500 以下	187	219	203
合计	653	712	748 （含有拆解资格的分支机构）

4. 部分企业仍低水平运转

目前全行业仍有 34 家企业年回收量不足 100 辆，平均回收量仅为 34 辆。这些企业中回收量多则 97 辆，少则 1-2 辆，年回收量仅在 10 辆以内的企业就有 13 家。行业恶性竞争情况时有发生，高价竞争得到的报废汽车已经失去用作废钢的价值，个别不法企业为牟取不当利益倒卖整车、拼装车。报废汽车回收拆解行业小、乱的状况仍需时间改善。

四、汽车回收企业经营效益

1. 企业经营效益效率

2018 年全国报废汽车回收拆解企业销售额 63.4 亿元，与 2017 年相比有较大幅增长，增长 41%。营业收入 134.3 亿元，同比上涨 29%；营业利润为 -2.64 亿元，同比下降 467%；全年销售额、营业收入、纳税额均有不同程度增长，特别是纳税额从 2017 年的 7.56 亿元增长到 28.7 亿元，增幅 280%。回用件销售额同比下降 25%。营业利润下降的主要原因是：近年来企业升级改造，资金投入大，利润大幅度减少；同时，在回收环节，各省市企业报废汽车残值价格均有被“收车贩子”控制和恶意抬高价格的趋势，这也间接增加了企业回收和使用再生资源的成本，造成“再生资源比原生资源贵”的现象，导致企业营业利润的下降。

表 5 报废汽车回收拆解行业经营效益情况（单位：亿元）

时间	销售额	其中：回用件销售额	营业收入	营业利润	纳税额
2017 年	44.98	11.93	103.85	0.72	7.56
2018 年	63.4	8.9	134.3	-2.64	28.7
同比	41%	-25%	29%	-467%	280%

2. 回用件销售额略有下降

表 6 中显示，2018 年回用件销售额达到 8.9 亿元，同比下降 25.4%。但由于 2017 年回用件销售额的爆发式增长（同比增长 182%），也就是说 2018 年相较于 2016 年的 4.2 亿元还是增长超

过了100%。由此可见：随着零部件再制造、回用件再利用的广泛宣传和全社会的认知度的不断增强，回用件的使用率依然呈现上升趋势。报废汽车回收拆解企业对可再利用、再使用的零部件逐渐开始进行精细化拆解，回用件销售额占总销售额比重的14%。回用件正逐渐成为报废汽车企业主要的盈利方式之一，悄然在汽车修理业、汽配城登陆，并受到二手车车主和经销商的青睐。以往，“北上广”等经济发达地区少数企业占据全行业回用件销售额的份额较大，但2018年二三线城市企业回用件销售额占比份额增加，显现出较快增长趋势。回用件销售较畅销的车型一般为绝版车型（如北京现代、捷达等），或是已经不在4S店保修的老旧车辆。

表6　近三年回用件销售额情况（单位：亿元）

	2016年		2017年		2018年	
	数值	同比	数值	同比	数值	同比
销售额	44.1	-15.4%	44.98	1.9%	63.4	41.0%
回用件销售额	4.2	-17.6%	11.93	184%	8.9	-25.4
回用件销售额占总销售额比重	9.5%	-	21%	-	14.0%	-

3.废钢价格影响经营效益

经历了2017年废钢行业的低谷之后，2018年废钢价格在短暂的走低之后从4月份开始一路高歌猛进。但“五大总成”仍被禁售，以废钢铁回收再利用为主的报废汽车回收拆解行业形成空前的冲击与压力。部分企业售出的废钢铁结算期限较长，资金被钢厂长期占用，对报废汽车回收拆解企业盈利能力产生很大影响。但得益于废钢市场的回暖以及业内人士对国家终会取消“五大总成”销售禁令的信心（将要自2019年6月1日起开始实施的《报废机动车回收管理办法》规定：拆解的报废机动车发动机、方向机、变速器、前后桥、车架等“五大总成”具备再制造条件的，可以按照国家有关规定出售给具备再制造能力的企业予以循环利用），部分企业加大市场投入，销售额、纳税额均有显著增长。

五、近年报废机动车回收情况

2014年和2015年受国家激励政策给予老旧汽车车主报废更新资金补贴的影响，在中国汽车保有量1.5亿辆和1.7亿辆的情况下，报废汽车回收量达到206.6万辆和248万辆，报废率达到1.3%和1.4%，创近年来报废率的最高，报废量增速较快达到43.9%和20%。（见表7）。

近三年来上述指标下降，在汽车保有量逐年增长的情况下，汽车报废率呈下降趋势。究其原因，一是大部分城市的老旧汽车更新补贴相关数据政策结束，车主对车辆报废积极性不高；二是大批量的进入报废期的车辆被作为二手车转手销售。因此汽车报废量下降在所难免。

表7　近年来汽车报废相关数据

年限	2014	2015	2016	2017	2018
汽车保有量（万辆）	15447	17228	19440	21743	23500
汽车报废量（万辆）	206.6	248	233.2	238.1	240
报废率	1.3%	1.4%	1.14%	1.1%	1%
报废量增速	43.9%	20.0%	-6%	2.1%	0.1%

六、汽车回收行业发展趋势

党的十九大报告精神以及习近平总书记的重要讲话精神，激发了各领域蓬勃发展的热情。汽车工业产业链长，覆盖面广、上下游关联产业众多，在中国国民经济建设中发挥着重要的作用，已成为支撑和拉动中国经济持续快速增长的主导产业之一。随着中国汽车产业规模的不断增加，报废机动车回收拆解行业必将随之快速发展。

（一）报废拆解行业发展向好

1. 政策出台驱动行业利好

国务院 2001 年 6 月 16 日公布的《报废车回收管理办法》同时废止。与之相配套的《报废机动车回收拆解管理办法实施细则》《报废机动车回收拆解企业技术规范》也将伴随办法一起为报废汽车行业保驾护航。随着政策法规环境的逐步完善，报废汽车回收拆解行业将更加规范发展。

另外，配合国务院印发的《打赢蓝天保卫战三年行动计划》《推进运输结构调整三年行动计划（2018-2020）》，报废汽车回收拆解行业相关的政策也迎来了利好消息："国三"以下排放标准运营柴油货车提前淘汰更新；淘汰采用稀薄燃烧技术和"油改气"的老旧燃气车辆；各地制定营运柴油货车和燃气车辆提前淘汰更新目标及实施计划；2020 年底前，京津冀及周边地区、汾渭平原淘汰"国三"及以下排放标准营运中型和重型柴油货车 100 万辆以上；提前"国六"排放执行时间等，促使未来几年行业企业回收量飞速增长，也对行业的规范及发展具有极大的推动作用。

2. 汽车保有量带动回收量

据公安部最新数据显示，2018 年中国机动车保有量已达 3.27 亿辆，其中汽车 2.4 亿辆，小型载客汽车保有量达 2.01 亿辆，首次突破 2 亿辆。

从分布情况看，全国有 61 个城市的汽车保有量超过百万辆，27 个城市超 200 万辆，其中，北京、成都、重庆、上海、苏州、郑州、深圳、西安等 8 个城市超 300 万辆，天津、武汉、东莞 3 个城市接近 300 万辆。随着汽车保有量的大幅度增加，汽车报废量也将不断攀升，预计 2019 年全社会实际回收量将达到 550-600 万辆。报废汽车回收拆解企业回收报废汽车将达到 200 万辆，将会产生 720-960 万吨废钢铁，13500-18000 公斤废有色金属，其他再生资源数万吨。

3. 国民环保意识逐渐提高

中国目前报废车辆的车龄要早于欧洲（市场成熟），晚于日本（汽车轻量化）。从长远角度来看，由于环保的压力和多地车辆限购，以及全民环保意识的提高，中国的报废汽车车龄会更加年轻。随之带来汽车更新速度也会加快，回收汽车的质量随之提高，可利用零部件逐渐增多。中国的汽车产量是自 2009 年才出现质的飞速发展，因此，预计中国在 2023 年左右将进入报废汽车回收量的高峰期。

表 8 2018-2023 年预测报废汽车回收量（不含摩托车）（单位：万辆）

项目	2018	2019E	2020E	2021E	2022E	2023E
汽车保有量	24000	26000	28000	30000	31400	32600
社会回收量（含资格企业回收量）	555	660.2	784.3	948.9	1139.1	1348
资格企业回收量	175.2	244.8	290.8	351.9	422.4	499.9
资格企业回收率	0.73%	0.94%	1.04%	1.17%	1.35%	1.53%

（二）构建线上线下结合销售模式

近年来，报废汽车回收拆解行业的电商企业不断涌现出来，行业拆解企业从最开始的因为行业固守观念等导致的排斥、对抗逐渐转为了对电商企业的接受、融合、协作。诸如换糖客、拆车王、再生家、全仕宝等企业，均在报废汽车回收拆解领域探索实在可行的商业模式。

未来中国报废汽车回收拆解行业"互联网 +"模式将进入实际应用之中，通过互联网、物联网、大数据等领先技术为驱动，信息化手段管理拆解与销售环节已成大势所趋。线上线下企业合作互动，有助于行业企业提高信息化水平；将线下物流、服务、大宗交易等优势，与线上商流、资金流、信息流融合，促使传统的报废汽车回收拆解企业在物理空间和时间维度上获得极大延展；并在省与省、市与市之间形成小型联盟，通过联盟内部各企业的资源优势互补及区域产品需求，极大地打开汽车拆解零部件再制造产品市场的客户群，提升产业附加价值，提高企业销售利润，形成全渠道、全品类、全时段的新型企业发展模式。

（三）危险废弃物处置逐步规范化

2009 年在商务部的支持下，环保部和中国物资再生协会共同建立起来的氟利昂回收渠道是成功的，发挥了统一收集处置的作用，激发了企业的积极性，增强了责任感。参照氟利昂的回收模式，在商务部、环保部、行业协会的监督与培训下，行业企业对报废汽车回收拆解行业产生的危险废弃物处置也越来越重视，从以前的随意堆放，任意放置，到现在的每个企业都会与有资质的处置企业签订转移协议，完成规范转移，全行业企业都在做出努力。但目前危废的转移存在成本高、转移申请困难大、程序较烦琐，且审批周期长的问题，部份危废如三元催化器、制冷剂等还存在在当地，甚至本省内都无资质处理企业的客观困境，而省外虽有处置单位，但不接收省外企业危废的问题，给企业经营带来困难。

针对企业回收的报废汽车危险废弃物在客观上还存在“难处理”困境，行业协会也在努力推动建立以省为单位的集中收储中心，以三元催化器作为试点进行统一转移处置，同时通过线上平台对每个三元催化器的回收、拆解、处置进行全流程登记、监控与追溯。这将有效地打破与打击当前三元催化器回收市场的种种乱象，为拆解企业产生的废油，乃至其他危废的处置探索一个全新的思路与践行的模式。

（中国物资再生协会　高延莉）

第10部类

汽车流通核心企业

DISHIBULEI | QICHELIUTONGHEXINQIYE

中国大型汽车经销商集团

国机汽车股份有限公司

国机汽车股份有限公司（以下简称“国机汽车”）是世界500强企业中国机械工业集团有限公司（以下简称“国机集团”）控股的A股上市公司。截至2018年12月31日，国机汽车注册资本为10.29亿元，股本总数10.29亿股。其中，国机集团持股占比58.31%，其他股东持股占比41.69%。

国机汽车是行业领先的进口汽车贸易服务商，旗下业务涵盖多品牌汽车进口贸易服务、汽车零售、整车及零部件出口、汽车租赁和二手车、汽车金融服务、新能源汽车制造、车联网等领域。国机汽车还是国内最强、业务链最全面的服务于汽车行业的工程公司，从事“技术+服务”的工程设计、装备及系统供货和EPC工程总承包业务。

2018年，国机汽车实现销售收入442.53亿元，利润总额7.91亿元，归属于上市公司股东的净利润5.95亿元，每股收益0.5776元。通过深化改革、协同发展、不断创新商业模式和服务等多项举措，保持公司业务规模平稳发展，为成为“贸、工、技、金”一体化的、具有行业综合优势的国际化新型汽车集团。

一、汽车批售及贸易服务业务

2018年，国机汽车继续深化、开拓战略合作伙伴关系，确保汽车批售及贸易服务业务的稳步发展。进口汽车批售业务与菲克、进口大众、福特等多家进口汽车厂家成功续约，开拓沃尔沃、玛莎拉蒂等中高端豪华品牌。打造面向电商销售平台的一体化供应链服务体系，深化与电商平台及主机厂的合作。贸易服务业务保持稳定增长，与特斯拉、林肯等多家进口汽车厂家成功续签服务合同，开拓阿尔法罗密欧、蔚来汽车等服务项目。同时加大硬件设施投入，建设了38个城市中心库及10万平方米仓库及配套设备，并对已有设施进行升级。

在平行进口业务方面，“总对总”平行进口模式成功引进福特Ranger车型，独立开展车辆认证、海外采购、进口、物流、分销等全链条服务。

二、汽车零售服务业务

2018年，面对不利的市场环境，国机汽车零售业务精细化管理不断加强，盈利能力稳步提升，多家经销店跑赢大市；同时，加大新品牌开拓力度，以多种方式扩大零售规模，2018年共获得厂家8个授权，4家新店开业；多个兼并收购项目稳步推进。

三、汽车后市场及进出口业务

在汽车租赁业务领域，国机汽车继续坚持“差异化、高端化、网络化、品牌化”路线，深度挖掘传统优势业务的同时，积极探索新能源车业务、个性化租赁和汽车衍生业务，2018年采购车辆近千台。

在融资租赁业务领域构建起网约客运车、物流商用车、新能源汽车、传统乘用车四大产品主线，渠道已覆盖20个省份。

在进出口贸易业务领域，加强国际、国内市场开发，扩大南美出口业务和与中东地区的合作规模，成功拓展沙特、意大利等地区的整车出口业务。借助国家“一带一路”倡议和自主品牌“走出去”的有利时机，取得 10 余个汽车品牌的出口授权，为实施整车出口战略奠定坚实的基础。

四、新能源汽车制造业务

新能源汽车项目取得阶段性进展，赣州生产基地已建成，首款新能源车型目前处于小批量试制阶段，各项性能指标表现良好，销售网络体系同步建设。

近年来，面对由高速增长向高质量发展转变的中国汽车市场，国机汽车始终坚信在固本强基传统优势业务的同时，不断挖掘、创新企业价值，加快传统汽车批售服务业务与互联网、金融等的进一步融合，不断提升零售业务精细化管理水平；同时积极响应国家关于新能源产业发展战略和“一带一路”倡议的号召，布局新能源汽车及零部件制造，积极拓展汽车整车及零部件出口；落实国家政策，布局海南自贸区发展；通过资本市场融资等途径，大力推进汽车经营性租赁和融资租赁业务，进一步加大主营业务和汽车金融的深度融合，加大力度推动资源协同、模式创新与产业链布局。

中升集团控股有限公司

2018 年是中国汽车市场转型升级的关键一年，中升集团积极参与市场整合，不断提升发展战略，持续优化品牌组合及加强地区优势，扩大网络布局，提升管理效率。集团的核心竞争力得以全面巩固和加强，截至 2018 年 12 月 31 日，营业额总收入 1077 亿元，首次突破千亿大关，较 2017 年同期的 883 亿元同比增长 24.9%。其中新车销售收入为 932 亿元，较 201 年同期 747 亿元增长 24.8%，售后服务及精品业务收入由 2017 年的 116 亿元增长至 145 亿元，增幅 25.2%。

集团发展进一步得到社会各界以及国内外广泛认可。2018 年 11 月，本集团荣获 2018 年中国汽车流通行业“品牌最具影响力企业”奖；于 2019 年 6 月中国汽车流通协会公布的”2019 中国汽车经销商集团百强排行榜”中，集团凭借 2018 年营业收入 1077 亿位列第 2 位；在 2019 年 7 月 10 日，集团再次入选具有国际权威性的“财富中国 500 强排行榜”，位列第 82 位，较 2018 年排名提升 8 个名次。

一、网络布局

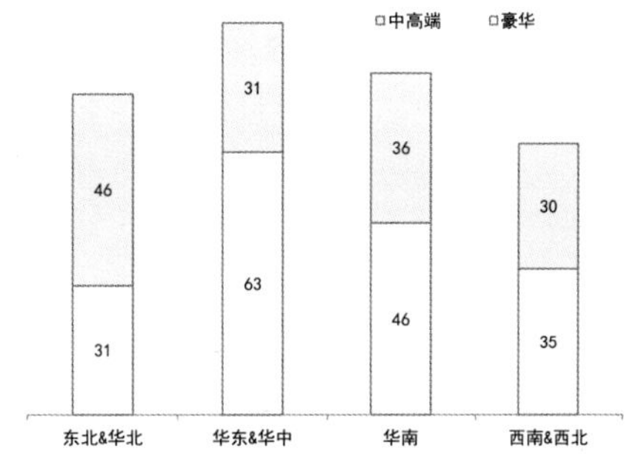

图 1　2018 年经销店网络分布情况（单位：家）

本集团秉承“品牌 + 区域”策略，深入优化现有品牌组合，同时在扩大现有区域优势的基础上继续拓展新区域。截至 2018 年 12 月 31 日，本集团已拥有 318 家经销店，其中豪华品牌经销店 175 家，中高端品牌经销店 143 家。目前代理的品牌组合涵盖梅赛德斯 - 奔驰、雷克萨斯、奥迪、宝马、沃尔沃、捷豹路虎、保时捷、英菲尼迪等豪华品牌，以及本田、日产、本田等中高端品牌。网络覆盖全国 24 个省份及地区，近 90 个城市，其中有 245 家经销店位于全国一线、二线或省会城市。东北及华北地区 77 店，占比 24%；华东及华中地区 94 店，占比 30%；华南地区 82 店，占比 26%；西南及西北内陆地区 65 店，占比 20%（见图 1）。

二、经营模式与优化

在秉承“品牌 + 区域”策略的基础上，2018 年集团对管理制度、组织架构进一步创新优化，提高人员效率。

集团对部分工作按品牌及地域维度进行整合执行，对于非业务职能（如招聘、薪资核算、培训、市场营销、投诉处理等）集团统筹整合，从而提高经销店工作效率；通过外包 / 合作补充工作空白，在综合衡量管理成本、外包费用、服务质量的基础上，经销店的钣喷、救援、保洁、安保等业务通过外包的形式在经销店运作。

在经销店管理过程中，除财务部门和备件部门外，其他管理岗位及辅助岗位将充分压缩：①极致压缩的中高管理层 - 总经理 + 副总经理 + 服务经理；②“三位一体”的业务架构 - 营业人员 - 售后顾问 - 机修人员；③将水平业务在一线中普及，全面提升综合业务技能，一线员工兼岗其他店端必要工作，各水平业务总负责人及分组负责人均由一线员工兼职负责；④营业人员将围绕客户的全生命周期开展主要工作内容；⑤多板块组合小组共同完成目标，业务中相互协调开展工作。

三、股比关系

中升集团于 2010 年在香港成功上市，成为第一家上市的汽车经销商公司。截至 2018 年 12 月 31 日，集团董事及主要行政人员股份、相关股份及债券的权益如表 1。

表 1　2018 年中升集团主要股东持股比例

董事姓名	身份 / 权益性质	普通股总数	股权概约百分比（%）
黄毅先生	控股法团的权益	338331504	14.89
	酌情信托成立人的权益	486657686	21.42
	协议收购的权益	486657686	21.42
李国强先生	控股法团的权益	185653000	8.17
	酌情信托成立人的权益	489657686	21.42
	协议收购的权益	639336190	28.14
杜青山先生	实益拥有人	5500000	0.24
张志诚先生	实益拥有人	5500000	0.24
钱少华先生	实益拥有人	100000	0

集团高管李国强先生持股比例 57.73%，黄毅先生持股比例 57.73%，张志诚先生持股比例 0.24%，杜青山先生持股比例 0.24%，钱少华先生持股比例小于 0.01%。

四、业绩数据及分析

1. 新车销量

凭借有利的品牌组合及区域分布，集团于 2018 年实现新车销量 41.2 万辆，同比增长 20.7%。其中，豪华品牌销量达成 19.3 万辆，占本集团总销量的 46.7%，较 2017 年同期进一步提升，意味着产品结构不断优化。

截至 2018 年 12 月 31 日，新车销量等店同比增幅 7.8%。其中广丰品牌 2018 年市场占比增幅明显，中升集团广丰品牌销量等同比增幅达到 25.1%，雷克萨斯销量等店同比增幅 22.7%，日产品牌等店同比增幅 12.8%，奔驰乘用等店同比增幅 9.9%。

表 2　2018 年分区域各品牌销量等店同比统计

区域	雷克萨斯	奔驰乘用	一汽奥迪	捷豹路虎	沃尔沃	宝马	广汽丰田	一汽丰田	东风日产	东风本田	广汽本田	合计
东北	18.0%	0.9%	8.0%	-12.2%	-	12.6%	22.2%	-13.1%	20.0%	-18.1%	-14.9%	5.6%
华北	24.7%	-7.6%	1.5%	-	-	-	-	-20.1%	15.7%	8.7%	-	-0.8%
华东	23.4%	12.4%	8.8%	-5.3%	7.7%	10.9%	52.5%	1.1%	-3.7%	-	-	8.6%
华南	22.0%	15.1%	-	-	-	14.0%	16.7%	-6.5%	12.3%	-28.2%	-18.3%	6.2%
华中	36.0%	8.7%	11.1%	-	-	-	43.8%	-	-	-	-	15.4%
西北	32.8%	-	-		-	-	-	-	-	-	-	32.8%
西南	21.5%	9.8%	9.9%	-16.1%	-	-	21.2%	5.3%	12.8%	-17.0%	0.4%	10.1%
合计	22.7%	9.9%	8.7%	-8.7%	-	-	25.1%	-3.4%	11.2%	-17.1%	-14.1%	7.5%

雷克萨斯、一汽奥迪、沃尔沃、宝马、广汽丰田 5 个品牌中升集团经销店在全国分布区域内 2018 年销量较 2017 年均实现等店同比增幅；奔驰乘用在华北地区出现同比下滑；捷豹路虎品牌 2018 年销售压力较大，各区域均出现下滑；一汽丰田在华东、西南地区出现小幅增长，其余地区出现下滑；东风日产在华东地区出现小幅下滑，其余地区均等店同比增长；东风本田受到 C-RV 漏油事件的影响，除华北地区出现同比增长，其余地区均下滑明显；广本在西南地区有小幅增长，东北、华南下滑明显。

整体来看，本集团豪华品牌销量 2018 年成绩优异，等店同比增幅较大，中端品牌受整体市场环境疲软的影响较大；从整体市场环境来看，华东、华中、西北、西南地区优于东北、华北、华南地区。

2. 售后入厂

截至 2018 年 12 月 31 日，售后总入厂台数同比增幅 28.3%，等店同比增幅 15%。总入厂中，维修入厂占比 70.3%，钣喷入厂占比 17.6%、保修入厂占比 12.1%。

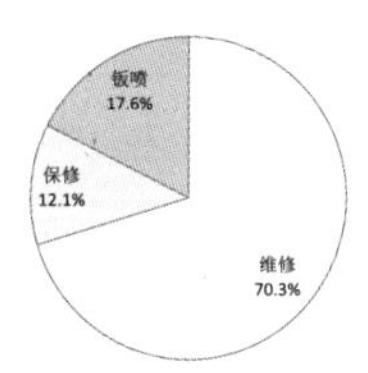

图 2 售后入厂结构

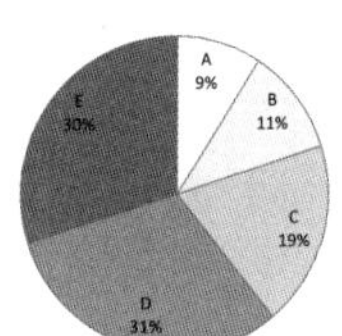

注：A 类 - 一年内回厂 4 次或以上

B 类 - 一年回厂 3 次

C 类 - 一年回厂 2 次

D 类 - 一年回厂 1 次

E 类 - 一年以上未回厂

图 3 保有客户结构

截至 2018 年 12 月 31 日，管理客户总量同比 2017 年增幅 29.1%。管理客户中一年内回厂 1 次及以上客户占比 70%，A-D 类客户量同比增幅 28.5%；3 年内有回厂但 1 年以上未回厂客户占比 30%，同比增幅。集团经营 5 年以上经销店客户流失率 15.2%，等店同比去年 16.2%，降低 1.0%。

3. 营业收入

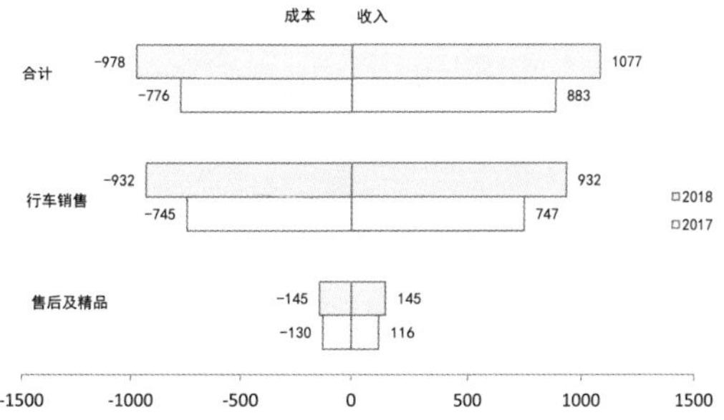

图 4　2018 年收入成本结构（单位：亿元）

截至 2018 年 12 月 31 日，营业额总收入 1077 亿元，较 2017 年同期 883 亿元增加 214 亿元，增幅 24.9%。其中新车销售收入为 932 亿元，较 2017 年同期 747 亿元增加 185 亿元，增幅 24.8%，售后服务及精品业务收入 145 亿元，较 2017 年的 116 亿元增加 29 亿元，增幅 25.2%。

4. 销售及服务成本

截至 2018 年 12 月 31 日，年度及服务成本 978 亿元，较 2017 年同期增加 202 亿元，增幅 26.0%。其中年度新车销售业务成本为 904 亿元，较 2017 年同期增加 187 亿元，增幅 26.1%；售后及精品业务成本为 75 亿元，较 2017 年同期增加 15 亿元，增幅 25.9%。

5. 毛利

截至 2018 年 12 月 31 日，年度毛利为 99 亿元，较 2017 年同期增加 12 亿元，增幅 14.3%。其中新车销售业务毛利 29 亿元，较 2017 年同期减少 1.5 亿元，降幅 5.0%；售后及精品业务毛利 71 亿元，较 2017 年同期增加 14 亿元，增幅 24.5%。2018 年全年，集团来自售后及精品业务的毛利贡献占毛利总额 71.2%，同比增长 5.9%。年度毛利率为 9.2%，其中新车销售业务毛利率为 3.1%，售后及精品业务毛利率为 48.7%。

截至 2018 年 12 月 31 日，营业利润等店同比下滑 13.6%。其中广丰品牌 2018 年盈利水平增长明显，中升集团广丰品牌店营业利润等店同比增幅达到 42.8%，雷克萨斯等店同比增幅 17.4%，沃尔沃等店同比增幅 5.8%。

雷克萨斯、广丰品牌全国范围内实现等店同比增长，其余品牌均出现下滑。华北地区利润下滑明显，其次为东北、西南、华东、华东地区，华南地区出现小幅下滑。

表 3　2018 年分区域各品牌利润等店同比统计

区域	雷克萨斯	奔驰乘用	一汽奥迪	捷豹路虎	沃尔沃	宝马	广汽丰田	一汽丰田	东风日产	东风本田	广汽本田	合计
东北	31.1%	-26.3%	-63.0%	-398.7%		104.2%	43.8%	-42.7%	18.0%	-117.2%	-92.2%	-19.9%
华北	2.6%	-35.0%	-62.2%					-56.8%	-34.8%	-98.0%		-408.0%
华东	32.1%	-13.2%	-44.8%	-74.2%	5.8%	-29.3%	162.3%	-24.7%	-72.1%			-13.6%
华南	8.2%	-9.5%				110.8%	14.6%	-35.5%	-56.9%	-29.7%	-15.0%	-3.8%
华中	31.4%	-22.6%	-24.3%				73.2%					-16.4%
西北	36.6%											36.6%
西南	9.1%	-18.5%	-66.7%	-283.3%			45.3%	-24.2%	-95.7%	-50.8%	-152.5%	-17.8%
合计	17.4%	-15.5%	-46.6%	-119.2%			42.8%	-31.4%	-43.9%	-74.9%	-53.6%	-13.6%

受经济运行结构变化影响，2018 年全国汽车销量 20 年来首次出现负增长，市场面临诸多挑战和困难。在乘用车需求低迷的市场环境下，2018 年中升集团新车销量实现等店同比增幅 7.8%，高于市场整体水平，这源于合理的品牌组合、区域分布，以及精细化的管理方法和高效的运营模式。

大昌行集团有限公司

大昌行集团有限公司（“大昌行”）成立于 1949 年，是一间多元化业务的综合企业，业务包括汽车销售、汽车相关业务及服务、食品销售及消费品及物流服务，在大中华及新加坡等市场均奠定了稳固的地位，在各地共拥有员工约 1.7 万人。中国中信股份有限公司持有大昌行集团有限公司 56.97% 股权。

在汽车业务方面，大昌行自 1964 年在香港开始汽车业务，在汽车行业拥有 50 年的经验，建立了良好的商誉，广获市场认同。大昌行长期占有香港 20%-30% 的市场份额，并为巴士及货车市场、电动巴士和减排产品的市场领导者。大昌行自 1979 年进军中国大陆汽车业务，是大中华地区内主要的汽车总代理商及分销商集团之一，多年来取得奖项包括全国最佳经销商、全国十佳金牌经销店、中国区最佳零售奖、全球优秀经销商及全国第一的优秀集团奖等。

据 2 月 26 日发布公司业绩公报显示：大昌行 2018 年度车辆销售 126531 辆，总收入与整体毛利保持增长，净利润实现增长，售后维修、金融、保险、租赁服务以及相关收入及利润增长较快。在实施香港财务报告准则第 15 号后，收入轻微下降 0.7% 至港币 508.78 亿元，撇除其影响，则增长了 3.6%。

一、业务发展概况

作为汽车经销商和分销商，大昌行代理 20 多个知名汽车品牌，包括宾利、一汽奥迪、本田、五十铃、雷克萨斯、梅赛德斯—奔驰、日产、庆铃、上海通用别克，以及丰田等，业务遍及中国内地、中国香港、中国澳门、中国新加坡、中国台湾和缅甸等地。

截至 2018 年 12 月 31 日，大昌行在中国内地 13 个省市销售多元化汽车品牌，加速扩展高端市场以及内地东部和西南部市场渗透率，运营网点数量达到 117 家，其中 4S 店从 2017 年底的 80 家店增长至 88 家，授权陈列店 29 家。

在中国内地，除经销业务外，也提供汽车服务，包括租赁、融资、零件销售、汽车保险及二手车销售。大昌行也取得进口商许可证，并将在政策发生有利转变后（包括取消自由贸易区保税仓的时间限制）扩大平行进口服务。

在中国香港及中国澳门，大昌行是 16 个汽车品牌的经销和分销商，提供汽车租赁、二手车贸易、独立汽车维修中心、零部件贸易、机场及航空支持业务、工程项目及豪华游艇分销等汽车相关业务。

在中国台湾，大昌行也是五十铃汽车的独家经销商及授权代理商，并设有半散件组装装嵌设施，提供汽车销售及售后服务。

2018 年，大昌行致力开拓豪华及超豪华品牌汽车销售业务与传统售后业务，同时积极探索新业务模式，树立行业管理标准与管理输出，拓展网络布局，增强竞争力。利用其汽车售后服务、租赁、融资、零部件销售、汽车保险及二手车销售，大昌行以市场为导向，客户需求为核心，并积极拓展汽车售后服务市场业务。得益于合理稳健的网络布局、高效的运营管理体系、数字化体系升级、销售渠道的升级，大昌行 2018 年新车销售显著提升。

2019 年，大昌行汽车业务将继续扩展高端、商用及国产汽车市场，并积极扩建 4S 店的网络。同时，投资汽车相关业务，以开拓新的发展机遇。与腾讯一起合力构建“智慧”4S 店项目，打造有别于传统经销业态的智慧待客之道，并推出创新的商业模式，包括香港的 C2C 二手车平台、零件交易业务的电子下单系统，以及汽车租赁的汽车分享应用程序。

二、经营改革

在整体市场逐步下挫的大环境下，大昌行 2018 年一直保持着远超大市场预期的业绩表现，这得益于大昌行在经销领域持续的深耕细作，2016 年自引入麦肯锡咨询以来，大昌行在经营改善的道路上逐步迈向深水期，从最初的麦肯锡八大项改善到业务技能、运营管理、意识行为三大技能提升；再到由原先的区域管理转变为“品牌为主，区域为辅”的管理机制，从而在厂家资源获取、集团资源协同、品牌对标管理等方面都发挥重要作用；时至今日，集团已联同国际咨询顾问公司对标业内先进的管理方法和管理工具合力定制打造了各模块业务系统，在业务过程管理、员工业务能力提升、客户管理与维系等层面上更进一步。

三、数字化转型

契合“互联网 +”的趋势和浪潮，大昌行正在积极的拥抱数字化转型，作为腾讯集团为数不多的重点经销商战略合作伙伴，大昌行正与腾讯一起合力构建“智慧”4S 店，打造有别于传统经销业态的智慧待客之道。集团全面倡导并运用新媒体以及数字化营销的力量来实现精准的客户画像和定向投放，同时在经销店内大力推广智慧交车、电子预约、个性试驾等数字化工具，提供客户以更简洁，更丰富的线上体验场景。通过上述在全业务流程上的数字化部署大昌行已实现对客户生命周期的有效管理。

致力于成为“客户依赖的移动出行平台”——大昌车主会通过整合团内、团外资源，实现价值变现，用一系列丰富多彩的品牌活动定制化增值服务为客户打造高品质汽车文化生活圈。

山东远通汽车贸易集团有限公司

山东远通汽车贸易集团有限公司，中国民营企业 500 强，山东省区域龙头经销商，成立于 1976 年，从事汽车贸易服务 43 年，建有 19 个综合性汽车服务园区，17 个大型配件库及配件物流配送中心，立足临沂及周边区域市场，打造出面向全国的市场竞争力。

2018 年远通汽车贸易集团共销售各类汽车 12 万辆，总收入 213 亿元，在中国汽车经销商集团竞争力指数排行榜上位居第 24 位。

一、营销服务体系

作为区域性经销商集团，远通集团始终立足临沂区域，深耕临沂市场，在市区以 4S 店为主体建设了 4 个综合性经营服务园区，同时在临沂 9 个县区也分别建立了汽车园区，平均每个园区占地 300 亩，园区内建有汽车品牌店，保险金融服务大厅、检测线、挂牌交易大厅等配套服务。在乡镇采取自建网点及合作建设网点的方式，进行营销网络布局，同时通过航班服务、定点服务等方式，将各类汽车服务推进到村。在全市建有 12 个机动车登记服务站，配套服务健全，为广大客户提供车辆购置税纳税申报、新车型备案、免税、退税、已免税车辆转让免税申报、完税证明遗失补发、完税信息共享核查、注册登记、转移登记、抵押 / 解押登记、临时号牌、面签、违章处理、年审等一条龙服务。

以综合性服务园区为核心，辐射带动周边，逐步形成市县乡村一体化营销服务体系。市级市场和县级市场互为支撑，互为补充，纵向深耕这一特殊的经营体系，具有极强的市场风险抵御能力，在市场困难时期，为远通集团稳定经营提供了助力。

二、二手车产业链条

把线上拍卖交易和二手车实体交易市场相结合，实现二手车业务在全国范围内的资源流通，业务涵盖二手车收购置换、评估鉴定、整备改装、检测认证、拍卖交易、挂牌办证、金融保险等全产业链条，目前建有 9 个二手车有形市场，进驻经营商户 600 多家，年交易量超过 7 万台次。

厂家品牌授权二手车店、有形二手车市场、020 星辉二手车商城三种业态共同构成完善的实体二手车营销服务渠道。二手车评估实现独立第三方评估，2014 年注册成立有临沂远通二手车鉴定评估有限公司，主要是开展车辆置换、收购以及机动车的鉴定评估，年评估量为 2 万台次。与日本霸尔肯合作建立国际标准的远通霸尔肯汽车二整备中心，引进日本霸尔肯先进的汽车整备技术和管理经验，对置换、收购车辆进行全方位整备。该项目是临沂市新旧动能转换重点项目，改变了中国二手车整备行业长期以来缺少标准的局面，目前正在积极申请中国二手车整备行业标准，已经在临沂成功运营两个远通霸尔肯汽车整备中心，年整备量达到 30000 辆。远通集团对所有整备车辆出具行业认证报告，所有经过远通霸尔肯整备的车辆，都会严格按照中汽协行业标准进行 360 度全车检测，出具“3721”远通品牌认证书，用来保证车辆的品质，然后通过远通星辉二手车商城面向全国进行销售，远通认证的二手车因品质有保证而广受消费者信赖。

在二手车流通环节，在行业率先建立起成熟的二手车 020 拍卖业务模式，2011 年成立临沂远通拍卖有限公司，开始进行二手车拍卖业务探索；2016 年开展线上、线下同步拍卖，线下建立专业的拍场，线上通过网上平台，与全国市场互通互联，打造真正线上线下闭环的汽车 020 电商业务和整体服务模式，可提供二手车线下拍卖、二手车线下线上车道拍、二手车线上及时拍、二手车线上拍等服务。二手车年拍卖量达到 35000 辆。

三、汽车配件物流电商体系

学习三菱等先进的物流运营经验，以位于临沂的远通汽车零部件物流配送中心为依托，以分布华北、东北、华东、华中等地区的众多配件中心库为支撑，引入智能配件仓储物流管理系统，配件仓储物流逐步实现信息化、智能化、精益化。在做好针对社会修理厂、服务站的配件物流配送服务的同时，抓住京东等电商平台常用汽车配件业务的快速增长，成为京东配件业务供应商。目前，独立配件业务全年销售额超过 22 亿元。

大力发展新动能项目，推动企业经营转型升级。面对汽车行业变革调整的多重压力，远通集团借助山东省推进新旧动能转换的重要发展机遇，抓住汽车市场结构逐步向高端化、电动化、智能化、个性化的发展趋势，立足市场涌现的消费升级换代、新能源发展、公务用车改革等新机会，快速调整发展思路，推动企业从汽车销售商向汽车服务商转变，在复杂形势下实现了企业的稳步向前发展。

四、加快拓展汽车智能改装业务

基于汽车消费的个性化需求，远通集团探索发展汽车智能改装项目，目前远通智能科技改装业务覆盖商务车、房车、专用车及家用轿车内饰个性化改装，成功为一汽厂家研发电动商务、警车等专用车辆，为一汽解放定制改装的 J6 车型也已经投放市场，形成年改装超过 2000 辆专用车的生产能力，该项目被山东发改委列入山东省新旧动能转换重点项目库，远通智能改装实验室也成为临沂市汽车智能安全重点实验室。

五、加快新能源业务布局

抓住新能源发展机会，与北汽集团、吉利新能源等企业合作，在全省布局新能源汽车。发挥自身在新能源汽车营销、车辆智能管理、分时共享租赁运营等方面的资源优势和实践经验，为临沂罗庄区搭建了一整套新能源公务用车管理平台，并提供、投放了 200 多辆北汽新能源汽车，目前运行反馈良好，实现了公务车的统一调度、统一管理，用车的按需申请，网络审批，有效解决了车辆管理使用过程中的诸多矛盾，实现了公务车的高效配置、透明管理，新能源汽车的使用更是大大降低了费用，取得了节能减排的经济社会效益。三是探索汽车新零售，推动经营模式和形态逐步转向园区化、平台化。

建设自主自助式的远通车联网平台，将各项服务实现信息化、互联网化，广大汽车用户在家就可以在线查询车辆使用情况，购买各类汽车服务，甚至是在线上预订新车，用新的服务模式提升服务效率和质量，目前远通车联网平台已经拥有活跃车主 40 万，月活数超过 10 万人次。借助车联网平台等新技术新手段为企业发展赋能，建立多元化生态服务场景，远通不断打造自身优化商业生态圈的能力，主动构建、优化与生态伙伴的关系，营造共生、互生、再生的商业生态圈。

通过持续不断的优化自身业务体系，逐渐形成全新的六位一体的业务发展体系：以 4S 店为主的新车销售服务；以自建有形市场为载体的二手车交易服务；以配件物流配送园区及配件中心库为主要业态的汽车配件电商物流营销体系；以汽车连锁维修、汽车修理厂等相结合的市县乡维修服务一体化；以智能改装、标准整备、自主产品为主的汽车后市场改装业务；以信息数据平台和车友俱乐部为依托的车辆网 + 汽车生态圈服务平台，增强了自身体系服务能力和市场应对能力，远通集团在全国汽车流通行业形成了独具特色的远通发展模式，实现了自身的可持续发展。

河南威佳汽车集团

河南威佳汽车贸易集团有限公司（以下简称威佳集团）成立于 2000 年 2 月，注册资金 10 亿元人民币，是一家专注于汽车营销和汽车服务的大型经销商集团公司。成立十九年来，威佳集团始终立足于河南市场，秉承“客户需求至上，服务质量第一”的服务宗旨，坚持“追求卓越，尽善尽美”的经营理念。

威佳集团目前拥有 20 个中高端汽车品牌的经营权，136 家 4S 店，覆盖河南省 18 个地市 108 个县区。同时拥有 13 个自营汽车园区，3 个物流园区，1 家连锁快保机构（威佳车快修），11 家二手车大卖场，1 家汽车融资租赁公司，为河南人民提供 360° 一站式汽车服务。

2018 年，全国零售增长率同比下降 5.8%，河南 PV 增长率同比下降 7.4%，在相对低迷的市场大环境下，威佳集团整体实力继续稳步提升，销售整车（含二手车）10.74 万辆，同比下降 5.5%；售后回厂 93.4 万辆，同比增长 10.2%；营业总收入达 170 亿元，同比增长 1%，累计保有客户量达到 105 万。

一、威佳特色服务

成立十九年来，威佳集团始终以客户需求为中心，栉风沐雨不断提升服务质量。为了能第一时间响应客户的需求，威佳集团设立了 365 天全天候值班的 96998 客户专线，近 300 辆救援车全省实时联动，保证河南省内 40 分钟服务到身边，开创了在“1 个店买车 136 家 4S 店保障”的威佳特色服务。

结合新时代的媒体传播特点和用户阅读习惯，威佳集团升级了集团微信公众号，除了定期推送养车用车知识、交通法规等信息外，所有威佳的客户都可以免费绑定线上“个人服务中心“，通过线上进行预约试驾、预约维修、账户变动提醒等，扩大了服务途径。

在威佳所有店面，始终牢记并坚持威佳集团的“三拒绝”原则，即“拒绝小病大修、拒绝假冒伪劣、拒绝以次充好”，“宁可牺牲利益、不可牺牲名声”，正是对底线的坚守，也使得威佳汽车集团成为河南乃至全国汽车流通行业响当当的金字招牌。

二、集团人才管理模式

威佳商学院围绕业务需要开展各级干部的培训培养工作，力争成为威佳集团人才培养的“黄埔军校”，提高管理者的管理水平和员工业务技能。在课程设置上分为：通用能力发展中心、专业能力发展中心和一线员工成长中心；在师资配备上，外部师资侧重于通用能力提升，内部师资侧重于专业能力提升，集团高管担任一到两门核心课程的讲授，各级管理者也都是商学院的特聘讲师；在教学方式上，线上学习加线下讲授、理论结合实践，通过讲授、团队共创工作坊、以赛代练、在岗培养等方式给组织赋能。商学院自成立以来已完成数个人才培养项目，沉淀线上线下课程上百门，为集团发展奠定了坚实的人才基础。

威佳集团致力于使员工成为丰富生活的代表者，薪酬水平在当地汽车行业处于领先位置，同时倡导工作效能，强调用人的“345”原则，近几年来对标百强汽车集团，在提升人员效能上不断探索。

威佳集团在管理模式上改革创变，由事业部制调整为品牌总经理制，集团总部将管理权限下沉，赋予品牌总经理更大的责、权、利，趋于扁平的组织架构旨在让听到炮火的人第一时间做出决策。

威佳集团在渠道管理上进一步优化，对二级网点由单一品牌单一店面整合为单一店面多品牌共存，极大提高了客户服务的全面性。

威佳集团的信息化建设工作逐步推进，ERP 智能系统、微信平台、移动支付、智能放行、财务共享中心等应用的上线和完善，为智慧化 4S 店建设夯实基础，进一步提升客户体验。

经历十九年的发展，威佳集团员工数量已达 7500 人，其中工作十年以上的员工达 500 人。威佳集团与省内高等专业院校达成培养协议，搭建人才蓄水池，通过萌芽培养计划，给学生创造实践机会，在提升技能的同时缓解未来就业压力。

蓝池集团有限公司

蓝池集团有限公司是以汽车销售及汽车后市场服务为主的服务与贸易型企业集团，法人代表杨晓勇，注册资金 2 亿元。公司前身是 1998 年创立的邢台市大众汽车服务有限公司，2008 年 5 月 4 日成立蓝池集团有限公司，总部位于河北省邢台市邢州大道 2332 号。

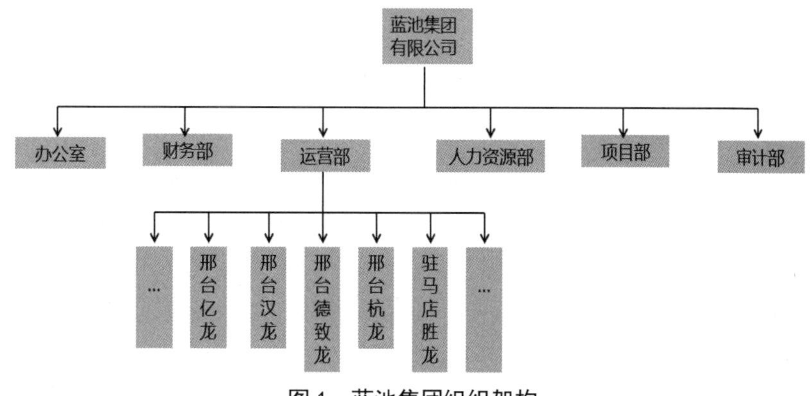

图 1 蓝池集团组织架构

蓝池集团先后在河北、山西、陕西、河南、四川、天津等省市建立78家分支机构，54家4S店，经营有捷豹路虎、雷克萨斯、沃尔沃、奥迪、JEEP、雷诺、一汽－大众、一汽－丰田、上海大众、北京现代等26个乘用车品牌。在河北省邢台市建立了汽车物流园区，形成了蓝池汽车综合体业务服务体系，业务涵盖汽车销售、售后维修服务、二手车交易、汽车改装、精品装具、汽车美容、保险代理、道路救援、汽车运输、车友俱乐部、消费贷款、融资租赁、报废车拆解与能源再生等。

蓝池集团总部设有办公室、财务部、人力资源部、项目部、审计部、运营部等6个职能部门，并对其各4S店及钣喷中心、东源租赁等价值链公司实行垂直管理。下属4S店公司主要承担整车销售、售后维修及价值链衍生服务职能，自负盈亏；下属价值链公司主要承担汽车后市场服务职能，自负盈亏；蓝池集团主要承担投资管理职能。

2018年，蓝池集团实现新车销售61166辆，同期下降5.2%，与国内乘用车销量同期降幅趋平；实现售后产值5.19亿元，同期增长8.81%。截至2018年底，集团总资产49.43亿元，资产负债率53.54%，实现营业收入108.26亿元，同比下降0.55%，利润1.12亿元。

表1　蓝池集团经营状况

	新车销量（辆）	售后产值（亿元）	营业收入（亿元）	资产总额（亿元）	净利润（亿元）	资产负债率（%）
2016	68203	4.54	107.24	45.18	1.50	55.04
2017	64542	4.77	108.86	46.60	1.53	53.13
2018	61166	5.19	108.26	49.4.3	1.12	53.54

2018年，蓝池集团位于“中国服务业企业500强”第326名，“中国汽车经销商集团100强”第39名，“河北省民营企业100强”第31名，“河北省民营企业服务业100强”第8名，“邢台市纳税100强企业”第53名。蓝池集团董事长杨晓勇先生荣获“纪念改革开放40周年——中国汽车经销服务行业杰出人物”称号。

蓝池集团以聚焦区域、聚焦品牌为发展战略，以京津冀、河南、四川、两广为主发展网点，打造“25分钟、25公里”服务半径圈，同时以城区为中心，复制汽车物流园模式在各县域市场建立汽车城，为县域客户提供快捷、专业的服务，目前在清河县、南宫市、宁晋县、内丘县、广宗县、巨鹿县、平乡县、威县、临西县建立汽车城。

蓝池集团致力于发展现有汽车品牌，将品牌做强做大。截止到2019年6月底，蓝池集团已开业的一汽－大众4S店14家，在建的有6家，占集团4S店总数量的26%，一汽－大众销量占集团总销量的46%。集团预计用5年时间建设一汽－大众4S店到50家，销量破10万辆，占整个集团销量的60%以上，在一汽－大众全国销量中争取由现在占比2%提升到5%。

四川华星汽车集团有限公司

四川华星汽车集团有限公司位于成都市金牛区羊西线两河路1号，是一家按现代企业制度建立的汽车销售服务集团，中国汽车流通协会副会长单位。集团通过优化品牌结构、提升豪华品牌占比（目前豪华品牌占比已经超过90%），提高了集团的盈利能力，在经营规模、管理水平、服务模式等多方面巩固了集团在行业中的区域领导地位。集团以“华星汽车”作为企业品牌，在行业内享有较高的市场知名度和美誉度，是西南地区配套功能全、档次高、年经营规模过百亿的汽车集团公司。

得益于行业的可持续发展前景及市场稳定增长带来的机会，集团目前已经建成营运梅赛德斯－奔驰 4S 店 18 家、一汽－大众奥迪 4S 店 13 家，捷豹路虎 4S 店 1 家以及克莱斯勒 -Jeep-道奇 4S 店 2 家等品牌 4S 店。

集团经营以汽车销售服务为主，致力于为客户提供全方位的体验式服务，由经验丰富的管理团队领导，经过多年品牌发展之路，经营规模不断扩大，立足四川辐射全国的营销服务网络已逐步形成。

在激烈的市场竞争中，集团始终坚持规范化的管理流程和服务体系，以“客户为中心”，有效组合集团整体优势，走豪华汽车品牌发展道路，集团核心竞争力得以提升并实现可持续发展。集团凭着志向高远的理念和以人为本的服务，坚持“品牌经营、科学管理、全情服务、创造典范”的经营方针，集聚营销服务精英，创造汽车营销的新典范。

2018 年，据集团完成了销售目标，整车销售较上年度增长 10033 辆，同比增幅达 28.11%。全年公司营业收入较上年度增加 37 亿，增长率为 25.77%；营业利润较上年度增加 1.08 亿，增长率为 6.87%。集团取得了较好的盈利水平，持续着良好的发展态势。

作为全国百强汽车经销商团队，集团在 2018 年稳扎稳打、一步一个脚印，更新布局、拓展网络，形成了更科学的营销网络，为广大客户提供了更加优质、便捷的服务体验。

在更新布局方面，集团进行了更科学的销售服务网点布局。2018 年集团旗下华星锦业奔驰先后在云南保山、成都温江开业了两家奔驰品牌店；同时，集团旗下华星名仕奥迪在云南昆明、红河和湖南岳阳增加了三家奥迪品牌店。

在新豪华品牌扩展方面，2018 年 11 月 27 日，成都天府新区——华星凯利捷捷豹路虎 4S 中心（四川华星凯利捷汽车销售服务有限公司）顺利通过捷豹路虎厂家 POCA 验收，正式成为集团旗下首家捷豹路虎品牌授权经销商。捷豹路虎豪华汽车品牌加入四川华星汽车集团是集团在发展高端汽车品牌道路上迈出的更坚实的一步。

利星行汽车

一、简介

利星行汽车是梅赛德斯－奔驰在中国重要的经销商集团之一，经过数十年的发展，现已成为中国汽车流通行业著名的汽车经销商集团。2018 年，利星行汽车营业收入为 829.96 亿元，新车总销量为 23.92 万辆，位列“2019 年中国汽车流通行业经销商集团百强排行榜”第三名。

作为中国汽车流通行业的先行者之一，截至 2019 年 6 月，利星行汽车的服务网络遍布全国 82 个城市，建立了 156 家网点，为超过 103 万客户提供卓越的服务。目前，利星行汽车员工人数已超过 18000 人，其中，高级管理团队成员的汽车行业经验平均达 25 年，服务梅赛德斯－奔驰品牌的平均经验达 20 年。

利星行汽车的经营范围涵盖新车、二手车、汽车零部件的销售、售后服务、金融和保险及相关的汽车衍生服务。提供多样化的产品和服务，以满足客户的不同需求。

二、发展历史

二十多年前，利星行汽车进入中国大陆市场，并于1993年在上海成立了中国大陆第一家正式授权的奔驰经销商。随后，利星行汽车分别在北京（1994年）、青岛（1996年）和厦门（1997年）等重要城市开设了经销商网点，成为区域市场的先行者。

1993年，随着第一家经销商在上海的成立，利星行汽车的业务在中国大陆迈出了第一步。

1994年，利星行汽车抓住先机，在首都北京优先成立了第一个奔驰经销网点。

2007年，第一所利星行汽车希望小学揭牌成立，见证了利星行汽车履行企业社会责任的承诺。

2008年，利星行培训学院正式成立，并于2013年在北京利星行汽车中心举行隆重的揭牌典礼。

2010年，利星行汽车荣膺中国汽车经销商百强前五，迄今已经连续10年入围中国汽车流通协会评定的中国汽车经销商百强榜单前五强。

2012年，利星行汽车的第100家服务网点开业。此外，首家利星行汽车中心同年在北京竣工，该中心包含一个完备的4S经销门店和钣金喷漆中心。

2015年，利星行汽车的新车年销量首次超过10万辆。

2018年，中国首家MAR2020展厅投入使用——利星行平治投入使用，为客户提供独一无二的进店体验。

三、业务发展情况

多年以来，利星行汽车与梅赛德斯－奔驰、梅赛德斯－AMG、梅赛德斯－迈巴赫、smart品牌建立了长期稳定的合作伙伴关系。

凭借20余年的发展积累和数十年以来的紧密合作，使对梅赛德斯－奔驰的价值观和品牌有了深刻理解，让能够竭诚为客户提供卓越服务。利星行汽车提供豪华车品牌经销服务，通过量身定制的客户体验，不断为超越客户期望而努力。在中国重要城市拥有一定的积淀，并力争在快速变化的市场中占据战略地位，坚持不断创新，为客户提供最佳体验和个性化服务。

在新车销售业务方面，历经二十多年的传承发展，利星行汽车矢志不渝地深耕豪华汽车经销服务领域。自2015年销量首次超过10万辆以来，利星行汽车的年销量持续攀升，是奔驰在华发展中的重要一环。利星行汽车通过先进的数字化展厅、完备的服务设施、热情专业的服务团队，力求为客户打造卓越的进店体验。

在二手车业务方面，利星行汽车于2014年首次获得梅赛德斯－奔驰星睿授权经销商资格，开始星睿认证二手车业务。随着二手车业务的不断发展，星睿经销商网络已成为中国重要的奔驰二手车经销商网络之一。奔驰星睿认证二手车网络覆盖全国33个城市，拥有35家经销商，提供丰富的二手车资源供客户挑选，为二手车换购和经销提供便捷的一站式服务。二手车经过专业技术人员的全面检查认证，确保每一辆二手车的高品质和可靠性，让客户放心无忧。

在售后服务方面，利星行汽车配备符合奔驰标准的先进服务设施，并拥有专业的售后服务团队，致力于为客户提供专业、个性化的服务，以满足客户的期望。利星行汽车还是第一家引入技术工程师（Technical Engineer）项目的梅赛德斯－奔驰经销商，此举旨在确保所有维修工作达到严格的质量标准。售后团队经过资格认证，为客户提供高品质的车辆保养和维修服务，并提供及时的车辆救援以及一站式保险理赔和维修服务。还为客户提供多种配件、精品及选装件，满足客户的个性化需求，同时也提供包括延保、汽车美容服务及其他衍生产品和服务的汽车后市场业务。

在金融保险业务方面，利星行汽车秉承以客户为中心的服务理念。为满足客户的个性化需求，与众多知名金融保险机构携手，提供多元化的金融保险产品和服务，并为客户提供多样化的产品购买渠道，使客户可以随心挑选符合自身独特需求的产品和服务。

四、企业荣誉

利星行汽车多次荣获梅赛德斯－奔驰、中国汽车流通行业协会和其他专业机构颁发的各项奖项，在国内和国际舞台上备受赞誉。

利星行人深知与客户建立牢固互信关系的重要意义。为了建立和保持这种关系，利星行汽车坚持以客户服务为导向，为客户提供愉悦的体验。真诚为先、专业为本、个性化服务，是利星行汽车不断为之努力的服务理念。

在专业技能人才方面，利星行汽车也屡获殊荣。在历届“梅赛德斯－奔驰服务技能大师中国大赛”中，利星行汽车的售后精英们以其精湛的维修技能和优秀的服务品质，通过层层选拔和激烈角逐，屡次获得“团队冠军”“个人最佳”等多项荣誉。

五、社会责任履行

在不断推进业务发展的同时，利星行汽车积极履行企业社会责任，实践其对中国社会的承诺。在“星耀未来 惠泽桃李”的公益主张下，利星行汽车在资助青少年成长和教育、扶助青少年弱势群体等方面做出了不懈的努力。

利星行汽车开展众多社会公益活动，捐建希望小学以支持青少年教育，于2007年捐资完成了第一所利星行希望学校。迄今为止，全国已有33所利星行希望学校，惠及10000多名青少年，很多利星行汽车经销商负责人荣幸地担任了所在地区希望学校的名誉校长。

在扶助青少年弱势群体方面，“利星行汽车公益台历”又是一个充满爱心的慈善项目。利星行汽车曾于2015年、2016年、2017年、2018年开展公益新年台历项目，先后与金羽翼、中国儿童少年基金会、中国社会福利基金会、北京风信子儿童关爱中心、北京大美东方社会工作服务中心等公益组织合作，捐资数十万元用于帮扶需要帮助的特殊儿童。

公益不止步，环保更先行。在新的发展时代，利星行汽车把“奔绿色所向，驰安全以恒”纳入企业社会责任体系中，致力于长期的高标准的安全管理，以实现企业最大的社会责任和可持续发展，推动产业发展进步。

利星行汽车长期的务实经营和公益实践获得了来自行业协会、地方政府和媒体的首肯，多次荣获中国汽车流通协会颁发的“中国汽车流通行业企业品牌最具影响力奖”“公益事业贡献奖”“社会责任公益奖”等奖项。

未来，利星行汽车将凭借其对汽车市场的深刻洞察力，以更加优秀的服务满足中国客户需求，致力于成为中国消费者的卓越选择、中国汽车流通行业的卓越合作伙伴！

汽车经销商集团上市公司股比关系

1. 国机汽车股份有限公司

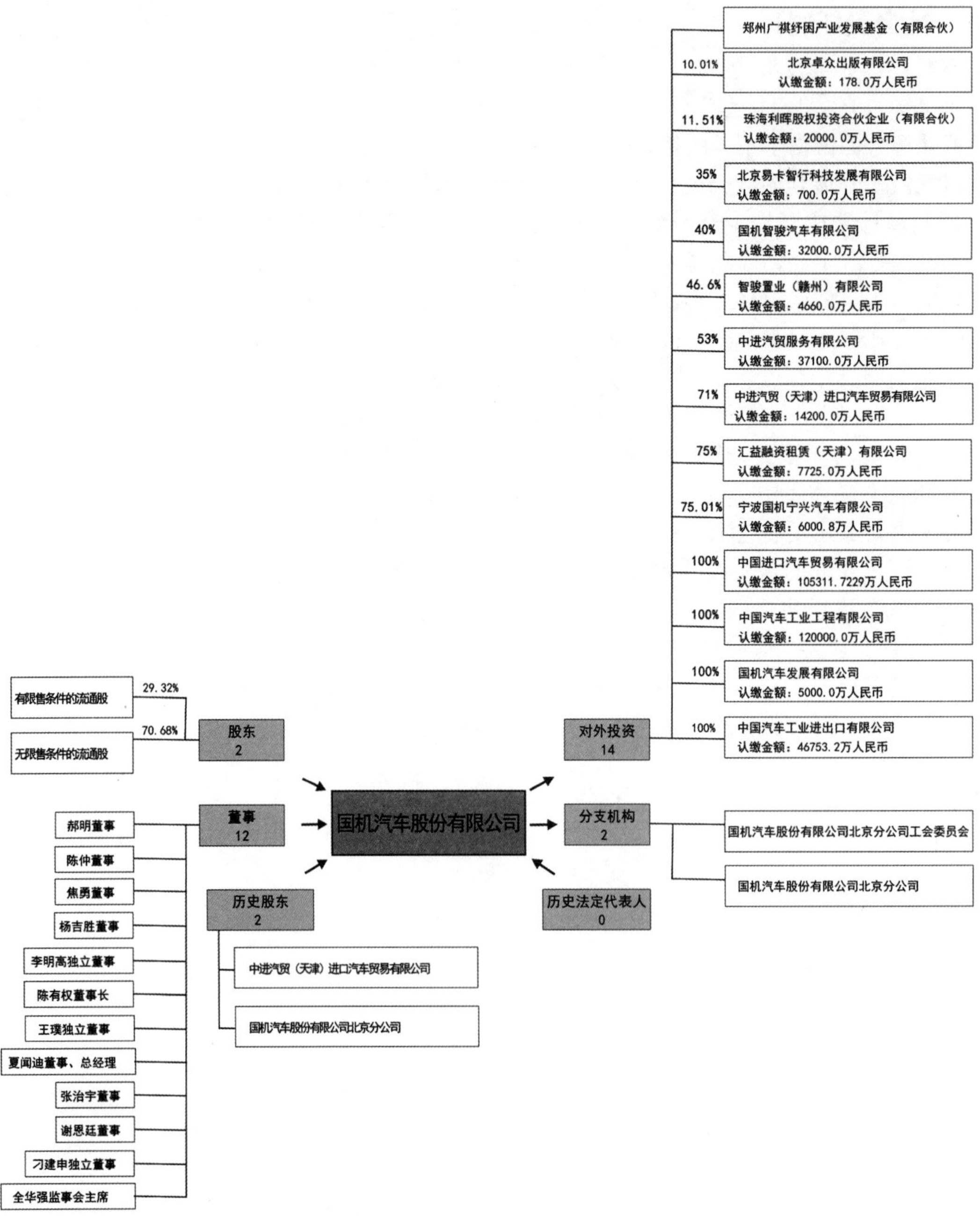

2. 广汇汽车服务集团股份公司

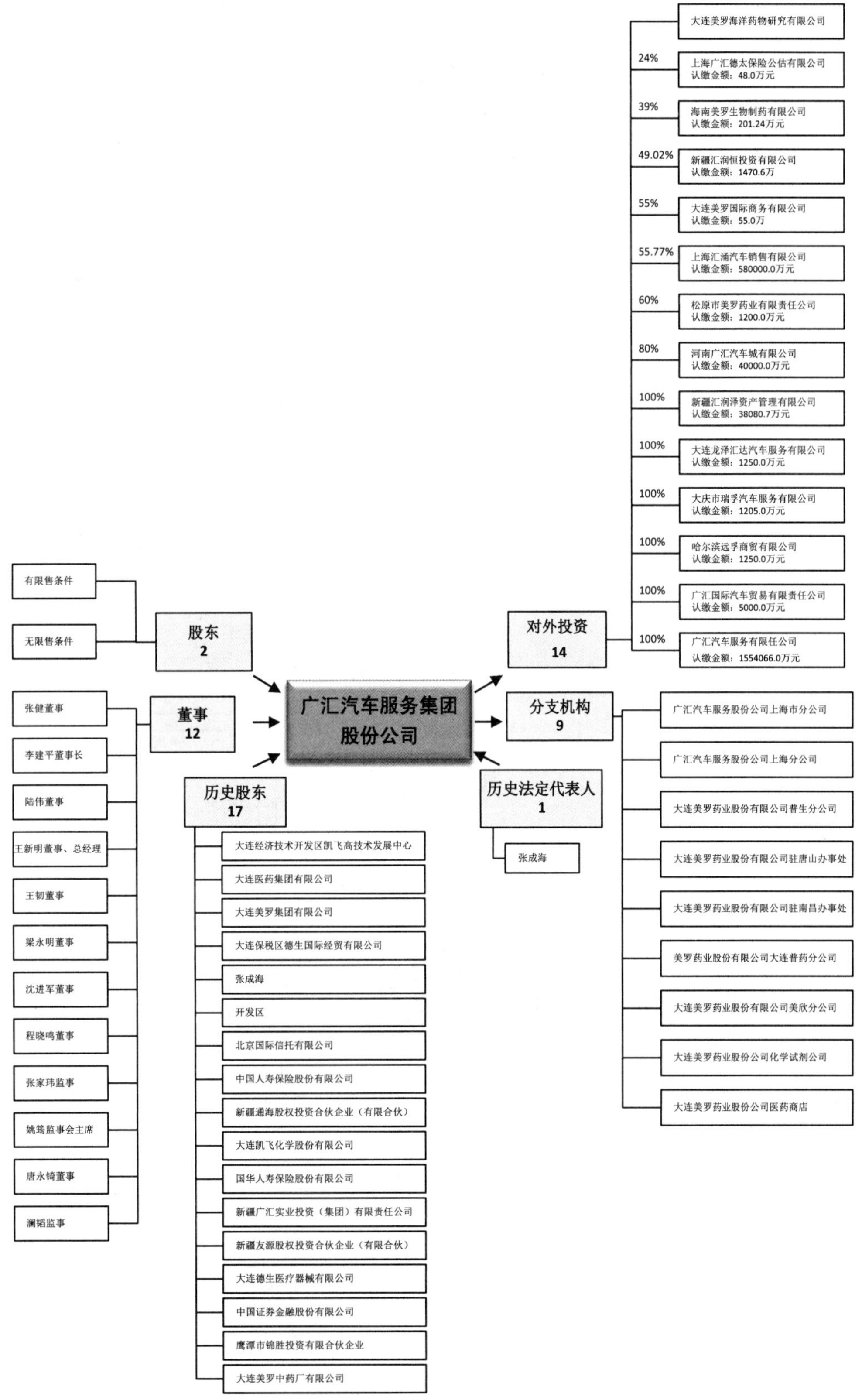

3. 中升（大连）集团有限公司

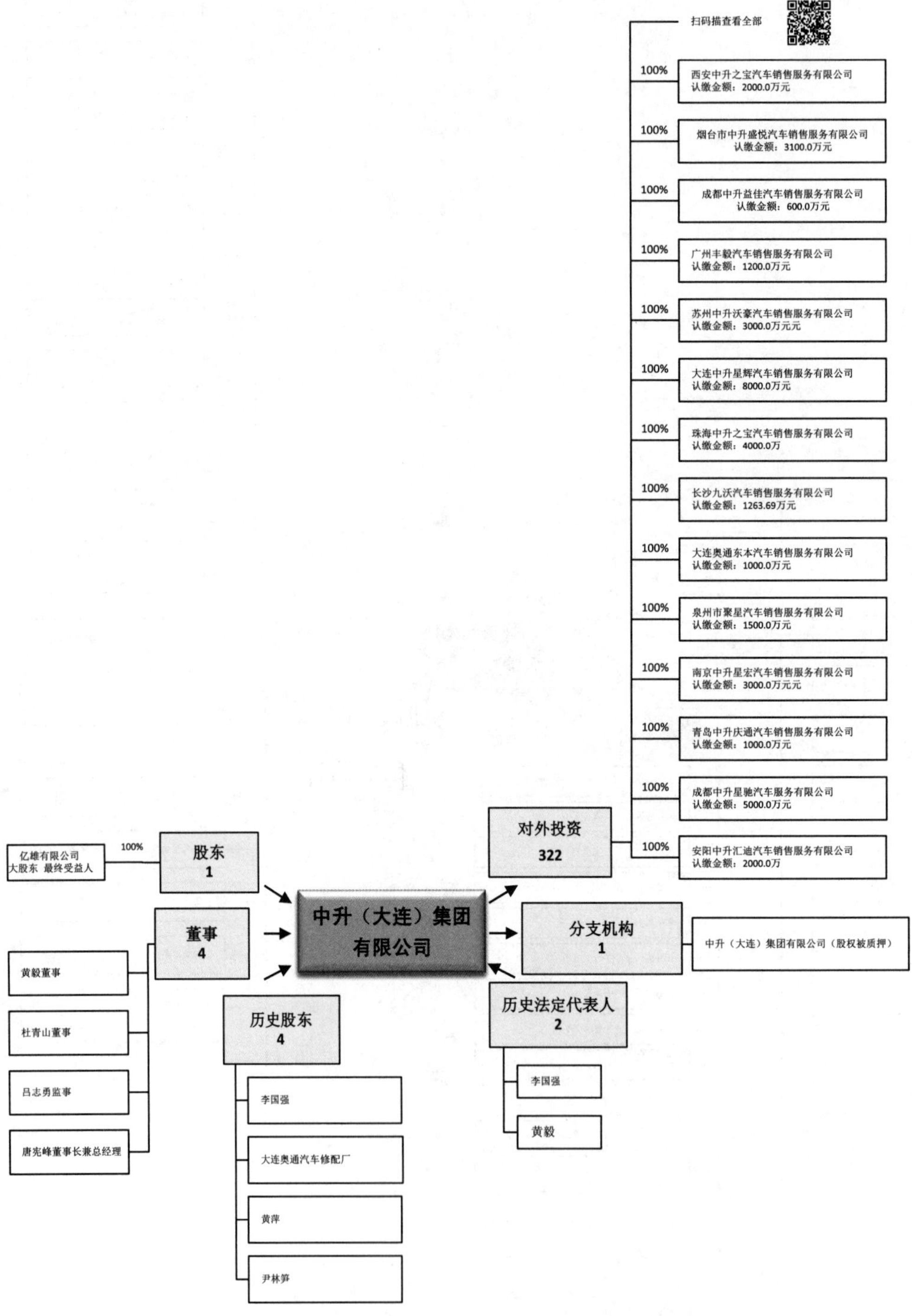

4. 上海永达汽车集团有限公司

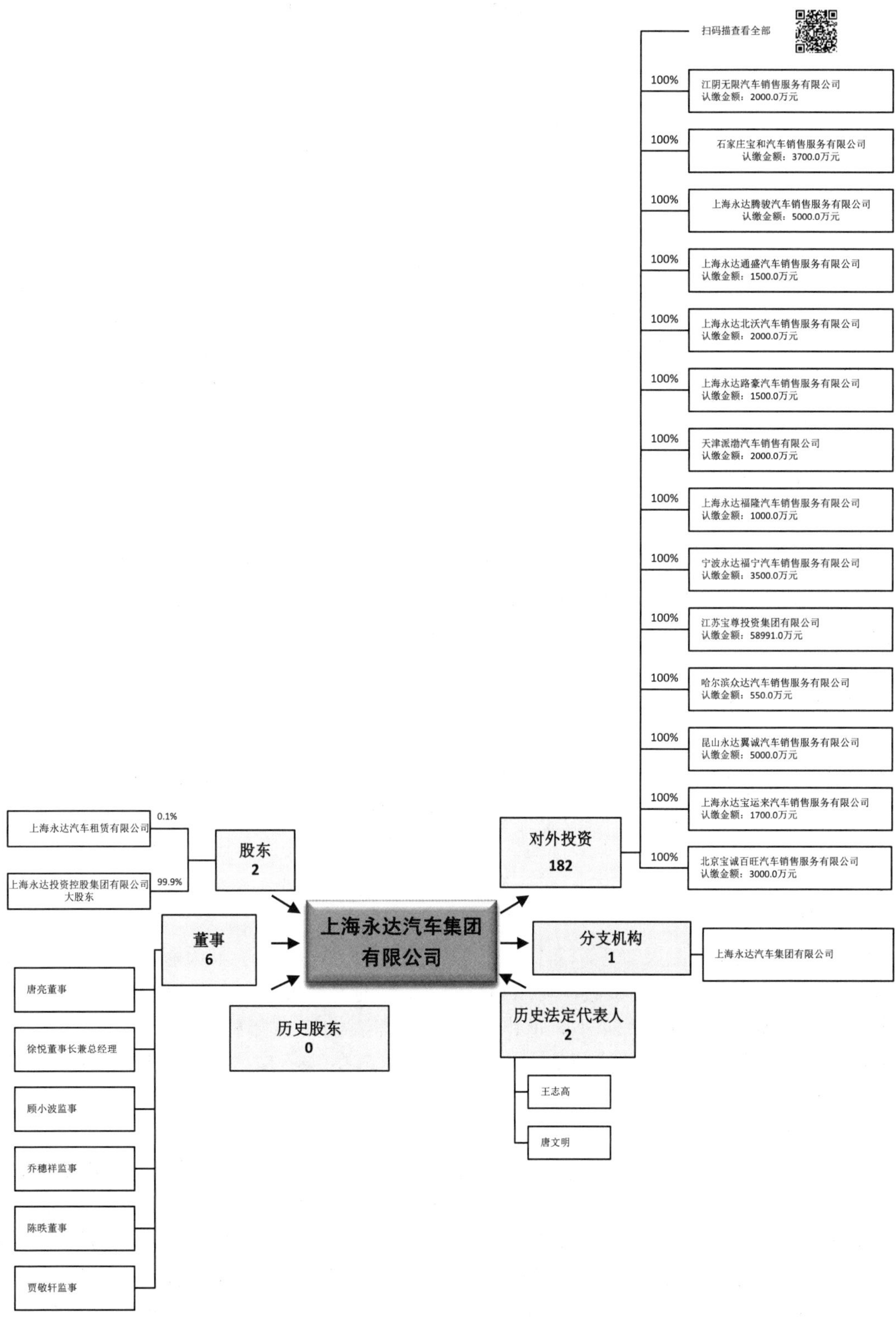

中国大型二手车商

大诚行二手车经销公司

大诚行二手车是一家总部位于西安，集深圳分公司、银川分公司为一体的跨区域性的二手车经销公司。自创立至今十年的时间，从首家店筹备初期的 2 名员工，发展到现在的 200 多名员工，注册资金数千万人民币，总营业面积近 20000 平方米，库存商品车辆达 200 余辆的知名二手车企业。在市场营销、售后服务、公关关系、金融投资、企业战略方面具有丰富的行业经验及市场运作能力。

一、经营模式

1. 产品定位

大诚行采用连锁经营模式，在西安、深圳、银川均设有标准化展厅。2015 年重新进行了产品结构定位调整，调整后的大诚行主营 BBA+ 保时捷、路虎等豪华品牌。同时建立了库存配比及库存预警机制，有效地优化了库存整体结构，整体提高了库存流转率。经过此次调整后大诚行再次蜕变，现在已形成豪华品牌的优质经营商。

2. 完善售后体系

大诚行在 2015 年 5 月开设售后服务中心，向标准化运营迈出重要一步。同时也是西北二手车领域首家开设售后服务中心的企业。随着售后服务中心的开业及售后服务体系的不断完善，在售前环节更加有效地把控了整车的品质，加快了售前流转的效率，为销售端口提供了强有力的支撑。同时，也给客户提供了最优质、最便捷的售后保障，进一步地提高了客户的信任度及满意率。

3. 服务保障

针对二手车行业痛点及二手车非标产品的特性，大诚行制定了多项服务保障措施，其中包含“先开后买的二手车”“无事故赔付承诺”“一口价销售模式”“三天免费体验”“一年两万公里质保”“168 项百分检测”“24 小时道路救援”“车辆终身免费年检”“一年不限公里延保”等服务保障项目。通过这些保障措施的实施，大诚行逐渐扭转了客户对于二手车的部分偏见，为客户购车建立了信心。

4. 员工管理理念

大诚行注重组织架构搭建、员工职业生涯规划及管理人员梯队建设；坚持在稳健、高效、持续发展的方针下，凭借先进、科学的用人机制、薪酬激励机制，打造了一支学习型、创新型、实干型和富有超强执行力的优秀团队。良好的发展平台和员工培训福利待遇使得公司人员相对稳定，每年人才流动比例始终控制在 10% 以内。公司员工中 75% 为大专以上学历，销售顾问、维修人员及重点岗位人员全部经过品牌汽车生产厂家的销售理念、销售技巧和专业维修技术培训。

二、经营概况

2018 年大诚行全年销售车辆 1485 台次，销售额达到 5.56 亿元，收购车辆 1398 台次。售后进厂维修总台次：6784 台次，维修总产值 595.5 万元。

（一）交易情况分析

1. 销售分析

2018 年全年销售 1485 辆，月均销售 123.75 台次，其中 1 月、3 月、4 月、7 月、8 月、9 月超出平均水平线。从图表中可以看出：除 2 月（春节假期），月销售情况与新销售旺季呈现反比趋势，即新车旺季（5 月、6 月、10 月、11 月、12 月）销售数据相对下滑，新车销售淡季（3 月、4 月、7 月、8 月、9 月）数据有所上涨（由于西安区域 10 月有大型车展，故 9 月新车销售为淡季）。数据显示新车销售旺季对于大诚行有一定冲击，新车优惠价格波动对于二手车有着较大的影响。

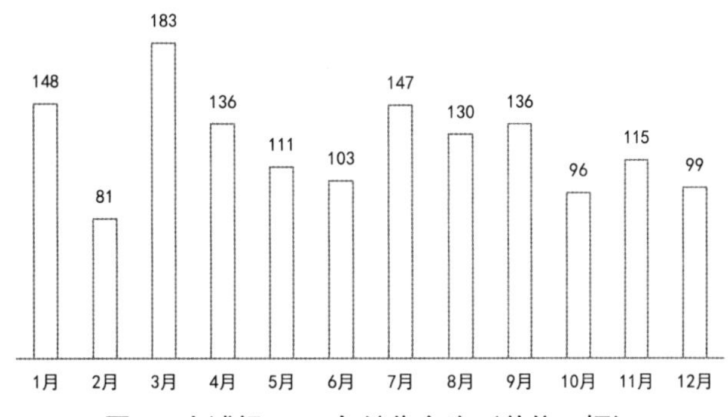

图 1 大诚行 2018 年销售台次（单位：辆）

2018 年销售额为 54645 万元，月均 4553.75 万元。从图表中可以看出：（1 月、3 月、4 月、7 月、8 月、11 月、12 月）均超出平均水平线。11 月、12 月销售台数未超过水平线但销售金额超出水平线，由此可见，在年底超豪华车辆的销售数据升高，带动销售额上涨超过全年平均水平线。

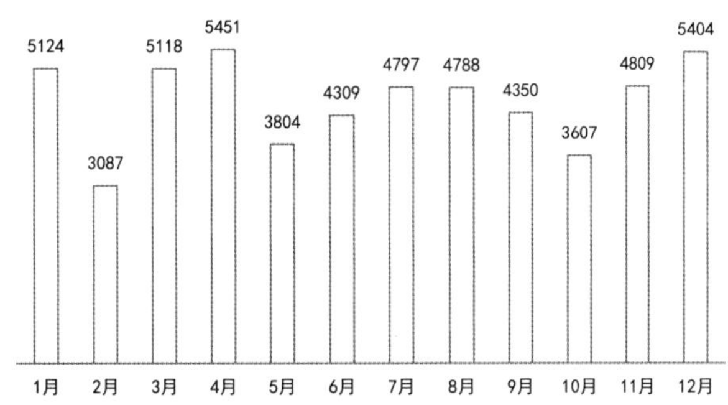

图 2 大诚行 2018 年销售额（单位：万元）

2. 收购分析

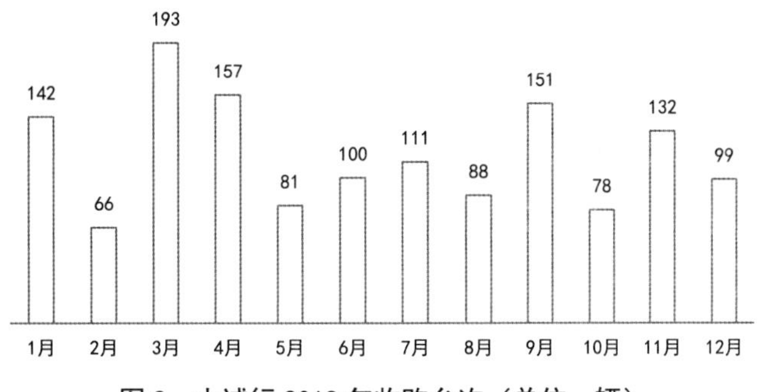

图 3 大诚行 2018 年收购台次（单位：辆）

2018 年全年收购台次 1398 辆，月均 116.5 辆。收购数据全年波动较大，3 月、4 月数据较高，与春节后同行及客户的车源流动性较大有关。9 月、11 月数据较高，考虑到 10 月为新车销售旺季，客户集中换车需求较大。11 月接近年底，同样客户换车需求也较大。

（二）年度交易特征分析

由于 2018 年市场大环境及新车价格不稳定因素的影响，全年销售总台次相较于 2017 年有一定下滑。但 2018 年销售金额与 2017 年相比只有小幅下降，对于 60 万以上豪华品牌二手车的市场需求量并没有减少，正是 60 万以上的车型拉高了全年的销售额。对于全年数据有较大贡献。由此可见 2018 年销售台次主要下滑在 20-60 万区间车型，而 60 万以上车型依然保持增长。

上海车煌资产管理有限公司

家有好车是上海车煌资产管理有限公司旗下知名二手车品牌。家有好车 2015 年 4 月 13 日成立于上海闵行区，注册资本为 1 亿元人民币，是一家二手车 020 交易平台，可以为用户提供整车收购、车辆检测评估、整车销售、汽车美容、售后服务、证照办理、汽车金融、保险及延保等一站式服务。自公司成立之日起，就以“合作、包容、融合”的理念为核心，致力于打造一个中国更具诚信、规范的二手车综合性交易平台。截至 2018 年末，家有好车旗下绝对控股二手车门店达到 16 家，2018 年度二手车销售额突破 30 亿元！

家有好车股东由国内资深车商、市场、投资资本方三方构成。既深刻了解二手车这个行业，具备丰富的一线运作经验、行业资源，又有资本投资方作为雄厚实力支撑，采用线上和线下双向互补的创新模式，快速建立了“家有好车”全国连锁品牌。

家有好车以投资整合的方式，建立线上线下交易平台，在门店采取寄售的轻资产运营模式，构建了有生命力的二手车产业生态圈。有效解决了以下问题：

（1）传统车商门店税收不规范的经营风险，不仅为国家上缴合法税收，同时为门店做大做强打下良好基础；

（2）通过轻资产寄售模式运营，降低了门店的资金杠杆，减小了经营风险；

（3）通过平台认证的背书，增加了门店在 C 端消费者的信任度，同时通过平台的规模优势，更好地对接了网络投放、信贷、延保等合作资源，增加了附加值盈利。

家有好车 2018 年增加了 12 家绝对控股门店，门店数量相较 2017 年增长 3 倍。新加入的 12 家门店中，平均年度销售规模 1.5 亿，门店主要区域集中在江浙沪地区，并辐射到福建、山东等省份。另外，合作意向协议签订 102 份，极大地拓展了家有好车与更多二手车商的接触面，为下一步推进平台产品储备了充足的优质车商资源，更有利于加深与二手车商合作的广度和深度。

家有好车积极给予旗下门店支持与协助，不仅在合作前及合作中进行各类财务及管理培训，还不间断地为门店提供到店财务支持，力争协助门店完善各类管理制度，帮助门店建立数据监控体系，使门店管理更为科学。

2018 年旗下门店盈利状况良好，全年共计销售二手车 5316 辆，总计销售额达到 30 亿元，车辆均价为 58 万元左右。根据数据分析，10 万元以下的车辆占全年销售台次的 10.56%，10 万元 -20 万元（不含 20 万元）的车辆占 19.55%，20 万元 -50 万元（不含 50 万元）的车辆占

34.56%，50 万元 -100 万元（不含 100 万元）的车辆占 18.55%，100 万元 -500 万元（不含 500 万元）的车辆占 16.22%，500 万元 -1000 万元（不含 1000 万元）的车辆占 0.39%，1000 万元及以上的车辆占 0.16%。由此可以看出，中等价位的二手车的价格有更多的客户偏向。

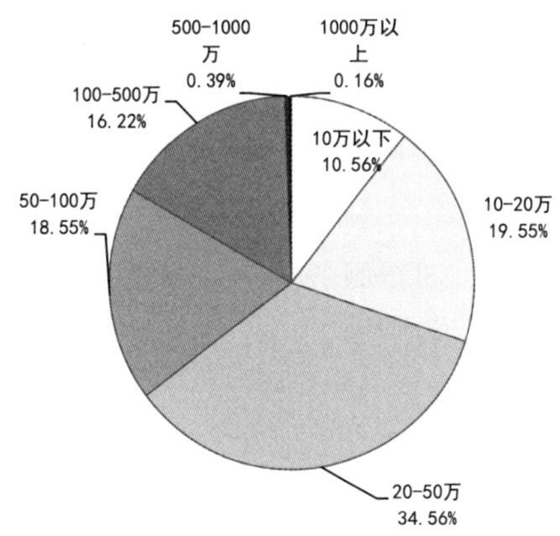

图 1 上海车煌 2018 年二手车销售价格区间

2018 年，二手车行业交易日趋透明，传统门店经营利润日趋变薄，行业也逐步在税收、管理、行业规范等诸多方面逐步变得更加规范。传统车商经营环境远不如之前那么宽松，使更多车商谋求在原有业务基础上与新的业态合作，寻求突破。

一线门店销售方面，通过历年数据对比，均价在 20-50 万区间的车交易量占比有明显提升；同时，传统门店在二手车交易基础上，普遍增加了新车和平行进口车业务，这部分销售占比也提升明显。

深圳市澳康达名车广场有限公司

澳康达创立于 1999 年，主营中高端二手车，是全球知名的二手车独立经销商。2013 年，澳康达在深圳市罗湖区自建全球超级名车交易综合体——澳康达名车广场，占地面积 1 万平方米，建筑面积 12 万平方米，立体化全室内展厅。展厅内名车 3000 多辆，集名车交易、汽车精品商城、维修保养中心、汽车文化生活、车管所、金融机构等一体，给消费者带来了颠覆性的体验。

同时，澳康达还打造了以客户为中心的服务模式：摒弃了租赁经营方式，也不做单一的平台经营或中间服务商，而是深耕二手车行业，从售前、售中、售后为客户提供全方位、精细化的服务，包括一口价透明定价体系、七天无理由退换、360 项检测认证、售后质保等，形成了二手车整个交易环节的良性闭环，精准把握到了如今消费者对产品品质及服务的高标准、高要求。

一、发展历程

上个世纪九十年代，中国汽车市场刚刚起步，而澳康达成立之初，中国二手车行业正处于无序发展的阶段，市场脏、乱、差，信息不透明，使得消费者对二手车缺乏信心。到了 21 世纪，二手车行业发生了飞跃的变化，澳康达成立后，通过对行业进行的一系列革新以及多种创新经营模式，为客户提供专业性更强、诚信度更高的服务体验，为行业树立了高标杆，引领行业健康、蓬勃发展。

经过不断的探索，随着企业的日益壮大，澳康达摒弃了租赁模式，确定自有品牌 + 自建物业 + 自主经营模式；推出透明的定价系统，确保产品价值和价格相匹配，让原车主和新车主都享受到公平合理的交易；而后制定了标准化 360 项认证体系，以严格的收购标准发现和剔除问题车辆，加上强大的售后整备力量和优质的服务体验，改变了消费者对二手车的传统认知，奠定了行业标杆的地位。

二、经营模式

诚信经营是澳康达发展的基础，创新服务与品质是提升企业实力的途径，实体经营是澳康达品牌发展战略的核心基础，也代表着澳康达长期发展的方针战略。

1. 实体经营

从 1999 年成立至今，澳康达见证了行业从弱小到强大，见证了二手车交易量突破千万大关，而澳康达始终坚持实体经营的基本思路，这也是澳康达屹立行业的根本。

二手车行业不同于新车，具有一车一况的特殊性，也决定了二手车经营者必须要为消费者提供精细化服务。澳康达秉承以服务客户为目的的理念，打造以消费者为中心的服务模式，为客户提供优质的海量名车、实惠一口价以及尊贵的消费体验，客户来到澳康达展厅选车、购车，感受得到实实在在看得见、摸得着的消费体验，为澳康达的发展奠定了良好的品牌口碑。

2013 年投入使用的深圳澳康达名车广场，经过多年实践证明：澳康达坚定践行的自有品牌 + 自建物业 + 自主经营的二手车发展之路，具有无可比拟的优势，定制化的名车大楼、海量的车源选择、专业的整备场地、高效的物流通道、一站式的手续办理、完善的售后保障……给消费者带来了颠覆性的购车体验。

澳康达作为中高端名车交易量全国领先的经销商，平均车辆周转率为 22 天，远快于行业平均 45 天的周转率；重复购买率和转介绍更是高达 60%。这个成绩的背后，是澳康达的共赢理念、坚定走实体经营之路、不断为消费者提供极致体验的成功探索。

2. 把控体系

澳康达的品质接力棒从评估环节就已经开始，一支经验丰富的评估师团队，负责在全国范围内挑选优质车源，严格杜绝事故车、泡水车等问题车辆。

车辆进入整备环节：每一辆澳康达认证二手车的整备时间为 7 天，整备过程十分精细而繁琐。整备工作的首要考虑因素不是时间和成本，而是如何让名车呈现最佳车况。如果发现车况达不到收购标准，整备团队有权拒绝为车辆整备，并将车辆退回，为消费者把好品质关。

此外，每一辆车都要接受严格的八大类 360 项检测认证。在车辆上市前，质检部门负责再次审核，以发现最不易被察觉的细微问题为己任，使每一辆上市车辆都能以臻于完美的状态呈现在展厅里，接受客户的检阅。

在一环扣一环的品质把控中，每一辆澳康达认证二手车，都能通过最严苛的标准，最终交付到客户手中。这也是澳康达名车多年来，品质始终有口皆碑的原因所在。

3. 一口价

一口价销售模式，在整个汽车行业难有模仿者。强大的品牌信誉、科学的定价体系和品质过硬的质量成为支撑一口价的稳固“铁三角”。

澳康达的一口价遵循的是薄利多销的经营理念，赚取的是合理的服务费，而非差价。通过单车利润的降低，达到加快车辆流转率的目的，省去了企业运营成本的同时，也让消费者享受到实惠的价格，实现买卖双方“多赢”格局。

此外，明码标价的销售还意味着价格完全透明，即便不善于议价的消费者也无须担心蒙受损失，一方面省去议价的麻烦，更因为透明的价格，消费者拥有了更高的知情权和自主选择权。澳康达的一口价是真真正正的一口价，就连澳康达内部员工，也都同样需要按照一口价成交。

此外，一口价销售让客户享受到了公平合理的价格的同时，销售顾问也可以专注为客户提供更好的服务。

截至 2019 年，一口价销售实施 8 年整，得到了客户的极大认可和拥护，也验证了澳康达的创新力和前瞻性。

4. 全服务链

售前：严格的评估收购流程、八大类 360 项认证体系，售后严格的整备，权威检测认证报告；售中：顾问式的销售、实惠透明的一口价销售模式、金融按揭 \ 汽车保险 \ 车管所一站式；售后：七天无理由退换、一年不限公里质量保证、一年不限公里免费保养、终身免费车辆年检、24 小时道路救援等增值服务。

澳康达从售前、售中到售后，环环相扣，形成了二手车整个交易环节的良性闭环，将消费者在购车和用车过程中可能遇到的问题，都一一排除解决，精准把握到了如今消费者对产品品质及服务的高标准、高要求。

5. 售后保障

3 万平方米、300 人团队组成的澳康达维修保养中心，积累了十余年的名车维修养护经验和资深技术人才，对劳斯莱斯、宾利、兰博基尼等顶级豪华品牌的维修养护均能轻松胜任。

在这里，客户不仅能够体验和劳斯莱斯同等规格的名车售后养护服务，还能享受到高性价比。与此同时，澳康达还构建了售后增值服务、超级售后增值服务、延保售后增值服务等三大售后服务体系，为不同的客户量身定制，提供全方位的无忧售后保障。

6. 线上平台辅助配合

澳康达作为行业创新先行者，在专注实体经营的同时，为提供更多便捷服务，搭建了官网商城 +APP+ 微信服务号三位一体的线上服务体系，全国的消费者均可通过澳康达网上商城进行在线看车，线上车源与线下同步更新，便利消费者远程掌握最新到店车源。看中心仪车型后，即可到店看车试驾，享受澳康达全方位一站式的购车体验。强大的实体经营品牌，成为澳康达线上平台运营的最佳支持和保障。

7. 全国布局 12 座名车广场

全国知名度、品牌美誉度已具备深厚积淀，澳康达的全国布局已经顺势拉开序幕。目前，在上海、天津、成都等地的澳康达名车广场即将呈现，很快，在国内重点城市均将有澳康达名车广场拔地而起，届时全国名车爱好者，都能近距离体验澳康达带来的时尚前沿的名车生活方式。

三、2018 年经营概况

2018 年澳康达全年交易量为 16570 辆，累计销售额 63.6610 亿元。

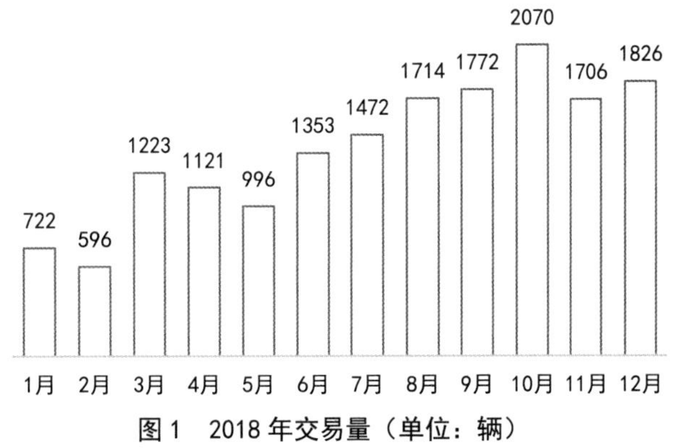

图 1　2018 年交易量（单位：辆）

2018 年澳康达销售总台数为 16570 辆，月均销售 1380.8 辆，7 月、8 月、9 月、10 月、11

月、12 月为销售旺季，销量超过月均销售量。1 月、2 月、3 月、4 月、5 月、6 月为销售淡季，2 月份受春节长假影响，销量为全年低谷期，4 月和 5 月份受 2018 年新车降税政策影响，销量不佳；相对地，车市金九银十，十月份的销量达到了全年高峰。

同时，每年在 6 月底到 7 月初，澳康达都会如期举办“澳康达世界名车展”，目前已经成为二手车界的车展 IP 盛事，受到了消费者的极大欢迎。通过丰富的回馈促销活动，增加了展厅人气，并促进销量的稳定上涨。

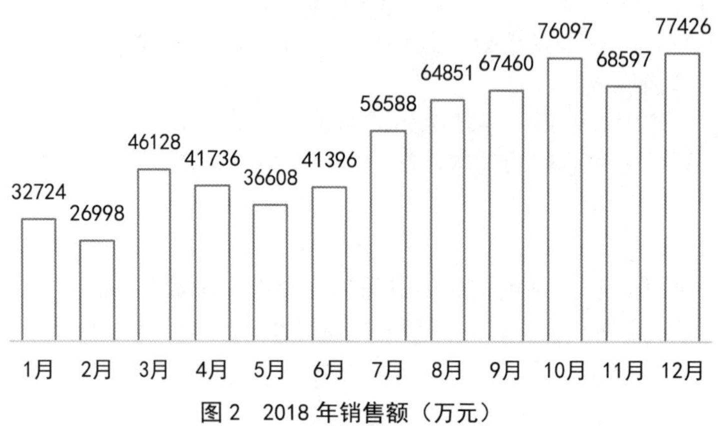

图 2　2018 年销售额（万元）

澳康达的客群以男性客户为主，男性客户占 62.43%，女性客户占 29.16%，其他（单位机构）占 8.36%。澳康达的主营车辆以中高端及豪华车为主，2018 年总销售额为 63.6610 亿元，每辆销售均价约 40 万元 / 辆。其中售价 80 万以上车辆占 15.52%，售价 100 万以上车辆占 8.6%。

四、年度交易特征分析

深圳是全国一线城市，消费者对二手车的需求旺盛，但受到汽车限购和限迁政策影响，同比 2017 年，澳康达在 2018 年整年的销量有所下降。此外，随着消费的升级，越来越多的消费者选择一步到位购买高端车，在车型的选择上，大空间的 SUV 车型成为更多家庭的购买首选。

2018 年中国新车产销量出现了 28 年来首次负增长，二手车交易量却实现同比增长 11.5%。尽管二手车增速远超新车，但我们同时也要看到，目前全国机动车保有量高达 3.2 亿，但二手车的年销量却不到新车年销量的 1/3，二手车行业还有巨大潜力挖掘。相信在不久的将来，二手车的交易量将全面赶超新车。

中国主要二手车市场

北京旧机动车交易市场有限公司

北京市旧机动车交易市场有限公司（以下简称北京市旧车市场）地处北京市南四环花乡，又被称为“花乡二手车市场”，市场占地 500 亩，驻场二手车公司 580 余家，场内常年在库销售二手商品车 8000 余辆，日销售更新率 3% 以上。可为车主及客户提供二手车买卖、新旧车置换、车辆合法性查验、转移登记、鉴定评估、拍卖、汽车租赁、金融信贷、广告宣传等一站式服务。北京市旧车市场创立的 2SC 品牌从 2009 年开始连续九年获得“北京市著名商标”称号。

2018 年，北京市旧车市场交易量为 42.6 万辆；交易金额约为 508.05 亿元，位列“中国二手车交易市场百强排行榜”之首。当前，消费者从对价格敏感向品质敏感转变，越来越多的消费者愿意为更高品质的服务买单，而根据北京市旧车市场数据表明，90 后消费者交易量占比连年上升，由 2016 年的 6.90%，2017 年的 8.27%，提升到 2018 年的 10.03%。根据数据可以明显看到主流消费者年龄层逐渐向年轻化方向发展，年青一代消费者更加追求个性化消费，为了更好地迎合消费升级，给消费者更高的品质服务，北京市旧车市场开创了“智慧购车体验”。

“智慧购车体验厅”设立在市场最显著位置，正门东侧，“花乡优选车专场”内。“花乡优选车专场”是北京市旧车市场成立的，致力于打造车况保障、交易保障、水平业务、会员服务、售后服务五位一体的良好口碑二手车售卖场。专场展示场地共 36 个展位，集中展示畅销车型，为消费者了解北京市旧车市场动态提供第一手资料。优选车专场内严选五星商户驻场，并有专业二手车服务顾问现场解答服务。

“智慧购车体验”，是北京市旧车市场推出，改变现行的商品车不动、人动的购车体验，呈现的一种人不动、商品车动，以消费者为核心，全新的智慧购车模式。北京市旧车市场日均库存近万辆，分布在 500 亩场地中，如果消费者不用系统，一台一台地转，看过的车型不一定符合消费者要求，且要反复比对，而利用系统平台可以进行多维度比较包括四保，五星商家，年份，公里数等，比较后直接选出意向车型，联系商家，开到智慧购车体验厅前，原地看车。

智慧购车体验比起传统的购车模式的优势，依托市场数据库，智慧购车平台，按消费者需求搜索，近 1 万辆库存车可分车型、年份、价格区间等精准定位，省去消费者选购的时间。在智慧购车体验厅内舒适环境中，足不出户挑选心仪车辆。

消费者选车购车，市场全方位全过程陪同；通过智慧购车体验系统选出的车辆，现场工作人员会告知消费者哪些车辆所属商家为丰台市场监督管理局指定下评选的 121 家诚信五星商家；智慧购车体验厅内设有丰台市场监督管理局签订协议示范点，双方签订协议现场录音录像，使用丰台市场监督管理局和旧车市场统一监制的二手车买卖协议；市场监管车款，购车人车款支付到市场监管账户，购买“四保车”如发现与承诺不符的，三天内可以享受“先行赔付，全额退款”的服务。

在信息化高速发展的今天，北京市旧车市场作为二手车交易市场的先行者，会不断推陈出新，花乡优选车，智慧购车体验的创新成为市场传统求变之路的智慧之眼，推动市场向智能化趋势发展，而必将作为市场人工智能，产业互联网大数据化，5G 时代等创新的交汇融合体，引领北京旧车市场走在时代科技智能化的前沿。

上海二手车交易中心有限公司

上海二手车交易中心有限公司（原名上海二手车交易市场有限公司，以下简称“交易中心”）于2000年10月，经上海市人民政府批准，以多元投资的公司制形式组建。交易中心坚持以消费者需求为导向，经过十余年的创新发展，全面实现传统市场转型升级，加快建设推进二手车流通综合服务。2015年5月，交易中心由安亭迁址江桥，围绕客户体验度、满意度提升，促使服务功能不断完善，诚信建设深入推进，企业形象和社会知名度得到全面提升，交易规模不断扩大，2018年二手车交易量超过12万辆，市场占有率25%以上，交易规模位居全市各市场之首。

交易中心在全面建成全国一流的市场建筑形态、功能布局和硬件设施的同时，在服务功能、经营模式、交易业态、信息化建设，以及实现场内智能化管理等方面加快转型升级，健全和完善二手车质量认证、精洗整备、展示展销、信息发布、融资贷款、保险理赔、售后保障、查验和办证、安全技术检验，以及相关商业配套等综合服务功能。

在经营模式上引入100余家各类型二手车经销商，形成车辆档次分层、经营模式多样、多种业态并存的二手车展销中心，通过差异化经营，充分满足消费者不同层次需求，并在做大做强二手车线下交易的同时，积极探索线上线下相结合的O2O模式，充分发挥线下服务综合优势，以“安心拍”为品牌，通过与著名二手车经销商、二手车电商的合作，实现现场拍卖和网络拍卖相结合，形成每周一次拍卖会制度，努力打造开放式、综合型、强辐射的二手车集散中心。

在信息化建设上，不断完善二手车信息发布平台，将“海车集”网站打造为二手车网上展厅，实时发布场内2000余辆展销车辆的各类信息，有效克服了长期来存在的车辆信息不公开、交易诚信程度低的弊端。同时，不断完善由政府部门委托、行业协会主导、交易中心负责开发和运维的上海二手车交易登记服务监管平台，实现二手车交易申报和实名认证系统的进一步升级，做到买卖双方人像动态采集，相关证件智能识别，确保二手车交易为买卖双方真实意愿、交易行为合法合规，从而为促进全市二手车交易的规范运行和安全管理提供了基础保障。

在诚信建设上，坚持以“安心检”为品牌，对全场车辆实行质量认证，客观揭示车辆真实状况，并承诺严禁火烧、水泡、重大事故车辆在场内交易，如发现有上述车辆交易，允许14天内无条件退车。还通过以“安心保”为品牌的售后保障，对认证为三星及以上等级的二手车实行3个月或6000公里的售后质保，彻底解决二手车消费者的后顾之忧。同时，加强对二手车买卖合同审核，重点审核合同订立是否买卖双方的真实意愿，合同条款是否填写完整，相关内容是否真实，以有效维护买卖双方的合法权益。

在配套功能上，通过引进银行等金融机构，分别为经销商和消费者提供融资服务；引进税务部门，确保消费者现场完成车辆购置税解缴业务；引进保险机构，为消费者现场办理车辆保险过程中有关缴保、退保业务。同时，还增设机动车安全技术检验功能，经政府有关部门批准，设立了机动车检测站，为驻场经销商的展销车辆等提供年检服务。还引入德国先进的经营理念、国际一流的整备技术和标准化流程，形成集车辆外观、内饰、发动机舱、后备厢四大模块为一体的深度清洗、漆面抛光、点状修复的二手车精洗和整备服务功能。

在场内管理上，全面运用以车辆进出及库位管理为核心的智能化管理系统，对车辆进出、定位展示、内部通行，以及各区域的停车场地实行有效监控和管理，确保车辆信息正确、实时，交通组织严密，场内管理有序。同时，还根据公安部门要求，在全市二手车交易市场中率先试点实施对出入人群和进出车辆分别进行人脸及车辆识别监控，从而确保场内安全管理全覆盖。

交易中心将坚持围绕客户体验度和满意度提升，持续创新转型，不断优化升级，并进加大线上业务拓展，力争全面建成线下、线上相融合的二手车流通综合服务平台。

津湘集团·弘高车世界

弘高车世界位于湖南省长沙市长株潭城市群的核心区域，是由全国百强汽车经销商集团——津湘集团打造的湖南地区首家以二手车交易为主体的综合运营型市场。占地 259 亩，总建筑面积 30.98 万平方。一期 171 亩，建筑面积 10.8 万平方米，于 2017 年 3 月投入运营。目前园区已入驻 107 家独立经营企业，形成了以二手车交易为主业态，涵盖新车销售、售后服务、机动车登记服务站、金融保险、餐饮娱乐、高端公寓等业态丰富的大型综合性园区。

2018 年汽车行业整体下行，二手车行业也面临着巨大变革。作为新兴市场，弘高车世界在积极拥抱变化的同时，坚持回归服务本质，摒弃过去的房东做法，做商户的经营伙伴，客户的贴心顾问，从传统的“物业租赁”型市场快速迭代为“服务 + 运营 + 体验”型市场。重点抓好三化建设：客源优质化，车况标准化，诚信体系化。

长沙 2018 年销售 19.71 万辆，同比增长 8.81%，而 2018 年二手车交易类电商渠道渗透率为 8.2%，电商在资本作用下对车源和客源获取把控越来越强。弘高车世界积极发挥背靠汽车经销商集团的优势，协调集团各 4S 店二手车车源，大力推广“即时拍”B2B 车辆拍卖业务，在车源上赋能商家。为更好地拓展客源降低获客成本，园区通过集采或联盟形式，大力推进优质车源共享分发，联合“中古车网”“阿里二手车”“汽车之家二手车”等全国性平台对本地车源集中展示。同时协调多家二手车互联网平台企业在园区开展网络营销技能培训，现场指导各店销售线索转化。与“汽车之家”“中南国际会展”共同举办了“2018 年长沙国际车展首届二手车置换节”大型展会，实现了大型车展上新车与二手车的同台竞技，开创全国二手车营销先河。

随着 80 后成为二手车消费主力军（占比 49.9%），90 后成为消费新兴力量（占比 28.5%）。消费人群结构的变化，对产品服务的标准化和交易诚信更加关注。面对这一变化，弘高车世界对拍照大厅及园区标识标牌 VI 系统进行升级改造，将产品拍照标准化，园区车辆摆放标准化，形象展示标准化。推行“商户考评制度”倒逼商户与市场共同升级。同时大力推广“行认证”车辆认证体系建设。作为“湖南省二手车流通协会有形市场分会会长单位”积极推动湖南省二手车交易合同的标准化建设。

二手车交易作为一个低频消费场景，传统的二手车市场很难像电商平台一样通过高投入，高频的广告轰炸来强势推广品牌。且目前从事二手车交易的主体的车商普遍呈现“小，散，无品牌意识，无服务意识”的特点。作为新兴的市场的弘高车世界，在树立自身品牌的过程中帮助车商打造品牌，是出奇制胜赢得市场认可的核心竞争力。

依托集团资源和媒介资源，充分发挥汽车消费综合性园区属性，通过与外部资源合作，把车商推向市场直面媒介，共同打造“懂车，懂你，懂生活”的品牌服务理念。与“中国交通广播电台 FM90.5”联合打造汽车类咨询类节目，从客户选车，用车环节增强与客户的粘性，确立品牌“懂你”的服务理念。推出全国首档汽车真人秀电台活动“老板的饭局”从消费者对二手车行业的片面认知冲突上找到传播点，解开神秘面纱，树立二手车从业者诚信形象，打造情感丰富的“懂你”品牌内核。开启“高速食代”全新美食栏目，通过美食信息的高频刚需特点，建立消费者与弘高车世界的高频互动，来传递“懂生活”的品牌诉求。

互联网缩短了产品与消费者之间的距离，抹平了信息不对等的鸿沟。但线下实体体验是消费体验中不可替代的重要一环已经得到市场的验证。作为带有汽车经销商集团基因的弘高车世界，担负着汽车流通企业转型升级的探索任务，同时面对二手车行业及有形市场的时代变革，我们有着时不我待的紧迫使命感。坚守正道，出奇制胜，以梦想，向未来！

桂物·广西二手车市场

桂物·广西二手车市场，由广西物资集团有限责任公司下属广西桂物机电集团有限公司、广西旧机动车交易市场有限责任公司运营管理，1996年成立，是广西最早经国家和自治区主管部门批准成立的专业从事二手车相关业务的企业，主营二手车市场物业租赁和二手车交易开票、鉴定评估、受托拍卖、汽车金融保险、车管业务代办服务等。

从成立至今，市场累计交易二手车约30万辆，累计交易额约100亿元，为广西二手车流通做出了突出贡献。公司和市场先后荣获“中国租赁行业守信单位”“全国汽车流通信息统计工作先进单位”“改革开放30年中国汽车流通行业最具影响力优秀二手车交易市场”“全国二手车交易市场5A级诚信单位”“区直机关青年文明号”“2013年中国汽车流通行业杰出贡献奖”，2014-2015“广西诚信示范市场”“广西守合同重信用公示企业”“南宁市十佳专业市场”“全国二手车市场百强企业”“中国汽车流通行业杰出贡献奖”“中国汽车流通行业经营服务模式创新奖”“全国二手车交易市场转型创业明星企业”等称号，在全国二手车行业中具有很高的知名度和影响力。

广西南宁市五象新区作为自治区、南宁市重点开发建设的新区，辐射大西南，面向东南亚，肩负着“再造一个新南宁”的历史重任。2017年3月，在国家发改委公布的《西部大开发“十三五规划”》中，五象新区升格为“国家级新区（待批）”，国家级新区呼之欲出。目前广西桂物机电集团有限公司正在南宁市五象新区东风路与良玉大道交汇处开展投资建设“五象汽车生活广场”项目。“五象汽车生活广场”位于南宁市五象新区，占地236亩，拥有20万平方米建筑面积，配备整车展销、后市场服务、一站式服务、物流仓储配送、餐饮娱乐等五大功能区域，涵盖汽车销售、主题车展、汽车售后维保、电商服务、汽车综合服务、配套商业服务等六大类数十种业态，是广西首屈一指的汽车智慧主题文化综合体。项目引进“层层首层”的先进设计理念，在中庭设置阶梯式汽车展示平台将，作为车辆发布展示等大型活动布展区，中庭两侧分别布置有电梯和坡道，吸引人流边逛边轻松上到二层，达到“层层首层”的效果，有效地解决了“客户难上楼、商户怕上楼”的难题。

秉承“公平、诚信、规范、高效”的经营理念和“合作共赢”的发展理念，规划加快建立区域二手车交易信息网，提供线上和线下相互融合、相互促进的二手车交易信息服务；加速市场物业建设布局，逐步向其他区域发展，扩大二手车市场规模；开拓二手车衍生服务，进一步增强市场影响力和品牌号召力，实现跻身国内先进二手车交易市场行列，成为中国二手车行业的中坚力量。

第11部类

政策法规和标准

DISHIYIBULEI | ZHENGCEFAGUIHEBIAOZHUN

2018 年汽车行业相关政策法规

发布时间	政策名称	发文机关	原文
	法律法规		
2018. 01. 26	《新能源汽车动力蓄电池回收利用暂行管理办法》	工业和信息化部、科技部、环保部、交通运输部、商务部、质检总局、能源局	
2018. 06. 29	《外商投资准入特别管理措施（负面清单）》	中华人民共和国国家发展和改革委员会、中华人民共和国商务部	
2018. 12. 06	《道路机动车辆生产企业及产品准入管理办法》	工业和信息化部	
	行业管理		
2018. 02. 09	《关于做好推进道路货运车辆检验检测改革工作的通知》	交通运输部	
2018. 02. 13	《关于调整完善新能源汽车推广应用财政补贴政策的通知》	财政部、科技部、工业和信息化部、国家发展改革委员会	
2018. 04. 11	《智能网联汽车道路测试管理规范（试行）》的通知	工业和信息化部、公安部、交通运输部	
2018. 04. 19	发布《关于开展 2017 年度新能源汽车推广应用补助资金清算申报通知》	国家财政部办公厅、工业和信息化部、科技部、国家发展改革委员会	
2018. 05. 20	关于免征新能源汽车车辆购置税的公告	财政部、税务总局、工业和信息化部、科技部	

续表

发布时间	政策名称	发文机关	原文
2018.05.20	关于印发《国家车联网产业标准体系建设指南（智能网联汽车）》的通知	工业和信息化部、国家标准化管理委员会	
2018.06.01	关于对挂车减征车辆购置税的公告	财政部、税务总局、工业和信息化部	
2018.06.11	关于印发危险货物道路运输安全监管系统省级工程建设指南的通知	交通运输部	
2018.06.19	关于印发《道路运输安全生产工作计划（2018—2020年）》的通知	交通运输部、公安部、应急管理部	
2018.06.19	关于印发《国家车联网产业标准体系建设指南（总体要求）》等系列文件的通知	工业和信息化部国家标准化管理委员会	
2018.06.20	发布《关于实施道路运输车辆燃料消耗量第四阶段限值的通知》	交通部公路科学院	
2018.06.20	关于做好平行进口汽车燃料消耗量与新能源汽车积分数据报送工作的通知	工业和信息化部、商务部、海关总署、市场监管总局	
2018.07.20	关于印发《工业互联网平台建设及推广指南》和《工业互联网平台评价方法》的通知	工业和信息化部	
2018.07.20	《中国银保监会办公厅关于商业车险费率监管有关要求的通知》	银保监会	
2018.10.24	《关于进一步规范和优化城市配送车辆通行管理的通知》	公安部	

续表

发布时间	政策名称	发文机关	原文
2018.11.08	关于加强低速电动车管理的通知	工业和信息化部、国家发展改革委员会、科技部、公安部、交通运输部、市场监管总局	
2018.11.13	关于印发《车联网（智能网联汽车）直连通信使用 5905-5925MHz 频段管理规定（暂行）》的通知	工业和信息化部	
2018.11.19	关于印发《加快推进道路运输车辆综合性能检测联网实现普通货运车辆全国异地检测工作方案》的通知	交通运输部运输服务司	
2018.12.28	关于印发《车联网（智能网联汽车）产业发展行动计划》的通知	工业和信息化部	
2018.12.25	关于取消总质量 4.5 吨及以下普通货运车辆道路运输证和驾驶员从业资格证的通知	交通运输部办公厅	
发展规划			
2018.01.02	关于推进电子商务与快递物流协同发展的意见	国务院办公厅	
2018.06.27	《关于印发打赢蓝天保卫战三年行动计划的通知》	国务院	
2018.07.20	《关于全面加强生态环境保护坚决打好污染防治攻坚战的实施意见》	交通运输部	
2018.07.25	《关于印发坚决打好工业和通信业污染防治攻坚战三年行动计划的通知》	工业和信息化部	
2018.10.09	关于印发推进运输结构调整三年行动计划（2018—2020 年）的通知	国务院办公厅	

2018年汽车行业相关标准

标准法规		
发布时间	标准名称	发文机关
2018.02.06	重型商用车辆燃料消耗量限值	国家标准化管理委员会
2018.02.06	道路运输爆炸品和剧毒化学品车辆安全技术条件	国家标准化管理委员会
2018.03.15	乘用车CAN总线物理层技术要求	国家标准化管理委员会
2018.05.08	乘用车侧门防撞杆	国家标准化管理委员会
2018.05.08	汽车和挂车制动气室性能要求及台架试验方法	国家标准化管理委员会
2018.05.08	商用车15°深槽钢制车轮静态刚度试验方法	国家标准化管理委员会
2018.05.08	道路运输液体危险货物罐式车辆紧急切断阀	国家标准化管理委员会
2018.05.08	汽车车轮安装面平面度要求及检测方法	国家标准化管理委员会
2018.05.08	汽车底盘集中润滑供油系统	国家标准化管理委员会
2018.05.08	汽车用继电器	国家标准化管理委员会
2018.05.14	燃气汽车泄漏报警装置技术要求	国家标准化管理委员会
2018.05.14	旅居挂车技术要求	国家标准化管理委员会
2018.05.14	汽车爬陡坡试验方法	国家标准化管理委员会
2018.05.14	行动不便人员运送车	国家标准化管理委员会
2018.05.14	机动车用儿童约束系统产品标识	国家标准化管理委员会
2018.05.14	机动车用儿童约束系统产品型号编制规则及识别代号	国家标准化管理委员会
2018.05.14	汽车用液化天然气加气机	国家标准化管理委员会
2018.05.14	道路车辆 标牌和标签	国家标准化管理委员会
2018.05.14	运油车辆和加油车辆安全技术条件	国家标准化管理委员会
2018.05.14	快递汽车技术条件	国家标准化管理委员会
2018.05.15	电动自行车安全技术规范	国家标准化管理委员会
2018.06.07	机动车产品标牌	国家标准化管理委员会
2018.06.07	电动汽车用驱动电机系统电磁兼容性要求和试验方法	国家标准化管理委员会

续表

标准法规		
发布时间	标准名称	发文机关
2018.07.04	乘用车用前桥水平模块疲劳寿命台架试验方法	国家标准化管理委员会
2018.07.04	汽车主减速器总成可压缩弹性隔套技术条件	国家标准化管理委员会
2018.07.04	摩托车起动用锂离子电池通用技术条件	国家标准化管理委员会
2018.07.04	乘用车行车制动器性能要求及台架试验方法	国家标准化管理委员会
2018.07.04	乘用车用扭转梁后桥疲劳寿命台架试验方法	国家标准化管理委员会
2018.07.04	汽车踏板装置性能要求及台架试验方法	国家标准化管理委员会
2018.07.04	汽车液压制动主缸性能要求及台架试验方法	国家标准化管理委员会
2018.07.04	汽车减振器性能要求及台架试验方法	国家标准化管理委员会
2018.07.04	汽车离合器用粉末冶金盘毂技术条件	国家标准化管理委员会
2018.07.04	汽车辅助真空泵性能要求及台架试验方法	国家标准化管理委员会
2018.07.06	营运客车类型划分及等级评定	国家标准化管理委员会
2018.07.04	清障车	国家标准化管理委员会
2018.09.17	电动摩托车和电动轻便摩托车通用技术条件	国家标准化管理委员会
2018.09.17	电动摩托车和电动轻便摩托车用锂离子电池	国家标准化管理委员会
2018.09.17	电动摩托车和电动轻便摩托车动力性能试验方法	国家标准化管理委员会
2018.09.17	汽车车轮安全性能要求及试验方法	国家标准化管理委员会
2018.10.10	多用途面包车安全技术条件	国家标准化管理委员会
2018.10.10	液化天然气汽车技术条件	国家标准化管理委员会
2018.11.19	汽车用制动器衬片	国家标准化管理委员会
2018.12.28	电动汽车能量消耗率限值	国家标准化管理委员会
2018.12.28	中置轴挂车通用技术条件	国家标准化管理委员会
2018.12.28	新材料技术成熟度等级划分及定义	国家标准化管理委员会
2018.12.28	燃料电池电动汽车整车氢气排放测试方法	国家标准化管理委员会
2018.12.28	电动汽车低速提示音	国家标准化管理委员会
2018.12.28	电动汽车用高压大电流线束和连接器技术要求	国家标准化管理委员会
2018.12.28	信息化和工业化融合管理体系 评定指南	国家标准化管理委员会

新能源汽车地方补贴和推广政策

（1）地方补贴政策：13 项

截止到 2018 年 12 月 18 日，全国共 13 个省市根据国家补贴调整政策发布了 2018 年的新能源汽车的地方补贴政策。

重点地区	城市	补贴范围	补贴额度	备注
京津冀及周边	北京	纯电动、燃料电池	按中央财政补助 1∶0.5、补助总额最高不超过车辆售价的 60%	公交、环卫、行政事业单位用车除外
长三角	上海	纯电动	按中央财政补助 1∶0.5、补助总额最高不超过车辆售价的 50%	公共汽车领域除外
		插电混	按中央财政补助 1∶0.3、补助总额最高不超过车辆售价的 50%	
		燃料电池	按中央财政补助 1∶0.5，（取得 39 号令燃料电池生产资质）	
	杭州	纯电动、插电混、燃料电池	按中央财政补助 1∶0.5，其中货车和专用车不超过 3 万元 微型纯电动汽车 1∶0.25，每辆补助最高不超过 1 万元 补助总额最高不超过车辆售价的 50%	——
	温州	纯电动、插电混、燃料电池	按中央财政补助 1∶0.25，货车和专用车不超过 3 万元 微型纯电动汽车 1∶0.25，每辆补助最高不超过 1 万元 补助总额最高不超过车辆售价的 50%	——
珠三角	广州	纯电动	按中央财政补助 1∶0.5、补助总额最高不超过车辆售价的 60%	——
		插电混	按中央财政补助 1∶0.3、补助总额最高不超过车辆售价的 60%	——
		燃料电池	按中央财政补助 1∶1	——
	深圳市	纯电动、插电混	按中央财政补助 1∶0.5	——
		燃料电池	按中央财政补助 1∶1	——
成渝地区	成都	纯电动、插电混、燃料电池	按中央财政补助 1∶0.5	——
	重庆	R ≥ 400 乘用车	按中央财政补助 1∶0.5	——
		R < 400 乘用车	按中央财政补助 1∶0.46	——
		新能源客车	按中央财政补助 1∶0.2	——
		新能源货车 / 专用车	按中央财政补助 1∶0.3	——
		燃料电池汽车	按中央财政补助 1∶0.4	——
汾渭平原	西安	纯电动、插电混、燃料电池	公共服务领域（公交 / 出租 / 环卫 / 救护 / 校车）：1∶0.5 非公共服务领域：1∶0.3 地补不超过国补的 50%	——
其他城市	厦门	纯电动、插电混、燃料电池	按中央财政补助 1∶0.5	——
	长沙	纯电动	纯电动客车、乘用车、专用车：1∶0.2	——
		插电混	纯电动客车、乘用车：1∶0.15	——

续表

重点地区	城市	补贴范围	补贴额度	备注
其他城市	武汉	纯电动、插电混	轴距大于 2.2 米：按中央财政补助 1∶0.5 轴距≤2.2 米：按中央财政补助 1∶0.2	——
		燃料电池	按中央财政补助 1∶1	——
	云南省	纯电动、插电混、燃料电池	省财政补贴 25%，州、市财政补贴 25%	——

（2）地方推广政策：共计 27 项

截至到 2018 年 12 月 18 日，全国共 27 个省市发布了地方推广政策，具体推广指标见下表：

重点地区	省市	新能源汽车推广比例	
京津冀及周边	北京	公交、环卫、邮政、出租、通勤、轻型物流配送车辆	到 2020 年，新增和更新的公交、环卫、邮政、出租、通勤、轻型物流配送车辆采用新能源或清洁能源汽车，重点区域达到 80%。
		2020 年新能源汽车产销量达到 200 万辆左右。	
		城市公交、出租车及城市配送	到 2020 年底前，城市公交、出租车及城市配送等领域新能源车保有量达到 60 万辆。
	天津	公交车、物流车、出租车、公务用车和租赁用车	2018 至 2020 年，全市每年新增新能源汽车 2 万辆，占全市汽车保有量比例到 2020 年提高至 4.5%。
		城市建成区新增和更新的公交、环卫、邮政、出租、通勤、轻型物流配送车辆使用新能源或清洁能源汽车	2020 年底前使用比例达到 80%。
		城市建成区公交车	2020 年底前全部更换为新能源汽车。
	河北省	城市建成区公交、环卫、邮政、出租、通勤、轻型物流配送车辆	采用新能源或清洁能源汽车，使用比例达到 80%。
		2018 年全省推广应用新能源汽车不低于 3 万辆，力争达到 4.3 万辆（标准车）； 2019 年全省推广应用新能源汽车不低于 3 万辆，力争达到 5.5 万辆（标准车）； 到 2020 年，全省累计推广应用各类新能源汽车 30 万辆。	
	河南省	新增及更换的邮政、出租、市政、通勤、轻型物流配送及港口、机场等作业车辆和作业机械	2018 年年底清洁能源车比重不低于 75%；2019 年底不低于 85%；2020 年年底不低于 95%。
		党政机关及公共机构购买的新能源汽车占当年配备更新总量的比例	2018 年年底不低于 30%；2019 年年底不低于 40%；2020 年底不低于 50%。
		郑州市建成区公交车、出租车、市政环卫车、物流配送车等领域	全部实现电动化。
	河南许昌	公交车	到 2020 年，城市公交公司新能源汽车 1100 辆，新能源汽车占比 70% 以上。
		出租车	到 2020 年，主城区出租车新能源汽车占比力争达到 30% 以上。
	山东省	公交车、公务用车及市政环卫车辆优先采用新能源车	力争到 2020 年实现全覆盖。
		公交车	2020 年底前，济南、青岛市中心城区在保留必要燃油公交车进行应急保障的基础上，全部更换为新能源或清洁能源汽车。
	山西省	全省 2018 年新能源汽车生产能力达到 30 万辆。	
		公交车、出租车、环卫车	2020 年底前，11 个设区市城市建成区公交车、出租车、环卫车全部更换为新能源汽车。
长三角	上海	到 2020 年，新能源汽车达到 26 万辆。	
		公交车	到 2020 年，新能源和清洁能源公交车比例达到 50% 以上，中心城公交基本实现新能源化。

续表

重点地区	省市	新能源汽车推广比例	
长三角	江苏省	2018 — 2020 年全省推广新能源汽车 15 万辆以上标准车。	
		公共服务领域（公交、环卫、邮政、出租、通勤、轻型物流配送车辆）	城市建成区新增和更新的公交、环卫、邮政、出租、通勤、轻型物流配送车辆使用新能源或清洁能源汽车，2020 年底前使用比例达到 80%。
		港口、机场、铁路货场及城市建成区内的其他企业	2019 年 7 月 1 日起，新增或更换作业车辆主要使用新能源或清洁能源。
长三角	江苏南京	到 2020 年，全市新增新能源汽车 5 万辆。	
		公共服务领域	每年新增、更新的环卫、执勤执法、机要通信、定向保障车中，新能源汽车不低于 50%；到 2020 年，基本实现主城区、新城新区公交车全面新能源化。
		社会服务领域	新增、更新城市物流及快递配送车辆的新能源汽车比例不低于 50%；2020 年底前新增的禁区通行证及 2020 年后所有的禁区通行证，只向新能源汽车发放。
		党政机关、公共机构和企事业单位	2020 年，政府机关及公共机构购买的新能源汽车占当年配备更新车辆总量的 50% 以上。
	江苏苏州	2018 年，新能源汽车推广应用 9000 辆标准车。	
	浙江省	城市建成区新增和更新的公交、环卫、邮政、出租、通勤、轻型物流配送车辆	使用新能源或清洁能源汽车使用比例达到 80%。
		港口、机场、铁路货场等新增或更换作业车辆	主要使用新能源或清洁能源汽车。
		杭州市、宁波市建成区公交车	2020 年底前，全部更换为新能源汽车。
	安徽省	公交车	到 2020 年前，每年按照 10% 比例逐年扩大应用规模。
		环卫、消防、机场通勤等车辆	到 2020 年前，每年按照 5% 比例逐年扩大应用规模。
		巡游出租车	从 2018 年起，一类市新增的车辆 100% 使用新能源汽车，二类市比例不低于 50%，三类市比例不低于 30%。
	安徽合肥	巡游出租汽车	全部应用新能源汽车。
		公交车	全部应用新能源汽车。
		快递车辆	新增及更新车辆中纯电动汽车比例不低于 70%，到 2020 年前每年按不低于 10% 的比例逐年扩大应用规模。
		通信、执勤、应急保障、公务用等车辆	全部采用新能源汽车。
珠三角	广东省	到 2020 年，全省新能源汽车推广应用累计超 25 万辆，其中私人乘用车领域新能源汽车推广应用量超 20 万辆	
		公交车	① 2018 年年底前，广州、珠海市要全面完成公交车纯电动化，佛山市全市柴油公交车全部更新为纯电动公交车；② 2020 年年底前珠三角地区实现公交车纯电动化，粤东西北地区各市公交车纯电动化率达 80% 以上。
		出租车	① 2018 年起，珠三角地区新增或更新的出租车全部使用新能源汽车，其中纯电动化率达到 80% 以上 ② 2018 年年底前，深圳市出租车（含网约车）纯电动化率达到 30% 以上
		市政、通勤、物流配送以及港口、机场作业车	① 2018 年起，珠三角地区新增和更新的市政、通勤、物流配送以及港口、机场作业车辆应全部使用纯电动或燃料电池等新能源车 ② 2020 年年底前新能源车占比达到 90% 以上
珠三角	深圳	轻型货车	① 2018 年 5 月 1 日起，深圳市港航运输局不再受理非“电能”的轻型货车（车长 ≤ 6 米且 GVW ≤ 4.5T）办理营运证。② 2020 年底前，力争使用轻型货车电动车比例达到 30% 以上
		重型货车	2020 年底前，力争重型货车使用清洁能源车比例达到 20% 以上
		大型客车	2020 年底前，力争大型客车使用清洁能源车比例达到 30% 以上

续表

重点地区	省市	新能源汽车推广比例	
成渝地区	成都市	到 2020 年，全市新能源车达到 10 万辆左右；清洁能源及新能源公交车和出租车（含网约车）占比达到 90%。到 2022 年，公交车、普通公务用车和从事公共服务行业机动车中新能源车比例达到 80%。	
		公交车	到 2020 年，中心城区公交车全部使用新能源汽
		公务用车、邮政、环卫等车辆	到 2020 年，新增普通公务用车、邮政、环卫等车辆全部使用新能源车
		出租车、民用汽车	鼓励和支持出租车、民用汽车更换为新能源车
其他区域	湖南省	每年推广新能源汽车数量占比不低于本地当年新增及更新汽车总量的 2%。	
	湖南长沙	到 2020 年：推广应用各类新能源汽车目标任务为 5.75 万标台	
	福建莆田	党政机关、公共机构和企事业单位用车	当年购买的新能源汽车数量占当年配备更新车辆总量的比例不低于 70%
		公共服务领域	新增和更新车辆到 2020 年新能源汽车所占比例达到 60% 以上
		出租车行业	到 2020 年，全市巡游出租车电动化率高于全省平均水平。
		集中及个人购买	以发放充电卡方式给予一次性充电补助 1500 元
	黑龙江省	公交车	2017 年至 2020 年，全省新增及更换的公交车中，新能源公交车比重分别达到 20%、25%、30% 和 35%
	江西省	公交车	2018-2020 年每年新增及更换的公交车中，新能源公交客车的比例要分别达到 55%、65%、75%
		公务、环卫、物流	新能源汽车比例分别不低于 30%、40%、50%
		到 2020 年，全省累计推广应用 10 万辆新能源汽车	
	云南	私人购车、政府采购公共出行城市物流及旅游等	2018 年推广 5 万辆新能源汽车。
		城市公交车、巡游出租车	新能源汽车比例昆明市不低于 80%，曲靖、玉溪、楚雄、红河等 4 个州、市不低于 60%。
		城市物流车	新能源汽车比例昆明市不低于 80%，曲靖、玉溪、楚雄、红河等 4 个州、市不低于 60%。
	海南省	公交车	到 2020 年，全部新增和更换的公交车中新能源公交车的比例达 90%
		巡游出租汽车	到 2020 年，全部新增和更新的巡游出租汽车使用新能源、清洁能源或混合动力车辆，
		城市物流配送、邮政用车	2018-2020 年，每年新增和更换车辆中新能源汽车的比例不低于 50%；
		分时租赁汽车	新增和更换全部使用新能源汽车
		全部推广指标	到 2020 年，全省交通运输行业累计推广应用新能源汽车在 4000 辆以上。
	新疆	公共服务领域（公交环卫邮政出租、通勤、轻型物流配送车辆）	新增和更新的车辆使用新能源汽车或清能源汽车。到 2020 年底前“乌 -- 昌 -- 石”圭 -- 独 - 乌“”区域出租车及城市公交车气电化率争取达到 100%，其中 2019 年底前达到 30%。 大力推行公共机构使用新能源汽车，到 2020 年新能源汽车占当年公共机构配备新能源汽车比例不低于 30%。
	吉林省	公交、环卫、邮政、出租、通勤、轻型物流配送车辆	2019 年起，每年各市（州）城市建成区新增和更新的车辆中，新能源汽车或清洁能源汽车比例达到 30% 以上
	宁夏	公交、环卫等行业和政府机关	公交、环卫等行业和政府机关要率先使用新能源汽车，采取直接上牌、政府补贴等措施鼓励个人购买，提高电动汽车保有量。

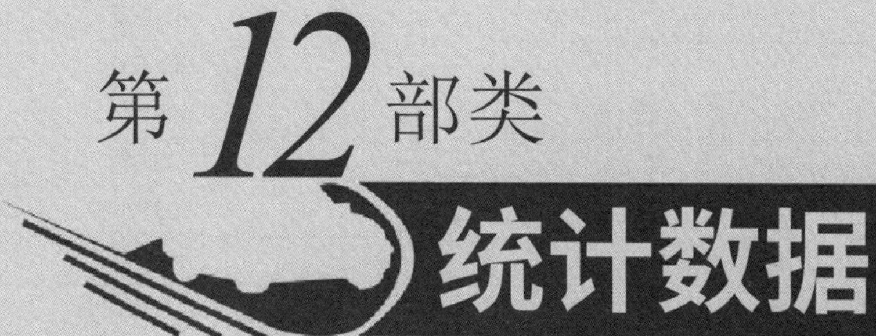
第12部类
统计数据
DISHIERBULEI
TONGJISHUJU

表 1　历年公路线路年末里程（单位：万公里）

年份	公路里程	高速公路
1978	89.02	–
1980	88.825	–
1981	89.75	–
1982	90.7	–
1983	91.51	–
1984	92.67	–
1985	94.24	–
1986	96.28	–
1987	98.22	–
1988	99.96	0.01
1989	101.43	0.03
1990	102.83	0.05
1991	104.11	0.06
1992	105.67	0.07
1993	108.35	0.11
1994	111.78	0.16
1995	115.7	0.21
1996	118.58	0.34
1997	122.64	0.48
1998	127.85	0.87
1999	135.17	1.16
2000	167.98	1.63
2001	169.8	1.94
2002	176.52	2.51
2003	180.98	2.97
2004	187.07	3.43
2005	334.52	4.1
2006	345.700	4.534
2007	358.372	5.391
2008	373.016	6.030
2009	386.082	6.506
2010	400.823	7.411
2011	410.639	8.495
2012	423.751	9.62
2013	435.622	10.444
2014	446.391	11.194
2015	457.730	12.352
2016	469.626	13.097
2017	477.347	13.645
2018	484.653	14.259

表 2 公路线路年末里程（2018 年底）（按地区分）（单位：公里）

地区	总计	等级公路合计						
			高速	一级	二级	三级	四级	等外公路
总计	4846532	4465864	142593	111703	393471	437060	3381036	380667
北京	22256	22256	1115	1457	4029	3970	11685	-
天津	16257	16257	1262	1209	2986	1190	9610	-
河北	193252	188475	7280	6341	20987	20455	133413	4777
山西	143326	141012	5605	2731	15736	19422	97518	2314
内蒙古	202641	195636	6633	7791	17684	30877	132651	7005
辽宁	122974	115699	4331	4153	18305	31312	57598	7275
吉林	105399	100599	3298	2163	9642	9165	76330	4799
黑龙江	167116	142959	4512	2729	11931	34345	89443	24156
上海	13106	13106	836	545	3615	2628	5483	-
江苏	158729	156297	4711	15081	23439	16261	96805	2432
浙江	120662	120339	4421	7046	10374	8860	89638	323
安徽	208826	207942	4836	4863	11595	19939	166708	885
福建	108901	92464	5155	1351	10887	8502	66568	16438
江西	161941	135442	5931	2601	11613	14338	100959	26499
山东	275642	274948	6057	11159	26177	29443	202112	693
河南	268589	242775	6600	3692	27192	21470	183822	25814
湖北	275039	265912	6367	6093	23179	11035	219237	9128
湖南	240060	223667	6725	2068	14478	5798	194599	16393
广东	217699	209131	9003	11329	18975	19185	150640	8568
广西	125449	115702	5563	1554	13156	8676	86753	9748
海南	35023	34731	924	460	1845	1615	29886	292
重庆	157483	133943	3096	952	8572	5717	115605	23541
四川	331592	304830	7131	4178	16021	14636	262864	26762
贵州	196908	156559	6453	1464	8433	6918	133291	40348
云南	252929	220554	5184	1443	12222	9715	191991	32374
西藏	97785	85473	38	578	1055	10818	72984	12312
陕西	177128	161028	5475	1641	9734	15891	128288	16100
甘肃	143228	128071	4242	627	9156	13707	100338	15157
青海	82137	70157	3328	609	8525	5001	52694	11980
宁夏	35405	35355	1678	1895	3870	6205	21706	51
新疆	189050	154546	4803	1901	18056	29968	99817	34504

表 3-1 历年公路营运汽车拥有量

年份	汽车总计（万辆）	载客汽车		载货汽车			
		辆数（万辆）	客位（万客位）	辆数（万辆）	普通载货汽车	吨位（万吨）	普通载货汽车
1990	31.30	10.76	468.92	20.22	19.82	131.61	127.06
1995	27.49	13.73	480.61	13.75	13.12	103.13	94.56
2000	702.82	216.81	2524.45	486.02	475.24	1667.70	1573.73
2005	733.22	128.40	1859.28	604.82	580.28	2537.75	2282.15
2006	802.58	161.92	2312.41	640.66	598.43	2822.69	2343.13
2007	849.22	164.73	2428.81	684.49	648.01	3135.69	2643.74
2008	930.61	169.64	2560.36	760.97	720.18	3686.20	3139.76
2009	1087.35	180.79	2799.71	906.56	859.27	4655.23	4002.80

表 3-2 历年公路营运汽车拥有量

年份	汽车总计（万辆）	载客汽车		载货汽车			
		辆数（万辆）	客位（万客位）	辆数（万辆）	普通载货汽车	吨位（万吨）	普通载货汽车
2010	1133.32	83.13	2017.09	1050.19	996.43	5999.82	5223.23
2011	1263.75	84.34	2086.66	1179.41	1116.36	7261.20	6273.51
2012	1339.89	86.71	2166.55	1253.19	1184.58	8062.14	6963.29
2013	1504.73	85.26	2170.26	1419.48	1080.75	9613.91	5008.34
2014	1537.93	84.58	2189.55	1453.36	1091.32	10292.47	5241.45
2015	1473.12	83.93	2148.58	1389.19	1011.87	10366.50	4982.50
2016	1435.77	84.00	2140.26	1351.77	946.03	10826.78	4843.83
2017	1450.22	81.61	2099.18	1368.62	902.90	11774.81	4868.40
2018	1435.48	79.66	2048.11	1355.82	816.76	12872.97	4791.21

表 4 公路营运汽车拥有量（2018 年底）（按地区分）

地区	合计（辆）	载客汽车		载货汽车			
		辆	客位	辆	普通载货汽车	吨位	普通载货汽车
总计	14354795	796595	20481139	13558200	8167630	128729734	47912051
北京	243888	75262	826620	168626	146127	964320	648711
天津	188310	8723	365502	179587	108347	1405537	350052
河北	1382163	23018	684570	1359145	568869	15379548	3066359
山西	609761	15619	384838	594142	239283	7194212	1478329
内蒙古	309537	11378	401276	298159	172134	2524678	822066
辽宁	775709	29310	853607	746399	479696	6148274	2179121
吉林	351903	13678	460027	338225	234558	2312771	1143083
黑龙江	501081	16304	527759	484777	338220	3988419	2106636
上海	259163	43259	655219	215904	67823	2890152	661883
江苏	906305	52729	1675427	853576	542487	8356812	3570627
浙江	381546	22196	781103	359350	209958	3636566	1378263
安徽	719683	25862	784811	693821	369831	7040325	2636022
福建	271427	14775	435576	256652	153242	2621408	875588
江西	378976	16671	499831	362305	198308	4059930	1609854
山东	1159575	20980	754506	1138595	427762	14292158	3506385
河南	1060175	38782	1196021	1021393	565147	10083032	3210535
湖北	380570	32967	768720	347603	239842	3172760	1563194
湖南	345341	38531	964596	306810	228308	2450640	1207261
广东	672250	38199	1636614	634051	407004	6103724	2515695
广西	389905	25590	805531	364315	271206	3133522	1730054
海南	60081	5284	168070	54797	46950	280457	154432
重庆	297374	17615	453029	279759	202201	2484970	1468349
四川	620730	48410	1144546	572320	448909	4437401	2540515
贵州	196238	27844	617706	168394	144388	1107610	796589
云南	530672	47876	767878	482796	432469	2695646	2025168
西藏	64283	4939	89209	59344	53641	483047	403859
陕西	438025	18447	538185	419578	312829	2992291	1403025
甘肃	306305	19939	443837	286366	251327	1416002	902909
青海	82139	3614	107815	78525	62488	535462	333180
宁夏	100602	4737	152749	95865	38843	1158840	331199
新疆	371078	34057	535961	337021	205433	3379220	1293108

注：1. 从 2013 年起，公路营运载客汽不再包含公路运输管理部门管理并注册登记的公共汽车和出租汽车，统计口径发生调整，数据与上年同期不可比。

2. 从 2013 年起，公路营运载货汽车包括货车、牵引车和挂车，统计口径发生调整，数据与上年同期不可比。

表 5-1　历年全社会货运量（单位：万吨）

年份	总计	铁路	公路	水运	远洋	民航	管道
1952	35605	13217	17247	5141	–	0.2	–
1957	89990	27421	46762	15806	–	0.8	–
1962	92185	35261	38909	18013	–	1.8	–
1965	133253	49100	59995	24155	–	2.5	–
1970	167913	68132	72929	26848	–	3.7	–
1975	251593	88955	117633	38968	–	4.7	6032
1978	319431	110119	151602	47357	3659	6.4	10347
1980	310841	111279	142195	46833	4292	8.9	10525
1985	745763	130709	538062	63322	6627	19.5	13650
1986	853557	135635	620113	82962	7228	22.4	14825
1987	948229	140653	711424	80979	7984	29.9	15143
1988	982195	144948	732315	89281	8530	32.7	15618
1989	988435	151489	733781	87493	9027	31.0	15641
1990	970602	150681	724040	80094	9408	37.0	15750
1991	985793	152893	733907	83370	10567	45.2	15578
1992	1045899	157627	780941	92490	11191	57.5	14783
1993	1115902	162794	840256	97938	12508	69.4	14845
1994	1180396	163216	894914	107091	13421	82.9	15092
1995	1234938	165982	940387	113194	15251	101.1	15274
1996	1298421	171024	983860	127430	14213	115.0	15992
1997	1278218	172149	976536	113406	20287	124.7	16002
1998	1267427	164309	976004	109555	18892	140.1	17419
1999	1293008	167554	990444	114608	22621	170.4	20232
2000	1358682	178581	1038813	122391	22949	196.7	18700
2001	1401786	193189	1056312	132675	27573	171.0	19439

表 5-1 历年全社会货运量（单位：万吨）（续表 1）

年份	总计	铁路	公路	水运	远洋	民航	管道
2002	1483447	204956	1116324	141832	29896	202.1	20133
2003	1564492	224248	1159957	158070	34002	219.0	21998
2004	1706412	249017	1244990	187394	39469	276.7	24734
2005	1862066	269296	1341778	219648	48549	306.7	31037
2006	2037060	288224	1466347	248703	54413	349.4	33436
2007	2275822	314237	1639432	281199	58903	401.8	40552
2008	2585937	330354	1916759	294510	42352	407.6	43906
2009	2825222	333348	2127834	318996	51733	445.5	44598
2010	3241807	364271	2448052	378949	58054	563.0	49972
2011	3696961	393263	2820100	425968	63542	557.5	57073
2012	4100436	390438	3188475	458705	65815	545.0	62274
2013	4098900	396697	3076648	559785	71156	561.3	65209
2014	4167296	381334	3113334	598283	74733	594.1	73752
2015	4175886	335801	3150019	613567	74685	629.3	75870
2016	4386763	333186	3341259	638238	79769	668.0	73411
2017	4804850	368865	3686858	667846	76030	705.9	80576
2018	5152732	402631	3956871	702684	76969	738.5	-

注：1. 从 1984 年起，公路运输包括私营运输完成的数量；从 2008 年起，公路运输量统计范围原则上为营运车辆。水路运输量统计范围为在交通运输主管部门审批、备案、从事营业性旅客和货物运输生产的船舶（以下各表同）。

2. 1993 年及以后年份，铁路货物运输指标口径有调整，增加了行包运量（以下各表同）。

3. 本资料从 2012 年开始，将 1980 年以前的公路、水路货运历史数据按部门口径进行了调整（以下各表同）。

表 5-2 货运量构成（单位：%）

铁路	公路	水运	远洋	民航	管道
7.677	76.732	13.899	1.582	0.015	1.677

表 6　各地区全社会货运量（2018 年）（单位：万吨）

地区	总计	铁路	公路	水运
总计	5152732	402631	3956871	702684
北京	20873	596	20278	-
天津	52221	9249	34711	8261
河北	249323	19637	226334	3352
山西	211497	85260	126214	23
内蒙古	232525	72506	160018	-
辽宁	223346	19691	189737	13918
吉林	52156	5615	46520	22
黑龙江	55190	11357	42943	889
上海	106983	482	39595	66906
江苏	233157	6171	139251	87735
浙江	269083	4330	166533	98219
安徽	406761	8066	283817	114877
福建	136947	3518	96576	36854
江西	174285	5155	157646	11484
山东	354019	23247	312807	17964
河南	259884	10461	235183	14240
湖北	204307	4730	163145	36432
湖南	229957	4468	204389	21101
广东	416389	9293	304743	102353
广西	190652	7140	153389	30123
海南	22040	1068	12052	8921
重庆	128491	1967	107064	19460
四川	187385	7199	173324	6862
贵州	102537	5513	95354	1670
云南	140670	4661	135321	688
西藏	2433	70	2363	-
陕西	173245	42245	130823	177
甘肃	70386	6087	64271	28
青海	18905	3220	15685	-
宁夏	38916	7159	31757	-
新疆	97498	12469	85029	-
不分地区	90672	-	-	126

注：不分地区数据包括水运完成 126.30 万吨，民航完成 738.51 万吨，管道完成 89807.14 万吨。

表 7-1 历年全社会货物周转量（单位：亿吨公里）

年份	总计	铁路	公路	水运	远洋	民航	管道
1952	766.97	601.60	19.60	145.75	–	0.02	–
1957	1825.76	1345.90	62.39	417.39	–	0.08	–
1962	2252.29	1721.08	75.09	455.97	–	0.15	–
1965	3485.42	2698.69	110.04	676.44	–	0.25	–
1970	4590.12	3495.95	153.95	939.85	–	0.35	–
1975	7594.20	4255.64	248.12	2827.83	–	0.60	262.00
1978	9928.19	5345.19	350.27	3801.76	2487.00	0.97	430.00
1980	11628.64	5717.53	342.87	5076.49	3532.00	1.41	491.00
1985	18365.11	8125.66	1903.00	7729.30	5329.00	4.15	603.00
1986	20147.44	8764.78	2118.00	8647.90	5948.00	4.76	612.00
1987	22228.51	9471.49	2660.40	9465.10	6576.00	6.52	625.00
1988	23825.71	9877.59	3220.40	10070.40	6966.00	7.32	650.00
1989	25591.71	10394.18	3374.80	11186.80	7689.00	6.93	629.00
1990	26207.56	10622.38	3358.10	11591.90	8140.86	8.18	627.00
1991	27986.49	10971.99	3428.00	12955.40	8990.40	10.10	621.00
1992	29217.57	11575.55	3755.40	13256.20	9034.00	13.42	617.00
1993	30646.81	12090.90	4070.50	13860.80	9133.90	16.61	608.00
1994	33435.48	12632.00	4486.30	15686.60	10267.70	18.58	612.00
1995	35908.88	13049.48	4694.90	17552.20	11938.00	22.30	590.00
1996	36589.79	13106.16	5011.20	17862.50	11254.00	24.93	585.00
1997	38384.69	13269.88	5271.50	19235.00	14874.70	29.10	579.21
1998	38088.71	12560.08	5483.38	19405.80	14920.28	33.45	606.00
1999	40567.64	12910.30	5724.30	21262.80	17014.40	42.34	627.90
2000	44320.51	13770.49	6129.40	23734.20	17073.00	50.27	636.15
2001	47709.94	14694.14	6330.44	25988.89	20873.00	43.72	652.75
2002	50685.85	15658.42	6782.46	27510.64	21733.00	51.55	682.78
2003	53859.18	17246.65	7099.48	28715.76	22304.77	57.90	739.39
2004	69445.04	19288.77	7840.86	41428.69	32255.00	71.80	814.92
2005	80258.10	20726.03	8693.19	49672.28	38552.00	78.90	1087.70
2006	88839.85	21954.41	9754.25	55485.75	42577.30	94.28	1551.17
2007	101418.81	23797.00	11354.69	64284.85	48686.00	116.39	1865.89
2008	110300.49	25106.29	32868.19	50262.74	32850.60	119.60	1943.68
2009	122133.31	25239.17	37188.82	57556.67	39524.12	126.23	2022.42
2010	141837.42	27644.13	43389.67	68427.53	45999.00	178.90	2197.19
2011	159323.62	29465.79	51374.74	75423.84	49355.40	173.91	2885.44
2012	173804.46	29187.09	59534.86	81707.58	53412.10	163.89	3211.04
2013	168013.80	29173.89	55738.08	79435.65	48705.37	170.29	3495.89
2014	181667.69	27530.19	56846.90	92774.56	55935.06	187.77	4328.28
2015	178355.90	23754.31	57955.72	91772.45	54236.09	208.07	4665.35
2016	186629.48	23792.26	61080.10	97338.80	58074.60	222.45	4195.87
2017	197372.65	26962.20	66771.52	98611.25	55083.86	243.55	4784.13
2018	204686.24	28820.99	71249.21	99052.82	51926.58	262.50	5300.72

表 7-2 货物周转量构成

铁路	公路	水运	远洋	民航	管道
14.081	34.809	48.393	25.369	0.128	2.590

表 8 各地区全社会货物周转量（2018 年）（单位：亿吨公里）

地区	总计	铁路	公路	水运
总计	204686.24	28820.99	71249.21	99052.82
北京	1034.22	866.82	167.41	-
天津	2240.53	509.82	404.10	1326.60
河北	13873.03	4832.00	8550.15	490.88
山西	4489.44	2581.56	1907.75	0.13
内蒙古	5595.98	2610.35	2985.63	-
辽宁	10654.45	1184.57	3152.29	6317.59
吉林	1704.71	515.29	1189.23	0.20
黑龙江	1601.31	784.57	810.66	6.08
上海	28299.85	9.77	299.29	27990.80
江苏	8969.29	303.00	2544.35	6121.94
浙江	11538.14	221.53	1964.10	9352.50
安徽	11803.68	721.19	5451.62	5630.88
福建	7646.24	147.35	1289.52	6209.37
江西	4528.63	530.58	3759.94	238.11
山东	10052.20	1357.00	6859.68	1835.52
河南	8982.12	2066.44	5893.92	1021.75
湖北	6675.50	869.97	2955.53	2850.00
湖南	4386.56	812.75	3114.85	458.96
广东	28338.33	270.60	3890.32	24177.41
广西	4983.78	710.09	2683.05	1590.64
海南	875.83	17.00	84.55	774.27
重庆	3597.91	206.63	1152.75	2238.53
四川	2946.09	861.02	1814.95	270.13
贵州	1797.91	606.33	1146.51	45.07
云南	1971.91	465.36	1489.23	17.33
西藏	150.06	33.22	116.84	-
陕西	4024.89	1723.00	2301.37	0.52
甘肃	2609.93	1490.91	1118.97	0.05
青海	551.36	275.62	275.74	-
宁夏	627.68	229.49	398.19	-
新疆	2483.87	1007.17	1476.70	-
不分地区	5650.78	-	-	87.56

注：不分地区数据包括民航完成 262.50 亿吨公里，管道完成 5300.72 亿吨公里。

表 9 历年全社会客运量（单位：万人）

年份	总计	铁路	公路	水运	民航
1952	24518	16352	4559	3605	2
1957	63821	31262	23772	8780	7
1962	122154	75003	30737	16397	17
1965	96334	41245	43693	11369	27
1970	130056	52455	61812	15767	22
1975	192969	70465	101350	21015	139
1978	253993	81491	149229	23042	231
1980	341785	92204	222799	26439	343
1985	620206	112110	476486	30863	747
1986	688211	108579	544259	34377	996
1987	746422	112479	593682	38951	1310
1988	809592	122645	650473	35032	1442
1989	791374	113805	644508	31778	1283
1990	772682	95712	648085	27225	1660
1991	806048	95080	682681	26109	2178
1992	860855	99693	731774	26502	2886
1993	996634	105458	860719	27074	3383
1994	1092882	108738	953940	26165	4039
1995	1172596	102745	1040810	23924	5117
1996	1245357	94797	1122110	22895	5555
1997	1326094	93308	1204583	22573	5630
1998	1378717	95085	1257332	20545	5755
1999	1394413	100164	1269004	19151	6094
2000	1478573	105073	1347392	19386	6722
2001	1534122	105155	1402798	18645	7524
2002	1608150	105606	1475257	18693	8594
2003	1587497	97260	1464335	17142	8759
2004	1767453	111764	1624526	19040	12123
2005	1847018	115583	1697381	20227	13827
2006	2024158	125656	1860487	22047	15968
2007	2227761	135670	2050680	22835	18576
2008	2867892	146193	2682114	20334	19251
2009	2976898	152451	2779081	22314	23052
2010	3269508	167609	3052738	22392	26769
2011	3526319	186226	3286220	24556	29317
2012	3804035	189337	3557010	25752	31936
2013	2122992	210597	1853463	23535	35397
2014	2032218	230460	1736270	26293	39195
2015	1943271	253484	1619097	27072	43618
2016	1900194	281405	1542759	27234	48796
2017	1848620	308379	1456784	28300	55156
2018	1793820	337495	1367170	27981	61174

表 10　各地区全社会客运量（2018 年）（单位：万人）

地区	总计	铁路	公路	水运
总计	1793820	337495	1367170	27981
北京	58935	14357	44577	-
天津	17450	5075	12259	116
河北	47346	12211	35133	2
山西	23837	7958	15719	161
内蒙古	13268	5446	7823	-
辽宁	71343	14422	56355	566
吉林	31956	8446	23372	139
黑龙江	31568	10522	20739	307
上海	15845	12267	3151	427
江苏	120612	21204	97025	2383
浙江	98380	21870	72013	4497
安徽	63347	12337	50770	240
福建	48105	12096	34081	1929
江西	60686	11131	49302	253
山东	67443	15356	50044	2044
河南	110421	16383	93707	331
湖北	98350	16713	80990	648
湖南	106680	13943	91007	1729
广东	142144	34121	105249	2775
广西	47931	11100	36134	697
海南	14383	2958	9637	1788
重庆	60587	7707	52150	731
四川	98569	15116	81462	1991
贵州	93025	6761	84053	2211
云南	41484	5500	34642	1342
西藏	1399	352	1047	-
甘肃	42185	5473	36634	78
青海	6443	1256	5092	95
宁夏	6137	653	5342	142
新疆	21204	3810	17394	-
不分地区	61174	-	-	-

注：不分地区数据为民航完成客运量 61174 万人。

表 11 历年全社会旅客周转量（单位：亿人公里）

年份	总计	铁路	公路	水运	民航
1952	248.02	200.64	22.64	24.50	0.24
1957	496.55	361.30	88.07	46.38	0.80
1962	1085.56	859.01	141.46	83.92	1.17
1965	697.04	478.99	168.20	47.37	2.48
1970	1031.05	718.19	240.06	71.01	1.79
1975	1434.55	954.09	374.48	90.59	15.39
1978	1743.06	1093.22	521.30	100.63	27.91
1980	2281.34	1383.16	729.50	129.12	39.56
1985	4435.39	2416.14	1724.88	178.65	115.72
1986	4896.51	2586.71	1981.74	182.06	146.00
1987	5415.47	2843.06	2190.43	195.92	186.06
1988	6209.38	3260.31	2528.24	203.92	216.91
1989	6074.56	3037.41	2662.11	188.27	186.77
1990	5628.35	2612.64	2620.32	164.91	230.48
1991	6178.32	2828.05	2871.74	177.21	301.32
1992	6949.38	3152.24	3192.64	198.38	406.12
1993	7858.00	3483.30	3700.70	196.40	477.60
1994	8591.42	3636.04	4220.30	183.50	551.58
1995	9001.90	3545.70	4603.10	171.80	681.30
1996	9164.80	3347.60	4908.79	160.57	747.84
1997	10055.48	3584.86	5541.40	155.70	773.52
1998	10636.74	3773.42	5942.81	120.27	800.24
1999	11299.74	4135.94	6199.20	107.30	857.30
2000	12261.09	4532.59	6657.42	100.54	970.54
2001	13155.13	4766.82	7207.08	89.88	1091.35
2002	14125.64	4969.38	7805.77	81.78	1268.70
2003	13810.50	4788.61	7695.60	63.10	1263.19
2004	16309.08	5712.17	8748.38	66.25	1782.28
2005	17466.74	6061.96	9292.08	67.77	2044.93
2006	19197.21	6622.12	10130.85	73.58	2370.66
2007	21592.58	7216.31	11506.77	77.78	2791.73
2008	23196.70	7778.60	12476.11	59.18	2882.80
2009	24834.94	7878.89	13511.44	69.38	3375.24
2010	27894.26	8762.18	15020.81	72.27	4039.00
2011	30984.03	9612.29	16760.25	74.53	4536.96
2012	33383.09	9812.33	18467.55	77.48	5025.74
2013	27571.65	10595.62	11250.94	68.33	5656.76
2014	28647.13	11241.85	10996.75	74.34	6334.19
2015	30058.90	11960.60	10742.66	73.08	7282.55
2016	31258.46	12579.29	10228.71	72.33	8378.13
2017	32812.80	13456.92	9765.18	77.66	9513.04
2018	34218.15	14146.58	9279.68	79.57	10712.32

表 12　各地区全社会旅客周转量（2018 年）（单位：亿人公里）

地区	总计	铁路	公路	水运
总计	34218.15	14146.58	9279.68	79.57
北京	254.43	154.57	99.87	–
天津	276.51	199.90	76.40	0.21
河北	1289.20	1061.40	227.61	0.19
山西	393.95	234.23	159.64	0.08
内蒙古	337.14	214.71	122.43	–
辽宁	938.79	641.29	291.46	6.05
吉林	427.28	273.33	153.77	0.18
黑龙江	433.75	279.26	154.13	0.36
上海	218.70	112.09	105.82	0.79
江苏	1539.34	819.23	716.64	3.47
浙江	1103.66	694.56	402.80	6.30
安徽	1163.66	786.38	376.89	0.39
福建	599.99	385.20	212.04	2.75
江西	993.73	732.42	260.97	0.34
山东	1289.61	783.28	493.57	12.76
河南	1775.09	1063.29	711.19	0.61
湖北	1258.91	800.74	453.44	4.74
湖南	1463.10	979.54	479.93	3.63
广东	2085.59	953.75	1120.71	11.13
广西	816.65	462.26	351.10	3.29
海南	130.54	52.06	74.38	4.10
重庆	493.10	227.09	260.43	5.59
四川	878.30	410.25	466.14	1.91
贵州	798.67	322.82	469.08	6.77
云南	431.57	158.92	269.63	3.02
西藏	46.83	18.86	27.97	–
陕西	797.97	510.36	286.98	0.62
甘肃	634.71	401.28	233.31	0.13
青海	141.01	90.14	50.77	0.10
宁夏	88.31	40.78	47.46	0.07
新疆	405.76	282.61	123.15	-
不分地区	10712.32	–	–	–

注：不分地区数据为民航完成旅客周转量 10712.32 亿人公里。

表 13-1 历年民用汽车拥有量（载客）（单位：万辆）

年份	民用汽车总计	载客汽车				
			大型	中型	小型	微型
2005	3159.66	2132.46	82.13	131.65	1618.35	300.32
2006	3697.35	2619.57	87.34	137.00	2083.40	311.83
2007	4358.36	3195.99	93.82	140.52	2646.47	315.18
2008	5099.61	3838.92	100.39	143.19	3271.14	324.19
2009	6280.61	4845.09	107.95	145.80	4246.90	344.44
2010	7801.83	6124.13	116.44	146.07	5498.36	363.25
2011	9356.32	7478.37	126.54	147.41	6827.54	376.88
2012	10933.09	8943.01	128.13	131.78	8302.63	380.47
2013	12670.14	10561.78	131.38	117.06	9951.46	361.87
2014	14598.11	12326.70	139.61	112.06	11748.19	326.84
2015	16284.45	14095.88	140.07	89.66	13580.48	285.66
2016	18574.54	16278.24	146.03	83.82	15813.84	234.55
2017	20906.67	18469.54	152.94	78.95	18038.69	198.96
2018	23231.23	20555.40	158.33	75.40	20135.22	186.46

注：1. 小轿车包括在载客汽车中（下表同）。

2. 从 2002 年起，载客汽车和载货汽车的其中分项、其他汽车统计口径有调整与以前年份不可比（下表同）。

表 13-2 历年民用汽车拥有量（载货）（单位：万辆）

年份	载货汽车					
		重型	中型	轻型	微型	其他汽车
2005	955.55	168.07	236.66	484.51	66.31	71.66
2006	986.30	174.01	235.39	532.13	44.76	91.49
2007	1054.06	186.74	243.46	587.22	36.63	108.31
2008	1126.07	200.84	249.73	644.96	30.54	134.62
2009	1368.60	315.08	262.21	765.33	25.97	66.92
2010	1597.55	394.80	269.75	911.88	21.12	80.14
2011	1787.99	460.58	267.80	1042.07	17.54	89.96
2012	1894.75	472.51	229.20	1179.65	13.40	95.33
2013	2010.62	501.97	196.40	1300.02	12.23	97.75
2014	2125.46	533.67	188.09	1385.77	17.93	145.95
2015	2065.62	530.05	148.87	1375.79	10.90	122.95
2016	2171.89	569.48	138.69	1455.29	8.43	124.41
2017	2338.85	635.41	130.68	1566.30	6.46	98.28
2018	2567.82	709.53	124.39	1728.53	5.37	108.00

表 14-1 民用车辆拥有量（载客）（按地区分）（单位：辆）

地区	民用汽车					
		载客汽车	大型	中型	小型	微型
总计	232312250	205554046	1583346	753975	201352154	1864571
北京	5740411	5279619	63513	75407	5125097	15602
天津	2986534	2632689	26330	12523	2572800	21036
河北	15299774	13303927	67493	22376	12926655	287403
山西	6521468	5793170	35097	12389	5612309	133375
内蒙古	5319102	4682082	29552	11920	4584793	55817
辽宁	7963726	6983557	73826	43007	6813845	52879
吉林	4219217	3753886	35903	14361	3663685	39937
黑龙江	4774063	4098669	49927	21522	3994284	32936
上海	3933670	3583715	50823	26321	3496406	10165
江苏	17765728	16521036	115282	42482	16265741	97531
浙江	15329500	13913234	73546	34237	13696371	109080
安徽	8142020	6984472	54300	25224	6872320	32628
福建	6228185	5456288	35682	23568	5360949	36089
江西	5375517	4614506	29353	14563	4547875	22715
山东	21282864	18834727	129436	41296	18347166	316829
河南	14496817	12816534	78307	37516	12570471	130240
湖北	7723954	6835684	60721	29233	6726340	19390
湖南	7809581	7030719	59079	43882	6896806	30952
广东	21162828	18913046	176738	56570	18600096	79642
广西	5884199	5098487	38744	17208	4999987	42548
海南	1268996	1105358	16318	5992	1077748	5300
重庆	4191004	3728824	30758	11357	3678500	8209
四川	10981677	9887686	76777	23246	9674071	113592
贵州	4789814	4144862	30032	19923	4076886	18021
云南	6774956	5801238	28821	21213	5696145	55059
西藏	514484	343103	4626	4557	330164	3756
陕西	6168042	5499397	40782	18037	5383994	56584
甘肃	3150692	2575241	23659	11224	2529753	10605
青海	1098654	914182	9065	5755	894247	5115
宁夏	1447793	1130665	9872	3891	1110692	6210
新疆	3966980	3293443	28984	23175	3225958	15326

表 14-2　民用车辆拥有量（载货）（按地区分）（单位：辆）

地区	载货汽车					
		重型	中型	轻型	微型	其他汽车
总计	25678242	7095346	1243928	17285252	53716	1079962
北京	399915	68571	24300	305746	1298	60877
天津	335642	72206	10269	251050	2117	18203
河北	1933744	678256	45018	1208507	1963	62103
山西	702534	290609	12757	396994	2174	25764
内蒙古	609978	189913	15373	403828	864	27042
辽宁	941222	306023	45822	588763	614	38947
吉林	445711	147371	19580	278354	406	19620
黑龙江	647419	193900	44098	408736	685	27975
上海	328703	200503	49610	78587	3	21252
江苏	1162403	463355	113678	584837	533	82289
浙江	1367849	232815	41370	1086609	7055	48417
安徽	1118662	386482	29620	701929	631	38886
福建	747687	130040	21243	594600	1804	24210
江西	731868	248030	40154	443448	236	29143
山东	2368499	763595	82933	1519201	2770	79638
河南	1622244	547636	41727	1031574	1307	58039
湖北	843534	209102	59346	574708	378	44736
湖南	746678	158632	50876	536713	457	32184
广东	2179133	377113	114640	1664451	22929	70649
广西	758766	191660	55818	508923	2365	26946
海南	156690	16498	11742	128322	128	6948
重庆	442935	143348	28175	271400	12	19245
四川	1052060	256685	70631	724395	349	41931
贵州	621258	88724	35438	497054	42	23694
云南	946261	145942	54664	745532	123	27457
西藏	163295	35573	20274	106887	561	8086
陕西	626066	187631	27503	410472	460	42579
甘肃	555354	103352	28795	423000	207	20097
青海	175438	32581	7553	135178	126	9034
宁夏	306156	69083	8634	228206	233	10972
新疆	640538	160117	32287	447248	886	32999

表 15-1　历年私人汽车拥有量（载客）（单位：万辆）

年份	汽车总计	载客汽车				
			大型	中型	小型	微型
1985	28.49	1.93	–	–	–	–
1990	81.62	24.07	–	–	–	–
1995	249.96	114.15	–	–	–	–
2000	625.33	365.09	–	–	–	–
2005	1848.07	1383.93	7.61	50.88	1079.78	245.66
2006	2333.32	1823.57	11.19	56.20	1491.18	265.00
2007	2876.22	2316.91	7.91	55.73	1984.29	268.98
2008	3501.39	2880.50	8.57	57.97	2533.28	280.68
2009	4574.91	3808.33	8.72	59.96	3436.26	303.39
2010	5938.71	4989.50	9.34	61.00	4593.46	325.70
2011	7326.79	6237.46	9.99	62.34	5823.62	341.52
2012	8838.60	7637.87	8.26	55.43	7226.48	347.71
2013	10501.68	9198.23	6.95	46.95	8810.51	333.83
2014	12339.36	10945.39	7.70	42.10	10590.75	304.83
2015	14099.10	12737.23	8.27	28.89	12432.26	267.81
2016	16330.22	14896.27	4.99	24.84	14645.61	220.83
2017	18515.11	17001.51	4.58	22.17	16788.42	186.35
2018	20574.93	18930.29	4.48	20.39	18731.80	173.62

表 15-2　历年私人汽车拥有量（载货）（单位：万辆）

年份	载货汽车					
		重型	中型	轻型	微型	其他汽车
1985	26.48	–	–	–	–	–
1990	57.48	–	–	–	–	–
1995	131.83	–	–	–	–	–
2000	259.09	–	–	–	–	–
2005	452.11	62.50	100.34	243.29	45.98	12.04
2006	494.91	64.23	108.64	288.94	33.09	14.84
2007	539.45	68.89	110.44	332.69	27.43	19.86
2008	596.39	73.28	115.68	384.12	23.31	24.50
2009	753.40	108.73	129.59	494.97	20.12	13.17
2010	931.52	141.44	140.52	632.77	16.78	17.69
2011	1067.43	164.28	144.52	744.39	14.24	21.90
2012	1175.63	168.13	128.51	867.64	11.35	25.09
2013	1275.49	174.39	111.85	978.73	10.52	27.95
2014	1352.78	182.68	104.90	1050.60	14.59	41.20
2015	1330.65	173.86	86.62	1060.70	9.47	31.22
2016	1401.16	184.82	79.77	1129.13	7.45	32.79
2017	1478.40	193.98	73.22	1205.66	5.54	35.19
2018	1605.10	208.78	68.59	1323.25	4.48	39.55

表 16-1 私人车辆拥有量（载客）（按地区分）（单位：辆）

地区	民用汽车	载客汽车				
			大型	中型	小型	微型
总计	205749339	189302872	44829	203863	187318021	1736159
北京	4784946	4624639	4116	43583	4562764	14176
天津	2501106	2329470	1053	4374	2306943	17100
河北	14114814	12734148	6261	7330	12438748	281809
山西	5883504	5429377	555	2545	5297438	128839
内蒙古	4883400	4431899	1324	4141	4372082	54352
辽宁	6873844	6390794	6468	17826	6315659	50841
吉林	3808616	3480403	4131	4770	3432798	38704
黑龙江	4257882	3787443	5163	8159	3742812	31309
上海	3021415	3012600	1004	7518	2994378	9700
江苏	15313573	14749981	305	8804	14653060	87812
浙江	13464563	12621778	837	7103	12525536	88302
安徽	7076250	6506645	605	4279	6470813	30948
福建	5442023	4935482	374	4279	4896731	34098
江西	4785236	4360156	197	1450	4337105	21404
山东	19102607	17626062	4846	15529	17307453	298234
河南	13182753	12134767	526	4321	12004224	125696
湖北	6907919	6333079	385	4184	6310684	17826
湖南	7223370	6584190	777	6727	6548504	28182
广东	18611085	17336514	2878	21179	17247124	65333
广西	5317386	4781924	325	4388	4735745	41466
海南	1096620	973366	204	1410	968047	3705
重庆	3625923	3396309	158	1261	3389237	5653
四川	9753770	9073997	517	3349	8969069	101062
贵州	4361916	3857053	218	1555	3838427	16853
云南	6207172	5391075	243	2063	5336523	52246
西藏	423255	279933	341	1459	275000	3133
陕西	5549416	5090623	256	1426	5034430	54511
甘肃	2655692	2261221	109	1457	2251175	8480
青海	910477	783636	62	1058	778889	3627
宁夏	1316675	1056127	167	1232	1048668	6060
新疆	3292131	2948181	424	5104	2927955	14698

表 16-2　私人车辆拥有量（载货）（按地区分）（单位：辆）

地区	载货汽车					
		重型	中型	轻型	微型	其他汽车
总计	16051009	2087775	685926	13232490	44818	395458
北京	145391	6767	2931	135607	86	14916
天津	165740	14082	3276	147276	1106	5896
河北	1353976	307885	33215	1011075	1801	26690
山西	443827	119308	6841	315682	1996	10300
内蒙古	440091	92005	8622	338684	780	11410
辽宁	471631	71048	24084	376084	415	11419
吉林	321164	73073	14763	232969	359	7049
黑龙江	462735	90009	32732	339416	578	7704
上海	6492	2640	1904	1948		2323
江苏	534640	165572	48461	320164	443	28952
浙江	831107	33600	12879	778364	6264	11678
安徽	554111	33876	12042	507639	554	15494
福建	498746	27844	11684	457487	1731	7795
江西	416919	33914	21365	361435	205	8161
山东	1440905	131066	44516	1263916	1407	35640
河南	1021019	103054	28266	888532	1167	26967
湖北	558088	76314	38914	442528	332	16752
湖南	621675	101611	41750	477896	418	17505
广东	1249399	91904	54215	1082873	20407	25172
广西	523613	74100	37995	409339	2179	11849
海南	120858	8762	9673	102319	104	2396
重庆	223893	8262	10283	205340	8	5721
四川	662447	58425	37468	566251	303	17326
贵州	494225	37823	23364	433000	38	10638
云南	803297	90505	43813	668879	100	12800
西藏	141889	29763	18784	92955	387	1433
陕西	443717	91110	21567	330627	413	15076
甘肃	386643	44917	19033	322524	169	7828
青海	123365	11273	5317	106671	104	3476
宁夏	255178	43517	7037	204405	219	5370
新疆	334228	13746	9132	310605	745	9722

表 17-1　历年民用汽车新注册情况（载客）（单位：万辆）

年份	民用汽车总计	载客汽车				
			大型	中型	小型	微型
2002	337.20	229.46	9.72	14.51	149.15	56.09
2005	528.63	415.75	9.95	10.53	371.21	24.06
2006	573.04	467.87	9.54	8.28	438.22	11.83
2007	607.92	500.00	9.11	7.21	477.25	6.44
2008	763.18	622.68	11.28	6.40	592.81	12.19
2009	1245.95	1024.86	11.50	6.95	979.45	26.96
2010	1528.82	1254.69	14.82	7.65	1208.63	23.59
2011	1624.25	1369.45	16.33	7.65	1324.48	21.00
2012	1772.50	1524.88	16.35	7.10	1487.59	13.84
2013	2030.94	1752.30	16.89	8.12	1717.38	9.91
2014	2205.19	1936.68	15.14	7.96	1905.07	8.50
2015	2331.75	2120.28	19.10	6.71	2086.20	8.27
2016	2724.44	2464.81	19.48	5.98	2433.87	5.48
2017	2800.40	2480.24	17.15	4.67	2450.74	7.69
2018	2652.11	2313.94	15.58	3.95	2287.65	6.77

表 17-2　历年民用汽车新注册情况（载货）（单位：万辆）

年份	载货汽车					
		重型	中型	轻型	微型	其他汽车
2002	99.38	18.65	22.10	50.20	8.43	8.35
2005	102.40	16.29	17.56	63.96	4.60	10.47
2006	92.53	13.91	14.77	61.69	2.16	12.65
2007	91.76	15.52	15.79	59.10	1.36	16.16
2008	116.82	23.67	18.53	73.33	1.28	23.68
2009	214.84	50.06	24.27	139.12	1.38	6.25
2010	263.76	76.96	23.86	161.48	1.46	10.37
2011	244.26	72.69	17.31	153.56	0.70	10.53
2012	238.62	56.01	13.98	168.19	0.44	9.00
2013	268.99	73.90	13.34	181.44	0.31	9.65
2014	254.23	63.06	10.44	180.55	0.18	14.28
2015	204.33	45.50	7.23	151.38	0.22	7.14
2016	250.73	64.94	7.71	177.96	0.12	8.90
2017	308.76	98.01	6.70	203.79	0.26	11.40
2018	323.88	96.71	4.96	222.05	0.17	14.29

表 18-1　民用汽车新注册情况（载客）（按地区分）（单位：辆）

地区	民用汽车	载客汽车				
			大型	中型	小型	微型
总计	26521129	23139385	155760	39514	22876458	67653
北京	547747	454570	2800	3709	447449	612
天津	273321	237368	1963	624	231915	2866
河北	1666401	1395631	4735	1443	1383844	5609
山西	664948	560538	2967	658	555546	1367
内蒙古	426794	372085	2212	458	368925	490
辽宁	632638	566363	3598	1101	561299	365
吉林	346739	301993	2633	445	298785	130
黑龙江	414445	364621	4796	904	358769	152
上海	503658	467164	3838	1203	461458	665
江苏	2051374	1891811	10002	1758	1872303	7748
浙江	1712563	1528157	7855	2061	1509916	8325
安徽	1136308	981501	5743	1651	972645	1462
福建	719039	630954	6954	1045	622027	928
江西	763262	665440	3343	1052	660391	654
山东	1966524	1658297	10977	1710	1638043	7567
河南	1842447	1611226	8584	3347	1587458	11837
湖北	1015161	890528	6455	1383	881973	717
湖南	1061016	961434	9411	2760	947773	1490
广东	2656358	2340606	21130	2461	2310807	6208
广西	752725	657928	3743	1069	652454	662
海南	163517	140124	2209	455	136630	830
重庆	577381	515669	2438	535	510769	1927
四川	1346193	1192619	7328	1364	1182321	1606
贵州	731132	638270	3701	1562	632013	994
云南	794237	656054	3304	1402	650711	637
西藏	59821	34999	332	226	34357	84
陕西	773894	677493	6273	1108	668639	1473
甘肃	296864	240677	2359	534	237661	123
青海	110159	89883	1041	367	88465	10
宁夏	131188	99547	1159	163	98133	92
新疆	383275	315835	1877	956	312979	23

表 18-2 民用汽车新注册情况（载货）（按地区分）（单位：辆）

地区	载货汽车					其他汽车
		重型	中型	轻型	微型	
总计	3238847	967089	49591	2220492	1675	142897
北京	84253	18751	2702	62800	-	8924
天津	33881	9293	359	24194	35	2072
河北	261494	91185	2503	167805	1	9276
山西	101301	52712	473	48113	3	3109
内蒙古	52612	12342	384	39875	11	2097
辽宁	63574	24441	1634	37499	-	2701
吉林	42428	17049	524	24852	3	2318
黑龙江	47667	14180	1138	32349	-	2157
上海	34041	22187	2026	9828	-	2453
江苏	147481	55584	5452	86443	2	12082
浙江	177207	39189	2458	135559	1	7199
安徽	148052	47949	1708	98394	1	6755
福建	84583	17739	1064	65779	1	3502
江西	94050	36942	1072	56032	4	3772
山东	298168	110229	2970	184594	375	10059
河南	221511	79400	2259	139846	6	9710
湖北	117819	32361	2755	82695	8	6814
湖南	95219	19627	2020	73551	21	4363
广东	304714	60461	3854	239207	1192	11038
广西	91652	23930	1100	66621	1	3145
海南	22648	2605	602	19440	1	745
重庆	59356	25983	1304	32068	1	2356
四川	147096	43712	2930	100454	-	6478
贵州	89764	12756	991	76016	1	3098
云南	134767	21681	695	112390	1	3416
西藏	24233	8024	1734	14473	2	589
陕西	90393	28034	1258	61099	2	6008
甘肃	53968	8424	673	44871	-	2219
青海	19427	3190	206	16030	1	849
宁夏	30730	7736	122	22872	-	911
新疆	64758	19393	621	44743	1	2682

表 19　历年机动车及汽车驾驶员情况（单位：万人）

年份	机动车驾驶员	
		汽车驾驶员
1978	-	192. 45
1980	-	245. 23
1985	-	462. 14
1990	1635. 85	790. 96
1995	3501. 52	1673. 39
2000	7655. 56	3746. 51
2005	13069. 52	8017. 76
2006	14213. 87	9317. 24
2007	15363. 88	10567. 15
2008	17336. 56	12276. 80
2009	19167. 58	13740. 73
2010	20068. 47	15129. 89
2011	22817. 62	17416. 76
2012	25250. 83	20028. 52
2013	26955. 93	21742. 70
2014	29892. 32	24812. 07
2015	32853. 05	28012. 99
2016	35876. 98	30328. 77
2017	36016. 94	31658. 20
2018	41030. 16	36923. 42

表 20-1 机动车及汽车驾驶员情况（2018 年底）（按地区分）（单位：人）

地区	机动车驾驶员	
		汽车驾驶员
总计	410301633	369234248
北京	11203394	11158976
天津	4563273	4558625
河北	21607797	21167378
山西	9765989	9635110
内蒙古	7628705	7184056
辽宁	13238925	12523595
吉林	7446022	6943449
黑龙江	8835735	8484135
上海	7514652	7378706
江苏	28734313	26418297
浙江	22017418	20975217
安徽	15049740	14079733
福建	12599981	10173717
江西	13760852	11130878
山东	29400293	28507597
河南	27694987	26389146
湖北	16373265	14672265
湖南	15590676	13105311
广东	37557811	33066249
广西	14359174	10772206
海南	2508766	1938549
重庆	8727563	7344324
四川	22800501	18960423
贵州	9642194	7536872
云南	13877125	10116423
西藏	502435	477011
陕西	10945188	10258433
甘肃	6313125	5251374
青海	1622831	1453208
宁夏	2191461	1977365
新疆	6227442	5595620

表 20-2　机动车及汽车驾驶员情况（2017 年底）（按地区分）（单位：人）

地区	机动车驾驶员	
		汽车驾驶员
总计	360169437	316582041
北京	10835241	10796042
天津	4340097	4334576
河北	20319946	19819065
山西	9275342	9123678
内蒙古	7265397	6786237
辽宁	12902669	12168090
吉林	7205891	6629825
黑龙江	8352255	7980275
上海	7156813	7015493
江苏	27323789	24768372
浙江	20777093	19625862
安徽	13924326	12814458
福建	11848528	9317647
江西	13105742	10319147
山东	28041679	27032720
河南	2277	2143
湖北	15446027	13620759
湖南	14808611	10991350
广东	34153327	29530862
广西	13690846	9779446
海南	2118526	1135565
重庆	8119654	6659539
四川	21385315	17373777
贵州	8773004	6595675
云南	12955610	9193235
西藏	421990	390012
陕西	10242234	9532932
甘肃	5970633	4862874
青海	1535165	1364644
宁夏	2080833	1848984
新疆	5790577	5168757

表 21-1　进口汽车保有量（载客）（按地区分）（单位：辆）

地区	民用汽车	载客汽车				
			大型	中型	小型	微型
总计	11017447	10956140	8293	16933	10815127	115787
北京	727365	719747	768	888	711807	6284
天津	169373	167831	136	347	165047	2301
河北	334804	332334	266	345	326804	4919
山西	189461	188684	382	401	184258	3643
内蒙古	264171	262346	313	442	259119	2472
辽宁	444299	440869	642	644	436958	2625
吉林	167479	166398	193	315	164904	986
黑龙江	199303	197036	324	465	195287	960
上海	472738	468388	440	681	464778	2489
江苏	935653	932808	526	1587	911779	18916
浙江	1184390	1179410	365	1288	1161552	16205
安徽	223541	222637	128	303	219602	2604
福建	393219	391633	187	694	384321	6431
江西	151251	149946	131	163	148427	1225
山东	614522	611563	631	1390	599472	10070
河南	364171	362964	374	705	359663	2222
湖北	289548	288477	203	557	285894	1823
湖南	321528	320376	178	351	317469	2378
广东	1465871	1458708	622	1287	1446826	9973
广西	192254	191617	113	478	188930	2096
海南	65288	65085	122	180	64279	504
重庆	223659	223012	64	173	221280	1495
四川	502484	500289	236	508	495120	4425
贵州	147216	146736	76	212	145373	1075
云南	265390	263607	140	613	259088	3766
西藏	29539	29314	29	95	29155	35
陕西	290040	288750	155	481	285390	2724
甘肃	99219	98740	138	323	97793	486
青海	39942	39536	92	236	39150	58
宁夏	66722	65973	81	148	65418	326
新疆	183007	181326	238	633	180184	271

表 21-2 进口汽车保有量（载货）（按地区分）（单位：辆）

地区	载货汽车					其他汽车
		重型	中型	轻型	微型	
总计	53281	22194	453	30612	22	8026
北京	5690	1	38	5650	1	1928
天津	1441	693	14	734	-	101
河北	2268	471	18	1779	-	202
山西	704	20	9	674	1	73
内蒙古	1689	45	17	1627	-	136
辽宁	3112	409	62	2640	1	318
吉林	970	63	11	893	3	111
黑龙江	2039	655	39	1345	-	228
上海	3083	2837	25	221	-	1267
江苏	2512	1578	9	924	1	333
浙江	4858	3472	15	1368	3	122
安徽	849	418	4	427	-	55
福建	1495	1089	4	402	-	91
江西	1134	863	2	269	-	171
山东	2671	815	24	1828	4	288
河南	1089	222	9	855	3	118
湖北	963	401	8	554	-	108
湖南	906	377	6	522	1	246
广东	6849	5249	40	1559	1	314
广西	405	155	8	242	-	232
海南	171	16	-	155	-	32
重庆	581	190	2	389	-	66
四川	1978	632	17	1328	1	217
贵州	365	50	8	307	-	115
云南	1630	658	14	958	-	153
西藏	211		1	208	2	14
陕西	1126	281	6	839	-	164
甘肃	322	27	2	293	-	157
青海	266	5	4	257	-	140
宁夏	660	211	8	441	-	89
新疆	1244	291	29	924	-	437

表 22-1 国内生产总值（本表按当年价格计算）（单位：亿元）

年份	国民总收入	国内生产总值	第一产业	第二产业	第三产业	农林牧渔业	工业
1978	3678.7	3678.7	1018.5	1755.2	905.1	1027.5	1621.5
1979	4100.5	4100.5	1259.0	1925.4	916.1	1270.2	1786.5
1980	4587.6	4587.6	1359.5	2204.7	1023.4	1371.6	2014.9
1981	4933.7	4935.8	1545.7	2269.1	1121.1	1559.4	2067.7
1982	5380.5	5373.4	1761.7	2397.7	1214.0	1777.3	2183.0
1983	6043.8	6020.9	1960.9	2663.0	1397.0	1978.3	2399.1
1984	7314.2	7278.5	2295.6	3124.8	1858.1	2316.0	2815.9
1985	9123.6	9098.9	2541.7	3886.5	2670.7	2564.3	3478.3
1986	10375.4	10376.2	2764.1	4515.2	3096.9	2788.6	4000.8
1987	12166.6	12174.6	3204.5	5274.0	3696.2	3232.9	4621.3
1988	15174.4	15180.4	3831.2	6607.4	4741.8	3865.2	5814.1
1989	17188.4	17179.7	4228.2	7300.9	5650.6	4265.8	6525.7
1990	18923.3	18872.9	5017.2	7744.3	6111.4	5061.8	6904.7
1991	22050.3	22005.6	5288.8	9129.8	7587.0	5341.9	8138.2
1992	27208.2	27194.5	5800.3	11725.3	9668.9	5866.2	10340.5
1993	35599.2	35673.2	6887.6	16473.1	12312.6	6963.3	14248.8
1994	48548.2	48637.5	9471.8	22453.1	16712.5	9572.1	19546.9
1995	60356.6	61339.9	12020.5	28677.5	20641.9	12135.1	25023.9
1996	70779.6	71813.6	13878.3	33828.1	24107.2	14014.7	29529.8
1997	78802.9	79715.0	14265.2	37546.0	27903.8	14440.8	33023.5
1998	83817.6	85195.5	14618.7	39018.5	31558.3	14816.4	34134.9
1999	89366.5	90564.4	14549.0	41080.9	34934.5	14768.7	36015.4
2000	99066.1	100280.1	14717.4	45664.8	39897.9	14943.6	40259.7
2001	109276.2	110863.1	15502.5	49660.7	45700.0	15780.0	43855.6
2002	120480.4	121717.4	16190.2	54105.5	51421.7	16535.7	47776.3
2003	136576.3	137422.0	16970.2	62697.4	57754.4	17380.6	55363.8
2004	161415.4	161840.2	20904.3	74286.9	66648.9	21410.7	65776.8
2005	185998.9	187318.9	21806.7	88084.4	77427.8	22416.2	77960.5
2006	219028.5	219438.5	23317.0	104361.8	91759.7	24036.4	92238.4
2007	270704.0	270092.3	27674.1	126633.6	115784.6	28483.7	111693.9
2008	321229.5	319244.6	32464.1	149956.6	136823.9	33428.1	131727.6
2009	347934.9	348517.7	33583.8	160171.7	154762.2	34659.7	138095.5
2010	410354.1	412119.3	38430.8	191629.8	182058.6	39619.0	165126.4
2011	483392.8	487940.2	44781.4	227038.8	216120.0	46122.6	195142.8
2012	537329.0	538580.0	49084.5	244643.3	244852.2	50581.2	208905.6
2013	588141.2	592963.2	53028.1	261956.1	277979.1	54692.4	222337.6
2014	642097.6	641280.6	55626.3	277571.8	308082.5	57472.2	233856.4
2015	683390.5	685992.9	57774.6	282040.3	346178.0	59852.6	236506.3
2016	737074.0	740060.8	60139.2	296547.7	383373.9	62451.0	247877.7
2017	820099.5	820754.3	62099.5	332742.7	425912.1	64660.0	278328.2
2018	896915.6	900309.5	64734.0	366000.9	469574.6	67538.0	305160.2

表 22-2 国内生产总值（单位：亿元）

年份	建筑业	批发和零售业	交通运输、仓储和邮政业	住宿和餐饮业	金融业	房地产业	其他	人均国内生产总值（元）	人均国民总收入（元）
1978	138.9	242.3	182.0	44.6	76.5	79.9	265.5	385	385
1979	144.6	200.9	193.7	44.0	75.9	86.3	298.4	423	423
1980	196.3	193.8	213.4	47.4	85.8	96.4	368.1	468	468
1981	208.0	231.1	220.8	54.1	91.6	99.9	403.2	497	496
1982	221.6	171.4	246.9	62.3	130.6	110.8	469.3	533	533
1983	271.7	198.7	275.0	72.5	168.9	121.8	535.0	588	591
1984	317.9	363.5	338.6	96.8	230.5	162.3	637.0	702	705
1985	419.3	802.4	421.8	138.3	293.8	215.2	765.5	866	868
1986	527.3	852.6	499.0	163.2	401.0	298.1	845.6	973	973
1987	667.5	1059.6	568.5	187.1	506.0	382.6	949.2	1123	1122
1988	811.8	1483.4	685.9	241.4	658.6	473.8	1146.1	1378	1377
1989	796.1	1536.2	812.9	277.4	1079.6	566.2	1319.9	1536	1537
1990	861.7	1268.9	1167.2	301.9	1143.7	662.2	1500.7	1663	1667
1991	1017.7	1834.6	1420.5	442.3	1194.7	763.7	1852.1	1912	1916
1992	1417.9	2405.0	1689.2	584.6	1481.5	1101.3	2308.3	2334	2336
1993	2269.9	2816.6	2174.3	712.1	1902.6	1379.6	3206.0	3027	3021
1994	2968.8	3773.4	2788.2	1008.5	2556.5	1909.3	4513.7	4081	4073
1995	3733.7	4778.6	3244.7	1200.1	3209.7	2354.0	5660.0	5091	5009
1996	4393.0	5599.7	3782.6	1336.8	3698.3	2617.6	6841.3	5898	5813
1997	4628.3	6327.4	4149.1	1561.3	4176.1	2921.1	8487.4	6481	6406
1998	4993.0	6913.2	4661.5	1786.9	4314.3	3434.5	10140.9	6860	6749
1999	5180.9	7491.1	5175.9	1941.2	4484.9	3681.8	11824.5	7229	7134
2000	5534.0	8158.6	6161.9	2146.3	4836.2	4149.1	14090.8	7942	7846
2001	5945.5	9119.4	6871.3	2400.1	5195.3	4715.1	16980.9	8717	8592
2002	6482.1	9995.4	7494.3	2724.8	5546.6	5346.4	19816.0	9506	9410
2003	7510.8	11169.5	7914.8	3126.1	6034.7	6172.7	22749.2	10666	10600
2004	8720.5	12453.8	9306.5	3664.8	6586.8	7174.1	26746.1	12487	12454
2005	10400.5	13966.2	10668.8	4195.7	7469.5	8516.4	31725.0	14368	14267
2006	12450.1	16530.7	12186.3	4792.6	9951.7	10370.5	36881.9	16738	16707
2007	15348.0	20937.8	14605.1	5548.1	15173.7	13809.7	44492.1	20494	20541
2008	18807.6	26182.3	16367.6	6616.1	18313.4	14738.7	53063.2	24100	24250
2009	22681.5	29001.5	16522.4	6957.0	21798.1	18966.9	59835.2	26180	26136
2010	27259.3	35904.4	18783.6	7712.0	25680.4	23569.9	68464.3	30808	30676
2011	32926.5	43730.5	21842.0	8565.4	30678.9	28167.6	80763.9	36302	35963
2012	36896.1	49831.0	23763.2	9536.9	35188.4	31248.3	92629.2	39874	39782
2013	40896.8	56284.1	26042.7	10228.3	41191.0	35987.6	105302.8	43684	43329
2014	44880.5	62423.5	28500.9	11158.5	46665.2	38000.8	118322.7	47005	47065
2015	46626.7	66186.7	30487.8	12153.7	57872.6	41701.0	134605.5	50028	49838
2016	49702.9	71290.7	33058.8	13358.1	61121.7	48190.9	153008.9	53680	53463
2017	55313.8	77658.2	37172.6	14690.0	65395.0	53965.2	173571.2	59201	59153
2018	61808.0	84200.8	40550.2	16023.3	69099.9	59846.4	196082.6	64644	64400

表 23　居民人均可支配收入和指数

年份	全国居民人均可支配收入		城镇居民人均可支配收入		农村居民人均可支配收入	
	绝对数（元）	指数（1978=100）	绝对数（元）	指数（1978=100）	绝对数（元）	指数（1978=100）
1978	171.2	100.0	343.4	100.0	133.6	100.0
1980	246.8	131.6	477.6	127.0	191.3	139.0
1985	478.6	213.2	739.1	160.4	397.6	268.9
1990	903.9	243.8	1510.2	198.1	686.3	311.2
1995	2363.3	347.6	4283.0	290.3	1577.7	383.6
2000	3721.3	500.7	6255.7	382.3	2282.1	489.6
2001	4070.4	543.8	6824.0	414.1	2406.9	512.3
2002	4531.6	610.4	7652.4	469.1	2528.9	539.2
2003	5006.7	666.3	8405.5	510.6	2690.3	564.9
2004	5660.9	725.1	9334.8	549.0	3026.6	606.1
2005	6384.7	803.4	10382.3	600.9	3370.2	646.6
2006	7228.8	896.2	11619.7	662.5	3731.0	697.6
2007	8583.5	1015.4	13602.5	742.2	4327.0	767.7
2008	9956.5	1112.2	15549.4	803.5	4998.8	833.1
2009	10977.5	1234.8	16900.5	881.0	5435.1	908.3
2010	12519.5	1363.3	18779.1	948.5	6272.4	1012.1
2011	14550.7	1503.3	21426.9	1028.1	7393.9	1127.4
2012	16509.5	1662.5	24126.7	1126.8	8389.3	1248.1
2013	18310.8	1797.1	26467.0	1205.4	9429.6	1364.5
2014	20167.1	1940.5	28843.9	1287.1	10488.9	1490.5
2015	21966.2	2084.4	31194.8	1371.5	11421.7	1602.3
2016	23821.0	2216.1	33616.2	1448.0	12363.4	1702.1
2017	25973.8	2378.4	36396.2	1541.6	13432.4	1825.5
2018	28228.0	2532.1	39250.8	1627.6	14617.0	1945.3

表 24　2018 年分月汽车销售完成情况

产品名称	1月	2月	3月	4月	5月	6月	7月	8月	9月	10月	11月	12月
汽车总计	2809211	1717603	2656259	2318552	2287706	2273669	1889115	2103359	2394062	2380127	2547819	2661465
其中：国内制造	2772158	1698201	2628390	2291942	2260538	2249349	1865249	2079249	2367263	2359593	2519012	2635976
CKD	37053	19402	27869	26610	27168	24320	23866	24110	26799	20534	28807	25489
总计中：乘用车	2456157	1475512	2168570	1914369	1889414	1874181	1589544	1789871	2060478	2046840	2173485	2233108
其中：柴油汽车	6029	3232	5345	4088	4611	3928	2517	4388	5258	3633	4080	3601
汽油汽车	2394347	1430825	2084864	1822886	1779582	1776967	1496124	1677948	1930186	1901738	2007113	2044069
其他替代燃料	55781	41455	78361	87395	105221	93286	90903	107535	125034	141469	162292	185438
其中：基本型乘用车（轿车）	1158756	676991	1026463	928347	940080	963412	814595	901112	1005891	995769	1076284	1028494
多功能乘用车（MPV）	178552	121525	176412	137122	139054	129263	106602	119304	146983	147218	149970	176152
运动型多用途乘用车（SUV）	1083116	651332	921228	809950	761326	737585	632709	737553	872751	870918	908897	981623
交叉型乘用车	35733	25664	44467	38950	48954	43921	35638	31902	34853	32935	38334	46839
总计中：商用车	353054	242091	487689	404183	398292	399488	299571	313488	333584	333287	374334	428357
其中：柴油汽车	266860	182350	353342	303711	277503	281932	200599	205913	223363	214399	237483	253162
汽油汽车	80066	56862	125529	88411	99988	103323	87353	93303	91231	95520	99355	112675
其他替代燃料	6128	2879	8818	12061	20801	14233	11619	14272	18990	23368	37496	62520
其中：客车	35241	19417	42640	39385	47108	42692	33470	38927	41343	38052	48033	64805
其中：客车非完整车辆	3763	1564	2173	2317	2534	3405	2304	2532	2881	3291	4064	3920
货车	317813	222674	445049	364798	351184	356796	266101	274561	292241	295235	326301	363552
其中：半挂牵引车	47298	32139	59121	45644	39456	41128	29936	30719	33947	38752	47503	36368
货车非完整车辆	50917	31840	61125	56247	55563	52816	38292	37928	38518	38259	39580	43921

说明：由于调整的数据在累计中体现，故各月数据相加与全年累计略有出入。

表 25 2018 年全国乘用车品牌销量情况（单位：万辆、%）

车型	2018 年	2017 年	同比增长
一汽轿车 合计	205377	240301	-14.53
奔腾 B50	4692	11569	-59.44
新奔腾 B50 1.4L	2375	3738	-36.46
新奔腾 B50 1.6L	2317	7831	-70.41
奔腾 B70	849	1976	-57.03
奔腾 B70 1.8L	67	150	-55.33
奔腾 B70 2.0L	782	1826	-57.17
奔腾 B90	0	25	-100.00
奔腾 B90 1.8T	0	20	-100.00
奔腾 B90 2.0L	0	5	-100.00
奔腾 B30	12172	17111	-28.86
奔腾 B30（BEV）	611	111	450.45
奔腾 B30 1.6L	11561	17000	-31.99
阿特兹	49877	51779	-3.67
阿特兹 2.0L	21562	26775	-19.47
阿特兹 2.5L	28315	25004	13.24
马自达 8	0	1	-100.00
奔腾 X80	4446	10266	-56.69
奔腾 X80 1.8T	1974	4740	-58.35
奔腾 X80 2.0L	2472	5526	-55.27
马自达 CX-4	65182	72410	-9.98
马自达 CX-4 2.0L	62592	68463	-8.58
马自达 CX-4 2.5L	2590	3947	-34.38
奔腾 X40	57039	75164	-24.11
奔腾 X40（BEV）	57	0	-
奔腾 X40 1.6L	56982	75164	-24.19
奔腾 T77	8295	0	-
新特 GA10(BEV)	2825	0	-
一汽大众 合计	2036972	1957188	4.08
捷达	327686	325979	0.52
捷达 1.4T	99627	82586	20.63
捷达 1.5T	227813	151460	50.41
捷达 1.6L	246	91933	-99.73
新宝来	245818	250385	-1.82
新宝来 1.4T	1726	7125	-75.78
新宝来 1.5L	168039	69906	140.38
新宝来 1.6L	17	173354	-99.99
全新一代宝来 1.4T	8090	0	-
全新一代宝来 1.5L	67946	0	-
速腾	309902	332733	-6.86
速腾 1.2T	21463	38331	-44.01

续表

车型	2018 年	2017 年	同比增长
速腾 1.4T	138725	138963	-0.17
速腾 1.6L	149714	155437	-3.68
速腾 2.0T	0	2	-100.00
迈腾	228990	211074	8.49
迈腾 1.4T	27481	18833	45.92
迈腾 1.8T	153904	171000	-10.00
迈腾 2.0L	47605	21241	124.12
奥迪 A4L	167923	117867	42.47
奥迪 A4L 1.4T	4448	1372	224.20
奥迪 A4L 2.0T	163475	116495	40.33
CC	16065	21961	-26.85
CC 1.8T	6781	19867	-65.87
CC 2.0T	9284	2094	343.36
奥迪 A6L	153273	141785	8.10
奥迪 A6L 1.8T	45330	60527	-25.11
奥迪 A6L 2.0T	69771	20916	233.58
奥迪 A6L 2.0T（PHEV）	2890	0	-
奥迪 A6L 2.5	21337	42784	-50.13
奥迪 A6L 2.8	2	0	-
奥迪 A6L 3.0	13943	17558	-20.59
高尔夫 A7	139813	153809	-9.10
高尔夫 A7 1.2T	750	954	-21.38
高尔夫 A7 1.4T	88938	94336	-5.72
高尔夫 A7 1.6L	47312	56937	-16.90
高尔夫 A7 2.0T	2813	1582	77.81
奥迪 A3	92192	83898	9.89
奥迪 A3 两厢 1.4T	54718	0	-
奥迪 A3 两厢 2.0T	1253	0	-
奥迪 A3 1.4T	35142	81002	-56.62
奥迪 A3 1.8T	6	815	-99.26
奥迪 A3 2.0T	1073	2081	-48.44
高尔夫 Sportsvan	37057	47112	-21.34
高尔夫 Sportsvan 1.2T	0	0	-
高尔夫 Sportsvan 1.4T	28834	36624	-21.27
高尔夫 Sportsvan 1.6L	8223	10488	-21.60
蔚领	41759	62135	-32.79
蔚领 1.4T	15053	22636	-33.50
蔚领 1.5L	26699	5747	364.57
蔚领 1.6L	7	33752	-99.98
Q5	123426	123494	-0.06
Q3	73729	84956	-13.22

续表

车型	2018 年	2017 年	同比增长
Q3 1.4T	55836	60419	-7.59
Q3 2.0T	17893	24537	-27.08
探歌	49342	0	-
探歌 1.2T	130	0	-
探歌 1.4T	49212	0	-
探岳	20235	0	-
探岳 1.4T	0	0	-
探岳 2.0T	20235	0	-
Q2	9762	0	-
天津一汽 合计	18791	27074	-30.59
夏利	2	5949	-99.97
N5 1.0	1	1989	-99.95
N5 1.3	1	3610	-99.97
N7 1.0	0	350	-100.00
威志 V5	40	1904	-97.90
威志 V5 1.5L	40	1881	-97.87
威志 V5 1.6L	0	23	-100.00
威志 V2	1080	1624	-33.50
威志 V2 两厢 1.3L	1080	0	
威志 V2 三厢 1.3L	0	1624	-100.00
骏派 A70	392	3516	-88.85
骏派 A70（BEV）	167	78	114.10
骏派 A70 1.6L	225	3438	-93.46
骏派 A50	8511	0	-
骏派 A50 1.0T	0	0	-
骏派 A50 1.5L	8511	0	-
骏派 CX65	2836	0	-
骏派 CX65 1.0T	0	0	-
骏派 CX65 1.5L	2836	0	-
雷丁（BEV）	0	0	-
骏派 D60	5163	14081	-63.33
骏派 D60 1.5L	4891	13247	-63.08
骏派 D60 1.6L	0	79	-100.00
骏派 D60 1.8L	272	755	-63.97
骏派 D80	767	0	-
骏派 D80（BEV）	0	0	-
骏派 D80 1.2T	767	0	-
一汽丰田 合计	718560	689238	4.25
花冠	1	2530	-99.96
皇冠	36442	37142	-1.88
皇冠 2.0T	36442	28094	29.71

续表

车型	2018年	2017年	同比增长
皇冠 2.5L	0	9048	-100.00
锐志	6	5602	-99.89
卡罗拉	376065	333488	12.77
卡罗拉 1.2L	246918	216765	13.91
卡罗拉 1.6L	47268	57132	-17.27
卡罗拉 1.8L	21	148	-85.81
卡罗拉（HEV）	81858	59443	37.71
新威驰	63003	92738	-32.06
新威驰 1.3L	7024	15973	-56.03
新威驰 1.5L	55979	76765	-27.08
威驰 FS	34829	35074	-0.70
威驰 FS 1.3L	788	2818	-72.04
威驰 FS 1.5L	34041	32256	5.53
陆地巡洋舰	0	117	-100.00
陆地巡洋舰 4.0L	0	10	-100.00
陆地巡洋舰 4.6L	0	107	-100.00
普拉多 0	34656	55302	-37.33
普拉多 2.7L	0	37702	-100.00
普拉多 3.5L	34656	17589	97.03
普拉多 4.0L	0	11	-100.00
全新 RAV4	144481	127245	13.55
全新 RAV4 2.0L	130297	108991	19.55
全新 RAV4 2.5L	14184	18254	-22.30
IZOA	29077	0	-
一汽海马 合计	25171	41831	-39.83
福美来	4419	11731	-62.33
福美来专车版	379	598	-36.62
E3（BEV）	208	0	-
普力马	0	100	-100.00
福美来 F7	2636	8084	-67.39
福美来 F7（BEV）	0	0	-
福美来 F7	2636	8084	-67.39
S7	13809	18797	-26.54
OS5H	3720	2521	47.56
中国一汽 合计	72651	72300	0.49
红旗 H7	10065	4566	120.43
红旗 H7 1.8L	5128	1752	192.69
红旗 H7 2.0	4317	2497	72.89
红旗 H7 2.0（PHEV）	164	36	355.56
红旗 H7 2.5	175	117	49.57
红旗 H7 3.0	281	164	71.34

续表

车型	2018年	2017年	同比增长
红旗 V501	3	101	-97.03
红旗 N501	0	35	-100.00
红旗 H5	22960	0	-
森雅 R7	22718	62290	-63.53
森雅 R7（BEV）	9	0	-
森雅 R7 1.6L	22709	62290	-63.54
森雅 R9	13530	0	-
佳宝	3375	5308	-36.42
佳宝 V80	2019	2993	-32.54
佳宝 V80	601	330	82.12
佳宝 V80（BEV）	601	330	82.12
佳宝 V80 1.0L	0	1	-100.00
佳宝 V80 1.5	1418	2662	-46.73
佳宝 V60	1356	2315	-41.43
佳宝 V60 1.0L	1356	2315	-41.43
上汽通用 合计	1969617	1998683	-1.45
别克新君威	100378	63469	58.15
别克新君威 1.5T	88943	28314	214.13
别克新君威 1.6T	1	21611	-100.00
别克新君威 1.8L	704	440	60.00
别克新君威 2.0L	0	5753	-100.00
别克新君威 2.0T	10730	7351	45.97
凯越	13396	0	-
凯越三厢 1.5L	1	0	-
新凯越三厢 1.3L	13395	0	-
别克新君越	69709	99741	-30.11
新君越 1.5T	33570	66488	-49.51
新君越 1.8（HEV）	1182	2223	-46.83
新君越 2.0T	34957	31028	12.66
新君越 2.4L	0	2	-100.00
凯迪拉克	139460	109776	27.04
凯迪拉克 XTSNB 2.0L	65010	41899	55.16
凯迪拉克 XTSNB 3.6L	0	1	-100.00
凯迪拉克 ATS-L2.8L	57227	55767	2.62
CT6 2.0	15703	10462	50.10
CT6 3.0	458	693	-33.91
CT6 2.0（PHEV）	1062	954	11.32
雪佛兰科鲁兹	46531	81012	-42.56
科鲁兹两厢 1.4T	15	846	-98.23
科鲁兹两厢 1.5L	872	3448	-74.71
科鲁兹两厢 1.6L	0	1	-100.00

续表

车型	2018 年	2017 年	同比增长
雪佛兰科鲁兹 1.4T	1093	2714	-59.73
雪佛兰科鲁兹 1.5L	44551	74003	-39.80
别克英朗	261920	416990	-37.19
新英朗 GT 1.0T	133011	73463	81.06
新英朗 GT 1.3T	128898	36189	256.18
新英朗 GT 1.4T	1	3220	-99.97
新英朗 GT 1.5L	10	304118	-100.00
雪佛兰新赛欧	154141	125750	22.58
赛欧（BEV）	0		-100.00
新赛欧两厢 1.4L	0	1392	-100.00
新赛欧三厢 1.3L	39144	44467	-11.97
新赛欧三厢 1.4L	10704	12528	-14.56
新赛欧三厢 1.5L	104293	67364	54.82
雪佛兰迈锐宝	129458	123890	4.49
迈锐宝 1.5T	127894	123241	3.78
迈锐宝 1.6T	0	1	-100.00
迈锐宝 1.8L（HEV）	123	87	41.38
迈锐宝 2.0L	0	3	-100.00
迈锐宝 2.0T	1414	0	-
迈锐宝 2.5L	27	558	-95.16
威朗	192174	186438	3.08
威朗两厢 1.5L	3947	9783	-59.65
威朗两厢 1.5T	1842	2764	-33.36
威朗三厢 1.5L	146519	143109	2.38
威朗三厢 1.5T	39866	30782	29.51
乐风 RV	1487	3409	-56.38
科沃兹	252108	188319	33.87
科沃兹 1.5L	249214	188319	32.34
科沃兹 1.0T	2894	0	-
Velite 5	7688	1499	412.88
别克 K228（BEV）	5000	0	-
Velite 5 1.5L（PHEV）	2688	1499	79.32
别克阅朗	25031	13327	87.82
阅朗 1.0T	2385	2428	-1.77
阅朗 1.3T	22646	10899	107.78
别克 GL8	144308	145129	-0.57
GL8 2.4L	1	8651	-99.99
GL8 3.0L	0	1	-100.00
新 GL8 2.0T	207	0	-
新 GL8 2.4L	0	197	-100.00
新 GL8 2.5L	72045	65876	9.36

续表

车型	2018年	2017年	同比增长
新GL8 3.0L	0	4	-100.00
全新一代GL8 2.0T	72055	70400	2.35
别克GL6	36642	17500	109.38
GL6 1.3T	36642	17500	109.38
沃兰多	11807	0	
雪佛兰科帕奇	0	7982	-100.00
科帕奇二驱2.4L	0	1616	-100.00
科帕奇四驱2.4L	0	6366	-100.00
别克昂科拉	15177	40101	-62.15
昂科拉二驱1.4T	15176	39790	-61.86
昂科拉四驱1.4T	1	311	-99.68
雪佛兰Trax	6346	16899	-62.45
雪佛兰Trax二驱1.4T	6336	16559	-61.74
雪佛兰Trax四驱1.4T	10	340	-97.06
别克昂科威	201776	239234	-15.66
昂科威二驱1.5L	94899	133315	-28.82
昂科威四驱1.5L	48	1958	-97.55
昂科威四驱2.0T	106829	103961	2.76
凯迪拉克XT5	73400	63748	15.14
凯迪拉克XT5二驱2.0L	44945	37261	20.62
凯迪拉克XT5四驱2.0L	18525	24496	-24.38
凯迪拉克XT5四驱2.0T （HEV）	9930	1991	398.74
雪佛兰探界者	71497	54470	31.26
雪佛兰探界者二驱1.5T	54013	35131	53.75
雪佛兰探界者四驱1.5T	373	8119	-95.41
雪佛兰探界者四驱2.0T	17111	11220	52.50
凯迪拉克XT4	15183	0	-
凯迪拉克XT4二驱 2.0T	13319	0	-
凯迪拉克XT4四驱 2.0T	1864	0	-
上汽大众 合计	2065077	2063057	0.10
桑塔纳	276411	289137	-4.40
桑塔纳1.8L	0	1	-100.00
新桑塔纳1.4L	44587	72066	-38.13
新桑塔纳1.5L	102334	0	-
新桑塔纳1.6L	99721	181529	-45.07
新桑塔纳 CNG	19227	16845	14.14
新桑塔纳浩纳 1.4L	0	0	
新桑塔纳浩纳 1.4T	250	883	-71.69
新桑塔纳浩纳 1.5L	2449	0	-
新桑塔纳浩纳 1.6L	7843	17812	-55.97
普桑1.8L	0	1	-100.00

续表

车型	2018 年	2017 年	同比增长
新帕萨特	179028	159547	12.21
新帕萨特 1.4T	28295	33844	-16.40
新帕萨特 1.4T（PHEV）	1477	0	-
新帕萨特 1.8T	122437	121742	0.57
新帕萨特 2.0T	26816	3917	-
新帕萨特 3.0V6	3	44	-93.18
波罗	140442	174512	-19.52
新波罗两厢 1.4L	36315	117673	-69.14
新波罗两厢 1.5L	92720	0	-
新波罗两厢 1.6L	9648	52758	-81.71
POLO GTI	205	172	19.19
CROSS POLO 两厢 1.4L	109	412	-73.54
CROSS POLO 两厢 1.5L	1132	0	-
CROSS POLO 两厢 1.6L	313	3497	-91.05
明锐	105673	130193	-18.83
明锐 1.6L	0	1	-100.00
新明锐 1.2T	34114	18435	85.05
新明锐 1.4T	15043	13044	15.33
新明锐 1.5L	16157	0	-
新明锐 1.6L	35759	90597	-60.53
明锐旅行车 1.2T	1590	3494	-54.49
明锐旅行车 1.4T	3008	4622	-34.92
明锐旅行车 1.6L	2	0	-
New Lavida 朗逸	503825	512663	-1.72
新朗逸 1.2T	0	0	-
朗逸 1.4T	90382	51919	74.08
朗逸 1.5L	99990	0	-
朗逸 1.6L	275437	404206	-31.86
朗逸 CNG	2983	989	201.62
朗行 1.2T	0	0	-
朗行 1.4T	34872	30924	12.77
朗行 1.6L	161	24625	-99.35
Lavida NF 1.2T	0	0	-
Lavida NF 1.4T	0	0	-
Lavida NF 1.5L	0	0	-
Gran Lavida NF 1.2T	0	0	-
Gran Lavida NF 1.4T	0	0	-
晶锐	7224	13416	-46.15
新晶锐 1.4L	7023	12510	-43.86
新晶锐 1.6L	201	906	-77.81
速派	42234	42547	-0.74

续表

车型	2018年	2017年	同比增长
新速派 1.4T	26886	27343	-1.67
新速派 1.8T	14032	14566	-3.67
新速派 2.0T	1316	638	106.27
昕锐	58849	63608	-7.48
昕锐 1.4L	6789	15289	-55.60
昕锐 1.5L	17040	0	-
昕锐 1.6L	35020	48319	-27.52
昕动	10468	24988	-58.11
昕动 1.4L	840	4161	-79.81
昕动 1.4T	185	545	-66.06
昕动 1.5L	1088	0	--
昕动 1.6L	8355	20282	-58.81
凌渡	134746	141385	-4.70
凌渡 1.4T	134074	139739	-4.05
凌渡 1.8T	65	141	-53.90
凌渡 2.0T	607	1505	-59.67
辉昂	24471	13554	80.54
辉昂 2.0T	24059	13135	83.17
辉昂 3.0T	412	419	-1.67
昊锐	0	1	-100.00
途安	39725	30798	28.99
途安 1.4T	89	0	
途安 1.6L	5814	5587	4.06
新途安 1.4T	33738	23626	42.80
新途安 1.6L	19	370	-94.86
新途安 1.8T	65	1215	-94.65
Tiguan 途观	303374	332402	-8.73
途观二驱 1.4T	46158	58188	-20.67
途观二驱 1.8T	29720	53162	-44.10
途观四驱 1.8T	525	1555	-66.24
途观四驱 2.0T	289	676	-57.25
途观 L 二驱 1.4T	6362	0	-
途观 L 二驱 1.4T（PHEV）	2697	0	-
途观 L 二驱 1.8T	1332	180918	-99.26
途观 L 二驱 2.0T	189156	0	-
途观 L 四驱 2.0	27135	37903	-28.41
野帝	8108	13296	-39.02
野帝二驱 1.4T	7339	12643	-41.95
野帝二驱 1.6L	88	517	-82.98
野帝四驱 1.8T	681	136	400.74
Teramont	86182	76050	13.32

续表

车型	2018 年	2017 年	同比增长
Teramont 二驱 2.0T	20116	0	-
Teramont 四驱 2.0T	60722	65976	-7.96
Teramont 四驱 2.5T	5344	10074	-46.95
Kodiaq	51230	44960	13.95
Kodiaq 二驱 1.4T	0	0	-
Kodiaq 二驱 1.8T	1970	40096	-95.09
Kodiaq 二驱 2.0T	46022	0	-
Kodiaq 四驱 2.0T	3238	4864	-33.43
Kodiaq GT 二驱 2.0T	0	0	-
Kodiaq GT 四驱 2.0T	0	0	-
Karoq	31071	0	-
Karoq 二驱 1.2T	366	0	-
Karoq 二驱 1.4T	30705	0	-
Kamiq	37143	0	-
Tharu 途岳	24873	0	-
途岳二驱 1.2T	0	0	-
途岳二驱 1.4T	21737	0	-
途岳四驱 2.0T	3136	0	-
广汽本田 合计	741377	705010	5.16
雅阁	176770	149649	18.12
雅阁 1.5T	105063	0	-
雅阁 2.0L	70460	140478	-49.84
雅阁 2.4L	1247	9171	-86.40
飞度	129179	111634	15.72
锋范	44751	64007	-30.08
歌诗图	0	5	-100.00
歌诗图 2.4	0	4	-100.00
歌诗图 3.0	0	1	-100.00
凌派	113107	98429	14.91
凌派三厢 1.0T	46564	0	-
凌派三厢 1.8L	66543	98429	-32.39
讴歌 TLX	2208	134	-
奥德赛	45498	35639	27.66
缤智	141600	144947	-2.31
缤智二驱 1.5L	80006	91772	-12.82
缤智二驱 1.8L	61594	53175	15.83
讴歌 CDX	6612	14111	-53.14
讴歌 CDX 1.5T	5684	14111	-59.72
讴歌 CDX 二驱 2.0L	928	0	-
冠道	80848	86455	-6.49
冠道 1.5T	47223	56035	-15.73

续表

车型	2018年	2017年	同比增长
冠道 2.0T	33625	30420	10.54
讴歌 RDX	604	0	-
世锐	100	0	-
VE-1	100	0	-
东风神龙 合计	253359	377547	-32.89
富康 ES500	330	0	-
爱丽舍	39365	48588	-18.98
世嘉	0	3	-100.00
C5	5070	8435	-39.89
C5 三厢 1.6T	4697	7500	-37.37
C5 三厢 1.8T	376	931	-59.61
C5 三厢 2.3L	-2	4	-150.00
C5 三厢 3.0L		0	-
标致 408	27080	55693	-51.38
标致 408 1.2T	2877	3826	-24.80
标致 408 1.6T	19873	45110	-55.95
标致 408 1.8L	4330	6757	-35.92
标致 508	19	881	-97.84
标致 508 1.6T	7	831	-99.16
标致 508 1.8T	11	50	-78.00
标致 508 2.0L	1	1	0.00
标致 508 2.3L	0		-100.00
标致 308	36168	55257	-34.55
标致 308 1.2T	2035	1448	40.54
标致 308 1.6L	33768	53094	-36.40
标致 308 1.6T	365	714	-48.88
标致 308 2.0L	0	1	-100.00
C4L	830	5351	-84.49
C4L 1.2T	242	2525	-90.42
C4L 1.6L	0	1	-100.00
C4L 1.6T	226	2222	-89.83
C4L 1.8L	362	603	-39.97
标致 301	16287	29098	-44.03
标致 308S	25	1268	-98.03
标致 308S 1.2T	5	866	-99.42
标致 308S 1.6T	20	402	-95.02
C4 世嘉	24197	17255	40.23
C4 世嘉 1.2T	62	88	-29.55
C4 世嘉 1.6L	24130	17150	40.70
C4 世嘉 1.6T	5	17	-70.59
C6	3925	5947	-34.00

续表

车型	2018年	2017年	同比增长
C6 1.6T	619	1013	-38.89
C6 1.8T	3306	4934	-33.00
标致3008	3719	17945	-79.28
标致3008二驱1.6T	1267	6801	-81.37
标致3008二驱2.0L	2452	11144	-78.00
标致2008	3417	11001	-68.94
标致2008二驱1.2T	288	394	-26.90
标致2008二驱1.6L	3127	10595	-70.49
标致2008二驱1.6T	2	12	-83.33
C3-XR	15978	22643	-29.44
C3-XR二驱1.2T	271	2282	-88.12
C3-XR二驱1.6L	15704	20295	-22.62
C3-XR二驱1.6T	3	66	-95.45
标致4008	31859	52013	-38.75
标致4008 1.2T	0	22	-100.00
标致4008 1.6T	30009	48141	-37.66
标致4008 1.8T	1850	3850	-51.95
标致5008	20588	23566	-12.64
天逸	23340	22603	3.26
天逸 C5 AIRCROSS 1.6T	17210	14484	18.82
天逸 C5 AIRCROSS 1.8T	6130	8119	-24.50
云逸C4 AIRCROSS	1162	0	-
云逸C4 AIRCROSS 1.2T	444	0	-
云逸C4 AIRCROSS 1.6T	718	0	-
东风悦达 合计	371262	360006	3.13
赛拉图	6495	7254	-10.46
福瑞迪	0	5118	-100.00
秀尔	0	0	
K5	14537	27840	-47.78
K5 2.0L	2156	3683	-41.46
新K5 1.6	1988	6476	-69.30
新K5 2.0	6681	17681	-62.21
新K5 2.0L（PHEV）	3712	0	-
K2	19604	52309	-62.52
K2三厢 1.4L	0		-100.00
新K2三厢 1.4L	18279	52015	-64.86
新K2三厢 1.6L	1325	295	349.15
K3	77920	138355	-43.68
K3S	0	1	-100.00
K4	1	9277	-99.99
K4 1.6L	1	2140	-99.95

续表

车型	2018 年	2017 年	同比增长
K4 1.8L	0	7135	-100.00
K4 2.0L	0	2	-100.00
华骐（BEV）	979	478	104.81
凯绅	19337	9945	94.44
凯绅 1.6T	1029	1133	-9.18
凯绅 1.8L	18308	8812	107.76
焕驰	43837	10612	313.09
新 E 代福瑞迪	4611	6060	-23.91
智跑	89493	31626	182.97
智跑二驱 2.0L	7207	31626	-77.21
智跑四驱 2.0L	82286	0	-
KX3	2162	8751	-75.29
KX3 二驱 1.6	2115	8751	-75.83
KX3 二驱 2.0	47	0	-
KX5	5951	19311	-69.18
KX5 二驱 1.6	2370	9663	-75.47
KX5 二驱 2.0	3581	9648	-62.88
KX7	2027	5548	-63.46
KX7 二驱 2.0L	991	1720	-42.38
KX7 二驱 2.0T	666	2448	-72.79
KX7 二驱 2.4L	148	295	-49.83
KX7 四驱 2.0L	33	0	-
KX7 四驱 2.0T	186	1085	-82.86
KX7 四驱 2.4L	3	0	-
KX CROSS	63682	27521	131.39
奕跑	20626	0	-
东风英菲尼迪 合计	28868	27766	3.97
英菲尼迪	17811	20618	-13.61
QX50L	1	7148	-99.99
QX50	11056	0	-
QX50 二驱 2.0T	7024	0	-
QX50 四驱 2.0T	4032	0	-
东风日产 合计	1156006	1107800	4.35
骐达	59738	78598	-24.00
新骐达 1.6L	59738	78598	-24.00
轩逸	481216	405854	18.57
轩逸 1.6	158952	112025	41.89
新轩逸（BEV）	5520	0	-
新轩逸 1.6	315779	288824	9.33
新轩逸 1.8	965	5005	-80.72
骊威	8854	6039	46.61

续表

车型	2018年	2017年	同比增长
新骊威 1.6	8854	6039	46.61
新天籁	112694	113857	-1.02
新世代天籁 2.0	111152	110239	0.83
新世代天籁 2.5	1542	3618	-57.38
玛驰	0	2	-100.00
新阳光	7622	28878	-73.61
新蓝鸟	37751	65128	-42.04
西玛	1406	1044	34.67
逍客	175045	152637	14.68
新逍客二驱 2.0L	175045	152637	14.68
奇骏	207951	184711	12.58
新奇骏二驱 2.0L	152398	77881	95.68
新奇骏二驱 2.5L	55553	106830	-48.00
楼兰	27865	25083	11.09
楼兰两驱 2.5	25375	22271	13.94
楼兰两驱 2.5（HEV）	1	722	-99.86
楼兰四驱 2.5（HEV）	2489	2090	19.09
劲客	35864	45969	-21.98
东风本田 合计	720689	714257	0.90
思域	218132	172482	26.47
思域 1.0T	5640	0	-
思域 1.5T	212492	172482	23.20
思铂睿	9658	18726	-48.42
思铂睿 2.0L	9658	14167	-31.83
思铂睿 2.4L	0	4559	-100.00
哥瑞	17651	26002	-32.12
竞瑞	17550	26247	-33.14
INSPIRE	8085	0	-
艾力绅	50095	40160	24.74
JADE	41714	42662	-2.22
JADE 1.5L	2680	0	-
JADE 1.8L	39034	42662	-8.50
CR-V	-7	71909	-100.01
CR-V 两驱 2.0L	0	70174	-100.00
CR-V 四驱 2.4L	-7	1735	-100.40
XR-V	168250	161352	4.28
XR-V 1.5L	51043	72188	-29.29
XR-V 1.8L	117207	89164	31.45
URV	45865	43324	5.87
URV 二驱 1.5T	10332	10559	-2.15
URV 二驱 2.0L	1736	0	-

续表

车型	2018 年	2017 年	同比增长
URV 二驱 2.0T	16940	11353	49.21
URV 四驱 2.0T	16857	21412	-21.27
新 CR-V	143696	111393	29.00
新 CR-V 两驱 1.5T	99907	85713	16.56
新 CR-V 两驱 2.0L	0	5039	-100.00
新 CR-V 两驱 2.0L（HEV）	28203	0	-
新 CR-V 四驱 1.5T	14736	20641	-28.61
新 CR-V 四驱 2.0L（HEV）	850	0	-
东风柳汽 合计	128437	230378	-44.25
景逸 S50	7008	12485	-43.87
景逸 S50（BEV）	2881	0	-
景逸 S50 1.5	2780	8889	-68.73
景逸 S50 1.6	1347	3596	-62.54
菱智	62269	79177	-21.35
菱智（BEV）	488	0	-
菱智 1.6L	52914	71789	-26.29
菱智 2.0	8866	7373	20.25
菱智 2.4	1	15	-93.33
景逸	1	0	-
景逸 1.5L	1	0	-
景逸 1.8L	0	0	-
S500	0	6665	-100.00
S500 1.5L	0	6348	-100.00
S500 1.6L	0	317	-100.00
景逸 X3	0	38648	-100.00
景逸 X3 二驱 1.5	0	8277	-100.00
景逸 X3 二驱 1.6	0	30371	-100.00
景逸 X5	44807	58770	-23.76
景逸 X5 二驱 1.6	44541	58620	-24.02
景逸 X5 二驱 1.8	0	1	-100.00
景逸 X5 二驱 2.0	266	149	78.52
景逸 SX6	0	26377	-100.00
景逸 SX6 二驱 1.6	0	25085	-100.00
景逸 SX6 二驱 2.0	0	1292	-100.00
景逸 X6	14352	8256	73.84
景逸 X6 二驱 1.6	13755	8195	67.85
景逸 X6 二驱 2.0	597	61	-
东风小康 合计	261547	319127	-18.04
风光 330	30646	54153	-43.41
风光 330 1.5L	30646	54049	-43.30
风光 330 柴油 1.5L	0	104	-100.00

续表

车型	2018 年	2017 年	同比增长
风光 370	4399	27480	-83.99
风光 370 1.5 汽油	4399	27466	-83.98
风光 370 1.5 柴油	0	14	-100.00
风光 370N	2090	0	-
风光 580	110975	176309	-37.06
风光 580 二驱 1.5	82468	176309	-53.23
风光 580 二驱 1.8L	28507	0	-
风光 S560	60101	13209	355.00
风光 S560 1.5T	32	0	-
风光 S560 1.8L	60069	13209	354.76
风光 ix5	8689	0	-
风光 ix5 二驱 1.5L	4113	0	-
风光 ix5 二驱 1.5T	4576	0	-
风光 F517	28	0	-
风光 F517 二驱 1.8L	1	0	-
风光 F517 二驱 2.0L	27	0	-
东风小康 K 系	23970	30710	-21.95
东风小康 K1.0L	7133	9028	-20.99
东风小康 K1.3L	16837	21682	-22.35
东风小康 V 系	0	1	-100.00
东风小康 C 系	13449	14808	-9.18
EC36	7200	2302	212.77
EC35	0	155	-100.00
北京现代 合计	810177	785006	3.21
索纳塔	6693	12760	-47.55
索纳塔 1.6T	3126	7999	-60.92
索纳塔 2.0L	2737	4695	-41.70
索纳塔 2.0L（PHEV）	830	0	-
索纳塔 2.4L	0	66	-100.00
伊兰特	379	420	-9.76
新伊兰特（BEV）	379	420	-9.76
悦动	75646	39897	89.60
悦动 1.6L	15182	19195	-20.91
全新悦动 1.4L	3	0	-
全新悦动 1.6L	60461	20702	192.05
名驭	0	1241	-100.00
瑞纳	42651	43192	-1.25
瑞纳 1.4	0	16123	-100.00
全新瑞纳 1.4	42651	27069	57.56
朗动	8014	118048	-93.21
名图	102678	134664	-23.75

续表

车型	2018 年	2017 年	同比增长
名图 1.6	16117	43236	-62.72
名图 1.8	86561	91428	-5.32
领动	217711	119489	82.20
领动 1.4T	56792	7224	-
领动 1.6L	160919	112265	43.34
悦纳	37286	83419	-55.30
悦纳 1.4	37273	83056	-55.12
悦纳 1.6	13	363	-96.42
菲斯塔	24898	0	-
菲斯塔 1.4	2416	0	-
菲斯塔 1.6	22482	0	-
途胜	63027	136495	-53.82
新途胜 1.6	61472	136424	-54.94
新途胜 2.0	1555	71	-
IX35	143464	34361	317.52
IX35 2.0	5910	19852	-70.23
IX35 2.4	0	35	-100.00
全新 IX35 1.4	2872	0	-
全新 IX35 2.0	134682	14474	-
新胜达	4942	12300	-59.82
新胜达 2.0	4940	8659	-42.95
新胜达 2.4	2	3641	-99.95
IX25	76195	48720	56.39
IX25 1.4	6537	2382	174.43
IX25 1.6	69658	46320	50.38
IX25 2.0	0	18	-100.00
昂希诺	6593	0	-
北汽新能源（常州）合计	0	0	-
LITE（BEV）	0	0	-
EV300（BEV）	0	0	-
EC 系列（BEV）	0	0	-
EX360（BEV）	0	0	-
云度汽车 合计	7344	0	-
π1(BEV)	1226	0	-
π3(BEV)	1235	0	-
π1 Pro(BEV)	1676	0	-
π3 Pro(BEV)	1051	0	-
π1 360(BEV)	2156	0	-
金华青年 合计	308	0	-
迈迪 i3（BEV）	308	0	-
贵航莲花 合计	2409	0	-

续表

车型	2018 年	2017 年	同比增长
云雀 Q1	2409	0	-
南京金龙 合计	169	0	-
创业者（BEV）	169	0	-
江西大乘 合计	4006	0	-
大乘	4006	0	-
保定长客 合计	8757	0	-
睿行 S50	8757	0	-
北京奔驰 合计	485006	422558	14.78
奔驰 -E	146032	112513	29.79
奔驰 E2.0	145028	109224	32.78
奔驰 E3.0	1004	3289	-69.47
奔驰 -C	156566	128331	22.00
奔驰 C1.5	29888	0	
奔驰 C1.6	30558	29656	3.04
奔驰 C2.0	96120	98675	-2.59
奔驰 -A	3055	0	
奔驰 -GLA	61003	71214	-14.34
奔驰 -GLA 1.6L	54349	59735	-9.02
奔驰 -GLA 2.0L	6654	11479	-42.03
奔驰 -GLC	118350	110500	7.10
北汽有限 合计	8151	8866	-8.06
陆霸	0	1	-100.00
勇士	3374	1023	229.81
域胜 007	3	32	-90.63
交叉乘用车	4774	7810	-38.87
福田 合计	18582	29567	-37.15
蒙派克	7756	7702	0.70
伽途 ix	6951	14605	-52.41
萨瓦纳	1289	1827	-29.45
伽途 V	2586	5433	-52.40
奇瑞 合计	549479	562663	-2.34
旗云 2	0	472	-100.00
QQ	37632	31337	20.09
新 QQ（BEV）	29020	9925	192.39
新 QQ 1.0	8012	21412	-62.58
新 QQ 1.5	600	0	-
A3（M11 M12 两厢）	0	1936	-100.00
A3 1.5L	0	1122	-100.00
A3 1.8L	0	814	-100.00
小蚂蚁（BEV）	17947	18554	-3.27
风云	7414	24762	-70.06

续表

车型	2018年	2017年	同比增长
风云 两厢1.5L	7414	24279	-69.46
风云 1.5L	0	483	-100.00
E5	240	3920	-93.88
E5 1.5L	240	240	0.00
E5 2.0L	0	3680	-100.00
艾瑞泽7	355	3613	-90.17
艾瑞泽7 1.5	212	1273	-83.35
艾瑞泽7 1.6	143	2158	-93.37
艾瑞泽7 1.6（PHEV）	0	182	-100.00
E3	10925	11308	-3.39
E3 1.5L	9156	6977	31.23
E3 1.6L	1769	4331	-59.15
艾瑞泽3(A16)	0	301	-100.00
凯翼C3	151	5505	-97.26
凯翼二厢 1.5L	0	3230	-100.00
凯翼C3（BEV）	0	0	-
凯翼三厢 1.5L	151	2275	-93.36
艾瑞泽5	104452	136730	-23.61
艾瑞泽5（BEV）	3411	1647	107.10
艾瑞泽5 1.5	88256	128902	-31.53
艾瑞泽5 1.5T	12785	6181	106.84
微电动（BEV）	1355	0	-
艾瑞泽GX	10278	0	-
M31T	0	0	-
威麟V5(东方之子cross B14)	0	131	-100.00
威麟V5 2.0L	0	121	-100.00
威麟V5 2.4L	0	10	-100.00
开瑞优雅二代	153	316	-51.58
优雅二代 1.5L	153	316	-51.58
开瑞K50	20991	37195	-43.56
开瑞K50（BEV）	618	0	-
开瑞K50 1.5L	20373	37195	-45.23
瑞虎	84736	80894	4.75
瑞虎（BEV）	50	0	-
瑞虎二驱1.6L	81163	79987	1.47
瑞虎二驱2.0L	3523	907	288.42
瑞虎5	16349	30915	-47.12
瑞虎5二驱1.5T	624	20968	-97.02
瑞虎5二驱2.0L	15725	9947	58.09
凯翼X3(CX51)	8333	24919	-66.56
瑞虎7(T15)	27744	62773	-55.80

续表

车型	2018 年	2017 年	同比增长
瑞虎 7 二驱 1. 5L	26751	46111	-41. 99
瑞虎 7 二驱 2. 0L	993	16662	-94. 04
瑞虎 3X	10329	3562	189. 98
瑞虎 3X（BEV）	10329	0	-
瑞虎 3X 二驱 1. 5L	0	3562	-100. 00
凯翼 V3（MC22）	1150	6530	-82. 39
开瑞 K60	27113	54587	-50. 33
K60（BEV）	3782	0	-
开瑞 KM23 二驱 1. 5L	23331	54587	-57. 26
新款瑞虎 5（T17）	54352	10693	408. 30
新款瑞虎 5 二驱 1. 5L	52823	10693	394. 00
新款瑞虎 5 二驱 2. 0L	1529	0	-
凯翼 X5	8427	5777	45. 87
凯翼 X5 二驱 1. 5L	7213	5027	43. 49
凯翼 X5 二驱 2. 0L	1214	750	61. 87
瑞虎 8	50553	0	-
T19	0	0	-
捷途	40009	0	-
Q22 开瑞优优	5376	1002	436. 53
Q22 优优（BEV）	0	4	-100. 00
Q22 1. 0L	0	86	-100. 00
Q22 1. 1L	0	8	-100. 00
Q22 1. 2L	5376	904	494. 69
Q22L 开瑞优优加长	3115	4931	-36. 83
Q22L（BEV）	0	2998	-100. 00
Q22L 1. 0L	0	12	-100. 00
Q22L 1. 2L	3035	1921	57. 99
Q22L 1. 3L	80	0	-
吉利 合计	1500838	1248004	20. 26
金刚	16960	36726	-53. 82
吉利金刚 1. 5	16960	36726	-53. 82
远景	143851	145005	-0. 80
吉利远景 1. 3	0	2067	-100. 00
吉利远景 1. 5	143851	142938	0. 64
熊猫	0	1084	-100. 00
熊猫 1. 0L	0	775	-100. 00
熊猫 1. 3L	0	309	-100. 00
TX4	0	888	-100. 00
帝豪	246933	264432	-6. 62
帝豪 EV	31426	23324	34. 74
帝豪 1. 3	0	4491	-100. 00

续表

车型	2018 年	2017 年	同比增长
帝豪 1.5	204969	233142	-12.08
帝豪 1.8	10176	1933	426.44
帝豪（PHEV）	362	1542	-76.52
博瑞	44299	42760	3.60
博瑞 1.8T	13764	27273	-49.53
博瑞 2.4L	5732	15477	-62.96
博瑞 3.5L	0	10	-100.00
博瑞 GE 1.5T	14329	0	-
博瑞 GE（PHEV）	10474	0	-
帝豪 GL	148531	124112	19.67
帝豪 GL 1.3T	0	54349	-100.00
帝豪 GL 1.4T	84631	6761	-
帝豪 GL 1.5T（PHEV）	67	0	-
帝豪 GL 1.8L	63833	63002	1.32
缤瑞	33084	0	-
缤瑞 1.0T	355	0	-
缤瑞 1.4T	32729	0	-
领克 03	9258	0	-
博越	255695	286885	-10.87
博越 1.8T	216298	215450	0.39
博越 2.0	33836	66819	-49.36
博越 2.4	5561	4616	20.47
帝豪 GS	157638	150584	4.68
帝豪 GS 1.3T	18904	85002	-77.76
帝豪 GS 1.4T	80749	0	-
帝豪 GS 1.8L	50501	65582	-23.00
帝豪 GSE（BEV）	7484	0	-
远景 SUV	113309	127042	-10.81
远景 SUV 1.3T	21793	51640	-57.80
远景 SUV 1.4T	36993	0	-
远景 SUV 1.8L	53623	75172	-28.67
远景 SUV 2.0L	900	230	291.30
远景 X1	11911	20476	-41.83
远景 X3 1.5L	116944	31233	274.42
远景 S1	67908	10765	-
远景 S1 1.4T	37003	6422	476.19
远景 S1 1.5L	30905	4343	-
领克 01	89405	6012	-
领克 01 2.0T（PHEV）	4530	0	-
领克 01 2.0T	84875	6012	-
领克 02	21751	0	-

续表

车型	2018 年	2017 年	同比增长
缤越	23361	0	-
昌河 合计	60719	87818	-30.86
北斗星（合资）	0	12955	-100.00
北斗星（自主）	10521	17532	-39.99
北斗星（BEV）	0	7600	-100.00
北斗星 1.4L	10521	9932	5.93
北斗星Ⅱ代	3316	183	-
H40D	0	132	-100.00
昌河 A6	9292	0	-
EV3（BEV）	216	0	-
昌河 M50	15479	24529	-36.90
昌河 M70	5526	12710	-56.52
昌河 M60	3576	0	-
Q25	1528	5660	-73.00
Q35	11011	13653	-19.35
Q35 1.5L	10967	13653	-19.67
Q35 1.5T	44	0	-
福瑞达	254	464	-45.26
华晨宝马 合计	466134	386544	20.59
宝马 3 系	134594	123692	8.81
318i 1.5	2464	11382	-78.35
316i 1.6	0	4	-100.00
320i 2.0	129621	108719	19.23
328i 2.0	1	33	-96.97
330i 2.0	2508	3541	-29.17
335i 3.0	0	13	-100.00
宝马 5 系	145972	120990	20.65
520 2.0	11	15001	-99.93
525 2.0	48017	38975	23.20
528 2.0	6759	32166	-78.99
530 2.0	76807	34093	125.29
530 3.0			0.00
530 3.0（PHEV）	13248	3	-
535 3.0L	16	41	-60.98
540 3.0L	1115	712	56.60
宝马 2 系	8494	15797	-46.23
218 1.5	8078	15171	-46.75
220 2.0L	416	626	-33.55
宝马 1 系	41211	34701	18.76
118 1.5	38960	32165	21.13
120 2.0	2086	2079	0.34

续表

车型	2018年	2017年	同比增长
125 2.0	165	457	-63.89
X1	97389	91298	6.67
X1 二驱 1.5T	49403	61775	-20.03
X1 二驱 2.0	23020	17251	33.44
X1 四驱 1.5（PHEV）	8094	1915	322.66
X1 四驱 2.0	16872	10357	62.90
之诺 M13	0	66	-100.00
之诺 60H	81	0	-
X3	38393	0	-
东南 合计	89279	153750	-41.93
菱悦	875	2745	-68.12
蓝瑟·翼神	0	2701	-100.00
翼神 1.8	0	2701	-100.00
菱致	1799	4357	-58.71
菱致（BEV）	0	64	-100.00
菱致 1.5	1799	4293	-58.09
菱仕	0	53	-100.00
风迪思	0	5	-100.00
电咖（BEV）	3918	109	-
翼舞	4108	0	-
DX7	17089	40414	-57.72
DX3	61490	103366	-40.51
DX3（BEV）	2725	0	-
DX3 1.5L	58765	103366	-43.15
江淮 合计	197520	222174	-11.10
和悦	0	2850	-100.00
和悦 A30	2986	2608	14.49
瑞风 A60	179	1288	-86.10
IEV4（BEV）	1	3135	-99.97
IEV6E（BEV）	43155	24198	78.34
IEVA50（BEV）	2049	291	-
IEV7（BEV）	119	0	-
瑞风 M2	0	188	-100.00
瑞风 M3	30746	40187	-23.49
瑞风 M4	14146	19912	-28.96
瑞风 M5	2250	5690	-60.46
瑞风 M6	91	340	-73.24
瑞风 R3	8550	151	-
瑞风 S5	17635	25517	-30.89
瑞风 S3	34470	54402	-36.64
瑞风 S2	13527	25508	-46.97

续表

车型	2018 年	2017 年	同比增长
IEV7S	5540	637	-
瑞风 S7	6787	15270	-55.55
IEV7E（BEV）	0	2	-100.00
瑞风 S2mini	909	0	-
蔚来 ES8（BEV）	12807	0	-
瑞风 S4	1573	0	-
华晨 合计	233031	279084	-16.50
骏捷	5637	10727	-47.45
骏捷 FRV 1.5L	4896	10512	-53.42
骏捷 FRV 1.6L	720	0	-
骏捷 FSV 1.5L	2	0	-
骏捷 FSV 1.6L CNG	19	215	-91.16
H530	2201	19776	-88.87
H530 1.5T	2	4000	-99.95
H530 1.6L	929	14864	-93.75
H530 1.6L CNG	1270	912	39.25
H230	8078	11750	-31.25
H330	13794	21391	-35.51
H330 1.5L	12546	21384	-41.33
H330 1.6L	1248	7	-
CROSS	3072	0	-
CROSS 1.5L	2016	0	-
CROSS 1.6L	1056	0	-
H220	3600	4970	-27.57
H220 1.5L	0	4970	-100.00
H220 1.6L	3600	0	-
中华豚	0	116	-100.00
H3	3097	6143	-49.58
H3 1.5L	52	5168	-98.99
H3 1.5T	3045	975	212.31
阁瑞斯	19503	20159	-3.25
阁瑞斯 2.0	18559	18399	0.87
阁瑞斯 2.4	574	1313	-56.28
阁瑞斯 2.7	370	447	-17.23
华颂 7	1069	4091	-73.87
金杯 750	10379	30042	-65.45
金杯 750 1.5L	8335	30042	-72.26
金杯 750 1.6L	2044	0	-
F50	1933	4570	-57.70
V5	1060	1272	-16.67
V5 二驱 1.5	944	876	7.76

续表

车型	2018年	2017年	同比增长
V5 二驱 1.6	116	396	-70.71
S30	534	6286	-91.50
中华 V3	12185	23374	-47.87
中华 V3 二驱 1.5L	11695	23374	-49.97
中华 V3 二驱 1.5T	490	0	-
斯威 X7	29797	54973	-45.80
斯威 X7 二驱 1.5T	20890	0	-
斯威 X7 二驱 1.8L	8907	54973	-83.80
S70	673	7145	-90.58
中华 V6	14611	2866	409.80
中华 V6 二驱 1.5T	14611	2866	409.80
中华 V6 二驱 2.0L	0	0	-
斯威 X3	6003	0	-
斯威 X3 二驱 1.5L	4688	0	-
斯威 X3 二驱 1.5T	25	0	-
斯威 X3 二驱 1.6	1290	0	-
S35	317	0	-
中华 V7	12670	0	-
斯威 G01	23095	0	-
海星	0	49433	-100.00
海星 1.0L	0	20787	-100.00
海星 1.3L	0	28646	-100.00
金杯 X30	19128	0	-
金杯 X30L	40595	0	-
长安 合计	874352	1128345	-22.51
奔奔	15992	30887	-48.22
新奔奔（BEV）	10970	12923	-15.11
奔奔 1.4L	3225	9644	-66.56
奔奔迷你（BEV）	1797	8124	-77.88
奔奔迷你 1.0L	0	196	-100.00
悦翔 V3	8359	15415	-45.77
悦翔 V7	2315	43360	-94.66
CX20	0	170	-100.00
逸动	125717	92573	35.80
逸动 XT1.6L	20943	29965	-30.11
逸动（BEV）	5255	3383	55.34
逸动 1.6L	58245	59135	-1.51
逸动（PHEV）	769	90	-
逸动 DT 1.6L	40505	0	-
睿骋	466	1864	-75.00
睿骋 CC	29735	5440	446.60

续表

车型	2018 年	2017 年	同比增长
第三代悦翔	7430	0	
尼欧 II（BEV）	1043	0	
欧诺	56035	86490	-35.21
欧力威	2917	5258	-44.52
欧力威 1.4	0	248	-100.00
欧力威（BEV）	2917	5010	-41.78
欧尚	22773	66689	-65.85
欧尚（BEV）	6706	0	-
欧尚 1.5	16067	66689	-75.91
凌轩	7895	28228	-72.03
欧尚 A800	15353	40984	-62.54
科尚	435	0	-
CS35	131417	151622	-13.33
CS75	140066	240095	-41.66
CS75 1.5T	136759	194110	-29.55
CS75 1.5（PHEV）	1947	0	-
CS75 1.8T	1360	45982	-97.04
CS75 2.0L	0	3	-100.00
CS15	31249	61650	-49.31
CS15 1.5	26608	61413	-56.67
CS15（BEV）	4564	237	-
全新 CS15	77	0	-
CX70	80241	91852	-12.64
CS95	6804	20912	-67.46
CS55	165102	79678	107.21
V302	7885	0	-
CS85	183	0	-
新长安之星	1642	2018	-18.63
长安之星 3	960	43685	-97.80
长安之星 9	0	19475	-100.00
星光 4500	12338	0	-
星光 4500（BEV）	585	0	-
星光 4500 1.3	11753	0	-
比亚迪 合计	502002	409689	22.53
F3	47573	124003	-61.64
F3 三厢 1.5L	41124	110861	-62.90
F3 三厢 1.6L	6449	13142	-50.93
F0	793	10767	-92.63
E6（BEV）	6508	10215	-36.29
G6	0	2776	-100.00
G6 1.5T	0	63	-100.00

续表

车型	2018 年	2017 年	同比增长
G6 2.0L	0	2713	-100.00
速锐	2876	13358	-78.47
秦（PHEV）	47425	20738	128.69
G5	0	512	-100.00
腾势（BEV）	1974	4713	-58.12
E5（BEV）	46213	23601	95.81
秦（BEV）	10527	4886	115.45
秦 Pro	7919	0	-
M6	0	380	-100.00
M6 2.0L	0	198	-100.00
M6 2.4L	0	182	-100.00
宋 MAX	141068	30390	364.19
S7	860	23710	-96.37
S7 二驱 1.5T	279	10927	-97.45
S7 二驱 2.0T	581	12783	-95.45
唐（PHEV）	37146	14592	154.56
唐四驱 2.0T（PHEV）	37146	14592	154.56
宋	40693	66610	-38.91
宋 1.5T	7322	31683	-76.89
宋 2.0T	33371	34927	-4.46
元	6162	23514	-73.79
元 1.5T	6162	23514	-73.79
宋 DM(PHEV)	39318	30911	27.20
宋（BEV）	4316	4013	7.55
元（BEV）	35699	0	-
唐	24932	0	-
唐四驱 2.0T	24932	0	-
湖南江南 合计	255393	317036	-19.44
江南	299	1122	-73.35
Z300	7327	17071	-57.08
Z300 1.5L	1115	7614	-85.36
Z300 1.6L	6212	9457	-34.31
众泰 Z100	610	1407	-56.65
众泰云 100（BEV）	6501	11205	-41.98
众泰 Z500	1861	5963	-68.79
众泰 Z500（BEV）	133	770	-82.73
众泰 Z500 1.5T	1728	5193	-66.72
众泰云 TT（BEV）	802	2537	-68.39
芝麻 E30（BEV）	4842	5716	-15.29
众泰 Z700	2580	9259	-72.14
E200（BEV）	18865	16751	12.62

续表

车型	2018 年	2017 年	同比增长
T600	30418	73651	-58.70
T600 二驱 1.5L	29436	66250	-55.57
T600 二驱 1.8L	792	1573	-49.65
T600 二驱 2.0L	190	5828	-96.74
大迈 X5	8606	24884	-65.42
大迈 X5 二驱 1.5T	3653	12669	-71.17
大迈 X5 二驱 1.6L	4953	12215	-59.45
SR7	9050	15838	-42.86
SR9	11918	23442	-49.16
大迈 X7	12043	25748	-53.23
大迈 X7 二驱 1.8T	2976	22481	-86.76
大迈 X7 二驱 2.0T	9067	3267	177.53
T700	37828	58961	-35.84
T700 二驱 1.8T	33217	57440	-42.17
T700 二驱 2.0T	4611	1521	203.16
T300	43665	22583	93.35
T300（BEV）	430	0	-
T300 二驱 1.5T	43235	22583	91.45
君马 S70	12815	0	-
T500	36268	0	-
君马 Seek5	8706	0	-
众泰 V10	389	898	-56.68
华泰 合计	120682	132175	-8.70
路盛 E70	3202	142	-
路盛 E80	9646	15140	-36.29
华泰（BEV）	29938	11397	162.68
EV160（BEV）	29938	11397	162.68
路盛 S1iEV360（BEV）	1738	0	-
圣达菲	76158	105496	-27.81
圣达菲 2 驱 2.0L	4051	5522	-26.64
圣达菲 2 驱 2.0 柴油	810	2452	-66.97
新圣达菲 (BEV)	16370	429	-
新圣达菲 2 驱 1.5T	53438	97093	-44.96
圣达菲 2XEV360（BEV）	1489	0	-
中兴 合计	0	131	-100.00
中兴无限	0	131	-100.00
无限二驱 2.4L	0	37	-100.00
无限四驱 2.4L	0	94	-100.00
上汽通用五菱 合计	1662536	1894781	-12.26
宝骏 610	1	12	-91.67
宝骏 630	6192	4381	41.34

续表

车型	2018年	2017年	同比增长
宝骏630 1.5L	6192	4379	41.40
宝骏630 1.8L	0	2	-100.00
宝骏乐驰	0	4	-100.00
宝骏乐驰 1.0L	0	1	-100.00
宝骏乐驰 1.2L	0	3	-100.00
宝骏310	151663	215606	-29.66
宝骏310 1.2L	114334	103480	10.49
宝骏310 1.5L	37329	112126	-66.71
宝骏E100	25888	11446	126.18
五菱宏光	476537	537003	-11.26
五菱宏光 1.2L	40655	89838	-54.75
五菱宏光 1.5L	435882	447165	-2.52
宝骏730	111507	270797	-58.82
宝骏730 1.5L	111355	235877	-52.79
宝骏730 1.8L	152	34920	-99.56
五菱征程	2	5050	-99.96
五菱征程 1.5L	0	2967	-100.00
五菱征程 1.8L	2	2083	-99.90
宝骏360	106099	0	-
宝骏560	0	150055	-100.00
宝骏560 二驱 1.5T	0	42637	-100.00
宝骏560 二驱 1.8L	0	107418	-100.00
宝骏510	361403	363949	-0.70
宝骏530	116324	0	-
宝骏530 二驱 1.5T	104600	0	-
宝骏530 二驱 1.8L	11724	0	-
五菱之光	78035	82198	-5.06
五菱荣光	68727	71426	-3.78
五菱荣光 1.2L	8283	41736	-80.15
五菱荣光 1.5L	60444	29690	103.58
五菱荣光V	157887	172356	-8.39
五菱荣光V 1.2L	23227	38244	-39.27
五菱荣光V	134660	134112	0.41
五菱之光V	2271	10498	-78.37
长城 合计	915039	950315	-3.71
长城C30	5976	12033	-50.34
长城C30（BEV）	1730	0	-
长城C30 1.5	4246	12033	-64.71
哈弗H5	7705	16333	-52.83
哈弗H5 二驱汽油	2014	3060	-34.18
哈弗H5 二驱柴油	0	315	-100.00

续表

车型	2018年	2017年	同比增长
哈弗H5四驱汽油	3732	9562	-60.97
哈弗H5四驱柴油	1959	3396	-42.31
哈弗H6	452552	506418	-10.64
哈弗H6二驱汽油	451176	500836	-9.92
哈弗H6二驱柴油	3	1459	-99.79
哈弗H6四驱汽油	1371	3541	-61.28
哈弗H6四驱柴油	2	582	-99.66
哈弗H8	1114	7698	-85.53
哈弗H8二驱汽油	317	4279	-92.59
哈弗H8二驱柴油	70	158	-55.70
哈弗H8四驱汽油	609	2953	-79.38
哈弗H8四驱柴油	118	308	-61.69
哈弗H2	106120	215100	-50.66
哈弗H2二驱	105855	214768	-50.71
哈弗H2四驱	265	332	-20.18
哈弗H1	5938	18785	-68.39
哈弗H9	14635	13855	5.63
哈弗H9四驱汽油	10341	11617	-10.98
哈弗H9四驱柴油	4294	2238	91.87
哈弗H7	21391	38193	-43.99
VV7	54671	52769	3.60
哈弗M6	73018	35473	105.84
VV5	62968	33658	87.08
VV5二驱	61250	33658	81.98
VV5四驱	1718	0	-
哈弗H4	43017	0	-
P8（PHEV）	3387	0	-
VV6	18460	0	-
VV6二驱	15555	0	-
VV6四驱	2905	0	-
欧拉IQ（BEV）	3515	0	-
F5	23463	0	-
哈弗F7	17109	0	-
哈弗F7二驱	15217	0	-
哈弗F7四驱	1892	0	-
庆铃 合计	30	355	-91.55
竞技者	30	355	-91.55
浙江飞蝶 合计	0	373	-100.00
UFO	0	340	-100.00
UFO两驱1.6	0	28	-100.00
UFO两驱1.8L	0	312	-100.00

续表

车型	2018年	2017年	同比增长
UFO（BEV）	0	10	-100.00
五星	0	23	-100.00
四川野马 合计	19124	34548	-44.65
E32（BEV）	1831	0	-
斯派卡	5399	0	-
T70	6809	34548	-80.29
T70(BEV)	0	2102	-100.00
T70 二驱 1.5L	6809	32446	-79.01
T80	2036	0	-
E70（BEV）	3049	0	-
重庆力帆 合计	31790	76487	-58.44
力帆 520	4	2	100.00
力帆 520 1.3	2	0	-
力帆 520 1.6	2	2	0.00
力帆 520i	9	0	-
力帆 520i 1.3L	8	0	-
力帆 520i 1.5L	1	0	-
力帆 620	4007	4772	-16.03
力帆 620（BEV）	3773	0	-
力帆 620 1.5	201	2888	-93.04
力帆 620 1.6	0	44	-100.00
力帆 620 1.6L 双燃料车	0	2	-100.00
力帆 620 1.8	33	1838	-98.20
力帆 330	1110	6121	-81.87
力帆 330（BEV）	842	6110	-86.22
力帆 330 1.3L	268	11	-
力帆 720	37	28	32.14
力帆 720 1.5L	13	12	8.33
力帆 720 1.8L	24	16	50.00
力帆 530	465	473	-1.69
力帆 530 1.3	463	270	71.48
力帆 530 1.5L	2	203	-99.01
力帆 820	1732	4028	-57.00
力帆 820（BEV）	1198	0	-
力帆 820 1.8L	310	671	-53.80
力帆 820 2.0L	1	4	-75.00
力帆 820 2.4L	223	3353	-93.35
乐途	331	1063	-68.86
轩朗	2046	18126	-88.71
X60	2895	13475	-78.52
X50	1232	6625	-81.40

续表

车型	2018 年	2017 年	同比增长
迈威	9148	15863	-42.33
迈威（BEV）	32	0	-
迈威二驱 1.5L	4311	7724	-44.19
迈威二驱 1.8L	4805	8139	-40.96
X80	1485	1370	8.39
X70	5864	0	-
力帆丰顺	1425	4541	-68.62
力帆丰顺（BEV）	16	1176	-98.64
力帆丰顺 1.3L	1409	3365	-58.13
郑州日产 合计	27531	23235	18.49
帅客	2637	3850	-31.51
帅客（BEV）	1176	1020	15.29
帅客 1.6	1461	2830	-48.37
NV200	9181	8879	3.40
帕拉丁	0	30	-100.00
风度	2194	4671	-53.03
风度 2.0 二驱	888	2780	-68.06
风度 2.0L 四驱	1306	1891	-30.94
锐骐（BEV）	631	608	3.78
风度 MX5	312	5197	-94.00
风度 MX5 二驱 1.4T	299	1664	-82.03
风度 MX5 二驱 2.0L	13	3533	-99.63
风度 MX3	27	0	-
风度 MX3 二驱 1.4L	24	0	-
风度 MX3 二驱 1.6L	3	0	-
途达	12549	0	-
途达二驱 2.5L	2703	0	-
途达四驱 2.5L	9846	0	-
广汽丰田 合计	580008	442380	31.11
新凯美瑞	163046	74329	119.36
新凯美瑞 2.0L	66612	61124	8.98
新凯美瑞 2.5	72315	9055	-
新凯美瑞 2.5（HEV）	24119	4150	481.18
致炫	54335	54528	-0.35
致炫 1.3	680	1373	-50.47
致炫 1.5	53655	53155	0.94
雷凌	192697	172626	11.63
雷凌 1.2T	148632	129221	15.02
雷凌 1.8L	1335	2606	-48.77
雷凌 1.8L（HEV）	42730	40799	4.73
致享	41355	39477	4.76

续表

车型	2018 年	2017 年	同比增长
致享 1.3L	914	2878	-68.24
致享 1.5L	40441	36599	10.50
逸致	0	1424	-100.00
汉兰达	104856	99996	4.86
汉兰达 2.0T	104856	98906	6.02
汉兰达 3.5	0	1090	-100.00
C-HR	22720	0	-
ix4	999	0	-
本田（中国） 合计	12791	18320	-30.18
锋范	12791	18320	-30.18
上海股份 合计	701885	522036	34.45
荣威 550	0	2455	-100.00
荣威 550 1.5L（PHEV）	0	2455	-100.00
荣威 550MCE 1.8L	0		-100.00
荣威 550MCE 1.8T	0	1	-100.00
MG6	94901	8409	-
MG6 二厢 1.5T	90677	7294	-
MG6 二厢 1.8L	1	231	-99.57
MG6 二厢 1.8T	1	868	-99.88
MG6 三厢 1.0L（PHEV）	4222	16	
MG3	10254	10159	0.94
MG3 1.3L	214	2090	-89.76
MG3 1.5L	10040	8069	24.43
荣威 950	3248	3760	-13.62
荣威 950 1.4T（PHEV）	2807	2910	-3.54
荣威 950 1.8T	303	98	209.18
荣威 950 2.0L		307	-100.33
荣威 950 2.0T	139	445	-68.76
荣威 E50（BEV）	1		-200.00
荣威 i6	73902	63770	15.89
荣威 i6 1.0T	1113	2808	-60.36
荣威 i6 1.0T（PHEV）	33347	8925	273.64
荣威 i6 1.5T	39437	52037	-24.21
荣威 i6 1.6L	5	0	-
荣威 350	1144	13058	-91.24
MG5	1	0	-
MG360	5830	1440	304.86
MG GT	6940	13055	-46.84
MG GT1.4T	81	763	-89.38
MG GT1.5L	4251	8766	-51.51
MG GT1.5T	2608	3526	-26.04

续表

车型	2018 年	2017 年	同比增长
荣威 360	33061	49964	-33.83
荣威 360 1.4T	2	397	-99.50
荣威 360 1.5L	33059	49567	-33.30
MG7	0		-100.00
荣威 i5	58182	0	-
荣威 Ei5（BEV）	26008	0	-
荣威 i5 1.5L	28158	0	-
荣威 i5 1.5T	4016	0	-
eMG 1.0L（PHEV）	4	0	-
荣威 W5	0	9	-100.00
荣威 W5 二驱 1.8T	0	4	-100.00
荣威 W5 四驱 1.8T	0	5	-100.00
MG GS 锐腾	11321	33414	-66.12
MG GS 二驱 1.5T	10737	31716	-66.15
MG GS 二驱 2.0T	131	731	-82.08
MG GS 四驱 1.5T	75	295	-74.58
MG GS 四驱 2.0T	378	672	-43.75
荣威 RX5	220064	237374	-7.29
荣威 RX5 二驱（BEV）	4497	10436	-56.91
荣威 RX5 二驱 1.5T	187786	199467	-5.86
荣威 RX5 二驱 1.5（PHEV）	22711	19510	16.41
荣威 RX5 二驱 2.0T	4299	5329	-19.33
荣威 RX5 四驱 2.0T	771	2632	-70.71
MG ZS	94854	70325	34.88
MG ZS 二驱 1.0T	7951	6633	19.87
MG ZS 二驱 1.5L	86903	63692	36.44
荣威 RX3	53938	14585	269.82
荣威 RX3 二驱 1.3T	4291	3164	35.62
荣威 RX3 二驱 1.6L	49647	11421	334.70
MG RX5	4719	261	-
MG RX5 二驱 1.5T	3268	100	-
MG RX5 二驱 2.0T	299	88	239.77
MG RX5 四驱 2.0T	1152	73	-
荣威 RX8	13256	0	-
荣威 RX8 二驱 2.0T	7080	0	-
荣威 RX8 四驱 2.0T	6176	0	-
荣威 MARVEL X（BEV）	3419	0	-
荣威 MARVEL X 二驱（BEV）	2894	0	-
荣威 MARVEL X 四驱（BEV）	525	0	-
MG HS	12810	0	-
MG HS 二驱 1.5T	9388	0	-

续表

车型	2018 年	2017 年	同比增长
MG HS 二驱 2.0T	2396	0	–
MG HS 四驱 2.0T	1026	0	–
MG X5	36	0	–
MG X5 二驱 2.0L	6	0	–
MG X5 四驱 2.0L	30	0	–
长安福特 合计	377763	827970	-54.37
蒙迪欧小计	45405	111364	-59.23
新致胜 1.5T	15764	82121	-80.80
新致胜 2.0L	29641	29243	1.36
福克斯	47563	168508	-71.77
新福克斯 1.6L	47563	168508	-71.77
福睿斯	150360	291773	-48.47
金牛座	8293	25347	-67.28
C519	19011	0	–
C519 1.0	685	0	–
C519 1.5	18326	0	–
翼虎	31149	91526	-65.97
翼虎 1.5T	27841	73851	-62.30
翼虎 2.0T	3308	17675	-81.28
翼博	16090	32496	-50.49
翼博 1.0T	856	1363	-37.20
翼博 1.5L	15140	30718	-50.71
翼博 2.0L	94	415	-77.35
锐界	59892	106956	-44.00
锐界 2.0T	59178	105444	-43.88
锐界 2.7L	714	1512	-52.78
长安铃木 合计	40906	83896	-51.24
雨燕	7307	13652	-46.48
天语	75	1345	-94.42
新奥拓	19	8763	-99.78
启悦	14845	18189	-18.38
锋驭	53	5787	-99.08
维特拉	13222	26640	-50.37
骁途	5385	9520	-43.43
江铃 合计	75813	111228	-31.84
江铃 E100（BEV）	10551	15825	-33.33
江铃 E200（BEV）	32513	12118	168.30
江铃 E160（BEV）	1358	2158	-37.07
驭胜	6892	29151	-76.36
陆风	18800	42008	-55.25
撼路者	5699	9968	-42.83

续表

车型	2018年	2017年	同比增长
海马新能源 合计	1013	107	-
海马 F7	1002	0	-
荣达（BEV）	11	107	-89.72
东风乘用车 合计	95311	125018	-23.76
风神 S30	0	445	-100.00
风神 H30	21744	29472	-26.22
风神 A60	4007	7535	-46.82
风神 A30	319	1903	-83.24
E30（BEV）	0	131	-100.00
风神 A9	257	1534	-83.25
风神 L60	1646	2357	-30.17
风神 L60 1.6L	61	48	27.08
风神 L60 1.8L	1585	2309	-31.36
E70（BEV）	8197	2561	220.07
风神 AX7	45829	38885	17.86
AX7 二驱 1.6T	14347	0	-
AX7 二驱 2.0	31482	37601	-16.27
AX7 四驱 2.3L	0	1284	-100.00
风神 AX3	2440	12315	-80.19
AX3 二驱 1.5	2440	12315	-80.19
风神 AX5	4545	14969	-69.64
风神 AX4	6327	12911	-51.00
风神 AX4 二驱 1.4T	165	1352	-87.80
风神 AX4 二驱 1.6L	6162	11559	-46.69
航天成功 合计	168	86	95.35
航天新星	168	86	95.35
航天新星 1.0	5	0	-
航天新星 1.2	60	0	-
航天新星 1.3	103	86	19.77
海马汽车 合计	41386	98494	-57.98
M3	6405	19055	-66.39
M3（BEV）	353	167	111.38
M3 1.5L	6052	18888	-67.96
M6	957	10568	-90.94
M6 1.5T	358	10568	-96.61
M6 1.6L	599	0	-
爱尚（BEV）	10139	5804	74.69
S5	23514	63067	-62.72
S5 1.5T	11981	0	-
S5 1.6L	11533	63067	-81.71
小鹏 G3（BEV）	371	0	-

续表

车型	2018 年	2017 年	同比增长
福建奔驰 合计	27439	20391	34.56
威霆	10790	8034	34.30
新威霆 2.0L	10790	8034	34.30
V 级	16649	12357	34.73
广汽乘用车 合计	535168	508593	5.23
00 传祺 GA5	0	869	-100.00
传祺 GA5（PHEV）	0	827	-100.00
传祺 GA5 1.8L	0	22	-100.00
传祺 GA5 1.8T	0	20	-100.00
传祺 GA3 系列	2548	8207	-68.95
传祺 GA3 1.3T	24	5557	-99.57
传祺 GA3 1.6	2268	1856	22.20
传祺 GA3S 1.5（PHEV）	256	794	-67.76
传祺 GA6	12975	25032	-48.17
传祺 GA6 1.5T	12854	24651	-47.86
传祺 GA6 1.8T	121	381	-68.24
传祺 GA8	4115	4700	-12.45
传祺 GA8 1.8T	2580	2677	-3.62
传祺 GA8 2.0T	1535	2023	-24.12
传祺 GA4	36266	0	-
传祺 GA4 1.3L	22608	0	-
传祺 GA4 1.3T	1830	0	-
传祺 GA4 1.5L	11828	0	-
传祺 GM8	30769	550	-
星朗	0	1	-100.00
传祺 GM6	1976	0	-
传祺 GS5 系列	14598	1419	-
传祺 GS5 二驱 1.5T	14597	0	-
传祺 GS5 二驱 1.8T	0	840	-100.00
传祺 GS5 二驱 2.0L	0	579	-100.00
传祺 GS5 四驱 1.8T	1	0	-
传祺 GS4	246636	337330	-26.89
传祺 GS4（BEV）	15	0	-
传祺 GS4 1.3T	38884	66815	-41.80
传祺 GS4 1.5T	196299	268652	-26.93
传祺 GS4 1.5L（PHEV）	10922	1863	486.26
传祺 GS4 1.5T	516	0	-
传祺 GS8	61773	102214	-39.57
传祺 GS8 二驱 2.0T	47549	102214	-53.48
传祺 GS8 四驱 2.0T	14224	0	-
传祺 GS7	25350	8262	206.83

续表

车型	2018 年	2017 年	同比增长
传祺 GS7 二驱 1.8T	9269	1125	-
传祺 GS7 二驱 2.0T	15482	7137	116.93
传祺 GS7 四驱 2.0T	599	0	-
传祺 GE3	8852	1762	402.38
传祺 GS3	89310	18241	389.61
传祺 GS3 1.3T	19079	8021	137.86
传祺 GS3 1.5L	70231	10220	-
奥轩 GX5	0	1	-100.00
GX6	0	1	-100.00
奥轩 G5	0	1	-100.00
星旺	0	3	-100.00
北汽股份 合计	126604	177029	-28.48
D20	683	9283	-92.64
D20（BEV）	0	5415	-100.00
D20 1.3L	114	455	-74.95
D20 1.5L	569	3413	-83.33
D70	6329	62	-
D70 1.8T	6323	27	-
D70 2.0T	3	20	-85.00
D70 2.3T	3	15	-80.00
D50	48695	21784	123.54
D50（BEV）	5508	12305	-55.24
D50 1.5L	101	818	-87.65
全新 D50（BEV）	22996	0	-
全新 D50 1.5L	20090	8661	131.96
D80	0	170	-100.00
D80（BEV）	0	103	-100.00
D80 1.8L	0	60	-100.00
D80 2.3L	0	7	-100.00
威旺 M20	6453	29083	-77.81
威旺 M50	5672	28992	-80.44
威旺 M50 1.3	13	2117	-99.39
威旺 M50 1.5	5659	26875	-78.94
B40	52	144	-63.89
绅宝 X25	18353	26717	-31.31
X25（BEV）	13306	4242	213.67
X25 1.3	0	1	-100.00
X25 1.5	5047	22474	-77.54
绅宝 X55	42	6475	-99.35
X55 1.5	42	6475	-99.35
绅宝 X35	25883	43773	-40.87

续表

车型	2018 年	2017 年	同比增长
X35 1.5	25883	43773	-40.87
绅宝智行	11531	0	-
绅宝智行（BEV）	513	0	-
绅宝智行 1.5T	11018	0	-
威旺 306	2911	10546	-72.40
威旺 306（BEV）	204	122	67.21
威旺 306 1.3	2707	10424	-74.03
东风裕隆 合计	6959	18800	-62.98
纳智捷 5	118	142	-16.90
纳智捷 LCS	109	2314	-95.29
裕路	180	566	-68.20
纳智捷 CEO	0	12	-100.00
纳智捷大 7MPV	415	1076	-61.43
纳智捷大 MPV 2.0	408	992	-58.87
纳智捷大 MPV 2.2	7	84	-91.67
纳智捷大 7SUV	0	180	-100.00
纳智捷二驱 2.2 AT	0	168	-100.00
纳智捷四驱 2.2 AT	0	12	-100.00
纳智捷优 6	3655	8954	-59.18
纳智捷 U5	2482	5556	-55.33
东风股份 合计	19226	7832	145.48
俊风（BEV）	19226	7832	145.48
广汽菲克 合计	125181	205177	-38.99
菲翔	354	1625	-78.22
致悦	27	651	-95.85
自由光	31020	77182	-59.81
自由光二驱 2.0L	19353	37459	-48.34
自由光二驱 2.0T	1132	0	-
自由光二驱 2.4L	4510	22722	-80.15
自由光四驱 2.0T	1916	0	-
自由光四驱 2.4L	4109	17001	-75.83
自由侠	17240	38739	-55.50
自由侠二驱 1.4T	16593	36917	-55.05
自由侠二驱 2.0L	94	0	-
自由侠四驱 2.0L	553	1822	-69.65
指南者	63074	86980	-27.48
指南者二驱 1.3T	0	0	
指南者二驱 1.4T	55085	82060	-32.87
指南者二驱 2.0L	166	0	-
指南者四驱 1.3T	0	0	-
指南者四驱 1.4T	6814	0	-

续表

车型	2018 年	2017 年	同比增长
指南者四驱 2.4T	1009	4920	-79.49
大指挥官	13466	0	-
大指挥官二驱 2.0T	2128	0	-
大指挥官二驱 2.0T（PHEV）	0	0	-
大指挥官四驱 2.0T	11338	0	-
悦界	0	0	-
广汽三菱 合计	144018	117388	22.69
劲炫	29789	29333	1.55
劲炫二驱 1.6L	11402	12337	-7.58
劲炫二驱 2.0L	18386	16996	8.18
劲炫四驱 2.0L	1	0	-
劲畅	0	3347	-100.00
劲畅二驱 2.4L	0	53	-100.00
劲畅二驱 3.0L	0	31	-100.00
劲畅四驱 3.0L	0	3263	-100.00
欧蓝德	105621	84708	24.69
欧蓝德二驱 2.0L	63900	32311	97.77
欧蓝德二驱 2.4L	566	0	-
欧蓝德四驱 2.4L	41155	52397	-21.46
祺智	2870	0	-
祺智（BEV）	389	0	-
祺智二驱 1.5L	2481	0	-
奕歌	5738	0	-
奕歌二驱 1.5L	5137	0	-
奕歌四驱 1.5L	601	0	-
北汽银翔 合计	158783	260312	-39.00
威旺 M20	0	2583	-100.00
幻速 H2	6935	29285	-76.32
幻速 H3	20180	72637	-72.22
幻速 H6	546	2128	-74.34
幻速 H5	1382	2132	-35.18
幻速 S2/S3	55391	94382	-41.31
幻速 S6	2607	23246	-88.79
幻速 S5	37040	27695	33.74
幻速 S7	34002	6133	454.41
威旺 205	0	1	-100.00
威旺 206	700	90	-
长安马自达 合计	166299	192053	-13.41
昂科塞拉	121051	142498	-15.05
昂科塞拉 二厢 1.5L	7083	9951	-28.82
昂科塞拉 二厢 2.0L	5909	6245	-5.38

续表

车型	2018 年	2017 年	同比增长
昂科塞拉 三厢 1.5L	98763	117595	-16.01
昂科塞拉 三厢 2.0L	9296	8707	6.76
CX-5	44256	49555	-10.69
CX-5 二驱 2.0L	36442	39906	-8.68
CX-5 二驱 2.5L	7814	9649	-19.02
CX-8	992	0	-
长安标致雪铁龙 合计	3867	6088	-36.48
DS5	630	1795	-64.90
DS5 1.6T	161	374	-56.95
DS5 LS 1.6T	469	1421	-67.00
DS4S	402	1176	-65.82
DS6	591	3117	-81.04
DS7	2244	0	-
新龙马 合计	3555	9656	-63.18
EX80	2262	2972	-23.89
启腾 M70	1293	6684	-80.66
启腾 M70（BEV）	874	5741	-84.78
启腾 M70 1.3L	419	943	-55.57
观致汽车 合计	62045	14959	314.77
观致 3	15623	2008	-
观致 3 二厢 1.6L	153	240	-36.25
观致 3 二厢 1.6T	19	192	-90.10
观致 3（BEV）	0	0	-
观致 3 1.6L	15424	1208	-
观致 3 1.6T	27	368	-92.66
观致 3 GT	216	516	-58.14
观致 3 SUV	166	709	-76.59
观致 5 SUV	46040	11726	292.63
上汽大通 合计	30971	32024	-3.29
大通 G10	24541	27019	-9.17
大通 EG10（BEV）	180	55	227.27
大通 G10 1.9	9035	6815	32.58
大通 G10 2.0	13559	17971	-24.55
大通 G10 2.4	1767	2178	-18.87
大通 G50	316	0	-
大通 G50 1.3L	18	0	-
大通 G50 1.5L	298	0	-
大通 D90	6114	5005	22.16
大通 D90 二驱 2.0	2207	5005	-55.90
大通 D90 四驱 2.0	3907	0	-
潍柴汽车 合计	13724	23547	-41.72

续表

车型	2018年	2017年	同比增长
英致737	2937	4979	-41.01
英致727	4740	10515	-54.92
英致G3	2717	4926	-44.84
英致G5	3330	3127	6.49
北汽越野车 合计	32619	26723	22.06
B40	24406	20154	21.10
B80	8213	6569	25.03
北汽（广州）合计	5769	17270	-66.60
绅宝CC	0	4	-100.00
绅宝CC 1.8T	0	4	-100.00
绅宝CC 2.0T	0	0	-
绅宝D50（BEV）	0	853	-100.00
绅宝智道	2351	0	-
EU系列	1967	0	-
绅宝X65	303	653	-53.60
威旺S50	0	15760	-100.00
EX系列	1148	0	-
江西五十铃 合计	3000	3577	-16.13
五十铃	3000	3577	-16.13
五十铃 二驱1.9	2353	0	-
五十铃 二驱2.0	0	0	-
五十铃 二驱2.5T	0	1673	-100.00
五十铃 四驱3.0	647	1904	-66.02
长丰集团 合计	63861	122750	-47.97
CS9	1139	0	-
CS9（BEV）	1014	0	-
CS9二厢 1.5T	125	0	-
CS10	16559	80351	-79.39
CS10二驱1.5T	8449	42323	-80.04
CS10二驱2.0L	8110	38028	-78.67
Q6	3756	7082	-46.96
Q6二驱2.4L	338	985	-65.69
Q6四驱2.0L	0	1	-100.00
Q6四驱2.4L	3418	6096	-43.93
飞腾	0	-2	-100.00
CS9（SUV）	32857	35109	-6.41
CS9（SUV）（BEV）	2444	523	367.30
CS9（SUV）二驱1.5L	30413	34586	-12.07
C5（BEV）	39	210	-81.43
迈途	9511	0	-
东风雷诺 合计	50112	72188	-30.58

续表

车型	2018年	2017年	同比增长
科雷嘉	17397	25727	-32.38
科雷傲	32715	46461	-29.59
捷豹路虎 合计	67791	83888	-19.19
捷豹 XFL	14049	20645	-31.95
捷豹 XFL 2.0T	13814	20291	-31.92
捷豹 XFL 3.0L	235	354	-33.62
捷豹 XEL	11061	1328	-
极光	10310	19075	-45.95
发现神行	30171	42840	-29.57
E-PACE	2200	0	-
大庆沃尔沃 合计	169555	91052	86.22
S60L	19213	27573	-30.32
S60L 1.5L	10691	15567	-31.32
S60L 2.0L	8418	11135	-24.40
S60L（PHEV）	104	871	-88.06
S90	52312	25054	108.80
S90 2.0T	50937	25054	103.31
S90 2.0T(PHEV)	1375	0	-
XC60	98030	38425	155.12
XC60 二驱 2.0L	6694	13398	-50.04
XC60 二驱 2.0L（PHEV）	4522	0	-
XC60 四驱 2.0L	82387	25027	229.19
XC60 四驱 2.0L（柴油）	4427	0	-
北汽（镇江） 合计	20768	19714	5.35
BJ20	10444	19714	-47.02
EX260（BEV）	767	0	-
昌河 Q7	9557	0	-
重庆比速 合计	25320	47245	-46.41
M3	403	10379	-96.12
T3	3525	11920	-70.43
T5	21392	24946	-14.25
北京宝沃 合计	32911	44380	-25.84
BX7	10431	26966	-61.32
BX5	21671	17414	24.45
BX6	809	0	-
北汽新能源 合计	107262	78146	37.26
EC180（BEV）	91954	77628	18.45
EC160（BEV）	0	15	-100.00
LITE（BEV）	565	503	12.33
EV300（BEV）	506	0	-
EX360（BEV）	14237	0	-

续表

车型	2018 年	2017 年	同比增长
东风启辰 合计	132068	143206	-7.78
启辰	1	16026	-99.99
启辰 R50 1.6L	1	12361	-99.99
启辰 D50 1.6L	0	3665	-100.00
启辰 R30	0	5	-100.00
晨风（BEV）	0	4	-100.00
启辰 D60	64872	17831	263.82
启辰 M50V	4768	11178	-57.34
启辰 M50V 1.5L	1873	4524	-58.60
启辰 M50V 1.6L	2895	6654	-56.49
启辰 T70	36765	52640	-30.16
启辰 1.4T	3129	827	278.36
启辰 1.6L	6747	23316	-71.06
启辰 2.0L	26889	28497	-5.64
启辰 T90	22936	45522	-49.62
启辰 T90 二驱 1.4T	453	0	-
启辰 T90 2.0L	22483	45522	-50.61
启辰 T60	2726	0	-
广东福迪 合计	1414	2502	-43.49
揽福	1414	2502	-43.49
揽福 1.9L	1130	1630	-30.67
揽福 2.0L	284	509	-44.20
揽福 2.4L	0	363	-100.00
知豆 合计	15336	42484	-63.90
知豆 D1	0	25	-100.00
D1（BEV）	0	25	-100.00
知豆 D2	14880	42342	-64.86
D2（BEV）	14880	42342	-64.86
知豆 D3	456	117	289.74
D3（BEV）	456	117	289.74
康迪 合计	6964	14745	-52.77
全球鹰 K 系列	3900	14745	-73.55
K10（BEV）	0	574	-100.00
K11（BEV）	0	702	-100.00
K17（BEV）	600	4122	-85.44
K12（BEV）	1203	9347	-87.13
K27（BEV）	1699	0	-
K22（BEV）	398	0	-
全球鹰 K28	3064	0	-
K28（BEV）	3064	0	-
合计行	23709782	24718321	-4.08

表 26　2018 年整车（分车型）出口情况

车型		出口数量（万辆）	同比增长 (%)	出口金额（亿美元）	同比增长 (%)
乘用车	小轿车	51.0	0.1	46.65	-6.3
	四驱越野车	0.6	-1.6	1.00	-39.8
	9 座及以下小客车	14.7	51.5	18.52	48.0
	其他载人机动车（包括成套散件）	3.9	-	11.60	-
	乘用车合计	70.2	14.3	77.77	21.1
商用车	客车	6.6	16.5	22.97	10.0
	载货汽车	20.0	-2.4	27.70	-9.6
	特种车	3.9	3.4	21.64	10.3
	汽车底盘	0.2	-63.0	0.88	9.3
	商用车合计	30.7	0.9	73.19	2.0
汽车合计		100.9	9.9	150.96	10.9

表 27　2018 年整车（分国别前 20 位）出口情况

序号	国家（地区）	出口数量（万辆）	同比增长 (%)	出口金额（亿美元）	同比增长 (%)
1	伊朗	19.33	-22.8	17.99	-20.0
2	墨西哥	10.97	83.2	10.44	56.7
3	智利	7.53	21.4	6.90	43.3
4	美国	6.75	26.7	17.87	24.7
5	埃及	4.38	110.7	3.04	146.5
6	厄瓜多尔	3.75	42.9	3.29	61.4
7	越南	3.70	-32.9	4.69	-47.2
8	秘鲁	3.19	-2.1	3.00	7.8
9	菲律宾	2.83	10.5	6.78	0.4
10	阿尔及利亚	2.77	3161.9	2.47	386.8
11	巴西	2.14	95.0	2.22	240.7
12	沙特阿拉伯	2.08	140.6	4.69	78.9
13	哥伦比亚	2.06	-7.0	1.45	9.6
14	俄罗斯	1.93	-40.2	4.43	3.5
15	玻利维亚	1.59	1.0	1.56	-0.5
16	澳大利亚	1.46	96.7	2.75	95.0
17	英国	1.43	144.1	1.89	191.5
18	南非	1.36	49.7	2.14	60.3
19	阿根廷	1.14	-6.0	1.04	25.4
20	巴基斯坦	1.08	-13.5	2.08	-8.7

表 28　2018 年中国主要汽车企业出口情况

序号	企业名称	出口数量（万辆）	同比增长 (%)
1	上海汽车集团股份有限公司	23.82	50.5
2	奇瑞汽车股份有限公司	12.29	14.1
3	北京汽车集团有限公司	7.70	-13.6
4	安徽江淮汽车集团有限公司	7.48	12.5
5	东风汽车集团有限公司	7.38	14.0
6	中国长安汽车集团股份有限公司	6.14	34.6
7	大庆沃尔沃汽车制造有限公司	5.58	-32.9
8	长城汽车股份有限公司	4.70	20.0
9	中国第一汽车集团有限公司	4.36	8.8
10	华晨汽车集团控股有限公司	4.34	-33.3
11	中国重型汽车集团有限公司	3.76	14.0
12	浙江吉利控股集团有限公司	2.75	127.0
13	厦门金龙汽车集团股份有限公司	1.91	40.2
14	荣成华泰汽车有限公司	1.90	-45.9
15	广州汽车工业集团有限公司	1.80	-16.2
16	重庆力帆乘用车有限公司	1.53	-54.7
17	陕西汽车集团有限责任公司	1.23	35.2
18	湖南江南汽车制造有限公司	1.20	-24.3
19	比亚迪汽车有限公司	1.13	0.7
20	郑州宇通集团有限公司	0.72	-17.2

表 29　2018 年全国二手车交易经营情况（单位：辆，万元）

车种		交易金额	交易数量				
		全年	全年	直接交易	委托交易	本地过户	转籍
总计		86035684	13821909	9341047	4480862	10198844	3623065
乘用车	基本型	53077315	8222020	5584718	2637302	5982303	2239717
	MPV	6461765	781916	435415	346501	515427	266489
	SUV	12291996	1135577	860893	274684	784965	350612
	交叉型	1064357	310977	252105	58872	254304	56673
商用车	货车	4728078	1222764	714124	508640	975855	246909
	客车	6977006	1467793	998146	469647	1129500	338293
其他车型		950772	385226	335935	49291	307556	77670
低速载货汽车、三轮汽车		37681	25291	19932	5359	21739	3552
挂车		253341	80418	34862	45556	63115	17303
摩托车		193373	189927	104917	85010	164080	25847

表 30 2018 年二手乘用车分区域交易经营情况（单位：辆）

省份	总计	乘用车合计	基本型乘用车	多功能型 MPV	运动型多用途 SUV	交叉型乘用车
总计	13821909	10450490	8222020	781916	1135577	310977
华北地区	2240525	1676008	1395352	83832	140861	55963
北京	686471	511851	431968	31962	44490	3431
天津	322511	247386	237497	4732	4039	1118
河北	728907	498037	410401	23887	40887	22862
山西	246676	206669	157316	8655	20038	20660
内蒙古	255960	212065	158170	14596	31407	7892
东北地区	1029098	831534	660742	38336	108147	24309
辽宁	497898	386786	297532	18251	61132	9871
吉林	264353	217128	176980	8354	22464	9330
黑龙江	266847	227620	186230	11731	24551	5108
华东地区	4547002	3548548	2718777	345571	397460	86740
上海	486651	411580	310236	82448	16996	1900
江苏	990528	844956	653992	59290	115589	16085
浙江	1245668	969491	805516	73244	79487	11244
安徽	282674	214309	131321	14064	39983	28941
福建	159574	126196	103812	6809	13235	2340
江西	358312	300046	209297	30075	40540	20134
山东	1023595	681970	504603	79641	91630	6096
中南地区	3474228	2449924	1981993	176618	238252	53061
河南	950498	567500	457988	36981	71780	751
湖北	262140	174052	134453	11514	21673	6412
湖南	192085	162067	132349	12834	16085	799
广东	1768064	1321206	1084184	98204	105545	33273
广西	233632	175090	144029	7691	12444	10926
海南	67809	50009	28990	9394	10725	900
西南地区	1843270	1387310	1116153	60281	146070	64806
重庆	268384	163645	154444	2810	5972	419
四川	1023185	838922	657460	30158	102631	48673
贵州	206406	149245	103058	12704	18490	14993
云南	308765	208130	187065	7684	12684	697
西藏	36530	27368	14126	6925	6293	24
西北地区	687786	557166	349003	77278	104787	26098
陕西	210400	189235	90305	42274	47927	8729
甘肃	223466	183945	117253	12451	38195	16046
青海	69469	46989	40234	1137	5440	178
宁夏	46832	34251	22336	6347	4903	665
新疆	137619	102746	78875	15069	8322	480

表 31　2018 年二手商用车及其他车辆分区域交易经营情况（单位：辆）

省份	总计	商用车合计	货车	客车	其他车	低速载货汽车和三轮汽车	挂车	摩托车
总计	13821909	2690557	1222764	1467793	385226	25291	80418	189927
华北地区	2240525	446165	232182	213983	82212	5301	23713	7126
北京	686471	133808	54785	79023	40140	222	48	402
天津	322511	71303	38016	33287	867	97	2248	610
河北	728907	187359	105145	82214	23673	2627	14623	2588
山西	246676	25340	17826	7514	6446	646	6264	1311
内蒙古	255960	28355	16410	11945	11086	1709	530	2215
东北地区	1029098	147608	64632	82976	37675	2724	5658	3899
辽宁	497898	84781	36349	48432	21446	636	2996	1253
吉林	264353	29740	13320	16420	11731	1669	2455	1630
黑龙江	266847	33087	14963	18124	4498	419	207	1016
华东地区	4547002	814903	387573	427330	83754	6359	36445	56993
上海	486651	49096	36908	12188	8255	32	6713	10975
江苏	990528	107338	37930	69408	18846	229	391	18768
浙江	1245668	230332	83828	146504	26001	1161	2120	16563
安徽	282674	49787	24935	24852	4834	203	10282	3259
福建	159574	27338	12793	14545	2099	106	1261	2574
江西	358312	31092	18804	12288	19283	1962	2525	3404
山东	1023595	319920	172375	147545	4436	2666	13153	1450
中南地区	3474228	846088	336152	509936	86181	5434	10996	75605
河南	950498	339912	110116	229796	31128	298	2226	9434
湖北	262140	76910	31811	45099	5382	522	888	4386
湖南	192085	26789	14104	12685	2281	46	93	809
广东	1768064	340605	156061	184544	40886	3521	7165	54681
广西	233632	46246	16579	29667	6128	1002	618	4548
海南	67809	15626	7481	8145	376	45	6	1747
西南地区	1843270	334707	155446	179261	77082	2655	1279	40237
重庆	268384	82213	37896	44317	844	5	0	21677
四川	1023185	111312	50758	60554	63070	1374	874	7633
贵州	206406	41902	25034	16868	11528	656	233	2842
云南	308765	90618	38099	52519	1640	431	171	7775
西藏	36530	8662	3659	5003	0	189	1	310
西北地区	687786	101086	46779	54307	18322	2818	2327	6067
陕西	210400	17227	6757	10470	1431	433	171	1903
甘肃	223466	22363	14330	8033	13705	1417	264	1772
青海	69469	20725	9475	11250	509	376	637	233
宁夏	46832	9667	6446	3221	614	475	1215	610
新疆	137619	31104	9771	21333	2063	117	40	1549

表 32　历年二手车分车型交易经营情况（单位：辆）

车型年份		2010	2011	2012	2013	2014	2015	2016	2017	2018
乘用车	基本型	2098245	2354787	2731601	3049402	3514309	5641412	6280245	7370077	8222020
	MPV	148748	169484	189009	224699	278754	354856	588956	723401	781916
	SUV	71186	78150	110873	166847	203328	472859	681462	867993	1135577
	交叉型	68836	78226	75371	83390	121528	307673	329567	354206	310977
商用车	货车	596086	640673	654750	668186	767389	1068628	1003825	1116871	1222764
	客车	623415	703882	784405	773975	902688	1176462	1062143	1332199	1467793
其他车型		81744	119454	85533	75259	90774	113171	175379	358904	385226
低速载货汽车、三轮汽车		17439	20945	13950	10520	9730	16362	20602	25431	25291
挂车		30485	42745	39843	45233	36812	84249	117794	109585	80418
摩托车		115696	123968	106033	105790	127587	185315	132276	142183	189927
总计		3851880	4332314	4791368	5203300	6052899	9417088	10392249	12400850	13821909

第13部类

附录

DISHISANBULEI | FULU

表 1 2018 年上市新车（燃油车）

类别	级别	厂商	品牌	车型	价格（万元）	排量	轴距（mm）	车身尺寸（mm）	上市时间
轿车	A	广汽乘用车	传祺	传祺 GA4	7.38-11.58	1.3T/1.5L	2660	4692/1805/1500	1 月 18 日
	A	昌河汽车	昌河	昌河 A6	6.98-9.98	1.5L	2672	4620/1810/1485	2 月 26 日
	A	天津一汽	骏派	骏派 A50	5.59-7.29	1.5L	2610	4586/1765/1496	3 月 11 日
	A	长安汽车	长安	逸动 DT	6.19-7.89	1.6L	2610	4575/1750/1500	3 月 27 日
	B	一汽红旗	红旗	红旗 H5	14.68-19.08	1.8T	2875	4945/1845/1470	4 月 25 日
	A0	云雀汽车	云雀	全界 Q1	5.28-6.68	1.4L	2450	3970/1730/1615	4 月 25 日
	A00	昌河汽车	昌河	北斗星	5.0-5.7	1.4L	2530	3950/1740/1690	5 月 7 日
	A	天津一汽	骏派	骏派 CX65	6.89-7.69	1.5L	2610	4596/1785/1525	5 月 17 日
	A	海马汽车	海马	福美来 F5	5.98-9.28	1.6L	2685	4698/1806/1477	5 月 23 日
	B	吉利汽车	吉利	博瑞 GE	13.68-17.98	1.5T	2870	4986/1861/1513	5 月 28 日
	A	吉利汽车	吉利	缤瑞	7.98-11.08	1.0T/1.4T	2670	4680/1785/1460	8 月 30 日
	A	比亚迪	比亚迪	秦 Pro	7.98-11.58	1.5T	2718	4765/1837/1495	9 月 20 日
	A	上汽通用	雪佛兰	沃兰多	11.99-14.99	1.3T	2796	4684/1807/1627	9 月 21 日
	A	奇瑞汽车	奇瑞	艾瑞泽 GX	7.49-9.69	1.5T	2670	4710/1825/1490	10 月 10 日
	B	北京现代	现代	菲斯塔	11.98-15.48	1.6T/1.4T	2700	4660/1790/1425	10 月 18 日
	B	东风本田	本田	INSPIRE	18.28-24.98	1.5T	2830	4910/1862/1450	10 月 25 日
	A	上汽荣威	荣威	i5	6.89-11.59	1.5L/1.5T	2680	4601/1818/1489	10 月 25 日
	A	东南汽车	东南	A5 翼舞	4.99-7.89	1.5L	2625	4588/1780/1485	11 月 16 日
	A	北京奔驰	奔驰	奔驰 A 级	21.18-29.98	1.3T	2789	4622/1796/1454	11 月 23 日
	B	北汽绅宝	绅宝	智道	7.99-12.29	1.5T	2780	4785/1835/1490	12 月 21 日
SUV	紧凑型 SUV	陆风汽车	陆风	逍遥	7.99-13.19	1.5T	2700	4439/1835/1550	1 月 4 日
	中型 SUV	君马汽车	君马	君马 S70	8.19-11.59	1.5T	2800	4746/1882/1700	1 月 17 日
	紧凑型 SUV	长安欧尚	长安	欧尚 X70A	4.99-7.29	1.5L	2750	4620/1770/1820	1 月 26 日
	紧凑型 SUV	众泰汽车	众泰	众泰 T500	6.98-12.38	1.6L/1.5T	2700	4632/1850/1695	3 月 7 日
	紧凑型 SUV	上汽通用五菱	宝骏	宝骏 530	7.58-11.58	1.5T	2750	4655/1835/1760	3 月 11 日

表 1　2018 年上市新车（燃油车）（续表 1）

类别	级别	厂商	品牌	车型	价格（万元）	排量	轴距（mm）	车身尺寸（mm）	上市时间
SUV	紧凑型 SUV	上汽斯柯达	斯柯达	柯珞克	14.99-15.79	1.4T	2688	4432/1841/1614	3 月 19 日
	紧凑型 SUV	昌河汽车	昌河	昌河 Q7	8.79-14.89	1.5T	2670	4655/1855/1676	3 月 21 日
	紧凑型 SUV	长城汽车	哈弗	哈弗 H4	10.6-11.6	1.3T/1.5T	2660	4420/1845/1695	3 月 25 日
	小型 SUV	北京现代	现代	ENCINO 昂希诺	12.99-15.59	1.6T	2600	4195/1800/1575	4 月 10 日
	中型 SUV	郑州日产	日产	途达	16.98-24.58	2.5L	2850	4882/1850/1835	4 月 12 日
	中大型 SUV	广汽菲克	Jeep	大指挥官	27.98-40.98	2.0T	2800	4873/1892/1738	4 月 17 日
	紧凑型 SUV	长安 PSA	DS	DS 7	20.89-30.99	1.6T	2740	4603/1891/1626	4 月 25 日
	中型 SUV	上汽荣威	荣威	荣威 RX8	16.88-25.18	2.0TGI	2850	4923/1930/1840	4 月 25 日
		奇瑞汽车	奇瑞	瑞虎 8	9.88-14.28	1.5T	2710	4700/1860/1746	4 月 25 日
	中型 SUV	华晨宝马	宝马	宝马 X3	38.98-56.58	2.0T	2864	4717/1891/1689	4 月 26 日
	中型 SUV	福田汽车	伽途	伽途 GT	7.99-9.79	1.4T	2760	4730/1810/1830	5 月 2 日
	中型 SUV	众泰汽车	众泰	众泰 T800	13.98-18.58	2.0T	2850	4910/1933/1755	5 月 8 日
	紧凑型 SUV	宝沃汽车	宝沃	宝沃 BX6	35.88-37.88	2.0T	2685	4601/1877/1656	5 月 9 日
	紧凑型 SUV	猎豹汽车	猎豹	Mattu	11.68-15.88	1.6T	2700	4696/1906/1709	5 月 23 日
	紧凑型 SUV	君马汽车	君马	君马 MEET 3	7.19-11.89	1.5T	2685	4530/1838/1610	5 月 24 日
	紧凑型 SUV	一汽奔腾	奔腾	奔腾 SENIAR9	8.39-12.59	1.2T/1.5T	2700	4505/1835/1695	5 月 26 日
	小型 SUV	一汽丰田	丰田	奕泽 IZOA	14.98-17.58	2.0L	2640	4405/1795/1565	6 月 22 日
	小型 SUV	广汽丰田	丰田	C-HR	14.48-17.98	2.0L	2640	4405/1795/1565	6 月 23 日
	中型 SUV	比亚迪	比亚迪	唐	12.99-16.99	2.0T	2820	4870/1940/1720	6 月 26 日
	小型 SUV	上汽斯柯达	斯柯达	柯米克	10.59-12.84	1.5L	2610	4390/1781/1593	6 月 27 日
	紧凑型 SUV	领克汽车	领克	领克 02	12.28-19.28	1.5T/2.0T	2702	4448/1890/1528	6 月 28 日
	中型 SUV	华晨中华	中华	中华 V7	10.87-18.97	1.6T	2770	4702/1932/1753	6 月 29 日
	中型 SUV	一汽－大众奥迪	奥迪	奥迪 Q5L	38.28-49.80	2.0T	2908	4753/1893/1659	7 月 6 日
	紧凑型 SUV	一汽－大众	大众	T-ROC 探歌	13.98-20.98	1.2T/1.4T	2680	4318/1819/1582	7 月 30 日
	中型 SUV	奇瑞捷途	捷途	捷途 X70	6.99-12.09	1.5T	2745	4720/1900/1695	8 月 18 日

表 1　2018 年上市新车（燃油车）（续表 2）

类别	级别	厂商	品牌	车型	价格（万元）	排量	轴距（mm）	车身尺寸（mm）	上市时间
SUV	中型 SUV	君马汽车	君马	君马 SEEK 5	7.79-12.89	1.8L/1.5T	2800	4771/1859/1735	8 月 20 日
	小型 SUV	东风悦达起亚	起亚	奕跑	6.98-7.98	1.4L	2570	4100/1735/1533	8 月 21 日
	紧凑型 SUV	长城汽车	WEY	WEY VV6	13.7-16.4	2.0T	2680	4625/1860/1720	8 月 27 日
	紧凑级 SUV	SWM 斯威汽车	斯威	G01	7.99-13.99	1.5T	2750	4610/1855/1725	8 月 29 日
	紧凑型 SUV	奇瑞捷豹路虎	捷豹	捷豹 E-PACE	28.18-38.58	2.0T	2681	4411/1900/1649	8 月 29 日
	紧凑级 SUV	上汽通用	凯迪拉克	XT4	25.97-39.97	2.0T	2779	4600/1881/1627	8 月 29 日
	中大型 SUV	长安欧尚	长安	欧尚 COS1°	9.38-14.58	1.5T	2800	4830/1868/1775	9 月 10 日
	紧凑型 SUV	东风风行	风行	风行 T5	6.99-13.59	1.5T	2720	4550/1825/1725	9 月 16 日
	紧凑型 SUV	上汽集团	名爵	名爵 HS	9.98-15.98	2.0T	2720	4574/1876/1685	9 月 16 日
	小型 SUV	东风雪铁龙	雪铁龙	云逸 C4 AIRCROSS	10.98-15.98	1.2T	2655	4270/1770/1615	9 月 20 日
	紧凑级 SUV	长城汽车	哈弗	哈弗 F5	10.00-12.80	1.5T	2680	4470/1857/1638	9 月 26 日
	中型 SUV	大乘汽车	大乘	G70s	11.99-14.99	2.0T	2850	4764/1942/1672	9 月 28 日
	小型 SUV	一汽 - 大众奥迪	奥迪	Q2L	21.77-26.85	1.4T	2628	4236/1785/1548	10 月 13 日
	中型 SUV	一汽 - 大众	大众	探岳	18.88-31.98	1.4T/2.0T	2731	4590/1860/1660	10 月 22 日
	紧凑型 SUV	天津一汽	骏派	骏派 D80	7.99-12.59	1.2T	2700	4500/1835/1700	10 月 26 日
	紧凑型 SUV	上汽大众	大众	途岳	16.58-22.38	1.4T	2680	4453/1841/1632	10 月 31 日
	中型 SUV	东风风光	东风	风光 ix5	9.98-14.98	1.5T	2790	4685/1865/1645	10 月 31 日
	小型 SUV	吉利汽车	吉利	缤越	7.88-11.88	1.5T	2600	4330/1800/1609	10 月 31 日
	小型 SUV	长安汽车	长安	CS35 PLUS	6.99-10.49	1.6L	2600	4335/1825/1660	10 月 31 日
	中型 SUV	广汽讴歌	讴歌	讴歌 RDX	32.8-43.8	2.0T	2750	4725/1926/1668	11 月 6 日
	紧凑型 SUV	广汽三菱	三菱	奕歌	12.98-18.58	1.5T	2670	4405/1805/1685	11 月 6 日
	紧凑型 SUV	长城汽车	哈弗	哈弗 F7	10.90-14.90	1.5T/2.0T	2725	4620/1846/1690	11 月 6 日
	紧凑型 SUV	一汽奔腾	奔腾	奔腾 T77	8.98-13.68	1.2T	2700	4525/1845/1615	11 月 16 日
	小型 SUV	东风启辰	启辰	启辰 T60	8.58-11.88	1.6L	2640	4412/1820/1679	11 月 16 日
	小型 SUV	江淮汽车	江淮	瑞风 S4	6.78-9.88	1.6L	2620	4410/1800/1660	11 月 16 日

表 1 2018 年上市新车（燃油车）（续表 3）

类别	级别	厂商	品牌	车型	价格（万元）	排量	轴距（mm）	车身尺寸（mm）	上市时间
SUV	中型 SUV	上汽斯柯达	斯柯达	柯迪亚克 GT	18.19-26.84	1.4T	2791	4634/1883/1649	11 月 16 日
	中型 SUV	奇瑞汽车	捷途	捷途 X70S	7.69-12.79	1.5T	2745	4720/1900/1695	11 月 26 日
	中大型 SUV	长安马自达	马自达	马自达 CX-8	25.88-33.08	2.5L	2930	4955/1842/1733	12 月 7 日
		野马汽车	野马	斯派卡	5.95-7.58	1.5L	2800	4580/1730/1850	3 月 28 日
MPV		江淮汽车	瑞风	瑞风 R3	6.48-9.08	1.6L	2760	4750/1835/1773	4 月 16 日
		长安欧尚	长安	欧尚 A600	5.89-8.49	1.5L/1.6L	2680	4510/1725/1700	5 月 7 日
		上汽通用五菱	宝骏 3	宝骏 360	5.68-7.58	1.5L	2750	4615/1735/1660	5 月 10 日
		厦门金龙联合	金龙	凯锐浩克	7.58-10.20	2.2L	3350	5310/1705/2185	5 月 10 日
		北汽银翔	幻速	幻速 H5	8.18-8.88	1.3T	2760	4750/1800/1800	6 月 4 日
		上汽通用	别克	别克 GL6	13.99-16.69	1.3T	2796	4692/1794/1626	8 月 15 日
		上汽大通 MAXUS	迈克萨斯	上汽 MAXUS G50	8.68-15.68	1.3T	2800	4825/1825/1778	11 月 16 日
		上汽大通 MAXUS	迈克萨斯	上汽 MAXUS RG10	27.98	2.0T	3198	5168/1980/2043	11 月 23 日
		东风风行	东风	风行 M6	10.29-11.89	1.5T	2900	4740/1770/1915	12 月 12 日
		东风风行	东风	风行 M7	16.99-22.99	2.0T	3198	5150/1920/1925	12 月 12 日
交叉车型	微卡	上汽通用	五菱	五菱荣光新卡	4.68-5.68	1.5L/1.8L	3350	5220/1760/1900	1 月 1 日
	皮卡	江铃汽车	江铃	域虎 5	10.28-13.18	2.4T	3085	5410/1828/1760	1 月 11 日
	皮卡	江淮汽车	江淮	江淮 V7	7.18-8.18	2.0L/2.0T	3050	5305/1825/1745	3 月 6 日
	微面	华晨鑫源	金杯	鑫源 X30L	5.7-6.28	1.5L	2925	4495/1680/1990	4 月 8 日
	皮卡	江西五十铃	五十铃	铃拓	11.18-14.18	2.5T	3095	5295/1860/1775	4 月 20 日
	皮卡	江铃汽车	江铃	域虎 3	8.98-11.97	2.5T	3085	5410/1905/1795	9 月 17 日
	轻客	华晨鑫源	金杯	海狮 S	5.08-5.68	1.5L	2945	4495/1680/1995	9 月 28 日
	皮卡	郑州日产	东风	锐骐 6	8.48-13.98	2.5L	3150	5290/1850/1810	10 月 24 日
	皮卡	长城汽车	长城	风骏 7	8.68-12.78	2.0T	3050	5095/1800/1760	11 月 22 日
	微卡	东风小康	东风	东风小康 D51	4.09-4.69	1.2L/1.5L	3400	5450/1800/2050	12 月 14 日
	微卡	东风小康	东风	东风小康 D52	4.49-4.99	1.2L/1.5L	3400	5460/1800/2145	12 月 14 日

表 2　2018 年新能源上市新车

厂商	车型	级别	能源类型	电池容量(kWh)	续航里程(km)	指导价格(万元)	补贴后价格(万元)	轴距	长宽高（mm）	上市时间
国金汽车	国金 GM3	MPV	纯电动	55	350	22. 98–24. 98	16. 38–18. 38	2840	4615×1845×1655	3 月 27 日
东南汽车	东南 DX3 新能源	小型 SUV	纯电动	50. 12	351	17. 15–19. 15	9. 98–11. 98	2610	4354×1840×1648	3 月 27 日
奇瑞汽车	瑞虎 3xe	小型 SUV	纯电动	49	351	15. 78–18. 98	8. 98–10. 68	2555	4200/1760/1570	3 月 28 日
上汽集团	名爵 6 新能源	A 级轿车	混合动力	9. 1	53	16. 98–18. 68	16. 98–18. 68	2715	4695×1848×1458	4 月 17 日
威马汽车	威马 EX5	紧凑型 SUV	纯电动	52. 56	400	18. 98–28. 98	13. 98–23. 98	2703	4585×1835×1672	4 月 20 日
长城汽车	WEY P8	中型 SUV	混合动力	12. 96	50	29. 28–31. 28	25. 98–27. 98	2950	4765/1931/1655	4 月 22 日
华泰新能源	路盛 S1	A00 级轿车	纯电动	12. 39	160	6. 58–9. 59	6. 58–9. 59	2330	3600×1587×1527	4 月 25 日
江淮汽车	江淮 iEVA50	A 级轿车	纯电动	46. 5–60	310	18. 37–23. 45	18. 37–23. 45	2710	4590×1765×1490	4 月 25 日
广汽讴歌	讴歌 CDX 混动	紧凑型 SUV	混合动力	–	–	29. 98–36. 78	29. 98–36. 78	2660	4507×1840×1615	4 月 25 日
江铃新能源	江铃 E400	小型 SUV	纯电动	41	310	16. 38–17. 58	8. 98–10. 98	2560	4160×1810×1670	4 月 30 日
宝沃汽车	宝沃 BXi7	中型 SUV	纯电动	49	308	28. 5–37. 88	28. 50–30. 50	2760	4713×1923×1690	5 月 9 日
众泰汽车	众泰 T300 新能源	小型 SUV	纯电动	42. 7	250	17. 99–19. 99	17. 99–19. 99	2610	4405×1830×1665	5 月 18 日
开瑞汽车	K50 新能源	MPV	纯电动	45	255	18. 88	18. 88	2755	4450×1760×1790	5 月 19 日
昌河汽车	北斗星 E	A0 级轿车	纯电动	20. 3	165	9. 98	9. 98	2335	3400×1575×1685	5 月 22 日
吉利新能源	博瑞 GE	B 级轿车	混合动力	11. 3	60	19. 18–22. 48	16. 68–19. 98	2870	4986×1861×1513	5 月 28 日
力帆汽车	力帆 650EV	A 级轿车	纯电动	43. 13	305	16. 89–17. 58	7. 99–8. 68	2610	4625/1715/1500	6 月 6 日
吉利新能源	帝豪 Gse	紧凑型 SUV	纯电动	52	353	11. 98–14. 58	11. 98–14. 58	2700	4440×1833×1560	6 月 9 日
比亚迪	唐新能源	中型 SUV	混合动力	19. 96	81	23. 99–32. 99	23. 99–32. 99	2820	4870/1940/1720	6 月 26 日
红星汽车	闪闪 X2	小型 SUV	纯电动	32. 7	252	11. 98–13. 98	4. 98–6. 38	2025	3140×1605×1680	6 月 30 日
康迪全球鹰	EX3	小型 SUV	纯电动	41. 5	302	7. 68–9. 68	7. 68–9. 68	2480	4005/1760/1575	7 月 12 日
潍柴动力	英致 EX1	A00 级轿车	纯电动	22. 01	160	13. 98	13. 98	2090	3251×1617×1600	7 月 19 日
长安欧尚	欧尚 EV	MPV	纯电动	–	405	14. 98	14. 98	2680	4510×1725×1685	7 月 26 日
郑州日产	帅客新能源	MPV	纯电动	49. 57	298	18. 50–20. 30	14. 50–15. 30	2695	4500×1695×1870	7 月 26 日
领克汽车	领克 01	紧凑型 SUV	混合动力	9. 4	51	23. 28–26. 28	19. 98–22. 98	2734	4512×1857×1650	7 月 27 日
猎豹汽车	猎豹 C5EV	紧凑型 SUV	纯电动	–	–	19. 38–20. 28	19. 38–20. 28	–	4558×1730×1687	8 月 3 日
猎豹汽车	猎豹 C5EV	紧凑型 SUV	纯电动	–	–	19. 38–20. 28	19. 38–20. 28	–	4558×1730×1687	8 月 3 日

表 2 2018 年新能源上市新车（续表 1）

厂商	车型	级别	能源类型	电池容量 (kWh)	续航里程 (km)	指导价格 (万元)	补贴后价格 (万元)	轴距	长宽高（mm）	上市时间
前途汽车	前途 K50	跑车	纯电动	78.84	380	75.43	68.68	2650	4634×2069×1253	8 月 8 日
开瑞汽车	开瑞 K60EV	紧凑型 SUV	纯电动	45.2	300	19.89-20.88	10.63-11.33	2765	4618×1790×1780	8 月 8 日
东风汽车	俊风 ER30	A0 级轿车	纯电动	31.82	255	14.98	14.98	2450	3775×1665×1530	8 月 16 日
北汽新能源	EU5	A 级轿车	纯电动	53.66-60.23	416-450	22.065-25.265	12.99-16.19	2670	4650/1820/1510	8 月 15 日
长安欧尚	欧诺新能源	MPV	纯电动	44.85	310	17.58	8.65	2750	4420×1685×1820	8 月 29 日
新特汽车	SITECH DEV 1	A00 级轿车	纯电动	-	305	14.79-16.49	7.19-7.79	2415	3735×1655×1550	8 月 30 日
上汽集团	荣威 MARVEL X	中型 SUV	纯电动	52.5	403	26.88-30.88	26.88-30.88	2800	4678/1919/1616	8 月 30 日
广汽丰田	广汽 ix4	紧凑型 SUV	纯电动	-	270	21.48-22.48	16.38-17.38	2640	4525×1852×1685	8 月 31 日
长城欧拉	欧拉 iQ	紧凑型 SUV	纯电动	47	401	19.45-21.05	10.78-11.98	2615	4445×1735×1567	8 月 31 日
威马汽车	威马 EX5	紧凑型 SUV	纯电动	46	300	18.66-24.73	18.66-24.73	2703	4585×1835×1672	9 月 10 日
长安汽车	长安 CS75 新能源	紧凑型 SUV	混合动力	12.96	60	17.58-20.68	17.58-20.68	2700	4650×1850×1705	9 月 12 日
上汽通用五菱	宝骏 E200	A00 级轿车	纯电动	22	210	10.8-11.8	4.98-5.98	1600	2497×1526×1616	9 月 18 日
一汽奔腾	奔腾 X40 新能源	小型 SUV	纯电动	52.5	310	18.38-18.98	10.98-11.58	2600	4315×1780×1655	9 月 19 日
比亚迪	秦 Pro	A 级轿车	混合动力	14.38	82	14.99-20.69	14.99-20.69	2718	4765/1837/1495	9 月 20 日
比亚迪	秦 Pro	A 级轿车	纯电动	56.4	420	16.99-29.99	16.99-29.99	2718	4765/1837/1495	9 月 20 日
东风日产	轩逸·纯电	A 级轿车	纯电动	38	338	24.3-25.4	15.9-16.6	2700	4677×1760×1520	9 月 25 日
东风汽车	俊风 E17	A 级轿车	纯电动	49.93	310	22.88	17.70	2700	4680×1720×1545	9 月 25 日
潍柴动力	英致 737EV	MPV	纯电动	41.8	252	14.68	14.68	2785	4508×1760×1715	9 月 26 日
广汽三菱	祺智 EV	小型 SUV	纯电动	54.75 kWh	410	22.65-23.05	13.58-13.98	2560	4337×1825×1640	10 月 13 日
力帆汽车	力帆 820 新能源	B 级轿车	纯电动	-	330	25.68-27.98	20.73-23.03	2775	4865×1835×1500	10 月 16 日

表 2　2018 年新能源上市新车（续表 2）

厂商	车型	级别	能源类型	电池容量 (kWh)	续航里程 (km)	指导价格 (万元)	补贴后价格 (万元)	轴距	长宽高（mm）	上市时间
东风汽车	俊风 E11K	A 级轿车	纯电动	57.76	405	23.38	20.88	2700	4665×1700×1540	10 月 18 日
东风本田	INSPIRE 锐·混动	B 级轿车	混合动力	-	-	20.58-24.98	20.58-24.98	2830	4910×1862×1450	10 月 25 日
上汽大众	帕萨特新能源	B 级轿车	混合动力	12.1	63	27.69-28.69	24.39-25.39	2871	4948×1836×1469	10 月 31 日
上汽大众	途观 L 新能源	中型 SUV	混合动力	12.1	52	31.58-32.58	28.28-29.28	2791	4720×1839×1673	11 月 1 日
电咖汽车	电咖·EV10	A00 级轿车	纯电动	32.85	255	11.59-14.18	5.98-6.78	2400	3692×1650×1532	11 月 6 日
野马汽车	野马 EC60	小型 SUV	纯电动	14.2	460	25.58	25.58	2550	4505×1828×1660	11 月 8 日
东风富康	富康 ES500	A 级轿车	纯电动	49	351	21.28-22.28	13.86-14.86	2700	4680×1720×1530	11 月 9 日
东风悦达起亚	起亚 KX3 新能源	小型 SUV	纯电动	45.2	300	23.98	14.73	2590	4290×1780×1650	11 月 11 日
长城汽车	iQ 401	紧凑型 SUV	纯电动	47	401	19.45-21.05	10.78-11.98	2615	4445/1735/1567	11 月 16 日
合众新能源	哪吒 N01	小型 SUV	纯电动	36.21	301	6.68-7.68	6.68-7.68	2370	3872×1648×1571	11 月 16 日
汉腾汽车	汉腾 X5 EV	紧凑型 SUV	纯电动	-	252	18.98-20.98	10.98-17.58	2600	4501×1820×1648	11 月 16 日
广汽本田	世锐 PHEV	紧凑型 SUV	混合动力	13	60	19.68-20.68	19.68-20.68	2640	4516×1852×1708	11 月 16 日
广汽本田	理念 VE-1	紧凑型 SUV	纯电动	16.7	340	22.58	22.58	2610	4308×1824×1625	11 月 16 日
一汽吉林	森雅 R7 新能源	小型 SUV	纯电动	50.64	375	17.98	12.18	2600	4305×1780×1655	11 月 19 日
领途汽车	领途 K-ONE	小型 SUV	纯电动	40.55	310	17.58-21.58	8.79-10.79	2520	4100×1710×1595	12 月 6 日
小鹏汽车	小鹏 G3	紧凑型 SUV	纯电动	47.1-66.5	351-520	14.38-25.78	14.38-19.98	2625	4450×1820×1610	12 月 12 日
蔚来	ES6	中型 SUV	纯电动	70-84	420-510	35.80-54.80	35.80-54.80	2900	4850×1965×1758	12 月 15 日
长城	欧拉 R1	A0 级轿车	纯电动	33	351	12.88-13.78	7.18-7.98	2475	3495/1660/1530m	12 月 26 日

表 3　2018 中国汽车经销商集团百强排行榜榜单

排名	公司名称	营业总收入（亿元）	总销量（万台，含二手车）
1	广汇汽车服务集团股份公司	1,661.73	118.44
2	中升集团控股有限公司	1,077.36	46.63
3	利星行汽车	829.96	23.92
4	上海永达控股（集团）有限公司	695.18	21.92
5	恒信汽车集团股份有限公司	541.36	26.83
6	大昌行集团有限公司	445.79	13.84
7	国机汽车股份有限公司	442.53	15.38
8	浙江物产元通汽车集团有限公司	432.08	39.88
9	庞大汽贸集团股份有限公司	420.34	28.01
10	江苏万帮金之星车业投资集团有限公司	400.79	13.65
11	中国正通汽车服务控股有限公司	387.43	17.13
12	广物汽贸股份有限公司	353.96	37.8
13	北京运通国融投资集团有限公司	349.29	14.58
14	长久汽车投资有限公司	330.25	19.14
15	深圳市东风南方实业集团有限公司	310.07	26.85
16	贵州通源集团	234.04	9.03
17	利泰集团有限公司	217.36	13.09
18	山东远通汽车贸易集团有限公司	213.01	21.93
19	天津市浩物机电汽车贸易有限公司	210.97	14.6
20	浙江宝利德股份有限公司	210.19	5.4
21	上海汽车工业销售有限公司	197.14	15.85
22	广汽商贸有限公司	183.19	13.62
23	四川华星汽车集团有限公司	180.02	5.39
24	河南威佳汽车贸易集团有限公司	170.65	10.68
25	润华集团股份有限公司	170.56	11.23
26	仁孚汽车（中国）有限公司	168.25	4.67
27	北京惠通陆华汽车销售有限公司	165.21	3.98
28	无锡商业大厦集团东方汽车有限公司	149.09	15.83
29	北京祥龙博瑞汽车服务（集团）有限公司	144.08	8.11
30	北京奥吉通投资（集团）有限公司	137.34	5.9
31	欧龙汽车贸易集团有限公司	133.61	4.65
32	远方汽车贸易集团有限公司	126.26	6.61
33	广东鸿粤汽车销售集团有限公司	126.22	4.49

表 3　2018 中国汽车经销商集团百强排行榜榜单（续表 1）

排名	公司名称	营业总收入（亿元）	总销量（万台，含二手车）
34	湖南永通集团有限公司	116.68	5.98
35	万友汽车投资有限公司	114.87	12.71
36	安徽亚夏实业股份有限公司	111.96	6.26
37	湖南兰天集团有限公司	111.42	6.65
38	中国美东汽车控股有限公司	110.67	4.07
39	蓝池集团有限公司	108.26	7.5
40	森那美汽车实业有限公司	107.84	3.28
41	山东广潍集团有限公司	106.65	9.51
42	中国和谐汽车控股有限公司	106.4	2.7
43	力天集团有限公司	103.86	2.07
44	保定轩宇汽车集团有限公司	102.38	4.5
45	厦门信达国贸汽车集团股份有限公司	98.83	4.99
46	厦门建发汽车有限公司	93.7	1.72
47	新丰泰集团控股有限公司	91.95	3.1
48	绿地汽车服务（集团）有限公司	90.44	3.17
49	华宏汽车集团有限公司	89.65	4.46
50	宁波轿辰集团股份有限公司	89.43	4.88
51	广东合诚集团有限公司	82.32	4.44
52	临沂易通汽贸有限公司	79.18	5.73
53	福建吉诺集团有限公司	79.15	3.92
54	浙江广成汽车集团有限公司	77.56	3.9
55	沈阳大众企业集团有限公司	77.22	5.02
56	天津捷通达汽车投资集团有限公司	76.14	5.23
57	江苏明都汽车集团有限公司	73.22	3.8
58	山西大昌汽车集团有限公司	72.17	3.76
59	深圳市佳鸿集团控股有限公司	71.39	1.15
60	湖南申湘汽车星沙商务广场有限公司	68.18	4.25
61	金阳光汽车集团有限公司	67.9	4.75
62	业乔投资（集团）有限公司	65.03	2.14
63	陕西省汽车贸易公司	64.67	8.49
64	广州南菱汽车股份有限公司	64.05	3.83
65	重庆商社汽车贸易有限公司	63.78	3.67
66	广东有道汽车集团股份有限公司	63.58	4.54
67	湖南力天汽车集团有限公司	61.22	2.36

表3 2018中国汽车经销商集团百强排行榜榜单（续表2）

排名	公司名称	营业总收入（亿元）	总销量（万台，含二手车）
68	红旭集团股份公司	60.98	3.63
69	苏州华成集团有限公司	60.5	3.29
70	重庆百事达汽车有限公司	60.25	3.82
71	湖南九城投资集团有限公司	59.26	3.97
72	北京嘉华基业投资有限公司	56.25	2.35
73	常州外事旅游汽车集团有限公司	55.9	4.96
74	广东庆丰汽车集团有限公司	55.86	2.03
75	江苏天泓汽车集团有限公司	55.5	5.77
76	广西玉柴物流集团有限公司	54.55	1.89
77	广东新协力集团有限公司	52.76	5.21
78	湖南津湘投资有限责任公司	52.43	3.46
79	裕隆（中国）汽车投资有限公司	51.03	3.4
80	重庆金菱汽车（集团）有限公司	50.77	3.18
81	五洲汽车商贸集团有限公司	50.07	3.75
82	成都三和企业集团有限公司	50	2.13
83	内蒙古利丰鼎盛汽车有限公司	49.24	3.94
84	河北省国和投资集团有限公司（汽车业务）	48.78	3.22
85	山东大友集团有限公司	48.09	2.45
86	江苏伟杰投资实业有限公司	48.04	1.78
87	武汉建银华盛集团股份有限公司	46.1	2.44
88	河南锦鸿汽车集团有限公司	45.67	3.14
89	山东银座汽车有限公司	44.95	2.36
90	吉林省华阳集团有限公司	43.81	2.07
91	江苏海鹏投资集团有限公司	42.45	3.1
92	江西国力汽车集团有限公司	42.22	3.36
93	泉州华奥汽车销售集团	40.64	1.4
94	江苏华海汽车销售集团有限公司	39.47	2.69
95	北京巴士海依捷汽车服务有限责任公司	36.97	1.61
96	上海协通集团汽车管理有限公司	36.21	2.05
97	广州市美轮汽车有限公司	33.9	2.78
98	浙江禾众汽车企业管理集团有限公司	30.39	2
99	国北汽车控股有限公司	29.54	1.97
100	东风鸿泰汽车销售有限公司	29.45	2.75

表 4　2018 中国汽车经销商百强卓越经销店

经销商名称	所属集团	经营品牌
安徽之星汽车销售服务有限公司	广汇汽车服务集团股份公司	奔驰（北京奔驰）
湖南华运通汽车销售有限公司	湖南永通集团有限公司	奥迪
东莞美东汽车服务有限公司	中国美东汽车控股有限公司	雷克萨斯
无锡中升之星汽车销售服务有限公司	中升集团控股有限公司	奔驰（北京奔驰）
北京寰宇恒通汽车有限公司	广汇汽车服务集团股份公司	奥迪
常州新奥汽车销售有限公司	江苏明都汽车集团有限公司	奥迪
义乌欧龙汽车销售服务有限公司	欧龙汽车贸易集团有限公司	奔驰（北京奔驰）
南京中升之星汽车销售服务有限公司	中升集团控股有限公司	奔驰（北京奔驰）
北京燕德宝汽车销售有限公司	广汇汽车服务集团股份公司	宝马（不含 MINI）
佛山东保汽车销售服务有限公司	中国美东汽车控股有限公司	保时捷
北京森华通达汽车销售服务有限公司	北京嘉华基业投资有限公司	丰田（广汽丰田）
昆山中升雷克萨斯汽车销售服务有限公司	中升集团控股有限公司	雷克萨斯
深圳中升雷克萨斯汽车有限公司	中升集团控股有限公司	雷克萨斯
广州长悦雷克萨斯汽车销售服务有限公司	广汽商贸有限公司	雷克萨斯
苏州海星高新汽车销售服务有限公司	中升集团控股有限公司	奔驰（北京奔驰）
东莞中升之星汽车销售服务有限公司	中升集团控股有限公司	奔驰（北京奔驰）
大连中升凌志汽车销售服务有限公司	中升集团控股有限公司	雷克萨斯
成都仁孚汽车销售服务有限公司	仁孚汽车（中国）有限公司	奔驰（北京奔驰）
广西南奥汽车销售服务有限公司	长久汽车投资有限公司	奥迪
淄博奥维汽车销售服务有限公司	远方汽车贸易集团有限公司	奥迪
安徽奥祥汽车销售服务有限公司	广汇汽车服务集团股份公司	奥迪
重庆星顺汽车有限公司	广汇汽车服务集团股份公司	奔驰（北京奔驰）
湖南仁孚汽车销售服务有限公司	仁孚汽车（中国）有限公司	奔驰（北京奔驰）
义乌市东昌汽车销售服务有限公司	力天集团有限公司	捷豹路虎
厦门美东汽车销售服务有限公司	中国美东汽车控股有限公司	雷克萨斯
北京英华五方汽车销售服务有限公司	北京嘉华基业投资有限公司	雷克萨斯
广东鸿粤汽车销售集团有限公司	广东鸿粤汽车销售集团有限公司（集团）	广汽菲克
海口中升捷丰汽车销售服务有限公司	中升集团控股有限公司	丰田（广汽丰田）
山西大昌汽车服务有限公司	山西大昌汽车集团有限公司	奥迪
广州本田汽车第一销售有限公司	广汽商贸有限公司	本田（广汽本田）
汕头市东保汽车销售服务有限公司	中国美东汽车控股有限公司	保时捷
威海宝通汽车销售服务有限公司	远方汽车贸易集团有限公司	宝马（不含 MINI）
温州力宝行汽车销售服务有限公司	力天集团有限公司	宝马（不含 MINI）
珠海美东雷克萨斯汽车销售服务有限公司	中国美东汽车控股有限公司	雷克萨斯
温州东昌实业有限公司	力天集团有限公司	捷豹路虎
广州中升增悦雷克萨斯汽车销售服务有限公司	中升集团控股有限公司	雷克萨斯
佛山市汇恒雷克萨斯汽车销售服务有限公司	利泰集团有限公司	雷克萨斯
常州外汽永豪汽车销售服务有限公司	常州外事旅游汽车集团有限公司	奔驰（北京奔驰）
北京运通兴宝汽车销售服务有限公司	北京运通国融投资集团有限公司	宝马（不含 MINI）
成都运通博奥汽车销售服务有限公司	北京运通国融投资集团有限公司	奥迪
贵阳宝翔行汽车销售服务有限公司	北京嘉华基业投资有限公司	宝马（不含 MINI）
新疆瑞天汽车销售服务有限公司	广汇汽车服务集团股份公司	丰田（广汽丰田）
辽宁中升捷通汽车销售服务有限公司	中升集团控股有限公司	日产（东风日产）
江苏华通汽车销售服务有限公司	江苏华海汽车销售集团有限公司	别克
广州长润汽车销售有限公司	广汽商贸有限公司	丰田（广汽丰田）
温州华科欧龙汽车销售服务有限公司	欧龙汽车贸易集团有限公司	大众（一汽 - 大众）
宜春市星宜汽车销售服务有限公司	深圳市佳鸿集团控股有限公司	奔驰（北京奔驰）
武汉市神龙鸿泰汽车销售服务有限公司沌口分公司	东风鸿泰汽车销售有限公司	标致
湖南华众汽车销售服务有限公司	湖南永通集团有限公司	大众（上汽大众）
佛山市溢丰汽车销售服务有限公司	广汇汽车服务集团股份公司	丰田（广汽丰田）

表 4 2018 中国汽车经销商百强卓越经销店（续表 1）

经销商名称	所属集团	经营品牌
江苏华通和盛汽车销售服务有限公司	江苏华海汽车销售集团有限公司	别克
厦门市浩羽汽车销售服务有限公司	深圳市佳鸿集团控股有限公司	宾利
无锡神龙汽车销售服务有限公司	无锡商业大厦集团东方汽车有限公司	雪铁龙
无锡东方福美汽车销售服务有限公司	无锡商业大厦集团东方汽车有限公司	福特（长安福特）
云南凯迪汽车贸易有限公司	广汇汽车服务集团股份公司	凯迪拉克
枣庄远方汽车销售服务有限公司	远方汽车贸易集团有限公司	日产（东风日产）
郑州裕华丰田汽车销售服务有限公司	长久汽车投资有限公司	丰田（一汽丰田）
北京宝泽行汽车销售服务有限公司	中国正通汽车服务控股有限公司	宝马（不含 MINI）
徐州常缘丰田汽车销售服务有限公司	常州外事旅游汽车集团有限公司	丰田（一汽丰田）
广州溢桂汽车销售服务有限公司	广汇汽车服务集团股份公司	丰田（广汽丰田）
淄博泰达汽车销售服务股份有限公司	远方汽车贸易集团有限公司	日产（东风日产）
乌鲁木齐长友利群汽车销售服务有限公司	广汽商贸有限公司	广汽传祺
广州南菱丰田汽车销售服务有限公司	广州南菱汽车股份有限公司	丰田（一汽丰田）
广西鑫广达博远汽车销售服务有限公司	长久汽车投资有限公司	本田（东风本田）
湖南永通华锐汽车销售服务有限公司	湖南永通集团有限公司	斯柯达
广西鑫广达长久汽车销售服务有限公司	长久汽车投资有限公司	马自达（长安马自达）
长沙华运通丰田汽车销售服务有限公司	湖南永通集团有限公司	丰田（一汽丰田）
郴州永通汽车销售服务有限公司	湖南永通集团有限公司	大众（一汽 - 大众）
苏州常华汽车销售服务有限公司	常州外事旅游汽车集团有限公司	丰田（广汽丰田）
广州鸿粤田汽车销售服务有限公司	广东鸿粤汽车销售集团有限公司（集团）	本田（广汽本田）
天津捷通汽车销售有限公司	天津捷通达汽车投资集团有限公司	大众（一汽 - 大众）
山西大昌日产汽车销售服务有限公司	山西大昌汽车集团有限公司	日产（东风日产）
天津市捷兴汽车商贸有限公司	天津捷通达汽车投资集团有限公司	大众（一汽 - 大众）
北京国服信汽车贸易有限公司	国北汽车控股有限公司	大众（上汽大众）
莱芜泰通汽车销售服务有限公司	远方汽车贸易集团有限公司	大众（一汽 - 大众）
山西大昌昇亚汽车销售服务有限公司	山西大昌汽车集团有限公司	起亚（东风悦达起亚）
宝鸡燕德宝汽车销售服务有限公司	广汇汽车服务集团股份公司	宝马（不含 MINI）
邢台亿龙汽车销售服务有限公司	蓝池集团有限公司	大众（一汽 - 大众）
湛江市大昌行合荣汽车销售服务有限公司	大昌行集团有限公司	本田（东风本田）
四川港宏新通汽车销售有限公司	广汇汽车服务集团股份公司	雪佛兰
无锡东方北现汽车销售服务有限公司	无锡商业大厦集团东方汽车有限公司	现代（北京现代）
淄博泰通达汽车销售服务有限公司	远方汽车贸易集团有限公司	现代（北京现代）
昆明联亚丰田汽车销售服务有限公司	大昌行集团有限公司	丰田（一汽丰田）
湘潭市宝盛汽车销售服务有限公司	湖南九城投资集团有限公司	本田（广汽本田）
湖南九城上通汽车销售服务有限公司	湖南九城投资集团有限公司	别克
江苏康泓汽车服务有限公司	江苏天泓汽车集团有限公司	别克
武汉建银斯巴鲁汽车销售有限公司	武汉建银华盛集团股份有限公司	斯巴鲁
广州市南菱汽车城汽车销售有限公司	广州南菱汽车股份有限公司	本田（东风本田）
邢台阔龙汽车销售服务有限公司	蓝池集团有限公司	大众（一汽 - 大众）
江苏华海雪莱汽车销售服务有限公司	江苏华海汽车销售集团有限公司	雪佛兰
宁波市兴欣汽车销售服务有限公司	宁波轿辰集团股份有限公司	别克
深圳市兴业汽车有限公司	大昌行集团有限公司	本田（广汽本田）
浙江众达汽车销售服务有限公司	浙江禾众汽车企业管理集团有限公司	斯柯达
广东有道汽车集团股份有限 公司	广东有道汽车集团股份有限公司	哈弗
嘉兴市禾众汽车服务有限公司	浙江禾众汽车企业管理集团有限公司	大众（上汽大众）
佛山市强劲丰田汽车销售服务有限公司	广东新协力集团有限公司	丰田（一汽丰田）
郑州威佳东盛汽车销售服务有限公司	河南威佳汽车贸易集团有限公司	本田（东风本田）
宁波金丰汽车销售服务有限公司	宁波轿辰集团股份有限公司	丰田（广汽丰田）
武汉银马汽车销售有限公司	武汉建银华盛集团股份有限公司	马自达（长安马自达）
泰安金岳嘉信汽贸有限公司	山东新岳海汽车控股有限公司	日产（东风日产）

表 5 2018 年中国二手车经销商百强

排名	企业名称
1	广汇汽车服务集团股份公司
2	上海永达汽车集团有限公司
3	深圳市澳康达名车广场有限公司
4	上海卡乃驰投资有限公司
5	厦门动力原汽车服务有限公司
6	北京运通国融投资集团有限公司
7	广州诚易二手车经纪服务有限公司
8	上海车煌资产管理有限公司
9	广东千里发名车汇二手车经营有限公司
10	车王（中国）二手车经营有限公司
11	杭州协合汽车服务有限公司
12	东莞市中亿二手车经纪有限公司
13	北京尚车汽车销售有限公司
14	广东旧机动车交易有限公司
15	浙江元通二手车有限公司
16	佛山市骏威龙艾普汽车贸易有限公司
17	北京庞大拍信息科技有限公司
18	北京甘鑫胜金旧机动车经纪有限公司
19	杭州车立方二手车销售有限公司
20	上海华驭二手机动车经营有限公司
21	东莞市进达二手车经销有限公司
22	西安大诚行二手车经销有限公司
23	佛山市迈卡易汽车销售服务有限公司
24	杭州帅车网络科技有限公司
25	青岛睿达利汽车销售服务有限公司
26	山西卡乃驰伟伟名车
27	易新二手车有限公司
28	华宏质选二手车有限公司
29	成都鑫迪克二手车经营有限公司
30	广潍集团精品二手车展厅
31	宁波卡乃驰互生升汽车服务有限公司
32	台州市博豪二手车经纪有限公司
33	青岛中信达汽车销售服务有限公司
34	重庆市环宇汽车销售有限责任公司
35	上海岳瀚旧机动车经纪有限公司
36	唐山小松旧机动车贸易有限公司
37	福建吉诺二手车销售服务有限公司
38	杭州百优卡网络科技有限公司
39	苏州卡乃驰名城
40	青岛恒程致远汽车销售服务有限公司
41	京北会科技集团股份有限公司
42	重庆柳博汽车销售服务有限公司
43	青岛聚龙盛汽车服务有限公司
44	贵阳白云燎原二手车服务有限公司
45	上海睿选汽车销售有限公司
46	天津天诚二手车经纪有限公司
47	成都新盛华二手车经纪有限公司
48	重庆市杰程汽车经纪有限公司
49	贵州筑恒睿二手车经营有限公司
50	长沙瑞祥汽车贸易有限公司

表5　2018年中国二手车经销商百强（续表1）

排名	企业名称
51	山东华通汽车有限公司
52	临沂盛国汽车服务有限公司
53	湖南卡乃驰大驾汽车销售服务有限公司
54	贵州龙信二手车经营有限公司
55	贵阳恒信二手车经营有限公司
56	杭州良森汽车销售服务有限公司
57	武汉奥奔马旧机动车经纪有限公司
58	东莞市顺祥二手车有限公司
59	青岛颐和通汽车服务有限公司
60	长沙鸿顺名车行
61	山东兴力达汽车贸易有限公司
62	现代首选二手车经营有限公司
63	湖南三川汽车销售有限公司
64	温州卡乃驰浙业汽车销售服务有限公司
65	贵阳兴行顺汽车服务有限公司
66	重庆天翔汽车经纪有限公司
67	贵阳金鼎泰丰汽车服务有限公司
68	长沙科健二手车商行
69	贵州安泰荣汽车服务有限公司
70	铜仁市万山区星名二手车交易市场有限公司贵阳分公司
71	贵州安林睿汽车服务有限公司
72	广东君奥汽车贸易有限公司
73	贵州本泉二手车服务有限公司
74	贵阳鑫祥汽车贸易有限公司
75	贵阳庆松二手车服务有限公司
76	上海涌昌二手机动车经营有限公司
77	贵州贵爱名车二手车销售有限公司
78	东莞东风南方汽车销售服务有限公司厚街分公司
79	贵州星宇永臣汽车服务有限公司
80	贵阳鸿运二手车服务有限公司
81	南京首佳车辆信息咨询服务有限公司
82	贵阳贵达汽车服务有限公司
84	临沂鲁亿达汽车贸易有限公司
85	贵州永祥民惠汽车销售服务有限公司
86	贵阳壹车壹品汽车服务有限公司
87	武汉市美嘉旧车交易有限公司
88	重庆卡乃驰宝尊汽车销售服务有限公司
89	贵阳恒丰汽车销售有限公司
90	贵州新成贵浩汽车服务有限公司
91	南宁途胜二手汽车销售有限公司
92	贵州天天搜汽车销售服务有限公司
93	贵州孟胜达汽车服务有限公司
94	江苏瑞泓汽车服务有限公司
95	南宁市坚之缘二手车交易有限公司
96	郑州美驰二手机动车经纪有限公司
97	贵阳地奥汽车销售有限公司
98	武汉鑫浩林旧机动车交易有限公司
99	北京金泰开润旧机动车经纪有限公司
99	武汉建银华盛集团股份有限公司
100	江西省永鸿二手车经营有限公司
100	江西元昌二手车经营有限公司

表 6 全国汽车流通行业协（商）会合作组织

单位名称	地址	电话	传真
中国汽车流通协会	北京市海淀区西三环北路 72 号世纪经贸大厦 A 座 23 层	010—53561247	010—53561248
天津市汽车流通行业协会	天津市南开区长江道 495 号（奥迪 4S 店后院一楼）	022—27651386	022—27651386
上海市汽车服务行业协会	上海市徐汇区东安路 239 号四楼	021—64181869	021—64181869
上海市汽车销售行业协会	上海市虹口区唐山路 535 号 2 楼	021—65370515	021—65370515*801
重庆市汽车商业协会	重庆市渝北区红锦街 2 号加州总商会大厦 11 － 8	023—68808116	-
黑龙江省汽车流通行业协会	黑龙江哈尔滨市道里区经纬五道街 16 号	0451—84227211	0451—84227211
黑龙江省汽车商会	哈尔滨市道外区先锋路 2 号 6 号楼百强车管所 3 层	0451-87606081	0451-84801208
吉林省汽车流通协会	吉林省长春市皓月大路 1058 号	0431—81087327	0431—81087327
沈阳汽车流通协会	沈阳市浑南新区三义街 6—1 号（天水 E 城 1603）	024—23663298	024—23663298
河北省汽车流通行业协会	河北省石家庄市北二环东路 68 号亚龙花园对过	0311—85665630	-
山东省汽车流通协会	济南市槐荫区经十西路 239 号润华商务奔驰 2 楼 201 室	0531—87985346	0531—87985346
山西省汽车流通商会	山西省太原市小店区长风街 125 号百盛大厦 A 坐 30 层	0351—7998328	0351—7998328
江苏省汽车交易管理协会	江苏省南京市秦淮区中山东路 402 号新时代大厦六楼	025-84783692	025—84519060
湖北省汽车流通协会	武汉市江汉北路 8 号金茂大楼 1404 室、武汉市江岸区解放大道 1511 号化工大厦 1103	027-84867777	027-85803330
贵州省汽车汽配行业商会	贵阳市南明区四方河山水黔城七组团 8—1—604 号	0851—5101868	-
湖南省汽车商会	湖南省长沙市蔡锷南路 119 号五号楼 511 室	0731-84406578	0731-84406562
福建省汽车流通协会	福建省福州市鼓楼区东浦路湖前大井 138 号	0591-87725717	0591-87725716
乌鲁木齐市新市区汽车流通商会	乌鲁木齐鲤鱼山北路 1 号赛博特国际汽车城 E 区 6 栋 304 号	0991—6678906	0991—6678906
广东省汽车流通协会	广州市越秀区水荫路 52 号大院 9 号楼 802 室	020-37600301	020-37608331
陕西省汽车行业协会	陕西西安市高新区沣惠南路 20 号华晶广场 B 座 1106 室	029-82600326	029-62669076
江西省汽车流通协会	南昌市清云谱区迎宾大道1086号（长安华捷4S店后2楼）	0791-85295056	-
宁夏汽车流通行业协会	宁夏银川市兴庆区绿地 21 城 C 区 10 号	0951-7653075	0951-5602122
广西汽车流通协会	南宁市白沙大道 30 号	0771-4892611	0771-4892622
长春市汽车流通协会	长春市普阳街 3083 号	0431-87666867	
白山市汽车流通协会	白山市北安大街 362 号	0439-8607966	0439-3235566
大连市汽车流通协会	辽宁省大连市沙河口区中山路 480 号	0411-39795566	0411-33979599
潍坊市汽车协会	山东潍坊市胜利东街 287 号	0536—8566360	-
寿光市汽车行业协会	山东省潍坊市寿光市圣城西街 666 号	0536-5500060	0536-5675111
珠海汽车流通协会	珠海大道南屏科技园华科汽车展览中心二楼	0756-8829048	0756—8917111
佛山市机动车经营行业协会	广东佛山市禅城区佛山大道中 38 号佛山车城主楼 2 楼	0757-83831122	0757-83816608
宁波市汽车流通协会	浙江省宁波市江东区江南路 168 号 C 区 306	0574-55127799	0574-55127696
三明市汽车流通协会	福建省三明市乾龙新村 229 幢闽中汽车城综合楼三楼	0598-8219388	0598-8298808
广州市汽车服务业协会	广州市黄浦大道西 668 号赛马场汽车城东区 22 号 2 楼	020-22224388	020-37584039
太原市汽车流通行业协会	山西省太原市新建路 68 号	-	0351—4220496
深圳市汽车经销商商会	广东省深圳市深南大道 3007 号国际科技大厦 1807—1808	0755—83279667	0755—83279645
济宁市汽车销售服务业协会	山东省济宁市红星中路 22 号	0537—2348506	0537—2348506
郑州市汽车流通行业协会	郑州市花园北路西南角河南汽车贸易中心院内红楼二楼东	0371-63219666	-

表 7 中国汽车相关科研机构

单位名称	地址	电话	网址
中国汽车工业经济技术信息研究所	北京市海淀区北洼西里 19 号二层 A211 室	010-88121615	www.cnauto.com.cn
中国北方车辆研究所	北京 969 信箱 11 分箱	010-83808617	www.noveri.com.cn
清华大学汽车研究所	北京市海淀区清华园	010-62772515	-
北京市汽车研究所	北京市丰台区方庄南路 9 号院	010-67625111	www.bari.cn
北京特种机械研究所	北京市海淀区西四环北路 149 号	010-68386082	-
中国汽车技术研究中心	天津市东丽区先锋东路 68 号	022-84370000	www.catarc.ca.cn
天津市内燃机研究所	天津市南开区卫津路 92 号	022-27406447	-
天津市汽车研究所	天津经济技术开发区西区汇泰路 26 号	022-58801537	-
中国第一汽车集团公司技术中心	长春市绿园区创业大街 1063 号	0431-82021262	www.rdc.faw.com.cn/
机械工业第九设计研究院	长春汽车经济技术开发区创业大街 1958 号	0431-85125000	www.cjxjy.com
长春汽车车轮研究所	长春市宽城区青年路 4 号	0431-85805348	-
长春汽车工程研究发展中心	长春市东盛大街亚泰大街 2218 号		-
上海汽车工业总公司工程研究院	上海市逸仙路 50 号	021-65315097	-
上海交通大学发动机研究所	上海市东川路 800 号闵行机械楼群		-
泛亚汽车技术中心有限公司	上海市浦东新区龙东大道 3999	021-28902890	www.patac.com.cn
汉阳专用汽车研究所	湖北省武汉经济技术开发区沌阳大道 55 号	027-84398500	-
武汉市汽车研究所	武汉市汉阳区二桥东村 67 号	027-84841686	-
武汉市汽车车身附件研究所	武汉市硚口区古田五路 17 号（武汉三新材料孵化器 4-1 号）	027-82318175	www.whcfs.org
东风汽车工程研究院	武汉经济技术开发区东风大道特 1 号产品设计楼 1 层 102 室	027-84306945	-
沈阳轻型汽车研究所	沈阳市铁西区兴工北街 67 号	024-23383296	-
中国重型汽车集团公司技术发展中心	济南市英雄山路 165 号		-
青岛重型专用汽车研究所	山东省青岛市四方区瑞昌路 141 号	0532-84962366	-
山东交通学院山东内燃机研究所	济南市历城区桑园路 52 号	0531-88601738	-
机械工业第二设计研究院	浙江省杭州市下城区石桥路 338 号	0571-88151964	www.msi-cuc.com
重庆大学汽车工程学院汽车摩托车工程技术研究中心	重庆大学 A 区理科楼 5 楼	023-65106243	-
广西汽车拖拉机研究所	柳州市鱼峰区阳旭路东 2 号	0772-3310533	-
中国北方发动机研究所	天津市北辰区永进道 96 号	022-58707675	-
洛阳拖拉机研究所	河南省洛阳市涧西区西苑路 39 号	0379-62690029	www.lts.ac.cn
四川省汽车产业技术研究院	成都成龙大道二段 888 号总部经济港 F1—F2 栋	028-84813710	http://www.chengdu-aia.cn/
中保研汽车技术研究院有限公司	北京市朝阳区李家坟 5 号祥龙博瑞东坝汽车园区	010-8556 3077	www.ciri.ac.cn
清华大学苏州汽车研究院	江苏省苏州市吴江区联杨路 139 号	0512-63936800	http://www.tsari.tsinghua.edu.cn
长春工业大学汽车工程研究院	南湖校区办公楼 1426 室	0431-85716285	http://www.qcgcyjy.ccut.edu.cn/
广汽研究院	广州市番禺区化龙镇金山大道东路 668 号广汽研究院	020-22933888	http://www.gaei.cn/
中国汽车工程研究院	重庆市北部新区金渝大道 9 号	023-68824060	http://www.caeri.com.cn/
同济大学汽车学院汽车仿真技术研究所	上海市嘉定区曹安公路 4800 号．同济大学汽车学院	021-69583715	-
北京理工大学汽车研究所	北京海淀区中关村南大街 5 号	010-68911516	-
东风设计研究院	武汉经济技术开发区东风三路一号东合中心 A 座	027-84899482	-
国汽（北京）智能网联汽车研究院	北京市北京经济技术开发区荣华南路 13 号院 7 号楼 1-4 层 101	010-57705900	www.china-icv.cn
中国重汽集团设计研究院	济南市高新区华奥路 777 号中国重汽科技大厦 13 层	0531-58062517	www.zqsjy.cn
国联汽车动力电池研究院	北京市怀柔区雁栖经济开发区兴科东大街 11 号	010-82255385	www.glabat.com
国汽（北京）汽车轻量化技术研究院	北京市顺义区仁和镇顺西南路 50 号 1 幢 108 室	010-50911079	-
吉林大学青岛汽车研究院	青岛市李沧区楼山路 1 号	0532-68981166	http://jluauto.com/

表 8 中国设置汽车相关专业高校

大学	院系	相关专业	地址	电话	网址
清华大学	车辆与运载学院	新能源汽车、新型动力、内燃动力、交通能源、汽车设计、汽车动力学、汽车安全、产业战略、智能汽车、车路协同、智慧信号、智能出行、特种车辆、特种动力、新型装备等	北京市海淀区清华园	010-62772515	www.tsinghua.edu.cn
浙江大学	能源工程学院	车辆工程	杭州市浙大路 38 号	0571-87951466	www.zju.edu.cn
同济大学	汽车学院	车辆工程、动力机械及工程、载运工具运用工程	上海市长安路 4800 号	021-69589204	www.tongji.edu.cn
山东大学	机械工程学院	机械制造及其自动化、机械设计及理论、机械电子工程、车辆工程	济南市经十路 17923 号	0531-88395114	www.sdu.edu.cn
天津大学	机械工程学院	车辆工程、工业设计	天津市南开区卫津路 92 号	022-27406842	www.tju.edu.cn
湖南大学	机械与运载工程学院	车辆工程 、能源与动力工程	湖南省长沙市岳麓区麓山南路麓山门	0731-88822825	www.hnu.edu.cn
东北大学	机械工程与自动化学院	车辆工程、机械电子工程	沈阳市和平区文化路三巷 11 号	024-83687313	www.neu.edu.cn
福州大学	机械工程及自动化学院	车辆工程、机械工程、机械电子工程	福建省福州市福州大学城乌龙江北大道 2 号	0591-22866262	www.fzu.edu.cn
长安大学	汽车学院	交通运输系、车辆工程系、交通安全系、机电与动力工程系、物流工程系、汽车服务工程系	西安市南二环中段	029-82334458	www.xahu.edu.cn
吉林大学	汽车工程学院	工业设计（汽车造型）、工业设计（车身工程）、车身工程、设计艺术学、流体力学和工业设计工程	长春市人民大街 5988 号	0431-85094027	www.jlu.edu.cn
东南大学	机械工程学院	车辆工程	南京江宁开发区东南大学路 2 号机械工程学院	025-52090520	www.seu.edu.cn
武汉大学	动力与机械学院	机械设计及理论、车辆工程	湖北省武汉市武昌区八一路 299 号	027-68756019	www.whu.edu.cn
重庆大学	汽车工程学院	车辆工程	重庆市沙坪坝区沙正街 174 号	023-65106243	www.cqu.edu.cn
北京理工大学	机械与车辆工程学院	车辆工程	北京市海淀区中关村南大街 5 号	010-68944115	www.bit.edu.cn
山东理工大学	交通与车辆工程学院	车辆工程、交通运输、交通工程	山东省淄博市张店区新村西路 266 号	0533-2786837	www.sdut.edu.cn
华东理工大学	机械与动力工程学院	机械制造及其自动化、虚拟样机与系统仿真、传感测控、车辆工程	上海市梅陇路 130 号	021-64252954	www.ecust.edu.cn
华南理工大学	机械与汽车工程学院	车辆工程	广州市天河区五山路 381 号 19 号楼	020-87112488	www.scut.edu.cn

表 8 中国设置汽车相关专业高校（续表 1）

大学	院系	相关专业	地址	电话	网址
华北理工大学	机械工程学院	工业工程、车辆工程	河北省唐山市曹妃甸新城渤海大道 21 号	021-64252954	www.ncst.edu.cn
上海理工大学	机械工程学院	车辆工程、机械工程	上海市军工路 516 号	021-55277040	www.usst.edu.cn
重庆理工大学	车辆工程学院	能源与动力工程（汽车发动机）、车辆工程、装甲车辆工程、汽车服务工程、车身造型设计	重庆市巴南区红光大道 69 号	023-62563098	www.cqut.edu.cn
天津理工大学	机械工程学院	汽车电子工程、新能源科学与工程	天津市西青区宾水西道 391 号	022-60214133	www.tjut.edu.cn
河南理工大学	机械与动力工程学院	车辆工程	河南省焦作市高新区世纪大道 2001 号	0391-3987511	www.hpu.edu.cn
安徽理工大学	机械工程学院	车辆工程	安徽省淮南市泰丰大街 168 号	0554-6668842	www.aust.edu.cn
湖南理工学院	机械工程学院	材料成型及控制工程专业	湖南省岳阳市湘北大道	0730-8640001	www.hnist.cn/
哈尔滨理工大学	机械与动力工程学院	车辆工程	哈尔滨市南岗区学府路 52 号	0451-86390114	www.hrbust.edu.cn/
武汉理工大学	汽车工程学院	热能与动力工程	湖北省武汉市珞狮路 122 号	027-87859017	www.whut.edu.cn
南京理工大学	机械工程学院	车辆工程	南京市孝陵卫 200 号	025-84315446	www.njust.edu.cn
太原理工大学	机械与运载工程学院	车辆工程	山西省太原市迎泽西大街 79 号	0351-6018818	www.tyut.edu.cn
长沙理工大学	汽车与机械工程学院	车辆工程、汽车服务工程	长沙市（雨花区）万家丽南路 960 号	0731-85258617	www.csust.edu.cn
青岛理工大学	机械与汽车工程学院	车辆工程、汽车服务工程、交通运输、交通工程	青岛市黄岛区嘉陵江路 777 号	0532-85071060	www.qtech.edu.cn
哈尔滨工业大学（威海）	汽车工程学院	车辆工程、能源与动力工程、交通运输、交通工程	山东省威海市文化西路 2 号哈工大院内研究院一号楼南楼	0631-5687001	http://www.hit.edu.cn
安徽工业大学	机械工程学院	机械工程、车辆工程	安徽省马鞍山市马向路安工大东校区	0555-2315351	www.ahut.edu.cn
河北工业大学	机械学院车辆工程系	机械电子工程、车辆工程	天津市北辰区西平道 5340 号	022-60202050	www.hebut.edu.cn
浙江工业大学	机械工程学院	机械电子工程、车辆工程、工业工程	浙江省西湖区留和路 288 号	0571-88320114	http://www.zjut.edu.cn
沈阳工业大学	机械工程学院	车辆工程、新能源科学与工程、机械工程	沈阳市铁西区兴华南街 58 号	024-25691488	www.sut.edu.cn

表 8 中国设置汽车相关专业高校（续表 2）

大学	院系	相关专业	地址	电话	网址
长春工业大学	机电工程学院	车辆工程	长春延安大街 2055 号	0431-85717349	www.ccut.edu.cn
北京航空航天大学	交通科学与工程学院	车辆工程、载运工具运用工程、动力机械及工程、新能源汽车工程	北京市海淀区学院路 37 号	010-82316330	www.buaa.edu.cn
南京航空航天大学	能源与动力学院	车辆工程、机械设计及理论	南京市白下区御道街 29 号	025-84892448	www.nuaa.edu.cn
北京交通大学	机械与电子控制工程学院	车辆工程、能源与动力工程	北京市海淀区上园村 3 号	010-62256622	www.njtu.edu.cn
上海交通大学	机械与动力工程学院	车辆工程、新能源科学与工程	上海市华山路 1954 号	021-54740000	www.sjtu.edu.cn
西安交通大学	机械工程学院	机械电子工程、机械设计及理论、车辆工程	陕西省西安市咸宁西路 28 号	029-82665750	www.xjtu.edu.cn
大连交通大学	机车车辆工程学院	车辆工程	大连市沙河口区黄河路 794 号	0411-84106969	www.djtu.edu.cn
兰州交通大学	新能源能与动力工程学院	新能源科学与工程	兰州市安宁区安宁西路 88 号	0931-4938023	www.lzjtu.edu.cn
西南交通大学	机械工程学院	车辆工程	四川省成都市高新区西部园区西南交通大学	028-87600114	www.swjtu.edu.cn
重庆交通大学	机电与车辆工程学院	车辆工程	重庆市南岸区学府大道 66 号	023-62651999	www.cqjtu.edu.cn/
山东交通学院	汽车工程学院	车辆工程专业、车辆工程（校企合作）、交通运输专业、能源与动力工程专业、汽车服务工程专业、汽车运用与维修技术	济南市长清大学科技园海棠路 5001 号	0531-80687622	www.sdjtu.edu.cn
河南科技大学	车辆与交通工程学院	车辆工程、能源与动力工程、交通运输	洛阳市西苑路 48 号河南科技大学校本部 77 号	0379-64231480	www.haust.edu.cn
北京科技大学	机械工程学院	机械工程、车辆工程、物流工程、工业设计	北京市海淀区学院路 30 号	010-6233 2365	www.ustb.edu.cn
华中科技大学	机械科学与工程学院	智能机械与机构创新设计、新能源汽车设计理论与方法、专用汽车设计与控制技术	湖北省武汉市洪山区珞喻路 1037 号	027-87542101	www.hust.edu.cn
北京信息科技大学	机电工程学院	机械设计制造及其自动化、工业设计、工业工程、车辆工程	北京市海淀区清河小营东路 12 号	010-82426906	www.bim.edu.cn
上海工程技术大学	机械与汽车工程学院	车辆工程、载运工具（汽车）运用工程	上海市龙腾路 333 号	021-67791000	www.sues.edu.cn
中国农业大学	工学院	车辆工程	北京市海淀区清华东路 17 号农大主楼 327	010-62736428	www.cau.edu.cn

表 9 国内主要汽车生产企业

省份	单位名称	地址	电话	网址
北京市	北京汽车股份有限公司	北京市朝阳区东三环南路25号	010-56635828	www.baicmotor.com
	北京奔驰汽车有限公司	北京市亦庄经济开发区博兴路8号	010-67824888	www.bbac.com.cn
北京市	北京现代汽车有限公司	北京市顺义区林河工业开发区顺通路18号	010-89490088	www.beijing-hyundai.com.cn
	北汽福田汽车股份有限公司	北京市昌平区沙河镇沙阳路	010-80722999	www.foton.com.cn
	北京新能源汽车股份有限公司	北京市大兴区采育镇经济开发区采和路1号	010-53970788	www.bjev.com.c
	北京宝沃汽车有限公司	北京市密云区西统路188号	400-688-1919	www.borgward.com.cn
	北京福田戴姆勒汽车有限公司	北京市怀柔区红螺东路21号	400-890-0977	www.aumantruck.com
	北京汽车制造厂有限公司	北京市顺义区仁和镇双河路南侧	0317-5605398	www.baw.com.cn
	北京中资燕京汽车有限公司	北京市房山区阎中大街9号	010-89313888	www.yanjingauto.com
天津市	天津一汽夏利汽车股份有限公司	天津市西青区京福公路578号一区	022-23807000	www.tjfaw.com
	天津一汽丰田汽车有限公司	天津市经济开发区第九大街81号	022-66230666	www.tftm.com.cn
	一汽华利（天津）汽车有限公司	天津市西青区京福公路576号	025-69592000	-
	天津美亚新能源汽车有限公司	天津市滨海高新区滨海科技园康泰大道6号	022-60913228	-
	天津比亚迪汽车有限公司	天津市武清区汽车零部件产业园天福路2号	022-82191888	-
	国能新能源汽车有限责任公司	天津滨海高新区滨海科技园日新道188号1号楼1047号	022-58955885	www.nevs.com
	天津美亚汽车制造有限公司	天津市滨海高新区滨海科技园康泰大道6号1号厂房	022-60913228	-
河北省	长城汽车股份有限公司	保定市朝阳南大街 2266号	0312-2197859	www.gwm.com.cn
	河北中兴汽车制造有限公司	河北省保定市建国路860号	400-6032-000	www.zxauto.com.cn
	河北长征汽车制造有限公司	邢台市邢台县羊范龙冈经济开发区	0319-2591508	www.hebczqc.com
	上汽唐山客车有限公司	唐山市唐海县曹妃甸新区临港产业园区十里海南路29号	0315-8791911	-
	河北诚诺新能源汽车有限公司	河北省承德市双滦区悦城华府1号综合楼1606室	0314-4320078	-
	河北中达凯专用车股份有限公司	廊坊市永清县永清工业园区益田西路20号院内	0316-5691313	www.hbzdk.com.cn
	河北兴远专用车制造有限公司	河北省张家口市蔚县经济开发区工业街9号	0313-7198008	www.hbxyzyc.cn
山西省	山西省汽车工业集团有限责任公司	太原市体育路215号	0351-7689031	-
	大运汽车股份有限公司	运城空港经济开发区机场大道1号	0359-2537537	www.dayunmotor.com
内蒙古	北奔重型汽车集团有限公司	内蒙古自治区包头市装备制造产业园区兵工东路9号	0472-3119000	www.beiben.cn

表 9 国内主要汽车生产企业（续表 1）

省份	单位名称	地址	电话	网址
内蒙古	内蒙古北方重型汽车股份有限公司	内蒙古自治区包头市稀土高新技术产业开发区	0472-2642409	www.chinanhl.com
	内蒙古赢丰汽车有限公司	东胜区装备制造基地通北三街 8 号	0477-3156838	-
	通辽市三峰电动汽车制造有限公司	内蒙古自治区通辽市科左中旗保康镇庄妃花园小区北数第 4 家		-
	内蒙古永欣旺新能源汽车有限公司	内蒙古自治区巴彦淖尔市临河区临河农村一分场	0478-7924999	-
	特雷克斯北方采矿机械有限公司	包头稀土高新技术产业开发区	0472-2642702	-
辽宁省	沈阳华晨汽车有限公司	沈阳市高新区浑南产业区 55 号	024-31698624	-
	广汽日野（沈阳）汽车有限公司	沈阳经济技术开发区开发大路 2 号	024-25779812	www.ghsmcchina.com
	沈阳飞机工业（集团）有限公司	沈阳市皇姑区陵北街 1 号	024-86595919	www.sac.com.cn
	华晨雷诺金杯汽车有限公司	沈阳市大东区东望街 39 号	024-31666666	www.renault-brilliance.com
	华晨宝马汽车有限公司	沈阳市大东区山嘴子路 14 号	024-84556000	www.bmw-brilliance.cn
	辽宁曙光汽车集团股份有限公司	辽宁省丹东市振兴区鸭绿江大街 889 号	0415-4139272	www.sgautomotive.com
	丹东黄海汽车有限责任公司	辽宁省丹东市振兴区鸭绿江大街 889 号	0415-6224302	www.hhbuses.com
	沈阳华龙客车制造有限公司	沈阳市大东区小河沿路 144 号	024-67913108	-
	上汽通用（沈阳）北盛汽车有限公司	沈阳市大东区北大营街 15 号	024-88345678	-
吉林省	中国第一汽车集团公司	长春市绿园区东风大街 83 号	0431-85736138	www.faw.com.cn
	一汽客车有限公司	长春市经济开发区昆山路 3969 号	0431-84626519	www.fawbcc.com.cn
	一汽 - 大众汽车有限公司	吉林省长春市汽车产业开发区安庆路 5 号	0431-85990888	www.faw-vw.com
	一汽解放汽车有限公司	吉林省长春市汽车开发区东风大街 2259 号	0431-85732115	www.fawjiefang.com.cn
	一汽轿车股份有限公司	长春高新区蔚山路 4888 号	0431-85781535	www.fawcar.com.cn
	一汽专用汽车有限公司	长春市经济开发区兴隆大路 6333 号	0431-8459911	www.fawzq.com.cn
	一汽吉林汽车有限公司	吉林省吉林市高新开发区东山街 2888 号	0432-4641301	www.fawmc.com
吉林省	中国第一汽车集团有限公司新能源汽车分公司	净月经济开发区净月分团 72 号地锦竹西路 538 号	0431-81928083	www.faw-ev.com.cn
	长春一汽华凯汽车有限公司	吉林省长春市北湖科技开发区龙湖大路与中科大街交汇处高科技中心 B 区 532-A 室	0431-81179867	-
黑龙江省	一汽哈尔滨轻型汽车有限公司	哈尔滨市哈南工业新城核心区松花路 60 号	0451-85712029	www.yqhq.com
	哈飞汽车股份有限公司	哈尔滨市平房区烟台路 1 号	0459-8108188	-
	哈尔滨通联客车有限公司	哈尔滨市哈南工业新城核心区哈南第八大道 7 号	0451-58582059	-
黑龙江省	大庆沃尔沃汽车制造有限公司	黑龙江省大庆市高新区新兴大街 2 号	0459-8108188	-

表 9 国内主要汽车生产企业（续表 2）

省份	单位名称	地址	电话	网址
上海市	上海汽车工业（集团）总公司	上海市武康路 390 号	021-22011888	www.saicgroup.com
	上海汇众汽车制造有限公司	上海市浦东南路 1493 号	021-58201188	www.shac.com.cn
	上海汽车集团股份有限公司	中国（上海）自由贸易试验区松涛路 563 号	021-22011888	www.china-sa.com
	上海通用汽车有限公司	上海市浦东金桥申江路 1500 号	021-28902890	www.saic-gm.com
	上海大众汽车有限公司	上海市安亭洛浦路 63 号	021-59561888	www.csvw.com
	上汽大通汽车有限公司	上海市杨浦区军工路 2500 号	021-60569999	www.saicmaxus.com
	上海申沃客车有限公司	上海市颛桥镇光中路 18 号	021-24160000	www.sunwinbus.com
	特斯拉（上海）有限公司	浦东新区南汇新城镇同汇路 168 号 D203A		www.tesla.cn
	上海万象汽车制造有限公司	上海市松江区书海路 999 号	021-67600664	www.tesla.cn
	中大汽车集团股份有限公司	上海市嘉定区沪宜公路 1158 号 15 楼	18921863879	-
江苏省	南京汽车集团有限公司	南京市中央路 331 号	025-83437788	www.nanqi.com.cn
	南京长安汽车有限公司	南京市溧水区永阳街道毓秀路 85 号	025-57219888	-
	长安马自达汽车有限公司	南京市江宁技术开发区苏源大道 66 号	025-51186221	www.changan-mazda.com.cn
	南京依维柯汽车有限公司	南京市玄武区黑墨营路 100 号	025-89627112	www.naveco.com.cn
	南京徐工汽车制造有限公司	南京市雨花台区铁心桥	0516-52891223	www.xcmgauto.com
	东华汽车实业有限公司	南京市鼓楼区芦席营 68 号	025-83556080	-
	金龙联合汽车工业（苏州）有限公司	苏州工业园区苏虹东路 288 号	0512-69565131	www.higer.com
	东风悦达起亚汽车有限公司	盐城市开放大道 18 号	0515-88279453	www.dyk.com.cn
	扬州亚星商用车有限公司	扬州市邗江汽车产业园潍柴大道 6 号	0514-87708303	www.yaxingcv.com
江苏省	南京南汽专用车有限公司	南京市秦淮区大明路 9 号	025-58058877	www.nqzyc.com
	奇瑞捷豹路虎汽车有限公司	常熟经济技术开发区路虎路 1 号	0512-52967000	www.cheryjaguarlandrover.com
江苏省	江苏敏安电动汽车有限公司	淮安经济技术开发区迎宾大道 8 号 503 室	0517-80889818	-
	徐州徐工汽车制造有限公司	徐州高新技术产业开发区珠江东路 19 号	0516-83189581	www.xcmgauto.com
	江苏仪征汽车制造厂	真州镇前进路 293 号	0514-83442882	-
	江苏五洲龙汽车有限公司	盐城经济技术开发区东环南路 69 号新能源园区 4 幢 202 室		-
	一汽解放汽车有限公司无锡锡柴汽车厂	无锡市滨湖区湖山路 43 号	0510-85996793	www.wxdew.com
	南京知行新能源汽车技术开发有限公司	南京经济技术开发区红枫科技园 A3 栋 201 室	025-6959200	www.byton.cn

表 9　国内主要汽车生产企业（续表 3）

省份	单位名称	地址	电话	网址
浙江省	浙江吉利控股集团有限公司	杭州市滨江区江陵路 1760 号	4008-86-9888	www.geely.com
	浙江豪情汽车制造有限公司	临海市头门港新区吉利大道 88 号	0576-5161188	-
浙江省	浙江合众新能源汽车有限公司	嘉兴市桐乡市梧桐街道同仁路 988 号	0573-89806207	www.hozonauto.com
	威马汽车制造温州有限公司	温州市瓯江口产业集聚区管委会行政中心 1 号楼 156 室	0577-56607081	www.wm-motor.com
	东风裕隆商用汽车有限公司	萧山临江工业园区第二农垦场	0571-22969972	-
	东风能迪（杭州）汽车有限公司	杭州市沈半路 171 号	0571-88018875	www.dnd-motor.com
	浙江众泰汽车制造有限公司	浙江省永康市经济开发区北湖路 9 号	0579-89297306	-
	浙江零跑科技有限公司	杭州市滨江区物联网街 451 号 1 楼、6 楼	0571-87235715	www.leapmotor.com
安徽省	安徽江淮汽车集团股份有限公司	合肥市东流路 176 号	0551-62296031	www.jac.com.cn
	奇瑞汽车股份有限公司	芜湖市经济技术开发区长春路 8 号	0553-7533303	www.chery.cn
	安徽安凯汽车股份有限公司	安徽省合肥市葛淝路 1 号	0551-62297706	www.ankai.com
	奇瑞商用车（安徽）有限公司	芜湖经济开发区长春路 16 号	0553-5842130	-
	陕汽淮南专用汽车有限公司	安徽省淮南经济技术开发区吉兴路	0554-3306011	www.sqhnzyc.com
福建省	东南（福建）汽车工业有限公司	福州市闽候县青口东南汽车城	0591-22766566	www.soueast-motor.com
	厦门金龙联合汽车工业有限公司	厦门市集美区金龙路 9 号	0592-6371685	www.king-long.com.cn
	厦门金龙旅行车有限公司	厦门市湖里区湖里大道 69 号（办公楼）	0592-5608960	www.xmjl.com
	福建省汽车工业集团云度新能源汽车股份有限公司	莆田市涵江区江口镇石西村荔涵大道 729 号	0594-7597777	www.yudoauto.com
福建省	中国重汽集团福建海西汽车有限公司	永安市埔岭 99 号	0598-3819556	www.zqhaixi.com
	福建新龙马汽车股份有限公司	龙岩经济开发区工业西路 5 号	0597-5203530	www.newlongma.com
江西省	江铃汽车股份有限公司	南昌市青云谱区迎宾北大道 509 号	0791-85266178	www.jmc.com.cn
	江铃控股有限公司	南昌市迎宾中大道 319 号	0791-3806666	www.landwind.com
	江西昌河汽车股份有限公司	景德镇市珠山区新厂东路 208 号	0798-8462044	www.changheauto.com
	江铃陆风汽车有限责任公司	南昌市迎宾中大道 2111 号江铃国际大厦 12-14 层	400-8833-666	www.landwind.com
	江西江铃集团新能源汽车有限公司	南昌经济技术开发区庐山北大道（蛟桥镇）	0791-87378988	www.jmev.com
	江西博能上饶客车有限公司	上饶经济开发区凤凰西大道 18 号	0793-8469576	www.srkc.com.cn
	九江昌河汽车有限责任公司	九江市经济技术开发区前进西路 555 号	0798-8462768	-
山东省	中国重型汽车集团有限公司	济南市高新技术产业开发区华奥路 777 号	0531-58062000	www.cnhtc.com.cn
山东省	中国重汽集团济南卡车股份有限公司	济南市市中区党家庄镇南首	0531-58067001	www.cnhtcpurch.com

表 9 国内主要汽车生产企业（续表 4）

省份	单位名称	地址	电话	网址
山东省	中国重汽集团济南豪沃客车有限公司	章丘市潘王路 19777 号	0531-58061218	www.cnhtcbus.co
	中国重汽集团青岛重工有限公司	青岛高新技术产业开发区锦荣路 369 号	0532-84855297	www.sinotrukqingdao.com
	中通客车控股股份有限公司	聊城市经济开发区黄河路 261 号	0635-8518080	www.zhongtongauto.com
	北汽福田公司诸城车辆厂	诸城市经济开发区福田工业园	0536-6171839	rowor.foton.com.cn
	上汽通用东岳汽车有限公司	烟台经济开发区长江路 118 号	0535-6966666	-
	荣成华泰汽车有限公司	荣成市观海中路 111 号	0631-7589288	-
	一汽解放青岛汽车有限公司	青岛市青岛汽车产业新城解放大道 100 号	0532-55659232	www.qdfaw.com
	日照中兴汽车有限公司	日照市东港区菏泽北路 6 号	0633-2225531	-
	山东时风商用车有限公司	高唐县汇鑫路 2 号	0635-3956490	-
	北汽黑豹（威海）汽车有限公司	威海市文登经济开发区珠海东路 35 号	0631-8082179	www.heibao.cn
	山东国金汽车制造有限公司	淄博市高新区政通路 135 号高创园 E 座 518 室	0533-3911789	www.guojinauto.com
	青岛中汽特种汽车有限公司	青岛市城阳区祺阳路 1 号	0532-87869236	www.qt-group.com
	聊城中通新能源汽车装备有限公司	聊城市经济技术开发区中华北路 9 号	0635-8518030	www.zhongtongnev.com
河南省	郑州日产汽车有限公司	郑州市郑东新区莲湖路 3 号	0371-56199267	www.zznissan.com.cn
河南省	郑州宇通集团有限公司	郑州高新开发区长椿路 8 号	0371-66718262	www.yutong.com
	海马汽车有限公司	郑州经济技术开发区航海东路 1689 号	0371-58622611	www.haima.com
	海马新能源汽车有限公司	郑州经济技术开发区航海东路 1689 号	0371-58622611	www.haima.com
	河南森源重工有限公司	长葛市魏武路 16 号	0374-6108087	www.senyuanhi.com
	洛阳中集凌宇汽车有限公司	洛阳市洛龙区科技园区关林大道西段	0379-65937666	www.lingyu.com
	河南森源电动汽车有限公司	许昌市示范区中原电气谷核心区留学人员创业园创业服务大楼	0374-6108087	www.senyuanev.com
湖北省	东风汽车有限公司	湖北省武汉市武汉经济技术开发区东风大道 10 号	027-84283677	www.dfl.com.cn
	东风汽车股份有限公司	湖北省襄阳市高新区东风汽车大道劲风路 3 幢	027-84287977	www.dfac.com
	宜昌中兴汽车有限公司	宜昌市猇亭区迎宾大道 8 号	0717-6622018	www.gaczx.cn
	神龙汽车有限公司	湖北省武汉市武汉经济技术开发区	027-84290395	www.dpca.com.cn
	东风小康汽车有限公司	十堰市东环路 1 号	0719-8310986	www.dffengguang.com.cn
	东风本田汽车有限公司	武汉经济技术开发区车城东路 283 号	027-84286114	www.wdhac.com.cn
湖北省	东风雷诺汽车有限公司	武汉市经济技术开发区黄金口产业园	027-84301561	www.dongfeng-renault.com.cn

表 9　国内主要汽车生产企业（续表 5）

省份	单位名称	地址	电话	网址
湖北省	东风商用车有限公司	湖北省十堰市张湾区车城路 2 号	0719-8885555	www.dfcv.com.cn
	东风特汽（十堰）专用车有限公司	十堰经济开发区龙门沟工业园龙门二路 7 号	0719-8287260	www.dftq.net
	东风特种商用车有限公司	十堰市张湾区大炉子路 26 号	0719-8207003	-
	武汉中誉汽车有限公司	武汉市经济技术开发区 2 号工业区枫树四路	027-84258888	www.zhongyugroup.com
	湖北三江航天万山特种车辆有限公司	孝感市北京路 69 号	0712-2959682	www.wstech.com.cn
	华夏阳光湖北新能源汽车有限公司	襄阳市高新区追日路 2 号创业服务中心 408 室	0710-3128562	-
湖南省	湖南长丰猎豹汽车有限公司	湖南省永州市冷水滩区猎豹北路 68 号（原冷水滩城南张家铺）	0746-8662555	www.cfgcn.com
	常德中车新能源汽车有限公司	常德经济技术开发区德山镇株木山村乾明路 96 号	0736-7307508	www.bus-neoplan.com
	广汽三菱汽车有限公司	长沙经济技术开发区漓湘中路 15 号	0731-88198888	www.gmmc.com.cn
	湖南江南汽车制造有限公司	长沙经济技术开发区漓湘路 19 号	0731-88283055	www.zotye.com
	湖南凌岳新能源汽车有限公司	湖南省衡阳市珠晖区酃湖乡红卫农场内	-	-
湖南省	广汽菲亚特克莱斯勒汽车有限公司	湖南省长沙经济技术开发区映霞路 18 号	0731-89989101	www.gacfca.com
广东省	广州汽车集团股份有限公司	广州市越秀区东风中路 448--458 号成悦大厦 23 楼	020-83151139	www.gagc.com.cn
	广汽丰田汽车有限公司	广州市南沙区黄阁镇市南大道 8 号	020-39398888	www.gac-toyota.com.cn
	广汽日野汽车有限公司	广州市从化明珠工业园区	020-32328888	www.ghmcchina.com
	广州汽车集团乘用车有限公司	广州市番禺区金山大道东路 633 号	020-39206114	www.gacmotor.com
	珠海广通汽车有限公司	珠海市金湾区三灶镇金湖路 16 号 1 号厂房 A 区	-	www.yinlongcdz.com
	广州汽车集团客车有限公司	广州市白云区石沙路 451 号	020-36416399	www.gacbus.com
	本田汽车（中国）有限公司	广州经济技术开发区东区开创大道 363 号	020-32288855	www.hondachina.com.cn
	珠海中诚新能源汽车有限公司	珠海市唐家湾镇金同街 2039 号厂房一楼	-	-
	广州广日专用汽车有限公司	广州高新技术产业开发区科学城科林路 1 号	020-82261308	www.gzepi-grisun.com
	东风日产乘用车公司	广州市花都区风神大道 8 号	020-86888888	www.dongfeng-nissan.com.cn
	深圳东风汽车有限公司	惠州大亚湾西区龙海一路 96 号	0755-27525261	www.sz-dfl.com
	广州小鹏汽车制造有限公司	广州中新广州知识城九佛建设路 333 号 247 室	020-66806680	www.xiaopeng.com
	长安标致雪铁龙汽车有限公司	深圳市龙华新区观澜观光路 1226 号	0755-23586389	www.ds.com.cn
	广州广汽比亚迪新能源客车有限公司	广州市从化经济开发区明珠工业园明珠大道北 6 号	020-87868111	www.gb-bus.com
广东省	恒大法拉第未来智能汽车（中国）集团有限公司	广州市南沙区海滨路 171 号 9 楼	-	-

表 9 国内主要汽车生产企业（续表 6）

省份	单位名称	地址	电话	网址
广西省	东风柳州汽车有限公司	柳州市屏山大道286号	0772-3281316	www.dflzm.com
	上汽通用五菱汽车股份有限公司	柳州市河西路18号	0772-3750185	www.sgmw.com.cn
	桂林客车工业集团有限公司	桂林市苏桥经济开发区苏桥（工业）园广州街9号	0773-5836863	-
	广西汽车集团有限公司	柳州市河西路18号	0772-3750442	www.wuling.com.cn
	柳州微型汽车厂	柳州市河西路	0772-3750442	-
	广西申龙汽车制造有限公司	南宁市邕宁区蒲兴大道99号	0771-6781955	www.gxyzgreen.com
	广西玉柴新能源汽车有限公司	玉林市玉柴新城玉柴路西侧6号	0775-3102938	-
海南省	一汽海马汽车有限公司	海口市金盘工业开发区	0898-66820333	www.hnmazda.com
重庆市	重庆长安汽车股份有限公司	重庆市江北区建新东路260号	023-67594008	www.changan.com.cn
重庆市	庆铃汽车（集团）有限公司	重庆市九龙坡区中梁山协兴村1号	023-65262233	www.qingling.com.cn
	重庆长安铃木汽车有限公司	重庆市巴南区鱼洞镇	023-66283285	www.changansuzuki.com
	上汽依维柯红岩商用车有限公司	重庆市经济技术开发区黄茅坪B04号地块	023-63112999	www.sih.cq.cn
	长安福特汽车有限公司	重庆市北部新区鸳鸯镇长福西路1号	023-67485389	www.ford.com.cn
	重庆瑞驰汽车实业有限公司	重庆市江北区复盛镇盛泰路111号	023-88216031	ruichiev.suning.com
	北京现代汽车有限公司重庆分公司	重庆市江北区鱼嘴镇现代大道18号	023-88562784	-
	重庆比速汽车有限公司	重庆市合川区土场镇银翔新城银翔大道206号	023-42661366	www.bisu-auto.com
	重庆理想智造汽车有限公司	重庆市北碚区蔡家岗镇凤栖路12号	-	-
	重庆众泰汽车工业有限公司	重庆市璧山区众泰路1号	023-4166908	www.cqzotye.cn
	力帆实业（集团）股份有限公司	重庆市两江新区金山大道黄环北路2号	023-61663050	www.lifan.com
四川省	四川汽车工业集团有限公司	成都市经济技术开发区（龙泉驿区）北京路	028-85052391	www.yemaauto.com
	四川一汽丰田汽车有限公司	四川省成都市龙泉驿区经济技术开发区经开区南三路222号	028-88435012	www.sftm.com.cn
	四川现代汽车有限公司	资阳市雁江区城南工业集中发展区现代大道1号	028-26119003	www.schmc.com.cn
	一汽（四川）专用汽车有限公司	四川省成都经济技术开发区龙泉驿区汽车城大道116号	028-84556211	www.ssmvp.com
	四川野马汽车股份有限公司	四川省成都经济技术开发区（龙泉驿区）北京路625号	028-65987866	www.yemaauto.cn
	跑诗达新能源汽车有限公司	四川省成都市天府新区新兴街道天工大道1280号	028-62818245	www.polestar.com
	成都长江汽车有限公司	成都市简阳市简阳工业集中发展区东区杨村坝	028-27010000	-
	四川比速汽车有限公司	南充市嘉陵区南充新能源汽车产业园	023-42661366	-

表9　国内主要汽车生产企业（续表7）

省份	单位名称	地址	电话	网址
四川省	神龙汽车有限公司成都分公司	成都经济技术开发区（龙泉驿区）汽车城大道一段8号	027-84290395	-
云南省	北汽云南瑞丽汽车有限公司	云南省德宏州瑞丽市畹町镇畹江路99号	0692-6669771	www.baicrl.com
	东风云南汽车有限公司	云南省昆明市嵩明县杨林经济技术开发区空港大道6号	0871-8181718	-
	云南五龙汽车有限公司	云南省昆明市高新区昌源北路1388号	0871-68331603	www.ynwlqc.com
	一汽红塔云南汽车制造有限公司	云南省曲靖市麒麟区南宁北路	0874-3140718	www.faw-hongta.com.cn
云南省	云南合润奇瑞新能源汽车股份有限公司	云南省玉溪市红塔区研和工业园区	15887725570	-
	昆明客车制造有限公司	云南省昆明市西山区海口工业园区管委会二楼206号	0871-68223695	-
	江西江铃集团新能源汽车有限公司昆明分公司	云南省昆明市嵩明县杨林经济技术开发区空港大道10号	0871-67957617	-
贵州省	贵州安远新能源汽车有限公司	贵州省黔西南州安龙县龙广镇环城南路11—1号	13885916484	-
	贵州菲豹汽车制造有限公司	贵州省遵义市汇川区高坪镇工业园区内	0851-28917868	-
	贵州丹寨九鼎车辆制造有限公司	贵州省黔东南苗族侗族自治州丹寨县金钟开发区	0855-3940516	www.gzdzjdcl.com
	贵州航天特种车有限责任公司	贵州省遵义市播州区鸭溪镇金刀村	0851-28726900	www.httzc.com
陕西省	陕西汽车控股集团有限公司	陕西省西安市经开区泾渭工业园	029-86955952	www.sxqc.com
	陕汽集团商用车有限公司	宝鸡市高新开发区高新大道172号	0917-3370896	www.hsqc.com.cn
	比亚迪汽车有限公司	西安市高新区新型工业园亚迪路2号	029-88889999	www.bydauto.com.cn
	金龙汽车（西安）有限公司	西安经济技术开发区泾渭新城西金路西段29号	029-68947818	www.xianhiger.com
	陕西通家汽车股份有限公司	陕西省宝鸡市高新开发区汽车工业园孔明大道	0917-8765620	www.tongjiaauto.cn
	陕西通力专用汽车有限责任公司	陕西省宝鸡市岐山县蔡家坡镇蔡五路8号	0917-8569176	www.sxtongli.com
	陕西帝亚新能源汽车有限公司	陕西省渭南市高新技术产业开发区秦裕路1号	0913-8123163	-
	陕西蔚蓝新能源汽车有限公司	商洛市商州区杨峪河镇四合村	13991925068	www.weilanev.com
	西咸新区亿龙智能电动汽车股份有限公司	西咸新区秦汉新城周陵街办贺家东村105号	15929783108	-
陕西省	西安立丰新能源有限公司	西安市临潼区万年路中段路北53号	029-83886009	-
	华辇房车制造有限公司	陕西省宝鸡市岐山县蔡家坡镇东二路中段	0917-8569319	www.huanianfangche.com
	西安西沃客车有限公司	西安市阎良区经济开发区人民西路109号	029-68013000	-
甘肃省	兰州知豆电动汽车有限公司	兰州市兰州新区中川镇空港循环经济园	0931-2146696	-
	兰州亚太新能源汽车有限公司	兰州市兰州新区长江大道以北、昆仑山大道以东	0931-8479596	www.ytyccar.com
宁夏	南京金龙（宁夏）新能源汽车有限公司	灵武市羊绒园区三号路北侧嘉源路西侧（宁夏合丰源绒业有限公司院内）	025-56206717	-

表 10　大型汽车交易市场

名称	地址	电话
北京北辰亚运村汽车交易市场	北京昌平区北七家镇立汤路东侧（近地铁天通苑北站）	13910703249
北京酷车小镇	北京市朝阳区金蝉西路甲一号	010-67389668
金港汽车公园	北京市朝阳区金盏乡金盏大道 1 号	010-84334018
欧德宝汽车交易市场	北京市昌平区昌平路 347 号	010-84992171
北京国际汽车贸易服务园区	北京石景山古城西路 63 号	010-88921513
北京东方基业国际汽车城有限公司	北京市朝阳区姚家园路东口甲 1 号	010-51193333
北京市旧机动车交易市场有限公司	北京市丰台区南四环西路 123 号	010-83638888
新发地汽车交易市场	北京市丰台区南四环中路 260 号	010-87501812
天津滨海盛世国际汽车园	天津市津南区葛沽镇滨海汽车园	022-88717666
天津滨海国际汽车城	天津市滨海新区保税区天保大道 86 号	022-25762296
天津空港国际汽车园发展公司	天津自贸区（空港经济区）保航路 1 号航空产业支持中心	022-59096088
上海外高桥汽车交易市场有限公司	上海市外高桥保税区富特西一路 459 号 A 座	021-58666600
洲业投资（上海）有限公司	上海市闵行区中春路 7001 号明谷科技园 E 楼十三层	021-51132533
重庆汽博中心	重庆市渝北区金渝大道 99 号	023-89186250
重庆协信汽车公园有限公司	重庆市巴南区南彭街道南东路 1 号三单元 310	023-67029890
重庆保税港区开元国际汽车城	重庆市江北区海尔路 319 号	023-67632828
中国西部汽车城股份有限公司	成都市佳灵路 53 号	028-85060394
成都宏盟二手车交易市场管理有限公司	成都市双流区西航港街办大件路白家段 17 号	028-67039555
成都鑫博泰集团	成都市武侯区府城大道西段 399 号天府新谷 8 号楼 2 单元 13 楼 1305	028-62610977
昆明车立方汽车交易市场	云南省昆明市官渡区金源大道 1 号世纪金源时代购物中心内	0871-8589190
云南车行天下汽车服务有限公司	昆明市北市区北辰大道中段	0871-5821733
云南世博汽车市场有限公司	昆明市盘龙区白龙路 429 号	0871-5103999
昆明凯旋利车博汇	云南省昆明市官渡区广福路与官南大道交叉口南 200 米	0871-4644216
临沧国际汽车城	临沧市临翔区临翔旗山花园 1 号楼	0883-2651222
大理泛亚汽车城	大理市苍山路东 539	0872-2323876
昆明经开区国际汽车城	云南省昆明市经开区出口加工区海关大楼 4 楼 405 室	0871-8362699
深圳市深业车城	广东省深圳市罗湖区清水河三路 18	0755-22315520
珠海市众大利物资车业有限公司	珠海市梅华西路 2370 号众大利二手车交易大楼	0756-8589388
深圳平方汽车城开发有限公司	广东省深圳市南山区兴海大道 1 号	0755-26887666
花都汽车城	广州市花都区新华街车城大道 1 号	0756-36867700
佛山国际车城	广东省佛山市禅城区佛山大道中 83 号佛山国际车城	0757-82266288
华南汽车城	广东省佛山市南海区文华北路 4 号	400-910-0707
湛江车城服务有限公司	湛江市赤坎区人民大道北 57 号	0759-3481081
湛江海田国际车城发展有限公司	湛江市赤坎区海天路 16 号大埠综合楼 3 楼	0759-8217775
湖南大中南汽车经营有限公司	长沙经济技术开发区中南汽车世界博展路	0731-84088800
开利星空长沙国际汽车城	长沙市望城区雷锋大道 1389 号	4000-000-288
株洲汽车城	株洲市荷塘区红港路 1 号	0731-28861515
湖南弘高二手车市场交易管理有限公司	长沙市天心区芙蓉南路凯逸中央园著西北 120 米（原暮云国际汽车城）	0731-88890010

表 10 大型汽车交易市场（续表 1）

名称	地址	电话
长沙麓谷汽车世界投资开发有限公司	长沙高新开发区文轩路 27 号麓谷企业广场科技金融大厦 22 层	0731-88982583
柳州风驰旧机动车交易市场	广西柳州市西环路 10 号	0722-2869996
广西圣路鑫资产管理有限公司	南宁市青秀区佛子岭路 6 号 c 座 5 楼	0771-5782329
玉林国际汽车城	广西壮族自治区玉林市玉州区常乐路	0775-3281188
贵州凯里汽车城	黔东南苗族侗族自治州凯里市凯开大道	0855-8585111
遵义宝源汽车市场	遵义市长沙路汽车城 A 区 1 层	0851-23139855
黔北国际汽车博览城	遵义市播州区遵南大道	400-818-0066
六盘水市旧机动车交易市场	贵州省六盘水市钟山大道德坞社区	0858-8329371
杭州汽车城	杭州市石祥路 589 号	0571-28887381
浙江世纪汽车市场	浙江省杭州市萧山区兴园路 118 号	0571-82836938
杭州理想车城有限公司	杭州市余杭区南苑街道迎宾路 588 号	0571-86157333
温州汽车城	温州市瓯海大道于蛟凤路 358 号温州汽车城管理处	0577-86086888
温州力天汽车梦工场	温州市龙湾区沙城街道	0577-56607779
浙江长三角汽车城	浙江省嘉兴市海宁市长安镇天盐线浙江长三角赛车场附近	0571-87570999
浙江元通国际汽车广场	绍兴市袍江工业区中兴大道与康宁路交叉口	0575-88153030
浙江金恒德汽车用品城	浙江省杭州市余杭区金恒路 68 号 19 幢 6 楼	0571-89019802
嘉兴市汽车商贸园投资有限公司	浙江省嘉兴市广益路 1338 号	0573-82670001
青口汽车城	福州市闽侯县祥通路 15 号	0591-83343446
海峡金港汽车文化广场（福州）股份有限公司	福州市闽侯县青口投资区新榕路 3 号汽车用品市场	0591-22070591
嘉华汽车城	海口市美兰区琼山大道 289 号	0898-36326777
海南万物汽车城运营有限公司	海口市迎宾大道 26 号	0898-68966669
江西恒望集团	江西省南昌市望城新区璜溪大道 19 号 505 室	0791-87770888
九江国际汽车城	九江市濂溪区九瑞大道 171 号	0792-8361620
江西赣东北汽车园有限公司	江西省上饶市叶挺大道 101 号	0793-8361111
上饶市二手车交易市场	江西省上饶市三清山大道 70 号	15179388196
国购淮北汽车产业园	合肥市南一环与徽州大道交口世纪云顶 A 座 1709	15956915977
安徽国际汽车城	安徽省合肥市瑶海区北二环双七路 22 号	15156996966
六安国际汽车城	六安市经济技术开发区 G312	0564-3995666
芜湖汽车城	芜湖市弋江北路附近	0553-2870555
太仓市森茂汽车城开发有限公司	江苏省太仓市太平北路 55 号 -23	0512-53125235
睢宁洲业国际汽车城	江苏省徐州市睢宁县东环路西中央大街北侧	021-51132533
新沂洲业国际汽车城	江苏省徐州市新沂县原苏北农贸市场地块	021-51132533
江苏中驰二手车市场有限公司	南京市江宁区宏运大道 1468 号	025-52152222
连云港振兴汽车城	连云港市海州区新浦街道	0518-5012225
沛县洲业国际汽车城	江苏省沛县南路南侧，西环路东侧	021-51132533
武汉竹叶山中环商贸城汽车市场	武汉市江岸区金桥大道特 1 号	027-82295712
松滋洲业国际汽车城	湖北省松滋市贺炳炎大道	0716-6655777
山东天齐华迅汽车园区发展有限公司	山东省淄博市桓台县果周路以南、柳泉北路以西	0533-6277001

表 10 大型汽车交易市场（续表 2）

名称	地址	电话
烟台汽车交易广场	烟台市机场路 40 号	0535-6013151
济南鲁南二手车交易市场有限公司	济宁高新区东外环与鸿广路交界东南角	13954783151
青岛保税港区国际汽车展示交易中心有限公司	青岛市黄岛区保税港区东京路 51 号	0532 — 85758080
陆海汽车交易市场	青岛市市北区萍乡路 55 号	0532-88959999
山东梁山华通二手车交易市场	济宁市梁山县四通路	0537-7769687
山东泺口旧机动车交易市场	山东省济南市天桥区无影山北路北首 2 号	0531-83168188
西安汽车自选市场	西安莲湖区劳动北路 15 号	029-88702966
中国西部国际车城	西安市未央区西宝高速疏导路 58 号	029-82378075
河南田川博泰汽车产业园有限公司	郑州经济技术开发区南三环与鹏程大道交汇处	0371-60965557
泌阳洲业国际汽车城	河南省驻马店市泌阳县铜山湖大道温泉路交汇处	021-51132533
洛阳市林安商贸有限公司	洛阳市洛龙区龙门大道 292 号	0379-65555908
焦作市汽车交易市场	河南焦作市山阳区迎宾路	0391-3566888
哈尔滨国际汽车城	哈尔滨道里区机场路 161 号	0451-84899900
哈尔滨申华汽车产业园有限公司	哈尔滨市南岗区学府路 316 号	0451-58567856
大庆北方汽车城有限公司	黑龙江省大庆市让胡路区西强路 40 号	0459-5963666
长春华港机动车市场开发有限公司	长春市绿园区西环城路 6778 号	0431-87971363
长春市汽贸商城	吉林省长春市正阳街 81 号 3-3 室	0431-86109402
大连领航家汽车城经营管理有限公司	大连甘井子区西北路 872 号大连亿丰汽车城 D 区 4 楼千兆集团	0411-39993993
大连北市汽车城	大连市南关岭街 777 号	13942622881
大连保税区国际车城	辽宁省大连市大连保税区国际车城 B 座	0411-87303026
沈阳国际汽车城	沈阳市苏家屯区会展路 9 号	13332477377
大连迈世汽车城	大连市西岗区香周路 103 号 4 楼	0411-3994020
亿丰大连汽车城	大连市甘井子区西北路 872 号亿丰大连汽车城	18900980111
山西汇众汽车家园有限公司	山西省太原市万柏林区晋祠路 110 号	0351-6550305
太原旧机动车交易中心	山西省太原市尖草坪区金桥东街 8 号	0351-3290901
山西万国二手车交易市场	山西省太原市集阜东路与集阜路三巷交叉口西南 150 米	0351-5245830
怀特宝车城	石家庄富强大街与东风路交口	0311-66505555
城美国际汽车城	燕郊 102 过道电厂桥向东 2000 米路南	0316-5758881
唐山兴瑭旧机动车交易市场有限公司	唐山开越路王盼庄立交桥东北侧	0315-2887703
鄂尔多斯铜川汽车博览园	鄂尔多斯市东胜区铜川北二环路与铜川一路交汇处西北	0477-2233666
内蒙古恒信精功投资有限公司	乌兰察布市集宁区新丰镇路矿机宾馆 3 楼	0474-4852051
呼伦贝尔二手车交易市场	呼伦贝尔市鄂温克旗海伊公路东侧汽车城	13789709777
天恒基汽车城	乌鲁木齐市头屯河区头屯河路 2345 号	0991-3101738
青海省汽车交易市场	西宁市五一路 4 号	0971-8177108
定西和盟二手车交易市场有限公司西部汽车城	甘肃省定西市（南川开发区）定临公路与滨河西路交汇处	18653013355
万商国际汽车城	银川市永宁县望远工业园区内	0951-7838888
恒亿达二手车市场	银川清河北街国际汽车城二期	0951-8421777

表 11　汽车零配件市场

名称	地址	电话
北京四元桥汽车配件市场	北京市朝阳区北四环东路北侧	010-64393155
北京大南郊汽车配件市场	北京市房山区良乡地区东沿村	022-60406669
北京市回龙观北郊汽车配件市场	北京市昌平区回龙观二拨子开发区	010-80798936
北京草桥汇丰汽车配件市场	北京市丰台区草桥东路 27 号	010-51751999
北京十八里店汽配城	北京市朝阳区十八里店大洋路商业街	010-67473868
北京城环城国际汽车配件城	北京市朝阳区南四环东路 69 号	010-51102828
北京家和家美小武基汽配城	北京市朝阳区十八里店乡小武基	010-87370909
南法信汽配市场	北京市顺义区顺平路 558 号	010-69476699
密云汽车配件批发市场	北京市密云区西大桥路 57. 61 号	010-69097088
天津实达汽配城	天津市滨海新区新北路 4556 号	022-65159969
天津滨海汽配城	天津市塘沽区津塘公路 4912 号	022-25352621
天津北方汽贸园	天津市北辰区铁东北路	022-86879555
石家庄市机动车配件中心批发市场	石家庄市北外环路 88 号	0311-86837015
邯郸市中原汽车配件商城	河北省邯郸市渚河路 137 号	0310-3162111
石家庄南二环汽车配件大市场	石家庄市翟营南大街 658 号	0311-87693222
河北唐齿汽配城	河北省唐山市胜利路 2 号	0315-7235556
盘锦华联汽配城	宁省盘锦市兴隆台区兴隆台	0427-7266911
沈阳东北机动车配件批发市场	沈阳市皇姑区昆山西路 238 号	024-86051555
大连北市汽车城	大连市甘井子区南关岭街道 777 号	0411-82135953
齐齐哈尔市德丰汽车配件城	黑龙江齐齐哈尔市南苑开发区	0452-6164111
黑龙江鸡西市汽贸城	黑龙江省鸡西市金三角开发区	021-69573033
山西蓝海汽车配件大世界	太原市许坦西街 118 号	0351-7635160
山西海天汽配城	太原市五龙口街 666 号	0351-4687111
山东临沂汽摩配城	临沂市工业大道北段	0539-8370288
潍坊北王汽配城	山东省潍坊市潍洲路	0536-2115555
山东汽车配件城	济南市张庄路 132 号	0531-87515588
淄博市鲁中汽车配件市场	山东省淄博市张店区张房路 1 号（市人防办办公楼）	0533-2722851
滕州市汽车配件城	山东省滕州市荆河西路西转盘	0632-25676313
山东潍坊汽车配件商城	潍坊市奎文区鸢飞路 480 号	0536-8806244
青岛汽车配件城	青岛市四方区洛阳路 1 号	0532-84961496
山东聊城天昊置业服务有限公司汽车	聊城市建设西路西首服务中心	0635-8465969
威海韩国之窗汽配广场	山东省威海市文登经济开发区	0631-3907597
上海东方汽配城	上海市曹安路 1926 号	021-59184868
上海吴中汽配城	上海市闵行区吴中路 1099 号	021-54476500
上海嘉定汽配科技城	上海市嘉定区宝安公路 3799 号	021-59150909
上海国际汽配贸易中心	上海安亭国际汽车城嘉安公路	021-59154668
上海新阳光汽配市场	上海市宝山区逸仙路 1611 号	021-65427211
上海黎安汽摩配市场	上海市闵行区七莘路 1149 号	021-54530636
上海国际汽车城汽车市场	上海市嘉定区安亭镇墨玉路 29 号	021-59569111
上海曹安汽车用品（汽配）市场	上海市江桥曹安路 2738 弄	021-51048000
上海鑫世纪汽配城	上海市古浪路 1681 号	021-63637603
上海奉贤汽车配件市场	上海市奉贤南桥运河路 376 号	021-57424799
无锡市广益商城汽配市场	江苏省无锡市江海东路 58 号	-

表 11 汽车零配件市场（续表）

名称	地址	电话
泰州锦天汽配港	江苏省姜堰市经济开发区职业介绍中心大楼 5 楼	0523-2077666
常熟国际汽配城	江苏省常熟市青墩塘路 198 号	0512-52308902
南通永兴国际车城	江苏省南通市城港路 187 号	0513-85601456
中国·义乌汽车用品汽车配件专业街	浙江省义乌城北路 205 号	0579-5598506
杭州汽车城	杭州市石祥路 589 号杭州国际	0571-28879576
杭州浙江汽配城	浙江省杭州市新塘北路 353-361 号	0571-86463388
绍兴圆通汽车汽配城	杭州市沈半路 195 号	0575-88019398
嘉兴市汽车商贸园	浙江省嘉兴市中环南路 999 号	0573-2670333
南京新伊汽配商城	南京市雨花台区宁南大道 9 号	
常州市中凉亭汽摩配件交易市场	南京市玄武区墨香路 9 号	025-85356908
宁波国际汽车城	宁波市江南路 346-355 号	0574-87908892
徐州汽配城	江苏省徐州市三环东路	0516-83362616
合肥汽配城	安徽省合肥市长江东路 714 号	0551-4228890
河南汽车配件物流贸易园	郑州市老 107 国道与南三环交叉口	0371-66891018
郑州国产汽车配件市场	河南省郑州市管城区南曹乡姚庄	0371-66736111
兰州汽车配件城	兰州市城关区排洪南路 313 号	0931-4860541
兰州通宝汽配市场	兰州市七里河区西津西路 859 号（兰通厂西侧 200 米）	0931-2920622
银川汽配城	银川市丽景南街汽配城 1-1，1-2 号	0951-4095688
宁夏国际汽车城	银川市清河北街（北门金三角）	0951-3888918
西宁市昆仑汽车配件城	西宁市昆仑路 37 号	0971-6143095
西安汽车配件市场	西安市环城西路北段 368 号	029-83100019
新疆华凌国际汽车用品（配件）进出口中心	乌鲁木齐市河滩北路 38 号	0871-7369701
新疆赛伯特国际汽车城	乌鲁木齐鲤鱼山路 20 号	0991-6180008
江西省洪城汽车配件城	江西省南昌市迎宾中大道 1399 号	0791-5760066
武汉万国汽配城	武汉市东西湖区东西湖大道 146-148 号	0792-8171596
武汉太平洋汽车配件城	武汉市硚口区解放大道 545 号	027-83883196
中国（十堰）汽配城	湖北省十堰市白浪中路 50 号	0719-8255878
武汉万泰汽配城	武汉市硚口区解放大道 665 号	027-83888735
长沙市高桥友谊汽配大市场	湖南省长沙市二环线赤新路立交桥西南角	0731-2613797
中南汽车世界	湖南省长沙经济技术开发区博	0731-4088011
湖南星沙汽车配件城	湖南省长沙市世界之窗斜对面	0731-4065798
湖南省三湘南湖大市场汽配城	湖南省长沙市芙蓉区五里牌	0731-4711812
贵州太慈桥汽车配件城	贵阳市太慈桥花溪大道北 466 号	0851-5101868
昆明东聚汽车配件城	昆明市官渡区关雨路晓东村	0871-7369701
广州市广源湛隆汽配广场	广州市广园中路 283 号	020-86562988
广州永福国际汽车用品广场	广州市永福路 35 号之二	020-61313136
广州三元汽配城	广州市三元里大道 715 号	020-37222677
广州汽车配件用品全球采购港	广东省广州经济技术开发区宝石路 11 号留学人员广州创业园	020-62682265
广州倚云汽车用品广场	广州市永福路 79 号	020-87725772
广园致友汽配城	广州市广园东路 1540 号	020-37220880
深圳劲力汽配城	深圳市宝安新城广深路劲力大厦	0755-7494168
深圳市深南汽配专业大市场	深圳市福田区农林路	0755-3707089
佛山市粤丰汽车配件批发市场	佛山市南海区桂丹路	0757-86489115

2018年主要汽车展览

【第十五届海南国际汽车展览会】

3月22日-25日，2018第十五届海南国际汽车展览会在海南国际会展中心举办。车展展出面积7万平方米，囊括了进口品牌豪车、合资品牌、自主品牌在内的百余家汽车品牌、一千多款热销车型。此外，还将同步开启另一大展——海南国际新能源·智能汽车展览会，“双展齐发”创下海南车展规模新纪录。

【第八届中国汽车技术展览会】

3月28日-30日，2018第八届中国汽车技术展览会在重庆国际博览中心举行。展示总面积超过46000平方米，超过800家全球展商参展。展会包括“轻量化材料”“智能装备”“关键零部件”“新能源”“智能网联”5大板块，11个主题展示专区，完整涵盖汽车前装制造产业链。

【第十九届沈阳汽车交易博览会暨百姓购车节】

4月4日-8日，2018沈阳汽车交易博览会在沈阳国际展览中心举办。展出总面积达8万平方米，启用沈阳国际展览中心4个室内展馆及室外场地，是2018年沈阳及东北地区开年第一场国际大车展，包括传统合资、国产、进口、超跑、豪华等100多个品牌，近1000款车辆悉数亮相。车展由中国汽车流通协会、百瑞国际会展集团联合主办，沈阳汽车流通协会、辽宁迪沃斯特会展有限公司共同承办。

【2018年杭州国际汽车博览会】

4月12日-16日，2018年杭州国际汽车博览会在杭州国际博览中心举办，展会以“发展、服务、创新”为主题，以“打造浙江省国际汽车专业展”为宗旨，除常规乘用车展示外，增加新能源汽专属展示区域，房车专属展示区域，汽车后市场及配件展示区域，车展活动区域。

【第十五届北京国际汽车展览会】

4月25日-5月4日，北京国际汽车展览会在北京中国国际展览中心新馆和中国国际展览中心老馆同时举行。第十五届北京车展以“定义汽车新生活”为主题，吸引了来自全球14个国家和地区的1200多家参展商。车展共展示车辆1022辆；全球首发车105辆，其中跨国公司全球首发车16辆，跨国公司亚洲首发车30辆；概念车64辆；新能源车174辆，其中中国车企新能源车124辆。

2018北京车展由中国机械工业联合会、中国机械工业集团有限公司、中国国际贸易促进委员会、中国汽车工业协会主办。

【第十六届华中国际汽车展览会】

5月25日-29日，2018第十六届华中国际汽车展览会在武汉国际博览中心（汉阳）举办。展览面积10万平方米、参展品牌80余个、参展车型上千款。

华中国际车展由商务部外贸发展事务局、中国机械国际合作股份有限公司、湖北日报传媒集团、尚格会展股份有限公司主办。

【第二十二届深港澳国际汽车博览会暨新能源及智能汽车博览会】

6月2日-10日，2018第二十二届深圳－香港－澳门国际汽车博览会暨新能源及智能汽车博览会于深圳会展中心举办，车展使用了深圳会展中心1-9号全部展馆及馆外展区及试驾活动区共计展览面积13万平方米，现场涵盖进口豪华、中外合资、民族自主等100多个汽车品牌，携1000多辆展车集中亮相。

【第十七届中国沈阳国际汽车工业博览会】

6月14日-19日，2018年沈阳国际汽博会在沈阳国际展览中心举办。本届展会由沈阳市人民政府、中国机械工业集团有限公司、商务部外贸发展事务局支持，中国机械国际合作股份有限公司主办。沈阳国际汽博会以“融合、互通、智享”

为主题，展出总面积近 18 万平方米，吸引全球 116 个汽车品牌参展，展出车辆 1853 辆。

【第十届呼和浩特国际车展暨新能源产业博览会】

6 月 15 日-19 日，2018 第十届呼和浩特国际车展暨新能源产业博览会在内蒙古国际会展中心举行，展出面积达 8 万平方米。本届国际车展吸引全球 80 个汽车品牌亲情参与，展出燃油车 600 余款、新能源车近 60 款。展会由中国机械国际合作股份有限公司、呼和浩特市人民政府共同主办，中国机械国际合作股份有限公司、呼和浩特市商务局、西麦克国际展览有限责任公司、内蒙古创艺文化传播有限公司联合承办。

【北京国际新能源汽车展览会】

6 月 21 日-24 日，2018 北京国际新能源汽车展览会在全国农展馆举办。展会吸引了比亚迪、宝马、腾势、等近 30 家新能源汽车企业携带热销的新能源汽车车型亮相。另外还有国网电动汽车服务公司、许继、南瑞、普瑞特等 30 余家新能源充电设施龙头企业携带最新产品、最新技术参展。

【北京国际汽车智能驾驶暨车联网技术展览会】

6 月 28 日-30 日，2018 中国北京国际汽车智能驾驶暨车联网技术展览会在北京亦创国际会展中心举办。北京国际汽车电子技术博览会是百森展览集团旗下的知名展览品牌，是全球规模最大的汽车电子产品及解决方案的展示平台之一，也是亚洲第二大汽车电子技术专业展，已在北京连续成功举办 16 届。

【第九届西安国际汽车工业展览会】

7 月 4 日-9 日，2018 中国西安国际汽车工业展览会在曲江会展中心举办。展会由西安市人民政府、中国国际贸易促进委员会汽车行业分会及中国汽车工业协会主办。展会为期 6 天，展出面积近 6 万平方米，70 多个品牌 700 余款新车参展。

【2018 未来汽车展】

7 月 12 日-7 月 14 日，未来汽车展暨未来汽车开发者大会（GNEVEXPO）在上海嘉定汽车会展中心举办。2018 未来汽车展由 GNEV 官方机构主办，参展的车企有：北汽新能源、吉利新能源、比亚迪、长安汽车、荣威、云度新能源、奇瑞新能源、广汽新能源、江淮新能源、康迪全球鹰、腾势汽车、蔚来汽车等。

【第十四届（北京）国际节能与新能源汽车及充电桩展览会】

7 月 13 日-15 日，2018 第十四届（北京）国际节能与新能源汽车及充电桩展览会在中国国际展览中心（老馆）举办。展出六个馆、50000 平方米、参展企业预计 350 家、专业观众 50000 人次。展会设乘用车展区、商用车物流车展区、核心零部件展示专区、充换电展区、示范推广城市交流区、试乘试驾体验区等六大功能展区。

【第八届中国（上海）国际客车技术展览会】

7 月 11 日-13 日，2018 年国际客车技术展览会在上海新国际博览中心举办。展会以“绿色智能 驱动未来”为主题，规模超过 3 万平方米，汇聚来自 27 个国家和地区的 260 多家领军企业。展会集中展示了国内外客车 / 公交领域最前沿的技术。

【第十二届上海国际节能与新能源汽车产业博览会】

7 月 11 日-13 日，EVChina2018 上海国际节能与新能源汽车产业博览会于在上海新国际博览中心隆重举行，展会以国际化的视角呈现全球新能源汽车行业最新产品和技术。

439 家企业来自中国内地、中国香港、中国台湾、美国、日本、德国、韩国、意大利、新加坡、法国、荷兰、泰国、俄罗斯、印度尼西亚等 15 个国家等地区。

【第十五届中国（长春）国际汽车博览会】

7 月 13 日-22 日，2018 长春汽博会在长春国际会展中心举办。展会由中国汽车工业协会、中国汽车工程学会、中国汽车流通协会、中国国际贸易促进委员会长春市委员会主办。

2018 长春汽博会以“智能网联，引领汽车新生活”为主题，以“引领汽车未来，展示汽车文化，促进汽车消费，拉动经济增长”为宗旨，总展览面积达 22 万平方米，参展企业 140 家以上，参展品牌 150 个，展车数量 1380 辆，其中包括新能源汽车 148 辆，占展车总数的 10% 以上，形成室内 9

大展馆、室外6大展区的全新展览展示格局，一汽集团、一汽大众、北汽集团、奔驰品牌均以包馆形式参展，集中体现当代汽车工业最新成就及国内企业近几年来的领先技术和产品。

【第十九届武汉国际汽车展览会】

10月11日-16日，第十九届武汉国际汽车展览会在武汉国际博览中心开幕。车展以“擎动荆楚，驾驭未来”为主题，启用武汉国博全部12个室内展馆及2万余平室外展场，聚集展商300余家。德系、美系、法系、日系、韩系、合资品牌和自主研发品牌等超过80个参展品牌、800余辆展车齐聚。

展会由中国机械工业联合会、中国国际贸易促进委员会、湖北省人民政府、武汉市人民政府、中国国际贸易促进委员会汽车行业分会共同主办。

【第十八届新疆国际汽车工业博览会】

7月26日-31日，2018第十八届新疆国际汽车工业博览会即将于在红光山国际会展中心举办。2018第十八届新疆国际汽车工业博览会（以下简称汽博会）由中国国际贸易促进委员会汽车行业分会、中国汽车工业协会、中国国际贸易促进委员会新疆分会主办。新疆汽博会客流量超过30万人次；现场销售车辆10898辆，成交金额超过35亿元。

【第十一届银川国际汽车博览会暨新能源及智能汽车博览会】

7月28日-8月5日，2018银川国际汽车博览会暨新能源及智能汽车博览会在银川国际会展中心举办。车展总展出面积规模超6万平方米，参展品牌达80余家，中外各大车企携旗下限量车型、首发车型、热门主打车型亮相，德国品牌巴博斯及10余款新能源电动、混合智能动力汽车首次参展，年度主推车型多达120余款。28日当天，展会完成订单648辆，销售金额达1.136亿元。

【第二十一届哈尔滨国际车展】

7月30日-8月6日，2018哈尔滨国际车展在哈尔滨国际会展中心举办。12.5万平方米超大展出面积，分2大主场，12个展区，共8个展馆，2个室外展场，3个活动区；汇聚12个国家和地区的921辆国内外最新车型。

哈尔滨国际汽车工业展览会（哈尔滨国际车展），是由中国汽车工业协会、中国汽车工程学会、哈尔滨市人民政府、哈尔滨长城国际展览有限公司等单位共同主办的国际性行业展会。

【第二十三届大连国际汽车展览会】

8月15日-19日，由中国国际贸易促进委员会大连市分会、大连国际商会展览公司承办的2018（第二十三届）大连国际汽车展览会在大连星海会展中心和大连世界博览广场举办。

车展以“加强产销融合、促进汽车消费、拉动经济增长、展示汽车文化”为主题，吸引了美国、德国、法国、意大利、英国、日本、韩国等12个国家和地区数百家中外汽车展商参展；展出总面积超过12万平方米；展出整车1386辆；数百家新闻媒体、近千名记者到场参观、报道；5天的展会，共吸引参观者29.8万人次，现场销售汽车9060辆。

【第九届兰州八月国际汽车交易会】

8月22日-27日，兰州国际车展在甘肃国际会议展览中心举办。展会面积达到8万平方米，来自100多个实力品牌的近千款车型参展。车展影响力覆盖全甘肃省及周边，汽车消费者观展人数达30万人，累计成交预订车辆上万辆。

【第二十一届成都国际汽车展览会】

8月31日-9月9日，成都国际汽车展览会在成都世纪城新国际会展中心举行。第二十一届成都车展启用“智汇蓉城·乐驾未来”全新主题，吸引德系、美系、法系、日系、韩系以及合资、自主等119个汽车品牌齐聚蓉城，展出面积达15万平方米。

成都国际汽车展览会由成都市人民政府和中国国际贸易促进委员会汽车行业分会联合主办，成都环球世纪会展旅游集团有限公司、汉诺威米兰展览（上海）有限公司和中国国际贸易促进委员会四川省委员会共同承办。

【2018中国商用车博览会】

9月14日-16日，2018中国商用车博览会在重庆巴南盛大开幕。展会规模将达30万平方米。博览会整合了1000余户商用车整车企业、配件企业、经销商等方面的资源，首次增加物流产业链展和新能源车展，助推本届中国商用车博览会成为商用车与物流发展的年度盛会。

【2018 重庆国际汽车零部件及相关服务展览会】

9 月 19 日-21 日，由中国国际贸易促进委员会上海市分会、中国国际贸易促进委员会汽车行业分会、上海市国际展览有限公司和中国汽车工程学会联合主办，重庆沪渝国际展览有限公司协办的“2018 重庆国际汽车零部件及相关服务展览会（CAPE 2018）”在重庆国际博览中心举行。

展会展览总面积近 15000 平方米，吸引包括博世、法雷奥、佛吉亚、伟巴斯特、采埃孚、电装、爱信精机、日立汽车系统、彼欧、德纳、普利司通、博格华纳、NSK、三叶电机、恩梯恩、安道拓、延锋、法士特、正裕工业、瑞立集团、洪塞尔等国内外知名零部件企业全力参展，长安、吉利、比亚迪、长城、江淮、野马、众泰等自主品牌携旗下零部件配套生产企业亮相。

【2018 第十三届南昌国际汽车展览会暨首届新能源 · 智能汽车展】

10 月 1 日-4 日，2018 第十三届南昌国际汽车展览会暨首届新能源•智能汽车展在南昌绿地国际博览中心（红谷滩九龙湖）举办，启用南昌绿地国际博览中心（红谷滩九龙湖）5 个室内展馆及室外广场，近 70 个品牌参加。

【第十五届安徽国际汽车展览会】

9 月 30 日-10 月 5 日，由安徽省汽车经销商商会承办的第 15 届安徽国际汽车展览会举办。车展吸引到了众多国内外汽车展商参展，展出面积超 12 万平方米；展出整车 1000 余辆：其中新车发布 30 余辆，新能源车 40 余辆。展会期间，超过近 80 家的媒体平台竞相报道了本次车展的盛况。展共吸引了 363002 人观展，销售车辆 10271 辆，销售额达 12.3 亿元。

【2018 中国（石家庄）汽车工业展览会】

10 月 11 日-15 日，作为中机国际与石家庄市人民政府在会展行业战略合作的首个大型国际展会，该展会致力于打造京津冀地区专业化国际车展品牌。展会总面积超过 5 万平方米，吸引了奔驰、奥迪、讴歌等超过 60 个国内外主流乘用车、新能源暨智能汽车品牌参与。同时，石家庄本地汽车生产企业也纷纷参展，集中展示了目前河北汽车工业制造的最高水平。车展分为豪车馆、合资自主品牌馆、新能源及石家庄汽车工业馆、户外展区及户外试乘试驾区等五大展馆（展区），现场展出 400 多款主流及豪华车型。

【第六届中国国际节能与新能源汽车展览会】

10 月 18-21 日，“世界智能网联汽车大会暨第六届中国国际节能与新能源汽车展览会”（简称 IEEVChina 2018）于 2018 年在北京国家会议中心举行。大会以“开启汽车新时代”为主题，展览展示、论坛会议和动态活动三大板块联动，三位一体，亮点纷呈。展览面积 3.5 万平方米，内容涉及汽车、智能交通、互联网、通信、微电子、人工智能、新能源等 7 个产业领域，180 余家国内外企业携最新产品和技术参展。参加论坛的人数预计约 5500 人，观展人数达 8 万人次。

展会由北京市人民政府与工业和信息化部联合主办，由工业和信息化部装备工业发展中心、北京市经济和信息化委员会、中国电子信息产业发展研究院、北京市顺义区人民政府、中国国际贸易促进委员会机械行业分会、中国电工技术学会、汽车知识杂志社等机构共同承办。

【2018 中国国际新能源电动汽车博览会】

10 月 20-22 日，“EV EXPO 2018 中国国际新能源电动汽车博览会”在杭州国际博览中心举办。在商务部、工业和信息化部、国家能源局的指导下，由杭州市人民政府、北京科技大学智慧能源研究中心联合主办，以新能源电动车为主导，相关产业链共同参与的专业展会。

大会围绕“中国新能源电动汽车发展进程与模式突围”的主题，举办专题年会、大会论坛、展览展示、资源推介等一系列活动。

【2018 年 CIAPE 中国新能源汽车博览会】

10 月 25-27 日，2018 年 CIAPE 中国新能源汽车博览会（新能源汽车展）在上海国家会展中心举办。展会有来自 30 多个国家和地区的企业参展，展览面积 55000 平方米。

【2018 上海第十二届中国国际汽车商品交易会】

10 月 26-28 日，上海第十二届中国国际汽车商品交易会在上海虹桥国家会展中心举行。上交会包括新能源汽车展、平行进口车展、汽车零部件展、电子及信息化展、智能制造及机器人展、检测维修设备展、清洁能源及设备展、汽车用品展、汽车改装展、摩托车及电动车展、中国（上海）国际采购大会和汽车金融、保险、租赁、再生资源等服务产品展等。

【第十一届郑州国际汽车展览会暨新能源·智能网联汽车展览会】

11 月 1 日-5 日，2018 第十一届郑州国际汽车展览会暨新能源•智能网联汽车展览会在郑州国际会展中心举办。展出面积近 80000 平方米，重点展示了新能源整车展区、电池电机电控展区、关键零部件展区、充电桩展区、智能互联汽车展示专区、物流车展区、智能互联共享出行展区、以及无人驾驶等领域的最新产品和技术。

【2018 中国长沙新能源汽车技术设备博览会】

11 月 9 日-11 日，2018 长沙新能源车展在湖南国际会展中心举行。车展展出面积超 6 万平方米，共有 20 多个国家，100 多家企业，650 多辆展车参展，品牌数量、首发新车等指标均创中部新能源车展的记录。

【第十五届西南（昆明）国际汽车博览会】

11 月 9 日-13 日，2018 中国西南（昆明）国际汽车博览会在滇池会展中心举办。车展由中国国际贸易促进委员会汽车行业分会、云南日报报业集团、云南省汽车商会主办。车展共开放滇池会展中心 8 个展馆，展览面积达 12 万平方米。汇集国内外 102 个知名汽车品牌，参展车辆 1023 多辆，新车发布会 33 场。

【第十一届中国（济南）国际卡车商用车展览会】

11 月 10 日-12 日，2018 第 11 届中国（济南）国际 卡车商用车、汽车零部件、汽车配件展览会在济南国际会展中心举办。展会由济南市人民政府、山东省汽车行业协会、陕西工业协作配套服务中心主办。车展上集结了各种商用车、乘用车、房车、新能源汽车及润滑油和零部件企业。

【第十六届中国（广州）国际汽车展览会】

11 月 16 日-25 日，2018 第十六届中国（广州）国际汽车展览会在广州中国进出口商品交易会琶洲展馆 A、B 区举行。2018 年广州车展的主题是“新科技，新生活”，展会规模达 24 万平方米，共使用广交会展馆 A 区全部 13 个展厅及 B 区 7 个展厅，以及 A、B 区南广场室外展区。本届广州车展上共有全球首发车 48 辆，跨国公司首发车 6 辆；概念车 28 辆。其中，国际品牌展出 15 辆，国内品牌展出 13 辆；展车总数达 1085 辆。此外，国内外参展车企共展出新能源汽车 150 辆，其中国外企业展车 44 辆。

【第十四届中国（长沙）国际汽车博览会暨新能源汽车·智能汽车展览会】

12 月 12 日-17 日，2018 第十四届中国（长沙）国际汽车博览会暨新能源汽车•智能汽车展览会在长沙新国际会展中心举办。展会使用长沙新国际会展中心 8 个展馆、4 个连接厅、中心广场和南广场的活动区，展会面积接近 15 万平方米，参展汽车品牌超过 100 个。展会还开辟了国际新能源汽车•智能汽车展馆 1.3 万平方米，集中展示新能源汽车。

【第十一届中国 - 东盟（南宁）国际汽车展览会】

12 月 20 日-24 日，2018 第十一届中国 - 东盟（南宁）国际汽车展览会在南宁国际会展中心举办。展会由中国东盟博览会秘书处、中国机械国际合作股份有限公司、尚格会展股份有限公司联合主办，南宁尚格会展服务有限公司承办。展览面积面积超 10 万平方米，吸引了美系、德系、法系、日系、韩系、自主等 101 个国内外知名汽车品牌参展。

【2018 首届东北亚（长春）新能源汽车电动车及零部件博览会】

12 月 26-27 日，首届东北亚（长春）新能源汽车电动车及零部件博览会在长春国际会展中心 6 号、7 号馆举办，展览面积 2 万平方米，共有 200 多个展位。此次展会由长春市贸促会主办，吉林省电动车行业协会承办。

新能源汽车、低速四轮汽车、两轮电动车、爬楼梯电动车、旅游观光车、智能停车场、智能充电桩、便携充电器、恒温电池、低寒电池、防水电池…… 隆冬岁末，一大批专门针对东北寒地研发的新能源汽车、电动车及零部件企业参展。

2018 年国内汽车赛事

【2018 中国拉力锦标赛 CRC】

5 月 11 日，2018 年中国汽车拉力锦标赛在贵州省开阳县拉开战幕，经过甘肃省张掖市、河南宝丰站、浙江龙游站、贵州黄果树站几个分站的比赛，于 12 月 15 日圆满落下帷幕。一汽大众车队的爱沙尼亚车手卡尔·克鲁达 / 戴勒·莫斯卡特凭借稳定发挥拿下全场冠军，斯巴鲁中国魔力拉力车队的林德伟 / 乐柯鹏和我爱拉力车队的韩岳 / 翟飞斐分获亚军和季军。

中国汽车拉力锦标赛是由中国汽车运动联合会及举办地人民政府联合主办的全国性汽车拉力赛事。自 2003 年 8 月中汽联推出首届全国汽车场地锦标赛以来，参赛车队、赛事规模在逐年扩大。

【2018 中国汽车短道拉力锦标赛荔浦站】

8 月 3 日-5 日，2018 中国汽车短道拉力锦标赛在广西荔浦县锦龙国际赛车场举行，这也是该项赛事时隔八年之后重返广西。全国汽车短道拉力锦标赛是国家 A 级汽车赛事，它是汽车体育赛事中最严酷的赛事之一，也是最具魅力的比赛之一。

最终，美林轮胎锐速义乌拉力车队的贾金义以 3 分 7 秒 78 获 A 组冠军；重庆马力兄弟车队的张行以 2 分 13 秒 93 获 B 组第一名；贾金义还以 2 分 58 秒 92 获得公开组 1600CC 第一名、公开组 2000CC 级第一名为美林轮胎极速义乌拉力车队伊朗籍车手朗朗以 3 分 11 秒 61 斩获、公开组 2000CC 以上级冠军为谭卓勇，成绩为 2 分 50 秒 55。

【2018CSR 中国汽车短道拉力锦标赛南昌湾里站】

10 月 13 日-14 日，2018CSR 中国汽车短道拉力锦标赛南昌湾里站暨第二届江西（招贤）赛车文化节在江西南昌市的湾里区招贤镇禹港国际赛车公园举办。经过两轮资格赛和决赛，各个组别终于决出了最后的冠军。范高翔代表无锡 JJ 竞技赛车队夺得 A 组和公开组 2000CC 级冠军；赵紫漾夺得 B 组冠军；美林轮胎锐速義义乌拉力车队的贾金义获得公开组 1600CC 级冠军；大连丰年拉力车队的卫元强获得公开组 2000CC 以上级冠军。

【2018 中国汽车场地越野锦标赛（COC)】

4 月 21 日-23 日，2018 中国汽车场地越野锦标赛（COC）在四川南溪开幕，比赛经过韩城、南溪、铜仁、安宁等十几站的比赛，郑州日产锐骐皮卡车队赛事中夺得冠军。

中国汽车场地越野锦标赛，简称 COC，是国家体育总局汽车摩托车运动管理中心、中国汽车摩托车运动联合会主办的国家 A 级汽车赛事。COC 创办于 2003 年，每年在中国境内举办不少于 10 场比赛，单场比赛参赛车手不少于 100 名，赛事参与人员超过 1000 人，是中国汽车运动快速发展的重要推手，也是中国越野车手成长的摇篮。

【2018 壳牌喜力国际汽联 F4 中国锦标赛(F4)】

10 月 14 日，中国锦标赛（F4）总决赛在宁波国际赛道举行，F4 锦标赛总共在五座城市历经七场比拼，最终由 BlackArts Racing 车队戴因拿下全场冠军，有朋自远方来车队郑晚成和麦克斯分获亚军、季军，Pinnacle Motorsport 车队乔丹依靠亚军的位置成功锁定年度车手总冠军。

2018 壳牌喜力国际汽联 F4 中国锦标赛是国内目前最高级别、唯一 FIA 旗下方程式赛事。作为 FIA 为全球的年轻车手倾力打造的初级方程式赛事，拥有全球统一 Mygale 车架、专业的技术支持以及与顶级赛事相同的模式和规则。

【2018 乐虎中国方程式大奖赛 (CFGP) 】

10 月 13-14 日，2018 乐虎中国方程式大奖赛（简称 CFGP）总决赛在宁波举行，尚宗沂获得总冠军头衔。神州专车车队的李惠玮获得冠军，速马力车队的何子健夺得第二，季军则由乐虎车队的尚宗沂夺得。

中国方程式大奖赛（CFGP）是经国家体育总局批准，由中国汽车摩托车运动联合会（CAMF）

主办，铭泰赛车运动有限公司承办，纳入国家体育总局年度比赛计划的A类体育赛事。该项赛事创始于2006年，是中国本土最高级别方程式赛事，代表了中国汽车运动最高水平，也是培养中国本土F1车手的摇篮。

【2017吉利杯“超吉联赛”吉速挑战赛】

10月13-14日，吉利杯超吉联赛集结本赛季珠海、成都、宁波和上海在宁波国际赛道进行2018赛季年度总决赛。

吉利杯超吉联赛是目前国内汽车品牌最早举办的专属赛事。2017赛季一改之前独立赛事周末的形式，引入联赛的概念。整个赛季由四场选拔赛和一场总决赛组成。旨在吸引更多车手参与，发现更多富有天分的草根车手。

【2018China GT中国超级跑车锦标赛】

10月19日-21日，2018 China GT中 国超级跑车锦标赛年度收官之战在上海国际赛车场举办。经过三天的比赛，信中利AMR车队成功加冕GT4组别车队总积分榜冠军，Jack Mitchell将车手总积分榜冠军收入囊中，GT3、GTC组别车队和车手冠军分别为Kings、徐加及Xtreme?车队和黄晞展获得。

China GT中国超级跑车锦标赛是经国家体育总局和中国汽车摩托车运动联合会批准，并列入年度全国体育竞赛计划及中国汽联赛历的系列赛事。China GT中国超级跑车锦标赛分为两个组别：GT3组和GTC组。China GT致力于提升中国本土赛事品质，推广赛车文化，并在不同领域对中国赛车运动进行了革新。

【2018 CDC中国汽车漂移锦标赛】

1月13日，CDC中国汽车漂移锦标赛在厦门打响揭幕战，经过多站比赛后，RZOIL DRS漂移车队的“漂移王子”王祺获得了2018赛季年度车手总冠军，车队杯方面，2018赛季雷登轮胎天万漂移车队凭借强大的车手阵容和有力的后勤保障，成功问鼎年度车队总冠军。

中国汽车漂移锦标赛（简称CDC）的前身为全国汽车漂移系列赛（简称CDS），是经过国家体育总局和中国汽车运动联合会批准并列入年度全国体育竞赛计划及中汽联赛历的正规比赛，2010年至今已在全国各重点城市举办多场漂移赛事。

【2018 CTCC中国房车锦标赛】

11月25日，CTCC中国房车锦标赛第八站在上汽国际赛车场完成主赛争夺，2018赛季圆满落幕。东风悦达起亚车队战将叶弘历摘得超级杯年度车手总冠军头衔，车队在主赛获得超级杯年度厂商总冠军。广汽丰田稳赢年度厂商杯，刘洋成功卫冕年度车手总冠军，中国杯年度俱乐部总冠军为LEORacing利奥车队。

CTCC中国房车锦标赛是中国赛车运动第一品牌，国际汽联唯一支持国家级房车赛事，是被纳入国家体育总局年度比赛计划的A类体育赛事。CTCC中国房车锦标赛前身为CCC全国汽车场地锦标赛（简称全锦赛），正式成立于2004年。将风靡全球的赛车运动正式引入中国，在全国引起了强烈反响。

【2018 D1 GRAND PRIX漂移大奖赛中国杯】

11月17-18日“2018 D1 GRAND PRIX漂移大奖赛中国杯Rd.4-Rd.5深圳站”收官战在深圳宝安体育场举办。从五月开始，D1在北京、上海、杭州、青岛等地巡回全国赛事，到青岛站结束，产生八强选手，6位日本传奇车手，1位美国车手入围。中国车手赵梓钧成功跻身八强。最终冠军由日本的横井昌志获得。

D1GP相当于漂移界的F1，日本是世界上在赛车界漂移水平最高的国家，赛事成立于2000年秋，每年都有多站比赛，吸引众多漂移高手参加。拥有17年发展历史的D1GPANDPRIX漂移大奖赛，以国际专业汽车竞赛的形象，融入和提升中国本土汽车竞技文化。D1 GRAND PRIX 漂移大奖赛中国杯由“中国漂移第一人”张少华在2016年引入国内，如今已经在北京、上海、合肥、广东等多地举办赛事。

【2018中国环塔（国际）拉力赛】

6月13日，2018年中国环塔（国际）拉力赛闭幕。历经5000公里，13天激烈比拼，汽车组方面，吉利汽车固铂轮胎车队赛手韩魏/廖岷（领航员）夺得全场冠军，这是韩魏第三次夺得环塔拉力赛冠军，也是环塔拉力赛史上第一个汽车组“三冠王”。北京汽车越野世家车队车手鹿丙龙以微弱劣势位居次席，他的队友上届冠军克里斯蒂安·拉维利/让·皮埃尔（领航员）获得季军。

环塔拉力赛被誉为中国“达喀尔”，自2005

年创办以来，迄今已举办十二届，已经发展成为国内最大的汽车、摩托车、卡车同场竞技的权威品牌越野赛事。环塔拉力赛作为亚洲顶级越野拉力赛，在2014年度开始加入国际汽联赛历，同世界一级方程式锦标赛、世界房车锦标赛、拉力越野世界杯赛等国际著名赛事共同列入国际赛事序列。

【2018中国汽车场地拉力锦标赛（CRCC）】

9月14日下午，中国汽车场地拉力锦标赛决赛在陕西韩城中大禹赛车场举行。在总成绩颁奖仪式上，来自Runracing车队的赵向前、张国宇，来自其积汽车俱乐部的林德伟、顾凯，来自韩城黄河赛道公园车队的吉增林分别获得SUV组、四驱组、K1 成人组、K1 少年组、两驱组的冠军。

【2018中国全地形车锦标赛】

以“古蜀德阳 活力罗江”为主题的2018中国全地形车锦标赛比赛11月11日在四川省德阳市罗江区白马关体育小镇汽摩基地落幕。比赛吸引了来自全国各地的27支赛车队、80余名专业车手同场竞技。

经过三天的角逐，最终，山东超级马力车队的包雪松夺得凌鹰ATV运动车型组个人赛冠军，山东明朗车队的于现勇、孙少杰、孙鑫夺得环松ATV通用车型组队赛冠军，甘肃庆阳陇威赛车的杨永泽夺得杰纳BAJA车型组个人赛冠军，北京弘健极限车队的张磊夺得公开UTV车型组个人赛冠军，山东FJ35越野队的刘福军夺得公开ATV运动车型组个人赛冠军，浙江独行侠体育赛车队的杨文涛夺得环松青少年UTV车型组个人赛军。

【2018丝绸之路国际汽车拉力赛】

9月28日，2018年丝绸之路国际汽车拉力赛暨中国越野拉力赛经过连续五天的激烈争夺，在内蒙古阿拉善左旗落下帷幕。陕西云翔汽摩运动有限公司的刘昆/潘宏宇凭借稳定发挥拿下冠军，峰火骑士超级玩家俱乐部的敖日格勒/黎鹏华和宁夏南方商城车队的刘彦贵/沙贺分获亚军和季军。

【2018中国量产车性能大赛（CCPC）】

9月，2018年的CCPC大赛揭幕战安排在江苏盐城（大丰）举行，高原赛站定在了昆明嵩明嘉丽泽站，12月的收官战则在内蒙古的牙克石。昆仑润滑杯·2018CCPC大赛将更加聚焦和专注于燃油车辆的性能，主要涵盖8大领域的21个单项比赛。

【2018 ABB国际汽联电动方程式锦标赛】

2018年9月11日，ABB国际汽联电动方程式锦标赛（以下简称ABB Formula E）中国战略发布暨第五赛季中国站启动仪式在北京钓鱼台国宾馆举行，ABB Formula E正式进入第五赛季的中国时间。ABB Formula E本赛季将在中国设有两个分站赛，分别为2019年3月10日举行的香港站，以及香港站之后两周举行的三亚站，中国是第五赛季中唯一拥有两个分站赛的国家。

FE是由国际汽车运动联合会（FIA）举办的一项与F1齐名的最新世界顶级赛事，是新能源汽车领域的F1。以其抢眼的环保理念、符合世界汽车不可阻挡的发展趋势的模式，目前已吸引了全球众多厂商加入，包括奥迪、宝马、雷诺、捷豹、蔚来汽车、DS Virgin等10支车队，奔驰也宣布了将在2018年加入FE。国际汽联电动一级方程式大赛自2014年9月13日在中国北京鸟巢举办全球第一赛季开场赛以来，已经先后拓展到纽约、巴黎、伦敦、柏林、罗马、蒙特利尔等全球顶级城市。FE因其绿色环保特性，受到国际顶级汽车制造商、政府和赞助商的热烈青睐。

【2018中国-东盟国际汽车拉力赛】

11月18日，2018中国-东盟国际汽车拉力赛暨中国-东盟媒体汽车拉力赛新加坡站顺利完赛。这场比赛总用时22天，总行程约10000公里。收官战新加坡卡丁车赛，分为业余组、专业组、女子组三个组别，来自文莱的车手苏弗里·奥曼、新加坡的何海山、新加坡的张国耀荣获专业组前三名。

2018中国-东盟国际汽车拉力赛暨中国-东盟媒体汽车拉力赛由国家体育总局、广西壮族自治区人民政府、东盟秘书处主办，广西壮族自治区体育局等20家单位协办，广西汽车摩托车运动协会、北京铭泰体育产业投资有限公司运营。拉力赛主题为“推进国际陆海贸易新通道建设，服务一带一路发展”。赛事以中国-东盟建立战略伙伴关系15周年为契机，本着共同推动中国-东盟友好交流的目的，将努力在中国与东盟十国文化交流间发挥积极作用。

中国汽车流通行业公益慈善研究报告

一、中国汽车流通行业公益慈善的发展

（一）中国汽车流通行业公益慈善新时代

随着经济社会的发展，中国汽车流通行业逐步从承担社会责任发展到建立战略公益、创造共享价值，流通企业、供应链伙伴、行业协会、车主、公益组织等逐步形成一个多维的和动态的系统，形成共识、横向联合、纵向渗透、共同行动，重新定义着发展、组织和管理，推动着社会的变革及新价值的形成。

国家政策倡导、行业战略发展、企业品牌建设、车主公益慈善参与等因素推动汽车流通行业公益慈善共识的形成。其一，从国家层面看，中国和谐社会、生态文明的建设以及人民对美好生活的追求，对企业社会责任的政策引导等，推动汽车流通企业越来越关注汽车使用过程中带来的一系列问题，例如尾气、拥堵、交通事故等，这也成为汽车企业开展公益活动的重心。同时，国家政策倡导更多社会力量加入慈善，尤其是参与到扶贫事宜中，并且提供一定的免税支持等，为汽车流通企业参与公益慈善事业提供了指导和鼓励。其二，从行业层面看，随着经济社会的发展，因应汽车流通行业的发展需求，行业协会的互益性功能外溢、行业公共责任的需要，中国汽车流通行业越来越重视其公共性和公益性功能的实现，并通过建立行业的公益基础平台、相关标准、活动倡议等推动者协会自身、会员单位及车主在公益慈善领域的共同行动。其三，汽车流通领域企业的自身发展及其相应外部环境的变化，使得公益慈善行为不再是企业被动式的、先盈利后慈善的次序行为，更多地成为企业可持续发展的重要战略。

总体来看，中国汽车流通行业迎来共享型公益慈善时代。汽车流通行业的公益行动，已经从传统的 1.0 时代“输血”型（物质资助），步入 2.0 时代的“造血”型（聚合资源），到如今进入 3.0 时代的“共享”型（合作与共赢），企业在创造社会财富的同时，社会希望企业能够更好地履行社会责任，通过公益慈善实现企业与社会的资源共享、企业与车主的品牌共建、行业与社会发展的共赢。

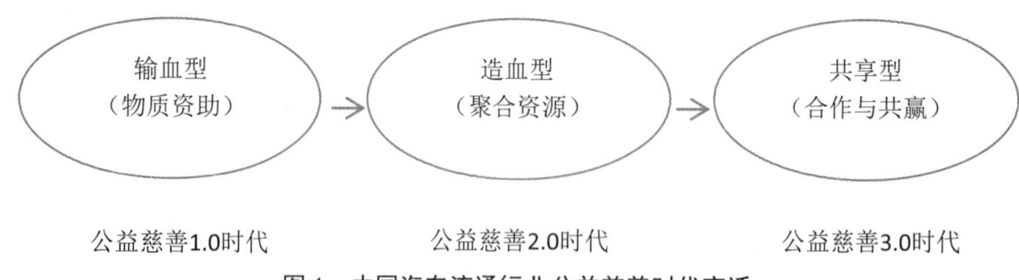

图 1　中国汽车流通行业公益慈善时代变迁

（二）中国汽车流通企业公益慈善的认知与行为模式

从中国汽车流通企业关于公益慈善的认知来看，绝大多数汽车流通企业已认识到公益慈善的重要性，但缺乏系统性知识支持；从思想认识上看，汽车流通企业普遍认识到公益慈善的社会影响力和对企业的积极影响；从专业知识储备来看，汽车流通企业缺乏系统的公益慈善知识，将公益慈善和 CSR 混杂在一起，尤其是将传统的公益慈善如扶贫救灾看作是公益慈善的全部，大大缩小了公益慈善的范围；从公益慈善动机来看，主要是企业家的社会责任感和企业 CSR 的体现，并响应国家扶贫政策的倡导，对如何通过公益慈善行为及其组织活动推动企业文化、管理甚至是组织重构缺乏更为体系化的知识支撑。

从中国汽车流通企业关于公益慈善的态度来看，绝大多数企业愿意积极投身公益慈善事业。调研发现，95.45% 的汽车经销商愿意积极回应社会问题，塑造企业公民形象；95.45% 的汽车经销商愿意进行有利于创造社会价值的创新活动。这种较为朴素的认知和态度一方面是企业在因应政策、环境、社会的要求或基于企业、企业家自身的偏好所形成的；另一方面也是缺乏对专业公益慈善组织及其行为的知识了解所导致的认知受限而形成的。

从中国汽车流通企业关于公益慈善的行动来看，绝大多数企业已开展公益慈善行动，关注领域多元，并向专业化发展。在调研中，100% 的企业均有企业社会责任（以下简称为 CSR）活动；CSR 关注领域多元，包括教育（设立希望小学，提供教育奖学金或助学金）、扶贫就困（参与救灾活动，组织员工和车主捐赠衣物）、环境保护（销售安全节能汽车，减少环境污染）、志愿服务（组织车主和员工担任志愿者）、传播汽车文化（汽车文化节和汽车知识传播，组织多种形式的活动普及公众的交通安全意识）、医疗救助（盲童救助，参与社区医疗）、解决就业等方面;少数企业已设立专项基金，并成立公益慈善基金会，聘请专业人员从事组织管理和项目运作，公益慈善活动向专业化发展。

二、中国汽车流通企业公益慈善活动概况

（一）中国汽车流通企业公益慈善发展

1. 作为践行社会责任的公益慈善活动

总的来看，汽车流通企业的社会责任发展内外并重，并具有内部社会责任向外部社会责任发展的倾向，同时逐渐从企业社会责任（CSR）向创造共享价值（CSV）发展。

调研发现，汽车流通企业最主要的公益慈善行为模式是践行企业社会责任，100% 的调研企业均有 CSR 活动。同时，企业从关注企业内部责任转为关注企业外部责任，从企业社会责任（Corporate Social Responsibility）向共享价值（Creating Shared Value）发展。实践企业社会责任，会实现创造共享价值，是当今时代对企业商业活动的一个新要求，即企业在进行商业活动的过程中同时承担社会责任，创造多重价值，即共享价值。调研发现，55% 的企业认为外部责任（企业对消费者、供应商、政府、环境和社区的社会责任）更重要，而 45% 的企业认为内部责任（如对股东、高管、员工等的责任）更重要。

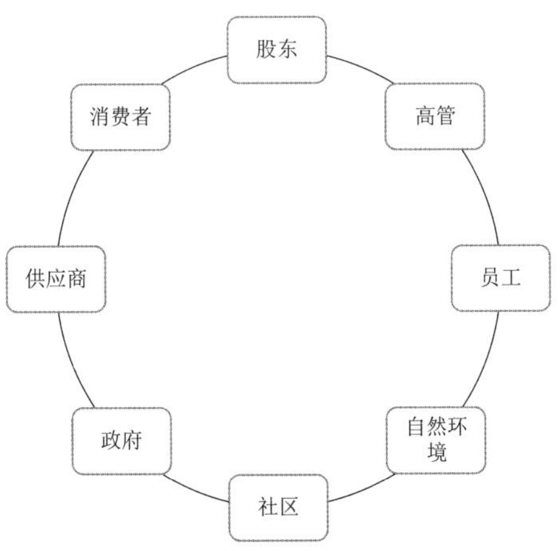

图 2　汽车流通企业 CSR 的 8 个方面

2. 汽车流通企业公益慈善活动 3.0 时代

总的来看，汽车流通企业在多元领域开始公益慈善活动，由传统型向创新型、专业化发展。

一是公益慈善类型多样，以传统型的教育资助、环境保护、定点扶贫、医疗救助、抗震救灾为主，其类型占比分别为 86.36%，72.73%，59.09%，59.09% 和 50%。

二是新型的关注领域兴起，如濒危动物保护、汽车文化传播等。北京惠通陆华汽车销售有

限公司积极投身濒危动物保护。

三是从单纯的捐赠到成立专项基金、基金会，职业化、专业化的公益慈善行为方式日益受到重视。

四是组织车主和员工开展志愿服务受到重视，向日常化、组织化方向发展。

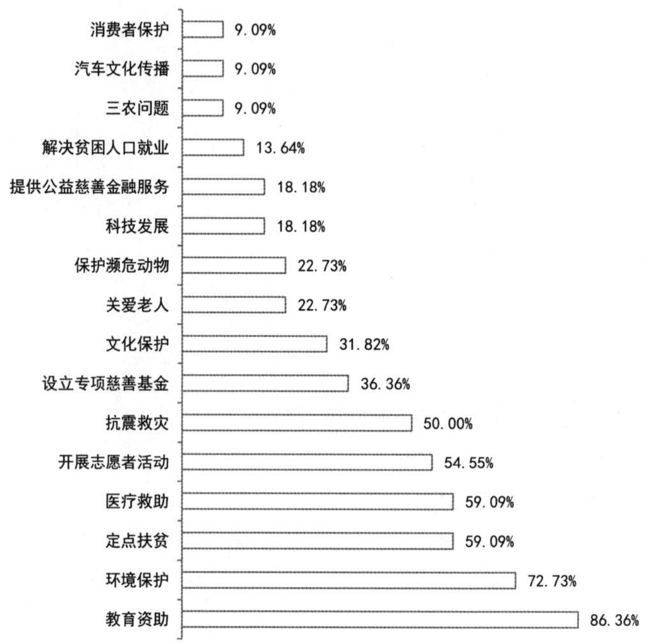

图 3　汽车流通企业的公益慈善活动类型

2. 公益慈善活动的百花齐放

（1）利星行集团：专业化发展

利星行集团的公益慈善活动的发展是一个从传统公益慈善逐步迈入组织化、专业化的过程，是一个将公益慈善活动融入企业运营与管理，同时又保持两者相对独立运作、互为补充的过程。

从组织架构看，利星行做公益的组织机构设计包括两个层级，一个是集团层面的基金会，做系统项目设计和理念传播；一个是各地经销商自发开展的公益行为。

从公益慈善的领域来看，利星行集团主要关注三个方面：一是教育领域之希望小学建设，二是结合行业特色的可持续发展，三是企业社会责任之员工晋升体系。

此外，利星行集团特别注重将公益活动融入企业品牌建设中。集团不会单独做公益活动，而是融合在品牌推广的活动中，作为品牌特色的一个标签。同时，利星行集团公益与车主的互动良好，目前利星行的奔驰车主以年轻化、懂车、爱车、有品位、慈善意识高为特色。将公益融会到客户关系管理（CRM）中：一方面通过与车主的互动活动传播集团的公益理念，另一方面组织车主参与到公益行为中。

（2）润华集团：双品牌建设

润华集团的发展过程一直是伴随着双品牌建设不断推进的过程。润华不仅仅是一个企业的名称，更是一个品牌。在打造润华品牌，形成品牌相关的资产和价值、扩大集团社会影响力和品牌美誉度方面，社会责任与公益慈善扮演着重要的角色，发挥了巨大的功能。

润华集团的企业文化为其践行企业社会责任、投身公益慈善奠定了精神基础。润华集团的公益慈善活动主要依托于“润基金”，专注于教育方面的爱心活动，关爱青少年发展，从物质资助到素质提升等多方面促进青少年教育发展；此外，润华集团致力于汽车文化的传播，开展促进汽车知识普及的公益活动。具体来说，包含以下四方面举措：一是资金支持——设立“润基金”，二是硬件支持——建设希望小学，三是软件提升——“润基金”夏令营与学生素质提高，四是文化传播——开办汽车文化节。

（3）大昌行集团：与车主共同行动

大昌行集团的公益慈善行为的典型特色是通车友会与车主共同行动，其反映的是车主作为公民的责任意识、参与意识和大昌行企业的社会责任，在共同的价值认知基础上采取共同行动，推动着企业与车主共同慈善行为的类型化、网络化、品牌化。

大昌行集团的公益慈善行为主要以“车友会“为突出代表。车友会的日常活动包括三个方面：一是搭建与车主的日常沟通媒介，保持与客户的日常联系；二是设立呼叫中心（Call center），为车主提供及时的救援、咨询，解决车主的投诉等问题；三是参与品牌建设的活动，协助维护品牌形象。

车友会的公益慈善活动主要是通过义工队来组织。义工队的每次活动都积极号召车主参与，已购车的客户在义工队的号召下，积极参加义工队的日常活动，如参加集团、品牌和店面的公益活动，以亲身参与为主、捐赠物品为辅。目前，义工队开展的公益慈善活动包括以下四方面内容：一是关注儿童弱势群体，二是关爱老人，三是关注环境保护，四是社区关怀。

（4）国机汽车：服务即倡导

国机汽车股份有限公司（以下简称“国机汽车”）公益慈善事业的典型特色是践行着倡导的理念，以服务为基础，以行业基础服务、员工参与、公益链绿色管理等为手段，以创新的方式推动者公益活动的进阶。

国机汽车在“和”的企业文化培育下，国机汽车形成“创新、增值、吃亏、共生”的企业文化及系统的企业价值理念体系。在这种企业文化的指导下，国机汽车从投资者、监管机构、分包商、客户、同行业者、员工、债权人、社区等八方面践行企业社会责任，不断加强与利益相关方的沟通，向利益相关方传播公司企业社会责任理念与实践。

在公益慈善方面，国机汽车主要关注“扶危助困”和“绿色发展”两个方面：一是扶危助困，二是绿色发展。作为全国领先的汽车经销商集团，公司通过倡导低碳环保的绿色理念，向合作伙伴、消费者、员工宣传节能减排的良好行为。

（5）广汇汽车：体验式公益慈善

广汇汽车服务股份公司的公益慈善更为强调价值的融通、服务的规范和体验式的公益慈善活动，其类别化的公益慈善项目、参与式体验式的活动设计、多方参与的运作方式将公益慈善活动渗透到端。

在公益慈善方面，广汇汽车在履行多方面的企业社会责任的基础上，在亲子公益、爱心助学、扶贫助困和环境保护等四个方面积极投身公益慈善事业：一是亲子公益，二是爱心助学，三是扶贫助困，四是环境保护。

（6）新丰泰集团：公益慈善与 ESG 指引

作为香港上市公司，新丰泰集团控股有限公司（以下简称“新丰泰”）遵守和践行着ESG的指引，注重公司与利益相关者的联系，注重公司发展过程中的价值观和行为。公益慈善逐步成为公司ESG 披露的重要组成部分。

新丰泰集团多年来注公益慈善，始终积极长期践行企业社会责任，并力求在能力范围内，实现真正的可持续发展，成为一个有担当的企业公民。新丰泰主要公益慈善活动包括五个方面，其中以关注儿童教育、关爱留守儿童为突出特色：一是关注儿童教育，二是关爱留守儿童，三是扶助儿童福利院发展，四是宣传汽车知识，普及汽车文化，帮助车主多方面了解爱车，五是绿色出行减少碳排放公益活动。

（7）澳康达：战略公益的先行者

澳康达秉承“企业 / 客户 / 员工 / 社会四方共赢，一切为多赢而努力”的企业理念，不仅在公司运营上勇于创新、引领行业发展，同时作为慈善践行者，多年来，义不容辞的投身到慈善公益中，为行业做出表率。

澳康达公司的公益慈善项目主要集中在以下领域：一是以关爱学子起步，设立冠名奖学金，二是助力环境提升，关爱环卫工人，三是紧跟大政方针，积极参与扶贫，四是关爱生命，对抗重疾。

澳康达公益慈善行动的特点在于三个方面：首先，从项目实施来看，它从传统公益慈善领域出发，不断创新，持之以恒，最终形成具有自身特色又与行业息息相关的慈善代表项目；其次，从善举方式来看，以资助项目为主，以企业收益直接回馈社会，成效显著；最后，从行动路径来看，成立企业基金会，将企业运营和公益行动分开。

三、汽车流通行业公益慈善事业发展建议

中国汽车流通行业公益慈善行动，应当充分挖掘自身优势，体现自身特色，以“品牌公益”为理论支撑，搭建汽车流通领域的公益生态系统，实现公益与“生意”的良性互动。通过品牌公益，实现共享价值，从而打造汽车流通领域品牌公域，优化汽车流通行业公益生态，提升企业品牌影响力和价值，引领汽车流通行业品牌公益，营造与优化汽车流通行业的品牌社区，强化汽车流通行业公益的“参与性”和“内在德性”，推动以汽车流通企业品牌为中心的公益品供给。具体而言，可以从以下几个方面打造行业公益。

（一）搭建行业公益平台

行业公益平台可分为三个层次：（1）行业协会主导的公益联盟；以中国汽车流通行业协会所建立的行业公益平台为纽带，建立中国汽车流通行业公益慈善平台网络。（2）企业单独或者联合成立的基金会。各企业可以依据自身的经济实力、企业战略、公益行动需求，建立以自己企业品牌命名的独立基金会或尝试成立联合基金会或者与公益组织合作成立公益基金。（3）企业品牌构成的社区。以汽车流通行业品牌为纽带展开行动。

（二）汇集行业公益信息

搜集行业公益信息，绘制行业信息全图，推动信息共享，实现互通有无。

（三）培育行业公益人才

通过行业公益人才和企业公益人才的专业化、系统化培养，提升企业和行业公益慈善的专业知识和技术水平。

（四）共享行业公益资源

推进中国汽车流通行业公益慈善事业发展，需要建立行业内外公益资源共享机制。中国汽车流通行业公益慈善资源共享包含两个层面：行业内部公益资源共享和行业间资源共享。

（五）引入行业公益评估

为更好的了解中国汽车流通行业公益慈善的总体状况，把脉中国汽车流通行业公益慈善的问题，并提出优化行业公益慈善的建议，有必要引入专业的行业公益评估机制。行业公益评估分为两个层面：汽车流通行业的公益评估和汽车流通企业的公益评估。